現代の経済思想

橋本　努　編

勁草書房

まえがき

欲望とは？　価値とは？　資本主義とは？　……

こうした根本的な問いに対して、現代の知見を駆使しながらストレートに応じようというのが本書の企てである。主流の経済学はこれまで、根本的な問題に定義以上の答えを与えてきたわけではない。たとえば「経済」とはなにかと言えば、それは家政であり、節約であり、交換であって、そうした用語法の集積としてイメージされる。けれどもこれらの用語法の背後にまわって経済の本質をつかみとろうとすれば、関連する諸概念についての探究があわせて必要になってくる。経済の本質とはすなわち、資本主義の問題であり、価値の問題であり、あるいは欲望の問題等々であって、これらの問題が系（コロラリー）をなしたところに答えを宿している。こうしたいわば、数珠つなぎの問題系に取り組もうというのが経済思想の本義にほかならない。

むろんそのような探究は、哲学であって、経済学の領分ではないと言われるかもしれない。けれども専門研究の分野が拡散している現在、ものごとへの本質的な問いかけはますます重要になっている。探究に値する経済の問題は、テクニカルな問題を超えて、深く洞察するという思想的な構えと密接に結びついているからである。あるいは専門的な経済学に関心がなくても、私たちは日々の生活を営むなかで根本問題にぶち当たることがあるだろう。そもそもこの私の生は、社会のなかでどんな意味をもっているのだろうか。人生はこんなものでよいのだろうか。まっとうな社会とは何か、云々。こうした問いに応じるさいにも、経済思想の問題は切実となる。経済思想は、経済認識の根幹にあって、欲望、価値、文化、自然、等々の概念連関を伴いながら、広く「人間と社会」の基礎論をなしているからである。

本書はそのような理解から、経済をめぐる根本問題をできるだけ網羅的に取り上げて構成している。第一部「生きるために」は、さて、どのように生きようか、という関心のもとに、快楽、欲望、幸福、贈与、労働について論じている。第二部「善い社会のために」は、経済社会は「こうあるべきだ」と論じる際の、私たちの判断基準を検討している。価値、平等、ケア、所有、資本主義の概念を、それぞれ探究している。第三部「経済の倫理」は、いわゆる規範理論には収まらない次元で、人間と社会のあるべき姿を検討している。自然、消費、交換、文化と経済、芸術の売買について論じている。第四部「経済の生態」は、生きるための条件の探究であり、市場、慣習、嗜癖、心理（損得勘定）、企業組織、企業家精神について検討するとともに、経済学者たちの生態を経済神学の観点から論じている。以上の構成をもって、本書は経済の本質に体系的に迫ろうとしている。読者は経済の根本認識のみならず、経済を生きる賢者の知恵（精神）なるものに、思索をめぐらせることになるであろう。

各章の執筆者はそれぞれ、過去一〇年あるいは二〇年の幅で関連文献を猟歩し、キーワードとなる概念をめぐって根本問題を立て、探究ののちに一定の答えを与えている。もちろんそれらの答えはいずれも論争的であり、それぞれのテーマに新たな応答をする余地は十分にあるだろう。ただし根本的な問いかけは、その根本性において理解されることに第一の意義がある。読者のさらなる探究を刺激することができれば幸いである。

またこのような関心から、本書は諸文献の網羅的な紹介を避け、真に意義深い文献を用いて問題の本質に迫ろうとしている。その成果は、ことがらの性質からして時代を超える普遍的なものでなければならないが、あわせて同時代性としての意義をもつとすれば、その背景には次のような事情があるだろう。

およそ一九八九年の東欧革命（共産主義圏崩壊）以降、経済思想の分野は大きく旋回してきた。第二次世界大戦の終戦から東欧革命にかけての経済思想は、マルクスの圧倒的な影響下にあって、独創的な立論をいくつも生みだしてきたが、その際の視軸は「この資本主義体制をいかに根源的に批判しうるか」というものであった。資本主義の総体を批判して、社会主義の多様な可能性を提示する。そのような企てが、時代の先端を探る役割としての思想に期待されてきた。ところが九〇年代以降になると、経済思想の探究はとくに支配的なイデオロギーに導かれるわけではなく、リベラリズム、コミュニタリアニズム、平等主義、共和主義、等々の規範理論が競合するなかで、「経済をいかに認識すべきか」という根本問題をめぐってふたたび自由に論じられている。社会主義の可能性がしだいに失われてきたからであるが、同時に私たちが目指すべき社会の理念が不透明になってきたからでもあるだろう。そのような変化に応じて、経済学史の探究も、それまでのように欧米の近代化を丹念に再構成する作業から、新たな政策指針を探るための理念史的な作業へと関心が移っている。欧米においても、雑誌History of Economic Ideas およびEconomics and Philosophy がそれぞれ一九八三年と八五年に創刊され、また二〇〇八年には雑誌Erasmus Journal for Philosophy and Economics が創刊されている。こうした理念および理念史を重んじる研究動向に呼応するかのように、日本でも経済学の歴史を経済思想の観点から捉えることが多くなってきた。知の地殻変動を大まかに捉えれば、およそ日本では一九八九年を境にして、近代化の内実を熟知して社会主義を展望する姿勢から、ものごとの本質を探究して大海原での羅針盤をえる姿勢へとしだいに変化してきたように思われる。現代の経済思想は、社会の不透明性が増すなかで、生と社会の指針をあらためて得たいという私たちの関心に基づいているようにみえる。ただしそこには、探究のはてしなさがあると同時に、探究の意義を見失う危険もあるだろう。

思想とは、ものごとへの新鮮な驚きから出発して、自由な思索を重んじる営みでなければならない。だがそれ自体としては明確な方法をもたないため、独りよがりの妄想を招き入れ、探究を停滞させてしまうこともしばしばある。真に意義深い問いかけが独断のまどろみに終わるとすれば、それは知の悲劇であるだろう。新しい知を紡ぎだす際に必要なのは、批判にもとづく共同作業ではないか。本書はそのような発想から企画され、研究会での議論を重ねてきた。スタイルとしては、独創的な立論や未邦訳文献の紹介をベースにした立論、あるいはその組み合わせのいずれかを採用している。すでに邦訳がある重要文献については、これをコラムで紹介した。取り上げなかったテーマや文献もあるが、分散しがちなこの分野の到達点について、本書は一応の輪郭を描いている。読者諸氏の批判を乞うしだいである。

最後に、執筆者の方々には、小生のたび重なるコメントや要求に対して辛抱づよく対応していただいたことに、心からお礼申し上げたい。東日本大震災の影響もあり、企画から刊行に至るまでに約四年間を要したが、当初の締切り通り原稿を提出された藤田菜々子先生と鍋島直樹先生には、この場を借りて刊行の遅延をお詫びしたい。また、編集者の関戸詳子さんのご尽力がなければ、本企画はこれほどスムーズかつ濃密な雰囲気のなかで進めることができなかったであろう。加えて根本志保子先生には人名索引を作成していただいた。記して感謝したい。

二〇一四年九月

橋本努

現代の経済思想

目次

2　善い社会のために

3　経済の倫理

4 経済の生態

1 生きるために

1-1

キーワード：福利、快楽、幸福度

快楽
快楽が多ければよい人生か

米村幸太郎

はじめに

1　快楽と福利――快楽が多ければよい人生か

幼子がゆりかごの中で眠っている。その安らかな寝顔を眺めながら、あなたはぼんやりと幼子の未来に思いを馳せている。きっとあなたは「この子の人生がよいものであるといいなあ」となんとなく考えているだろう。このような場面を空想してみてほしい。

あなたはこの子の歩むよい人生を具体的にあれこれ想像する。いろんな事があり、いろんな事をするだろう。学校で学んだり、友達と遊んだり、なにかスポーツを始めたりするかもしれないが、本当のところはどうなるか分からない。でもなんであれ、それらの出来事を楽しんで欲しいとあなたは思う。日々の色々な出来事にこの子が苦しむのではなく、それらが快いものであればそれでよい……。結局それがよい人生というものなのだから……。

そこまで考えて、あなたはふと考える。そうだとすると、この子の人生のよさというのは結局、この子が享受する快楽（pleasure）と苦痛（pain）がどれだけあるかという問題に尽きるのだろうか。快楽が多ければよい人生だということになるのだろうか。快楽がなにか重要なものであることは確かだ。でも快楽（と苦痛）だけで人生のよさが決定されるというのは、上手く言えないけれど、言い過ぎではないか。人生のよさは、快苦の問題に尽きないはずだ……。

いまの空想における「人生のよさ」は、道徳哲学では主体の「福利（well-being）」と呼ばれる。たとえば自動車を評価する際に複数の観点があり、したがって複数の「自動車のよさ」があり得るように、ちょっと考えてみれば、人生のよさにもいくつか異なった意味のよさがある。たとえば道徳的な意味における人生のよさ、あるいは美的な意味における人生のよさというものがありうるだろう。しかし、いまの空想の中であなたはそういったよさを思い浮かべていただろう。それは、もう少し正確に言おうとすれば、人生の「それを生きる当人自身にとってのよさ（good for one's own sake）」というべきものであっただろう。この意味でのよさが福利（well-being）である。

このような意味での福利は個人的な関心事であるのみならず、社会的な関心事でもある。多くの政策決定者は自らの社会のメンバーの福利がどの位のレベルにあるのか、さまざまな決定がメンバーの福利を向上させるのかどうかを知りたいと考える。ＧＤＰやＧＮＰ、最近ではアマルティア・セン（Amartya Sen）のケイパビリティ論に基づいたＨＤＩ（人間開発指数）やエド・ディーナー（Ed Diener）らによる「主観的福利（subjective well-being)」論などのさまざまな指標が提案されてきた背景には、このような、ある社会の成員がどの程度よい人生を送っているのかを正確に計測したいという願いを見て取ることができる。だが、適切な指標を見出そうと思えば、当該指標によって計測されると主張されているところの福利とは一体なんなのかという問いと完全に無縁であることはできない。言い換えると福利は一体なにに存する（consist in）のか、あるいは、なにが私の福利を決定するのか。福利論（theory of well-being）の目標は、こうした問いに答えようとするところにある。

そして、この問いに対してさきほどの空想のように、わたしたちの福利を決定づけるのは快楽（pleasure）と苦痛（pain）のみであると答えるなら、あなたは快楽説（hedonism）に与していることになる。だが、さきほどの空想の辿った先が示しているように、快楽説はわたしたちの大半にとって反直観的なものである。よい人生が快苦の問題に尽きるという主張には明らかに全面的な賛同をためらわせるものがある。そればかりか、むしろ逆に、かかる主張には憤激と反論へと多くの人を誘う要素がある。

2　快楽説の退潮と再生

道徳哲学内部の専門的な議論においても事情はほぼ同様であった。快楽説は福利論において最も早くから検討に付されてきた候補のひとつではあったものの、さまざまな側面からの批判が提起されて、それらをもって快楽説は斥けられたものとされてきた。無論、ある哲学的立場が完全に論駁されるとか完全に支持者を失うといったことはそうそう起こらない。だが、快楽説が哲学的福利論の内部で、少なくともどちらかと言えば「死んだ」学説、すなわち、すでに批判され検討し尽くされた学説の側に分類されてきたのは確かである。

しかし果たして快楽説は本当に間違っているのだろうか。近年の少数ではあるが強力な論者は、この死亡推定を覆そうとする。彼らに共通する中心的なメッセージは、快楽（と苦痛）とはなにかということをもっときちんと考えるべきだというものである。すなわち、快楽説が（不当に）脆弱な立場と見なされてきたのは、快楽や苦痛に関するわたしたちの皮相な見方が原因なのであって、快苦の本性についてもう一度よく考えてみるならば、快楽説に対する既存の哲学的批判は必ずしも決定的なものではない。快楽説はより強靭な立場として再定位できるというのである。

本章の第一の目的は、このような快楽概念の再検討とそれに基づく洗練された快楽説の内容を詳しく辿り、新しい快楽説がどこまで福利をめぐる問題を前に進めているのかを検討することにある。そのために、洗練された快楽説の代表として、フレッド・フェルドマン（Fred Feldman）の態度的快楽説（attitudinal hedonism）とロジャー・クリスプ（Roger Crisp）の多元的快楽説（pluralistic hedonism）を取り上げる。(1) ただし両者はともに快楽説を支持するものの、彼らの主張する快楽説の内容には、細かいが無視できない違いが存在している。そこで以下では、快楽説に対する既存の批判を瞥見した上で、両者がそれらにどのように応答するのかを順に検討する。この作業を通じて、少なくともこれまでなされてきた批判に対しては十分に応答可能な形で快楽説が「再生」されていることを示す。それと同時に、これらふたつの洗練された快楽説のうち、どちらが福利の理論として優れているのかについても一定の見通しを述べる。

このような快楽概念の再検討は、近年盛んになっている幸福研究（happiness studies）と福利の測定の問題に対しても一定の含意を有する。とりわけ経済学において伝統的な快楽説が放棄され、快楽ではなく欲求、ないし選好概念が基盤となるようになったのは、すでに述べたような素朴な快楽説に対する哲学的反論の成果というよりも、それが福利ないし厚生（welfare）を測定不可能なものとし、ひいては経済学が実証科学たることを不可能にするからであったと言ってよいだろう [Hausman 2010: 328]。しかし、昨今、心理学においては、さまざまな質問票調査を用いて幸福度を「測定」するといった実証的研究が盛んになり（これらは、人間の肯定的（positive）

な心理的諸特性の探求を自らの任務とする「ポジティブ心理学」の主要な部分である）、一方で脳科学などの分野においてはｆＭＲＩ（機能的磁気共鳴画像法）を用いて脳の活動から幸福とはなにかを解明しようとする研究も存在している。そして、これらの幸福研究が、いまや標準的な経済学の想定に見直しを迫るものになりつつあることもまた周知の通りである。

こうした動向の中にあってみれば、福利についての快楽説は、また別な意味で死んだ理論であるように思われる。すなわち、これらの研究が測定している幸福、そしてそれらが結びついているとされる厚生や福利とはなにかという哲学的問いにはあまり注意が払われていないし、またその必要があるとも思われていないように思われるのである。だが、それらの実証研究が規範的意義を主張できるためには、福利とはなにかという哲学的問いは避けられないだろう。この意味で、哲学的福利論はこれらの研究にとって無意義ではない。そればかりではなく、ある種の快楽説の立場からは一定の建設的な提案がなされている。以上のことを、近年の幸福研究に対するフェルドマンの批判的検討とその代替的提案を通じて紹介したい。

一　素朴な快楽説とその標準的批判

洗練された快楽説の内容とその意義を測るには、まずは快楽説に対する既存の標準的取り扱いと標準的批判を理解しなくてはならない。標準的批判は快楽説を次のような主張だと理解する。すなわち、快楽説は主体の福利を決定するのは主体の快楽および苦痛のみであり、快楽・苦痛とはある特定の感覚（sensory feeling）のことだと主張しているのだ、と。この主張をここでは、素朴な快楽説と呼んでおくことにしよう。この主張のどこが問題なのだろうか。

1　快楽説の反直観的帰結

第一の問題は、素朴な快楽説がさまざまな反直観的帰結を生みだしてしまうことにある。たとえば、次のような事例を考えてみよう。

ある男がいるとする。彼は四六時中つねにブタ小屋に入り浸って、考えうる限りで最も卑猥な性的活動にいそしんでいる。男はこの性的活動から強い快楽を得ている。彼はずっと、他にはいかなる快楽の源泉も持たない。男はこの性的活動によって豚から傷つけられるわけでも、不衛生からくる感染症にかかることもない。また自分自身をみじめだと感じたり、孤独や退屈に苦しむわけでもない。したがって男はこの生活になんら苦痛を感じていない。

この男の人生は快楽に満ち、かつ苦痛は存在していない。したがって快楽説はこの男の福利を高く評価することになる。だがこれは直観に反する、と快楽説に反対する論者は主張する。道徳的に厭わしい性的快楽に耽溺するだけの生はけしてよいものではない。したがって素朴な快楽説は誤っているというのである。

この事例は次のことを示唆している。わたしたちが人生において遂行し享受する諸々の事柄には、道徳的価値や美的価値の点で優れたものと劣ったものが存在する。そして、低劣な活動から快楽をいくら得たところで、人生はよいものになるはずはない。あるいは、そこまで言い切ることには躊躇するとしても、道徳的あるいは美的に優れた事柄から快楽を得ている場合と低劣な事柄から快楽を得ている場合に、そこで主体が享受している快楽の量が等しいとしても、両者が等しくよい生であるとは考えにくい。つまり、わたしたちの生の福利は快苦のみならず、わたしたちの活動が持つ道徳的・美的価値にも影響される。だが素朴な快楽説は快楽の「量」のみを考慮しその快楽がなにによってもたらされたかを問題にしない。よって、福利のこのような側面を説明することができないのである。

同様の問題は、福利と真理との関係においても生じる。素朴な快楽説の下では、福利は人生が実際にどうなっているかとも関わりを持たない。この問題を示すためによく用いられるのは次のようなケースである。(2)

あるビジネスマンは、同僚には尊敬され家族には愛されていると信じ、そのことに喜びを感じている。しかし彼はまったく気づいていないが、実は同僚は彼のことを軽蔑しており、家族も彼のことを愛してなどいない。

また、ノージック［Nozick 1974: 42-45］による有名な「経験機械（experience machine）」の設例も同じ含意を持つ。今、あなたが望む感覚をなんでも経験させてくれるような経験機械があるとしよう。すごい神経科学者があなたの脳を刺激して、あなたが優れた小説を書きあげ、恋人と結婚し、面白い本を読んでいると信じさせ、実際にあなたがそれを経験したときとそっくり同じ感覚をあなたに提供してくれる。しかしこのとき、現実にはあなたは脳に電極を繋がれて水槽の中に浮かんでいるのだ。あなたは経験機械につながれることを望むだろうか。

どちらの例でも、主体は感覚的快楽を得ている。したがって素朴な快楽説は、これらの人びとは高い福利を享受していると判断することになる。だがそれは反直観的である。多くの人は、騙されたまま生きているビジネスマンの生はその分だけ悪くなっていると考えるだろうし、たとえ自分の思い通りの感覚を味わうことができるとしても経験機械にはつながれたくないと思うだろう。人生においてわたしたちが気にかけているのは単に一定の感覚を得ることではなく、なにかを実際に経験したりある状態を実際に実現したりといったことであるはずである。だが、感覚の存在だけを問題にする快楽説は、生の実際のありようを気にかけることができないのだ。

快楽説が捨象しているのはそれだけではない。ヴェルマン［Velleman 1991］の挙げる以下のようなケースは、快楽説が人生のまた別な側面を把握し損ねていることを示すものである(3)。

次のようなふたつの人生を考えてみよう。ひとつは過酷な幼少期を過ごし、苦闘に満ちた青年期を経て、しかし中年期には成功と満足を得、幸福に満ちた老年期を迎えるという、いわば「上り坂」の人生である。一方もうひとつは、幸福に満ちた幼少期と充足した青年期を過ごし、そこから人生は上手くいかなくなり、トラブルの続く中年期を経て惨めな老境を過ごすことになるという「下り坂」の人生である。今このふたつの生において、それぞれの主体が享受することになる快苦の総量は等しいものとしよう。このふたつの人生は等しくよいものであるだろうか。

この事例は、快楽説に対して次のような批判を提起する。このようなケースにおいてそれぞれの主体が享受する快苦の量が等しいとしても、上り坂の生の方がよりよい生であるだろうと多くの人は直観的に判断するだろう。この直観が正しければ、人生全体の福利は快苦の量のみならず、人生全体が有する全体的特徴（global feature）によっても決定づけられていることになる。だが快楽説は快苦の量だけを問題にするから、このケースにおけるふたつの人生全体の福利を等しく評価せざるをえない。快楽説は生の全体的特徴が主体の福利に影響を与えることを認めることができないのである。

さらに、快苦は福利の必要条件ですらないのではないかという批判も存在する。次のようなケースを考えてみよう。

平和と静寂を望む男がいる。彼は快楽や苦痛は心の平穏を阻害するため、それらを人生からきっぱりと取り除こうとしている。注意深く生活を組み立て、精神の修養を積んだ結果、男は望んでいたような快苦の不在状態を実際に得ることができた。彼はこの人生に満足していると言い、この生き方を変えることも後悔することもなく生を終えた。

この人生はかなり奇妙なものであることは確かである。それでも、直観的にはこの人生はこのストア的求道者本人にとってはよいものであったように思われる。だがここでも快楽説の診断はわたしたちの直観に反する。なぜなら設例の記述にしたがえばいかなる感覚的快楽もこの生のうちには含まれていない以上、素朴な快楽説はこの人生の価値をゼロだと考えなくてはならないからである。このケースにおけるわたしたちの直観にしたがえば、快楽や苦痛は福利の必要条件ですらないことになる。

これらのさまざまな反直観的帰結が生じる原因はまさに快楽説の主張自体にある。快苦のみが福利を決定するということは、とりもなおさず人生における快苦以外の事柄が福利に直接的な関わりを持たないということに他ならない。したがって、これら帰結の反直観性は快楽説を放棄する十分な理由であると見なされてきたのである。

2　快楽の多様性の問題

もうひとつ大きな問題がある。そもそも快楽や苦痛とは一体なんだろうか。先に定義した素朴な快楽説は、快苦はある特定の感覚だとしていた。これは一見なんの問題もない主張のように思える。しかし、少し考えてみれば、わたしたちが快いと感じる経験はきわめて多様であり、そこから得られる感覚もきわめて多様であることに気づく。快楽を感じる経験にはさまざまなものがある。セックスすること、温泉に入ること、ドラムを演奏すること、よい小説を読むこと……。これらの経験においてわたしたちが感じている感覚は実に多様で、互いにほとんど似ていない。ドラムでビートを激しく刻むことと、ひとり心静かに小説を味わうことがもたらす感覚は全然違っているように思える。ということは、私たちが快いと見なしている経験に共通する「快楽」なる単一の感覚など実は存在しないのではないだろうか。そうだとすると快楽説の主張は初手から躓いているのではないか。

「たしかに快楽を特定の感覚（distinct feeling）と見ることはできない。だが、それらの感覚には共通して内在する一定の特質（feeling tone）が存在しているのだ」と一部の快楽説論者は応答する。だがこの応答も心もとない。右に挙げた多様な快楽経験は、感覚として異なっているのみならず、それらの感覚に共通するなんらかの「トーン」があるとも確言しがたいからである。また、多様な感覚が共通して快楽であることを、欲求との関係によって説明する方法も提案されている（選好快楽説）。すなわち、ある経験を経験し続けたいという内在的な欲求を抱く場合かつその時にのみ、当該経験のもとで抱かれている感覚は快楽であると考えるのである。だがこれも採用しがたい。問題なく快楽を経験していると言えるものの、その経験の持続を欲求しないケースがあるからである [Gosling 1969: 65]。たとえば微量の香水の匂いを嗅ぐことは快いと感じられるだろうが、それが持続すれば逆に不快感を催すためにその感覚経験の持続を欲しない場合がありうる。また、誰かによいニュースを知らせる際にわたしたちは快い感覚を経験するだろうが、だからといって知らせるというその行為を続けたいとは思わないだろう。これらの批判に対してさらなる応答がないわけではない。だが、いずれにせよ、快楽（と苦痛）について十全な説明を提供することは快楽説にとって思ったよりも難問なのである。

二　快楽説の再生

これらの反論に対してどのような応答ができるだろうか。これらに応答すべく洗練された快楽説の代表として、すでに予告した通り、以下ではフェルドマンの態度的快楽説とクリスプの多元的快楽説を取り上げよう。彼らの戦略の中心と新奇性は快苦の概念の見直しにある。したがって、まずは両者が快楽（と苦痛）をどのように捉え直しているのかを確認し、その上で先の反論にどのように答えるのかを見ていこう。

1　快楽概念の見直しと多様性問題への応答

快い経験においてわたしたちが感じている感覚は多様であり、したがって、それらに共通する単一の感覚としての快楽が存在しているようには思えない。そして、異なった感覚のうちに共通する内在的要素を見出す試みにも、欲求から快楽を定義しようとする試みにも難点がありそうに思われるのだった。では、どうすればよいのだろうか。

クリスプは、異なった快楽経験によって得られる感覚の多様性という直観と、それらの感覚を快楽たらしめる要素が感覚に内在しているという直観とを調停しようと試みる［Crisp 2006: 109-10］。たしかに快楽経験によって得られる感覚は多元的であり、共通する単一の特質が存在するわけではない。だがそれでも、それらの感覚はすべて端的に「快いと感じられる（feel enjoyable）」という点において共通しているではないかとクリスプは指摘する。

一見このクリスプの指摘は、感覚に内在する特質の存在を率直に認めただけのように見える。だが、そうではない。クリスプによれば、この「快いと感じられること」という性質は、個々の特定の快楽経験においてわたしたちが感じる特質とは異なっている。クリスプ自身が挙げている色覚とのアナロジーをここで参照しよう。「赤であること」や「紫であること」といった個々の色性質は互いに異なっており、多元的である。しかし、そのことは個々の色性質がともに「色であること（being colored）」を妨げないだろう。性質の間のこのような関係は、一般に「確定可能的 - 確定的関係（determinables-determinates）」と呼ばれるが、クリスプは、個々の快楽経験における感覚の質と「快いと感じられること」という性質との関係もこの確定可能的 - 確定的関係に立つと考えるのである。個々の快楽経験、たとえば温泉に浸かったりビールを飲んだりといった経験においてわたしたちが感じる感覚は「確定的なもの（the determinates）」であり、それらに互いに共通の要素はない。しかし、それでもそれらは「快いと感じられる」という「確定可能的なもの（the determinables）」の一種なのである。色性質の多元性は、個別の色性質が、それらに内在する性質のゆえに色であることを妨げない。同様に、個々の快い感覚の多元性は、それらがすべてそれらに内在する性質のゆえに快楽であることを妨げないのである。

一方フェルドマンは、まったく別の方向を採用する。彼は、そもそも快楽説の基礎となる快苦が感覚であるという前提を見直そうと提案する［Feldman 2004: 56–78］。快苦とは、信念（belief）や希望（hope）などと同じく「命題的態度（propositional attitude）」の一種と考えるべきであるとフェルドマンは述べる。わたしは「わたしが紅茶を飲んでいる」ということを「信じ」たり「望ん」だりする。これと同じように、わたしはそれに対して「喜びを抱く（take pleasure in）」のである。この命題的態度の一種としての快苦は、感覚的快苦と区別する形で、態度的快苦（attitudinal pleasure/pain）と呼ばれる。

態度的快苦は、信念がそうであるように、過去、現在、未来のさまざまな対象に対して抱かれうるし、同時に複数の対象についても抱かれうる。そして信念や希望の「強さ（intensity）」や「時間的持続（duration）」を語ることがおかしくないのと同じく、態度的快苦についても、その強さや持続を観念することができる。そうだとすれば、感覚的快苦に基づいた素朴な快楽説の場合と同様に、態度的快苦の「量」をその強さと持続の積として把握することができる。これこそが主体の福利であるとフェルドマンは主張するのである。これは態度的快楽説と呼ばれる。

快苦はあくまで感覚であって、信念のような態度には見えない、と思われるかもしれない。しかしそれは、命題的態度としての快苦と感覚的快苦は多くの場合同時に生起しているからである。わたしが紅茶をすするとき、わたしは自分が紅茶をすすっているという事態に対して態度的快楽を抱くと同時に、感覚的快楽を感じてもいる。だが次のような事例は態度的快楽の存在を直示的に明らかにする。バイク事故で重傷を負い、手術のために強力な麻酔をかけられた男がいるとする。彼は今、麻酔のせいでなにも感じることはできない。したがってこの時彼は感覚的快楽を感じることは不可能である。しかし、彼は自分が生き延びていることや、愛車が無傷で済んだことに対して喜びを見出していよう。態度的快苦と感覚的快苦は異なる現象なのである。

そして、このように快苦を命題的態度として把握しなおすことは、快楽経験の多様性の問題に次のような解決を与える。すなわち態度的快楽説は、感覚的快苦と態度的快苦が異なった現象であるとするのみならず、前者は後者によって定義されるのだと主張する。言いかえれば、ある感覚が感覚的快楽であるのは、自分が当該感覚を感じていることに対して主体が態度的快楽を向けているからなのである。したがって、さまざまな快楽経験において、わたしたちが感じている感覚に内在する共通の要素が存在しないとしても、それは態度的快楽説にとってなんら問題にはならない。それらの多様な感覚を感覚的快楽としてまとめあげているのは、主体の肯定的態度という感覚外在的な要素だからである。

これは反直観的に響く。というのも、もしこの主張が正しければ、感覚というのは本質的に快楽であったり苦痛であったりするわけではないことになるからである。しかし態度的快楽説の支持者は、快楽にまつわる諸現象を考えれば、これはまったくおかしくはないと主張する。たとえば、ある特定の感覚がある人にとっては苦痛と感じられるが、他の人にとっては特段苦痛に感じられないのはよくあることである。さらに、特定の感覚が主体にとってつねに快楽であったり苦痛であったりするわけではない。たとえば、冬の寒い日にシャワーを浴びるとしよう。熱いシャワーは冷えきったわたしの体を温めてくれる。この時わたしは間違いなく快楽を感じている。ところがここで温度を徐々に上げていくとどうなるだろうか。わたしはある温度までは快楽を感じ続けるが、一定以上の温度になるとおそらく苦痛を感じるようになるだろう。このような快楽から苦痛への変容は、態度的快楽説によれば、同一の感覚に対する命題的態度の変化として説明できるのである。

2　反直観的事例への応答

もうひとつの問題に移ろう。快楽説がさまざまな反直観的帰結を生みだしてしまうという問題について、これらの洗練された快楽説にはどのような応答ができるだろうか。ひとつの応答の仕方は、快楽説のもたらす帰結を反直観的と見なすわたしたちの直観の方が誤っているのだと主張するやり方である。これは、どちらの快楽説にも可能な応答である。もうひとつは、快楽説は直観に沿った結論を導出できるという応答である。こちらの応答が可能かどうかは、どちらの快楽説のバージョンを採用するかに依存する。

第一に低劣な快楽のケースから見てみよう。快楽説はまず、このケースにおいて働く直観の妥当性を問題にすることができる。ここでわたしたちは、福利がなんであったのかを忘れないようにしなければならない。福利とは、ある生が持つ、それを生きる当人にとってのよさであった。たしかに低劣な快楽だけに耽る男の生はみじめなものに見える。わたしたちの多くはそのような人生を送りたいとは思わない。だが、当の男は自分の生活をなんらみじめだとは思っていないし、なんらそれに痛痒を感じていない。道徳的観点や審美的観点から見て、男の生が低い価値しか有していないということが仮に正しいとしても、その無価値さは本人の心理状態になにも影響を及ぼしていないのである。それにもかかわらず、この無価値さが男の生を当人自身にとって悪いものにしているというのはいささか説得性に欠けるのではないだろうか。

にもかかわらず、このような直観を持ってしまうのは、ひとつにはわたしたちが彼自身の立場に正確に身を置くことに失敗しがちであることに由来する。わたしたちは彼の性的快楽の様態が低劣なものだと知っており（少なくともそう感じており）、それにまみれた生をもまた厭悪する気持ちを抜きがたく有しているだろう。このために、わたしたちは彼自身の視点に立つことを妨げられがちなのである。したがって、直観は彼自身にとって彼の生がどのようなものかを本当に診断していることにはならない。またこの問題に関してわたしたちの多くが下す直観的判断には、福利以外の価値評価が混入している。まず、審美的観点から見ればたしかにこの生の美的価値は低いものになるだろう。次に、道徳的観点から見ても、この生は性的規範に逸脱している等の理由から低く評価される余地があろう。しかし、これらの価値評価は福利的観点からの生の評価とは区別されなくてはならない。美的価値について劣る生が高い福利を享受することはありえるし、道徳的に厭わしい生も高い福利を享受しうる。わたしたちの直観的判断が男の福利を低いものと見なすのは、これらの価値評価を混同しているせいである。だからわたしたちの直観は証拠として採用するに値しない。このように快楽説は反論しうる。

さらに、クリスプもフェルドマンも右の反論に加えて、あるいはそれとは別に、適切な快楽説はこれらの直観に適合した結論を出すことができると応答する。

クリスプは次のように応答する［Crisp 2006: 111-117］。彼によれば、たとえばソーダを飲むことにともなう快楽経験は、どれだけの量を積み重ねようとも優れた小説を読むことにともなう快楽経験に及ばない。低級な快楽と高級な快楽の双方を熟知している人は、単に優れた小説を読む方を選好するだけではなく、優れた小説を読む方がより多くの快楽を含んでいると判断するだろうというのだ。クリスプは次のように述べる。

> ある人が冷たいレモネードを飲んだことがあり、またジェーン・オースティンの『高慢と偏見』を読み終えたこともあるとしよう。もし彼女に、それらふたつの経験の快さ（enjoyableness）を順序づけてほしいと頼んだならば、レモネードを飲む経験がどれほど長く続こうともそんなことは問題ではないと彼女が主張するのを妨げるものはなにもないだろう。彼女は小説を楽しむのと同じだけレモネードを楽しむことは無いのである。［Crisp 2006: 115］

この主張を受け入れるなら、先の男の例について直観と適合した判定が可能になる。すなわち、逸脱した性的振る舞いに耽溺することによって得られる価値の低い「低級な」快楽は、いくら積み重ねたところで価値の高い「高級な」快楽の「量」を上回ることはない。したがって、他の高級な快楽を享受する人生の方が福利的に優れており、それらに比べれば件の男の生はさほど高い福利を享受してはいないと評価することができることになる。

この応答は、快楽の質に関するJ・S・ミルのあの有名な主張を想起させる。だがクリスプの議論は、少なくともミルの通説的理解とは異なり、高級な快楽に「より価値がある」とは述べない点にポイントがあることに注意したい。というのも、もしそのように述べるなら快楽以外にも福利を決定づける価値が存在することになり、よって快楽説を否定することになるからである。クリスプは高級さ／低級さがあくまで快楽の量に寄与するのだとすることで、福利を決定づけるのは快苦のみであるという快楽説の基本的主張を維持しているのである。

フェルドマンの応答にも類似の発想が見られる。彼は態度的快楽説に「割引率」を組み込むよう提案する。すなわち、たとえば快楽が価値ある対象に向けられたものである場合には快楽の量がそのまま主体の福利となるが、それが無価値な対象に向けられている場合には、快楽の量に〇・一という割引率を掛け合わせた結果が主体の福利となる、というような形で快楽説を修正すればよいというのだ。いわば命題的快楽が福利に貢献する「度合い」は、命題的快楽の対象の有する価値（desert）に応じて「調節（adjust）」されることになる。よってフェルドマンはこの修正された快楽説を「功績調節的態度的快楽説（desert-adjusted attitudinal hedonism）」と呼ぶ。功績調節的態度的快楽説の下では、低劣な活動にふける男のケースはたしかに大きな快楽を得ているものの、その対象の有する無価値さのゆえに、当該快楽が福利に寄与する度合いは少ない。したがって、わたしたちの直観通り、男の福利は高くないことになる。

偽られたビジネスマンや経験機械のケースについてはどうだろうか。これらも、まずその直観の妥当性を問題にできる。偽られた生を生きるビジネスマンの生がみじめなものに思えるのは、彼の抱いている信念が誤っているとわたしたちが知っているからである。本当に彼の立場に身を置くなら、偽られていることを彼自身は知りようがない以上、彼の福利にはなんの問題も生じていないと考える方がむしろ自然ではないだろうか。経験機械に対する直観もあてにはならない。「経験機械につながれたいかどうか」という質問に対する答えは、福利に対するわたしたちの直観以外の要素によって左右されている可能性が高い。わたしたちは経験機械が壊れるかもしれないという不安を持つだろう。仮定により経験機械は壊れないと保障されたとしても、その不安は恐らくわたしたちの答えに影響を与えているだろう。また、わたしたちは経験機械につながれたことがない。したがって経験機械に入ったあとの自分を十分真剣に想像することができていないのかもしれない。

また、態度的快楽説はこの場合にも直観適合的な修正を行なうことができると主張する。こんどは態度的快楽の対象となる命題の真偽に応じて割引を行なえばよい。ある主体が抱いている態度的快楽の対象となる事態が実は成立していない場合には、その態度的快楽を一定程度割り引いた値が主体の福利となると考えればよい（命題の真偽に応じた調節がなされるという意味で、これは「真理調節的態度的快楽説」と呼ばれる）。そうすれば偽りの快楽のケースにおける男の福利は依然として低いものであるし、経験機械によって得られる快楽は、同じ量の真実の快楽よりも主体の福利を改善しないという結論を導くことができる。

だがこのような応答は、結局快楽以外の価値が主体の福利を決定づけることを認めることに他ならず、したがって実質的には快楽説を放棄しているのではないか。そうではないとフェルドマンは反論する。道徳的価値や美的価値や命題の真偽が、快楽から独立にそれ自身として主体の福利を決定づけるのならば、たしかにそれを快楽説と呼ぶのは不適当である。だが、功績調節的快楽説や真理調節的快楽説はそのような立場ではない。態度的快楽の対象の価値の高低は、ちょうど快苦の強さや持続と同じ位置づけにあるのである。ある快楽のエピソードにおける快楽の強さが大きい程、その福利は大きくなる。しかしだからといって強さがそれ自体快苦とは独立の価値であることにはならない。同様に、対象が真であるか偽であるかが快苦のエピソードの持つ福利を増減させると認めることは、真偽が独立の価値であると認めることにはならないのである。

人生の全体的特徴に関するわたしたちの直観にも疑問を呈することができる。このケースを考える際には、さらにふたつの場合を区別しなければならない。第一に、主体が自らの生の形を認識し、それを気にかけている場合が考えられる。このとき、上り坂の人生と下り坂の人生との福利が異なる理由を態度的快楽説は説明できる。上り坂の人生にある人は、生が上り坂にあるということ自体について態度的快楽を抱くだろう。また下り坂の人生を生きている人は、生が下り坂にあるということ自体について態度的苦痛を抱くだろう。そうだとすれば、ふたつの生に含まれている快苦の量は実は等しくないことになる。したがって、態度的快楽説は、下り坂の人生より上り坂の人生の方が当人にとってよい人生であると評価することになるのである。

ただし、そうではない場合、すなわち主体自身が自らの生の形を認識していないとか気にかけていない場合には、やはり態度的快楽説もこれらふたつの生の福利を等しいものと評価しなければならない。だが当人が自らの生の形を認識していなかったり気にも留めていないにもかかわらず、どうして上り坂の人生の方が下り坂の人生よりも、当人にとってよいことになるのだろうか。この場合にはわたしたちの直観的判断の方が誤っているのだと態度的快楽説は応答する。第一に、上り坂の人生の方がよいという直観は、偽りの快楽のケースと同じく、わたしたちが正しく対象に身を置き損ねていることから生じている。わたしたちは、双方の生の形を知っており、かつ生の形は大抵の人にとって関心事であるから、上り坂の人生の方がよりよいと判断してしまう。しかし、本当にこの仮想的ケースの主体になってみれば、それらは等しくよいものであるだろう。ふたつ目に、その直観は福利とその他の価値との混同に由来しているかもしれない。上り坂の人生は下り坂の人生には欠けているある種の卓越性や美しさを体現しているという点で価値を有すると考えるかもしれない。しかし、やはりそれらは福利とは別の価値である。(4)

四つ目のストア的な人生のケースは、先の三つのケースと違って、わたしたちの直観が誤っているとは言いにくいように思われる。したがって、クリスプ流の多元的快楽説にとっては、有効な応答は難しい。というのも、多元的快楽説はあくまで快楽を感覚だと見なしているから、感覚的快楽が存在していないとされるこのケースにおいては、男の生を本人にとってよいものであるとは考えることができないのである。一方、態度的快楽説には次のような対応ができる［Feldman 2004: 68］。たしかにこのケースにおいて、男の生には感覚的快楽が含まれていない。だが、男は「自らの生に感覚的快楽が不在であること」に態度的快楽を抱いていると考えられる。したがって、態度的快楽説の下では、この生は当人にとってよいものとなるのである。

3　態度的快楽説の暫定的優位

以上見てきたように、態度的快楽説と多元的快楽説は、快苦の概念を見直すことによって、快楽の多様性の問題を解決し、同時に快楽説が生みだすとされた反直観的ケースに大部分応答することができている。しかし、態度的快楽説と多元的快楽説は両立できない。では、快楽説の支持者が採用するべきはどちらなのだろうか。

第一に、快楽説に向けられた標準的批判によりよく応答できるのは態度的快楽説の方である。すでに見たように、生の形のケースとストア的求道者のケースついて態度的快楽説は直観に適合した結果を生みだすことができる。一方、多元的快楽説にはそれは不可能であった。この対応能力の差は、両説における快苦の身分の差に由来している。態度的快楽は命題的態度であるがゆえに、感覚的快苦の不在や、人生が持つ全体的特徴に対して抱かれることが可能である。一方で、多元的快楽説における快楽はあくまで感覚であるため、感覚なきところには快楽は存在しない。したがって、反直観的事例に対する応答能力の点では、態度的快楽説の方が優れていると言えるだろう。

第二に、快苦に関わる現象の説明としても、態度的快楽説は多元的快楽説よりもおそらく優れていると思われる。先に挙げたシャワーの例のような快苦の変容の説明は、態度的快楽説の利点である。なぜなら、同一の感覚が快楽から苦痛に変容する現象は、快苦が感覚外在的な要素であるということによってのみ説明されるからだ(5)。

この問題は快楽説内部での細かい議論に関わり、論争が現在進行中の事柄と言うべきだろう。だが、ここまでの議論からすると現状では多元的快楽説よりも態度的快楽説の方にやや分があると言ってよいだろう(6)。

三　快楽説の再生が持つ意義

1　幸福の「測定」と哲学的福利論の必要性

第一節で述べたように、ポジティブ心理学の分野を中心とした「幸福研究（happiness studies）」は、経済学や道徳哲学にもインパクトを与えつつある。たしかに、このような潮流が福利の探求にとって興味深いものであることは疑いない。(7) しかしフェルドマンは、このような一連の潮流に対してかなり批判的であり、一冊を費やして近年のさまざまな幸福測定の試みを批判している［Feldman 2010］。

フェルドマンの第一の疑念は、それらの試みによって測定されているものは本当に幸福なのかという点にある。たとえば、心理学者であり行動経済学の始祖の一人でもあるダニエル・カーネマン（Daniel Kahneman）は、「客観的幸福（objective happiness）」なる定義を提出し、それに基づく幸福の測定を提案している(8)（［Kahneman 1999］。同論文をもとにしたカーネマンへの批判的検討として［Feldman 2010: ch.3］；［Hausman 2010］）。「客観的幸福」論文においてカーネマンは、経験に対する事後的な評価がきわめて誤りやすいことを強調し、「リアルタイムの」評価――同論文におけるカーネマンの用語では瞬間的効用（instant utility）――を知る必要があるとする。ある期間の主体の幸福はこの瞬間的効用の集まりとして定義されるのである。そして、カーネマンは、主体がその瞬間に有している経験をどれほど持続ないし中止したいと欲求するかによって瞬間的効用を定義しようとしているようである［Kahneman 1999: 7］。

複数の論者が指摘しているように、客観的幸福についてのカーネマン自身の定義づけは複数の解釈を許容するように見える。だが、もし右のような解釈がカーネマンの見解であるとすれば、客観的幸福は「重大な点で幸福とは異なっており」、したがって福利とは結びついていないのではないかとフェルドマンは指摘する。たとえば、次のようなケースを考えてみよう。あるレーサーがいるとする。彼がレースで車を走らせているときのある瞬間をスナップショットのように切り出してみれば、彼はさまざまな事態を経験している。彼は車のスピードを経験し、車のエンジン音を聴くという聴覚的経験を有しており、周囲の景色についての視角的経験を有している。彼はレースを楽しみ、昂奮し、それに没頭している。よって、この瞬間において彼が幸福であると診断するのは直観的には妥当であるだろう。しかし、もし仮に当該瞬間にこのレーサーに対してそれらの経験をどの程度持続したいかを尋ねることができたとしたら、彼はそれらの経験の多くを経験し続けたくはないと答えるのではないだろうか。彼はいち早くレースを終えることを望んでいる。したがって、自分の視覚的経験がそのままであってほしいとは思わないだろうし、スピードがそのままであってほしいとも思わないだろう。そうだとすれば、客観的幸福概念に基づく幸福度の測定からは、彼は幸福ではないことになる。客観的幸福が右のように解釈される限りは、それは幸福を捉え損ねている。

このような指摘は、なにか瑣末で意地の悪いものに見えるかもしれない。客観的幸福のような定義は、幸福の哲学的概念分析を目指しているのではなく、実証研究のための単なる規約（stipulation）であると反論したくなる。だが、客観的幸福は、主体の福利と等置されるべきものとして意図されているはずである。そうだとすれば、ここでの観念は、日常的な幸福や厚生概念と、なんらかの信頼できるつながりを有していなければならない。つまり、幸福の度合いについてわたしたちがすでに有している素朴な判断と完全に無関係であることはできない。そして、そのためには、幸福とはなにか、そして幸福は福利といかなる関係にあるかに関する哲学的問いが先行しなければならないのである。

2 幸福の測定と福利論——態度的快楽説からの提案

（態度的）快楽説はそのような問いへの答えである、とフェルドマンは主張する。彼は幸福と福利を等置し、したがって幸福についても態度的快楽説を擁護する。その上で彼は幸福の測定について、既存の測定方法を批判し、快楽説の立場から積極的な改善案を提示できると主張する［Feldman 2010: ch.12］。

結婚生活や仕事、趣味、健康状態など、事前に指定した人生の「局面（domain）」について、それらに対して主体がどの程度満足しているかを答えてもらうような典型的な調査手法にはさまざまな問題点があると彼は指摘する。

第一に、調査を行なう側が事前に指定したような人生の局面についてだけ尋ねることは主体の幸福度を正しく測り損ねる可能性がある。調査票に列挙されている人生の局面について回答者が満足しているとしても、彼は自分の人生とは直接関連性を持たない、いわば人生の「外」の領域にある出来事から大きく影響を受けているかもしれない(9)。たとえば個人的な生活についてはすべての面で非常に満足しているものの、ある途上国の政情に深い憂慮を抱き、それについてひどく悲しみ取り乱しているような人間を思い浮かべよう。このとき彼の幸福、そして福利はそれによって大きく（マイナスの）影響を受けているだろう。だが、それはこのような調査結果には表れない。彼は調査票に記載されたいずれの項目についても、ポジティブな回答をすることになるだろう。あるいは彼は、調査票に列挙されている人生の局面のいずれにも分類しがたい活動に人生を費やし、そこから大きな喜びを得ているかもしれない。この場合も、彼の幸福の度合いは正確には測れないことになるだろう。

第二に、「満足度」を問うことにも問題がある。次のような人物を考えてみよう。彼は、つねに次の目標を設定し、その実現に向けて努力し続けるような人間である。彼は満足することは停滞につながると考え、つねに満足しないことを心がけている。だが、彼はいつも快活で情熱に溢れ、笑顔で自らの夢の実現に日々取り組んでいる。周囲の人はみな彼のことを幸福な人間だと思い、彼自身も自らが幸福であると感じている。だが、この人物に満足度を尋ねるなら、きっと彼は満足していないと答えるだろう（「まだまだこんなものでは満足できない。もっと上の目標を目指しているからね」）。この場合もまた、典型的調査手法はこの人物の幸福を正しく測り損ねてしまうだろう。

フェルドマンは、次のような改善案を提示する。回答者自身に最近頭に浮かんでいるエピソードを（たとえば八個、挙げてもらい、かつ、それらのエピソードが回答者の思考においてどの程度中心的であるか（centrality）を回答者自身に割り当てさせた上で、それらに対してどれほどの快楽／苦痛を感じているかを記入させるような質問票を作成するのである。

このやり方がさきほどの典型的な調査手法の持つ問題点を解決することは明らかだろう。この手法においては、調査を行なう側が事前に答えるべき人生の局面を限定列挙しないため、回答者の快苦の源泉を捉え損ねてしまうという問題は生じない。さらに、回答者の満足の程度ではなく、快苦の程度を答えてもらうので、二番目の難点も回避できる。

フェルドマン自身も認めているように、この調査手法にも不完全な部分が指摘できる。この改善案が、幸福を、したがって福利を、完全に正確な形で測定できるとは限らない。たとえば典型的な調査手法と同じくこのタイプの調査手法も記憶にともなう回答の誤りを防ぐことはできない。また、回答してもらう対象の数を限定することは、幸福測定に上限を設けることを意味する点で不適切であるかもしれない。しかし、いずれにせよここで強調しておきたいのは、このような提案を可能にしているのは快楽説の再定位であるという点である。快苦が単なる感覚やムードではなく、さまざまな事柄に向けられる命題的態度であるというフェルドマン流の態度的快楽説の主張は、快楽説に対して決定的であるとされてきた批判に十分に応答できるばかりではなく、福利の測定についての一定程度の積極的提案をも可能にしているのである。

結論

冒頭の問いに戻ろう。わたしたちは快楽が多ければよい人生だともっと自信を持って言ってよいように思われる。そして、まだそこまで言い切るのはためらわれるという人にとっても、快楽についての哲学的探求は無意義であるどころか、今こそ更なる探求を必要としていることは明らかであるだろう。

注

(1) クリスプ自身が自らの立場をこのように呼んでいるわけではないのだが、便宜上この名称を付しておきたい。

(2) この例はネーゲルによる。

(3) ただし、この事例は快楽説への批判となるようにヴェルマンの本来のケースから多少修正されたものである。

(4) [Feldman 2004: 140]. さらに問題となるのは、いかなる生の形が望ましいかについて、論者の述べるところが一致しない点である。これは、生の形についてのわたしたちの直観の不安定さをうかがわせ、したがってこの反論の信頼性をいくぶんか損うだろう。

(5) もっとも、そもそもシャワーの温度を上げていったときわたしたちが感じる感覚が温度変化を通じて同一のものだと考えなければならない理由は明らかではないと反論されるかもしれない。シャワーの温度が上昇するとき、その刺激を受け取るわたしたちの感覚自体に内在的変化が起こっているのだと考えるならば、多元的快楽説も快苦の変動を適切に説明できるように思われる。しかしクリス・ヒースウッドはこのような反論に対して応答している [Heathwood 2007]。次のような例を考えてみよ。

ワインのテイスティングを生業としている人を考えよう。数えきれない程のワインをテイスティングしてきた結果、彼女は最早テイスティングになんの悦びも見出していない。だが一方で彼女はワインの味に対する高い感受性と識別能力を保持している。いま、以前の彼女がその味に快楽を感じていたワインが再び彼女の前にあるとしよう。現在の彼女は最早その味に快楽を感じることはない。しかし、彼女はその味をきちんと識別分類することができている。

このケースについて、多元的快楽説は、以前の彼女がワインを飲む時に感じていた感覚と現在の彼女が感じる感覚とは同じではないと述べなければならない。だが、そうだとすれば彼女はワインの味をきちんと識別分類できないことになる。ワインの味を識別分類できるためには、同一のワインに対して同一の感覚を得る必要があるからである。

（6）本章では割愛せざるをえなかった態度的快楽説の問題点を指摘するものとして、たとえば［Norcross 2007］を参照されたい。

（7）道徳哲学者に一連の幸福研究をもっと真剣に受け止めるよう主張するものとして、［Tiberius 2006］。また、幸福に関する近年の最も包括的な哲学的著作としてダニエル・ハイブロンによるものがある Cf.［Haybron 2008］。

（8）ただしカーネマンおよびその共著者の研究は膨大な量にのぼる。したがって、ここでこの議論をとりあげるのは、カーネマン自身の見解全体に対する決定的な反論を意図するものではないし、ましてや幸福研究一般に対する包括的決定的な批判を意図するものでもない。それは法哲学／道徳哲学をフィールドとする著者の力量を明らかに超えている。

（9）人生の局面と幸福の測定の関係の問題は、快楽説のみならず欲求説の妥当性とも密接に関わっている。たとえば、欲求説において伝統的に問題になってきた論点であるイレレバントな欲求の問題を想起されたい。イレレバントな欲求を斥けるタイプの欲求説（たとえば自分の人生に関わる欲求の充足のみが福利を向上させる、と主張するようなもの）は、このようなフェルドマンの提案を認めることはできないという難点を抱えることになる。もっともこれが欲求説一般に対する決定的批判には必ずしもならないのは、無制約な欲求説を採用する道があることからも明らかではあるが。

参考文献

Bradley, Ben［2009］*Well-being and Death*, Oxford University Press.

Crisp, Roger [2006] *Reasons and the Good*, Oxford University Press.

Feldman, Fred [2004] *Pleasure and the Good Life*, Oxford University Press.

Feldman, Fred [2010] *What Is This Thing Called Happiness?*, Oxford University Press.

Gosling, Justin Cyril Bertrand. [1969] *Pleasure and Desire: The Case for Hedonism Reviewed*, Oxford University Press.

Hausman, Daniel [2010] "Hedonism and Welfare Economics," *Economics and Philosophy*, vol. 26, pp. 321-344.

Heathwood, Chris [2007] "Reviews: Reasons and the Good," *Notre Dame Philosophical Reviews*, University of Notre Dame (http://ndpr.nd.edu/news/23026-reasons-and-the-good/)

Haybron, Daniel M. [2010] *The Pursuit of Unhappiness: The Elusive Psychology of Well-being*, Oxford University Press.

Kahneman, Daniel [1999] "Objective Happiness", in Kahneman, D., E. Diener and N. Schwarz (eds.) *Well-being: The Foundations of Hedonic Psychology*, Russell Sage Foundation.

Norcross, Alastair [2007] "Varieties of Hedonism in Feldman's Pleasure and the Good Life," *Utilitas*, vol. 19, no. 3, pp. 388-397.

Nozick, Robert [1974] *Anarchy, State, and Utopia*, Oxford University Press.

Sumner, Wayne L. [1996] *Welfare, Happiness, and Ethics*, Oxford University Press.

Sumner, Wayne L. [2006] "Feldman's Hedonism," in Mcdaniel, K., Raibley, J. R., R. Feldman, and M. Zimmerman (eds.) *The Good, the Right, Life And Death: Essays in Honor of Fred Feldman*, Ashgate.

Tiberius, Valerie [2006] "Well-being: Psychological Research for Philosophers", *Philosophy Compass*, 1/5, pp. 493-505.

Velleman, David [1991] "Well-Being and Time", *Pacific Philosophical Quaterly*, no. 72, pp. 48-77.

1－2

欲望
なにに／なぜ人間はこれほど駆り立てられるのか

キーワード：なにか未知なるもの、価値、事後選択

黒石　晋

はじめに

人間を、そして社会や経済を駆り立ててゆく、根源的なエネルギーとはなにか。そしてそれはどのように社会を動かすのか。本章では、この問題をとりあげ、多少の展開を試みる。

ヒトや社会を動かす根源的なエネルギー、マルクス理論において、それは価値（Wert, value）であった。マルクスの枠組みでは、経済学とは「価値法則」を明らかにすることであり、価値をめぐる人びとの闘争がまさに歴史を動かすエネルギーであった。そして彼によれば、そもそもの価値の源泉は労働にあり、この労働が労働力として生産の過程へ投入され、商品Wをへて、やがて貨幣Gへ、そして資本へ、……と展開する「価値形態」の

変遷こそが世界のダイナミズムだったのである。

新古典派の市場理論、すなわち近代経済学の標準理論においては、経済を動かす根源はヒトが財を求めて得ようとする満足、すなわち効用（utility）と、それをめぐる人びとの動向である。効用の合理的な最大化運動こそ、社会の動因である。このとき人間は財の満足を求めて合理的に行動するゆえ、かえって市場から理論的に消去され、効用の源である財たちが主役となって、経済はそれら諸財の一般均衡運動として描かれるようになる。(1) こうして、諸財が主役となり貨幣や商人は副次的現象として排除される傾向がある。

これらに対して、本章で筆者が立脚するのは、人間の欲望（desire）である。人間の人間たる特質は、欲望をもつということであり、この〝欲望するヒト〟が、欲望の媒体として貨幣を生み、それが商品を開拓してゆく、ととらえてみる。欲望をヒトの根源に置くと、経済の舞台は欲望を担う貨幣や商人が主役となり、価値や諸財・諸商品は副次的な（どうでもよい、どうでもありうる）ものとみなされるのである。

一　欲望を論ずるにあたって

1　「欲望」の一般的ニュアンス――光と闇

欲望を論ずる前に、欲望という概念の今日的な出自について少々コメントしておきたい。

まず読者諸氏は「欲望」の語にどんな印象をもつだろうか。映画『欲望という名の電車』に代表されるように、性的欲望や虚栄心といった人間の性《さが》、人間の諸悪の根源、……という文脈で「負のイメージ」をともないつつしばしば文学的に用いられてきた、というところだろうか。古代ギリシアでは自らの好奇心ゆえ禁断の箱を開けてしまい、あらゆる災厄や悪事を世に広めてしまったパンドラ。キリスト教世界では禁断の木の実を口にし、楽園追放の憂き目を見たエヴァ。あるいは仏教世界では煩悩ゆえに六道の世界から解脱できない人間、……などなどまさに多種多様な形で、多く警戒の対象として扱われているのが欲望である。しなくてよいことを、なぜ、ひとはしてしまうのか。

しかし他方、人間に文化や文明をもたらした創造力こそ欲望である、という側面もまた否定できない。間違いなく、欲望があったからこそヒトは動物にはない人間独自の世界を構築できたのだ。つまり欲望には光と闇、功と罪とがある。欲望は好むと好まざるとにかかわらず人間の根源である。まずは、このような欲望の正負の側面をも含め、中立の観点から見つめなおしてみる。

2　「われ思う」から「われ欲望す」へ――欲望するヒト

そしてかつ、今日的な意味で、欲望は、無意識の力である。一九世紀までの人間観を支配したデカルト的「コギト」、すなわち「われ思う、故にわれあり」の立場（意識の人間観）は、Homo sapiens（知性のヒト）の命名にあらわれている。意識（特に自己意識）や知性が人間と他の動物を分かつ基準とされたのである。これに対して二〇世紀初頭、フロイトによって「われ欲望す、故にわれあり」の人間観（無意識の人間観）が提起されデカルト的人間観に痛打を浴びせた。[2] こうして発見された新たな人間観、すなわち「人間は無意識の欲望を抱く存在である」という人間観を、筆者は旧著で「欲望するヒト Homo desiderans」と規定してみた。[3] そして現代における無意識の欲望の思索の系譜は、フロイトに始まり、さまざまな紆余曲折を経つつも、ユング、ラカン、ジラールらによってさまざまに彫琢され、ドゥルーズ＝ガタリによって集大成されたのである。

3　七味（重厚）か一味（軽快）か――文学用語と学術用語

ともかく、ここではフロイトに由来する今日的な「欲望」に立脚した論を行なう。重厚な欲望論は過去にあまたあるが、筆者のみるところ、欲望は、特に「欲求」との関係が紛らわしく、しばしば混同され不毛な議論がなされている。そこで、本章ではまず両者についてできるかぎり明確に形式的な論理を展開し、欲求と欲望との原理的な差異を、主としてドゥルーズ＝ガタリ［Deleuze et Guattari 1972=1986］と筆者の旧論［黒石 2009］および［黒石 2012］によりつつ明らかにする。そうすることで正確な意味を持ちながらも軽くてサクサクと使いやすい、操作的（operational）な用語系（system of terms）を目指す。欲望と欲求とを理論的に峻別することによって、これまで混濁していた社会像が明瞭に分解・結像するようになるはずである。

二　欲望と欲求――類義語でかつ対義語

そのような概念規定を念頭に、ここでは、少々意図的に「用語集」的な概念構築を試みる。(4) サクサクと軽快な概念系を構築するためである。まず、欲望と欲求との違いを意識しつつ、それぞれの用語系を建てよう。

1　欲望の用語系

欲望【desire/ 仏 désir/ 独 Verlangen/ 希 epithymia】(5)（opp. 欲求）

まず「欲望」とは、人間の無意識の中に潜む、人間の基本的・根源的な心的エネルギーで、本章の基本概念である。

欲望は、定型の「欲求 need」とは異なり、未定型で未分化の、そして無意識のものである。したがって、欲望のもとで人間は「なにかが欲しい、でもそれがなんなのかわからない」という衝動を抱く。無意識の奥底から湧き上がってくるこの欲望に push され、人間は否応なく突き動かされるのだ。これが欲望の行為である。そして欲望の偶発的な発出による行為がともかく先行し、その意味や目的等は「あとづけ」されるのである。こうして心中に湧きおこった欲望は、ヒトにおいて「欲望→発出→快楽→付加→（エピグラム記憶）」の順に発現し作動する。つまり欲望はまず発出し、しかるのちになにものかになるのである。[6] ゆえに欲望は「目的‐事前選択」の形ではなく、「偶発‐事後選択」とでもいうべき形で捉えなければならない。この点、欠乏動機に pull される合目的的な「欲求」とまったく異なる。このことは「必要への欲求、不必要への欲望」と表現しうるだろう。未知のものは本来不必要なものだからである。

なお、欲望は動物的本能とは異なり、人間のみに固有の心的エネルギーである。また逆に人間には必ず欲望がある。したがって人間は「欲望するヒト Homo desiderans」と定義しうる。

発出【emission, emanation】（opp. 充足）

欲望のエネルギーがほとばしり出ることを、本章では発出という。発出は偶発的なもので、それゆえ欲望の発出にともなって欲望の主体には未知の新奇な行為がもたらされる。発出は欲望の高まりによって生じ、なにも欠乏していないところにも作動する（なお欲求の発動とその作用を充足という）。欲望の発出はエネルギーの発出としてヒトの精神や身体の動きをともなう。これがヒトの欲望の行為である。

快楽【pleasure/ 仏 plaisir/ 独 Lust/ 希 hedoné】（opp. 満足）

欲望が発出した際、行為主体にもたらされる〝心的な解放感〟を本章では快楽という。快楽においては、多くの場合、愉悦感・達成感などの正の感覚のほかに嫌悪感・後悔感などの負の感覚をともなう。行為の是非に確信が持てないからである。欲求が充足されたときの確固とした満足感とは似て非なる概念であるので、両者は理論的に峻別しなければならない。

フロイトによると、心的エネルギーすなわち欲望は無意識の「エス」のレベルで快楽原理（Lustprinzip）にしたがって挙動する。欲望は、基本的にこのように無意識の領野に発するので、自覚的に選択・制御できるとは限らない。したがって快楽は意識的効用や自覚的満足とはまったく異なる、欲望論の独特の概念である。

付加【addition】（opp. 欠乏充足）

事前には未知の不条理な欲望の行為（欲望の発出）が事後にもたらす新奇な記憶の増加分（$+a$）を本章では付加と呼ぶ。行為の結果として新たに追加される記憶である。事後評価・事後選択されながら情報として蓄積され、事後のエピグラムを形成する。発出と合わせて「発出付加」ともいう。

2　欲求の用語系

欲求【need/ 仏 besoin/ 独 Bedürfnis】（opp. 欲望）

欲求は、欲望の類義語にして対義語である。本章では、事前にプログラムされた既知・既定の欠乏動機に促され、その欠乏の充足を求めようとする心的な営みを欲求と呼ぶ。(7) したがって欲求のもとで人間は「あれ（既知のもの）が欲しい」という具体的な衝動を抱く。こうして欲求は必要なものを求める動機に pull され、「（プログラム記憶）→欠乏→欲求→充足→満足」の順に作動する。欲求の行為は、もともと知っていた欠乏を充足するものにすぎないから、既定性の確認にすぎず、新奇性の付加はなされない。逆に欲望の対象は未知であり無定形である。このことは、「必要への欲求、不必要への欲望」と表現しうる。

無定形の欲望が事後のエピグラムを形成することによって既知化され定形化すると、次回以降、それがプログラムされた欲求に転化する。つまり欲求は、かつての欲望が分化し具体化した、欲望からの派生物なのである。この意味で欲求よりも欲望の方が根源的である。ドゥルーズ＝ガタリはいう。「欲求に支えられているものとして、欲望があるのではない。逆である。欲望から派生するものとして欲求があるのである」[Deleuze et Guattari 1972=1986: 41] と。

欠乏【lack/ 仏 manque/ 独 Mangel】（opp. 付加）

既知のプログラムに組み込まれた欲求されるべき要素のうち、現実に満たされていない不足分で、それを求めることが目的となるような具体的対象を欠乏という。この意味での欠乏は既知の欠乏であるゆえに相対的欠乏であり、逆にプログラムそれ自体が欠けている欠乏（未知、無知）を絶対的欠乏という。絶対的欠乏のもとでは、実は具体的欠乏は存在しない。そして知らないことは欲求しえない。知らないこと（something unknown）を目指すのは欲望だけである。

充足【fulfillment】（opp. 発出）

既知・既定の欠乏をみたそうとする欲求の作用を充足と呼ぶ。それが具体的に主体を動かした時、それを欲求の行為と呼ぶ。結果として主体に満足をもたらすが、その満足は既知・既定の満足であって未知の新奇性を付加することはない（±0）。欠乏と合わせて「欠乏充足」ともいう。

満足【satisfaction, gratification】（opp. 快楽）

欲求が充足された際の心的な充実感を本章では満足という。すでに知っている欠乏の充足による、すでに知っている満悦（既定性）とその確認である。経済学で一般にいう「効用」は、経済主体によってあらかじめ知られている量であるから、快楽（欲望の発出）ではなく満足（欲求の充足）だというべきである。

3　欲望と欲求の対照

新奇性と陳腐性【novelty and banality】

行為がなされたとき、そこに含まれるまったく知らなかったことを新奇性（ないし未知性）といい、すでに知っていたことを陳腐性（ないし既知性）という。欲望の行為は新奇的・未知的で付加的（$+\alpha$）であり、欲求の行為は陳腐的・既知的で確認的（±0）である。

プログラム、エピグラム【program/epigram】

システムの作動を事前選択的に定めている一連の指令的な情報のストックをプログラムという。これに対し、システムの作動した結果から、事後選択的に記憶され系統的にストックされた教訓的な情報をエピグラム（あと知恵）という。プログラムは欲求（目的）とその充足を事前に既定しており、エピグラムは欲望の発出と新奇な記憶の付加によって事後に形成される。プログラムは目的論的であり、エピグラムは結果論的である。

いずれも経験（すなわち行為の記憶）を要素とし、それらが構造的に配置されたものからなるが、その多くは意識されざる無意識の中にある。そして行為の「繰返し」を想定する理論では、前行為のエピグラム記憶が後行為のプログラム指令に転換することを考慮すべきである。この意味で、現在のプログラムとは結局、過去のエピグラムの集合体にすぎない。たとえば、現在の遺伝情報（プログラム）も、過去の変異と事後選択の記憶（教訓）の集合すなわちエピグラムにほかならないのである。

4　欲望の事後選択と欲求の事前選択

選択【selection】　ダーウィン進化論の主要概念であるが、エヴォルーショニストを自任する吉田民人はこれを彫琢して「事前選択と事後選択」、「主体選択と自然選択」を峻別した。[8] これらを掛け合わせると、次の四種類の選択類型を導出しうる：

（1）事前主体選択、（2）事後主体選択、（3）事前自然選択、[9]（4）事後自然選択。

これらのうち、欲望の行為は事後選択と親和的であり（発出付加→事後選択→エピグラム形成）、欲求の行為は事前選択と親和的である（プログラム作動→事前選択→欠乏充足）。

事後選択の事例：「やってみたら、おいしかった。」――欲望の発出と事後評価

「やってみたら、おいしかった。」――このフレーズは、バブル期の一九八七年、食品メーカーのネスレ日本が展開した「和食のあとのコーヒー」キャンペーンの一節である。通常は和食のあと、緑茶を飲むのが当然と考えられるが、そこにコーヒーを提案し、これによってコーヒーの販売拡大を意図した広告である。

ここでこのコピーをとりあげるのは、欲望の行為が典型的にあらわれているからである。そこに表現されているのは、

図1-2-1　欲望の用語系（左）と欲求の用語系（右）

両者は形式的に類似しているが、その含意は大きく異なる。なにも欠乏していないところ（±0）に発出し（+α）、結果として+αをもたらすのが欲望の作用（新奇性の付加）であるが、欠乏（−α）から始まってそれを充足し（+α）、結果として±0に至るのが欲求の作用（既定性の確認）である。欲望は開拓し、欲求は定着させる。なお人間の文化文明は、さかのぼればすべて欲望による新奇性の付加の産物である。

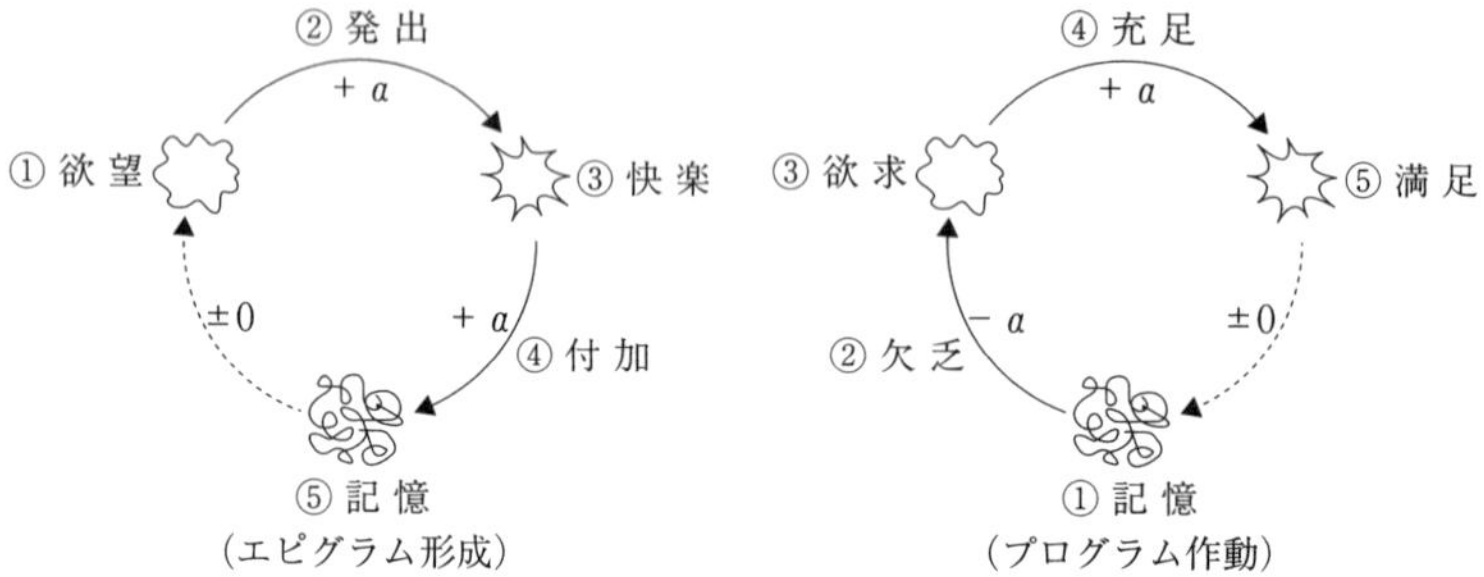

①欲望の行為の新奇さ（やったことがないのに、やらなくてもよいのに、「やってみた」）、そして

②それへの事後評価（その結果、「おいしかった」）

という二段階である。欲望は新奇なことをしでかすがゆえに、事前評価などともかく「やってみる」のであり、結果の事後評価に賭けるのである。その事後評価はもちろん、是でも非でもありえて、「やってみたけれど、まずかった」という事後評価もありうる。だからこそ、欲望の快楽には愉悦のほかに後悔や嫌悪をともなうことが多いのである。

以上、述べてきた諸概念間の関係を示せば、図1-2-1のようになる。左が欲望の用語系、右が欲求の用語系である。

ヒトが実際に行為する際には、欲望と欲求の関係は対立的というよりも補完的であり、実際の行為においては両者が入り混じって融合的である場合が多いだろう。ここではあくまでも理論上の明確化のために両者を峻別したのである。

5　欲望の対象

なにか未知なるもの【something unknown】

「なにかが欲しい、しかしそれがなんなのかわからない」という未分化な欲望の始原的な、かつ一般的・無限定な希求対象を「なにか未知なるもの」という。未分化な欲望が、未分化なまま希求し志向する、抽象的な対象である。

「なにか」という感覚は、人類がサルからヒトへと進化したとき付加された、もっとも重要な観念のひとつで、それによってヒトは「なにか」を恐れ、「なにか」を求めるようになった（サルは「なにか」を恐れ求めはしない）。そしてこの「なにか」こそが広い意味での「一般性」の観念をもたらす。それを「神」と呼ぶ民族もあるし、「科学」あるいは「真理」と呼びなす民族もあるが、ともかくヒトは限りなくその「なにか」を求め続ける。(10)

なにか新しいもの【something new】

欲望は、右記「なにか未知なるもの」を指向する結果、しばしば「なにか新しいもの」を生む。新しいものとは、それまで知らなかったもの（unknown）であるからだ。これを新奇さという。かくして、真に新しい「発見」、「発明」、「技術革新」の類はこのような「なにか未知なるもの」を指向した結果「なにか新しいもの」（＝新奇性）が付加されたということであり、欲望の典型的な作用である（欲求の作用ではない）。したがって、欲望論的にいうと「必要は発明の母」という諺は正しくない。必要（欲求）によって獲得されたもの――あらかじめ知られていたような陳腐なもの――は真の「発明」ではないからである。正しくは、むしろ「不必要こそ発明の母」である。ここでも、「やってみたら、おいしかった」という新奇さの事後選択（事後肯定）がある。

なにかほかのもの【something else】

欠乏動機によって誘引される「欲求」は、対象を獲得することによって充足され、満足感をもって終止する。だが「なにか未知なるもの」を指向する欲望は、何ものかを生産したのちも、満足することなくなお「なにか未知なるもの」を欲望する。このような欲望の指向対象を「なにかほかのもの」と呼ぶ。欲望は、結果としてなにか具体的なものを欲望したとしても、その一方でなにかほかのものをも欲しているのである。

「なにかほかのもの」を欲する欲望の現れ方の典型は、たとえばパン屋にとってのパンである。パン屋はパンを生産するが、それはパンを欲してのことではない。パンを通じて、パン以外のなにかほかのものを欲しているのである。(11)このような財を、伝統的な経済学は「交換価値」と呼んでいる。

交換価値の典型は貨幣である。貨幣は、欲望に特有の「なにかほかのもの」を欲するゆえに欲せられる、欲望の媒体なのである。たしかにヒトは貨幣を欲望するが、最終的に貨幣そのものを欲望しているのではなく、実は貨幣以外の「なにか」を欲している。なにかほかのものを欲しているゆえに貨幣を欲するのである。

三　欲望の視点からみて価値そして貨幣とはなにか

われわれは、第二節において欲望と欲求とを理論的に峻別した。以下、この論理にもとづいて、経済現象を彩るいくつかの重要概念を見直して、価値や貨幣に関する用語系を試みてみよう。ここで欲望と欲求とを峻別することの必要性や意義が現われてくる。

1　欲望と価値、欲望と貨幣

価値【value/ 仏 valeur/ 独 Wert/ 希 axia】

「欲望の対象」の位置に置かれたもののことを、本章では価値と呼ぶ。いわゆる「ハーバード価値プロジェクト」(12)で中心的役割を果たしたクラックホーン（Clyde Kluckhohn）は、「価値」を端的に“the desirable”と表現した。(13) これはつまり、価値とは「欲望さるべきもの」ということである。またジンメル（Georg Simmel）は「価値は決して事物の『性質』ではなく、事物についての主観のうちにとどまっている判断である」という。(14) ジンメルのいう価値すなわち「事物についての主観」とは、本章でいう「欲望」のことである。つまり価値の本源は主観的欲望であり、事物の客観的性質ではない。(15)

右記したように捉えると、「価値」の概念は欲望から派生する副次概念となり、独立の概念とは認められなくなる。換言すると伝統的な価値（や効用）の概念は欲望概念によって書き直されねばならない。欲望こそが人間の基本的・根源的なエネルギーだからである。たとえば価値形態論（マルクス主義）やn財効用極大化モデル（新古典派）は価値や効用を主体の欲望の外に想定し、事物の客体的性質とし、これを基本概念としている。欲望論はこれを認めない。欲望論はこの点でそれらと決定的に相違する。

交換価値と使用価値【value in exchange vs. value in use】

欲望の対象に置かれるもの、すなわち価値は、条件によって交換価値（手段価値：貨幣など）になる場合と使用価値（目的価値：商品など）になる場合とがある。交換価値とは「これを用いて、なにかほかのものが欲しい」ゆえの抽象的欲望の対象であり、使用価値とは「あれが欲しい」という具体的欲求の対象である。この意味で交換価値は「欲望価値」と、また使用価値は「欲求価値」といいうる。

貨幣【money/ 仏 monnaie/ 独 Geld/ 希 nomisma】

ヒトは「なにかが欲しい、しかしなにが欲しいかわからない」という未分化な心的エネルギー、すなわち欲望をもつ。この欲望のゆえにこそヒトはなんでも買える貨幣を欲望し、貨幣に欲望を籠め[16]、これを介して「なにか」を求めようとする。つまり貨幣は欲望の対象であり、かつ欲望の手段である（欲求の対象や手段ではない）。このような貨幣は経済行為において欲望のエネルギーを担う主要な媒体となる。

こうして貨幣は自然や人間関係に介入し、欲望の媒体として欲望を対象に向け、対象を商品として得ようとする（商品化）。この意味からして貨幣は決して商品から生じるのではない。むしろ逆に、貨幣がまず欲望の媒体として析出し、しかるのちに貨幣が商品をつくる（財・サービスを商品化する）のである。つまり「欲望→貨幣→商品」の順に作動する。ここで「欲望→貨幣」の関係においては、貨幣は欲望の客体であるが、「貨幣→商品」の関係においては、貨幣は欲望の代理主体である[17]。

主観的貨幣【subjective money】

個人的貨幣ともいう。財の物々交換の場合、同一の財が自己にとってと他者にとってとで異なる含意をもって現れる。物々交換において、手放す財は、それがなんであれ自己にとって交換価値（手段価値）であり、その意味で貨幣なのである（この財を手放して「なにかほかのもの」が欲しい）。このような財を主観的貨幣という。他方、受け取る財は、主観的貨幣によって入手される主観的商品である。この関係は交換相手にとっても、財を入れ替えた形で同様に成り立つ。こうして、「貨幣が対象を商品化する」という基本命題が互いにとって成立する[18]。

たとえばパン屋にとってのパン、靴屋にとっての靴は、本人にとってそれが必要な使用価値ではなく、「なにかほかのものが欲しい」ゆえに生産された交換価値にすぎない。このパンと靴が交換されたとき、パン屋にとってのパン、靴屋にとっての靴は主観的貨幣である。またパン屋にとっての靴、靴屋にとってのパンは主観的商品である。

客観的貨幣【objective money】

社会的貨幣、ないし単に貨幣ともいう。主観的貨幣は、それぞれの経済主体ごとに異なる実体をもっている。ところが、かかる主観的貨幣が社会的に洗練され、すべての成員が共通に認める共通貨幣になったとき、これを客観的貨幣という（たとえば金銀本位制における金や銀）。つまり、貨幣の発生は「商品→貨幣」の順ではなく「主観的貨幣→客観的貨幣」の順である。客観的貨幣が成立すると、もはや、それとの交換で自己が手放す財は社会にとっての客観的商品となる。自身の財が客観的貨幣によって客観化・商品化されるからである。パン屋がパンを貨幣と交換するとき、このパンは社会的に「客観的商品」である。

2　貨幣の機能、貨幣と商品

商品化【commodification】

貨幣のもつ本源的な作用で、「貨幣が人間関係に介入し、もともと商品でない対象（他者の領域にある不可侵なもの）を商品（自己が入手しうる可侵なもの）として扱おうとする作用」を商品化と呼ぶ[19]。換言すると、欲望が貨幣を介して、他者の有する価値を売買の対象として取得しようとする作用、つまり「それまで買えなかったものを買えるようにする」商人の営みが商品化である。そして商品化されたもの、すなわち貨幣で買えるようになったものが商品である。バブル時代に社会問題となった「地上げ」は、土地の商品化に対抗する地主に対し、暴力に訴えてまでカネの力で強引に土地を「商品化」しようとした事例である。

このように、商品化は静的な均衡状態としてではなく、動的な変動過程としてとらえられる。そして商品化の力を受けつつ、それを社会が承認しているものが商品である。したがって商品もまた動的な過程・動的な場の中にたちあらわれる。

貨幣による商品化の力は、社会に潜在する価値を発掘し、商品へと開発して社会の進化発展をもたらす。このような意味での商品の価値を商品価値という。逆に商品化の力が弱まった商品は商品としての衰退を免れない。それは欲望の対象から外れたことを意味し、すなわち商品価値を（欲望の対象としての地位を）失うことだからである。[20] いずれにしろ、商品化の力や対象は時代や場所によって大きく異なるのであって、物品がただちに商品であるか否かは自明ではない。

なお貨幣による商品化は、「貨幣を持つ誰でもが購入可能となる」ことを意味し、結果その商品は「特別な人のための特別なもの」ではなく、逆に「ありきたりなもの」と観念されることになる。こうして商品化は財の「かけがえのなさ」を破壊し「せちがらいもの」に改変する作用をもつ（「一部の大切なヒト」から「誰でも彼でもへ）。ソ連崩壊後のロシアでは、ソ連時代の階級章や勲章が土産物屋で売られていた。これらはソ連時代にはカネで手に入れることのできない「かけがえのないもの」と信じられていた。それが今では誰でもカネで手に入る「ありきたりなもの」であり、わずかなカネのために売られる「せちがらいもの」である。

この反面、社会は決して、あらゆる価値の商品化を無防備に許すものではない。奴隷や売春婦はかつて商品だったこともあるが、今日の社会常識では決して商品として認められない。のみならず愛情や友情・名誉・尊厳など、価値（欲望の対象）であっても貨幣によって購入できないモノは多い。[21] これらは「貨幣による商品化これを許すまじ」と社会が抵抗している価値である。こうした、商品化への社会的抵抗を「反商品化 anti-commodification」と呼ぶ。かけがえのなさを社会が守っているのである。

商品【commodity／独 Ware】

貨幣による商品化過程に置かれ、商品化の対象であることを当該社会が承認しているものが「商品」である。[22]具体的には貨幣（客観的貨幣）と交換に、その所有権を移転することを社会が承認している財・サービスである。貨幣は欲望の代理媒体であって、貨幣的欲望の向かった先が、特に商品価値とよばれる。

また、欲望論的にいえば、商品が進化発展して貨幣になるのではない。逆である。欲望が貨幣を介して対象を商品化するのであり、貨幣によって商品化されたものが商品である。[23]したがって商品より貨幣の方がヨリ古くヨリ根源的である。そして貨幣よりも欲望がヨリ古くヨリ根源的である。

商品は、貨幣と交換にであれば、誰に対しても手放され開放される（ねばならない、誰でもよい）。つまり商品経済において信用されるのは相手よりも貨幣や商品である。これは、貨幣が社会的に公認された権威であることによる。この開放性を社会が承認したとき、価値は商品価値になり（商品化）、商品は自由な市場で貨幣所有者一般に対して開放される。[24]

新商品【brand-new commodity】

欲望が新奇に開拓し、新奇に貨幣的欲望による購入が可能となった商品を、新商品という。新商品の開発や購入は欲望の作用である（欲求の作用ではない）。それは事前に満足（効用）を知りえないから、購入してはじめて知りうる新奇なものだから、である。新商品の購入はしたがって、正の感情（愉悦）のほかにしばしば負の感情（後悔）をともなう。

3　商品化の事例――オリンピックの商品化

貨幣を媒介とした、欲望による対象の「商品化」の事例として、今日のオリンピックを見てみよう。

かつてオリンピックでは「アマチュアリズム」がかけがえのない精神とされた。スポーツをカネで売買する行為が嫌われたのである。たとえば冬季札幌五輪（一九七二年）において、時のＩＯＣ会長ブランデージ（会長位一九五二〜一九七二年）は、スポーツメーカーから金銭を得ていたアルペン選手シュランツ（墺）を「アマチュア精神に反する」として五輪の場から永久追放した（オリンピックの「反商品化」）[25]。

ところがその後、モントリオール五輪（一九七六年）が財政的に破綻し、オリンピックはこのままでは立ちゆかなくなってしまった。一九八〇年のモスクワ五輪は社会主義の威信をかけたソ連の意地でどうにか実施したものの、次のロス五輪（一九八四年）では米政府の国家的な財政支援を拒否され、ことここに及んで、時のＩＯＣ会長サマランチ（会長位一九八〇〜二〇〇一年）は財政健全化の名のもと、もともと旅行代理店の経営者であった組織委員長ユベロスと組んでオリンピックの商品化を断行したのである。彼は広告スポンサーの欲望を呼び込み、オリンピックのさまざまな魅力（価値）を貨幣の商品化対象とした。このときユベロスが構築したオリンピックの基本的なビジネスモデルはＴＯＰ（The Olympic Program）と呼ばれ、オリンピックのさまざまな利権（たとえばオリンピックのマークを協賛社として使用できるなど）を一業種一社に限って切り売りすることを基本とし[26]、その後のＩＯＣの大きな事業になっている。

今やオリンピックは商品となり、「コマーシャリズム」の象徴とさえなった。聖火リレーへの参加も、もはや崇高なものではなく、カネで手に入るありきたりのものであり、ロンドン五輪（二〇一二年）では聖火リレーで購入したトーチを売買する行為が問題になったほどである。

4　価値の天動説から欲望の地動説へ

以上のように、「欲望」に立脚するなら、「価値」（あるいは「効用」）とは、「欲望の対象の位置に置かれたもの」の別名にすぎず、欲望から派生する副次概念にすぎない。よしんば欲望の対象としての関係が定着して「必ず必要」と観念されるに至った対象でも（「欲求の対象」としての価値を帯びたとしても）、その価値は短期でつねに「なにかほかのもの」へ移ろいゆく可能性を帯びている。こうしてみれば、対象（商品）に「価値」（や「効用」）という原動力があるから経済が動くのではなく、ヒトの「欲望」の方に力があり、それが社会経済システムの中を動きながら対象を商品化してゆくのである。

われわれのまわりの星ぼしが動いているのではなく、われわれ自身（の大地）が動いているのだ——この自覚こそ、天動説から地動説への転換であった。それに掛けていえば、われわれのまわりの財や商品が動いているのではなく、われわれ自身（の欲望）が動いているのである。——この視点の転換は、これまでの伝統的な経済学の基本論理とは天地逆転した視点をもたらしているといえるだろう。だがこの自覚こそが、「欲望に立脚する」ということなのである。それは、欲望を根源的なエネルギーの位置に置いたことで、価値や効用を派生概念として理論の主役から降板させたということなのである。

四　欲望概念の豊潤な肉づけ——一味から七味へ

本章で提起した「未分化な心的エネルギー」という欲望の定義、およびそれに立脚する諸用語の論理構成は、形式的概念として理論的な操作性を第一に重視したものであった。そしてそれゆえに、本章では、さまざまな文学的含意を排して形式的な論理展開を試みたのである。これは形式論理にのっとって展開すべき「科学」がめざすひとつの行き方である、と筆者は思う。だがそれは、もうひとつの行き方をも否定しない。すなわちそれは決して、内容的に貧相な「形式」的概念（「一味」）にとどまらず、欲望という語の一般的・歴史的イメージ（文学的・社会的イメージ）を損なわない、いやむしろそれに符合する、豊かな肉付け（「七味」）をもつ概念としても展開することが可能である。紙幅の都合で限られた例示にならざるをえないが、最後にここで、それを純文学と大衆文化という対極的な事例――文芸評論の世界と広告の世界――に見ておこう。

1　事例1　ジラール――模倣の欲望

文化人類学者で文芸評論家のルネ・ジラールも、自覚的に「欲望」を論じ、欲望の「根源的な未分化性」を重視したひとりである。彼は、ドン・キホーテの分析の中でこういう。

> 大部分の小説作品では、登場人物たちはこのドン・キホーテよりもはるかに単純な欲望の形式をとっている。媒体は存在せず、あるのは欲望する主体と欲望される対象だけだ。情熱をそそる対象の《本質》では十分に欲望を説明できない場合、人は情熱をそそいでいる主体に目を向ける。こうして主体の《心理学》が作り出され、あるいは主体の《自由》が援用される。けれども欲望が相変わらず自発的なものだということには変わりがない。人々はいつも欲望を、主体と対象とを結びつける単純な直線で表現する。／ドン・キホーテの欲望においても、そうした直線的欲望は見られる。けれども、それはけっして本質的なものではない。一見、直線的に見える欲望の上には、主体と対象とに同時に光を放射している媒体が存在するのである。
>
> （傍点引用者、『欲望の現象学』2頁）

ジラールはこのように主体－対象の「直線的欲望」と主体－媒体－対象の「三角形的欲望」との両者を容認す

るが、本質的なのは「三角形的欲望」の方だというのである。この中でジラールが単純な「直線的欲望」と表現したもの、それは「欲望」という語が使われているが、実質的には本章でいう「欲求」のことである（ここにも概念の混濁と結像の混濁がある）。対象がそれと知られているからである。これに対し、なにものかによって欲望されることで初めて欲望の対象と知られるような対象への欲望、つまり「三角形的欲望」、それはもともと知られざる未分化な欲望であって、これこそが真に欲望と呼ぶべきものだというのである。(27)

こうしてジラールは欲望の発動（未分化な欲望の分化）において、「第三者（媒体）への模倣」という契機を見出した。第三者への模倣がなければ、欲望は発動できないというわけで、そうなるのは欲望が対象をあらかじめ定めてはいないからなのである（この「媒体」を「広告」と置き換えれば、現代のわれわれも膝を打つだろう）。かくてジラールは文学作品の分析において「模倣」を駆使してゆく。

だが問題もある。ジラールは、先の引用でみたように欲望を模倣的なものと強調しているのだが、この論の難点は第一に、模倣の源を無限後退させる、という理論上の困難である。そして第二に、またこのことの方がヨリ重要なのだが、「模倣」の欲望観は文学作品の分析には適するにしても、社会分析には必ずしも適さないことである。けだし小説では「それまでにまったくなかった新奇なこと」は実際には起こらず、最終的に作者想定の範囲内に収められ結論づけられる宿命にあるからだ。対して、社会現象では「まったく新奇なこと」「まったく想定外のこと」がしばしば起こり、結論もない。このとき、社会的には「自発」や「オリジナリティ」あるいは「インスピレーション」と呼ばれる欲望発動の偶発的（自発的）新奇性が決定的に重要となる。これらは、決して他者への模倣ではない。むしろ社会においては、欲望発出の契機など実は「どうでもよい」のであり、欲望がそもそも根元的に「未分化であること」、そしてそれが「事後選択」にかかること、この方が重要なのだといわねばならない。欲望の実際は、ジラールの考えたものよりもさらに未分化で気まぐれなものだったのだ。

2　事例2　糸井重里――「ほしいものが、ほしいわ。」

次にたとえば、欲望をかきたてる広告を見よう。広告とは、その大きな機能として「なにが欲しいか分からない」という未分化な欲望に対して、これを商品へと誘導・誘惑しようとする営みである、と考えることができる。そう見れば、広告とはまさに欲望という人間臭い現象の中心付近で営まれる行為である。[28]

ここに、そうした未分化な欲望へそのまま語りかけた典型的な広告の事例をひとつ挙げよう。一九八〇年代後半のバブル期に広告界を謳歌した西武百貨店の「ほしいものが、ほしいわ。」キャンペーン（一九八八年）である。左に示すのは、「不思議、大好き。」から「おいしい生活。」、「お手本は、自然界。」を経て「ほしいものが、ほしいわ。」へと続く、売れっ子コピーライターの糸井重里が手掛けた西武百貨店の絶頂期を飾るコピーである。

ほしいものはいつでも
あるんだけれどない。
ほしいものはいつでも
ないんだけれどある。
ほんとうにほしいものがあると
それだけでうれしい。
それだけはほしいとおもう。
ほしいものが、ほしいわ。

ここで叫ばれている、「ほしいものが、ほしいわ。」とはどういうことか。しっかりと確かな「ほしいもの」が実在し、それを率直に「ほしい」と望む「直線的欲望」（ジラール）なのだろうか。そうだとすれば、これは既知の商品に既知の満足を求める「欲求」を謂った、いかにも単刀直入なものということになる。

だが実際のところ、これはもっと捻られた広告表現と考えるべきである。つまり無粋を承知であえて言葉を補うなら、たとえばこうだ。

ほしいものはいつでも
あるんだけれどそれがなんなのかわからない。
ほしいものはいつでも
わからないんだけれどどこかにかならずある。
ほんとうにほしいものに出会うことができたなら
それだけでうれしいのに。
ほしいとおもうのは、それだけだわ。
何かわからないけれど、ほんとうにうれしいものだけが、ほしいわ。

こう解釈すると、ここで叫ばれているのは「なにが欲しいかわからない」という切実な「欲望」であり、欲望がなにかに出会って、それが「おいしかった」ときこそが真にうれしく、それこそが本当にほしいものなのだ、という正の快楽を願っているということである。ひとは本来、そういう体験だけを求めているというわけだ。夢への夢、愛への愛。これに類するものはいろいろあるだろう。欲望は、人間の根源的エネルギーとして、それらの下に通底しているのである。

結論

ひとはなにに駆り立てられるのか。それは未知の「なにか」へ向かおうとする無意識の力である。それが未知のものに向かうのはなぜか。それはその力が未分化なものだからである。そしてそれが欲望の正体なのだ。かくてひとはそれがなんなのかわからないにもかかわらず、いや、なにかわからないからこそ、それを欲望する（欲望を欲望する）のである。

哲学者でドゥルーズ研究家の國分功一郎は、二〇一一年の著書『暇と退屈の倫理学』（朝日出版社）で人文書としては異例のヒットを記録しているが、ここで國分がベースとしたのはドゥルーズの欲望論であり、そこで彼は「実は、人間は何がしたいのか分からないのだ」という本章の「欲望」概念と実質上同じ立場に立つと、これまでの名だたる巨匠たちの論があらかた成立しなくなることをかなり整然と述べているのである。「やりたいこと」「やるべきこと」が事前にわかる「欲求」であれば、「なにをなすべきか」の問いに対し各種の解が可能であるが、「やりたいこと」「やるべきこと」が事前に決められない欲望となると、それらの解は根拠を失うことになるからである。

ならば欲望のもとで、われわれはなにをなすべきか。皆が欲望するものを価値とみなして模倣する、というジラール的な解は穏当な解のひとつであるが、凡庸な解だといわねばならない。

本章で展開してきた論理に従うなら、欲望のもとで価値とは「欲望の対象に置かれたもの」のことにすぎないから、自身の行為が自他いずれかに欲望されたとき（模倣されるとき）、はじめてその行為は「価値あるもの」になるのである。ならばこういわざるをえない：なされた行為が事後的に、「おいしかった」と追認されるために、必要条件として「なにかはわからないが、なにかをおこなう」しかない、と（do something）[29]。それは、事前評価（プログラム）によって「すべきでない」と禁止されていない「なにか」である。これは、「陳腐な既知のことをする」「新しいことをしない」という欲求的行為へのアンチでもある。バッハやゴッホ、マネやニーチェといった人びとは、生前必ずしも周囲から評価されなかった。しかし彼らは確かに「なにか something」をなしとげてい、だからこそそれが後代の者によって事後に評価され欲望されたのである。つまり欲望のもとでものごとの価値は自身の中に閉じてはいない。自身の価値を、自身が感じられないこともあるのだ。だが人間はそれでも「なにか」をなすしかない。それは、人間が「欲望するヒト Homo desiderans」であることの必然であり宿命なのである。

注

（1）　いわゆる「n財の一般均衡」である。これを、筆者は本章でのちに「天地の逆転した天動説」と評することになる。

（2）　デカルトの「われ思う」の意識的人間観（コギト）に代えて、フロイトに由来する「われ欲望す」の新しい無意識的人間観をもってする。――この指摘は　鈴木晶「フロイト――無意識の発見者」『無意識の発見』（岩波講座現代思想3）一九九三年、五頁および一七頁による。

（3）　そして筆者は、ことがそういうことならば、この「欲望」を人間の原点として社会科学の出発点に据え、欲望の挙動を社会的・集団的レベルで追い求めれば、人類社会の大きな軌跡を原始古代から現代まで一貫してトレースできるはずだ、そう考えたのである。これは、マルクスが労働という価値の変遷をトレースすることで社会の変動を描きだそうとしたことに比定できるかもしれない。

（4）　この「用語集」のもともとの出所としては、黒石［2012］を参照されたい。

（5）　Bernd Schwibs による『アンチ・オイディプス』の独訳［Suhrkamp 1977］では Wunsch となっている。

（6）　この言い回しはサルトル流の実存主義のそれに酷似している。しかし実存主義はヒトの「主体性」や「責任」を強調する点でここでの欲望論に反する。未分化・無意識の欲望には主体性も責任もない。主体性や責任は分化し意識された「欲求」においてのみ問われなければならない。

(7) ちなみに、ないもの、未知のものを生み出そうとする新奇な働きをドゥルーズ＝ガタリは生産 production といい、あるもの、既知のものを得ようとする陳腐な働きを獲得 acquisition という。彼らは「生産」を欲望の作用、「獲得」を欲求の作用とした。

(8) 吉田民人「社会科学における情報論的基礎」、『情報と自己組織性の理論』東京大学出版会、一九九〇年、一三九～一四一頁。

(9) 進化という現象において、(3)は本来不可能だが、今西進化論は事実上これを認めている。

(10) 一般的・無限定な「他者」、すなわち「誰か somebody」もまた「なにか」の一種であり、ヒト固有の観念である。そしておそらく「誰かに見られている」という感覚こそがヒトに「公共心」の観念をもたらす。この「誰か」のうちでも特に「一般化された他者」を、フランスの精神分析家ラカンは「大文字の他者」と呼んだ。大文字で特記される唯一の一般的他者、それはヒトを唯一神の観念へと導く。

(11) このような「これが欲しいのではない、なにかほかのものが欲しい」ゆえの生産を、筆者はドゥルーズ＝ガタリの用語を転用して「欲望する生産」と呼ぶ。

(12) 一九四九年から一九五五年にかけて、社会科学を中心に「価値」をめぐって行なわれた大規模な学際共同研究で、正式には「五つの文化における価値の比較研究」プロジェクト。パーソンズやシルズらを含む参加者たちはその後のアメリカ社会科学界で活躍し、大きな影響をもった［丸山 2010: 68］。

(13) 丸山哲央［2010: 64seq.］。

(14) G・ジンメル、居安正訳『貨幣の哲学』白水社、二〇頁。

(15) とはいえ、もちろん人びとの主観的欲望が社会的に収束一致し客観化ないし間主観化してゆくこと（皆が欲望するものの成立）はありうるし、実はこのことこそが「社会化」の欲望論的意義なのである。

(16) このように、貨幣や財に欲望を籠めることをドゥルーズ＝ガタリは「登録」とよぶ。

(17) けだしこうして貨幣が人間に代わってあたかも主体であるかのように振舞い始めるとき、人間疎外という社会問題が生じるのである。

(18)　このことは、「外貨の購入」という経済行為のケースではっきりする。たとえば日本人である「私」がアメリカ人である「先方」との間で日本円と米ドルを交換するとしよう。このとき「私」にとって日本円は貨幣であり米ドルは日本円によって買われる商品である。だが「先方」にとっては米ドルの方が貨幣であり、日本円は米ドルで買われる商品なのである。

(19)　近年、市場実務家の間では「コモディティ」の語をかなり特殊な意味で用いるようになっている。すなわちそれは単なる商品ではなく「質的な差別性が乏しく、ただ量的に評価される商品」を指し、それゆえ先物取引のアイテムとされやすい商品を指す。また「コモディフィケーション」とは、商品が陳腐化して差別性の乏しい商品になっていく作用を指す。本章ではこの意味をとらない。すなわち「コモディティ」はただ純粋に「商品」であり、「コモディフィケーション」はただ純粋に「商品でない財が商品になっていく作用」を指す。

(20)　一九八〇年代、フロッピーディスクは大いなる欲望の対象であり、必要なもの（欲求の対象）でさえあったが、今日では商品としての地位を追われつつある（商品価値を失いつつある）。欲望がそこへ向かわなくなり、なにかほかのものへと流れを変えたからである（たとえばUSBフラッシュメモリへ）。つまりフロッピーそれ自体に「固有の価値」があるのではない。むしろ逆で、その時代時代において欲望の向かった先が「価値」と呼ばれるだけのことである。いくら労働力を注いでフロッピーをつくっても、そのことで対象が価値になりはしない。かかる事例は枚挙に暇がない。

(21)　そのようなものこそが“priceless”である。

(22)　このような商品の新たな定義は、いわゆる「商品学」に新たな視座をもたらすかもしれない。長年商品学を講じてきた関東学院大学の石崎悦史氏は、筆者の旧著［黒石 2009］を参照し今後の商品学を展望している［石崎 2010］。

(23)　貨幣は一般の財・サービスのみならず貨幣自身をも商品化する。これが金融商品である。

(24)　逆に、特定の知人相手にしか手放されない不自由な財は商品ではない（このような関係を互酬関係ないし互酬経済と呼ぶ）。互酬関係とは、貨幣や商品よりも相手が信用される人間関係である。これに対し商品関係とは、相手よりも貨幣や商品が信用される人間関係である。また、貨幣との交換であっても、一部の有資格者にしか手放されない財、公開されない財は不完全な商品である。たとえば卸売の場で扱われる財は、不完全な商品（前商品 pre-commodity）である。一般に開放されていないからである。
（25）　それゆえにまた、オリンピックは「崇高なもの」であった。
（26）　かつて広告会社に勤務していた筆者は、そのビジネスモデルの詳細についてつぶさに体験した。
（27）　三角形的欲望の典型は「主体 - 貨幣 - 対象」である。貨幣は皆が欲望するゆえに欲望される模倣の媒体にすぎない。
（28）　ガルブレイスは、『ゆたかな社会』の中でこう述べた。「人びとのたくさんの欲望がもはやその人自身にもはっきり意識されないほど、時代は大きく変わっているのだ。広告やセールズマンにより、……仕込まれて初めて欲望がはっきりするほどである」（同書、四三頁）。彼の論調は、近代に独自の「ゆたかな社会」において人びとの購買行動が変化し、欲しいものを見失ったのだという立場に立っている。しかし、本章の欲望観に立てば、人はサルからヒトに進化したときから、根源的に、欲望のもとで「なにか知らないもの」を求め続けてきたのである。
（29）　蛇足ながら、somethingという語は「些細ななにか」ではなく「かなり重要ななにか」を意味する語であることを確認しておきたい。

参考文献

Deleuze, Gilles et Félix Guattari［1972=1986; 2006］*L'Anti Œdipe: Capitalisme et schizophrénie*, Les éditions de minuit. 市倉宏祐訳『アンチ・オイディプス――資本主義と分裂症』河出書房新社。宇野邦一訳『アンチ・オイディプス――資本主義と分裂症』河出書房新社（文庫版）。
Deleuze, Gilles et Félix Guattari［1980=1994］*Mille Plateaux: Capitalisme et schizophrénie*, Les éditions de minuit. 宇野邦一ほか訳『千のプラトー――資本主義と分裂症』河出書房新社。
Irvine, William Braxton［2006=2007］*On Desire: Why We Want What We Want*, Oxford University Press. 竹内和世訳『欲望について』白揚社。
ジラール・R［1971］古田幸男訳、『欲望の現象学』法政大学出版会。
石崎悦史［2010］「商品学の論理構造」関東学院大学『経済系』第二四二集、一三〇〜一四〇頁。
今田高俊・鈴木正仁・黒石晋編著［2011］『社会システム学をめざして』シリーズ「社会システム学」別巻、ミネルヴァ書房。

ガルブレイス・J・K［1990］鈴木哲太郎訳、『ゆたかな社会』岩波書店。

黒石晋［1991］『システム社会学――大キサの知』ハーベスト社。

黒石晋［2005］「自己組織理論の現段階――パラダイム転換をめざして」統合学術国際研究所編『複雑系、諸学の統合を求めて文明の未来、その扉を開く』晃洋書房。

黒石晋［2009］『欲望するシステム』シリーズ「社会システム学」第二巻、ミネルヴァ書房。

黒石晋［2012］「欲望・貨幣・商品・商人――「欲望の社会システム学」のための欲望論用語集序説」『彦根論叢』三九四号（二〇一二冬）。

黒石晋［2013］「グローバリゼーションの理論社会学」宮島喬ほか編『グローバリゼーションと社会学――モダニティ・グローバリティ・社会的公正』ミネルヴァ書房。

國分功一郎［2011］『暇と退屈の倫理学』朝日出版社。

佐伯啓思［1993］『「欲望」と資本主義――終りなき拡張の論理』講談社。

佐伯啓思［2000］『貨幣・欲望・資本主義』新書館。

丸山哲央［2010］『文化のグローバル化――変容する人間世界』ミネルヴァ書房。

■視野狭窄の効用

人類と先祖が共通の、たとえばチンパンジーやゴリラは、それまでの動物と比べて同類に対する殺人性を高めてきた。オスがメスをめぐって競争するとき、もはや勝者が敗者を服従させるだけではうまくいかない。敗者も十分に知能が高いので、あとで勝者の地位を危うくするかもしれないからである。知能の高い動物たちは、同類を殺すことで、はじめて淘汰便益を得ることができる。(ただしボノボの場合は、メスたちが協力してオスの攻撃から幼獣を守るようである。)

人類もまた、チンパンジーやゴリラと同じような攻撃的習性を身につけてきた。とくに男性は、ある特定の状況のもとでは、親族以外の個体を殺したがる傾向にある。それでも人類は、しだいに敗者や群れから離れた個体を、保護するようになった。人類は同類をあまり殺さなくなった。劇的に殺人率が減った時期は、産業革命や中央集権的国家の成立期といわれる。しばしば「近代以前の社会は平和であった」といわれるが、それは幻想であって、狩猟採取民たちは戦争を繰り返していた。サミュエル・ボウルズの推計によると、暴力による狩猟採取民たちの死亡率は14%であるという。けれども人類は、そうした暴力的な習性を克服して、しだいに他人を信頼するようになった。18-19世紀になると戦争の発生率が激減し、20世紀もその傾向が続いたとみることができる。

むろん私たちは、平和で繁栄した社会を築くために、全体の利益を考えて行動しているわけではない。むしろその逆が真であり、各人は全体社会の帰結を知らないまま、個別の役割に専念できる能力(「視野狭窄」の能力)を発達させてきた。偏ったことがらに没頭していると、生存能力が失われがちである。だがそうした危険を冒して、誰もが特異な活動に専念するような社会は、飛躍的に発展する。私たちは視野狭窄になりつつも、次のふたつの習性を身につけることで社会の繁栄を導いてきた。ひとつは、他人と協力する際の費用と便益を合理的に計算する能力であり、もうひとつは、打算を排して「親切には親切、裏切りには復讐」で報いるような意志である(「強い返報性」と呼ばれる)。打算的で計算高いだけでは、誰からも信用されない。反対に、誰に対しても親切にしていると食い物にされてしまう。人は打算性と「強い返報性」の習性に導かれて、平和と繁栄を築いてきた。(橋本努)

【文献】 ポール・シーブライト［2012=2014］『殺人ザルはいかにして経済に目覚めたか？ ヒトの進化からみた経済学』山形浩生／森本正史訳、みすず書房

1－3

キーワード：主観的幸福、幸福度、功利主義

幸福
幸福度研究は経済学に革命をもたらすか

本郷　亮

はじめに

「全体として見て、あなたは今の自分の生活にどれくらい満足していますか」（きわめて不満ならば一、きわめて満足ならば一〇、というように一〇段階で答える）という類の単なるアンケートの調査結果が、従来の新古典派経済学の強固な考え方に、思いのほか大きな変化をもたらす可能性がある。

このような自己報告による幸福（英語では happiness, well-being, welfare など）、すなわち主観的幸福は、もともと心理学者の研究主題であったが[1]、そうした心理学者の一人であるダニエル・カーネマンが（実験経済学者バーノン・スミスと共に）二〇〇二年度のノーベル経済学賞を得たことからもわかるように、いわゆる「幸福の経済

学」は、人間の非合理的行動に注目する行動経済学（Behavioral Economics）の急速な発展と結びついて、近年の経済学・経済思想の新潮流を形成している。「幸福の経済学」と行動経済学は、近年の心理学と経済学の学際的研究が生んだ双生児であると言ってもよい。この双生児は、理論的・実証的な研究のみならず、公共政策全般にわたる各種の政策提言も盛んに行なっている。

近年の幸福度研究は果たして現代の主流派経済学、すなわち新古典派経済学への本質的批判になりうるのか。以下では、この問いに答えるために、幸福度研究の主要成果とそれが抱えるいくつかの課題について概観する。

幸福度研究の分野では近年、多くの著作が内外で出版され、邦訳作業も急速に進められている。それらのうち経済学分野に限定すれば、専門書については、その包括性・体系性において現時点の最高峰は、B・S・フライ『幸福——経済学における1つの革命』[Frey 2008=2012]（なお、邦訳書のタイトルは『幸福度をはかる経済学』という控え目なものになっている）だろう。[2] また啓蒙書については、未邦訳であるがR・レイヤード『幸福——新しい科学がもたらした知識』[Layard 2011]を挙げなければならない。レイヤード卿は一九九七～二〇〇一年にイギリス政府のブレーンを務め、加えて二〇〇〇年以降、イギリス上院議員に選出されており、二〇〇五年に初版が出た右の著作は、二〇一〇年以降のキャメロン首相（保守党）の政策運営に大きな影響を与えたと言われている。

一　幸福度研究の概観

1　幸福の測定

一九三〇年代以降の実証科学としてのマクロ経済学の著しい発展は、各種の経済統計の整備なしにはありえなかった。むしろ後者の蓄積が当然の成り行きとして前者の展開を招来した、と言ってよい。同じことはコンピューターの登場についても言える。パソコンの一般的普及は六〇年代以降のことだが、その膨大な情報処理能力もまた、やはりその後の経済学の方向性を規定した強力な要素である。統計整備やコンピューター開発などの技術的諸条件が、二〇世紀の経済学の展開を理解・説明するうえで実は決定的に重要なのである。確かに三〇年代の世界恐慌のような大事件がその後の経済学を方向づけたことも事実だが、それ自体の影響力は長い歴史のなかでは一過性のものにすぎないとも言える。他方、統計やコンピューターなどは、ひとたび社会に定着すれば絶えず物質的・精神的影響力を及ぼし続ける。いったん深く根を下ろした永続的要素は、今後の社会・経済の全体的動きを展望するうえできわめて重要である。

幸福度研究の発展もまた、統計データの蓄積によるところが大きい。現代科学にとって測定は不可欠である。大規模な意識調査としては特に、①世界価値観調査（World Values Survey）、②世界幸福度データベース（World Database of Happiness）、③ユーロ・バロメーター調査（Euro-Barometer Surveys）、④ＯＥＣＤの「より良い生活指標」（Better Life Index）［OECD 2011=2012］、が有名である。国内総生産（ＧＤＰ）に代わる福祉指標の開発は、いわゆる「生活の質」(quality of life, ＱＯＬ）を重視する議論［Nussbaum and Sen 1993=2006］や、国連の「人間開発指標」（Human Development Index, ＨＤＩ）など、さまざまな問題意識のもとで従来から進められてきたが、幸福度研究で用いられる①～④の新しい特徴は、それらが寿命や失業率のような客観指標ではなく、主観指標である（あるいはそのような性格を強く帯びている）という点にある。主観指標に基づく研究に対しては今なお懐疑論も少なくないので、この問題をめぐる過去の経緯に少し触れておく必要がある。(3)

アメリカの心理学者Ｊ・Ｂ・ワトソンは論文「行動主義者から見た心理学」［Watson 1913］において、それまでの心理学の方法——意識を研究対象とし、それを自己観察・報告するという内観法（introspection）——を激しく批判し、心理学が科学として自立するためには、外部から客観的に観察可能・測定可能な行動のみを研究対象にすべきだという行動主義（behaviorism）を唱えた。確かに主観的幸福は本人にしかわからない（経済学の顕示選好アプローチも、自己報告によって得られた主観的データは信用できないという同様の見方に基づく）。こうして元来は心の学であった心理学は、皮肉なことに、行動の学に変貌してゆくのである。しかし心理学における行動主義の支配力は、一九六〇年代には次第に弱まり始め、八〇年代以降は主観的幸福も研究対象として認められるようになってきた。幸福度研究の専門ジャーナルとしては二〇〇〇年に創刊された*Journal of Happiness Studies*があり、同誌は主観的幸福（subjective well-being, SWB）アプローチを用いた学際的研究を目的としている。ちなみに経済学者による幸福度研究、いわゆる「幸福の経済学」が盛んになるのは、九〇年代以降のことである。

2　幸福の概念

「幸福」は広い意味内容をもつ用語であり、その唯一の定義は存在しない。幸福の捉え方には文化的差異があり、たとえば興奮的経験を比較的重視する文化もあれば、どちらかと言えばそれを軽薄なものと見る文化もある。しかしSWBアプローチでは、このことは研究の妨げになるというより、むしろ研究の頑強さを高める長所であると考えられる。SWBアプローチでは、人びとがどんな価値観・人生観をもっていようとも、各人が自分の基準によって自分の幸福度を評価すればそれでよい。判断基準を統一する必要はないのである。

幸福の概念は、しばしば以下の三つに区別される［Frey 2008: 5＝2012: 14］。

(a)　心理学においてポジティブな情動（positive affect）とされる楽しさや快楽の、その時々の感覚。

(b)　一般に「生活満足度」（life satisfaction）と呼ばれる生活全般に関する満足感。

(c)　自分の潜在能力を磨き、その能力の実現によって得られる人生の質。すなわちアリストテレスの言う「エウダイモニア」ないし「善い生活」。

倫理学的立場から見れば、(a)(b)は同じ系譜――功利主義――に括ることができる。それゆえ、右の三つの幸福解釈は以下のふたつに集約することができる。

① 楽しく心地よい暮らしという意味での「ベンサム的幸福」。

② 仮に①の意味で苦しくとも、目的と意義のある活動的人生を送るという意味での「アリストテレス的幸福」。あるいは、近年にA・センが強調した潜在能力の発揮という観点からの能動的人生の充実感。

このように整理すれば、幸福度研究をふたつの伝統的思想の結合物として見ることができる。すなわちその研究は一面において、功利主義思想の進化形態と見ることができる。その進化をもたらした最大の契機は、疑いもなく、幸福に関する統計の整備にある。かつての「最大幸福」の思想は、これによって実証科学にふさわしい新たな装いを帯びるにいたった。その研究は「仮定・理論・検証」という一連の手続きのサイクルを通じて発展したのであり、もしこれに対する科学方法論上の根本的批判があるとすれば、それは幸福度研究が主観的データに依拠しているという点に集中するだろう。また別の重要な側面において幸福度研究は、アリストテレス以来の非功利主義思想を継承するものである。

幸福度研究では①の功利主義思想がかなり優勢であり、たとえばベンサム主義者であるレイヤードは一貫して①の立場を擁護し、②の潜在能力は①のための手段にすぎないと主張している。彼によれば、われわれのめざす諸目的は、しばしばトレード・オフ関係にあるので、われわれはそれらの間の最適なバランスを見出さなければならない。そのためには当然、判断基準として単一の究極目的（①）を定める必要があり、他のあらゆる個々の目的は、その究極目的にどれほど貢献するかという観点から評価される［Layard 2011: 112-113］。

しかしながら、公共政策において①②の間でどのようにバランスをとるべきかについては、今なお論争がある。たとえば潜在能力が高くアクティブな人、負けず嫌いな人は、自分の、あるいは他者の幸福を判断するさい、②を重視する傾向があるだろう。そしてそれを実現する過程で、苦痛はつきものである。これに対して、他の多くの人びとは、日々の通常の暮らしのなかで得られる素朴な満足を重視するかもしれない。①②のバランスを確保する立場とは、過度のベンサム的幸福（悪く言えば自己満足）も、過度のアリストテレス的幸福も、いずれも長期的幸福を損ねるという認識に立ち――社会進歩（あるいは創造的な「変化」自体）、経済成長、国家的・国民的伸張などの原動力として一定量の不幸はむしろ必要であると見なす――両者の最適な混合割合を考えることである。グラハム『幸福の追求』［Graham 2011=2013］は、こうしたふたつの立場の併存を軸に近年の「幸福の経済学」の動向を紹介した優れた解説書である。

3　豊かさと幸福

イースタリン［Easterlin 1974］によれば、アメリカでは過去半世紀において一人当たりの所得が大幅に増加したにもかかわらず、国民の幸福度の平均水準はほとんど変化していない。すなわち時系列データで見て[4]、アメリカ国民の幸福度と所得にはほとんど相関が見られない。「イースタリン・パラドクス」と呼ばれるこの統計的事実は、他の多くの先進国にもおおむね妥当することが知られており、その解釈、あるいはパラドクスの存在自体をめぐる論争もあるとはいえ、経済と幸福の関係を論じるさいのほぼ共通の事実認識になっている。以下では、このパラドクスに関する三つの代表的解釈を紹介する。

第一の解釈は、「適応」（adaptation）である。たとえば所得の増大によって幸福水準が高まっても、一定期間が経過するとそれに慣れてしまい、幸福水準は所得の増大する前の水準に戻ってしまう傾向がある。逆に、特定の災難に見舞われて幸福水準が低下しても、やがて元の幸福水準に回復する傾向がある。心理学ではこうした過程を適応と呼び、また幸福がそこへ戻ってゆく水準のことを「セット・ポイント」（安定値）と呼ぶ。この考え方はしばしば、後述する幸福の遺伝的決定論と結びついたセット・ポイント理論として提示される場合もある。

第二の解釈は、「ヘドニック・トレッドミル」（hedonic tread-mill）――トレッドミルとは動くベルトの上を人間や動物に走らせる機械のこと――である。すなわち所得の高まりにともなって欲望の水準もまた高まるため、どれほど豊かになっても満たされることはない。進めば進むほどに、ゴール自体も同じだけ遠のいてゆくからである。この意味における欲望の水準は、野心の水準（aspiration level）とも呼ばれる。この種の水準の変動の起こる理由としてしばしば指摘されるのが、「相対所得」の重要性である。すなわち人びとは、つねに周囲の人びとと競争しているので、自分の絶対所得よりも相対所得（自分が社会の所得階層のどの辺りにいるか）に強い関心をもつ。そして自分がその参照グループ（たとえば同僚や友人）よりも豊かであれば、勝利の幸福（優越感）を感じ、逆に自分の方が貧しければ、敗北の不幸（劣等感）を感じる。

第三の解釈は、詳しくは次節で論じるが、幸福の決定因には所得以外にも多くのものが存在するという事実である。もし所得の増大がそれらの他の要因を犠牲にして達成されたのであれば（たとえば所得の増大が過度の競争という副作用をともなって達成されたのであれば）、全体としての幸福は必ずしも高まらない。一般的に言って、経済成長によって国民の基礎的ニーズが満たされた後は、経済的平等（相対所得）、家族関係、所得や雇用の安定など、絶対所得以外の要因がますます重要になってくると考えられる。

イースタリン・パラドクスは、「幸福の経済学」研究を加速させる大きな契機になった。なぜならそれは、経済成長という単一要因による幸福が飽和することを示唆しており、このことは明らかに主流派経済学の理論および政策論に重大な変更を迫るものだからである。

二　幸福の決定因

1 「ビッグ・セヴン」——幸福の七大要因

幸福と強い相関関係をもつ変数が、各国で共通して観察されている。しかし統計によって変数間の「相関」を知ることはできても、相関関係は因果関係ではないから、どの変数が原因であり、どの変数が結果であるかを特定する作業は残る。たとえば失業と幸福の間には強い負の相関が見られるが、これは失業が不幸をもたらしたためかもしれないし、あるいは不幸な人はなんらかの理由で失業しやすいためかもしれないし、あるいは健康問題のような第三の変数が不幸と失業の両方をもたらしたのかもしれない。同一人物を対象にした継続的なパネル調査や、ときには常識によって因果関係を判断できる場合もあるが、観察データに因果関係を与えるのは、基本的には理論（検証可能な仮説体系）の役割であり、理論がなければ、統計分析はいわゆる「理論なき測定」にとどまらざるをえない。これは統計に基づく研究全般に言えることであり、幸福度研究も例外ではない。

幸福の決定因の特定には、もうひとつ大きな問題がある。たとえば、年齢と幸福の関係、性別と幸福の関係などがよく論じられる。幸福と年齢の関係については、大半の研究が（若年期の幸福度は高いが、中年期にいったん低下し、高齢期に再び上昇するという）「U字形曲線」の存在を支持している。幸福が最も低下する時期、すなわちU字形の底に当たる年齢は、国によってかなり異なるものの概して四〇代が多い。しかしこのU字形曲線は、年齢自体よりも、年齢に付随する諸々の属性（たとえば四〇代は仕事が忙しくなり、余暇が減少する時期であること）によって説明する方が自然だろう。もしそうならば、幸福の真の決定因は年齢ではなく、労働や余暇である。非常に論争的な主題である男女間の幸福度の違いについても、やはり同様のことが言える。先進国では一般に男性より女性の方が幸福である、という調査結果は多い(5)。しかし生物的性別（sex）自体よりも、むしろそれに付随した諸々の属性――社会的性差（gender）がこれらの属性を生む――こそが真の決定因だろう。

以上のふたつの問題が示唆するように、幸福を規定する諸要因の特定は必ずしも容易ではない。そのため研究者によって多少の見解の違いはあるものの、レイヤードは幸福の七大要因――「ビッグ・セヴン」――を上表のようにまとめている [Layard 2011: 63]。七大要因のうち、②の所得についてはイースタリン・パラドクスに関連してすでに扱ったので、以下では残りの六つを順に見てゆく。そして最後に、興味深い個別の論点として「遺伝」と「テレビ」の問題にも言及したい。

表1-3-1　ビッグセヴン（幸福の7大要因）(6)

①　家族関係	②　所得	③　仕事
④　社会関係	⑤　健康	
⑥　個人の自由：法の支配、平和と安定、市民の発言権と政府の説明責任、政府サービスの有効性、腐敗がないこと、統制システムの効率性		
⑦　個人の価値観		

2　家族関係

第二次大戦後、先進国では核家族化が進んだが、今ではその「核」も容易に分裂する。家族関係が脆弱化すると同時に多様化し、結婚していない同棲カップル（男女のカップルとは限らない）もかなり増加している。この現状を追認するための法制度も整備されつつあり、たとえば同棲カップルに税や社会保障などの領域で結婚夫婦並みの権利を与えるフランスの「連帯市民協約」（pacte civil de solidarité, PACS）は有名である(7)。この種の制度は、結婚と同棲のいわば中間形態である。社会制度や公共政策では一定の家族関係を前提するものも少なくないが、結婚に対する考え方や性別役割が変化するなかで、またセクシュアリティーが多様化するなかで、未来の家族関係ないし世帯関係のあり方を展望するのはけっして容易ではない。

幸福度研究において特に注目されるのは、別居（離婚せず）、離婚（再婚せず）、死別（再婚せず）、同棲、独身（結婚経験なし）が、それぞれ幸福に及ぼす影響である。（一〜一〇の一〇段階で幸福度を尋ねた）世界価値観調査によれば、それらはいずれも、通常の結婚状態に比べて幸福度を低下させるが、その程度は以下の通りである [Layard 2011: 64]。

別居〇・八　離婚〇・五　死別〇・四　同棲〇・二　独身〇・四五

結婚と幸福の関係を扱った多くの研究は、両者の間に正の相関があると結論づけている。ただし、結婚が人を幸福にする傾向があるのか、それとも不幸な人は結婚しない傾向があるのか、すなわち因果関係の向きについては論争の余地がある。また子どもの誕生によって親の幸福度は一時的に低下する傾向があるものの、子どもの成長につれて親の幸福度は回復すると言われている(8)。

3　仕事

世界価値観調査によれば、失業による幸福度の低下は〇・六ポイントに達し（ちなみに雇用の不安定は〇・三ポイント）、これは離婚のそれ（〇・五）を上回る非常に大きな値である。失業が幸福度をこれほど低下させるのは、仕事が単なる所得獲得の手段であるだけでなく、人生にとって特殊な意味をもっているからであると考えられる。すなわち失業は、所得を減少させるのみならず、自尊心や職場の人間関係までも破壊する。新古典派経済学は、このような失業の多面性を軽視してきたと言わざるをえない。

この文脈でしばしば言及されるのが、マクロ経済政策の評価で用いられる「悲惨指数」（misery index）である。これは失業率とインフレ率を単純に合計したものであるが、両者を同じウエイトで足し合わせることの合理的根拠はなにもない。ある研究によれば、失業率が一パーセント上昇するとき、社会の幸福度を一定に保つためには、インフレ率が一・七パーセント低下しなければならない［Frey 2008：56-57＝2012：72］。このように悲惨指数は、失業が幸福に与える悪影響をかなり過小評価している可能性が高い。

大まかに言って幸福度研究は、雇用の安定を重視するマクロ経済政策や、いわゆる「ディーセント・ワーク」（decent work, 人間らしい条件下でのやり甲斐のある労働）の考え方を支持するものであると言ってよい。

4　社会関係

かつては急進的改革の武器だった個人主義も、今日ではその行き過ぎによる弊害面がしばしば反省されるようになった。人間は本質的に社会的動物であり、社会のなかで諸々の人間関係を結び、そのような結びつきのなかで、所属の感覚（仲間意識、共同体意識、郷土愛など）やアイデンティティが形成・確立される。こうした社会関係――近年では「社会関係資本」（social capital）とも呼ばれる――の豊かさは、構成員の相互信頼（civic trust）・安心・連帯などを高め、逆に社会関係の貧しさは、相互不信・不安・孤独を高めると同時に、ときには犯罪やテロの遠因にもなる。

一般に、構成員の出入りの激しい共同体では、社会関係は希薄になる。したがって都市化やグローバル化による社会的流動性の高まりは、社会関係の弱化に起因するさまざまな問題（たとえば犯罪）(9)を引き起こすことになる。伝統的に新古典派経済学は、労働資源の最適配分のために労働の移動性の向上を重視してきたが、そのような経済的合理性の観点だけでは、社会の幸福に及ぼすその悪影響のコストが過小評価されざるをえない。

人びとがどれほど豊かな社会関係を築いているかを直接に測る手段はないが、ひとつの興味深いデータがある。すなわち以下の数値は、「クラスの大半の仲間たちは、自分に親切であり、助けてくれる」と感じている一一～

一五歳の児童・生徒の割合を国別に示したものである［Layard 2011: 163］。そして言うまでもなく、これらの子どもたちがそれぞれの国の将来を担ってゆくのである。

スイス 八一％　スウェーデン 七七％　ドイツ 七六％　デンマーク 七三％
フランス 五四％　アメリカ 五三％　ロシア 四六％　イギリス 四三％

5　健康

心身の健康に対する人びとの意識は近年ますます高まっている。世界価値観調査によれば、一〜五の五段階による主観的な健康評価が一低下するごとに、幸福度（これは一〇段階である）は〇・六低下する。この〇・六は、前述の離婚（〇・五）や失業（〇・六）に匹敵する大きな値である。しかし、健康に問題を抱えている人や障害者がそれほど不幸であるのかというと、必ずしもそうではない。裕福な人びとが所得の減少を過度に恐れるのと同様に、健康な人びとは健康の低下を過度に恐れているのかもしれない。なぜなら実際には、所得にせよ健康にせよ、人間はその新しい状況にかなりの程度まで適応する能力をもつからである。ただし慢性的苦痛と精神疾患は例外であり、人間はこれらに適応する能力をもたない。したがって、このふたつの苦しみの緩和は、とりわけ重要な課題になる［Layard 2011: 64, 69］。

ちなみに多くの研究によれば、喫煙者と肥満者（いずれも「中毒」の文脈で論じられることが多い）の幸福度は低いが、喫煙や肥満が普通である社会では、これらは幸福度にあまり影響を与えない。喫煙自体・肥満自体がどの程度まで不幸の要因と言えるのかという点については、今のところ定説がないようである。

6　個人の自由

六九頁のビッグ・セヴンの表中に列挙されたように、「個人の自由」は複数の要素からなり、かなり広い意味内容をもっている。その重要な政治的要素として、レイヤードは「民主主義」（この言葉自体は表中には登場しないが）を論じている［Layard 2011: 70］。ここでは、幸福と民主主義の関係に考察を絞ることにしたい。

この主題については、スイスの各州の幸福度を、各州の直接民主主義の程度、すなわち人びとの政治参加の程度という観点から比較検討したB・フライとA・スタッツァーの研究が特に有名である(10)。民主主義は個々人の幸福に多大な影響を与えており、このことは政策上の指針として、人びとの政治参加を高める制度、たとえば地方自治や情報開示の推進、直接民主主義的な国民投票制度の整備などの重要性を示唆している。

またこのことは、通常の経済学では扱いにくい次のような難問も提起する。すなわち政策の帰結のみならず、政策の決定に関するルールやそのプロセス自体が幸福（もし言い換えてよいならば「効用」）を生みだすという難問である。社会的意思決定に参加する権利自体や決定の公明正大さ自体が生みだす効用は、「手続き上の効用」（procedural utility）と総称され、この概念の妥当性については論争があるものの、健全な民主主義がそれ自体として人びとを幸福にするということは、おそらく認めざるをえないだろう。集会や新聞などにおける発言の自由、デモなどの行動の権利を通じて、人びとの選好が形成され、すなわち公論が形成される。住民投票で過半数を取ることができるか否かというような結果のみならず、社会のために議論したり行動したりすること自体のなかに、幸福の不可欠の要素が存在するのである。

7　個人の価値観

幸福は、人生に目的や意味を与える宗教や人生哲学など、個人の内面の問題でもある。多くの研究によれば、宗教を信じる人の幸福度は、それを信じない人よりも一般に高い。ただしこれは、宗教のもつ特殊な社会的側面に起因する部分も大きいだろう。たとえばキリスト教の場合、信仰をもつことは教会に通うこと（信徒のコミュニティーに加わること）も通常意味する。すなわち宗教は内面の問題であるのみならず、相互扶助組織への参加の一形態でもある。社会的排除を受けやすい人びと、社会的つながりを失った孤独な人びとにとって、宗教の内面的側面のみならず、こうした社会的側面も同じく幸福度を押し上げる大きな要因になるはずである。

ちなみに、もっぱら内面的なものを指向する各種の訓練法（たとえば東洋でも西洋でも長い伝統をもつ「瞑想」など）も存在する。しかし学問的に興味深いのは、とくにチクセントミハイの『フロー経験――最適経験の心理学』［Csikszentmihalyi 1990=1996］であり、同書は幸福度研究や行動経済学の分野でしばしば引用されてきた。フロー経験すなわち最適経験とは、簡単に言えば、物事に完全に没頭し、時間を忘れ、その人の能力が妨げられることなく最高度に発揮されている状態であり、精神活動・肉体活動を問わず各分野の一流の人びとは、その驚異的能力を発揮するさいにフローの状態にあると考えられる。人類はこのフロー経験を伝えるために、忘我、無心、夢中、三昧境など、実にさまざまな表現を用いてきた。表現の仕方は時代や地域によって異なるとはいえ、それが伝えようとしている内容は結局、この「フロー」だろう。

自分をすべて思い通りに変えることはできない以上、自分の長所に意識を集中し、そのような観点から自分の目標を追求することは、幸福の観点から見てたしかに合理的である。ただしこれは、世間の価値観ではなく自分の価値観に基づいて人生を送る、人生を評価するということであり、その自主独立を支えるだけの主観的「自信」や客観的「資源」も当然不可欠だろう。

8 遺伝とテレビ

幸福を考えるうえで重要な事柄は、むろんビッグ・セヴンの他にも多数存在する。ここではとくに重要なものとして、遺伝とテレビのふたつをあえて取り上げたい。

ある心理学の研究によれば、長期的幸福水準の相当部分は遺伝的にあらかじめ決定されており、外部からの刺激や介入は短期的にはその水準を変動させるが、長期的には無効化される。こうした主張の根拠として有名なのは、一卵性双生児は異なる家庭で育てられても両者の幸福水準は結局のところかなり似たものになる、という多数の調査結果である。各人の幸福の差を遺伝によって説明できる程度は、三割というものから八割というものまで研究者によって大幅に異なるものの、幸福の「セット・ポイント」(安定値)が遺伝によってある程度まで決まっていること自体については、広範な合意がある。

次に、テレビの強力な影響力について考えよう。一九七二年にブータンの国王が「国民総幸福」(Gross National Happiness)を国家の主要目標に掲げたことは有名である。しかし九九年に同国でテレビの視聴がついに解禁されたことは、あまり知られていない。四〇チャンネルを超えるケーブルテレビなどの登場によって、ブータン国民は日常的に、ファッション、洋画、性、暴力、CMなどを見るようになった。同国ではその後、離婚、犯罪、薬物使用などが急増し、ごく最近では三分の一の親が、子どもと会話するよりもテレビを見る方を好むようになったと言われている [Layard 2011: 77-78]。これらのことは、いかに人間の精神や行動がテレビによって左右されやすいかを強く示唆している。テレビの一日当たり平均視聴時間は、ヨーロッパでは三時間半、アメリカでは四時間半以上に達している [Frey 2008: 93=2012: 115]。今やテレビは人びとの生活時間の相当の部分を占めており、それゆえ人びとの幸福にも相当の影響を及ぼしていると考えられる。ちなみに、因果関係は必ずしも明らかではないが、テレビを見る時間の長さと幸福度の間には負の相関が見られる。最近では(パソコンやスマートフォンを通じての）インターネットの一日当たりの利用時間が増大しているが、それが幸福度に及ぼす影響もまた、同じく興味深い問題である。

三　実際的応用

1　幸福指標の制度化

幸福度研究の実践面については、すでに前節でいくつかの具体策に言及したが、ここでは原理的観点から実践の諸問題を考察する。

二〇〇八年にフランスのサルコジ大統領は、政策決定において社会的幸福に配慮することを表明し、その具体策として、国内総生産（ＧＤＰ）を補完する新たな福祉指標を作成するためにＡ・センやＪ・スティグリッツなどを中心とする「経済パフォーマンスと社会進歩の測定に関する委員会」を設けた。『暮らしの質を測る』[Stiglitz, Sen and Fitoussi 2010=2012] は同委員会の報告書である。また二〇一〇年に就任したイギリスのキャメロン首相も、政策決定においてＧＤＰのみならず「一般的幸福」(general well-being, ＧＷＢ）に配慮することを表明した。

むろんこれらのことは両国の政府が今後、それぞれ自国民の幸福ないし福祉を把握するために必要な統計データを収集・公表するという決意を意味している。現在イギリスでは、統計学者マサソン（J. Matheson）を長とする国家統計局（UK Office for National Statistics）がそのような幸福指標を開発中である。こうした国家的取り組みは、幸福統計・幸福指標の制度化の過程における一里塚として、きわめて大きな意味をもっている。

2　不幸な人たち――「幸福」格差と新しいスティグマ

今までの考察から浮かび上がる幸福な人物の大まかなイメージは、次のようなものだろう。すなわち、生まれつき陽気で、やり甲斐のある安定的職業に従事し、それなりの所得と余暇があり、安定した結婚生活を営み、民主主義の発展した豊かな国で、しかも近隣の人びとを信頼できるような地域（たとえば人口の流出入の少ない地域）で暮らし、喫煙者でも肥満者でもなく、宗教を信じ、あまりテレビを見ず、控えめな人生目標をもち、自分を他人と比べてあまり一喜一憂しないような人である。

しかし幸福というものが明確な社会規範になれば、右の条件を満たさない人びとは、科学の名のもとに、多かれ少なかれ「『問題』を抱えている人たち」ないし「可哀想な人たち」と見なされるおそれがある。とりわけ平均からの逸脱に対して不寛容な大衆社会の様相を呈している集団において、そのようなスティグマ（烙印）は生じやすい。社会の閉塞感や不満が、近隣の外国への、あるいは国内の諸々の弱者や少数派への攻撃という形で現れることはけっして新奇な現象ではない。しかし、仮にここで言われる「社会の閉塞感や不満」を社会の幸福度の低さと同一視することができるならば、幸福度の向上によってそれらの問題はむしろ緩和するだろう、という反論もあるかもしれない。いずれにせよ、近年の幸福度研究は、「○○な人の幸福度は高い」というような文体に満ちており、それらが通俗的に解釈されるなかで「不幸」というスティグマを生み出すことはけっして杞憂ではないように思われる。ある意味では、その研究動向を注視するなかで、われわれはそのような新しいスティグマの形成過程を垣間見ることになるかもしれない。

3　政治哲学上の論争

そもそも政府は国民の幸福を追求すべきであるのか。リバタリアンであれば、政府が追求すべき唯一の目標は

「個人の自由」であり、幸福の増進はあくまでも人びとの自発的活動に委ねるべきだ、と反論するに違いない。リバタリアンの主張は、ここでも基本的に重要である。たとえば功利主義に対しては、全体の幸福のために多数派が少数派を犠牲にする危険があるという問題がよく指摘されるが、この問題は幸福の増進にもそのまま当てはまる。統計に基づく政策は多数派の意見に合致することが多く、したがってそのような政策は民主主義社会において政治的実行可能性も高い。要するに、J・S・ミルの懸念した「多数派の専制」という問題が起こりやすいのである。この文脈において、ビッグ・セヴンに含まれる「個人の自由」の意義を再確認する必要がある。

ところで、自由をめぐるこうした伝統的論争に関連して近年登場したひとつの興味深い立場は、セイラーとサンスティーンが提唱する「ナッジ」（nudge）――注意喚起のために相手を肘などで小突くこと――を用いる、「リバタリアン・パターナリズム」である［Thaler and Sunstein 2008=2009］。これは強制をほとんどともなわず、個人の選択の自由を最大限に尊重するものである。たとえば電子メールで添付ファイルを送るさい、肝心のファイルの添付を忘れたりすることがある。もしメールの本文中に「添付」や「ファイル」という文字が含まれるのにファイルが添付されていない場合に、メール・ソフトが送信を自動的に一時中断してわれわれにそれを知らせてくれる（「ナッジ」してくれる）ならば、こうした失敗はずいぶん減るだろう。この種のナッジを諸々の社会制度に応用する余地は、かなり大きいと期待される。

4　外部性

従来軽視されてきた経済理論上のひとつの問題がある。すなわち消費および地位の外部性である（以下では「消費の外部性」と略す）。公害などの生産の外部性は、その対策も含めて環境経済学などで盛んに論じられてきたが、消費の外部性は、有名なヴェブレン『有閑階級の理論』（一八九九年）の衒示的消費論など（衒示とは「見せつける」こと）、その現象自体は広く知られているにもかかわらず、経済理論ではあまり論じられてこなかった。ヴェブレンは有閑階級すなわち上流階級の独特の行動を分析したが、それは当時においては余暇の多さが地位の高さと直結していたからである。人びとは一般に、広い意味における地位を、すなわち他者から敬意を払われることを欲する。しかし地位をめぐる競争は概してゼロ・サム・ゲームであるし、そもそも全員が勝利することは事柄の性質上ほとんど意味がない。そこでは、自分が勝つと同時に他の人びとが負ける、つまり自分が抜きん出ることが重要だからである。ある主体がコストをかけて努力したとしても、周囲も同量だけ努力すれば、各主体の相対的地位は結局のところ、それまでとあまり変わらないだろう。もしそうならば、そこに投じられたコストはその多くが浪費である。すなわち相対的地位をめぐる競争一般（国家間の軍拡競争、企業間の宣伝競争、人びとの所得競争など）では、ある主体の地位向上は、他の主体に負の外部性をもたらす。より上位をめざすこうした人間の欲望は、生存競争を通じての生物的進化の長い歴史から説明可能であり、したがってきわめて根強い欲望であるように思われる。

この種の問題に対する解決策としては、競争の禁止や、競争を抑えるための自発的協定があり、またもし適切な税率を見出せるのであれば、周囲に不幸をもたらすそうした主体に課税（いわゆる「ピグー税」）ないしそれに相当するペナルティーを課すことによって、その活動を適切な水準にまで抑制することも可能だろう［Layard 2011: 152-153］。これは、平等化政策によって競争のインセンティブをある程度抑制することを意味する。結局のところ「働き過ぎ」に帰着する、ストレスに満ちた、相対的地位をめぐる終わりのない競争（第二節で述べた「トレッドミル」）を緩和することは、資本主義社会の幸福にとって最も本質的な課題であるように思われる。(11) 生産の外部性は、「コースの定理」が示すように（取引費用が十分に低ければ）当事者間の自発的交渉に委ねることも可能だが、ここで述べている消費の外部性は、主に格差の問題であるため、そのような解決策——たとえば下、う。

位者が上位者に対して格差を是正するために対価を支払う――は一部の限られたケースでしか利用できないだろう。

上位者にペナルティーを課すという競争抑制策は、下位者の抱く嫉妬という人間性の醜い側面を積極的に承認するものだ、という反論もあるに違いない。おそらく従来の経済学が消費の外部性を本格的に扱ってこなかった最大の理由はここにある。なぜなら、他人の消費や地位が気になるという外部性は、より一般的に言えば、他人の行動や状態が気になる（快ないし不快）という外部性であり、こうした広義の外部性を真剣に考慮すれば、個人の「自由」は大幅に制限されざるをえないからである。したがってこの種の外部性は、経済学の主題というよりも、むしろ政治学における自由論ないし寛容論の主題であると見なされてきた。嫉妬すなわち「劣等感」はたしかに醜い、あるいは不道徳なものであるが、しかし「優越感」すなわち人びとを打ち負かして幸福を得ること（というのも、全員の地位が共に向上しても優越感は生じないから）も、厳密な意味における競争条件の「公正さ」が確保されない限り、同様に醜いものであるだろう。

結論

現在進行形で急速に発展しつつある幸福度研究の帰趨を見極めるのは至難のわざである。それでも私は以下の三つの理由から、その研究が二一世紀の経済学に大きな変化をもたらすに違いないと結論づける。

①　幸福度研究は、近年整備された社会統計に基づく実証科学であり、それが一時の流行に終わるとは考えにくい。これは、たとえ「幸福度研究」が一時の流行に終わったとしても、より包括的な別の枠組み、別の名

称のもとで、功利主義思想以来の研究プログラムを事実上継続してゆくだろうという意味である。

②　幸福度研究は、新古典派経済学のいくつかの基本概念および枠組みに再検討を迫るものである。たとえば、一九三〇年代以降の経済学ではもっぱら序数的効用が用いられてきたが、フライは「幸福度」「生活満足度」などの測定可能な主観指標が経済学の「効用」概念の代理変数になりうると主張し、したがって基数的効用の復活を主張している［Frey 2008=2012: ix=3-4］。ただしそれは、今なお論争中の事柄であり、将来どのような形で幸福度研究の成果が既存の経済理論に接合されてゆくかは、きわめて興味深い問題である。

③　幸福というその研究対象自体の魅力が、広範な人びとの関心を惹きつけている。この関心は、その実際的応用への人びとの期待に由来するところが大きい。そうである以上、幸福度研究は実際の公共政策全般に多大な影響を及ぼすに違いない。ただし、ＧＤＰなどの従来の経済指標が不要になるわけではないだろう。経済指標は依然として非常に重要であり、むしろそれらを補完することこそ、幸福度研究に期待される役割である。

注

（1）　心理学者による幸福度研究の最新の解説書として、大石［2009］がある。

（2）　フライは「幸福の経済学」のみならず、芸術などを扱う「文化の経済学」の領域でも知られる多才な研究者である［Frey 2003］。

（3）　幸福度に関する自己報告は、そのときの気候・気分・体調など、諸々の条件の影響をかなり受けることが知られている。調査対象者の数が十分に多ければ、これらの攪乱的要素は互いに相殺されるだろう。しかしたとえば、謙遜（幸福度を実際より低く報告する）や意地（幸福度を実際より高く報告する）のような文化的傾向が国ごとに異なる場合には、国際比較上の大きな障害になる。調査手法の具体的詳細、またデータの信頼性の検証については、特にFrey［2008: 17-22=

2012: 28-35］、大石［2009: 47-59］を参照のこと。

（4）　ただし国内のクロス・セクション・データ（一時点における地域別・部門別などの比較データ）で見れば、幸福度と絶対所得に正の相関が見られる。すなわちアメリカ国民を所得階層別に比較すれば、一般に高所得階層ほど幸福度は高い。

（5）　男女のどちらがより幸せであるかは国によって異なる、という調査結果もある。すなわちアメリカでは女性の方が幸せであるが、ロシアでは男性の方が幸せであり、中南米では男女にそれほど違いはない［Graham 2011: 67 = 2013: 115］。

（6）　ちなみにレイヤードによれば、仮にビッグ・セヴンと関連する以下の(a)～(f)の六つだけでも、世界価値観調査が示す各国の幸福度の違いの八〇パーセントまでを説明できる［Layard 2011: 71］。

(a)　離婚率　(b)　失業率

(c)「一般的に言って他人を信用することができる」と答えた人びとの比率

(d)　社会集団（非宗教的）への参加率

(e)　統治の質：ビッグ・セヴンの⑥のうち次の四変数。すなわち法の支配、政府サービスの有効性、腐敗がないこと、統制システムの効率性

(f)　信仰をもつ人びとの比率

（7）　セイラーとサンスティーンは、結婚に代わる新制度として「シヴィル・ユニオン」を提唱している［Thaler and Sunstein 2008: chap.13=2009: 第13章］。これは結婚を、フランスの「連帯市民協約」よりもさらに自由化・民営化する試みである。そこでは、国がカップルに与える法律上の地位はすべてシヴィル・ユニオンに統一され、結婚はその一形態にすぎなくなる。すなわちこのユニオンにはさまざまな形態があり——国が結婚の資格要件（年齢や性別）を定めるように、各種の民間団体はユニオンの資格要件を独自に定めてよい——人びとはどの団体からユニオンを認定してもらうか自由に選択できる。性別を問わない団体もあるだろう。また（セイラーとサンスティーンは示唆するに留めたが）ユニオンが三人以上で構成される可能性も考えられる。

（8）　結婚がもたらす幸福は、結婚直後がピークで、結婚一年後には結婚一年前の水準に戻るという研究結果もあるが、結婚一年後の幸福度の低下は、子どもの誕生に起因する場合も多いと考えられる［大石 2009: 107-108］。

（9）　犯罪数の増大の背景にはおもに経済問題（格差や失業）がある、としばしば言われる。しかし一九五〇～八〇年のアメ

リカとイギリスについて見れば、公に届出のあった犯罪数はアメリカで約三倍、イギリスで約五倍に激増したにもかかわらず、この三〇年間は両国において一般に格差が縮小し、失業率も平均的に見て比較的低い時代であった［Layard 2011: 80］。このことは、たとえ経済問題が犯罪の要因であることを認めるとしても、なおもそれ以上に重要な他の要因が存在することを強く示唆している。

（10）　政治的諸条件が幸福に与える影響については、Frey［2008=2012］の第一四章「幸福と政治」が詳しい。

（11）　相対的地位をめぐる競争がすべて、人びとを不幸にするわけではない。ゲームやスポーツはその代表であり、これらは資本主義社会の競争を改良するための手がかりとなるかもしれない。

参考文献

Bruni, Luigino［2006］*Civil Happiness: Economics and Human Flourishing in Historical Perspective*, London: Routledge.

Bruni, Luigino and Pier Luigi Porta（ed.）［2007］*Economics and Happiness : Framing the Analysis*, Oxford: Oxford University Press.

Csikszentmihalyi, Mihaly［1990=1996］*Flow: the psychology of optimal experience*, New York: Harper and Row. 今村浩明訳『フロー体験——喜びの現象学』世界思想社。

Dutt, Amitava Krishna and Benjamin Radcliff（ed.）［2009］*Happiness, Economics and Politics: Towards a Multi-disciplinary Approach*, Cheltenham: Edward Elgar.

Easterlin, Richard Ainley［1974］"Does Economic Growth Improve the Human Lot? Some Empirical Evidence," in P. A. David and M. W. Reder（ed.）, *Nations and Households in Economic Growth: Essays in Honor of Moses Abramovitz*, New York: Academic Press.

Frey, Bruno S.［2003］*Arts and Economics: Analysis and Cultural Policy*, 2nd ed., Berlin: Springer.

Frey, Bruno S.［2008=2012］*Happiness: A Revolution in Economics*, Cambridge, Massachusetts; London: MIT Press. 白石小百合訳『幸福度をはかる経済学』NTT出版。

Frey, Bruno S. and Alois Stutzer［2002=2005］*Happiness and Economics: How the Economy and Institutions affect Well-*

being, Oxford; Princeton: Princeton University Press. 佐和隆光監訳、沢崎冬日訳『幸福の政治経済学――人々の幸せを促進するものは何か』ダイヤモンド社。

Graham, Carol [2011=2013] *The Pursuit of Happiness: An Economy of Well-being*, Washington D. C.: Brookings Institution Press. 多田洋介訳『幸福の経済学――人々を豊かにするものは何か』日本経済新聞出版社。

Layard, Richard [2011] *Happiness: Lessons from a New Science*, 1st ed., 2005, revised and updated ed., Penguin.

Nussbaum, Martha. and Amartya Sen (ed.) [1993=2006] *The Quality of Life*, Oxford; Tokyo: Clarendon Press. 水谷めぐみ訳『クオリティー・オブ・ライフ――豊かさの本質とは』里文出版。

OECD [2011＝2012] *How's Life? Measuring Well-being*, Paris: OECD. 徳永優子・来田誠一郎・西村美由起・矢倉美登里訳『ＯＥＣＤ幸福度白書 より良い暮らし指標――生活向上と社会進歩の国際比較』明石書店。

Praag, Bernard van and Ada Ferrer-i-Carbonell [2008] *Happiness Quantified: A Satisfaction Calculus Approach*, (Rev. ed.), Oxford; Tokyo: Oxford University Press.

Stiglitz, Joseph Eugene, Amartya Sen and Jean-Paul Nicolas Fitoussi (with a foreword by Nicolas Sarkozy) [2010＝2012] *Mismeasuring Our Lives: Why GDP doesn't add up: The Report by the Commission on the Measurement of Economic Performance and Social Progress*, New York: New Press. 福島清彦訳『暮らしの質を測る――経済成長率を超える幸福度指標の提案』金融財政事情研究会。

Thaler, Richard H. and Cass Robert Sunstein [2008=2009] *Nudge: Improving Decisions about Health, Wealth, and Happiness*, New Haven: Yale University Press. 遠藤真美訳『実践行動経済学――健康、富、幸福への聡明な選択』日経ＢＰ社。

Watson, John Broadus [1913] "Psychology as the Behaviorist Views it," *Psychological Review*, vol. 20, no. 2: pp. 158-177.

大石繁宏 [2009]『幸せを科学する――心理学からわかったこと』新曜社。

■信頼ホルモン「オキシトシン」

化学伝達物質の「オキシトシン」は、女性の生殖ホルモンに顕著で、たとえば分娩のときに子宮筋の収縮を制御したり、母親が熱心に子育てすることを助けたりする。セックスや愛撫、抱擁に至福の温もりをもたらすのも、オキシトシンである。男性にも分泌される。オキシトシンの量が上昇すると、人は気前がよくなり、思いやりをもって他者に接することができる。だからもし、人工的な仕方でオキシトシンを注入すれば、人は互いに共鳴しあうかもしれない。世の中は愛に満ち溢れ、至福の共同体が生まれるかもしれない。

むろんオキシトシンは、たんに人を寛大にするだけでなく、私たちに「信頼に基づく寛大な行動」と「不信に基づく慎重な行動」のバランスをとるように命じる。私たちはオキシトシンのおかげで、開けっぴろげでいながら、騙されないように用心することができる。反対に、暴力と競争を司る物質「テストステロン」は、私たちに指導力、決断力、革新的活動力などを与えてくれる。テストステロンがなければ、社会は発展しない。創造的破壊は起こらず、強い意志をもって何ごとかを成し遂げるような活動は衰退してしまうだろう。だがテストステロンは、人びとの信頼関係を削ぎ、共感と繁栄の好循環をもたらすことがない。市場での競争に適合的な資質だけでは、経済社会は繁栄しない。

古典的な「信頼ゲーム」を用いた実験によると、他人を信頼する人は、血中のオキシトシンの分泌が急上昇するという。具体的には、実験室に集められた人びとに、まず10ドルを与える。被験者は、そのうちの一部あるいは全額を、誰か匿名の人に送金するように要請される。すると送金された側は、その3倍の額を得ることができる。たとえばAさんは、匿名のBさんに2ドル送金すると、Bさんは6ドルを得る。しかしここで、Bさんは返礼を期待されている。Bさんは匿名のAさんに、「いくらか送り返したいか」と訊ねられる。もし一定額を返礼すれば、両者のあいだに信頼が成立したことになる。

この実験で、まったく返礼しない人たちがいる。興味深いのは、かれらにはふだんから過剰にオキシトシンが分泌されていて、実験の際にオキシトシンの分泌量が急上昇するわけではないという点だ。オキシトシンが最初から過剰だと、人は他人を信頼しない。共感をもつことができない。匿名の他者を信頼できるかどうかは、オキシトシンの分泌パタンによって決まると言えそうだ。

（橋本努）

【文献】 ポール・J・ザック［2012=2013］『経済は「競争」では繁栄しない　信頼ホルモン「オキシトシン」が解き明かす愛と共感の神経経済学』柴田裕之訳、ダイヤモンド社

1-4

キーワード：負債、社会関係、循環

贈与

私たちはなぜ贈り合うのか

若森みどり

はじめに

なぜ私たちは互いに贈り合いをするのか。いったいなんのために行なっているのだろう。贈与の習慣は古来よりずっと社会に息づいてきた。産業革命を経て資本主義が成熟した現代社会においても、贈与の習慣はさまざまに形を変えて存続している。市場が社会のさまざまな領域にまで浸透し、お金で買えないものはなくなりつつあるような現代において、贈与は交換に還元できないどんな機能を持っているのだろうか。

リーマン・ショックや三・一一を経験した私たちの時代は、贈与という言葉や原理に、市場社会の限界や産業文明の恐ろしい局面を乗り越えて将来世代が生き抜いていってくれるよう、なにか生命の可能性や希望を期待するところがあるのだろうか。若者の高失業率が五〇パーセントを超える南欧やスペイン。第二次世界大戦後、経験したことのないほどの格差のなかで、大学を卒業しても教育ローンの借金返済のために苦しむアメリカの若者たち。安心して家庭を築き子育てするといった将来設計を描くことが容易ではない日本の若者たち。

私たちは、市場交換の自生的な作用による格差の是正や企業による福利厚生はもちろんのこと、国家による再分配機能に対して、以前のように期待を寄せることができなくなった時代に生きている。贈与は、巨額の財政赤字に象徴される負債とともに、現代社会を理解するためのキーワードである。

一　贈与をめぐる問い

1　『賢者の贈りもの』

なぜ私たちは互いに贈り合いをするのか。この問いについて、二〇世紀初めのアメリカの人気作家オー・ヘンリーの短編小説『賢者の贈りもの』〔O. Henry 1906=2007〕から始めることにしたい(1)。少し前まで裕福な暮らしをしてきた若夫婦のジムとデラは、互いを愛してはいたが、現在の慎ましい生活を惨めに思うことがあった。一週間で八ドルの安アパートの一室には、デラが生活を切り詰めてコツコツ貯めた一ドル八七セントのお金しかなかった。クリスマスの前日、デラはどうしても愛する夫にプレゼントを贈りたいと思い、自分の宝である自慢の美しい髪を二〇ドルで売る。

その二〇ドルを手にしてデラがジムのために選んだプレゼントは、二一ドルの高価なプラチナの鎖だった。ジムは、祖父から父、そしてジムへと受け継がれてきた懐中時計を持っていたが、それはとりわけ、どんなに貧しくても時間に遅れることなく正しく過ごすことができるようジムを護り導いてくれる意味において、宝物だった。

しかし、時計にはぼろぼろの革紐がとり付けられているためか、ジムは大勢の人前では恥ずかしそうにこっそりと見るのだった。デラは、ジムが人前で堂々と時計を見られるようにと、鎖を選んだ。

だが、デラの予期せぬ展開が起こる。クリスマスの前夜、働き通しで疲れて帰宅したジムはデラの姿に驚き、ショックを隠せない。さらにジムは、デラが自分に鎖を贈るために髪を二〇ドルで売ったことを知って、次のように告白する。デラの美しい髪を束ねる高価な櫛を手に入れるために時計を売り払ってしまった、と。ここで、時計の鎖と櫛という二人が贈り合ったプレゼントは少なくとも当分のあいだは「無用の長物」となることが明らかになったのだが、二人は互いの「過失」を攻め合うどころか、喜びに満ち溢れた。さて、互いに喜び合うはずの贈りものの交換に失敗したにもかかわらず、デラとジムはなぜ微笑むことができたのか。二人の行為は自己犠牲なのだろうか。鎖と櫛は、懐中時計と髪とはどんな点で性格が違うのだろうか。この物語は、読者に対して「贈与の謎」を投げかけている。

2　モース再来

現在、マルセル・モースによる『贈与論』［Mauss 1925=2009］への関心が、世界的な規模で復活している。人類学の新地平を切り開いたモースは、市場を廃絶する難しさを考慮しながら、行き過ぎた市場原理とは異なる財の流通システムの可能性を実践的にも学問的にも追究した。彼にとって、「古代的社会」における贈与や贈与交換によって実現される社会的現象の探求と、彼が生きていた時代のナシオン、国有化、ロシア革命、協同組合の問題や関心は、一体のものだった。ナチス占領下のユダヤ人公職追放令によって職を追われた一九三九年以降、モースの業績は忘却された。

第二次世界大戦後にモースの『贈与論』にふたたび注目を集めさせたのは、レヴィ＝ストロースである。だが、同時に彼は、モースの『贈与論』における神話的想像力の意義を追放して、贈与の本質を相互的交換に類似したものと解釈する思潮をつくってしまった［今村 2007］；［Graeber 2001］。また、イギリスの人類学者メアリー・ダグラスが英語版『贈与論』の序文を書いたが、そこでは、『贈与論』の最終章だけが唐突に現代的な社会問題を扱っていて、古代的な社会の贈与論を論じた第一〜三章とのあいだには論理的な断絶がある、という『贈与論』の構成の問題や、最終章の収まり具合の悪さが指摘されてきた［Douglas 1990］。モースの『贈与論』における交換と互酬性というふたつの概念の関係をめぐっては、グルドナー、サーリンズ、レヴィ＝ストロース、ゴドリエなどが異なる解釈を提示し、相互性・互酬性（互恵性）の規範やモデル化についての論争が続いてきた［Becker 1986］。しかしながら総じて、互酬性論や交換の理論が注目される一方で、モースの『贈与論』それ自体の研究は進展しなかった。

モースの意義を再評価し『贈与論』を再読する研究が活気づいたのは、東西冷戦終結後においてである。先駆的なフランスでは、冷戦終結を睨んだ一九八〇年代にアラン・カイエを中心として「社会科学における反功利主義運動（ＭＡＵＳＳ）」が展開されたが、その理論的支柱として『贈与論』が位置づけられており、現在にいたっても、経済学者・人類学者・社会学者・政治学者が連携しながらモースの現代的意義を探究する企画が続いている(2)。

また、フルニエによるモース『政治論集』の編纂［Mauss 1997］によって、古代社会研究だけでなく、モースの協同組合運動への実践的な関心や社会主義の同時代的評論に関する思想史研究が進展した。ヨーロッパの生活協同組合、第一次世界大戦後の世界秩序、国際連盟、戦争賠償問題、債務猶予、ロシア革命とボルシェヴィズムについての考察など、『政治論集』に収録された論考の大部分は、『贈与論』の執筆時期と重なる一九二〇年代前半に集中的に発表されたものである［Fournier 1994］；［Mauss 1997］。モースが取り組んだ課題が古代的社会の民俗学研究にとどまるものではないことを示す膨大な資料の存在は、英語圏におけるモース像の再検討を促した［Durkheim and Mauss 1992］；［Fournier 2006］。

本章では、ＭＡＵＳＳの企画や、グローバル正義運動に携わってきた英語圏の人類学者グレーバーのモース『贈与論』再読に注目する。グレーバーは、フルニエが世に送った膨大な資料に基づくモースの思想史研究のスタイルからではなく、モースの現代的意義という観点から『贈与論』の再読可能性を提案している。グレーバーによれば、国家も市場も、どこにでもあるはずの「(小文字から始まる）コミュニズム（communism)」から膨大で過剰な「価値」を引き出していて、そのような正当化のために「負債の道徳」が動員されていることが、モースの『贈与論』を読むことで批判的に認識できるようになる、という。互酬性が反駁しようのない唯一の「正義」になっている政治学の状況(3)が、「負債の道徳」の神聖化に手を貸していることを問題視すべきである、という。グレーバーによれば、レヴィ＝ストロース以降の『贈与論』解釈は、互酬性という正義の強力な影響下に収まっており、現代の「負債の帝国」的状況に対する批判的想像力を提供することができない［Graeber 2001］；［グレーバー 2009］；［Graeber 2011］。

グレーバーは自らの立場を「アナーキスト人類学」と呼び［Graeber 2004=2006］、国家と市場によってのみ人間の連帯が可能だとする「現代の神話」を批判する。彼にとって人類学は、人間の協力関係のさまざまな形態や集合的存在の可能性を創造するための、計り知れない宝庫である。グレーバーは、アナーキスト人類学の視座から『贈与論』を読み返す可能性を提案している。

二　社会的創造性の原理としての贈与

1　『贈与論』の主題——全体的給付体系と社会関係の創造的契機

『贈与論』には、社会的絆の創造的契機の論理がどのように埋め込まれているだろうか。モースは、贈りものの循環によって社会的絆が恒常的に再生する仕組みに、「全体的給付体系（le système des prestations totales）」という用語を当てている。『贈与論』の課題は、「与え、受け取り、与え返す」という贈りものの循環が維持される仕組みを、未開社会あるいは古代的社会と呼ばれている諸社会の比較分析を通して解明することだった。世界の各地域・各諸島の全体的給付体系のさまざまな形態を検討する『贈与論』の序論では、全体的給付としての贈り合う関係が、対立し合う諸集団または諸社会のあいだで緊密な絆や協力関係を構築するためにつくりだされた、という命題が提起される。

ある時は集団で同じ場所に向かい合い、ある時は両方の長を仲介に立て、またある時は同時にこれら二つのやり方で互いに衝突し対立する。さらに、彼らが交換するものは、専ら財産や富、動産や不動産といった経済的に役立つ物だけではない。それは、何よりもまず礼儀、饗宴、儀礼、軍事活動、婦人、子供、舞踏、祭礼、市であり、経済的取引は一つの項目に過ぎない。……最後に付け加えたいのは、このような給付と反対給付は、進物や贈りものによってどちらかといえば任意の形でおこなわれるが、実際にはまさに義務的な性格のものであり、これが実施されない場合、私的あるいは公的な戦いがもたらされるようなものである、ということである。われわれは、これらすべてを『全体的給付体系』と呼ぶことを提案した。［Mauss 1925=

2009: 17-18]

モースによれば、与え、受け取り、与え返すという贈与の体系は、①義務的な性格に基づくものであり、②全面衝突を回避するための同盟関係や協同関係や法的紐帯の創出をつくりだす。つまり、贈与によって、全面的衝突（戦争）の局面を全面的協力関係（平和）に転換させる契機が創出される［重田 2009］。集団のあいだに協力関係や法的紐帯といった社会的絆が創出される事態に、モース自身は特別な用語を当てていないが、グレーバーはその契機を「社会的創造性（social creativity）」[Graeber 2007: 113］と呼び、着目する。

グレーバーは、新しい社会関係や新たな絆を創出することを「社会的創造性」と定義するが、社会的創造性には「媒介物（medium）」の役割が大きい。グレーバーによれば、モースの捉えた贈りものの循環にとって、さまざまなクランや集団や個人のあいだを行き来する「媒介物」は、社会的創造性を方向づけたり発現するうえで決定的である［Graeber 2007: 113]。

現代においては、変態し増殖し続ける「資本」や「貨幣」という「媒介物」が、社会的創造性の発現や方向をほぼ支配している。だが、モースの『贈与論』の世界では、資本や貨幣だけではなく、「礼儀、饗宴、儀礼、軍事活動、婦人、子供、舞踏、祭礼、市」もまた「媒介物」である。それらが循環する諸領域は、人びとの経済生活、道徳生活、宗教的生活、そして政治的生活すべてに行き渡っている。この「媒介物」をめぐる社会の可能性は、モースの現代的意義という観点において決定的なのであるが、しかし『贈与論』の構成には、贈与交換の体系を社会的絆の創出・再生のメカニズムとして理解することを妨げるいくつかの要素がある、とグレーバーはいう［Graeber 2001: 158]。

たしかにグレーバーが指摘するように、同書は一見すると、世界の各地域の全体的給付体系の型を比較する際に、①受け取った贈りものに対して、その返礼を義務づけるメカニズムはなんであるか（贈られた物に潜むどんな力が、受け取った人にその返礼をさせるのか）［Mauss 1925=2009: 14］、②激しい競争・戦いと富の破壊をともなうポトラッチ型の贈与交換［Mauss 1925=2009: 19］はどの程度に広がっているか、という問題に焦点を当てて議論を進めているように見える。

またモースは一方で、全体的給付体系の進化と型を比較検討した第一章「交換される贈与と返礼の義務」と第二章「贈与制度の発展——鷹揚さ、名誉、貨幣」において、返礼の義務の解明と、競争・闘争・破壊といったポトラッチの本質的要素の析出に多くの叙述を割きながらも、他方で、それぞれの贈与交換の循環の仕組みが協同関係の構築としての社会的創造性を再生させる媒介になっていることを描いてもいる。

誰がいちばん裕福で最も激しく消費するかを競うポトラッチ型の全体的給付の特質を分析した叙述箇所には、同盟関係を築くという意味での社会的創造性に言及した叙述は存在しない。そこでは、贈る義務と返礼の義務はポトラッチの本質であるという点を強調した文脈が繰り返され、①首長はポトラッチの実践を通じて自分の部族と民族内における権威と地位を維持できること、②ポトラッチを行なわない首長は面子や威信や人格を失うこと、③首長はポトラッチの実践を通して、招待されたすべての他者を凌ぐことを演出し、「彼らを『彼の名声の影』の内に入れること」［Mauss 1925=2009: 103］、が描かれる。このポトラッチ型全体給付の描写は、ポトラッチの実践を通して創造される「階層的な社会関係」に照明を当てている。モースは、贈り合いを通じて創りだされる、同盟・協同関係と闘争・階層的関係といった社会関係の異なる型を描いているのだ。それぞれに、「媒介物」の内容も、贈り合う目的も方法も異なるのである。

グレーバーによれば、贈り合うことで創出される階層的な社会関係という観点は、きわめて現代的な視座を持っている。階層的な社会関係の創出は、古代社会に限られる現象ではなく、市場交換と国家による再分配の発展

した近現代社会においても遍在している。『贈与論』は、「負債の道徳」についての古典なのである。(4)

2 『贈与論』最終章の結論から現代へ

労働してなにかを生産する時、人は自己の身体的生命の一部を贈与している。大規模な労働を編成する近代の経済システムは、壮大な構造的贈与関係に基づいていることになる。だが、生産者である普通の人びとは、労働に対する十分な報酬がお返しされていると感じていない。モースによれば、二〇世紀初頭の社会のシステムは、贈与道徳に反しているために行き詰まったのである。このように考えるモースは、『贈与論』の最終章において三つの結論を提示した。第一は道徳的な結論、第二は経済社会学的な結論、そして最後はいわば政治学的な結論である。

モースは道徳上の結論として、働くことが自らの時間や生命を他者に与えることであって、誠実に果たしてきた自らの労働も他者の労働も公平に報いられることを確信できる経済ヴィジョンが現代社会に不可避である、と述べた。贈与システムの発展のカギは、相互に尊厳を損なわない最大限の工夫と配慮をともなった制度形成にあり、与えるだけでなくその報いを受け取る仕組みが重視される。福祉国家の形成とそれを可能にする哲学をモースは示唆している、といえる。

経済社会学上の結論として、モースは、もらったのにお返しをしない雇用主や富者、そして国家への怒りが「怠惰を引き起こし、生産低下を招く」、と述べる。モースによれば、怠惰や生産性の低下を引き起こしているのは、古代から人類に受け継がれた贈与の道徳の義務に反する経済社会のシステムである。贈与の道徳は、①平和を求める意思、②公共のための労働と個人のための労働がリズムよく交叉すること、③教育によってもたらされる相互に対する尊敬、相互的／互酬的な寛容、を要請している。そして、社会立法（老人退職恩給公庫、貯蓄金庫、共済組合、雇用者団体、賃金労働者団体など）の整備を、贈与の道徳への現代的回帰として位置づけている。

政治学上の結論は、国際関係の創出と幸福／喜びについてである。モースによれば、贈りものを循環させる贈与のシステムの発展は、殺し合うことなく互いに向かい合い、大きな犠牲を払うことなく自らを与え合うことを学んだことの結果である。人が物を首尾よく交換できるようになったのは贈与システムの発展に負っているのであり、平和の破壊は交換関係の破壊に帰結すること、をモースは暗示する。また、「幸福」と「喜び」――「祝祭」――の欠落もまた、克服すべき課題である。モースによれば、「文明的と称されるわれわれの社会」の停滞の原因は、祝祭的な慣習や制度が著しく損なわれていることにもある。経済発展と富の増大だけでは幸福と喜びはありえない。贈与のシステムの現代的な形態での復権は現代的な「祝祭」の形態をともなうだろう、とモースは見ていた。

以上のような『贈与論』の結論を執筆した当時のモースは、協同組合運動や福祉国家や混合経済への期待に寄り添いすぎてはいないだろうか。このように畳み掛けるのが、グレーバーの問題意識である。

グレーバーによれば、「通貨」や「債権」を発行する国家は、私たちに秩序と福祉のサービスを提供するかわりに、社会的存在としての「負い目」を押し付け「貢納」を召し上げる機構である。私たちは、自らの存在を国家だけに負っているわけではない(5)。原初状態における個人と国家の社会契約について誰も知ることができない。だが、まさに国家の正当性は、原初的な負債が新生児にもあると主張する「原初的負債論」に由来している。原初的負債論は、私たちが国家の一員であるがゆえに私たちはすでに国家から多大な贈与を受けているという論拠から、私たちには生まれながらに「負債」があることを繰り返し指摘する。一九七〇年代以降、この原初的負債論が強化され、財政赤字の危機のための増税あるいは社会保障費の削減が正当化される言説が世界中で繰り返されている、というのがグレーバーによる時代の診断である(6)。

さて、モースが『贈与論』で描いた古代的世界の住人が宇宙や神や先祖といったものに負債を負っていたとすれば、現代の私たちは、誰に対してどれだけの負債を負わされているのだろうか。その決定への主体性を私たちは有している、といえるだろうか。

グレーバーは、返済を強いるシステムや負債の道徳の論理と、「社会関係を創造する方法としての贈与行為」[Graeber 2001: 27] の可能性とを、『贈与論』のなかに見いだしている。

3　贈与交換と社会関係

モースは『贈与論』のなかで、明示的ではないが、いくつかの社会関係のタイプを描いている。「贈与」という用語は、返済をともなわない贈与から、返済の義務の強制を含む贈与、さらには相手の利己心に訴える市場的交換にいたるまでの、異なった経済的相互行為から成る幅広い領域を表現するものとして用いられてきた。「贈与」によってなにが意味されているかを改めて再検討する必要がある。ポトラッチとクラはともに「贈与」というカテゴリーに入れられるが、それぞれ固有の社会的絆の編成論理を有することを理解しなければ、モースの『贈与論』を水平的な互恵関係としてのみ解釈する誤読の危険につながる恐れがある。

モースの贈与交換の概念を相互的交換として定式化したのは、レヴィ＝ストロースである。(7) グレーバーによれば、そのような定式化は、一方で「与え、受け取り、与え返す」という贈与の連鎖を等価交換の論理に還元してしまい、他方で、返済の見込みのない贈りものを与えて負い目（負債）を作り出す、贈与関係の階層的な側面を見逃してしまう。「与え、受け取り、与え返す」贈与交換には、対立する諸集団・諸個人間に同盟関係や平和的関係を作り出す相互的義務の関係も、従属的で階層的な諸関係も、互いに負債を返済し相互的関係を解消する行為も含まれているのである。グレーバーによれば、贈与という用語は、次の四つの社会編成の論理を含んでいる

[Graeber 2009: 114]。

① 共産主義的諸関係

勘定がただちに釣り合わなくても良いかたちで相互に助け合う対等な協力関係のことをいう。そこでは、「各人の能力に応じて与え、各人の必要に応じて受け取り、各人の能力に応じて与え返す」という贈与の連鎖が、社会的絆を編み上げている。人びとが相互に負債を抱えた状況であって、返すことが困難な贈答関係に基づく階層性の構造とは異なる。また、返済が完了すれば関係が解消される市場的交換の論理とも異なっていて、勘定がただちに釣り合うべきだとする感覚が欠落している。それは、両者の関係が終焉すると想定されないためである。共産主義的諸関係を支配する論理は、継続する対等な互恵的関係である。

グレーバーによれば、どのような社会システムにおいてもこのような共産主義は存在しうる。グレーバーは、国家による大規模な計画経済を「大文字から始まる共産主義」(Communism)、人間が複数いればどこにでも成り立つ協力関係を「小文字から始まる共産主義」(communism) と表現している [Graeber 2010]。「小文字から始まる共産主義」は人間のいるところにはどこにでも存在する協力関係であり、社会関係の基礎である。そこには、協力関係を創出する「媒介物」の贈り合いが見出される。対照的に「大文字から始まる共産主義」は、「小文字から始まる共産主義」つまり協力関係によって生まれた価値や富を、国家のもとへ収奪する仕組みである。グレーバーによれば、大文字から始まる共産主義も資本主義も、小文字から始まる共産主義的な人間の協力関係を巧妙に「管理」し、そこから自らが生き延びる富や力の源泉を引き出してきた。

②　**相互的交換**

相互的交換は、勘定がただちに釣り合うべきだという相互の義務によって行なわれる。相互的交換においては、等価のものが「媒介物」となることが条件として要請されるのであり、等価の媒介物を相互に交換して勘定が釣り合えば、ただちに相互の関係は解消する。これに対して、与え、受け取り、与え返すという贈り合いの関係は、経過する時間のなかで展開する。そしてなにを贈るのか、受け取った場合にどのようにお返しするのか、誰に対してどう贈り返すのかをめぐって、当事者のあいだに解釈の幅や選択の可能性がある。相互的交換と贈り合いの関係の決定的な違いは、この点にある。相互的交換が存続しているように見える場合は、(a)交換が再度繰り返されているか、あるいは、(b)等価物の返済が「遅延」しているか、の可能性がある。

③　**階層的諸関係**

返済の見込みのない贈りものを与えたり貸しを作ること、あるいは返済不可能な贈りものを受け取ったり借りたりすることは、階層的諸関係を形成する。それは、対等な立場から等価物の交換を行なう相互的交換の関係ではない。たとえばイヌイットの有名な諺「狩場の鞭打ち係が犬を生み出すように、贈与は奴隷を生み出す」において繰り返されてきたように、返済できない贈りものを受け取ることが、戦争捕虜と同等の状態として理解されてきた。また、現代においては、途上国や債務国に返済不可能な多大な貸し付けを行なうことは、階層的な諸関係を創出して支配関係を強化する手段となる。

④　**英雄的贈与**

ポトラッチのように、英雄的贈与は、集団間の優劣をめぐる熾烈な戦いである。英雄的贈与が行なわれる敵対的関係は、当初は対等な立場であっても、その戦いの結果、勝者‐敗者が決まり、支配する集団‐従属する集団という階層的な社会関係が創出されることになる。

グレーバーによれば、人間の集団が存在するところにはどこにでも上記四つの社会編成が見出される。グレーバーの解釈によれば、モースの『贈与論』は、相互的交換以外の三つの社会編成論理――共産主義的諸関係、階層的諸関係、英雄的贈与――を説明している。

三　負債とはなにか――負債の道徳と階層性

著書『負債――最初の五〇〇〇年』[Graeber 2011] のなかでグレーバーは、「借りたものは返さなければならない」という道徳を「負債の道徳（morality of debt）」と表現している。グレーバーによれば、モースの『贈与論』は負債の本質に関して重要な理論的研究を行なっている [Graeber 2009: 112]。モースの問いは、「贈りものを受け取ると、人はなぜお返ししなければならないと感じるのか、あるいはもらった以上のお返しをするように受贈者を義務づけるのはなぜか」をめぐって提起され、「負債」「支払い」「貨幣」「返済」「貸与」「名誉」「信用」、「賠償」「責任」に関連するさまざまな概念が説明される。こうした論点の今日的な重要性に、グレーバーは照明を当てている。

グレーバーは、ボアズに依拠した『贈与論』のポトラッチに関連する説明は、今日の人類学の研究では支持できない考証が使用されている、という。また、「連帯」や平和と幸福のための社会的な絆を創出するものとして贈与をとりあげる、というモースの『贈与論』執筆の本来の意図は、ポトラッチの叙述の強烈なインパクトによって、読み手に誤解を与えてきた。しかしながら、ポトラッチの叙述には、現代の契約的慣行がともなう負債の道徳性の起源を説明する重要な論点が含まれている、とグレーバーは指摘する［Graeber 2009: 113-114］。『贈与論』における負債の論点を確認していこう。まずは債務奴隷についてである。なぜ奴隷が発生するのか。モースは、戦争捕虜などで奴隷になる者のほかに、ローンの返済やポトラッチなどの贈りものを受け取ったお返しができなかった場合に罰を受けて奴隷の身分に転落する制度があったこと、に注目している。

お返しに失敗することへの罰は、負債のために奴隷になることである。少なくとも、クワキトル、ハイダ、チムシアン諸族で行われている。それは、その本質と機能の面で、ローマのネクスム（nexum）とまさに比較される制度である。ローンを支払うことができない者やポトラッチを返せない者は地位を失い、自由人としての身分さえをも失う(8)。［Mauss 1925=2009: 108-109］

返済できない財産を借りたままの状態や、贈りものを受け取ったままの状態が長く続くことは、従属状態への移行を意味する。「与えることによって示されるのは、それを行う者が優越しており、より上位でより威厳を有する者（magister）だ」ということであり、受け取ってなんのお返しもしないことは、従属すること、被保護者や召使いになること、地位が低くなること、従僕者（minister）となることを示している。したがって、「実際にお返しするまでは『やられた状態』になる」。

贈りものを受け取ると、それと共に『荷物を背負い込むことになる』のであり、贈与によって階層性（ヒエラルキー）が作られる。［Mauss 1925=2009: 276］

与えることが他者を貶め支配する手段となり、階層性を創出する契機となるのである。貶められ従属しないために、人はその恐怖から、また、他者の支配から逃れるために、必死になって債務を返そうとする。多くの場合には「利息」をつけて返済しようとする。利息が正当化されるのは、モースによれば、もらったり借りたりした以上のものを返さなければ、元の地位や身分を回復することができない、という了解に由来している。グレーバーは、上記のモースの論点にヒントを得て『負債』を執筆した。グレーバーが負債論を執筆した動機はふたつある。第一は、現代にいたっても続いているモースの『贈与論』についての人類学や社会学の膨大な研究が、主として、社会的交換や相互性・互酬性の観点から行なわれている、という状況への異議申し立てである。市場の言説が人類学の領域に深く浸透し、あらゆる社会の正義や道徳性を交換や互酬性に還元しようとする潮流に対して、グレーバーは挑戦しようとしているのである［Graeber 2011: 404］。

第二に、人びとに内面化された新自由主義的統治の規律として負債の返済道徳を捉えるグレーバーは、負債の道徳を相対化する人類学的視座が現代社会の構造的な暴力の理解に役立つ、と確信している。(9) では、グレーバーは「負債」をどう定義しているのだろうか。グレーバーは、負債が生じる状況を次のように特定して説明している。

> 私たちが『負債』と呼ぶのは、それが支払われうるからであり、平等性が回復する可能性が残されているからである――そのためにどれほどコストがかかっても、場合によっては死や致命的な傷をもたらす場合であったとしても……。［Graeber 2011: 121］

負債が生じる状況では、支配－服従関係が完全に固定し成立しているわけではない。貸し手（債権者、金融機関、債権国）と借り手（債務者、債務国）の契約が成立するのは、両者が法的に対等で平等であることを前提にしている。親と幼子のあいだに法的な債権－債務の契約は成立しない。しかしながら、法的に対等な者同士が貸し借りの契約を結んだあとは、両者の平等性はそのまま維持されるだろうか。そうではない、というのがグレーバーの解答であり、モースもそのことを示唆していた。

では、負債の状況からどのような社会関係が生じるだろうか。債務を抱えた個人や国家は、返済が完了するまでの期間は、債権者・債権国と較べて劣位で弱い立場に追い込まれる。経済的に劣位で弱いだけではなく、道徳的にも法的にも両者の力関係はその方向で変化する。モースの表現で言えば、借りている期間は、（経済的にも道徳的にも法的にも）「やられた」状態に身を置くことになるのである。グレーバーは、次のように述べている。

負債が未払いにとどまる期間は、階層性の論理が持続する。[Graeber 2011 : 121]

やられた状態は永遠ではない、完済すればもとの地位や身分を回復することができる。――このように信じてこそ、債務者や債務国は契約をするのだし、契約後は可能なかぎり返済し続けようとする。貸す側も返す側もそれが当然であるという了解を持ち、借金を踏み倒す行為や債務不履行は、社会秩序を脅かすきわめて不道徳で犯罪的な行為であるかのようにみなされる。これは、「借りたものは返さねばならない」という負債の道徳への束縛がきわめて強化された状況を示している、とグレーバーは分析する。重要なことは、負債の道徳は、債務者・債務国の「負い目」を強く作用させ、「もらった以上の返済」をすることを受け入れるように導き、債権者・債権国が過剰な利子を請求しても、従順に従わせる。負債がますます膨れ上がり完済は不可能となれば、負い目は永遠に持ち越される。

グレーバーは、金ドル兌換停止以降の「一九七一年以降の世界」を「負債の帝国の時代」と呼んでいる[Graeber 2011 : 369]。世界の大部分の人びとを（現代版の）債務奴隷にする恐ろしい帝国の時代は、過去五〇〇〇年の人類史における特異で新たな時代の幕開けである、と彼はいう。グレーバーによれば、建国以来、戦費を国債として積み上げてきたアメリカに対する各国の「貢納」は増え続けており、また、ＩＭＦや世銀などの国際的な機構や世界各国の金融機関は、債務国や債務者を保護するためではなく、債権国・債権者の権利を保護し強化するために機能し続けている。そして現代における福祉国家は、国債と通貨を媒介させて、富や価値を国民から金融市場へと流し込み、地方財政から多国籍企業へと富や価値を移し替える機能を果たすようになっている。

地球的な規模で債権者を保護し債務者から取り立てる管理システムが強固に構築されればされるほど、グローバルな金融システムは不安定で制御不可能となり、しばしば深刻な危機に繰り返し陥るようになった。危機の度に金融機関が保護されるが、一般市民や債務国に対して「寛大」な減免措置や救済が適用されていない。「大きくてつぶせない」金融機関や大企業には公的資金を投入するが、高額な学生ローンを帳消しにすることは実現しなかった。「返済した人と返済していない人との不公平を助長する」という議論が強力だったためである。こうしたことは、「負債の道徳」が私たちの社会システムにおいていかに強烈に内面化され、規律として機能しているか、を示している［Graeber 2011: 387–389］。

教育を受けて社会に出てから退職して年金を受給するまでの期間、原則として、労働に従事し社会的富の生産に貢献しなければならない。また給与の大半は、教育費や住宅などのローンの支払いや税金の支払いに充てられ、人生の大半は「労働」と「支払い」のために充てられる。生産性が増加しても普通の人びとの平均的な賃金は伸びずに低く抑えられる傾向が見通される一方で、生きるためにますます多くのモノやサービスを購入しなければならない社会へと変化している。負債の返済という義務は、勤労精神とともに私たちの社会の道徳的な義務として、いっそうの忠誠心を強化してきた［Graeber 2011: 375–377, 452–453］。グレーバーは、こうした状況を放置すれば世界中で地方自治体が破産し、負債を抱えて逮捕され監獄に収容される「負債の囚われ人」も急増するディストピアが待っている、という。

では、負債の帝国化に対してどのように立ち向かうことができるだろうか。それは、債務者の社会における地位が「劣位」にあること、言い換えると、債権‐債務関係に基づく非常に階層的な社会関係のなかに投げ込まれていること、に気づくところから始まる。そして、私たちが支払わなければならないのは負債のある部分であって、「負債の『すべて』を支払う必要がないこと」、を強く自覚することである［Graeber 2011: 391］。

債務者がどこまで債権者に返済しなければならないのかということは、旧約聖書の時代から議論されてきた問題であり、経済問題というよりもむしろ道徳的かつ政治学的テーマである。グレーバーによれば、市場経済と国家を超える社会的想像力を有していればいるほど、負債の道徳や階層的な諸関係を自覚できる。どこにおいても無数のさまざまな人間の協力関係、つまり小文字から始まる共産主義を見いだすことが、社会的想像力の豊穣さの基準である。社会的想像力は、新しい社会の絆を創造する社会の可能性と潜在性を意味するのである。そして、モースの切り開いた人類学が示す政治学的結論は、債権‐債務関係はどの社会にもあるがそのあり方は開かれている（open-end）、ということを示している［Graeber 2001: 261; 2011: 383］。

グレーバーは、いま求められているのは負債の道徳から「赦しとしての贈与」への転換である、と考える。いまこそ「大恩赦の年（ヨベルの年）（Jubilee）」が求められているのではないか、とグレーバーはいう。グレーバーによれば、人類史は、過剰な負債を帳消しにしたり減債することを求める贈与道徳、およびそれに基づく社会的な慣行を有する。増え続ける負債が人間の協力関係や社会的創造性そのものを破壊し社会を疲弊させるほどまでに「過剰」となったとき、一定の債務不履行や債務の返済猶予や免除を認め実施することは、贈与の流れを良い方向に変える契機となりうるのであり、「誰にどれだけ負い、どれだけ返さなければならないか」——この定義を変更できるならば、それは、社会を根底から変える力となるのである［Graeber 2011: 390］。

四　循環としての贈与――祝祭と円卓

負債論から『贈与論』を読む視座は、グレーバーが示しているように重要である。そして、負債と並んで循環の観点が、現代において『贈与論』を再読するカギとなっている。

グレーバーと同じく、フランスの反功利主義運動の拠点ＭＡＵＳＳの企画に関わったアンスパック［Anspach 2002=2012］は、モースの贈与交換、とりわけ「その古巣、森や氏族の聖所やその他の所有者のもとに帰りたがる」ハウ（霊）を重視したことについて、循環の観点から読み解いている。

後にレヴィ＝ストロースやゴドリエによって批判されることになったモースによるハウの議論を、アンスパックは「贈与の流れ」、つまり財や人の「循環」という決定的な論点から説明する。なぜマオリ人は、狩りで獲物を手に入れながら返礼の義務を果たさない人物が致命的な被害を受ける、と恐れるのか。あるいは、ある人物からもらった贈りものを一人占めして次の贈るべき人物に与えないならば、病気になったり死に見舞われる、と恐れるのか。アンスパックによれば、人びとは、贈り合いの循環を妨げたことで「ハウの復讐」を受けた、と解釈する。逆に、贈与の流れを妨げずにハウと「仲良くやっていく」ことによって、健康や長寿や繁栄といった生命の豊かさにつながる、と信じる。このようにマオリの人びとは、「人から贈られるものの中に宿っている力」を信じることによって、多くの交換者が参加する財と人と幸運の「全般的循環（circulation générale）」を創造して、贈与者と受贈者の二者関係に限定された相互的交換の枠組みを超え、「第三の人物の場所」へと途絶えることなくつながろうとしたのである［Anspach 2002=2012: 54］。

以下では、アンスパックの議論から離れ、モースの『贈与論』における「贈りもの」の性質について確認する。

モースによれば、どのような社会においても、「贈りものの性質のなかに、期限付きでそれを返す義務が含まれている」[Mauss 1925=2009: 98]。つまり、贈りものを返すためには一定の期間を経る必要があること、をモースは強調している。

饗宴に招かれ、カヴァ酒をご馳走になり、護符をもらった場合、当然ながらすぐに返礼することができない。反対給付をするためには、一定の『時』が必要である。したがって、訪問をし、結婚を行い、同盟を結び、和睦をし、定期的に行われる競技や戦闘に参加し、祭りを催し、儀礼的に奉仕を行い、名誉を与え、互いに『敬意を示す』ことなどには、どうしても期間が必要である。しかも、これらのことすべては、社会がより豊かになるのに応じていっそう増加し、より贅沢な他のものと交換されることになる。[Mauss 1925=2009: 98]

モースによれば、贈りものは「われわれが通常、支払い手段としているものとは異なる」。贈りものは、経済的価値のほかに呪術的な「護符」のような性質を持っている。護符は「財産を大いに増やすもの」であり、「富と食物をもたらすような富」[Mauss 1925=2009: 177]、つまり「生命を与えるもの（life-giving）」[Mauss 1925=2009: 121] である。

加えて、贈りものは、物と人の循環の環のなかで、それが媒介する人間関係や社会集団の関係に影響を与える。そして、その影響力が贈りものの価値測定にも反映される。たとえば、トロブリアンド諸島民の貴重品ヴァイガの価値は航海を重ねるうちに高まるし、サモア島民の貴重品のござは、「ポトラッチや交換を重ねるたびに価値が高くなる」[Mauss 1925=2009: 121]。

贈りものは、家族や将来の相手方に「循環させる」ために用いる財産であって、「個人的に使用する物」とは区別される［Mauss 1925=2009: 130］。そして、贈り、受け取り、返礼するといった一連の流れは、時間の経過を前提としている。すぐに返礼をしてはいけないという反対給付の原則が、物と人の循環を形成し、個人のあいだや社会のあいだにさまざまな関係を創造する。贈られ、受け取り、お返しする「財の循環」が続けられる期間は、「人間の循環」を活性化し、個人のあいだや社会のあいだの呪術的、宗教的、経済的、法的なさまざまな紐帯を増やしていく。

財物の循環は、男女や子供の循環、饗宴、儀礼、儀式、舞踏の循環、さらに冗談や侮辱の循環に続いて行われる。［Mauss 1925=2009: 114］

そこには、富や価値についての功利主義経済的な見解や価値観念が前面に出ることはなく、「祝祭」的な雰囲気が彩られる。倹約や節約ではなく、相対的に巨額な奢侈をともなう譲渡や消費が、祭りのなかで実行される。交互に行なわれる舞踏、あらゆる種類の歌や道化、劇の上演、作られ、用いられ、装飾され、磨かれ、集められ、愛情をこめて譲渡されるあらゆる種類の品物、喜んで受け取られ上機嫌で贈られるすべてのもの、食物、品物、奉仕などのすべてのものの移動が、個人のあいだと社会のあいだをつなぎ合わせている。

結論

モースの『贈与論』最終章は、ブリトン人の『アーサー王物語』の「奇蹟の円卓」の伝承に言及するかたちで締めくくられている。奇蹟の円卓とは、一度に六〇〇人以上が座ることができ、誰にも優劣をつけたり誰をも締め出したりしない円卓である。アーサー王の騎士たちは、饗宴の度に上座か下座かをあさましく嫉み合い武器を取り合うことをやめて争わなくなり、「喜びに溢れ不敗であった」。このように紹介したモースは、こう総括する。

こんな風にすれば、今日でも諸国民は強く、幸福に、善良になるのである。諸民族、諸階級、諸家族、諸個人は豊かになることはできるだろう。しかし幸福になれるのは、円卓の騎士団のように共通の富の周りに座ることができた場合にのみ可能である。善や幸福を遠くまで探しに行っても無駄である。それが存在するのは、平和状態、公共のためと個人のために交互にリズムよく行われる労働、蓄積され再分配される富、教育によって身につく互いの尊敬と寛大さのなかにある。[Mauss 1925=2009: 291]

共通の富はまさに贈りものであり、与え、受け取り、与え返すという贈り合いの連鎖のなかで媒介物としての価値を発揮するものなのだ。モースによれば、幸福と歓喜をもたらすような財と人の循環を創出するよう「意識的に舵を切る」ことは、社会に安定的な基礎を与え人間の生のより豊かな将来的な構成を促す、最高度の政治的技法を意味するのである。

さて、本章を締めくくるにあたって、冒頭で紹介した『賢者の贈りもの』に話をもどそう。オー・ヘンリーによれば、このタイトルの「賢者」とはマギ（magi）であり、イエス・キリスト降誕の晩に贈りものを持ってやってきた「東方の三人の賢者たち（magi）」を指す（それがクリスマスにプレゼントを贈る習慣の起源になった、と彼はいう）。オー・ヘンリーは、「賢く生きている現代人」に対して、「ジムとデラは最高に賢い、素晴らしい贈りものをしたのであり、こういう贈りものこそがなによりも賢い贈りものであり、この二人こそ、どこの誰よりも賢い、ほんとうの賢者なのだと伝えたい」と述べて、物語を総括している。

現代にあって二人がほんとうの賢者であるとはどういう意味なのか。オー・ヘンリーはこの問いの解釈と解答を読者に委ねている。いずれにせよ、デラとジムは、モースのいう「媒介物」あるいは「共通の富」としての価値をいまや有することになった「櫛」と「鎖」の周りに坐して、ともに生きる希望と将来の可能性を手にしている。

しばらくのあいだ、つまりある一定の期間、二人のあいだにとって置かれることになった櫛と鎖について、アンスパックは興味深い指摘を行なっている。それらは、二人に所有されているというよりもむしろ、二者関係を超えた「第三の人物の場所」に大切に預けられている［Anspach 2002=2012: 143］。また、グレーバー的な表現にひきつけるならばデラとジムの関係は（小文字から始まる）共産主義的な連帯であるが、そのような連帯が新たに創造されている、ともいえるだろう。そこでの協力関係は、社会的創造性、および、モースのいう「共通の富」を生産する価値の源泉である［Graeber 2001: 162-163］。

本章では、モースの『贈与論』を相互的交換や互酬性を中心に読むのではなく、負債や循環の観点から再読しようとする、新しい思想潮流を紹介した。贈りもののやりとりは瞬時に行なわれるのではなく、財と人と生命の循環が一定の期間を経ることで社会関係がつくられる。また、個人のあいだと社会のあいだを行き交う媒介物の機能はきわめて多様でありうる。贈与の本質は、社会的創造性を制限したり豊かにする契機そのものを構成しているのである。

注

（1）「循環」という観点からモースの『贈与論』のハウの再解釈を試み、現代の市場における「復讐の循環」に対抗する議論としてオー・ヘンリーの『賢者の贈りもの』を考察した先行研究として、Anspach［2002=2012］を参照。

（2）たとえば、機関誌 *Revue du MAUSS* の第三六号［2010］は「生きているモース（Marcel Mauss vivant）」をタイトルとして編集しており、二〇〇九年六月一三〜二〇日にかけて開催されたモースの現代的意義を問う国際会議の成果を反映している。

（3）　基本的な道徳的な価値としての互酬性に基づいて正義論を展開した研究に、Schmidts［2006］がある。

（4）　グレーバーは、『人類学的価値論』のなかでモースの『贈与論』を検討し、ポトラッチは卓越した特別な者としての主人と、個性のない招かれた人たちとの社会関係——つまり、稀有な俳優と無名の観客との関係——を再生産する方法である、と述べる［Graeber 2001: 210］。

（5）　自らが「与えられて－在る」という始原的な人間存在の「負い目」の感覚と、「与え返したい」という存在論的欲求については、今村［2007］を参照。

（6）　原初的負債論についてはGraeber［2011］第三章を参照。

（7）　相互的・互酬的交換から等価、公正の論理へといたるレヴィ＝ストロース以降の人類学は、市場の論理に対抗する可能性を損なってきた、とグレーバーは批判している［Graeber 2011: 90-91］。

（8）　人類学のその後の展開のなかで、この史実についての一部の誤りが指摘されているものの、お返しに失敗することに対する罰や負債と奴隷を結びつける慣行についてモースが指摘したことの重要性は、今でも失われることがない。

（9）　「負債の戦略」という論文はグレーバー［2009］に収録されている。

参考文献

Anspach, Mark［2002=2012］*À Charge de Revanche*, Fgures Élémentaires de la Réciprocité, Paris: Ed.du Seuil. 杉山光信訳『悪循環と好循環——互酬の形／相手も同じことをするという条件で』新評論。

Becker, Lawrence［1986］*Reciprocity*, University of Chicago Press.

Douglas, Mary［1990］“Forward: No free gifts,” in *The Gift: The form and Reason for Exchange in Archaic Societies*, translated by（trd.）, New York: Norton.

Durkheim, Emile and Marcel Mauss［1992］*The Radical Sociology of Durkheim and Mauss*, M. Gane（ed.）New York: Routledge.

Fournier, Marcel［1994］*Marcel Mauss*, Librarie Arthème Fayard.

Fournier, Marcel［2006］*Marcel Mauss: A Biography*, Princeton University Press.

Graeber, David [2001] *Toward an Anthropological Theory of Value: False Coin of Our Own Dreams*, Palgrave.
Graeber, David [2004=2006] *Fragments of an Anarchist Anthropology*, University of Chicago Press. 高祖岩三郎訳『アナーキスト人類学のための断章』以文社。
Graeber, David [2007] *Possibilities: Essays on Hierarchy, Rebellion, and Desire*, Oakland: AK Press.
Graeber, David [2009] "Debt, Violence, and Impersonal Markets," in Chris Hann and Keith Hart (ed.) *Market and Society: The Great Transformation Today*, Cambridge University Press.
Graeber, David [2010] "Communism", in K. Hart, J. Laville, and A. Cattani (eds.) *Human Economy*, edited by Cambridge: Polity Press.
Graeber, David [2011] *Debt: The First 5,000 Years*, Melville House Publishing.
Mauss, Marcel [1925=2009] *Essai sur le don. Forme et raison de l'échange dans les sociétés archaïques*, L'Année sociologique, novelle série, 1. 吉田禎吾・江川純一訳『贈与論』筑摩書房。
Mauss, Marcel [1997] *Écrits Politiques: Textes réunis et présentés par Mrcel Fournier*, Paris: Fayard.
O. Henry [1906=2007] "The Gift of the Magi," in *The Complete Works of O.Henry*, vol. 1, New York : Garden City. 西本かおる訳『賢者の贈りもの』ポプラ社。
Schmidts, David [2006] *Elements of Justice*, Cambridge University Press.
今村仁司 [2007]『社会性の哲学』岩波書店。
重田園江 [2009]『連帯の哲学Ⅰ』勁草書房。
グレーバー、デヴィッド [2009] 高祖岩三郎訳／構成『資本主義後の世界のために——新しいアナーキズムの視座』以文社。

■災害復興

巨大災害は、人間関係をどのように変化させてしまうだろうか。公共機関や行政機関が機能不全におちいると、従来のヒエラルキー（支配関係）を支えてきた社会道徳も崩れ、人間は利己的に行動するのではないか、と思われるかもしれない。とりわけエリートに多い発想であるが、治安の空白状態において人間は退行して野蛮になる、とみなされることがある。だがソルニットによれば、それは真実とは程遠いという。

実際には、多くの市民は緊迫した状況のなかで、利他的にふるまうようになる。巨大な揺れや爆発、津波や洪水が収まると、人びとは、救出活動や消火活動を率先して担い、仮の避難所を確保したり、仮設のトイレやキッチンを創ったり、通常の統治機構に代わって自ら決断し、助け合う。人びとは、自身や身内のみならず、隣人や見も知らぬ人びとに対してさえ、思いやりを示すようになる。「人びとが万人のための自由と平等に重きをおいて、数千年間、自らをまとめてきた、広く行き渡っていた昔ながらの方法」が立ち現れる。それはすなわち、クロポトキン的な相互扶助の世界であり、人びとは無政府状態のもとで、自由に選んだ協力のもとに結束する。

ソルニットはそのような相互扶助の社会を、災害後の「地獄」のなかに現れる「天国」と表現している。被災地に生じる「天国」とは、国家社会主義やマルキシズムの理想とは異なり、あるいは人間の善性や社会性についての空想でもない。それは、政府を前提としない相互扶助の実現であり、またその理想でもあるだろう。

だがそれは一時的なものにすぎず、時間の経過と共に風化してしまうのだろうか。ソルニットによれば、その答えは、災害後にどのような社会をつくることができるかにかかっている。災害時には、「その渦中の人びとと、遠くから理解しようとしている人びとの、両方の心に生じる矛盾を受け容れる能力が要求される」。災害後の社会は３つの可能性がある。すなわち、①欠点と不公平だらけだった以前の秩序か、②災害前よりもいっそう権威主義的で不公平で欠点に満ちた新たな秩序か、③災害前よりも公平で自由な新しい秩序か。社会の可能性をめぐる「闘争」は、さまざまな利害の対立や分断をともないながら、災害復興の水面下で生じる。（若森みどり）

【文献】 レベッカ・ソルニット［2009=2010］『災害ユートピア――なぜそのとき特別な共同体が立ち上るのか』高月園子訳、亜紀書房

1－5

キーワード：拘り、本来性、ルサンチマン

労働
理想の仕事とはなにか

橋本　努

はじめに

理想の仕事とは、どんなものだろうか。それは日々の糧を得るための仕事であるとしても、たんに金銭的な損得勘定によって成り立つものではないだろう。理想の仕事は、私たちがなにか「拘《こだわ》り（adherence）」をもって望む場合に、成り立つといえるかもしれない。ここで思索してみたいのは、「仕事の理想」と「拘り」の関係についてである。

「拘り」とは、自分で自分の行動を拘束する際の、ひとつの準拠点である。それは私たちが実践的に、なにかに没頭したり傾倒したりする際の様式を与えてもいる。「拘り」は、単純で一時的な作業には必要とされていない。あるいは「拘り」は、たんに効率性を優先するような事務的作業にも、求められていない。仕事に拘りが生まれるのは、そこに人間的な生の理想が生まれ、それを通じて生の理想を体現するからではないだろうか。

むろん私たちは、「拘り」を通じてある事柄に執着したり、融通が利かなくなったりすることもあるだろう。けれども求められている「拘り」は、「拘泥」することではない。拘りは、それがある仕方で構成された場合に、行動を律するひとつの契機となって、私たちをある理想へと導いていく。なにも拘りがなければ、理想の仕事はおそらく到達不可能であろう。理想の仕事とは、仕事における理想の探究であり、それはつねに、実践上の契機を必要としている。「拘り」は、ひとつの実践的な矜持となって、理想の仕事を構成する。ではそのような理想をともなう拘りの本質とは、どんなものであろうか。

理想の仕事といっても、もちろん、万人にとっての理想が存在するわけではない。私たちは、それぞれの仕方で仕事に向き合うことができるのみであり、その際の理想は、各人に応じた、具体的で実践的な方向づけを必要としている。ここでは次のような仮説を立てて、問題の本質に迫ってみよう。すなわち、なにかに「拘泥しない拘り」をもった仕事とは、生の理想に通じたものである。その場合の理想とは、ルサンチマン（自己卑下・嫉妬・妬みなどの劣位感情）のない、ある種の「本来性」を内面化したものではないか、と。

かつてアリストテレスは、「善き生」の理想というものを、人がそれぞれの仕事において、すぐれた活動を営むことであると考えた。たとえば、靴屋にとって「善き生」とは、最もすぐれた靴職人になることであるとみなされた。ところがアリストテレスの場合、そのような「善き生」が、はたしてニーチェが問題とした「ルサンチマン」を免れているのかどうかについては、論じられていない。どんなにすぐれた仕事でも、それがルサンチマンとともにある場合には、理想の仕事とはいえないだろう。

加えて、アリストテレスの場合には、社会的に割り当てられた仕事を善くこなすことが理想とされている。しかし担い手たちの「主観」にとって、その仕事はどんな仕方で理想を担保しているのだろうか。近代社会が生み出した「内面性の道徳」は、この「理想の各自性」に密接に関係している。私たちは「理想の仕事」を考える際に、社会的な「適材適所」の観点とは別に、自分はなにをすべきなのか、自分は本来、どのような仕事をなすべきなのか、という問題に応じなければならない。その際にひとつのリファレンス・ポイント（参照点）となるのが「本来性」の基準であるだろう。

以下では、このルサンチマンと本来性というふたつの観点から、理想の仕事を構成する実践的な要因について解明してみたい。第一節では、理想の仕事をめぐる規範的な問いを提起する。第二節では、理想の仕事が「拘り」の契機を必要としていることについて、とりわけ近代社会における「社会的なるもの」と「方法的生活なるもの」の成立から説明する。最後に第三節では、仕事における「拘り」が、ルサンチマンなき仕事の理想に通じるためには、「本来性」の基準が内面的に媒介されていると論じる。

一　資本主義の変容と労働の理想

1　マルクスの問い

仕事とはしょせん「生活の糧を得るための手段」であって、生の理想とは程遠いものかもしれない。けれども、仕事を通じて「善き生」へといたる道があるとすれば、それはどんなものであろうか。マルクスのみるところ、資本主義的生産様式のもとでは、労働者たちの労働は、「搾取」されている。労働は、その剰余価値を資本家に吸い上げられるだけではなく、「善き生」とは正反対の状態に置かれている。資本主義のもとでは、労働者は「善き生」を生きることができない。マルクスはその理由を、次のように分析した。[1]

すなわち、資本主義的な生産は、それ自体としては、特定の使用価値に無関心であり、もっぱら剰余価値（一定の不払い労働）を生産することだけに関心をもっている。そのような生産様式のもとでは、賃労働は、自己の労働の独特な性格には無関心となり、資本の欲求に応じて変化させられてしまう。労働者は、一生産部面から他の生産部面へ、あるいは一生産地点から他の生産地点へと容易に移動させられるため、労働の内容については、無関心とならざるをえない。すべての生産部面において、労働は単純労働にできるだけ還元させられ、労働者たちのあいだには職業的偏見がなくなる。このように、労働のための社会的諸前提は、資本主義の内在的な諸法則によって規定され、労働者たちは、もっぱら資本の論理が要求する方向に向かい、資本に従属することになる。

つまり、資本の論理は、労働者を金銭的に搾取するだけでなく、労働者が「善き生」を営む条件をも奪い取ってしまう。労働者は、どんな仕事でも渡り歩けるようになるために、仕事内容に関して無関心にならざるをえない。単純労働に還元された仕事は、だれでも取り替えが利くような内実になっており、そこに「自分なりの拘り」を求めることはできないだろう。資本主義的生産のもとでは、労働者は労働において、「善き生」の理想を語りえない状況に追い込まれてしまう。

マルクスが描くこうした資本の論理は、「善き生」の不可能性条件として、賃労働の問題を根本的に提起するものである。ところが他方で、今日の資本主義社会においては、仕事において「善き生」を育む可能性も生まれている。資本の論理は、ある意味で貫徹していない。私たちは、「資本主義的に経営されていない多数の、そして無数の生産諸部面」（マルクス）をもっている。労働力移動に対する文脈の拘束性、労働内容に対する好みの増大、労働の代替可能性に対する制約増大などによって、資本の論理は貫徹されず、労働の「質的特徴」を生み出している。資本の論理は「他でもありうる」という偶有性をもっており、しかも多様性に開かれている。資本主義の高次化にともない、私たちは、さまざまな仕方で労働に拘りをもつことが可能になってきた。資本主義のもとで、「善き仕事」を探究しうる状況が生まれている。それゆえ私たちは、どんな仕事をすべきなのかという規範的な問いに、敏感にならざるをえないだろう。

2　労働の「質」への問い

労働がなんらかの「質的価値」を持ちうるとすれば、それは資本主義のシステムがもはや「悪魔の碾《ひ》き臼《うす》」のように労働を粉々にするのではなく、利潤原理とは別のところに、豊かな仕事が成り立つ可能性を宿しているからであろう。二〇世紀の資本主義は、人びとの労働の質をさまざまな点で改良するとともに、物質的な富を増大させてきた。ところがフランシス・グリーンによれば、人びとは以前と同様に、仕事時間中には、あまり満足を得ていないという［Green 2006: 1］。これはいったい、どうしてであろうか。

労働の質が改善されても、労働に対する人びとの「満足度」はあまり変化していない。私たちは労働の「質」よりも、「高い」労賃を求めているのだろうか。新古典派経済学の標準的な視角からすれば、労働の質がもたらす「効用」は、主観的には千差万別であって扱いにくい。分析を進める上では、客観的に観察しうる「賃金」とそれに対する選好を「第一の指標」とみなすことが望ましいとされる。けれども、仕事時間中の満足度が変化していないからといって、私たちは、労働の質の改善を求めていないわけではない。私たちは、自分の仕事に満足しているかどうかとは別に、仕事の「質」に関心をもっている。そのような「質」の問題に取り組んできたのは、伝統的には社会学の研究であった。

人びとの間主観的な意味の問題を扱う社会学は、これまで「スキル（熟練）」の概念を、仕事における価値の中心的要素とみなしてきた。「スキル」とは、仕事において求められる複雑なオペレーションであると同時に、労働者がその実践において「自律」していることを示す価値であるとされてきた。もっとも現代の社会学においては、「仕事の質」はさまざまな要素から構成されるとみなされ、それらはリスト化され、比較検討されるようになっている。グリーンは、仕事の質を示す指標を、「スキル」、「勤勉」、「個人的裁量」、「賃金」、および「リスク」の五つに照準して、労働の質の変化をさまざまな角度から検討している。たとえば、この数十年間で、仕事に求められるスキルは高度化したものの、人びとのスキルはそれ以上に過剰に形成されている。また、人びとの実質的な賃金は増えたものの、個人的裁量の余地は減っている。あるいは、失業のリスクは増えたが、失業に対する主観的な恐れは減っているといった命題が、そこから導き出されている。

グリーンの研究は、しかし、次のような疑問を生じさせる。この数十年間で、仕事の質は改善されたにもかかわらず、仕事時間中の満足度は変化していない。とすれば、私たちは「仕事の質」の改善を求める一方で、あまりにも要求水準が高く（demanding）、仕事に求める理想が高すぎるのではないだろうか、と。仕事の質が改善されても、理想の仕事とは程遠い。もしそうだとすれば、私たちは仕事の理想／理想の仕事について、規範的な問いを立てなければならない。いったい私たちは、どんな仕事であれば満足できるのだろうか、と。経済思想は、社会学的な関心を超えてこの問題に取り組まなければならない(2)。

二　他者をもてなす／魂の滋養

1　社会的なるものの機能

理想の仕事をめぐる代表的な哲学的探求として、ハンナ・アレント『人間の条件』がある。本書は仕事の類型を「労働」「仕事」「活動」(3)の三つに分けて、それぞれの理想を、古代ギリシア哲学のモチーフに照らして描いた点に特徴がある。ここでその内容を詳述することはできないが、端的に言えば、「労働」は、日々の生命の循環に埋め込まれている幸福を、「仕事」は、永遠のイデア（理念）をデザインする英知を、また「活動」は、舞台で予測不可能な物語を演じる人生を、それぞれ理想としている。これらの理想は、しかし、近代化とともに可能になった次のふたつの特徴を捨象している。ひとつは「社会的なるもの」の意義であり、もうひとつは、「方法的生活なるもの」の意義である。これらの特徴は、いずれも「各人の拘りある理想」をもたらした点で、重要な意味をもっているように思われる。

「社会的なるもの」とは、たんなる生命の維持に関わる家政の私的経済行為が、集団的な関心事となって、公共的な領域に侵入したところに成り立つ領域である。たとえば、同業者組合やギルド、あるいは私的話題を扱うメディア産業などがそれである。アレントは、こうした社会的領域には、他者の現前でくりひろげられる物語という意味での公共的な活動が成立しないと考えた。けれども私たちは、社会的領域において「他者をもてなす」ことに、仕事の理想を見出すことができるのではないか。社会的領域においては、人びとの生活を安定させるという集団的利害関心を別とすれば、「他者をもてなす」ことがひとつの側面となっている。その特徴は、機能の面から、次の四つに分類することができるだろう。

（1）「代弁」機能：ポップカルチャーや大衆的な基盤をもった各種メディアにおいては、公共的な領域では現れない「人びとの心」を代弁する、という役割が求められている。大衆受けするテレビ番組やラジオ番組、大衆小説、大衆音楽、大衆演劇などの創作は、作家としての自己表現というよりも、大衆の私的な心を代弁することでもって、他者をもてなすことにあるのではないだろうか。こうした代弁の役割は、政治においても大衆民主主義として求められており、その表現機能を担うメディアはひとつの産業として成り立っている。

（2）「調整」機能：近代における合理性（効率性）の追求は、企業組織においても行政組織においても、膨大な事務作業を生み出した。その業務は、主としてある目的のためになにかを「効率的に調整すること」であり、それは組織と組織のあいだ、あるいは組織に包摂されない境界的な領域においても、仕事として成立するようになった。たとえば、ヘッドハンター、ファイナンシャル・プランナー、証券アナリスト、保険調査員、ファンド・マネージャー、営業職、ファミレス店長のような「エイジェンシー機能」を担う職業、タクシー・ドライバー、マーケティングの専門家、バイヤーなどは、事務的な調整の機能を果たしているといえるだろう。これらの業務には、調整そのものがルーティン化されたものと、それがルーティン化されないところで、能力として求められるものがある。別の角度から見れば、調整そのものが目的とされる手段的営為と、たんなる調整を超えて、言語的コミュニケーションのゲームへと転じたものがある。調整の仕事がルーティン化されず、言語ゲームとして発達すると、それは「他者をもてなす」ための、高度な仕事となりうる。そのような調整の仕事は、生の手段化に陥ることなく、まさに他者をもてなすことにおいて、生の充足を得るのではないだろうか。

（3）「愛着」機能：従来、オイコス（家政）において満たされてきた人間間の愛情・愛着（アフェクション）機能は、近代において、さまざまなかたちで仕事化されてきた。ケア労働（看護師）、栄養士、保健の先生、〇〇療法士、フライトアテンダント、グランドアテンダント、マッサージ師、ソーシャル・ワーカー、ペット・トリマーなど、さまざまな職業が営まれている。こうした仕事は、たんなる事務的な作業ではなく、他者の心を配慮することが必要であるため、「感情労働」と呼ばれている。「感情労働」は、人間関係において一定の感情的コミットメントを必要としているので、はたして金銭的な取引になじむのかという問題がある。だが見方を変えれば、こうした仕事は「他者をもてなす」ことに特徴があり、「配慮」において他者の私事を満たす仕事であるといえるだろう。

（4）「舞台化」機能：他者を配慮する場合に、たんなる私事の充足ではなく、そのニーズを公共的な舞台化を通じて満たすという場合もある。たとえば、リフォーム業者、スポーツ・インストラクター、ホテルマン、お笑い芸人、花屋、フード・スタイリスト、美容師、ファッション・アドバイザー、メイクアップ・アーティスト、ウェディング・プランナー、料理人、パティシエ、バリスタ、動物園の飼育係などの仕事は、私的なものの舞台化に関わる仕事であるといえるだろう。広報もまた、舞台づくりであり、私的生活のダイナミズムにかかわる。広報活動における舞台とは、多くの場合、人びとの人格が現れる公共空間ではなく、商品のイメージが現れる公共空間となる。イメージを売る、作る、管理する、評価する、といった作業が、舞台化のための仕事として成立している。

その場合の舞台とは、私事と切り離された公共領域ではない。舞台に登場する人は、まさに私人であり、お客様として、舞台でもてなされる。反対に、舞台を支える人たち、たとえば料理人は、お客様の舞台化のために、舞台の奥で仕事をする。にもかかわらず、その仕事は「卓越」の観点から社会的に評価される。舞台とはこの場合、なによりもまず私人のためのものであり、卓越をめぐる評価にはさらされず、私的なもののダイナミズムを生み出す点に特徴がある。「卓越」よりも「動的な程度」が争われているのである。生活全般を舞台化していくという理想は、生活のドラマ化であり、非日常化であり、祝祭化である。

以上の四つを整理すると、次のようになる。(1)代弁機能：卓越を競う公共性の空間をもたない民衆の心を代弁する。(2)調整機能：コミュニケーション全般を効率的に調整する。(3)愛着機能：人びとの生活における情緒的なニーズを私的に満たす。(4)舞台化機能：私的生活のダイナミズムを生み出す。これらの機能は、いずれも「社会的なるもの」の勃興とともに発達したものであり、他者をもてなす点に共通の特徴があるだろう。

2　方法的生活の機能

他方において近代社会は、「方法的生活なるもの」によって、自律した労働の理想を新たに打ち立てた。代表的には、プロテスタンティズムの信仰に支えられた独立自営農民の方法的生活がある。現代における方法的生活は、しかしもっと組織的・制度的に、大規模に行なわれるようになっている。たとえば、各種の資格試験によって認可された仕事は、ある方法をマニュアル化して、それを制度的に成立させたものである。あるいは、フランチャイズ化の手法を用いた小売業においては、方法的な生活が組織的に行なわれている。それまで個別に小規模に行なわれていた労働は、組織的で大規模に行なわれるようになり、それとともに人材の育成をプログラム化してきた。(4)

こうした方法的生活は、アレントのいう「労働」「仕事」「活動」のそれぞれにおいて、新しい理想を生み出しているだろう。方法の発展は、「労働」において、それまでの反復的な生命循環の理想に代えて、生命（とりわけ農業）の多産性を生み出し、圧倒的な生産力の増大を導いてきた。人びとは利潤の増大を求めて、さまざまな方法的改良を試み、そのような営みにおいて自律的であることを、「労働」の理想とするようになった。

方法の発展はまた、最終生産物のデザインとその永続性を理想とする「仕事」において、大規模な組織化をもたらし、生産力の増大を導いてきた。生産物の生産過程は、複雑化すると同時に長期化し、中間生産物や工程のデザインにも、意義深い職業的アイデンティティを付与することができるようになった。方法的生活は、方法的活動の組織化によって、人びとをたんに大組織のなかに組み込むのではなく、各人が方法的な自律を達成するためのツールを与えている。たとえその方法が、組織によって与えられたものであったとしても、各人には試行錯誤と選択の余地が与えられ、その余地のなかに、人びとは自身のアイデンティティを見出すようになっている。方法的生活の理想は、もはや、「仕事」の最終生産物が耐久性をもつことにあるのではない。耐久消費財といえども、多くの場合、一〇年あるいは数十年単位で消費されていく。デザインは残るとしても、むしろ、デザインを生み出す方法論をもつことが、利潤を生み出す原理になると同時に、自律的な仕事の理想にもなっている。

方法的生活は、舞台で予測不可能な物語を演じる「活動」においては、予測可能な領域をもたらしてきた。公共的な領域において、人びとの前に人格として現れる場合、方法への反省は、どのような様式（モード）あるいはスタイルで現れるかについて問題を提起する。方法の発展は、舞台の背後で、いかに振舞うべきかについての実践知を体系化し、またそのバリエーションによって、各人にアイデンティティを与えることができる。また「活動」が生産力の圧倒的な増大に結びつく場合には、それはある種のパラダイムとして模倣可能でなければならない。「活動」の理想は、もはやたんに、予測不可能な新しい物語をはじめることにあるのではなく、新しい方法的バリエーションを携えて、物語をはじめることにある、と考えることもできるだろう。

このように方法的生活は、「労働」「仕事」「活動」のこれまでの理想に代えて、方法的な「自律」を、ひとつの理想として措定してきた。方法的な自律は、そのバリエーションのなかで、各人に固有のアイデンティティを付与すると同時に、生産力の発展を導いてきた。そして資本主義の成熟とともに、人びとはたんに自律的なアイデンティティを獲得するだけでなく、「理想の仕事とはなにか」という規範的な問いに関心を向けはじめている。私たちは仕事において、たんに主観的な満足を得るだけでなく、自分の魂をどのように配慮することができるのだろうか、と。(5)

3　「拘り」の発達

みてきたように、近代社会においては、「社会的なるもの」の勃興によって、「他者をもてなす」仕事が発達すると同時に、「方法的生活なるもの」の勃興によって、世俗社会の内部において自律したアイデンティティを獲得しながら仕事をすることが可能になっている。これらふたつの特徴は、いずれもアレントとは異なる仕事の理想を示している。そしてここが重要な点であるが、これらの理想は、仕事に「自分なりの拘り」をもつことと密接に関係している。この点について考察を進めたい。

「他者をもてなす仕事」の理想とは、たんに他者の「欲求」を満たすことではない。むしろ他者の「歓び」をわがものとすることであろう。もし私たちが、他者の欲求充足を目指す場合には、その仕事はもっぱら、他者の欲求に従属する。だが他者が求めているものが、自身の欲求充足ではなく、「歓び」であるとすれば、それはあらかじめ規定されたものではない。「歓び」とは、顧客たる他者が、もてなす者のもてなしに惹かれることを通じて、自身の欲求構造を変容させる経験でなければならない。歓びとは、人びとのあいだに生じるものであって、顧客自身の欲求構造の変容を契機としている。そのような歓びを顧客たる他者に与えるためには、他者を惹きつけなければならない。そのためには、「他者が欲しているものはなにか」を問う前に、「他者の欲求構造を変容させて歓びに到達するために、自分はなにをなしうるか」を問わなければならない。

他者をもてなす仕事は、それゆえ、実践的で自律的な能力を必要としている。「拘り」とはまさに、他者に対して自分がなにをなしうるかについての、ひとつの基点となる「実践知」ではないだろうか。拘りは、方法的に合理化された体系知ではなく、あるひとつの部分や側面に注視する際の仕方である。そのような注視は、たんに他者の心を考え、他者の立場に立って振舞うのではなく、自己の実践能力という観点から仕事の理想を捉え返し、仕事において自己の生を、内面的に豊かにする契機をもっているだろう。拘りとは、実践的な技芸を身に付けるための過程であると同時に、自分なりの実践的な傾倒である。私たちは、ある拘りを通じて技芸を身につけ、その技芸によって他者をもてなすことができる。その実践は、各人が拘りをもつことによって可能になっている。(6)

他方で、方法的生活においては、方法のバリエーション的な発展のなかに、「拘り」をもつ余地が生まれている。近代社会においては、自分にふさわしい職業を、それが求められるように適切に担うというやり方では、もはや仕事の理想に到達することができない。適材適所であると同時に自分にとってもふさわしい職業とは、不透明なものであり、主観的には「他でもありうるのではないか」という偶有性に直面する。社会で求められる仕事の適切さという基準もあいまいであり、さまざまな評価基準がある。現代の社会においては、仕事の「適切さ」や「ふさわしさ」の基準は、不十分なリファレンス・ポイント（参照点）でしかない。そのような状況下では、私たちは自ら積極的になにかにこだわらなければ、不透明性・偶有性・曖昧性・複数性などに阻まれて、理想の仕事に到達することができないだろう。明白に参照可能な理想の基準が存在しない場合に、方法的生活は、個別化された拘りを通じて、実践的なアイデンティティを獲得するための指針を与えることができるのではないだろうか。

むろん、拘りを通じてアイデンティティを得る（あるいは自身の魂を滋養する）という理想は、方法的生活が全般化する以前にも存在していたであろう。歴史的にいえば、宗教を通じて魂を滋養するための指南書が発展した後に、近代の資本主義的生産様式が生まれたのであって、その逆ではない。けれども、仕事を通じて魂を滋養することが全般化するためには、まず方法的生活の全般化によって生産力が増大しなければならない。そのような見込みがないところでは、魂の滋養はこれまで、脱世俗的な生活を理想としてきたのであった。これに対して方法的生活は、生産力の増大とともに、世俗社会の内部で魂を滋養するための条件を与えたといえるだろう。

三　ルサンチマンの克服と本来性

1　四つの類型から絞り込む

以上の検討を踏まえた上で、理想の仕事を、次のふたつの対立軸を用いて四つに類型化してみたい。ひとつの対立軸は、「顕在的に示された理想／潜在的にとどまる理想」であり、もうひとつの対立軸は、「自己の魂にかか

表1－5－1　理想の仕事の四類型

	顕在的	潜在的
魂を滋養する	本来性	全能感
他者をもてなす	連帯・共生	教育

わる／他者へのもてなしにかかわる」である。このふたつの軸を用いると、「顕在的・魂」の次元には、「本来性の追求」という理想がある。私たちは「善き生」の追求者として、自らの魂を滋養するために、本来、なにをすべきなのか。本来性の審級は、俗事においては埋もれてしまうような、魂のあるべき姿を開示する。そのような本来性に照らして、私たちは自身の仕事を質的に方向づけることができるだろう。

第二に、「潜在的・魂」の次元には、「全能感の追求」という理想がある。私たちは潜在的な次元において、自身の魂をいわば沈潜させ、可能なるもの・他でありうるものとして、最大限の理想を求めることができるだろう。その理想とは、潜在的な可能性としての「全能感」を得るという理想であり、人は全能感において、自身の潜在能力がどんな方向にも向かうことができるという感触を得るだろう。全能感とは、顕在的な次元での分節化を拒むような、魂（精神）のエネルギッシュな原理である。ある仕事の理想が潜在的なものに留まる場合、私たちは明示的な理想に代えて、全能感の理想を追求することができる。

第三に、「顕在的・もてなし」の次元には、たとえば、「連帯・共生」の価値がある。私たちは、他者との関係において「善き生」を送るために、たんなる愛着機能の充足を超えて、集団としての統合や包摂を求め、世俗社会を豊かなものにすることができるだろう。他者をもてなすとは、他者の歓びをわがものとすることであり、それは人と人とのあいだに連帯の感情を育み、共同体の紐帯を強めるための営みとなりうる。

第四に、「潜在的・もてなし」の次元では、たとえば、人びとの潜在能力を滋養することに価値を見出すような、教育の理想があるだろう。教育とは、庭師の作業と同様に、対象の潜在的な能力に働きかけ、その能力を発揮させることに、大きな意義を見出す。それが同時に、教育者自身の魂を滋養する場合もあるが、教育は、教育者自身の魂の滋養とは別に、ひとつの「善き生」を提示している。それは他者の新たな可能性に、未来を託すという美徳であるだろう。

いずれにせよ私たちが「拘り」をもって理想の仕事を追求する場合、それは自分なりの技芸を通じてでなければならない。それは「他者をもてなす」か、あるいは「自己の魂を滋養する」ことに関わる価値をもたねばならない。その理想は、「本来性」「全能感」「連帯・共生」「教育」という四つの価値類型の観点から捉えることができる。以下では議論を絞り込んで、この四類型のなかの「本来性」の理想(7)に焦点を当てたい。

本来性の追求は、世俗の俗事を超えて、自分は「本来、なにをすべきなのか」という問いに関わっている。本来性は、客観的な理想を指し示すのではなく、各人にとって、魂を滋養するための、個別的で段階的な理想を指し示すであろう。近代以前の社会においては、本来性の問いは、世俗の外部を指し示し、世俗を離れたところで魂を滋養するための、宗教的な実践を喚起したにちがいない。けれども、方法的生活が全般化した近代社会においては、本来性の問いは、世俗社会の内部において、仕事を通じて魂を滋養するための方向性を与えている。自分は本来、いかなる仕事をなすべきかという問いは、魂の高貴さにいたるための、世俗内的探究であるといえるだろう。

2　ルサンチマンを免れた仕事

世俗内において高貴な魂を得ることは、嫉妬、恨み、妬み、謙遜などの「ルサンチマン（自己卑下感情）」を克服した状態であると言い換えることもできる。ではルサンチマンがない仕事とは、どんな理想であろうか。この問題を考えるためには、現代の産業の多くが、人びとのルサンチマンを処理すべく構成されていることに注目してみるとよい。

人びとの漠然たる生の不安、あるいは自己の不完全性から生じるコンプレックスは、現代においては、さまざまな産業を通じて処理されている。たとえばエステ産業、テレビ通販産業、アニメ産業などの一部においては、顧客をそのルサンチマン感情から解放するのではなく、ルサンチマンを一時的に癒すことが目標となっている。ある種の仕事は、顧客のルサンチマン感情を前提に成り立っており、そこで求められているのは、「歓び」の経験であるというよりも、自己卑下感情の処理だといえるかもしれない。しかしそのような処理において、ルサンチマンが解消されるわけではない。

他方でルサンチマンの感情は、日々の仕事においても再生産されている。私たちは、世間（世俗社会）から排除されないために、道徳的な権威に対して従属的に振舞うことがある。あるいは金銭的な報酬と引き換えに、経済的権力に従属して働くことがある。おそらく世俗社会においては、ルサンチマンから完全に逃れることはできないだろう。私たちは多かれ少なかれ、経済的な支配／従属の関係に巻き込まれているからである。ルサンチマンを免れるためには、経済的な支配／従属の関係から「脱出」したところに魂の境地を求めるか、あるいは、そのような関係が流動的かつ拮抗的になるように「闘争」するか、いずれかの方法が考えられる。ルサンチマンから真に自由になるためには、「脱世俗」か「政治闘争」が企てられねばならない。

けれども、経済の権力関係とは別に、仕事の「質」に注目してみると、私たちはルサンチマンをもたない仕事というものを考えることもできる。ルサンチマンがない状態とは、力（圧倒的な優越）のあるものを「善い」と認めることである。もし自分に力（圧倒的な優越）がなければ、そのような優越を理想として掲げ、そこにいたる営みを通じて自身の魂を養う場合に、私たちはルサンチマンから免れることができるのではないだろうか。そのような可能性は、それぞれの仕事において探究に開かれている。ここではその可能性を、アレントの三類型、「労働」「仕事」「活動」に即して考えてみることにしよう。

ａ「労働」と本来性：「生命維持（ゾエー）の反復」として規定される「労働」が、もしまったくルサンチマンをもたないとすれば、それはおそらく、生命（ゾエー）が生（ビオス）そのものの躍動（エラン）にいたる場合ではないだろうか。それが最も理想的なかたちで現れるのは、生命が一回かぎりの「展開・成長」において、最も鮮烈な躍動感を経験することであろう。そのような経験は、むろん夢想的・非日常的であり、潜在的次元にとどまっている。けれども私たちは、日々の反復的な労働において、生命が進化することを予期し、準備し、展望することがある。日々の労働に耐えることができるのは、私たちが潜在的に、生命の躍動を、本来的なものとして予料するからではないだろうか。

従来、生命の躍動は、「日常的労働」とは切り離された、非日常的な祝祭の空間において実現されてきた。日々の辛い労働は、非日常的な祝祭におけるオルギアを通じて救済されてきた。しかし非日常的な祝祭の営みは、それ自体としては労働ではない。労働が労働において生命の躍動を経験することは、マルクスが求めたひとつの理想であった(8)。「労働」はその本来性において、生命の躍動でなければならず、圧倒的な生産力の増大をもたらすものでなければならない。

その場合、本来的な「労働」とは、たんに、反復動作を改良して、高次のもっと複雑な反復動作に変化させていくことではないだろう。近代の労働は、たしかに反復動作をプログラム化し、その一部は複雑な反復動作へと発展している。しかしプログラムの高次化は、それが生産力の増大をもたらすといっても、本来的な「生命の躍動」をもたらすわけではない。生産的労働と非生産的労働の区別は、労働の本来性／非本来性という区別に必ずしも対応していない。本来的な労働とは、圧倒的な生産力の増大であると同時に、生の跳躍という理想を求めている。

こうした本来性の観点は、社会システムにとって夢想的な要求を掲げるものの、人間の生き方にとって意義深い問題を提起している。システムが複雑化すればするほど、さまざまな職業がさまざまな仕方で可能になる。するとある労働が、どの程度までシステムの機能要件を満たしているかという問題は不透明になってくる。システムの機能要件が不確定な場合、「本来性」の要求はひとつの規範的な指針を与えるだろう。

b「仕事」と本来性：アレントのいう「仕事」が、もしまったくルサンチマンをもたらさないとすれば、それはどんな場合であろうか。それはたとえば、自己の人生を、ひとつの大きなデザイン、ひとつの「イデア」の制作（ポイエーシス）のために費やすような営みではないだろうか。「仕事」の理想は、作品を歴史に残すことであり、人生のエネルギーをすべて注ぎ込んだ大作を残すことでなければならない。自身のあらゆる能力を動員して、最も高度で、最も永遠性のあるものを、人類の遺産として残すことでなければならない。そのような勢力的企てこそ、「仕事」の理想であり、本来あるべき姿であるだろう。

もちろんそのような「仕事」は、職業として成り立つことがない。たとえば建築家の場合、大作は、実現されない設計図にとどまるであろう。あるいは作曲家の場合には、依頼のない（演奏されることのない）作品にとどまるであろう。そのような作品を残すことはできるが、実際問題として私たちは、そのような大きなイデアを制作することに関心が向かわない。「仕事」が職業として成り立つためには、デザインは切り売りされねばならず、さまざまな妥協によって、最低限の収入が確保されなければならないからである。世俗社会においては、本来的にこうあるべきだという仕事の理想がくじかれたところで、さまざまな仕事が成り立っている。

しかし、金銭的に余裕のある人には、「仕事」の理想は実現可能である。もし十分に余裕のある人が本来性の理想に向かわないとすれば、それは私たちが、「仕事」の理想よりも、世俗社会における承認を大切にするからではないだろうか。世俗社会において、私たちは、安心できる承認の空間を作って、群れ的な行動をする傾向にある。これに対して「本来性」の理想は、それを追求する者に孤独と不安をもたらし、安易な仕方では承認願望を充足させないであろう。

「本来、どんな仕事をすべきなのか」という問いの審級は、「どんな仕事をしたいのか」「どんな仕事ができるのか」といった問いとは異なる次元にある。「本来性」は、「欲求」や「能力」とは別に、求めるべき仕事の「質」を方向づけている。仕事の理想は、「本来、どうあるべきか」という問いに対する規範的な答えである。この規範に導かれるとすれば、私たちは現在の仕事に、容易には満足しえない存在となるだろう。

c「活動」と本来性：アレントのいう「活動」は、不可測な物語として展開される公共空間において、一人の卓越した人格として評価されることを理想としている。それがあらゆるルサンチマン感情を逃れているとすれば、それは、人生のすべての時間を大舞台ですごし、その舞台において卓越した物語を歴史に残す場合ではないだろうか。そのような「活動」は、実際にはありえない。どんな「活動」も、その背後に準備が必要であり、準備のために反復することが日常となっている。スポーツ選手はトレーニングを積まなければならない。舞台俳優は、同じ稽古を繰り返さなければならない。映画俳優は、ひとつのシーンのために、なんども演じ直さなければならない。医者や弁護士は、必ずしも大舞台をもっているわけではなく、反復的な作業を続けなければならない。

人生のすべてを大舞台ですごすことができないとすれば、活動的な生にとって次善の理想とは、ひとつの大舞台のために準備する作業を重んじるか、あるいは、できるだけ長い時間、舞台の上ですごすために、舞台そのものを小規模化し、日常化し、規格化し、継続化していくか、そのいずれかであるだろう。だがいずれの場合にも、ルサンチマン感情を免れることはできない。

あるひとつの大舞台のために準備を重んじるなら、そこには、ルサンチマンを媒介にして準備にあたる可能性が生じる。自分は卓越しているから、その卓越にふさわしい活動のために準備する、という場合もあるだろうが、その場合の準備ですら、卓越のための「手段」であり、手段化された「生」をもたらすことに変わりはない。「生の手段化」を免れるためには、準備そのものが「充足された（コンサマトリーな）生」でなければならない。たとえばマラソンランナーにとって、大舞台となるのは大会であるが、準備となる日々のマラソンもまた、それ自体として充足した生であり、目的であると理解されなければならない。マラソンランナーが舞台において示す卓越は、舞台がなくても耐えられるような、孤独な練習の成果であり、それは「自分との闘い」でなければならない。自分の行動と向き合い、成果を出すためにトレーニングをする。逆説的ではあるが、そのような孤独との向き合い方が、生の手段化を免れる方法となる。だがそれでも、そのような生き方は、それ自体としてはルサンチマンを免れているとはいえないかもしれない。

では、大舞台をあきらめて、できるだけ長い時間、舞台の上ですごすために、舞台そのものを小規模化し、日常化し、規格化し、継続化していくという場合には、どんなルサンチマンが生じるであろうか。私たちの多くは、歴史に残るような大舞台というものをもっていない。大舞台は、意図的に構成することが難しいものであり、一生のあいだに、訪れないかもしれない。活動のための公共的空間として、日常的に制度化できるのは小さな舞台でしかない。私たちは、小さな舞台を作り、その舞台において、小さな卓越性を示すにすぎない。そのような卓越性は、しかし活動の「本来性」という理念に照らした場合、つねに後ろめたさを残すのではないだろうか。

「本来性」の要求に照らした場合、「活動」の理想とは、「活動」以外の営みを必要としていることがわかる。「活動」の理想は、たんにコンサマトリーな生を送ることではない。それは「新しい始まり」として、歴史家によって記され、語り継がれるものでなければならない。そのための大舞台をめざして、私たちが自身の魂を滋養する場合に、はじめてルサンチマンから免れることができるのではないだろうか。

以上、ルサンチマンから免れるという仕事の理想を、「本来性」の理念に照らしてさまざまに検討してきた。

「労働」は生命の躍動を、「仕事」は大作を、「活動」は大舞台を、それぞれ必要としている、と論じてきた。こうした本来性の理想は、別様に解釈することもできるかもしれない。いずれにせよ本来性の審級は、私たちの魂を、それぞれの仕方で滋養するための方向を与えている。私たちは、「本来こうあるべきだ」という理想に照らして仕事と向き合う場合に、はじめてルサンチマンを免れることができるというのが本章の主張である。

結論

理想の仕事は、その中身が千差万別であるとしても、それが到達可能な目標であるためには、私たち各人にとって、実践的な方向づけを必要としている。本章では、その契機を「自分にとっての拘り」に求めた。拘りは、とりわけ近代社会におけるふたつの勃興、すなわち「社会的なるもの」と「方法的生活なるもの」の勃興によって可能になった。社会的なるものは、他者をもてなす際の技芸において、なにかに拘るという傾倒をもった場合に、理想の仕事へといたる道を拓くであろう。また方法的生活は、その豊かなバリエーションのなかで、各人がなにかに「拘る」という傾倒をもった場合に、その拘りを通じてアイデンティティを与えるだろう。

アリストテレス的な世界においては、人は仕事において、自分なりの拘りをもつ必要がない。自分がなにをすべきであるかは、「適材適所」の観点から最適な答えを与えられる。またそのような適所においてなにをどのようにすべきかについては、まさに仕事の性質が求めるところによって定められている。しかし今日の社会は、誰がどんな仕事をすべきかについて偶有性に直面しており、「適材適所」システムは非決定的なものにとどまらざるをえない。そのような非決定性に対処するために、「拘り」は、各人に対して「なにをすべきか」についての自己準拠点を与えている。拘りは、システムの複雑性を不可視化し、縮減するための戦略ともいえる。

「拘り」はしかし、どんな場合に、私たちを理想の仕事へと導くのであろうか。その判断のための基準は、ルサンチマン（自己卑下感情）を免れた「本来性」の理想によって与えられる、と本章では論じてきた。自分は本来、どんな仕事をすべきなのか。そのような本来性の理想に照らした場合、拘りをもった仕事は、俗世間の雑事を相対化して、私たちに新たな理想を開示する。本章では、「本来性」の理想をアレントの類型論に即して検討してきたが、「本来性」によって開示される理想は、別の観点から描くこともできよう。

いずれにせよ本来性の理想は、ルサンチマンから逃れるための、ひとつの戦略を示している。だがその企ては、ミッシェル・フーコーが想定したように、権力の支配／被支配関係から解放されることや、また権力の闘争的な関係に身を置くことを理想にするのではない。本来性の理想は、仕事の「質」において、他を圧倒するほどの勢力を追求することによって、自己卑下感情を克服することに主眼がある。それは到達不可能な審級であり、それ自体としては営まれることがないという点では、ルサンチマンを克服するものではない。しかし本来性の理想は、私たちが自身の魂を滋養し、拘りをもって「善き生」を送るための、ひとつの指針を与えている。権力の支配／被支配関係から解放されたり、あるいは権力の闘争的な関係に身を置いても、私たちは、真に理想的な仕事にたどり着けるわけではない。理想の仕事は、自分なりの拘りをもって傾倒するという実践が、自分にとっての本来性という要求に照らして方向づけられた場合に、はじめて与えられる。そこには個別化された実践知（拘り）と、内面化された善への問い（本来性）が成立していなければならない。

注

（1）『資本論』第三巻第三編第一〇章［Marx 1867–1894=1987: 334-337］参照。また、フェミニズムの観点からかかるマルクスの把握を検討したものとして、Andolsen［2001］を参照。ポスト産業社会における労働の終焉について、Wilson［2004］を参照。

（2）かかる観点から経済思想史を再構成したものとして、Spencer［2009］を参照。同書はとりわけ、制度学派における理想の仕事論を再構成しており、そのような理想への関心から、仕事の質をたんに個人の主観的な選好の調査によって把握する現代の幸福経済学のアプローチを批判している。

（3）以下、アレントの議論を示す場合は、「労働」「仕事」「活動」と表記し、それ以外の文脈では、たんに労働あるいは仕事と表記する。労働と仕事のあいだには、意味の区別を設けない。

（4）教育プログラム化が、専門家を養成できる分野と、そうではない分野がある。資格制度が機能する分野と、そうでない分野がある。資格制度がベースとして機能する分野と、専門的権威として機能する分野がある。こうした事情に応じて、マニュアル化はさまざまなかたちで進むのであり、方法的生活の「組織化」にはバリエーションが生まれる。

（5）現代の方法的生活は、勤労エートスのほかにも、世俗において世俗に染まらずに、魂を滋養する道を与えている。たとえば、気象学者、天文学者、火山学者など、世俗社会にとどまりながら、ダイナミックな風景を相手にする仕事が発展している。あるいは、「世間」のわずらわしさに縛られず、もっぱら「通信空間」を利用して、人びととつながる職業が生まれている。

（6）他者をもてなすための労働が、自分の拘りを基点とするのではなく、他者の欲求を基点とする場合には、感情を搾取される可能性がある。Bartky［2002］を参照。感情を自己制御の一要素として位置づけ、搾取されない感情労働の哲学的可能性を探るものとして、Rietti［2009］を参照。

（7）本来的価値論の古典とされるG・E・ムーア『倫理学原理』を現代的に継承した探究として、Zimmerman［2001］を参照。

（8）こうした解釈は近年の議論において一般的だが、これに対してマルクスにおける労働の理想を、普遍的・集合的・意識的な管理のもとで、人間的な善に対して向けられるものとして理解するセイヤーズの立場［Sayers 2007］が対立している。

参考文献

Andolsen, Barbara R.［2001］“Work,” in Alison M. Jaggar (ed.), *A Companion to Feminist Philosophy*, Cambridge, MA: Blackwell, pp. 448-455.

Arendt, Hannah [1958=1994] *The Human Condition*, Chicago: University of Chicago Press. 志水速雄訳『人間の条件』ちくま学芸文庫。

Bartky, Sandra Lee [2002] "Emotional Exploitation," in Hugh LaFollette (ed.) *Ethics in Practice*, 2nd ed., Oxford: Blackwell, 2002, pp. 156-167.

Green, Francis [2006] *Demanding Work: The Paradox of Job Quality in the Affluent Economy*, New Jersey: Princeton University Press.

Marx, Karl [1867-1894=1987] *Das Kapital*. 社会科学研究所監修、資本論翻訳委員会訳『資本論』新日本出版社、第九分冊。

Rietti, Sophie [2009] "Emotion-Work and the Philosophy of Emotion," *Journal of Social Philosophy*, vol. 40, no. 1, pp. 55-74.

Sayers, Sean [2007] "The Concept of 'Labor: Marx and his Critics'," *Science and Society*, vol. 71, no. 4, pp. 431-454.

Spencer, David [2009] *The Political Economy of Work*, London: Routledge.

Wilson, Shaun [2004] *The Struggle over Work: the 'End of Work' and Employment Alternatives for Post-industrial Societies*, London: Routledge.

Zimmerman, Michael J. [2001] *The Nature of Intrinsic Value*, Lanham, Md.: Rowman & Littlefield.

■地理学的批判理論

地理学的批判理論とは、マルクス的な社会変革の論理を時空間の広がりのなかで再構築したものである。現実の社会運動は、人びとが経験する都市空間の性質によって、うまくいったりいかなかったりする。では時間と空間の弁証法を通じて、いかにして社会運動をうまく導くことができるのか。それを解明するために、ハーヴェイは、縦横それぞれ3つの項目を用いたマトリクスを提案した。横軸は「(経験／知覚された) 物質的実践の空間／ (概念化された) 空間の表象／ (生きられた) 表象の空間」の3類型、縦軸は「(ニュートン＝デカルト＝カント的な) 絶対的時空間／ (アインシュタイン的な) 相対的時空間／ (ライプニッツ的な) 関係的な時空」の3類型からなる。

たとえば、マンハッタンのグラウンド・ゼロは、物質的・絶対的な空間であるだけではなく、9.11テロ事件を象徴する空間でもあり、それをどのように表象すべきかについて、建築家たちのさまざまな議論がある。そこになんらかの建物が建造されれば、働く人や訪れる人にとって「生きられた空間」になるだろう。他方で商業的発展の観点からみれば、そこには人・商品・資本が流れる相対的な時空間や、世界の他の部分との関係を結ぶ時空間が現われる。

このように複眼的に捉えると、私たちは理論と実践の関係、あるいは歴史経験とその再構成のあり方を綜合的に把握できる。資本主義社会における資本の論理もまたマトリクスによって捉えられる。たとえば、使用価値、交換価値、貨幣価値は、それぞれ「空間の表象」の三類型に分類される。あるいは、疎外、物神崇拝、ユートピア意識は、それぞれ「表象の空間」の三類型に分類される。このような仕方でマトリクスを使うと、マルクスの『資本論』から、変革のシナリオを紡ぎ出すための弁証法が綜合的にみえてくる。

たとえば、社会変革のための道筋のひとつは、ある場所を占拠して、そこにコミューンを立ち上げることである。では次の目標はなにか。地理学的批判理論は、資本の論理に抵抗する都市空間の創出や、「場所性」を美化するナショナリズムに抗する多元的な連帯などを、さまざまなシナリオ構成でもって提案する装置となる。(橋本努)

【文献】 デヴィッド・ハーヴェイ［2009=2013］『コスモポリタニズム　自由と変革の地理学』大屋定晴訳・解説、森田成也／中村好孝／岩崎明子訳、作品社、および、大屋定晴「[日本語版訳者解説] ハーヴェイによる地理学的批判理論の構築　グローバル資本主義に抗するコスモポリタニズムのために」同書所収

2

善い社会のために

2-1

キーワード：倫理、バランス、制度

価値

価値は価格に反映されているのか

藤田菜々子

はじめに

「価値 value」は少なくともふたつの意味を分けて考えられることが多い。ひとつは、哲学・倫理学的な意味における価値であり、それは端的にいえば「よい」とされる性質であって、「わるい」性質は反価値となる。この意味での価値を見出す主体側の作用が、価値評価や価値判断、価値意識と呼ばれるものであろう。他方、それとは別個に、経済学でも独特の価値論の伝統が培われてきた。アダム・スミスは、価値の意味として使用価値と交換価値を区別したが、経済学で主に分析されてきたのは後者のほうである。

古典派経済学においては労働価値説が展開された。スミスが「交換価値の尺度」にふさわしいと考えたのは労働量であった。貨幣が流通している社会では、ある商品の交換価値は、それと交換しうる貨幣量でひとまず測ることができる。しかし、金銀の価値は変動するのであって、貨幣は名目上の価格を示すにすぎず、労働こそがすべての人にとって同一の価値をもつ、不変にして普遍な真の価格であると説かれた。こうした労働に基づく価値論は、分析内容や政治的結論に多様性をもつことになりながらも、リカードやJ・S・ミルといった後続の古典派経済学者、あるいはマルクスにも受け継がれた。

しかし、経済学は新たな価値論を迎える。一八七〇年代に限界革命が生じたことで、新古典派経済学は、古典派が依拠した労働量という「客観的な価値」に代えて、諸個人の「主観的な価値」としての効用に基づいた価値論、すなわち限界効用価値説を示した。ジェヴォンズによれば、古典派が曖昧に用いてきた使用価値と交換価値という概念は、全部効用と交換比率（限界効用）として明確に区分されなければならなかった。スミスが提示していた「水とダイヤモンドのパラドクス」問題は、そうすることによって初めて解かれるのである。ここにおいて価値は、財の希少性と限界効用の逓減という普遍的・超歴史的な自然的要因にその起源を求められた。次第に、価値は市場での需給均衡によって決まる財の価格に反映されていると考えられるようになった。

経済学における価値は倫理的に中立的な意味で用いられる概念として認識されてきたといえよう。そもそも事実（実証）と価値（規範）の区別はヒュームに始まるとされるが、それに沿って、経済学は実証的科学でなければならないという考えも昔から頻繁に主張されてきたのであり、古典派から新古典派への変遷に加えて、二〇世紀初頭には社会科学におけるウェーバーの価値自由論、一九三〇年代には厚生経済学に対するロビンズの効用の個人間比較の批判（『経済学の本質と意義』一九三二年）があった。経済学から規範的要素を排除すべきであるという態度は、これらの議論によっていっそう顕著になったのであり、それに対する主流派経済学の自己認識は、概して中立性を保つことに成功している、あるいは成功しうるという自己満足であった。

しかしながら、表面上の言明や自己認識とは別に、実際どれほどまでに経済学は倫理学的な意味での価値の問題を切り離すことに成功してきたのだろうか。この点については少なからず批判が蓄積されてきてもいる。たとえば、そのもっとも初期段階の一研究として、ミュルダールの『経済学説と政治的要素』（初版一九三〇年）があった。彼は、古典派の労働価値説は、財産についての権利が労働によって是認されるという自然法思想から導かれており、強制や干渉のない自然状態の理想視による自由主義を含んでいると論じた。新古典派については、その主観価値論を規定している快楽主義的心理学が「合理的経済人」を仮定していることを指摘し、それは必ずしも経験的観察の上に成り立っていないのだから、限界効用価値論が人間行動の正確な説明であるという主張もまた同様であるとした。さらに彼は、その個人主義的な価値論が社会全体に対する政治的結論を導くように拡張されるときに、効用の個人間比較の問題が生じていることを指摘したのであり、その批判はロビンズの言明に先立っていた。ミュルダールの見方では、新古典派経済学は理論を実証的言明に制限しようとする意図を見せてはいたが、しばしばそれらの制限を踏み越えているのであった[1]。

　価値をめぐる経済思想は、現代においては主に経済学と倫理学の関係性を問い直す方向で展開されていることが観察できる。道徳哲学から経済学が学問分野上の独立を果たした後も、両者の関係性はずっと議論の対象となってきたのであり、決着をみてはいない。区別だけでなく接合や統合の可能性もまた、いまだ開かれた問いである。その現代的な課題とは、一方で、経済学は倫理学的な意味での価値を切り離すことに成功してきたかという問題の再検討であるが、他方で、そもそもそうした方向性が経済学の展開にとって有意義なものとなってきたかどうかの再審であり、さらには経済学と倫理学の新たな接合ないし統合のあり方の探求となっている[2]。

　本章では、こうした思考系統に連なる現代の挑戦的考察のひとつとして、オランダの女性経済学者ヴァン・スタヴェレン（Irene Van Staveren）の議論を中心に紹介することにしたい。この研究領域における彼女の主著は

『経済学の諸価値――アリストテレス的展望』［Van Staveren 2001］であり、そのもととなった博士論文は二〇〇〇年に欧州進化経済学会から「グンナー・ミュルダール賞」を受賞している。同著に関連する論文や編著も数多く続刊されているところである。彼女は、アリストテレス以来の徳の倫理学を経済学に統合しようとする。(3)「合理的経済人」の批判から議論を始め、経済に不可欠な構成要素として自由・正義・ケアという三つの価値の存在を主張し、(4)それらのバランスを説くことによって、新たな「意味ある」経済学の構築を目指している。

価値は価格に反映されているのか。この問いは経済の性質と経済学の目指すべき方向性を見つめ直すのに役立つだろう。以下では、ヴァン・スタヴェレンの議論に沿いつつ、彼女の目指す「アリストテレス的経済学」の意味内容を明らかにし、この問いに対する答えを探っていくことにしよう。

一　「合理的経済人」批判

1　合理性の倫理的側面

なぜヴァン・スタヴェレンは主流派経済学に満足せず、新たな経済学を志向するのか。それはなにより、彼女が主流派経済学の伝統的な人間像、すなわち「合理的経済人」の想定に対して、きわめて批判的な見解をもっているからである。彼女にいわせれば、「合理的経済人」は人間行動を導いているはずの基本的な倫理的能力を欠いている点において、欠陥概念である。

合理的行動には倫理的側面がある。これが彼女の考えであり、彼女の見立てでは、このことを先駆的に説いていたのがアリストテレスであった。アリストテレスは『ニコマコス倫理学』において徳の倫理学を示したとされるが、その経済学への示唆について彼女は次のように述べている。「アリストテレスにとっては、理性と感情、計算と直観、個人的行動と集団的行動の間の二分法はない。なぜそうした二分法が彼の倫理学にないか、そして、なぜ新古典派的な合理性の想定に欠陥があるかについての主たる理由は、人間は、『効用』という漠然としたなにかに結びつく外生的選好よりも、それ自体が重要な目的としての本質的目的を追求するからである。言い換えれば、アリストテレスは、人間は効用よりもコミットメントを考えると論じている」[Van Staveren 2001: 6]。

ヴァン・スタヴェレンによれば、アリストテレスは四つの倫理的能力（ethical capabilities）──①道徳的価値へのコミットメント、②感情、③思量、④他者との交流──を示していたのであって、それらは総じて合理性を形成する能力と認識されていた。それに対し、「合理的経済人」ないし経済的合理性の概念には、これらの倫理的能力が含まれていない。結果として、「合理的経済人」の想定に依拠する経済学は人間行動の基本的性質との関連性を喪失してきたのであり、それによって魅力少ないものとなってきただけでなく、説得力も失ってきた。彼女の意見は、従来の経済的合理性概念に代えて、倫理的能力を含むようなより包括的な合理性概念を経済分析で扱う必要があるということである。

2　四つの倫理的能力

では、ヴァン・スタヴェレンのいう四つの倫理的能力について、議論内容をいま少し詳しく見ていくことにしよう。

第一の能力とされる道徳的価値へのコミットメントは、アマルティア・センの「合理的な愚か者」を通じて広く知られる概念となったが、ヴァン・スタヴェレンもセンの著作からの引用を示しながら説明している。コミットメントとは、利己的で主観的な選好から導かれる効用最大化行動とは異なり、利益という観点からはとらえられない本質的動機から導かれる行動であって、その行為は人びとが正しいと感じることから遂行される。個人の効用が他者の効用とは独立に考えられるのに対し、「ある行為主体のコミットメントは、他者もまたそうした共有された価値に寄与するだろうという希望や信念によって支えられる」［Van Staveren 2001: 14］のであり、他者がそれを支持しなくなったら、そうしたコミットメントは消滅するだろうといった性質をもつ。加えて、彼女は、そうしたコミットメントが合理的経済人の存立にとっても欠かせないと指摘している。「彼〔合理的経済人〕が経済生活において合理的に振舞い、生計費を稼ぎ、他人にも稼ぐことを認めることができるためには、コミットメントを身に付けていなければならない」［Van Staveren 2001: 15］。

第二の感情（emotion）については、コミットメントを支え、他者にそうしたコミットメントを伝達する役割を果たす倫理的能力であると論じられている。交渉ゲームの例として知られる「囚人のジレンマ」では、囚人たちに相互の意思伝達の機会が与えられれば、そうでない場合よりも高度の協力関係を築くことができるとされる。その理由は、感情という能力から説明されるだろうと論じられている。「感情は、おそらく合理的行動の不可欠な一部であり、合理的行為主体の目的ならびに彼らが選択する手段の両方に結びついている」［Van Staveren 2001: 17］。

これに関連して第三に、思量（deliberation）である。合理的経済人の想定では、人間は制約条件下で効用を最大化するために損益を計算する。経済学では伝統的に完全情報の仮定が置かれてきてもいた。しかし、ここでそれに対置されるのは、人間の意志であり、リスクや不確実性である。ナイトの不確実性やサイモンの限定合理性が、関連する議論として言及されている。ただし、彼女の見解は次のとおりである。「さまざまな経済主体の各コミットメントは、各々特有の価値があり、したがって、全体として通約不可能である。……それゆえ、彼らは計算できないし、しないのであって、思量するのであり、その際には解釈・内省・暗黙知・自由意志が混ぜ合わされて用いられる」（傍点は引用者による）［Van Staveren 2001: 19］。

最後に、第四の倫理的能力は、人間の相互関係の構築にかかわる。彼女はいう。「逆説的なことに、人は独立したければ、他者と相互に関係をもつ必要がある。つまり、経済的にいえば、人は経済において他者と交流することによってのみ、生活を成り立たせることができる」[Van Staveren 2001: 20]。この点、独立的個人とみなされている合理的経済人はどうか。彼女によれば、その者は「いかなる人付き合いにも適していない。彼は完全なまでに孤立しており、現実から離れ、主観的で、経済取引が行なわれている社会領域の外側にいるように設定されている」[Van Staveren 2001: 20]。

ヴァン・スタヴェレンは、合理的経済人の想定に欠落している四つの倫理的能力が、現実の経済生活では重要な位置を占め、人間の行動を導いていると主張する。人間は基本的に、制約条件下での効用最大化ではなく、本質的目的へのコミットメントを行動原理としている。そうしたコミットメントの実践のなかで、人間は徳を身に付けていくが、それは喜びの感情をともない、思量はどのように徳を追求するかについて教示的であって、人間は他者との関係において徳ある行動をする。人間は、周囲の状況を倫理的にも勘案したうえでの個別具体的な意思決定に従っている。このように人間と人間社会を捉えるならば、従来の方法論的個人主義と功利主義から導かれる経済学の枠組みは保持されえず、人間行動の倫理的かつ社会的な側面を認めるような新たな経済学が志向されなければならない。これが彼女の基本的立場である。

二　三つの価値――自由・正義・ケア

続く議論の起点に置かれるのは、経済学はこれまで決して規範的な意味での「価値中立的」ではなかったということの確認である。ヴァン・スタヴェレンは、経済および経済学にずっと存在して機能してきたものの、しばしば自覚ないし明示されてこなかった価値を大きく三つに分けて抽出している。彼女がいうには、それらは自由・正義・ケアである。それらの価値は、経済において単に主観的ではなく客観的な役割をも果たしており、相互に「なくてはならない」関係として存在していることが主張される(5)。

1　自由

第一節で言及した主流派経済学に対するミュルダールの批判とも共通して、ヴァン・スタヴェレンは、新古典派経済学はその前提、概念、政策提言において、ひとつの特定の倫理的価値、つまりは自由の価値を偏重してきたと論じている。彼女は「パラドクス1」として、その点を次のように提示する。

パラドクス1：新古典派経済理論は価値中立的であるように見えるが、その多くの議論が自由主義的倫理に基づいており、自由の規範的価値を擁護している。新古典派理論において、こうした自由へのコミットメントは、自由な個人・自由な選択・自由な交換というかたちで表れている。[Van Staveren 2001: 26]

ここで興味深いのは、このことが当の新古典派経済学者たちからはパラドクスとも深刻な問題とも認識されてこなかった、という指摘とその理由の説明であろう。彼女は、この謎を解く鍵を、経済理論が発達してきた場所と歴史的背景に見出している。つまり、経済理論は自由の価値が重要であると考える社会で発展してきたということである。「この〔自由の〕価値にかかわってきた者にとっては、その〔新古典派〕理論は価値中立的と考えられるだろう。自由は、人間として存在することに属する『自然』状態であって規範的価値ではないと考えられる。新古典派経済学の多くの提唱者にとっては、ほかの価値のみが規範的と考えられる」[Van Staveren 2001: 26]。彼女の考えでは、自由は「自然」で当たり前の条件として理論に組み入れられることで、経済学説に浸透し、経済学に隠された価値となった。そうして、「合理的経済人は、自由とはなにかを知らない」のである［Van Staveren 2001: 26］。

では、改めて経済における自由とはなにか。ヴァン・スタヴェレンはこう問い直し、経済学において自由の概念を積極的に探究したハイエクやフリードマンの議論を検討していく。そして、彼女は彼らの議論に全面的に賛同するわけではないが、両者が経済における自由とは「金儲けへの自由」しか意味しないわけではないことを正確に指摘していたことを評価している。ハイエクは、自由を本質的な倫理的価値と認め、ルールや規範が自由を支えることを理解し、自由を存分に発揮させるための前提条件として責任を示した。フリードマンも同様にして、権利について論じた。両者はある種の社会的価値がなければ自由は成り立たないと認識していた［Van Staveren 2001: 31］。ここから彼女が自由の価値について提示する「パラドクス２」は次のとおりである。

パラドクス２：経済学的説明は、選択、自尊心、独立といった自由主義的諸価値の概念化を求めるが、それらはすべて個人的価値である。しかし、自由主義的諸価値は、別のタイプの諸価値に依拠しており、それは個人レベルというよりも社会レベルに属すると考えられる。［Van Staveren 2001: 31］

次に、彼女は経済における正義の価値の存在と役割を論じていく。正義こそがここで述べられている社会レベルの価値に相当すると考えられているためである。

2　正義

自由に対抗する価値としてしばしば論じられてきたのが、正義である。経済学において正義の価値は明示的に扱われてきており、それは分配問題に関係してきた。彼女が中心的に取り上げるのは、当然ともいうべきロールズの『正義論』（一九七一年）である。

広く知られるとおり、ロールズは、仮想的な「原初状態」から生じる社会契約について論じた。その社会契約論は、人びとが功利主義的に行動するとき、いかにして社会秩序は可能かという「ホッブズ問題」へのひとつの回答であった。「無知のヴェール」に覆われた諸個人は、自分がもっとも悲惨な状況に陥ることを想定して、その悲惨さが一番ましとなるような社会状態を合理的かつ公正に選ぶであろう。そうした考えからロールズは、「社会的基本財」に関する契約者間の「正義の二原理」への合意を導き出した。

ヴァン・スタヴェレンは、ロールズが自由の価値に対して正義の価値を示し、両者が不可分の関係にあることを説いたことを評価する。それにより自由の価値を偏重する新古典派経済学の弱点を突いたと考えるからである。しかし同時に、彼女は社会契約論における人間像について批判している。彼女はその人間を「公正な経済人」と呼ぶが、正義へのコミットメントという側面以外、計算的であることも利己的であることも孤立的であることも「合理的経済人」と変わらず、両者を類似した人間像とみなすからである［Van Staveren 2001: 34-35］。彼女はこう指摘する。「ロールズは、許容可能な経済や社会のために、自由には正義を与えられる必要があることを説得的に論じたが、社会契約論による彼の正義の概念化は、人びとが孤立的で自立的で利己的であると想定されているときに、なぜどのようにして彼らが契約に合意し、またそれを保持しうるかを説明できない」［Van Staveren 2001: 37］。

実のところ、社会契約論では、社会を構築するための個人の性質が社会に先立って獲得されている。しかし、人間が本質的にすでに社会的であるならば、なぜ社会は契約を必要とするのだろうか。諸個人はもともと個人主義的で利己的であると想定されているのに、契約がいったん結ばれると、なぜ彼らはそれを保持すると考えることができるのだろうか。

ヴァン・スタヴェレンが考えるに、契約者たちがはじめから「個人間価値（interpersonal values）」といったものを備えていなければ、ロールズの社会契約論は成り立たない。したがって、結局のところ、自由も正義もそれ以前に存在する個人間価値を必要としていることになる。こうした考えから、彼女はそのような個人間価値を「ケア」と呼ぶことにし、第三の価値としてその存在を主張するのである［Van Staveren 2001: 38］。

3 ケア

経済学においてケアの価値は、自由や正義ほどには継続的、明示的、そして盛んには議論されてこなかった。ケアの価値についてのこれまでの議論としてヴァン・スタヴェレンが重視し、再評価しようとするのは、アリストテレスの徳の倫理学、あるいは経済学におけるヒュームやスミスの同感についての議論である。倫理学では、カントの義務論以降、徳の倫理学は軽視される傾向にあった。経済学においても、自由と平等の二分論が一般的となり、ケアと近似する「友愛」の議論は置き去りにされる傾向があった。

ケアの価値について、ヴァン・スタヴェレンは次のように説明している。「ケアは、自由主義にあるような個人的・主観的価値ではなく、社会契約にあるような公共的・普遍的価値でもない。むしろ、ケアは人間の弱さから生じる偶発的なニーズを基礎とした、具体的な諸個人の間で発達する文脈依存的価値を表す」［Van Staveren 2001: 38-39］。したがって、ケアは自由や正義とは截然と区別されるべきであり、ケアにとって大切な問題は、個人や集団の利益ではなく、他者に対する責任である。彼女の考えでは、合理的経済人にも社会契約論の「公正な経済人」にも欠落していたのが、このケアへのコミットメントであった。ケアの価値は、責任、信用、誠実、親密さなどと結びつき、自由も正義もケアを必要としている。たとえば、自由取引の領域では信用が必要とされるが、取引を通じて信用を発展させることはできない。社会契約の合意と保持のためには、契約者相互の責任や親密さが必要とされるが、それは社会契約からは導かれない。それらが育まれるのはケアの価値領域においてなのである。

二〇世紀に入り、ケアの価値に関する関心の復興が見られるとして、ヴァン・スタヴェレンは、ポランニーの「互酬」論や近年のフェミニズム経済学における「アンペイド・ワーク（不払い労働）」論に言及している。とくに後者について比較的詳しく論じているが、彼女は、市場価格がつく支払い労働と不払い労働との性質の違いを強調し、次のように述べている。「ほとんどの不払い労働は市場で交換されえない。というのも、そこに含まれるパーソナルなケア労働にとって利用可能な市場はないからである。また、公共財は不払い労働の代わりになりえない。というのも、ケアの授与において主要部分を占めている同感は、国家によっては提供されえないからである」［Van Staveren 2001: 44］。彼女は不払い労働の市場価格換算の試みには批判的である。「市場での代替あるいは国家の任務としてケアを扱っている研究は、ケアをアゴラ（自由交換）あるいはポリス（分配ルール）に位置づけている」のであるが、「ケアの経済学的理解に向けて研究される必要があるのは、オイコス（家政ないしコミュニティ）なのである」［Van Staveren 2001: 45］。

4 三つの価値の関係性

ヴァン・スタヴェレンが考える自由・正義・ケアという三つの価値の関係性は、次のように要約される。「自由は経済生活において重要な価値であるが、それが実現可能であるためには正義を必要とする。自由も正義も、それらを働かせるにはケアの価値を必要とする。……アリストテレス的な目的論の立場からすれば、これらの価値はそれぞれ特定の領域に属しており、それらは通約可能でなく、したがって代替不可能である」［Van Staveren 2001: 46–47］。

また、財と価値とは性質が異なる。財は希少な資源であるが、価値はむしろ反対に使えば増えるような性質をもつ。この点、ヴァン・スタヴェレンは、経済活動において自由の価値は交換、正義の価値は分配、ケアの価値は贈与を通じて遂行され、そうした実践のなかで拡張されると論じている。彼女は、ロビンズの経済学定義に着想を得て、価値と財との関係を改めて三つに分け、こう整理する。①経済における自由の価値領域においては、自由という目的をいっそう追求するために、交換を通じて希少な財が配分される。②経済における正義の価値領域においては、正義という目的をいっそう追求するために、分配を通じて希少な財が配分される。③経済におけるケアの価値領域においては、ケアという目的をいっそう追求するために、贈与を通じて希少な財が配分される[Van Staveren 2001: 56]。

ここでの彼女の力点は、しばしば一対の価値として論じられてきた自由と正義に加えて、ケアを並立させることにあると見ることができる。「……ケアとは、ケアの受け手に対する共感を表現するような財やサービスの贈与であり、それは互いに共有し、持続するような関係性を意味する」[Van Staveren 2001: 52]。贈与は交換の特殊形態として論じられることがあるのに対し、彼女は贈与と交換とを明確に区別することを求めている。

経済には、自由・正義・ケアという三つの価値が相互依存的に存在しており、逆にいえば、どの価値が欠落しても経済はうまく機能しない。これがヴァン・スタヴェレンの経済観であり、それだからこそ彼女は、主流派経済学の伝統的分析が自由の価値を偏重してきたことに批判的なのである。彼女が代わりに求めるのは、「バランス」である。ただし、そのバランスは普遍的でも固定的でもありえない。三つの価値は、経済だけでなく政治、文化、社会生活と結びついており、各個人または各共同体における試行錯誤を通じた実践によって、バランスを図られるべきものと考えられるからである(6)。

以上の議論のまとめとして、四つの倫理的能力と三つの価値との関係についての図がヴァン・スタヴェレン自

表2－1－1　3つの経済的価値領域と4つの倫理的能力

倫理的能力		自由の領域 個人的価値	正義の領域 公共的価値	ケアの領域 個人間価値
コミットメント	価値	自尊	尊敬	信頼
		威厳	公正	同感
		自己達成	権利の実現	支え合い
	ストック変数	自由	権利	社会的ネットワーク
感情	感覚（feeling）	誇り	正しさの感覚	愛情
	動機	自律	連帯	責任
	他者の認識	匿名	平等／不平等	多様
思量	報酬	外在的	集団的	内在的
	シグナル	価格	投票	関係性
	評価	選択	正当性	感応性
	表現	退出	発言	忠誠
相互作用	行為主体	独立的	依存的	相互依存的
	関係性	競争的	ルールに従順	分かち合い
	配分メカニズム	交換	再分配	贈与
	配分の場	市場（アゴラ）	国家（ポリス）	ケア経済（オイコス）

出典：Staveren［2001: 57］Fig 2.2 Some characteristics of economic value domains を筆者が訳出

身によって与えられている。思考の整理に役立つと思われるので、ここに掲げておくことにしよう（表2－1－1）。四つの倫理的能力とは、経済において三つの価値がそれぞれどのような性質と機能をもつものであるかを表現・追求する能力であると考えればよいだろう。この図に現れていない「合理性」や「効率性」といった概念は、三つの価値領域すべてに当てはまるものと説明されている。しかし、それらの概念についての彼女の独自の考えは、次節以降において明らかにされる。

三　「アリストテレス的経済学」の展望

1　意味ある合理性

既述のとおり、ヴァン・スタヴェレンは経済学における合理的経済人という人間像の設定、あるいは、その人間が追求するとされる経済的合理性という概念に批判的であった。現実の経済には自由・正義・ケアという三つの価値が存在し、経済はそれらが相互に支えあっていることにより機能しているという見方から、彼女は従来の経済的合理性に代わるべき概念として「意味ある合理性 meaningful rationality」を提示する。この「意味ある合理性」は、経済主体が自由・正義・ケアという異なる三つの価値領域すべてにコミットすることから得られるとされる。その際、重要なのは、特化でなくバランスである。

このバランスという点に関して例示されているのは、有名な戯曲『セールスマンの死』（一九四九年初演）に出てくる主人公ウィリーの悲劇である。ウィリーはセールスマンとしての成功を夢見ながら競争に敗れて失職し、また息子の成長への期待も夢破れて自殺を遂げてしまうのだが、ヴァン・スタヴェレンは、ウィリーがセールスマンでしかなかったこと、言い換えれば、彼が「自由」の価値のみを追求したことにその悲劇の原因があったと論じている。「ウィリーというセールスマンは……自由の領域に属する倫理的能力に多大な投資をするものの、経済的・社会的・人間的に失敗するのである」[Van Staveren 2001: 148]。

さらに興味深いことに、こうした「自由」のみの追求という論点において、ヴァン・スタヴェレンはセンに対する批判的見解をも表明している。彼女は、自らの立論の拠り所としてしばしばセンに言及し、「徳の倫理学ともっとも適合的な経済理論は、センや他者によって展開されているケイパビリティ・アプローチであると考えられる」[Van Staveren 2007: 31] とも評価しているが、ここでは彼にこう不満を表している。すなわち、「センの理論は、なぜ人びとの笑顔なしにはセールスができないのか、どうすればそうした笑顔を獲得できるのかというセールスマンの問いに答えを与えることはできない。センのケイパビリティ概念は、ウィリーがすでに十分もっており、彼が職を失うという問題を解決する助けとならない能力のみを内包している」[Van Staveren 2001: 151](7)。

三つの価値はそれぞれ欠落部分をもっていて、それはほかの価値で補われる必要がある。したがって、経済主体は三つの価値すべてにコミットしなければならない。この考えからすると、「新古典派経済学でまことに中心的な考え方である、比較優位をもつものへの特化は、もはや自動的に合理的戦略とはみなされえない」[Van

Staveren 2001: 150］ものとなる。むしろ、現実の経済生活において、合理性が「意味ある」ものとなるためには、「異なる価値領域にまたがる複数の倫理的能力をもつ」ことが求められるのであり、経済主体は各価値領域において、その価値の追求に適した倫理的能力を発展させることが求められることになるのである［Van Staveren 2001: 151］。

2　アリストテレス的中庸

では、三つの価値へのコミットメントはどのようにバランスがとられるべきなのだろうか。ここで、ヴァン・スタヴェレンは、アリストテレスの中庸の考え方を持ち出す。

アリストテレスは、人生の善をエウダイモニア（幸福、良き生）とし、徳と結びつけた。彼において、徳とは不足と超過の中庸として、実践を通じて見出されるものであった。これに倣い、ヴァン・スタヴェレンは、自由・正義・ケアの価値領域にはそれぞれに徳があり、それは既述の四つの倫理的能力を通じて達成されうると論じている。彼女がいうには、自由の価値領域における徳とは慎慮（prudence）であり、正義の価値領域における徳とは適宜性（propriety）、ケアの価値領域における徳とは仁愛（benevolence）である。彼女はまた、経済における各価値の不足または超過の意味を次のように定めている。不足とは、経済でその価値が役割を十分に果たさず、周縁に追いやられる状況である。超過とは、その価値が他の価値に対して支配的になることであり、その場合、その価値領域から他の価値領域にネガティブな外部性が生じる。中庸の場合にポジティブな外部性が生じる［Van Staveren 2001: 155–165］。

徳は不足と超過の中庸にあるのであり、中庸によって三つの価値のバランスがとられるべきと論じられている。経済において三つの価値は相互依存的であるが、それらは目的－手段的な道具的関係にあるのではない［Van

Staveren 2001: 155]。しかも、どれかひとつの価値（たとえば自由）を追求しても、それはほかの価値の機能と代替することはできないから、価値間のバランスが図られなければならない。バランスは、アリストテレス的な実践を通じて文脈依存的にとられるものであり、普遍的な最適のバランスといったものはない［Van Staveren 2001: 158］。「バランスは、〔三つの〕価値領域それぞれで多元的な経済的役割を果たす行為者たちが熟慮することによってのみ、とられうるのである」。［Van Staveren 2001: 163］

これは各個人の問題であるとともに経済社会の問題であると考えられている。彼女は別の論文でこう述べている。「そこに含まれる人びとをよく生きさせるようなバランスの取れた経済のためには、市場、国家、ケア経済という有機体全体が含まれた経済生活において、三つの徳の中庸を見出すべきである」［Van Staveren 2009: 574］。ここで、市場は自由の価値領域、国家は正義の価値領域、ケア経済はケアの価値領域に属するとみなされている。

3　意味ある効率性

経済学では、合理性とともに効率性もまた経済の重要な判定基準である。新古典派理論では、稀少な資源をもっとも効率的に配分するのは市場であると考えられ、パレート効率性がその指標となってきた。

しかし、ヴァン・スタヴェレンは、経済的合理性と同様、パレート効率性の概念にも批判的である。なぜなら、厚生経済学の基本定理にあるように、パレート効率性の概念は外部性や公共財の存在を捨象した仮想的経済における競争的均衡によって達成されると論じられているからであり、さらには市場とケア経済のトレードオフを見逃しているからである［Van Staveren 2001: 166］。諸価値領域のバランスの必要を説く「アリストテレス的経済学」の展望からすれば、むしろ反対に、自由の非効率性あるいは正義やケアの効率性に注意が払われるべきであり、認められるべきである。そうした彼女の主張は、いくつかの経験的事例の提示を通じて試論的になされている。

自由の非効率性を示す事例として彼女が挙げているのは、発展途上国（一例としてザンビア）のヘルスケア・システムの民営化である。民営化により、有能な医師や看護師は、公的機関から民間病院へと流出してしまった。病院への予算削減によって、長い待ち時間や高い診療費が求められるようになり、診察を受けられる施設が近くになくなるといった問題が生じた結果、女性は代替的にケア労働を家庭内で行なうことになり、生産的労働から遠ざかることになった。結局、コストは削減されたのではなく、移転されただけであった。他にも、オランダのヘルスケア改革、アメリカ・ノースカロライナのホームケア産業の事例が紹介されているが、これらの事例研究から共通して導かれていることは、ケアの領域において市場は必ずしも効率性をもたらさないということである。彼女の見解は次のとおりである。「市場や国家によって提供されるヘルスケア・サービスは、自分自身、親戚、家族、隣人、その他ケア経済における支払われることのないケア提供者によって提供されるケアを補完するにすぎない。ケア経済でつくられる共感、責任、応答力、時間とエネルギーのポジティブな贈与がなければ、民間ならびに公共によるヘルスケアの提供は大部分非効率であり続けるだろう」[Van Staveren 2001: 168]。

正義の効率性については、アジア諸国の政府による平等的分配が成長を速めたという近年の議論が取り上げられている。一般的に、国家による資源の平等分配は非効率を招くと考えられてきたが、新古典派の新しい成長理論の展開により、賃金の平等化が低所得階層の労働者のモチベーションを高めるということが明らかとされてきている。加えてヴァン・スタヴェレンは、貧困層への分配だけでなく、男性から女性への分配もまた、効率性にかなりの影響（正の影響）を与えるだろうと論じている。

ケアの効率性については、イギリスの福祉理論家ティトマスの一九七〇年の献血に関する研究への言及が見られる。イギリスでは、献血は自発的な無償の贈与の行為であったのに対し、アメリカでは、血液に価格がつけられ、交換によって集められることが多かった。ティトマスの研究のひとつの結論は、アメリカの交換システムのほうではイギリスの贈与システムよりも五倍から一五倍も高価な血液価格がついており、血液の質からしても交換よりも贈与のほうが献血にとっては効率的な収集方法と考えられるということであった。「ケアによって動機づけられる経済行動は、自由や正義の領域で生じるフリー・ライドやレント・シーキングを減らすことになる」のである［Van Staveren 2001: 170］。

ヴァン・スタヴェレンは、パレート効率性に代えて、「意味ある効率性（meaningful efficiency）」概念の必要を説く。すなわち、「生産活動が適切な価値領域で行なわれ、そこで資源をもっとも無駄にしない最善の方法でその価値が拡張されているようなときに、効率性は意味あるものとなる」［Van Staveren 2001: 172］のである。この観点から、政策案が出されてもおり、それはケインズの有効需要喚起策へのひとつの対案となっている。彼女の見地からすれば、ケインズは正義の価値領域から不況への対抗策を出したとみなせるが、ケアの価値領域からの処方箋も考えることができ、それは過剰な貨幣的貯蓄をケア経済に使用する時間的貯蓄へと回すという方策なのである［Van Staveren 2001: 172-173］。

四　価値と制度

1　価値領域間を媒介する制度

ヴァン・スタヴェレンが示す最後の論点は、自由・正義・ケアという三つの価値はなにに反映されているのか、また、それらはどのように撹乱され再構築されるかということにかかわる。三つの価値が同時に追求されるとき、個人内・個人間・集団間いずれにせよ、それらはうまく調和しないかもしれず、葛藤や対立が生じる可能性がある。彼女がこの点において新たに論を起こして存在意義を認めているのは、制度である。制度の意味と役割について、彼女はこう説明している。

行為主体が合理的に振舞おうとするとき、彼らは果たすべき役割における複数のコミットメントの通約不可能性に対し、なんらかの解決策を見出す必要がある。こうした解決策は、対立する諸価値が生み出す感情的な葛藤を乗り越えるのにも役立つであろう。……合理性に対するこうした複雑な要求への反応として、行為主体は、他者と部分的に共有されるとともに争われるようなルーティンを発展させる。これらのルーティンが社会的・歴史的意味を得て、制度として認識されるようになる。制度は価値領域間に生じる外部性から引き起こされる通約不可能性を媒介する助けとなる。……制度の役割は、手段ではなく、異質で通約不可能な価値ある諸目的を表現することである。制度は、複数の価値へのコミットメントから生じる通約不可能性と曖昧さに対処できるよう、行動のためのルーティンを提供する。[Van Staveren 2001: 174-175]

これは、制度についての新たな解釈であるかもしれない。制度は、本質的に異なる諸価値への同時コミットメントを表現する媒介機能をもつことで、行為主体の感情の葛藤を鎮め、思量に影響を与え、また他者と共有されることによって人間関係の構築を円滑にする。それは理性か感情かではなく、両者の結合であるとされる［Van Staveren 2001: 205］。

要するに、ヴァン・スタヴェレンのいう三つの価値のバランスは、制度として具現化・表象すると考えられている。ただし、その考えは、新制度学派の「行為主体の利益を最大化する道具としての制度」あるいは「行為主体の限定合理性を解決するための制度」といった見方とは明確に異なっている。制度は手段ではなく、価値目的の表現と考えられているからである［Van Staveren 2001: 175］。そして、彼女はこうした諸価値を媒介するものとしての制度理解を「制度のアリストテレス的理解」と言い表しているのだが、この種の考えはヴェブレンやコモンズといったアメリカ制度学派によってすでに示されていたと述べている［Van Staveren 2001: 177］。

こうした「アリストテレス的理解」に基づく制度の性質としては、四点指摘されている。第一に、複雑性や不確実性を減らす。第二に、経路依存性をもつ。第三に、外生的要因による比較静学的な変化ではなく、内生的変化を遂げる。第四に、方法論的個人主義でなく、メゾレベルでの相互作用が分析レベルとなる。これらの諸点は、制度経済学においてしばしば指摘される内容と変わりはないようである。しかし、こうした制度の性質は、既述の四つの倫理的能力と対応関係にあると論じられているようであり、そのことについては十分な注意が向けられるべきであろう。すなわち、「……制度は異なる諸価値への同時コミットメントを表現し、経済的行為主体がそこに含まれている葛藤とコンフリクトに対処しやすくなるよう行動ルーティンを与える。そうしてルーティンは、意味あるやり方で合理的に振舞えるよう行為主体を助ける。つまり、ルーティンは、同時に多様なコミットメントを是認し、感情的葛藤を解消し、思量を導き、他者との交流において不確実性を減らすようなルーティンを共有できるよう、社会レベルで作用する」［Van Staveren 2001: 201］のである。

制度は、行為主体に対して、可能化媒介であるとともに制約媒介でもある。ヴァン・スタヴェレンは、考察を次のように結論づけている。「制度は、異なる経済価値領域に対し、ある価値領域の不足と超過の中庸を見出し、アリストテレス的バランスを取るように媒介することができる」［Van Staveren 2001: 201］。

2　経済学に倫理的価値を取り戻すための制度理解

現代の経済学者や倫理学者で、価値について論じている者は、もちろんヴァン・スタヴェレン一人ではない。しかし、基本的に、彼女が全面的に依拠する他者の見解はなく、彼女自身が言及している現代の価値についての議論はすべて批判対象として扱われているといってよい。要するに、彼女の議論の大部分は独創性が主張されている。とはいえ、「アリストテレス的経済学」の特徴は、他者の見解との対比によって、より明確となるから、彼女が同時代の他者をどのように批判しているのかを紹介しておくことは必要であろう。

ヴァン・スタヴェレンが批判する現代の価値に関する議論は、大きく三つある。第一は、シカゴ学派の価値に関する議論であり、ベッカーの内生的選好論やマクロスキーの市場と美徳の関係論への言及がある。しかし、彼女の意見に従えば、このタイプは、結局のところ価値を効用に置き換え、もっぱら効用の観点から見ているところに問題がある。第二は、制度学派の価値論であり、ノースなどの新制度派経済学とともに、ヴェブレンなどのアメリカ制度学派に関連する議論が取り上げられている。しかし、彼女によれば、このタイプは価値を道具的に捉えており、本質的と考えておらず、価値に関係する倫理的側面を捉えていない[8]。第三に、マッキンタイア、エツィオーニ、アンダーソン［Anderson 1993］といったコミュニタリアンの価値論についてである。コミュニタリアニズムの哲学的源泉のひとつがアリストテレスにあることからすると、彼女が批判的見解を出すのはそぐわないように考えられるかもしれないが、彼女の意見はこうである。このタイプは価値を非経済的なものと見ている。人間の経済的行動と道徳的行動とを相容れないものと考えているので、経済的行動に含まれる倫理的側面を捉えられていない。

彼女の目指す「アリストテレス的経済学」は、経済行動には倫理的側面が含まれること、さらには、倫理的価値なくして合理的な経済行動はありえないことを説こうとするものであった。この意味で、彼女の批判対象は右記の諸議論にとどまらない。むしろ主流派経済学によく見られる次のような二元論的性格（分析対象の制限）に厳しい批判が向けられている。すなわち、「効率性は経済的と定義されるが、道徳性はそうではない。理性は経済学の一部を占めるが、感情はそうではない。選択は経済的とみなされるが、その反対とされる強制はそうではない。そして、独立した行動は経済理論に含められるが、行為者間の相互依存的な関係性はそうではない」[Anderson 1993: 202] という見方である。

こうした二元論的性格のために、経済学は倫理的な価値に注意を払わなくてもよいと考えられがちとなってきたのであり、倫理的価値は主観的で科学的考察の及ばない領域の問題とも考えられてきた。しかし、果たしてそうした考えが経済学を意味あるものにしてきたのだろうか。ヴァン・スタヴェレンの答えは、否である。「アリストテレス経済学」の展望とは、経済学に倫理学的な価値（とりわけ徳）の考察を取り戻し、経済学を意味あるもの・意義あるものに再生させようとする試みであり、結論的に彼女が見出した存在が制度であった。

結論

経済学で扱われてきた価値とは、財の交換価値であり、新古典派経済学の登場以来、それは市場での需要と供給の交錯を通じて決まるような価格に反映されるものと考えられてきた。また同時に、もともと経済学は道徳哲学の一部であって倫理学との結びつきが強かったわけだが、現代における実証的科学としての経済学は、規範的要素を含まない価値中立的な立場を主張してきた。これに対し、ヴァン・スタヴェレンは、経済学が価値中立的であり続けてきたということはできず、端的には、他者とは独立の自由な個人・自由な選択・自由な交換といった理論的想定を置いてきたことのなかに、自覚的にせよ無自覚的にせよ、自由という倫理的価値の偏重が見られると指摘する。

ヴァン・スタヴェレンによれば、現実の経済は自由のみならず正義やケアの価値によっても支えられているのであり、したがって、経済学もそれに応じた人間像・経済像を想定しなければならない。とくに、経済的合理性や効率性の概念を拡張し，それらを諸個人の倫理的能力を含むような「意味ある」概念とする必要がある。重要なのは，個々人レベルにおいても社会レベルにおいても，自由・正義・ケアのすべての価値にコミットして，「バランス」を図ることである。

こうしたヴァン・スタヴェレンの考えは，経済における価値は市場のみで決まるものではなく，価格にのみ反映されているわけでもないという主張をもつ。市場における交換を通じて自由の価値が拡張するように，国家における再分配を通じて正義の価値が，また，ケア経済における贈与を通じてケアの価値が拡張すると考えられているからである。彼女は三つの諸価値を問題としているのであり，それら諸価値を媒介するものとして「制度」の存在意義を論じた。

しかしながら，制度についてのヴァン・スタヴェレンの考察は，本章が多くを依拠してきたヴァン・スタヴェレン［Van Staveren 2001］において決して十分ではなく，彼女のその後の諸論文においても十分に扱われているとは言い難い状況にある。価値と制度の関係については，本人および他者からの今後の研究が待たれる状況であり，現代の制度派経済学との関連にも注意が払われつつ探究されていくべき開かれた研究課題であろう。

＊

以上で，本章の考察を終えるところであった。しかし，入稿間際になって，本章のテーマに関して重大で注目されるべき研究が日本語で現れたので，追加的に言及せずにはおれない。

それは，オルレアンの『価値の帝国』［Orléan 2011=2013］である。ヴァン・スタヴェレンは，経済学が自由という倫理的価値を偏重していること，またその結果として，経済学において価値はもっぱら市場で決まる価格に反映されるものとみなされていることを批判した。彼女が問題としたのは、経済と倫理、経済学と倫理学の関係であった。それに対し、オルレアンが批判的に論じるのは、古典派のように労働でもなく、新古典派のように限界効用でもなく、貨幣こそが市場経済における価値の源泉となっていることであり、それを経済学が適切に分析してこなかったことである。人びとは、あらかじめ確定した選好をもっているのではなく不確かな欲望によって他者の振る舞いを模倣するのであり、市場経済において自身の勢力を高めるべく、欲望の一般的対象である貨幣を求める。そう論じることで、彼は合理的経済人の想定をも批判している。

オルレアンによれば、「価値は価格に反映されている」という以上に「価格が価値を映し出す」のであり、主導権を握っているのは、貨幣と結びついた価格のほうなのである。ヴァン・スタヴェレンは伝統的経済学と合理的経済人の想定を批判し、経済学と倫理学の接合を図ることから複数の価値の「バランス」の必要性を説いたが、オルレアンはそれとは別に、経済学に内在する視点から両者を批判し、経済学における価値論の再生を展望している。

注

（1）ここでは初期の研究としてミュルダールについて述べたが、近似した最近の議論としてはVickers［1997］、あるいはPutnam［2002］が参照に値する。なお、Vickers［1997］ch. 4やDutt and Wilber［2010: 21-22］にはミュルダールへの直接的言及がある。

（2）最新の研究動向を示すものとしては、総論的なDutt and Wilber［2010］や厚生経済学を中心に扱ったBeckerman［2011］を参照。

（3）徳の倫理学に対するヴァン・スタヴェレンの態度は、Van Staveren［2007］によく表れている。そこにおける彼女の基本的見解はおよそ次のとおりである。すなわち、厚生経済学における個人間効用比較が否定されたことにより、パレート効率性に基づく議論がなされるようになったが、それにより功利主義の道徳性が失われ、さらなる批判を引き起こした。功利主義の代替として、カント流の義務論が注目されたが、すべての道徳問題がルールによって解決されるわけではないこと、ルール間の対立を扱う基準がないことがその限界である。徳の倫理学は文脈依存的で、特殊な場合の責任に関わる。理性や欲求に基づくのではなく、理性と感情のバランスを見出す。徳の倫理学は、功利主義と義務論の間の二分法を超える。というのも、徳の倫理学は、現実世界では行為者たちが帰結と義務の両方に注意を払っており、社会関係や文脈から影響を受けていることを認めているからである。

（4）価値の客観的な存在を認める点において、ヴァン・スタヴェレンはミュルダールと異なっている。ミュルダールは価値の主観性を明示するために意識的に「価値評価」の語を用いた。

（5）この三つの価値の相互依存性という考えは完全に独創的なものと主張されていない。スミス『道徳感情論』における慎慮・正義・慈恵、あるいは、ハーシュマンの離脱・発言・忠誠に通じるとされている［Van Staveren 2001 : 59-62, 63-65］。

（6）こうした考えからヴァン・スタヴェレンは、マーサ・ヌスバウムの「ケイパビリティ・リスト」あるいはシセラ・ボクの「共通価値」という論説に対しては否定的である［Van Staveren 2001 : 11, 57］。

（7）センへの見解として、Gasper and Van Staveren［2003］も参照。

（8）ヴァン・スタヴェレンの制度学派への態度には曖昧なところがある。新制度派に対しては一貫して批判的であるが、アメリカ制度学派やその流れを汲む現代の制度派経済学者の見解に対する態度は不明確である。ヴェブレンと倫理学の関係については次のように述べている。「もちろん、ヴェブレンの伝統による制度経済学のようなより昔の理論も本質的価値をわかっているが、これらは徳の倫理学というよりも義務論にしばしば近い。……義務論的アプローチは、いかに道徳性が権利や規範として理解されうるか、市場の機能を可能化し支えているか、競争を高めているか、（完全または不完全）競争の負の外部性を小さくしているかについてわれわれの理解を助ける。しかし、このアプローチにはいくつかの弱点がある。道徳性は制約といったものに矮小化されており、外部からの強制力を求め、容易に官僚主義へと陥る」［Van Staveren 2007 : 31-34］。

参考文献

Aldred, Jonathan [2009] *The Skeptical Economist: revealing the ethics inside*, London: Earthscan.

Anderson, Elizabeth [1993] *Value in Ethics and Economics*, Cambridge, Mass: Harvard University Press.

アリストテレス [1971/73] 高田三郎訳『ニコマコス倫理学（上）・（下）』岩波書店。

Beckerman, Wilfred [2011] *Economics as Applied Ethics: Value Judgements in Welfare Economics*, Basingstoke: Palgrave Macmillan.

Bok, Sissela [2002=2008] *Common Values*, 2nd ed., Columbia, Mo: University of Missouri Press. 小野原雅夫監訳・宮川弘美訳『共通価値——文明の衝突を超えて』法政大学出版局。

Dutt, Amitava Krishna and Charles K. Wilber [2010] *Economics and Ethics: An Introduction*, Basingstoke: Palgrave Macmillan.

Gasper, Das. and Irene Van Staveren [2003] "Development as Freedom-And as What Else?" *Feminist Economics*, vol. 9, no. 2-3, pp. 137-161.

Myrdal, Gunnar [1930/1990=1967] *The Political Element in the Development of Economic Theory*, New Brunswick: Transaction. 山田雄三・佐藤隆三訳『経済学説と政治的要素』春秋社。

Orléan, André [2011=2013] *L'empire de la valeur: refonder l'économie*, Paris: Éditions du Seuil. 坂口明義訳『価値の帝国——経済学を再生する』藤原書店。

Putnam, Hiraly [2002=2006] *The Collapse of the Fact/Value Dichotomy and Other Essays*, Cambridge, Mass; London: Harvard University Press. 藤田晋吾・中村正利訳『事実／価値二分法の崩壊』法政大学出版局。

Rawls, John [1971=2010] *A Theory of Justice*, Cambridge, MA: Harvard University Press. 川本隆史・福間聡・神島裕子訳『正義論』紀伊國屋書店。

Robbins, Lionel [1932=1957] *Essay on the Nature and Significance of Economic Science*, London: Macmillan. 中山伊知郎監修・辻大兵衛訳『経済学の本質と意義』東洋経済新報社。

Van Staveren, Irene [2001] *The Values of Economics: An Aristotelian Perspective*, London: Routledge.

Van Staveren, Irene [2007] "Beyond Utilitarianism and Deontology: Ethics in Economics," *Review of Political Economy*, vol. 19, no. 1, pp. 21–35.

Van Staveren, Irene [2009] "Virtue Ethics", in Peil, J. and Irene van Staveren (eds.) *Handbook of Economics and Ethics*, Cheltenham: Edward Elgar.

Van Staveren, Irene [2010] "Communitarianism and the Market: A Paradox", in White, Mark D. and Irene van Staveren (eds.) *Ethics and Economics: New Perspective*, London: Routledge.

Vickers Douglas. [1997] *Economics and Ethics: An Introduction to Theory, Institutions, and Policy*, Westport, Conn; London: Praeger.

■繁栄の法則

「世界には四種類の国がある。先進国、発展途上国、日本、アルゼンチンだ」。

ノーベル賞を受賞した経済学者サイモン・クズネッツが残した有名な言葉である。第1次世界大戦前後のアルゼンチンは、世界で最も豊かな国のひとつであった。ところが衰退の一途をたどり、1980年代には債務危機を経験。その後も金融危機を繰り返した。原因はしかし、国が辺境にあるといった地理的要因や、人びとの勤労精神が欠如しているといった文化的要因によっては説明できないだろう。私たちはとかく、アフリカ諸国やラテン・アメリカ諸国の人びとは、楽天的だから経済発展することができない、と発想しがちである。けれども世界を見渡してみると、宗教や地理的要因は、発展にとってあまり重要でないことが分かる。イスラム圏で発展している国（クウェート）もあれば、熱帯地域で発展している国（シンガポール）もある。日本は儒教圏にあるから発展しないと思われてきたが、そうではなかった。

経済が発展しない理由は、まず十分に中央集権的な政治システムが築かれていないこと。多数の派閥に分裂した国家は域内の安全を確保できず、経済取引を活発にすることができない。国家はなによりも、強い権力基盤のもとで、道路・水道・電気などの公共サービスを提供し、取引を活性化しなければならない。第二に国家は、権力を民主的で多元的な競争環境のもとで管理できなければならない。支配的エリートたちが政治を独占すると、彼らは人びとから富を奪うようになる。「政治的安定→収奪→衰退」という悪循環が生まれる。この悪循環から逃れるには、エリートを交替させる民主政が必要となる。たんに大衆的な基盤をもった民主政では、世論の一元的圧力のもとで別の独裁政治が生まれてしまう。たとえばベネズエラのウゴ・チャベス大統領（2002-2013年）のもとでの民主政は、以前の独裁政治を打倒する一方で、別の独裁を生み出してしまった。民主政の暴走を防ぐには、多元的な政治権力を確保して、創造的破壊の力を利用しなければならない。多元的政治と経済発展のあいだには好循環を期待することができる。むろんこれは仮説であり、たとえば今後数十年間、中国が現行の政治体制のもとで経済的繁栄を続けるならば反証されてしまうだろう。（橋本努）

【文献】 ダロン・アセモグル＆ジェイムズ・A・ロビンソン［2012=2013］『国家はなぜ衰退するのか　権力・繁栄・貧困の起源（上・下）』鬼澤忍訳、早川書房

2-2

キーワード：範囲性質、非個人的価値、反不平等主義、宇宙的価値

平等

なぜ平等は基底的な価値といえるのか*

井上　彰

はじめに

今日、最も問われている価値のひとつが平等であることに、疑いを差し挟む者は少ないだろう。わが国を含む先進国では、国内の格差が先鋭的になりデモが活発化するなど、国民の間に社会的不満が渦巻いている。国境を超えて俯瞰的にみれば、格差はグローバルに広がっており、主要先進国と途上国では生活水準に著しい格差が厳然として存在する。そうした内外の格差が背景となってさまざまなコンフリクトが起こり、多くの者が命を落としている世界の現実がある。不正や悪を平等を軸に評価・判断するわれわれの規範的態度は、こうした現実を反映するものとなっている。

それゆえ正義論の構築を目的とする今日の規範理論が、平等を軸として議論が構成されてきたのも頷ける話である。英米圏の規範理論に限定すると、一九八〇年代から九〇年代にかけて、平等に関する議論は、いかなる平等が求められているのかをめぐって進展してきた［井上 2004］。各人が自由に構想する善き生の追求に寄与する資源のみを等しくすべきだとする立場から、資源のみならず各種各様の善き生を追求する機会を等しくしなければ、真に平等は実現しないとする立場にいたるまで、さまざまな議論が提起されてきた。その論争の中心人物であったアマルティア・センは、いかなる（検討に値すると思しき）規範理論を展開する場合でも、平等な配慮をするという考慮は避けて通ることのできない要件だとして、次のように主張したことで知られている。

ある変数に関する不平等を付随的なかたちで求めることになるのは、より重要な他の変数における平等を求めるからである。ある面における不平等が正当化されるのは、倫理体系のなかで、より基本的であるとみなされる他の面における平等が優先されるからである。より「基本的」とみなされる変数に関する平等は、その結果として生じる広範にわたる「周辺部」における不平等を理論的に正当化するために用いられる。［Sen 1992: 19=1999: 25］

この、規範理論を展開するうえで、いかなる平等が基底となるかという考察を不可避とする見方は、「今日、あらゆる説得力のある政治理論は同一の究極的価値を付帯しており、それは平等である」とする（ロナルド・ドゥオーキンの見解を引き継いだ）ウィル・キムリッカのような政治理論家によっても共有されている［Kymlicka 2002: 4=2005: 6］。しかし、こうしたセンやドゥオーキン、キムリッカの見方に欠けているのは、「なぜ平等なのか」という問い、より具体的には「なぜ不平等を正当化するなんらかの基底的な平等が求められるとする議論が、規範理論において求められるのか」という問いとの対峙である。本章では、平等の道徳的基礎と価値論的基礎をめぐる考察について検討し、「なぜ平等が基底的なのか」という問いに応答しうる議論としては後者が有望であること、そしてその考察の到達点として、イングマール・ペアションの平等論があることを確認する。そのうえで、ペアションの議論を批判的に検討し、その問題点を克服しうる平等論のあり方を提示する。

一　平等の道徳的基礎

なぜ平等かに関する議論を扱う上で無視できないのが、平等の道徳的基礎に訴えてその問いに応答しようとする試みである。その名称から推察できるように、ある種のカント主義がその考え方の背景にある。すなわち、道徳的人格（性）という、人間が共有すると思しき性質に基づく平等の考え方である。イマヌエル・カントが、われわれが善を目的として追求しうる理性的能力をもつ人間存在として、あまねく平等であると論じたことはよく知られている。その考え方を今日の規範理論の俎上で復権させ、平等を道徳的基礎とする正義論を展開した者こそ、『正義論』で著名なジョン・ロールズである［Rawls 1971=2010］。

1　ロールズによる範囲性質の想定

ロールズは『正義論』で、社会契約論の枠組みに即して、社会の全成員が正義原理を選別するにあたっての初期状態、すなわち原初状態の想定を正義の導出手続きとして重視したことで有名である。この導出手続きで求められるのは、正義原理の採択にあたって、自然的・社会的偶然性といった道徳的観点からみて恣意的な要素——生まれつきの能力差や社会的地位や身分の差はその代表例——の影響が関与しないように、自分の能力や社会的地位について知らないという無知のヴェールの想定である。こうした不偏性（impartiality）の要請は、古くから政治哲学・倫理学、とくに正義論の俎上では馴染み深いものであるが、重要なのはロールズがこの要請の背景に、人びとを平等に扱うことの根本的重要性をみてとる点である。ロールズに拠れば、原初状態は「道徳的人格としての、すなわち善の構想と正義感覚とを潜在的にもちあわせている存在としての人間、その人間同士の平等性を表現するもの」である［Rawls 1971: 19=2010: 27］。『正義論』において格差原理を含む平等主義的な正義の二原理は、このような平等の道徳的基礎の下で支持されるものとして描かれている。

　このようにロールズの平等主義的正義論は、原初状態が道徳的基礎を適格に表現している、という前提の下に成立している。となれば、その道徳的基礎の根拠が重要になってくるように思われる。しかしロールズは、平等の道徳的基礎そのものを正当化する議論を提出しているわけではない。現にロールズは、右記引用と同じ段落の冒頭で、「原初状態の当事者が平等であると想定することは、適理的である（reasonable）ように思われる」と述べるにとどまっている［Rawls 1971: 19=2010: 27］（傍点引用者）。この想定は当然ながら、（仮に適理的だとしても）あくまで「想定」でしかなく、すべての社会の成員が原初状態の当事者として等しく扱われるべき根拠を説明するものではない。

　もっとも、ロールズは「平等の基礎」と題された『正義論』第三部第七七節で、平等の道徳的基礎についての基本的な考え方を提示してはいる。それに拠ると、平等主義的な正義の構想が対象とするのは、ふたつの特徴、すなわち善の構想を合理的な生活設計によって表現できる能力と、正義原理を援用したり働きかけたりする欲求を有するという意味での正義感覚を一定程度もちあわせた道徳的人格である。この一定程度の道徳的人格性（moral personality）は決して厳格なものではなく、平等な正義の充分条件にすぎない。そのように位置づける理由としてロールズは、第一に生まれつきそうした人格性に欠いていたり、そうした人格性が発達中の人間（たとえば子供）が存在すること、第二に人びとの間で、善の構想力と正義感覚には差があること、以上二点をあげている。このことからロールズは、最小限度の道徳的能力さえあれば、人びとは根源的に平等であるとしている [Rawls 1971: 505–507=2010: 661–664]。このように道徳的人格性は、道徳的能力の違いを一定の範囲で許容するという意味で、範囲性質（range property）として扱われるべきものとなる [Rawls 1971: 508=2010: 664–665]。

この範囲性質ははたして、人びとを平等に取り扱うことの規範的根拠を十全に説明しうるものだろうか。そうなっていないのは、ロールズ自身の「この説明はまったくもって、文字通りの論証的議論ではない。私はこの帰結が導かれる前提を提出してはいない。……私は原初状態の当事者の特徴づけが、平等の基礎として用いなければならないことを論証してはこなかった。むしろその解釈は、公正としての正義の自然な仕上がりのように思われる」という発言が物語っている [Rawls 1971: 509=2010: 667]。つまりここでもロールズは、「論証」ではなく「想定」に基づいて範囲性質の説得性をアピールしているのである。しかし、この範囲性質を潜在的にさえも備えていない存在者が実際にいるとしたら（それは現実を見渡せば存在すると言わざるをえないが）、社会の全成員が道徳的人格性を有するという想定は崩れてくるだろう。現にロールズはこの想定が、「道徳的人格性を半ば永久的に欠く人びとの存在によって難しいとされるかもしれない」ことを認めている [Rawls 1971: 510=2010: 667]。ところがロールズは、その問題について真正面から検討せずに、範囲性質の規定がそうした困難によって「実質的な影響を受けないと想定」して済ませようとする [Rawls 1971: 510=2010: 667]（傍点引用者）。結局のところ『正義論』から、平等の道徳的基礎の根拠に迫ろうという姿勢を窺うことはできないのである。[1]

2　カーターによる範囲性質の正当化

もっとも、範囲性質に基づく平等の道徳的基礎を根拠づける試みが『正義論』から窺えないからといって、そうした試みが失敗を運命づけられているとまでは言えない。実際、そうした試みとして位置づけられるものに、イアン・カーターによる洗練された議論が存在する［Carter 2011］。そこで以下では、カーターの議論を検討したい。

カーターは範囲性質としてつまびらかにされる道徳的人格性を単なる想定――それが適理的であろうとなかろうと――ではなく、ある種の経験的基盤を有するものとして、しかもそれが人びとを平等に扱うことの規範的理由になるとして、平等の道徳的基礎に関する議論を展開する。では、範囲性質はいかなる経験的基盤を有するのか。範囲性質は、ロールズが「人間が平等な存在として考慮される尊重のあり方を見出すため」のものと位置づけていることからもわかるように［Rawls 1971：508=2010：665］、「尊重（respect）」と関わっている。尊重を要請する性質として馴染み深いのは、公共空間での人間の尊厳に深く関わってくる、経験的に措定される性質である。たとえば、他者との一定の距離を要請し、干渉を嫌うような、接触・接近不可能な領域を確保するように要請する性質がそれに当たる。この経験的に措定される性質は、公共空間、とくに政治制度のなかで求められる市民への尊重と符合する。というのも市民としての行為主体に、（道徳的能力を含む）個人の内面的能力の差異に基づいて差別的扱いをする（たとえば、二級、三級市民扱いをする）ことは、到底受け入れ難いことだからだ。それゆえ公共空間において、最低限の道徳的行為主体としての能力を有していれば市民として等しく扱うとする議論と、個人の内面的性質に踏み込むことなしに、いやむしろ、踏み込まないからこそ措定しうる範囲性質は、平等の政治的理念を構成する試みを通じて重なり合うことになる。このように範囲性質は経験的基盤を有し、さらにそれが外面的尊厳（outward dignity）を裏づけるからこそ、あいまいながらも確固たる尊重を要請する。すなわち、そうしたあいまいな尊重（opacity respect）だからこそ、平等の道徳的基礎となるのである［Carter 2011：550-560］(2)。

このカーターの議論は、範囲性質を道徳的人格性の適理的想定と結びつけるだけの議論よりも、踏み込んだものとなっている。というのも、範囲性質は単なる想定ではなく経験的に措定されるものとして扱われているからである。この点をふまえるとカーターの議論は公共空間を軸にして、ロールズの議論に欠如しているものを提供しているとは言える。しかし、いくら範囲性質が経験的に措定され、かつそれが公共空間における市民への尊重とリンクしていることが示されたとしても、それだけで道徳的基礎となる平等の規範的根拠が明らかになるだろうか。そもそも範囲性質が公共空間での市民の扱い――市民を分け隔てなく等しく扱う制度や実践――と符号するというだけでは、それが長い歴史に裏打ちされているにしても、偶然的一致以上のなにかを示したことにはならないのではないか。それはひとえに、各人が有する範囲性質の経験的措定だけでは正当化にはいたらない、ということを意味しているのではないだろうか。[3]

このことをふまえるとカーターの議論の問題点は、範囲性質の措定が、一定の経験的に確認しうる状況――この場合は、公共空間――で尊重と一致する以上のことを示していない点に求められるだろう。となると、平等を規範的に裏づける作業として求められてくるのは、どのような議論だろうか。それは、平等の道徳的基礎を経験的に裏づける作業やその成立条件に関する議論ではなく、平等の規範性を直裁に解き明かす議論ではないだろうか。すなわちあらゆる状況に適用しうる価値として、平等の性質を解き明かす議論である。そうした議論を提供するのが、平等の価値論的基礎をめぐる考察にほかならない。

二　平等の価値論的基礎

平等の価値論的基礎をめぐる議論の端緒は、アリストテレスにまで遡ることができる。周知のようにアリストテレスは『ニコマコス倫理学』のなかで、平等を善（卓越性）のバランスがとれた人間同士の関係として捉え、それに即した事物の比例的分配を正しい分配とした［アリストテレス 2002: 1131a］。「等しきものは等しく」とするかの応報的命題も、そうした比例関係からの逸脱を不正とする議論の産物である。この、平等の価値を応報的な比例関係と結びつけて捉える議論は、今日においてもなお有力である。

ここで注目したいのは、平等を応報的命題と結びつける議論のなかに、平等の価値を個人的（personal）なものとして捉えるか、それとも非個人的（impersonal）なもの——純粋に関係的なもの——として捉えるかで、決定的な違いが存在する点である。以下では、その違いを浮き彫りにする仕方で論争を繰り広げた議論について検討し、平等の価値の個人的価値に還元しえない側面、すなわちその価値の非個人的性格を見出さざるをえない点を明らかにする。そのうえで、その議論の問題点に迫りたい。

1　個人的価値としての平等——ブルームの平等論

現代において平等の価値を見出す方法として幅広い支持を得てきたのは、「個人的価値としての平等」である。経済的不平等は貧者の著しい不効用を生む（それゆえ、所得の移転によって福利の不平等は縮小する）と考える（旧）厚生経済学や、貧者が富者に対して抱く嫉妬心を問題視する見方や、格差により貧者が恥や屈辱を感じることで、その者の自尊（self-respect）が傷つけられるとする見方は、その代表的な例である。いずれの見方も、個人の効用や嫉妬心、あるいは自尊という個人的価値の観点から、平等の価値について明らかにするものである。

この、個人的価値としての平等を支持する議論のなかでも最も洗練された議論を提示したのは、経済学と倫理学を架橋する研究で著名なジョン・ブルームである。ブルームは善の構造の解明に経済学の知見が活かせるとして、（今日においてスタンダードな合理性基準となっている）期待効用理論の主要公理を充足する「個人的善の原理（the principle of personal good）」を提起したことで知られている［Broome 1991: Ch. 8］。期待効用理論は、将来に生起しうる事態への選好を表現する効用関数を、事態評価の基軸とする理論である。ブルームは、この理論で重要になってくるリスク評価、とくに損得計算にあたっての重みづけに関わるリスク回避の善さを織り込める原理として、個人的善の原理を次のように定式化する。

(a)二つの選択肢が等しく善いのは、それらが各人にとって等しく善い場合である。また(b)すべての人にとって一方の選択肢が別の選択肢よりも少なくとも同じくらい善く、かつ誰かにとっては確実に善い場合、一番目の選択肢が選ばれるべきである。[Broome 1991: 165]

ブルームは、この個人的善の原理が説得的である根拠として、当該原理が平等の価値と調和しうることをあげている [Broome 199: 174]。一般に個人にとっての善は、個人間の比較関係のなかで問われると目される平等の価値とは相性が悪いとみなされがちだが、ブルームはそうした見方を斥ける。ブルームに言わせれば、平等を公正と関連づけて正当化する仕方は、平等を徹頭徹尾、個人の善として評価しうるものとなる [Broome 1991: 192-200; 1999: Ch.7]。

ブルームにとって公正は、個人の請求権（claim）が他の人の請求権と同等に、その強度に比例して充たされるべきだとする理念である [Broome 1991: 195-196; 1999: 117]。請求権はそれを有する者への義務を含意する概念であって、単なる理由にはない強い規範性を包含する。たとえば、ある集団のなかから、危険なミッションに派遣する人間を一人選ばなければならないとしよう。そしてその集団のなかに、他の誰よりもうまくミッションを成し遂げる見込みの高い、ある種の特殊能力をもった人間がいるとしよう。このときたしかに、他の者ではなくその人をミッションに派遣すべき理由はある。しかし、能力の有無だけで派遣される者を決めるのは不公正だと思われる。なぜなら、特殊能力がないことは危険なミッションに派遣されるべきではない理由にはなるが、それは特殊能力のないあらゆる人間に請求権――この場合、特殊能力をもった者が果たすべき義務と対応関係にある請求権――があることと同義ではないからである［Broome 1991: 194–195; 1999: 116–117］。

このことをもってブルームは、「他のいかなる理由でもない請求権こそが、公正の対象になる」と主張する［Broome 1991: 195］。注目すべきなのは、ブルームがここに平等の価値が介在する余地があるとみている点である。というのも、請求権が等しく認められるときに、一方の請求権は十全に充たされるものの、別の請求権が充たされない場合、そこには公正棄損があると認定されるからである。われわれが危険なミッションに派遣する者を決める際に、特定の個人にのみ備わっている特殊能力を決定因とせずに、くじ引き等で決める方が良いとする判断は、この公正をベースにしたものである［Broome 1991: 196; 1999: 119–121］。このようにブルームの議論に従えば、平等の価値は、等しい請求権は同様の仕方で扱われるべきだとする公正関与的価値として示される。

重要なのは、以上の議論が個人的善の原理と矛盾しないどころか、個人的善の原理によって適切に説明しうるとしている点だ。というのも、ある個人の請求権が他の者の請求権と同じように取り扱われないことは、その人の請求権が他に比して不当に低く――すなわち不公正に――扱われることを意味するからである。この事態は、不公正を被った個人への危害を含意する。ブルームの議論においては、この個人への危害こそが、不平等の悪を決定づけるのである［Broome 1991: 198］。この点こそブルームが、個人的善の原理が平等の価値を適切に裏づける原理とする論拠である。(4)

2　非個人的価値としての平等――テムキンの平等論

ラリー・テムキンは、ブルームとは対照的に、「非個人的価値としての平等」を擁する立場から平等論を展開する。非個人的価値としての平等とは、効用や嫉妬心、自尊といった個人的価値とは別に、不平等それ自体を悪として捉える見方を提起するものである。逆に言えば、その理念を基底とする構想は、個人への影響如何を問わず、平等それ自体の価値を善とする議論から成るものである。その非個人的価値としての平等をひとつの——あくまで複数あるうちのひとつの——重要な価値観点とする平等論を展開するのが、テムキンの議論の特徴である［Temkin 1993a; 1993b; 2000］。

このテムキンの議論を正確に理解するためには、デレク・パーフィットによって定式化された「目的論的平等主義（telic egalitarianism）」と「水準低下批判（the Levelling Down Objection）」を一瞥する必要がある。目的論的平等主義は、平等にそれ自体としての価値があるとして、福利のなんらかの基準に照らして明らかになる格差を減少させることは、平等の観点からは善いことであるとする立場である［Parfit 2000: 84］。この平等論の特徴は、他の人と比べて境遇がどうなっているかという、本質的に比較に基づく関係のなかで問われてくる価値として平等を捉える点にある［Temkin 2000: 104-105］。非個人的価値としての平等の考え方が、不平等が効用や嫉妬心、自尊といった個人的価値のレベルで影響がなくても、それ自体を悪とみなす根拠は、この比較をともなう関係性に価値が随伴するところに求められる。このように、テムキンが擁護しようとしている非個人的価値としての平等は、平等それ自体としての価値に基礎づけられた目的論的平等主義を本格的に擁護しようとするのであれば、真正面から検討しなければならない理念であると言っても過言ではない。

その目的論的平等主義に投げかけられる強力な反論が、「水準低下批判」である［Parfit 2000: 98］。もし平等に非個人的な内在的価値があるとすれば、平等化によって当事者の福利水準が著しく低下する場合にも、目的論的平等主義の観点からは、その事態を道徳的に善い事態として評価しなければならない。たとえば、目の見える者と盲目の者の福利を平等化すべく、前者の目をくりぬいて盲目にすることや、自然災害によってすべての人の保有資源が失われるという事態は、当事者の福利に著しい損失をもたらすと言える。だがそれは、目的論的平等主義の観点からは、善い事態だと評価されることになる。しかしそれは誰の福利も向上させない以上、到底善い事態とは言えないのではないか。となると、非個人的価値としての平等を核とする平等論は、受け入れ難い立場であると言わざるをえないのではないか(5)。

テムキンは、この水準低下批判を重く受け止め、その反論を回避しうる非個人的価値としての平等理念のあり方を示そうとする。このときポイントとなるのが、水準低下によって生起する事態のなかでも、誰にとっても善いと言えない状況で、なんらかの点で善いと言えるようなケースがあるのかどうか、である。なぜなら非個人的価値としての平等を擁するにあたっては、効用や嫉妬心、自尊といった個人的価値の観点から悪いと判断せざるをえなくても、「善い」と言える観点がひとつでも見出せる（水準低下に相当するような）ケースの提示が可能かどうかが重要になってくるからだ。テムキンはそうしたケースとなりうる議論を複数用意するが［Temkin 1993a：294-313；1993b：255-277；2000：137-138, 140-146］(6)、ここでは、ブルームの議論との関連性や後の議論をふまえて応報的正義――テムキンの言う「比例的正義」（proportional justice）――に基づく立証に焦点を当てたい。

テムキンは、「聖人（saints）」と「罪人（sinners）」が存在する単純な世界を想定して、次のふたつの事態の価値比較を提起する。事態Aでは、聖人と罪人の福利はそれぞれ応報的正義に従って成立している。事態Bでは聖人の福利についてはAの場合と同じだが、罪人の福利に関してはAの場合よりも高いだけでなく、Bにおける聖人の福利よりも高い。このとき応報的正義に従えば、BよりもAの方が善い。しかしもし誰にとっても善いとは言えない状況では、いかなる観点でも善くはないとするのであれば、その判断は道徳的に間違っていることになる。というのも、Bにおける罪人の高い福利は、聖人の福利に一切影響を与えないからである。この応報的正義の考慮が働くケースは、誰にとっても善くはない事態であっても、その事態の善さを全面否定することに躊躇を覚える典型的なケースではないだろうか［Temkin 2000：139］。その点に鑑みると、水準低下により当事者の福利が悪化しても、事態が善いとするひとつの価値観点がありうることがわかる。

以上の議論は、誰かの福利に影響を与えることなくして、道徳的評価が変化する可能性を示している。そしてそのことが示唆するのは、個人的価値に還元されない非個人的価値の存在である。右記の聖人と罪人のケースをふまえると、両者の境遇の相対的な違いが事態評価に影響を与えることがある、という点が重要である。すなわち、福利の個人間の比較関係が事態評価に関わっている以上、なんらかの非個人的価値が関わっているという推測が成り立つのである。このように、右記ケースを通じて水準低下批判を斥けることによって、目的論的平等主義を擁護する筋道がみえてくることがわかる。

それではテムキンは、非個人的価値としての平等に基づく目的論的平等主義をどのように擁護するのか。テムキンは、価値の多元性によって目的論的平等主義を擁護する議論を展開する。なぜなら多元主義に訴えるならば、仮に水準低下を目的論的平等主義の観点からは善いとせざるをえないにしても、すべてを考慮に入れた（all things considered）平等論トータルでの説得力は失われないと考えられるからだ。

> 平等主義に反対する者は、疑り深く次のように問う。「私は本当に、一部の人間だけが盲目である世界の方が全員が盲目である世界よりも悪い、とする観点があると思うか。」答えは「イエス」である。このことは、われわれが全員を盲目にしてしまう方が善い、と私が思うということを意味するのか。答えは「ノー」である。平等は考慮すべきすべてではないが、いくぶんかは考慮すべき事柄である。［Temkin 2000: 155］

この立場を確たるものにするとテムキンが考えるのは、功績（desert）の比較評価を織り込んだ応報的正義に基づく議論である。聖人と悪人で境遇に著しい差があっても善いとするのは、両者の功績に照らせば当然しかるべきとする判断があるからである。テムキンはこの判断が非個人的価値としての平等理念に反映されるものとして、相応しくない（undeserved）不平等のみが悪い――当人に落ち度がない、あるいは当人が選択していないにもかかわらず他人よりも低い福利に甘んじているとしたら、それは不公正である――とする目的論的平等主義の定式化を採用する［Temkin 1993b：17-18；2000：129-130］(7)。このようにテムキンもブルームと同じく、公正に関連づけて平等の価値を立証しようとする。しかし、その定式化が非個人的価値をふまえたものであるという点で、ブルームの立場とは異なるのである。

3　ブルーム・テムキン論争

以上のブルームとテムキンとの平等論の違いは、論争を生んでいくことになる。ブルームはテムキンの聖人と罪人のケースについて、AよりBの方が、少なくともあるひとつの価値観点からは悪い事態とみなせるがゆえに、非個人的な不平等それ自体の悪が看取しうるとする推論に疑問を投げかける。なぜなら個人的善の原理に照らしても、AよりBの方が悪い事態であることを説明できるとブルームはみるからである。ブルームに言わせれば、Bにおいて聖人は罪人の厚遇によって不正義を被っており、それにより聖人は危害を被っている。つまりBには公正棄損があり、それにより個人的善の原理に反することなしに不平等を問題にすることができるというわけだ［Broome 1991：168］。

このブルームの議論に対しテムキンは、当事者の相対的関係が個人にとってどう評価しうるかという観点だけでは、応報的な正しさは決まらないと反論する。たとえば、聖人と罪人がそれぞれ隔絶された世界に住むとしよう。このとき聖人は、罪人の扱いについて知らずに済む世界にいる。その場合でも、聖人は罪人の厚遇によって不正を被っていると考えられるだろう。あるいは、聖人が端的に罪人の処遇について気にしないどころか、むしろ罪人の厚遇を自分のことのように喜ぶ場合でも、聖人は罪人の厚遇によって不正を被っていると考えられるだろう。しかし個人的善の原理からは、そうした評価を導き出すことはできない。なぜならそれは、聖人もしくは罪人にとっての価値評価を通じてしか、両者の取り扱いをめぐる公正棄損の認定をしないからである。となると、もし聖人がどう評価するかに関係なく、罪人の厚遇にマイナス評価が道徳的に見出せるとしたら、それは非個人的価値のレベルでの評価でしかありえないだろう。個人の福利への影響とは別に、結果の善し悪しが判定される可能性があるということは、やはり非個人的価値の存在を示唆しているように思われる［Temkin 2000: 147］。

4　ブルーム・テムキン論争の評価と批判的総括

両者の論争を、どう評価すべきだろうか。ブルームの立場は、（義務との相関性という）強い規範性を有する請求権の等しい充足を基本線とする観点から、個人的善の原理に抵触しない平等の価値を立証しようとするものである。その立場からブルームは、罪人の福利が罪に見合う以上の高い値を示していることは、聖人への危害として捉えられるとしてテムキンの異論を斥けようとした。しかしながらテムキンが言うように、聖人と罪人のケースは両者が住む世界が厳然と分かれている場合であっても、比較評価をともなう非個人的価値がわれわれの規範的判断に関わってくるように思われる。少なくともわれわれの直観は、それを否定することには抵抗を覚えるだろう。私は、公正や功績の考慮が関わるケースでは、個人的価値に還元できない価値の関与を否定し難い以上、ブルームよりもテムキンの議論の方が説得的だと考える。個人的価値に還元できない非個人的価値の関与を否定することは、功績をふまえた平等論を構成する場合に限っても、困難なことがわかる。

問題は、その非個人的価値が本当に「平等」と関係していると言えるかどうか、である。すなわちそもそも、そうした公正や功績といった応報的正義ベースの概念によってあぶり出した平等は、われわれの平等主義的直観に適合するものと言えるのか、という疑問である。その点を検討するにあたって、テムキンの平等論に投げかけられるふたつの批判を確認しよう。

第一の批判は、テムキンの平等論は非平等主義的だ（non-egalitarian）とするものである。テムキンの平等論は、個人の功績、もっと言えばなんらかの境遇に値することを遂行した責任をふまえて、当事者間の比較評価が重要になるとする議論として位置づけられる。それゆえこの平等論の場合、平等の価値は責任の有無に大きく左右される。責任のあり方次第では、分配後の福利水準に照らしての格差が、分配前よりも広がっていても不公正は生じないことになる（むしろ聖人と罪人のケースにみられるように、格差がない方が不公正だということになる）。このような仕方で平等の価値を規定するやり方は、分配によって格差を減らすというパタンを基礎づけるものではない。この部分は、分配パタンとしての均等化を平等主義の要諦とみる通常の考え方とは相容れない部分である。われわれは責任感応的な分配政策を実施すれば、自ずと分配パタンがわれわれが考えるところの平等主義と軌を一にすると考えがちであるが、それは間違っている。スーザン・ハーリィはこれを「平等主義の誤謬（the egalitarian fallacy）」と呼んだが、テムキンの議論はその誤謬に陥っていると思われる［Hurley 2003: 151-153］(8)。

第二の批判は、テムキンの平等論は反平等主義的だ（anti-egalitarianism）とするものである。繰り返すがテムキンの平等論では、平等の価値は責任の有無に左右される。となると、仮に極端な格差の要因が各人の責任に帰されるものである限り、格差を悪とする平等主義的考慮は生じないことになる。となると、通常われわれが考える平等主義的な政策と相反する政策を、平等主義の名の下に奨励することになりかねない。たとえば、きわめて暮らし向きの悪い人が当人の責任でその境遇に陥っているとしたら、テムキンの平等論はそれを平等主義の名の下に放置することを容認しかねない［Anderson 1999: 295-302］。さらには、当事者に責任がない場合でも、不平等を是正する措置を受ける存在であるというスティグマによって、まさにロールズやカーターが平等の基礎として重要だと考えるような、公的領域での道徳的人格への尊重を蹂躙する政策を支持する可能性さえある［Wolff

1998: 110–118]; [Anderson 1999: 302–307]。

もちろん、テムキンは価値の多元性を前提にしたうえで、非個人的価値としての平等を軸とする平等論を展開している。それゆえ、もし基本的ニーズの充足や尊重に内在的価値が見出せるとなれば、テムキンの平等論において、責任ある貧者を放置するような過酷な政策が求められることはなくなるし、スティグマ化を回避する政策がとられることになろう（ただしその場合には、基本的ニーズの充足や尊重に平等の価値を凌駕する強い規範性が存することを別途、立証しなければならない）。しかしながらそのことは、（非個人的価値としての平等を核とする目的論的に構成された）平等主義の名の下で過酷な政策やスティグマ化を回避することを意味するものではない。その過酷な政策やスティグマ化の回避は、基本的ニーズを充たすことが有する規範的価値が、功績の比較評価をともなう非個人的価値をキャンセルアウトしてのものであることに注目すべきである。テムキンの平等論が目的論的平等主義の観点から過酷な政策やスティグマ化を容認することに変わりはない以上、その反直観性は免れえないだろう。

三　極端な平等論から宇宙的価値としての平等へ

これまでの議論をまとめよう。まず「なぜ平等なのか」という問いに答えるには、その規範的根拠を提供しうる平等の価値論的基礎を明らかにするという線が有望である。ブルームとテムキンは、公正ないし功績といった応報的正義に基づく考慮が平等論と関わってくることを所与として、個人的価値（ブルーム）もしくは非個人的価値（テムキン）としての平等が有する規範性を立証しようとした。両者の議論を検討した結果、聖人と罪人のケースをふまえると、非個人的価値としての側面が事態評価に関わってくることが明らかとなった。その点で両者を比較すると、テムキンの平等論の方が説得的であることがわかった。しかし、テムキンの応報的正義をベースとした平等論には、非平等主義と反平等主義という批判が投げかけられることがわかった。

そこで気になってくるのは、非個人的価値としての平等を要諦とする目的論的平等主義を展開するにあたって、公正ないし功績、より具体的には責任を、平等それ自体の価値に一切組み込まない平等論の展開可能性である。以下では、そうした議論のなかで最も精緻な議論を展開したイングマール・ペアションの平等論をとりあげ、その問題点を確認したうえで、その問題点を克服しうる平等論のあり方を提示する。

1　ペアションの極端な平等論

ペアションはメタ倫理学における価値論の領域で優れた成果を残しているが、その知見を水準低下批判や優先主義に関する考察に活かし、精緻な平等論を展開している［Persson 2001; 2007; 2008］。その平等論こそ、功績に基づく規範的判断――より具体的には、個人への帰責条件を規定する正義原理（責任原理）――の理論的根拠を否定し、分配パタンとして完全な均等分配――完全平等――を謳う原理を唯一の正義原理とする「極端な平等論（extreme egalitarianism）」を擁護する議論である［Persson 2007］。この立場が理論的に支持しうるのであれば、完全平等を謳うがゆえに平等主義的分配パタンは確実に保証される（それゆえ非平等主義の誹りを免れる）し、責任原理を否定することからして反平等主義的側面は問題にならなくなる。以下では、その成否について検討する。

極端な平等論を検討する際に注目しなければならないのは、その核を成す「反不平等主義（anti-inegalitarianism）」である。通常平等主義は、平等の価値に積極的な役割を与える立場として、すなわち、平等が成立する事態に内在的善さを見出す立場として解される。このことは、先にとりあげたテムキンの平等論が代弁している。しかしその理解は実は、従来の平等論の取り組みにそぐわないところがある。というのも従来平等論は、不平等を正当化する要因――その典型が功績や個人的責任である――の介在を普遍的文脈もしくは特定の文脈において否定することで、不平等な事態が不正であるとする議論を展開してきたからだ。実際平等論の歴史をみると、平等が成立する事態をデフォルトとして扱い、平等から離れた事態、すなわち不平等を正当化する要因を際立たせることで、逆に平等の重要性を（再）確認する議論を展開してきたところがある［Kolm 1996: 37］。このことからペアションは、平等がなにか積極的な価値を単独で保持しうるとする解釈は、そうした長い歴史によって培われてきた実践を汲み取ったものとは言い難いと考える［Persson 2001: 30; 2008: 298］。

反不平等主義は、ペアションが以上の点をふまえた構想として提示するものである。反不平等主義に拠れば、平等は積極的な価値としてではなく、むしろ不平等という悪の不在を意味するものとして再構成される。平等な事態とされるものの成立に内在的価値が見出されるとすれば、それは平等の対象となる主体（人間存在や意志）ないし福利に積極的な価値があるからであって、それ以上でもそれ以下でもない。逆にすべての人と同じように暮らし向きが悪い場合には、平等な事態が成立しているにもかかわらず、内在的に悪い事態とする評価もありうる。それゆえ端的に人びとがなんらかの水準で同じであるということは、価値としてはゼロであって、それでもって積極的な価値的基礎を示すことができるわけではない［Persson 2001: 30-31; 2008: 298］。ただ、価値がゼロとはいえ、平等は不平等の内在的悪を示すにあたっての基軸にはなる。(9) それゆえ平等は、福利等の価値が集計される際に、その価値計算に重みづけをするオペレーター（調整役）としての役割を果たす。すなわち、平等は付加される価値ではなく、集計された価値を割り引くだけの（したがって、それ自体では価値としてマイナスになることのない）ものとして扱われる［Persson 2001: 35-36; 2008: 297］。

この、不平等の不在（価値がゼロの状態）としての平等を核とする反不平等主義は、悪なき事態を実現するための行為を正しいものとして位置づける種々の議論と両立可能である。(10) 極端な平等論はそのなかでも、字義通り

「極端な」部類のものである。完全な平等こそが正義に適っているとするこの立場は、徹底的に不平等の不在を追い求めてゆく、すなわち不平等を緩和することで不正を減らしてゆく正義論を展開することになる。反不平等主義の具体的内容は、その正義論を正当化することによって構成される。その代表的なものこそ、これまで不平等を正しいとする要因として扱われてきた個人的責任の全面否定にほかならない。

ペアションの推論は以下の通りである。当事者に責任があると主張するためには、その必要充分条件を因果的に構成する事実記述に基づいて立証しなければならない。そうした事実を責任付与的事実（responsibility-giving facts）と呼ぶとすると、責任付与的事実にはどうしても、当事者に責任を負わせられない事実が因果的に関わってきてしまう。それゆえ、責任付与的事実を個人の帰責条件に据えてしまうと、結局いかなる者に対しても不平等の責任を問うことなどできなくなる。たとえば、一定の情報が与えられているなかで当事者が意図を形成し、それを実行する能力があるとする「コントロール可能性（controllability）」を責任付与的事実として位置づけよう（言うまでもないことだが、この見方は道徳的責任に関するメタ倫理学的議論において有力なものである）。このコントロール可能性を、当事者の直接的責任（direct responsibility）を支えるものとして位置づけてしまうと、それを構成する事実をもたらしたさまざまな環境要因――社会的背景や遺伝等――が、直接的責任の成立に欠かせない要素として関わってくることになる。そうした環境要因に対する責任を個人に付すためには、その環境要因それ自体を引き起こした同一の個人を前提にしなければならない。だがそれは、（少なくとも現状では）人間が限られた期間しか生きられない以上、非現実的な想定である。となれば、（直接的）責任という、不平等を正しいとする（唯一ではないかもしれないが）最も有力な要因が成立しえないことになり、反不平等主義が貫徹されるかたちで極端な平等論が（一応のところ）支持されることになる［Persson 2007: 91-97］。

2　ペアションの極端な平等論批判

もしペアションの議論が極端な平等論の正当化に成功しているとしたら、それはテムキンの平等論に投げかけられる非平等主義と反平等主義というふたつの批判を回避しうるものとなる。しかしその「もし」の部分には、大いに疑問の余地がある。それは主として二点にわたる。ひとつは、反不平等主義を採用する根拠の脆弱性、もうひとつは、直接的責任を成立させる正義論をペアション流の形而上学的論法で斥けてしまっていること、この二点である。

第一の疑義について。ペアションの反平等主義の要諦は、平等をなんらかの事態に価値を別途付け加えることのない、もしくは事態に付される価値をトータルでマイナスにすることのない、まさしくゼロ水準の価値として位置づけるところにある。この立場の利点は、第一に従来の平等論の実践と整合的であること、第二に平等を価値計算に「重みづけをするだけのもの」として扱うがゆえに、（極端な平等論をはじめとする）さまざまな構想と両立可能であることにある。しかしながらペアションは、そのように平等の価値を扱う積極的根拠を示しているわけではない。ペアションは、あくまで平等論の歴史と整合的であること、そして価値論的にさまざまな構想と両立可能であるとする利点しか提示していない。つまり、平等はそれ自体として価値付加されることのない、ゼロ水準の価値であるにもかかわらず、なぜそれに近似する事態に随伴する価値に重みづけする役割を果たすのかが不分明なのだ。これでは、「なぜ平等なのか」という問いに真正面から応答するものとはならないように思われる。

第二は、不平等を正しいとする個人的責任を否定する、その形而上学的論法への疑問である。先にみたようにペアションは、個人の直接的責任を成立させるコントロール可能性自体、（人間の生の有限性をふまえると）コントロールしえない環境要因の介在を決定的なものとしてしまい、責任の成立根拠を究極的には浸食してしまうとする議論を展開している。しかしこの、直接的責任が究極的責任を前提にして成立するかどうかは、実はいかなる正義の捉え方に依拠するかで変わってくる。そのことを如実に示すのが、プラトン的な正義とヒューム的な正義の違いである。前者は、「いかなる場合にも守らなければならぬ原則」というプラトンの言葉通り［プラトン 1979: 433A］、極端な話、世界が滅びようとも成立する正義こそが、正義の名に値するとする見方である。それに対し後者は、正義は「人びとが置かれている特定の状態と条件にまったくもって依存する」というヒュームの言葉通り［Hume 1975（1777）: 188 = 1993: 25］、われわれの現実世界に一般性を有する仕方で制約づけられるとする見方である。究極的責任が問われてくるのは、コントロール可能性が成立する実際的営みを超えて、その究極的な基礎を追求する前者の場合であって、後者の場合はその限りではない。なぜなら後者の見方からすれば、コントロール可能性が一般性を有する仕方で特徴的に関わる実際の世界があれば、直接的責任から究極的責任に遡及することなく、不平等の責任に関する議論は可能だからだ。ブルームやテムキンの議論にみられたような、公正や功績をベースとする平等の捉え方を支える直観は、このような仕方で実際の世界に一般的に制約される正義構想と結びつくことになる。(11)

3　宇宙的価値としての平等

以上の点をふまえると、完全平等を正しいとする極端な平等論は、必ずしも盤石なものではないことがわかる。ペアションは、ゼロ水準の価値として平等を捉える反不平等主義を採用する積極的根拠を示しているわけではないし、ヒューム的な一般的状況に根ざした正義構想として責任原理を掲げることまでをも否定する決定的な議論を提出しているわけではないからである。

とはいえペアションの議論は、非平等主義と反平等主義という論難を斥けることができる点で、私は正しい方向性を示していると考える。その点をふまえて私が提案したいのは、ヒューム的な正義構想を責任原理を含む複数の原理から成るものとして位置づけたうえで、そのあり方に影響を与える平等の価値を提出する議論である。この議論は、テムキンの平等論や極端な平等論と違い、非個人的価値としての平等を正義を構成するひとつの価値ないしひとつの原理としてではなく、正義を超えた究極的価値、もっと言えば世俗的な世界に根ざすあらゆる価値を超越した「宇宙的価値（cosmic value）」として位置づける。平等を宇宙的価値と名づける理由は、純粋理念としての等しい関係性が、仮に世俗的な世界が存在せずとも永遠に価値をもつものとして成立する（とみなしうる）からである。この純粋に等しい、それこそいかなる世界であっても存在する関係性に随伴する価値は、われわれが一般的・個別的に示す態度や実際的価値に依存しないという意味で、純粋に非個人的価値として成立するものである。したがってその価値は、多くの部分で個人的善の構想によって構成される功績や、その具体的な原理を構成する個人的責任はもちろんのこと、政治的ないし公共的文脈で経験的に重視される尊重といった価値とも根本的に違うものである。

　このことからもわかるように、宇宙的価値としての平等は、功績や責任といった、一般性を有するものの世俗的と言わざるをえない価値を超えた、あらゆる可能世界で見出される純粋に関係的な価値である点で、（反不平等主義では提供しえない）平等の積極的誘因力を示すものとなっている。もっとも宇宙的価値としての平等を核とする平等論においても、われわれが世俗的な世界のなかで生きる以上、功績や尊重を無視して正義を語ることはできないだろう。この立場はペアションの立場とは異なり、状況制約的な正義がわれわれの行為規範となることを排除するものではない。まさに宇宙的価値としての平等は、ヒューム的な正義論の成立可能性を否定する理念ではないのだ。

　このとき宇宙的価値としての平等は、たとえば功績が純粋な等しさからの逸脱を指令するときに、それを等しさの方に引き戻すシグナルを出すものとして、その役割が与えられることになる。平等は、過度な責任の追及によって福利水準の格差があまりに広がった場合には、尊重に代表されるような激しい格差を容認しない価値を重視するよう、われわれを導いていく。この誘因力は、ペアションが言うところのオペレーターとして存在感を示すものとも言い換えられる。すなわち、平等にオペレーターとしての役割があることは、平等が宇宙的価値であることを通じて確認されるのである。この、宇宙的価値としての平等を核とする平等論が、「なぜ平等か」の問いに応答しうる規範的根拠を提出するものであることは、説明するまでもないだろう。

結論

本章ではまず、ロールズやカーターによる道徳的人格性や尊重に平等の基礎を見出す議論は、その規範的根拠に乏しい（少なくともその点を明らかにする議論をロールズやカーターともに展開していない）ことを確認した。われわれが平等の価値論的基礎に目を向けたのは、その規範的根拠の乏しさがゆえにであった。そこで、平等の価値論的基礎について本格的に議論を展開したブルームとテムキンの平等論を確認した。彼らは、平等の価値を公正ないし功績という応報的正義ベースの概念に基づいて立証しようとした。しかしわれわれが平等主義に見出すのは、功績の具体的な考慮たる個人的責任に基づいて導き出される価値というよりは、それを場合によってはキャンセルアウトするような非個人的価値ではないだろうか。その価値のあり方を示したのが、ペアションの反不平等主義を核とする極端な平等論の問題点を克服すべく私が提起した、宇宙的価値としての平等の理念である。

私はこの宇宙的価値としての平等を「なぜ平等か」という問いに十全に応答しうる立場であると考える。また、それを核とする平等論を、ヒューム的な正義構想の成立可能性を否定しないという意味で直観適合的であると考える。むろんその成否は、読者の判断に委ねたい。

注

＊ 本章は、拙稿［井上 2010a; 2010b］の一部を改訂のうえ転載（具体的には、本章第一節第1項については前者の二四三頁下段～二四四頁下段、第二節1 2 3項については、後者の一二一頁下段～一二七頁下段を大幅に改訂したうえで転載）し、全面的に再構成したうえで議論を発展させたものである。なお本章は、文部科学省科学研究費補助金（課題番号25590001）（課題番号26285002）による研究成果の一部である。

（1） このロールズの議論における、平等の道徳的基礎づけを想定で済ませることの方法論的背景としては、平等の意味論的性質や価値論的性質を解明することによって、平等主義的正義論の妥当性を明らかにすることはそもそもナンセンスであるとする考え方がある。実際ロールズは、「様々な考慮が相互に支えるのかどうかという問題、すなわちすべてが一緒になってひとつの一貫した見地となるのかどうかの問題」であると述べ、ひとつの考慮を抽出し、その意味論的性質の解明を施す類の分析に対して批判的なところがある［Rawls 1971: 21, 50–51=2010: 30, 70–71］;［井上 2010a: 242–243］。

（2） ただしカーターの場合、範囲性質は平等の道徳的基礎の必要充分条件を構成するものとして扱われている。ロールズが道徳的行為主体としての最低限の能力をもっていることを充分条件としていることと対照させると、カーターの議論はかなり強い（かつ厳密な）主張で構成されていることがわかる。

（3） カーターは、エドマンド・バークのフランス革命への批判の論拠や、カントからロールズにいたるまでのリベラルな思想伝統にみられる「距離感」と「尊重」ないし「尊厳」の関係を引き合いに出して、範囲性質の説得性を示そうとしている［Carter 2011: 552-560］。その点をふまえると、個人の内面的性質に踏み込まない仕方で人びとを扱うことが、「内面に踏み込むべきではない」という公共空間の規範性に基づくものであって、範囲性質と公共空間での市民の扱いは偶然の一致以上の重みを見出しうるとする反論が提出されるかもしれない。しかしながら、バークやロールズの歴史的知見が正しいかどうかは別途検証しなければならないし、それが仮に正しいとしても、公共空間の規範性は経験的に措定される範囲性質によって正当化されることはない、という主張を揺るがすものではない。単に経験的側面を浮き彫りにする歴史的知見に訴えるだけでは、平等の規範性を範囲性質によって基礎づけることにはならないからである。

（4）ブルームはさらに踏み込んで、個人的善の原理による平等の価値の裏づけは、それ以外の説明の仕方――ブルームがとくに念頭に置いているのは、人びとの間に集合的に帰属する共有善（communal good）に基づく説明――よりも説得力があるとしている。なぜなら、各人がリスクに対する選好で違いをみせることがありうる以上、そうした違いを個人的善の多様なあり方として反映できる平等の価値の捉え方をすべきだと思われるからだ［Broome 1991：190-191］。平等の価値を期待効用理論の公理を充たしうる個人的善の原理で説明する意義はそこにある。

（5）この水準低下批判を受けてパーフィットは、より暮らし向きの悪い者に利益を与える方がより道徳的に重要であるとする優先主義（prioritarianism）を、目的論的平等主義よりも説得的でかつ平等主義者の直観を捉える立場として提起する。優先主義は、より暮らし向きの悪い者の境遇それ自体――目の見える者と盲目の者との関係ではなく、盲目の者の境遇それ自体――に目を向ける立場であることから、水準低下批判に足をすくわれないところにポイントがある［Parfit 2000：98-101］。なお優先主義については別稿にて、とくに功利主義との関係で本格的に検討する予定である。

（6）ここでは扱わない複数の議論のうち、最も有名なのは、パーフィットの非同一性問題（non-identity problem）に基づくものがある［Temkin 1993a：294-295；1993b：255-256；2000：137-138］。しかし、それに対しては強力な反論が提起されており［Crisp 2003：747-748］；［Holtug 2010：186-188］、そういう意味でもここで扱うべき議論であるかどうか疑わしいことを付言しておく。

（7）この功績ベースの目的論的平等主義の定式化自体、「当人に値するもの」という個人に帰属すべき部分と関わっていることから、非個人的価値の介在がないのではと思われるかもしれない。しかしテムキンの議論のポイントは、その「当人に値する」という、まさに個人にしかるべき帰属を含意する評価自体が、聖人と罪人の境遇差によって変化する部分が大きいこと、そしてそれが平等の価値に関わっていることを示すところにある。つまりテムキンの議論は、個人的価値の存在を否定するものでもなく、ましてや個人に道徳的関心を寄せるものであることを否定するものでもない。それは端的に、境遇差が当事者に特定の危害を及ぼさない場合でも、その事態の価値を低めることを明らかにしようとする議論とみるべきだろう。実際テムキンは、自身の非個人的価値としての平等を擁護する議論が、一方で個人主義的平等論に与するものであることを強調している［Temkin 1993a：315-317；1993b：303-306］。

(8) ただし平等主義の誤謬が果たして、テムキン流の目的論的平等主義に対し決定的な論難を提示するものかどうかは、疑義が呈されているのも事実である［Lippert-Rasmussen 2005: 253-256］;［Fleurbaey 2008: 27］。

(9) もっとも、その軸をどう測定するかという問題を抱えるのも事実である（その軸の多様性に関する分析については、テムキンの議論を参照のこと［Temkin 1993b: Ch.2］）。ペアションは、各個人が得る利益の合計から割り出される平均から、どれだけのズレがあるかで不平等を測るという提案に魅力を覚えるとしているが、それについて本格的に議論しているわけではない［Persson 2001: 31］。

(10) 現にペアションは、反不平等主義を核とする「関係的優先主義（relational prioritarianism）」を、優先主義を説得的なものにするひとつの構想として提示している。この優先主義の構想は、利益付与がその帰結の価値に大きく影響を与えるのは、それが平等化をもたらす場合、かつその場合に限るとするものである。それに準拠すれば、利益供与の結果、格差が大きければその追加的利益の価値は小さくなるし、逆に格差が小さければ、その価値は大きくなる［Persson 2001: 35-36; 2008: 297］。

(11) この点について私は、正義としての責任原理というかたちで論じたことがある［井上 2011; 2012］。

参考文献

Anderson, Elizabeth S. [1999] "What Is the Point of Equality?" *Ethics*, 109, pp. 287–337.

Broome, John [1991] *Weighing Goods: Equality, Uncertainty, and Time*, Oxford: Blackwell.

Broome, John [1999] *Ethics out of Economics*, Cambridge: Cambridge University Press.

Carter, Ian [2011] "Respect and the Basis of Equality," *Ethics*, 121, pp. 538–571.

Crisp, Roger [2003] "Equality, Priority, and Compassion," *Ethics*, 113, pp. 745–63.

Fleurbaey, Marc [2008] *Fairness, Responsibility, and Welfare*, New York: Oxford University Press.

Holtug, Nils [2010] *Persons, Interests, and Justice*, New York: Oxford University Press.

Hume, David [1975 (1777)=1993] "An Enquiry Concerning the Principles of Morals," in L. A. Selby-Bigge (ed.) 3rd ed. P. H. Nidditch (rev.) *Enquiries Concerning Human Understanding and Concerning the Principles of Morals*, Oxford:

Clarendon Press. 渡部峻明訳『道徳原理の研究』哲書房。

Hurley, Susan. L. [2003] *Justice, Luck, and Knowledge*, Cambridge, MA: Harvard University Press.

Kolm, Serge-Christophe [1996] *Modern Theories of Justice*, Cambridge, MA: MIT Press.

Kymlicka, Will [2002=2005] *Contemporary Political Philosophy: An Introduction*, 2nd ed., New York: Oxford University Press. 千葉眞・岡崎晴輝ほか訳『新版　現代政治理論』日本経済評論社。

Lippert-Rasmussen, Kasper [2005] "Hurley on Egalitarianism and the Luck-Neutralizing Aim," *Politics, Philosophy and Economics*, 4, pp. 249–265.

Parfit, Derek [2000] "Equality or Priority," in Matthew Clayton and Andrew Williams (eds.), *The Ideal of Equality*, New York: St. Martin's Press.

Persson, Ingmar [2001] "Equality, Priority, and Person-Affecting Value," *Ethical Theory and Moral Practice*, 4, pp. 23–39.

Persson, Ingmar [2007] "A Defence of Extreme Egalitarianism," in Nils Holtug and Kasper Lippert-Rasmussen (eds.) *Egalitarianism: New Essays on the Nature and Value of Equality*, Oxford: Clarendon Press.

Persson, Ingmar [2008] "Why Levelling down Could Be Worse of Prioritarianism than for Egalitarianism," *Ethical Theory and Moral Practice*, 11, pp. 295–303.

Rawls, John [1971=2010] *A Theory of Justice*, Cambridge, MA: Belknap Press of Harvard University Press. 川本隆史・福間聡・神島裕子訳『正義論　改訂版』紀伊國屋書店。

Sen, Amartya [1992=1999] *Inequality Reexamined*, Cambridge, MA: Harvard University Press. 池本幸生・野上裕生・佐藤仁訳『不平等の再検討——潜在能力と自由』岩波書店。

Temkin, Larry S. [1993a] "Harmful Goods, Harmless Bads," in R. G. Frey and Christopher W. Morris (eds.) *Value, Welfare, and Morality*, New York: Cambridge University Press.

Temkin, Larry S. [1993b] *Inequality*, New York: Oxford University Press.

Temkin, Larry S. [2000] "Equality, Priority, and the Levelling Down Objection," in Matthew Clayton and Andrew Williams (eds.), *The Ideal of Equality*, New York: St. Martin's Press.

Wolff, Jonathan [1998] "Fairness, Respect, and the Egalitarian Ethos," *Philosophy and Public Affairs*, 27, pp. 97–122.

アリストテレス［2002］朴一功訳『ニコマコス倫理学』京都大学学術出版会。

井上彰［2004］「平等——分析的視点から」有賀誠・伊藤恭彦・松井暁編『現代規範理論入門——ポスト・リベラリズムの新展開』ナカニシヤ出版。

井上彰［2010a］「〈分析的平等論〉とロールズ——平等論の歴史・再考」『社会思想史研究』第三四号、二三六～二五三頁。

井上彰［2010b］「平等の価値」『思想』第一〇三八号、一二〇～一四八頁。

井上彰［2011］「正義・平等・責任——正義としての責任原理・序説」田中愛治監修、須賀晃一・齋藤純一編著『政治経済学の規範理論』勁草書房。

井上彰［2012］「正義としての責任原理」宇野重規・井上彰・山崎望編著『実践する政治哲学』ナカニシヤ出版。

プラトン［1979］藤沢令夫訳『国家（上）』岩波文庫。

■リバタリアン・パターナリズム

私たちはしばしば、バーゲンで衝動買いをしたり、二日酔いのために後悔したりなど、非合理的で、人間臭い行動を選択してしまう。合理的経済人とはほど遠い行動であるものの、それが消費者行動の実態であるかもしれない。他方で、一見すると合理的に行為しているように見える場合でも、実は売り手によって操られていることもある。本屋やコンビニエンス・ストアでは、商品の陳列位置を変えるだけで、各商品の販売量をある程度まで操作できる。選択枠組みの提示法・表現法によって選択結果が左右されることを「フレーミング」というが、このフレーミングのせいで、私たちは売り手の戦略につられて、選択させられていることも珍しくないのである。

売り手の側、あるいは公共財を供給する側は、心理学で実証されたこれらのバイアスを、商品の陳列や効果的な道路標識のデザインや社会制度の設計など、諸々の目的に役立てることができるだろう。リバタリアン・パターナリズムとは、人びとを特定の行動に方向づけるさいに、強制的手段をなるべく用いずに、すなわち本人のインセンティブと選択の自由を最大限尊重しつつ、「ナッジ(nudge)」という補完的手段を用いる考え方である。ナッジとは、注意や合図のために、人の横腹をひじでやさしく押したり、あるいは軽く突いたりすることである。つまりそれは、人びとにある物事を気づかせたり、控えめに助言することを意味する。命令に代えてナッジを活用すれば、政府の規模はより小さく、またその統治はより穏やかなものになりうる。それはリバタリアンの立場を最大限尊重した政府介入の新たな手法である。むろん、中立的なナッジなどありえず、その背後には、経済・教育・健康・環境などについて、温情的に支援しつつ、ある方向へ導こうとする面がある(パターナリズムの面)。

しかし、人間の心理的バイアスを利用して、人びとを特定の方向に誘導するという手法は、本人の気づかないうちに作用する「サブリミナル広告」に似た要素がある。突きつめて考えれば、人びとを欺いているとも言える。したがって、これを民主社会に導入するさいには、一定のルールの整備も不可欠だろう。

(本郷亮)

【文献】 リチャード・セイラー&キャス・サンスティーン[2008=2009]『実践行動経済学 健康・富・幸福への聡明な選択』遠藤真美訳、日経BP社

2-3

キーワード：平等と差異、ケアの社会的評価、ワーク・ライフ・バランス

ケア
両立支援は誰のためか

山根純佳

はじめに

仕事と子育ての両立支援は、近年「ワーク・ライフ・バランス政策」として焦点化されており、もっぱら「働き方」や「雇用政策」の問題として位置づけられている。しかし、無償のケア労働の女性への割当を問題化してきたフェミニスト研究の視点からみれば、両立支援とは「ケアサービス」に加えて「ケア時間」やその期間の「経済的支援」をどのように保証するのか、という「ケア」の再分配をめぐる課題のひとつに他ならない。

一方でフェミニズムの議論においても「両立支援」が、どのような論理によって正当化され、実現されるべきなのかは明確になっていない。たとえば、育児休業や短時間勤務制度という家庭内のケア労働に向けた支援策は、

かに依存すると考えられる。

家族にケアを委ねるという意味で「ケアの家族化」を意味するのか、それともケアに対する社会的な保障をおこなうという点で「ケアの社会化」と位置づけられるのか。この答えは、どのような論理で育児休業を正当化するかに依存すると考えられる。

そもそもフェミニズムの労働論は、「賃労働＝男性」「家事労働＝女性」という近代の性別編成に対し、「女性のケアからの解放」と「ケアの社会的評価」というふたつの方向からの解決を模索してきた(1)［竹中 2011］。その意味では家族における「ケア」を支える両立支援は、社会が「ケア」をいかに位置づけ、評価していくのかという課題への挑戦ともいえる。このような視点から、本章ではケアをめぐるフェミニズムの議論の到達点を確認しながら、両立支援のための再分配論理を「ケアの論理」として考察する。ケアとは、ケアされる側の「ケアを受ける権利」に由来するものなのか。それとも、個人の「選好」や子どもへの「社会的投資」なのか、社会におけるケアの位置づけの考察をとおして、ケアの再分配を正当化する論理を明らかにしていきたい。

一　ケア提供普遍モデル――平等と差異のジレンマへの解答

本節ではまず「ケア」をめぐるフェミニズムの議論の到達点として、「誰もがケアする社会」というモデルをとりあげ、その意義について考察する。

1　フェミニズムにおける「ケア」

アカデミズムにおいて「ケア」が盛んに論じられるようになったのはここ三〇年のことである。しかし、フェミニズムと「ケア」の関係はそれよりもずっと長い。フェミニズムが用いてきた「家庭責任」「家事労働」「再生産労働」の概念は、子育てと女性の抑圧の関係性を問うものであったからだ［山根 2010］。一九八〇年代以降、高齢化によって介護問題への関心が集まるにつれ、子ども、高齢者といった「受け手」に対して提供される労働が「ケア」として論じられるようになる。ここで「ケア」がフェミニズムの労働分析に接続されるにいたった。

一九九〇年代には、再分配される供給財としての「ケア」の概念が、福祉国家論における「ケアの不可視化」に対するフェミニスト批判のなかで精緻化されてきた。エスピン＝アンデルセン［Esping-Andersen 1990=2001］の「脱商品化」(2)の概念が、市場と国家の関係から「福祉」を論じるものであったことに対し、フェミニストは、家族において女性がケア労働をとおして福祉を供給していること［Lewis 1992］、それゆえ女性は商品化さえされていないことを指摘した［Orloff 1993］。女性のケア労働を考慮にいれれば、エスピン＝アンデルセンが脱商品化の指標とした年金や雇用保険だけでなく、介護、保育サービスの保障の程度も、福祉国家の分配の質を測定する重要なメルクマールとなる。これらの議論をとおして、無償／有償、家族／市場／国家／非営利などのセクター間での分配を「ケア・レジーム」［Daly and Lewis 1998］として分析する視角が導入された。

「ケア・レジーム」の分析において、福祉国家が分配する「ケア」は、保育や介護サービスといった「ケアサービス」だけに限られない。「ケア時間」「ケアへの経済的支援」も「ケア」に含まれる［Daly 2001：37］；［Daly and Rake 2003］。具体的には、「ケア時間」は出産、育児休業、短時間勤務、「経済的支援」は育児手当の現金給付、シングルマザー、および寡婦への年金という形をとる。しかし、これらの「ケア」は単に量としてたくさん再分配されればよいというわけではない。「ケアサービス」「経済的支援」「ケア時間」のうち、なにに重点をおくのかによって、その社会におけるケアとジェンダーをめぐる関係は変わってくるからだ。たとえば「ケアサービス」の供給は女性の労働市場への進出を促す一方で、「ケアの価値」を評価することにはつながらない(3)。「経済的支援」や「ケア時間」への支援は、ケアの価値を評価することにつながるが、女性＝ケア、男性＝賃労働という性別分業を再生産する。ルース・リスターは、女性のケアからの解放かケアの評価かをめぐるジレンマを、平等と差異をめぐる「現代のウルストンクラフトのジレンマ」と評し、以下のように述べる。

私たちは、なんらかの形で所得を保障することで、女性が「私的」領域で責任を担っているケア労働を評価し支援するのか、公的領域における経済的、政治的自律性を達成するためにこの責任から女性を解放するのか、という欲求（wanting）のあいだで引き裂かれている。[Lister 1994: 19]

このジレンマは政策においては以下のような争点となって表れる。たとえばEUでは、手厚い養育手当が、母親によるケアを推奨する家族主義的政策と結びついており、性別分業を再生産してきたと指摘される[Leira 1997]。(4) もし育児期間中の育児手当が雇用上の地位と関係なく支払われるとすれば、女性の労働市場からの撤退を促進する。(5) また法定育児休業の期間の長さは、(6) キャリアや賃金などを介して女性の労働市場での地位を規定する。その意味で、より多くの「経済的支援」、より長期間の「ケア時間」を保障すれば性別分業が解消する、という単純な関係にはない。

2 ケア提供者普遍モデル

以上の「女性の公的領域への参加か、私的ケアへの支援か」というジレンマを乗り越えるために提示され一定の評価を受けてきたのが、「男性」の働き方を変えるというアプローチである。その代表的なものが、「ジェンダー公平（gender equity）」を達成するモデルとして、ケアの脱ジェンダー化の必要性を論じるナンシー・フレイザーの議論である［Fraser 1994=2003］。

フレイザーは、脱工業化福祉国家におけるケアモデルとして、すべての女性を稼ぎ手にケアワークを市場もしくは国家に委ね、女性の雇用を促進する「総稼ぎ手モデル（Universal Breadwinner model）」と、ケアワークを私的領域にとどめ報酬を与え、ケアのための仕事の休暇や中断、フレックスタイムの利用による不利益を被らないような社会保障手当を構築する「ケア提供者対等モデル（Caregiver Parity model）」をあげる。そのうえで、このふたつのモデルを、女性をまったく男性のように扱う「平等」か、差異による犠牲を払わずにすむよう女性を保護する「差異」という二者択一の原理ではなく、複合的な「ジェンダー公平」の規範的原理に照らして支持しうるものかを検討している。

ここでいう規範的原理とは、①基本的必要を満たす「反貧困原理」、②弱者の搾取を防ぐ「反搾取原理」、③収入における相違を実質的に減らす「平等収入原理」、④女性だけが二重労働をすることを却下する「平等余暇原理」、⑤人格と女性の労働を承認する「尊重の平等原理」、⑥女性を社会生活から排除しない「反周縁化原理」、⑦あらゆる分野における男性と同等な女性の完全参加を促進する「反男性中心主義原理」、の七つである。

これらの原理から先のモデルを検討すると、「総稼ぎ手モデル」は、女性に仕事と家庭のダブル・シフトをせまる点で、④「平等余暇原理」に、女性のケアワークの価値を評価しない点で、⑦「反男性中心主義原理」に、それぞれ反する。他方「ケア提供者対等モデル」は、雇用において女性に「ママコース」と「差別待遇」を割り当てる点で、③「平等収入原理」に、雇用においてケア責任をもつ労働者を周辺化する点で、⑥「反周縁化原理」に、それぞれ反する。フレイザーは以上の考察から、女性に結びつけられた実践を十分高く評価したうえで、男性もそれをおこなうことを求める第三のモデルとして「ケア提供者普遍モデル（Universal Caregiver model）」が望ましいと結論づける。このモデルでは、あらゆる職がケア提供者でもある労働者向けにデザインされ、あらゆる人が雇用を可能にするためのサービス提供を受ける、また一部のケアは公的に支援され、賃労働と同じ社会保険制度に統合される。

　このようにフレイザーの「ケア提供者普遍モデル」は、「男性のケアラー化」によって、現代のウルストンクラフトのジレンマの乗り越えを図るものと位置づけられる。このモデルを達成するには、①社会サービスとして有償のケア労働と、私的なケアへの時間の保障の両者をバランスよく行なっていくケアの再分配、②育児・介護休業や短時間勤務などの「両立支援」の対象を女性に限定せず男性も加えること、母親休暇から「両親休暇」への転換が求められる［Daly 2001: 42］。

　以上のモデルを労働力の「商品化」という枠組みでみれば、男性並みの労働者になることを期待する「総稼ぎ手モデル」は、ケアを社会化することで、女性の商品化（労働市場に結びつける）を促すのに対し「ケア提供者対等モデル」は、ケアの現金支払いと女性の脱商品化を促す。一方「ケア提供者普遍モデル」は、女性を一定程度商品化し、男性を脱商品化することで、女性も男性も私的領域と公的領域の両方に結びつけられることを企図する。女性がケアを担っているという現状の差異を無視するのでも肯定するのでもなく、男性を女性化することで、差異を極小化していくというアプローチといえる。その意味で「ケア提供者普遍モデル」は、平等と差異のジレンマを乗り越えるモデルといってよいだろう(7)。

　さらに、「ケア提供者普遍モデル」は、男女間のカップルだけではなく、シングルで子育て、介護をする場合にも「ケアすることで不利にならない」働き方を保障するものと考えれば、すべての市民を「ケア提供者」に転換するものと位置づけられる。こうした「市民」概念の転換は、「ケア責任をもった労働者」を排除してきた従来の市民権概念に対し、「すべての市民が一時点でケア提供者となるということを認める市民権の概念化」を求める議論とも共通する［Knijn and Kremer 1997］。

　さて、「ケア提供者普遍モデル」は、性別分業の解決のために目指される理想的モデルを提示したものである。ではどのようにこの理想とされるモデルを達成できるのだろうか。言い換えれば「ケア提供者」を「市民」の範型とし、「ケア提供者普遍モデル」に近づくべくケアを再分配するためには、どのような社会原理を必要とするだろうか。以下では、性別分業の是正という点から従来の分配理論に対して向けられたフェミニストの批判をとりあげる。これらは、なぜ従来の「正義論」の枠組みにおいて公正なケアの再分配を達成できなかったのか、どのような分配理論の再構築が必要なのか考察している。これらのフェミニズムの議論をふまえたうえで、社会投資の論理によって支持されているワーク・ライフ・バランスをめぐる近年の議論の問題点について考察していきたい。

二 「正義」の境界の再編

本節では、男性の家事・ケアへの平等な参加を「正義」の問題としてとらえた最初の論考として、スーザン・モラー・オーキンの議論をとりあげる［Okin 1989］。オーキンは、女性をめぐる不正義を解決するためには、正義を家族に適用し、男女が親業を平等に分担する家族を構築していく必要があるとする。オーキンの論考は、フェミニズムにおいて「ケア」が主題化される以前のものであるが、正義の拡大によって性別分業の解消を目論むリベラル・フェミニズムの思考の原型として重要な位置をしめている［Kymlicka 1991］；［野崎 2003］。

1 家族への正義の拡大

オーキンの主張では、女性の抑圧の原因は、公的領域の「正義」の原理が私的領域に適用されてこなかったことにある。すなわち、従来の正義の理論は、家族をプライバシーとして位置づけることで、家族内の権力や不平等を正義の問題ではないとして放置してきた。とくに、家庭内の性別分業は、女性だけでなく子どもたちへの不正義を温存させているにもかかわらず、従来の正義の論者は家族を「私的なもの」とすることで、ケア労働の分配問題に正面から取り組んでこなかった。

オーキンによれば、正義の理論のなかでもっとも平等主義的なジョン・ロールズ［Rawls 1971］の議論においてさえも、家族の正義は棚上げされてきた。ロールズはいったん、家族を正義原理の適用対象である「社会の基本構造」と位置づけているが、実際にはまったく家族の正義について論じず、「私的」な家族を正義の適用対象から除外してしまう。なぜなら、ロールズは原初状態——正義の原理を引き出すための仮説的な状態——の当事者を「家長」として想定しているからだ。だがその一方で、彼は、子どもたちが道徳を最初に学ぶ場所である家族が、平等と互酬性にもとづいており、正義に適っていることを前提としている。これに対しオーキンは、現実には家族内にはジェンダーによる不平等や権力関係があるため、子どもは「共感」という「正義感覚」を学ぶことができないとする(8)。その点で、家族内から支配や依存が除去され、両親がケアにかかわる平等な家族を保障することは、ロールズの正義論に不可欠な要件である［Okin 1989=2013: 158］。このような理由からオーキンは、性別分業はその影響が広範囲にわたるものであり、個人の「善」（プライバシー）だけではなく、「権利」にも属する問題だと位置づける［Okin 1989=2013: 279］。

さらに、性別分業は家庭から労働市場へ、労働市場から家庭へと不平等を「悪循環」させている。女性が家庭で家事育児を引き受けることで、職場においても、高い地位や責任ある立場に立つことができない。またその職場の不平等が、夫婦間の権力関係や性別分業を強化する。「家族内で正義が達成されるまで」、言い換えれば「ケアの公正な分配なしには」、政治や職場などほかの領域での平等を獲得できない。オーキンは、正義を家族内に適用し、「男性家長」ではなく「個人」が原初状態の代表者となり、彼／彼女が自らの「性別」を知らずに契約を結べば、「ジェンダーを前提にしない」社会が選択されるはずだとして、その社会のあり方を以下のように論じる。

「ジェンダーを前提にしない社会」は公的政策と法が、子どものケアに対する親の責任の共有化を前提にし、促進する。女性と男性が平等にケアにかかわり、ケアのための不払いの貢献と経済的支援の両方に責任をもつ。労働市場では、子育てをする人に考慮したフレックスタイムや育児休業が整備され、出産後の数ヶ月の育児休業は、父親と母親が同じ期間利用可能となる。さらに、父と母が平等にケアを担う家族で育つことで、子どもは性別役割の期待から自由に成長し、自律した市民になっていく［Okin 1989=2013：298-299］。ではひとり親の世帯の場合はどうか。オーキンはジェンダーを最小化した社会では、女性の自己主張や男性の性行為への規制がすすみ、望まない妊娠は減るだろうと述べる。さらに、非婚女性も、親であることに配慮した職場の構造によって大きな利益を得るだろうし、離婚したカップルには、父親からの経済的支援を義務づけることで、子どもたちが貧困に陥るのを避けることができるとする。

一方でオーキンは、既存のジェンダー構造化された社会のなかで性別分業を選択した女性に対しては、「脆弱な人たちの保護」として、家族内の片方のメンバーが稼ぐ賃金に対する平等な法的権限を与えるという支援策も提示している［Okin 1989=2013：291］。

以上のようにオーキンは、家庭内のケアの分配を「正義」の問題としてとらえる視点を導入するが、「家族」の変化のみを求めているわけではない。オーキンは家族に「契約」関係を持ち込むことには懐疑的であり、むしろ、公的領域の働き方（フレックスタイムや育児休業）の改善をとおして男性にもケアへのインセンティブを与えようとする。さらに、オーキンは、男女がケアにかかわる家族で育つことで、男の子も女の子も同じように、相互依存と分離を調和させることができ、親という経験をとおして男性も女性も、理性と感情を融合させた共感能力を涵養させることができると述べる［Okin 1989=2013：299］。その点で、オーキンも「女が男のようになる」

のでもなく、「女がやっていることを評価する」のでもない、男性に女性の活動や視点をとりいれる形で家族を再編する「ケア提供者普遍モデル」を志向していたといえる。

2　オーキンの正義論の検討

では、「ケア提供者普遍モデル」の再分配論として、オーキンの正義論は十分な論理となりうるだろうか。オーキンの議論は、男性と女性からなる異性愛家族を前提しており、ケアのなかでも子育てのみに焦点をあてていることで、以下のような限界をもっていると考えられる。

第一に、なぜケアをすべて社会化するのではなく、家族にケアが残されるべきなのか、という問題に十分に答えていない点だ。この問いに対するオーキンの説明は、子どもたちが平等な家族のなかで正義感覚を身につけ、自尊心を発達させることが正義の達成のために不可欠であるからということにつきる［Okin 1989=2013: 174］。オーキンの議論は根本的には、両親がそろった家庭でのみ、子どもたちが共感能力を涵養させられるという異性愛主義に依拠している。この論理ではなぜ同性愛カップルであっても、家族にケアが委ねられるべきか、は明らかではない。異性愛家族であれ同性愛カップルであれ、家族にケアが委ねられるのかを説明するためには、別の論拠が必要である。そのためには「ケアされる側」からの視点を導入する必要があろう。

第二にオーキンは、男性と女性からなる、家族もしくは離婚したシングル家庭を前提とすることで、家族におけるケアは男女間で「私的」に分配せよ、と論じている(9)。たとえば、離婚した父親からの子どもたちへの養育費には、子どもたちを世話することや保育所への支払いの両方が含まれるべきだとする［Okin 1989=2013: 289］。しかし、現実には子どもをひとりで育てるのは、離婚したカップルだけではない。非婚、未婚で子育てをする、単身で介護をおこなうなどシングルでケアをする人びとがいる。彼／彼女らにとって、家庭内の「正義」に適った無償労働の分配、もしくは相手が稼ぐ賃金に対する法的権限をもつ、というオーキンの解決策は、いかなる「正義」をも帰結しない。子育てのために低賃金のパート労働でしか働けない、介護のために仕事を失った、といった労働市場における格差は解決できない問題として残る。さらに、もしかりに家族内の分配が達成されたとして、市民の全員が、ケアを引き受けるとは考えにくい。男女間の格差がなくなっても、ケアを引き受ける人と、生涯誰のケアも引き受けない人のあいだの不正義が再生産されるだろう。

これらの困難はどれも、オーキンがケアの再分配の必要性を論じながらも、それをあくまで男女間の私的な権力関係の是正という視点から論じていることにある。「ケア提供者普遍モデル」の達成のためには、性別分業の是正を正義の問題としてとらえるというオーキンの視点を共有しつつ、「ケアの公的な再分配」という点から正義のルールを再考していく必要があろう。

三　「ケア」を組み込んだ「正義」の再編

次にオーキンが残した課題に答えるために、ケアをする人としない人のあいだの不平等に注目して正義のルールを再考しているアプローチをとりあげたい。こうした視点は、独立性、普遍性を志向する「正義」の道徳に対置される、関係性、責任、文脈依存的思考などを志向する「ケアの倫理学（care ethics）」に起源をもつ。周知のとおりケアの倫理は、女性がおこなってきた「ケアの評価」を目指すものであり、「差異」的アプローチとして位置づけられてきた。しかし、近年の論考は「正義」と「ケア」を単に対立的にとらえるのではなく、「ケア」を組み入れて「正義」を再考するものへと発展している。以下では、ケアされる側の「依存」に照準して、正義を再考しているエヴァ・キテイの議論をとりあげる［Kittay 1999=2010］。

1　正義論における「依存」と「ケア」の排除

キテイは、乳児期、子ども、高齢者、障がい、病気などの状態を「不可避の依存」と呼び、依存者の利益を優先するがゆえに、公的領域での自由な競争で周辺化される「依存労働者」の問題を社会的正義の問題として位置づける。キテイは育児休業制度についても「依存に対するケアを引き受けるという決断が、公的な領域にかかわるということを認める第一歩」とし、ケアの再分配を「公的な課題」として位置づける。キテイはこのアプローチを「男性の側に女性を包摂する」のではなく、「女性の労働を再分配する戦略」［Kittay 1999=2010：53］と呼んでいる。

キテイは、ケアする人としない人のあいだの取り扱いの違いは、「正義」の枠組みそのものが内包していると して男性がつくってきた平等主義的な正義論の限界を以下のように指摘する。リベラリズムは独立した個人の利害関心から始まり、自己の利益を最大化するために他者にも平等を付与するという平等を前提としてきた。しかしこの自己の利益のみを考慮しうる「自律的な個人」は、依存者の問題を他者に押し付けることのできる特権をもった男性の創造物にすぎない。ロールズの正義論も、社会的協働のメンバーから、他者に依存せざるをえない人びとと、依存者をケアする人を除外してきた。

ではなぜ正義論において、「依存」と「依存労働者」は「平等で自由な人格」から排除されてきたのか。キテイはロールズの正義論において、社会的協働のメンバーがオーキンが言うように「家長」であるばかりではなく、「全生涯を通じて十分に社会的協働が可能な」「心身がしっかり機能する人格」、すなわち未成年や障がい者を排除したものと概念化されていることに原因を求める。(10) この社会的協働において「健康な成人」が、原初状態において依存者のニーズと依存者をケアする者のニーズを考慮する保証はないのだ、と。では、もし依存労働者が原初状態において依存者の分をも代表したらどうなるのか。キテイいわく、自立した心身がしっかり機能する市民が自分一人分の負担と責任を負っているのに対し、「依存労働者が依存者の分も代表し、かつ彼女が一人分の受益しか受けないとすれば、彼女自身は一人分以下の福祉しか得られない」[Kittay 1999=2010：209-210]。そのためこのメンバーによって導出された正義の原理は、「自立的に働くことができ、それができない人をケアする責任を負わない者にとって都合のよい形」[Kittay 1999=2010：213] に歪められてしまう。だからこそ、不払いであったり、低い地位であるにもかかわらずケアを担う人がいる場合、それは「強制」でしかありえない。このような理由から、キテイは、ケア労働が自由で選択されたものと主張することは、「依存労働の分配という問題を私的領域、すなわち個人の選択の領域に押し戻」[Kittay 1999=2010：224] すことに他ならないと述べる。

さらにロールズは、秩序だった社会における平等な人格とは、社会的役割とは区別された自らの正当な要求を自ら生み出し「自らのものと確証することができる」自由な人格でなければならないとしている。しかしキテイによれば、社会的役割に由来する要求、すなわち依存者の利害をも代表せざるをえない依存労働者は、こうした自由からも排除されている。依存労働者とはロールズの正義論をはじめとするリベラルな伝統における「合理的で自己本位な自己」[Kittay 1999=2010：129] と違い、まず他者のニーズを考えてしまうような関係のもとにおかれているからである。

> 平等な個人の集合として社会を構想することは、乳幼児や子ども期、高齢期や病気のとき、障碍を抱えるときなどの依存を覆いかくしてしまう。依存者と自分の利害をひとまずわきに置かねばならない依存者をケアする人は、平等な条件のもとでの競争に参入するのに不利な位置にいる。[Kittay 1999=2010：10]

キテイは正義論における「ケア」の排除について徹底した批判を加えたうえで、なぜ人は強制的な「依存労働」をおこなうのか、という（オーキンが問わなかった）課題についても独自の説明をする。この説明においてキテイが依拠するのが、ロバート・グディンが、個人間の関係の道徳的根拠として提示した「脆弱性モデル」である［Goodin 1985］。グディンによれば権利義務を生じさせる道徳的関係には、どの人に対しても自発的に約束したことで義務をもつ「自発性モデル」と区別される、人が他者のニーズを満たす特別な位置にいる場合に生じる「脆弱性モデル」というものがありうる。キテイはこのグディンの「脆弱性モデル」を評価しながらも、無条件にケア関係の説明に採用することはしない。誰がその義務を果たすことができるかは文化的に決定されるもので、多くの社会では「血縁者」であり「女性」とされてきたからである。一方でキテイは、①ニーズが基本的である場合、②脆弱性が大きい場合、③特定の個人の脆弱さに応答する義務の担い手として位置づける以前からの関係性がある場合、「脆弱性モデル」にもとづいてケアを引き受ける道徳上の理由を理解すべきだとする。そして、先のケアが「強制的な義務」である点を考慮するならば、依存をケアする人に対し、他者（第三者）がいかなる義務をもつのか、という点に問いを転換する必要があるとする［Kittay 1999=2010：135–150］。

2　「ケア」を前提にした正義

キテイによれば以上のような「依存」の事実、ケア労働の特殊性を前提にしたとき、「正義の理論」は以下のような変革を必要とする。「依存」のニーズを公正に満たすためには、ロールズの道徳能力のリストにも、基本財のリストにも修正をはかる必要がある。まず、社会的協働のメンバーがもつべき道徳的能力は［1］（ロールズのいう狭義の意味での）正義感覚、［2］善の構想を追求する能力では十分ではなく、［3］弱さに応答しケアする能力、も含まれる［Kittay 1999=2010：234］。さらに基本財のリストには、［ⅰ］基本的自由、［ⅱ］移動と職業選択の自由、［ⅲ］権力や特権をともなう職務につく権利、［ⅳ］収入や富を所有する権利、［ⅴ］自尊心の社会的基礎［Rawls 1980：526］に加えて、①依存状態になったとき自分がケアされるという事実への理解、②依存へのケアを引き受けるときに私たちが必要とするサポート、③依存状態になったとき誰かがケア労働を引き受けてくれる保証の三つが加えられる［Kittay 1999=2010：234］。

このような「ケア」を組み込んだ正義によって、ケアされること、ケアする場合に支援を受けられることは、公的な分配の対象となる。たとえば、労働災害補償や失業保険がそうであるように、依存労働に対する補償の社会化と普遍化（健康保険、現物支給のサービス、財、貨幣、住居）が求められる。キテイによれば、育児・介護休業は、労働者の利益のためだけではなく、まずもってその利益を受ける被保護者のために求められている。また、アメリカの育児介護休業が無給であることに対し、少なくとも一人親家庭の福祉を達成するためには有給であるべきだと主張する。さて以上のキテイの議論の貢献をオーキンの議論との相違から確認してみよう。

まず第一に、オーキンが家族から個人へと正義の境界の変更を求めたのに対し、キテイは「依存」と「ケア」を無視した正義の概念の中身の変更を求める。従来の「公的市民＝自律した個人」は「ケアのニーズを抱えていない」人格を想定して編成されてきたのに対し、キテイはケアのニーズに応えうる「ケアする能力をもった個人」を公的市民として再定義することで、「公的」な再分配の原理そのものを変えることを提案する。

第二に、「なぜ家族にケアが残されるのか」ということについて、キテイは以下のような説明を提示している。「依存」という事実を前提にするならば、ケアは「善」の構想のひとつではない。ケアする時間が必要なのは「脆弱性モデル」によって説明される依存の関係に巻込まれているからである。こうした関係性は、出産、乳幼児の育児に象徴的である。妊娠中の胎児は母親に絶対的に依存しているし、それにつづく出産や乳児のケアの依存も、身体的、情緒的な依存の程度は大きい。このような道徳的関係によっておこなう「ケア」は、ケアする側の私的な「選択」の問題ではないと位置づける。

第三に、キテイは、成人の男性と女性からなる世帯を単位とするのではなく、「ケア関係」を単位として、その関係に公的な保障を求めている点である。シングル世帯の「ケア」に対しても、時間や経済的支援が公的な課題としてあげることができる。(11)

一方でキテイの議論の大きな難点は、ケア労働者とケアの受け手の利益を同一化しており、ケア関係における利害の対立の可能性をみていないことである。キテイのいう道徳的能力としての「ケアする能力」が、必ずしもケアの受け手にとって望ましいものであるとはいえない［野崎 2003］。与えられる「ケア」が、虐待、もしくは過度な介入でありうる可能性もある。もちろん、胎児や乳児の段階では「ケアする側」と「ケアされる側」の関係は（不可能ではないが）切り離すことが難しい。しかし子どもも成長するにつれて、ケアは第三者に外部化されるし、障がい者ケアや疾病への看護、高齢者介護の場合には、ケアの必要が生じた瞬間から専門家によるケアが可能である。このような関係においては、誰にケアされたいかというケアされる側にとってのニーズも重要となってくる。こうしたケアされる側のニーズを考慮すれば、市民の道徳的能力としての「ケアする能力」よりも、「ケアされる側のニーズ」のほうが優先されよう。

これに関して、原初状態の当事者からは「依存する者」が排除されている、ケアを受ける権利も基本財に入れるべきというキテイの指摘は重要である。依存者の「ケアされる権利」には、「誰にどのようなケアを受けたいか」というニーズも含まれる。ケアの関係性における義務は、その人にケアされたいという受け手のニーズから派生するもの、「ケアされる権利」から理解すべきである。母体内でしか成長できない子どものニーズ、母乳を必要とする子どものニーズ、親との感情的つながりを必要とする子どものニーズ、これらのニーズがある限りにおいて、「ケア関係」は社会において保護される。成長とともに親以外からのケアニーズの充足が可能になれば、「ケア時間」は短縮される。いずれにせよ「ケア」は「ケアする側」の私的な「選択」ではなく、あくまで「ケアされる権利」を根拠に再分配されるものとして位置づけられる。

このような論理構成によって、公的な市民とは「ケアのニーズを抱えた個人」として再定義され、家族におけるケアに対しそれを評価し、「時間」と「経済的保障」を与えることが正当化されるだろう。ケアのニーズに基づいて「ケア」を公的な分配の対象とするなら、親からのケアを子どもが望む限りにおいて、社会はケアの与え手が自己を犠牲にしない形でケアを提供できる支援をおこなう必要がある。「ケアされる側」「依存者」を含めた社会的協働としての正義は、「ケア提供者普遍モデル」の達成に不可欠だろう。

では、以上の時間と経済的資源の保障は具体的にどのように実現されるべきなのか。最後に男性にもケアを拡大することを企図した「雇用政策」としてのワーク・ライフ・バランスをめぐる議論の検討をとおして考えてみたい。

四　ワーク・ライフ・バランスをめぐる「投資」と「選択」の論理

雇用労働者の家庭生活における「時間」の分配を扱ったものとして、ワーク・ライフ・バランス（以下、ＷＬＢ）施策がある。[12]「男性」の育児や介護へのかかわりも課題になっている点で、「ケア提供者普遍モデル」を志向した政策といえる。

日本では二〇〇七年に内閣府が「仕事と生活の調和（ワーク・ライフ・バランス）憲章」（二〇一〇年改定）を発表し、そのなかで①就労による経済的自立が可能な社会、②健康で豊かな生活のための時間の確保ができる社会、③多様な働き方や生き方が選択できる社会の実現が謳われている。ここで強調されているのが「個々人の生き方や子育て期、中高年期といった人生の各段階に応じて多様な働き方の選択を可能とする」という文言、また「選択」や、企業の活力や競争力の源泉である有能な人材の確保・育成・定着の可能性を高める「明日への投資」

の概念である。ここではＷＬＢが、子どもの福祉やニーズ、「私的ケア労働」への効果よりも、生産性の向上や競争力の強化になるというロジックが使われている。こうした「効率性」の重視は、近年のＥＵにおける「社会的投資アプローチ」［Giddens 1998］；［Esping-Andersen 2002］に通底している。

このような「多様な働き方や生き方」を謳ったＷＬＢをめぐる議論では、子育てを「労働」としてとらえる視点、またその労働をいかに評価していくのかという視点は、見落とされてしまっている。(13) 以下では、「社会的投資」の論理として、オランダの新古典派経済学者ボーベンバーグ［Bovenberg 2005］の「ライフコース貯蓄スキーム（Life Cource Saving Scheme ＬＣＳＳ）」をとりあげ、「ケアの論理」からみた問題点について考察していきたい。彼はこのＬＣＳＳを、男性正規フルタイム労働者を手厚く保護する男性稼ぎ手モデルから、子育て期にある人や女性など多様なニーズをもった人を包摂する労働市場への移行として位置づけている。

1　投資の論理

まずＬＣＳＳにおいて、ＷＬＢと「人的資本への投資」がいかに結びつけられるのかみてみたい。ボーベンバーグの論考は、今日の社会において個人の人的資本への投資の重要性が増しているという事実認識から出発する。近年の雇用の変動や長期の就学によって、若い世代は働きはじめるのが遅くなり、中高年には早期の退職が求められる。結果として労働者は子どもを育てる時期と重なる短期間に仕事に打ち込む必要に迫られている［Bovenberg 2005：402］。このような雇用環境のなかで、個人が長期の雇用を維持するためには、柔軟性（adaptability）と雇用可能性（employability）を獲得し、子育てや技術革新から取り残されるという「リスク」に対応していかなければならないとする。

そこでボーベンバーグは、このようなリスクへの対応として、個人が人生をとおして「時間」と「資金」を

「貯蓄」する「ライフサイクルにおける人的資本のリスクに対する自己保険」を提唱する［Bovenberg 2005: 408–417］。彼はこのモデルの意義を、成人後のライフサイクルの各ステージを四季にたとえて説明する。人生の四季は、成人後の二〇歳から三〇歳は「春」の時代、三〇歳から五〇～五五歳までの子育てへの責任をもつ家族の季節（family season）は「夏」、五〇～五五歳から七〇～七五歳までの子育てから解放されるが健康を維持できる「秋」、そしてそれ以降の集中的な介護を必要とする「冬」の時代に分けられる。人びとは、暑い夏である子育て期に「時間の危機」と「お金の拘束」に直面する一方で、秋と春には、低い収入と保護で生活できる。このようにライフサイクルをとらえれば、春と秋に貯蓄をして、休息、育児、教育訓練中は、税の優遇措置を受けた貯蓄で過ごすことができる。さらに高齢者は、人的資本が活用できなくなるリスクへの対処として、早期退職した場合にこの貯蓄を使うことができる。この制度には以下のような外部効果もある。育児休業期間に使う貯金は、政府の育児休業補償に加えられることで、子育て期の購買力の増強につながる。またこうした優遇措置は、休業や児童手当を無駄に消費することもなく、また子どものいない若い世代の労働力の供給を刺激する点で、子育ての外部効果を低コストで吸収する（internalize）メリットもある。

この議論において「子育て」の位置づけは両義的である。ボーベンバーグは、子育てはあくまで人的資本喪失の「リスク」なのであり、一年を超える長期の休暇は人的資本を低下させるとする。一方で彼は、子育ての時間の確保を将来の人的資本への「投資」とも位置づける。ＷＬＢの議論においてこれまで争点となってきたのは、子育て期に仕事を辞めることによる①女性の人的資本の喪失である。彼はこれに加えて、子育て期の休暇が必要な理由として、子どもと過ごす時間がほしいという②両親の選好と、③子どもへの投資をあげる。彼は②については若い世代の変化として説明し[14]、③については、親休暇（parental leave）が子どもの健康によい影響を与えるとするデータをとりあげている［Bovenberg 2005: 403］。しかし、子育てが未来世代への「投資」なのだとすれば、なぜ個人的に対応すべく「リスク」なのか。この疑問に対し、彼の議論のなかで示されている唯一の解答は、子育ては親の「選好」だから、というものである。子育てはあくまでも「休息」や「余暇」をめぐる個人の選択と同一の水準でとらえられている。

2　世代間の投資

このLCSSは、二〇〇六年にオランダの休暇政策に反映され、課税前所得の一部を貯蓄し、後に無給休暇をとるときに引き出すことができるという制度として具体化されている(15)（法定の育児休業制度は守られているが、無給となっている）。さて、LCSSのなかに「ケア」を位置づける議論をどのように評価すべきなのであろうか。

LCSSは人が「人生のどこかでケアにかかわる」ことを前提にし、男性も含めた労働者概念の変更を迫る。その点で「ケアへのインセンティブ」を男性にも与え、家庭における男女間のケアの配分を企図する施策といえる。一方で「ケアのニーズ」を前提にした「ケア」を再分配の論理からみたときには、以下のような問題を抱えている。

それは、LCSSにおいて「ケア」は徹底して個人の私的な選択と責任のもとに置かれていることだ。家族のケアは、「ケアニーズ」を根拠にしたものではなく、子育てにかかわりたい親の「選好」と位置づけられている。しかし、ケアニーズを抱えている労働者にとって、育児か、勉強か、趣味か、仕事（人間）かのあいだでの選択の自由はないし、子どもが健康であった場合と、病気を抱えていた場合の看護休暇や短時間勤務取得日数の違いは「選択」の問題ではない。LCSSにおいては、ケアニーズによって構成される「ケア労働」の問題は、「ライフ（生活）」の一部として不可視化されてしまっている。

これに関連して家族の「ケア」と、余暇におこなわれる「勉強」は、同じ意味での個人の「投資」なのだろうか、という疑問が生じる。もし子育てが子どもという次世代への「投資」なのだとしたら、子育てにかかわる人とかかわらない人のあいだには、投資と恩恵をめぐって不公正が生じると考えられる。公的年金などで世代間の扶養を維持するのであれば、子育てしなかった人は、他の人の「投資」の恩恵にあずかることになるからだ。子育てを「投資」として位置づけるなら、子育てにかかわった人は、その投資額を社会から還元されるのが妥当であろう。つまり、子育てのコストは個人の「自己責任」ではなく、社会で共有される「リスク」であり、再分配の対象となるはずである。

さらに「投資」の論理は、子どもの成人後の生産性を前提にしたものであり、生産性を期待しにくい障がい者や高齢者のケアを正当化するものではない。むしろ、介護を視野にいれたときには、将来的に自分のケアされる権利（専門的サービスだけでなく家族や友人のケアを受けたい）が満たされることを望むのなら、現在ケアのニーズを抱えている人に対しても社会的な保護を与えるべき、という互酬性の論理が容易に成り立つ。同様に子育てに関しても、自分が育てられた分、次世代のケアを受ける権利を尊重しようという互酬性が成り立ちうる。

「ケアされる権利」を前提にすれば、ケアは個人のリスク管理ではなく、社会全体の再分配の問題として位置づけられる。すなわち、被雇用者が「ケア時間」にかかわることに対しては、雇用保険等をとおして、余暇とは異なる特別の保障が与えられるべきだし、「ケアにかかわったこと」による人的資本の低下に対しては、「個人の努力」以外の策で補填されるべきである。育児休業は、自己への投資でもなく、ライフスタイルの選択でもなく、ケアニーズに応える労働のための時間保障として位置づけられる。

結論

本章では「ケア提供者普遍モデル」を達成するケアの再分配の論理について考察してきた。これは、第一に、働き方の見直しをとおした男女間のケアの平等な分配（女性への正義の達成）、第二に、ケアされる権利を前提としたケア労働への社会的保障（「依存」を組み込んだ「正義」）を求める。具体的には、男性であれ、女性であれ、シングルであれ、ケア（子育て、介護）することによって雇用の場で不利にならないための、ケアする時間保障（育児・介護休業、短時間勤務）とその期間の経済的支援、ケアを理由にした差別の禁止が義務づけられる。その実現のためには個人の選択を前提としたＬＣＳＳのようなスキームではなく、世代間の互酬性のもとでの共助のシステムが求められる。

第一節で論じたように「ケア提供者普遍モデル」は、ケアをしながらも雇用にも結びつけられる社会を目指すものであり、ケアする人を私的領域にとどめる「ケアに対する手当（allowance）」は支持しない。ケアを「ケアされる権利」に応える労働として位置づけるならば、児童手当、介護手当等の給付はあくまで「ケアされる側」に対する支払いとし、保育サービスや家族内ケアへの対価にあてるものとする。その上で、「ケアする側」に対する支払いは、ケアに従事する時間（期間）の所得補償（compensation）を別建てでおこなう。このような二重の保障によって、仕事とケア、双方へのインセンティブをもつことができ、シングル世帯における両立も可能になる。加えて、女性だけが育児休業を取得することを防ぐためには、男性に義務づけられた休業期間を設けることや休業期間中の給付割合を高くすることが求められる。

以上の「ケアされる権利」を前提とした両立支援は、家族によるケアを前提にするものであるが、家族ケアを社会的再分配の対象としている点で「ケアの社会化」として位置づけられる。「ケア」を個人の選択でもリスクでもなく、普遍的なニーズ、権利として位置づけ、ケアをする人が不利にならない施策を展開していくことこそ、フェミニズムが求める「ケアの社会的評価」を推進するといえよう。

注

（1）ＥＵ議会・女性の権利委員会「女性の非賃金活動（unwage work）の評価に関する報告」一九九三年。

（2）「脱商品化」とは、諸個人あるいは諸家族が、市場の参加から独立に社会的に受容可能な生活水準を維持しうる程度のことをさす［Esping-Andersen 1990=2001］。

（3）さらに、ケアを「市場化」すれば低賃金のケアワークに、貧しい女性や他国の女性を割り当てる女性間の格差をもたらすことにもなる。

（4）ただし、メリー・デイリーによればどの国の政策においても、家族および子ども手当の形式による現金給付は、再分配をとおして育児費用の一部を支援することを目的にしたもので、ケアに対する支払い（paying for care）を目的としたものではない［Daly 2001: 41］。

（5）育児（休業）中に、雇用上の地位とは無関係に育児手当を支払っている国として、オーストリア、ドイツ、フィンランド、ノルウェー、フランスがあげられる。ノルウェーは、北欧諸国のなかではより女性に対し伝統的な立場をとってきたと指摘される［Morgan and Zippel 2003: 55］。

（6）法定育児休業の長さは、イギリス一三週、オランダ半年（週契約労働時間の二六倍の時間）、スウェーデン（両親合わせて）四八〇日、ドイツ三年と、国によって大きく異なる。

（7）両性がケアにかかわるというヴィジョンを「平等主義フェミニズム」の限界として批判する主張もある。アメリカの法学者マーサ・ファインマンは「親業を分担できる」という改革は、離婚率が五〇％に達し、未婚の母が増加している現実において、少数のエリートしか手にいれることができない幻想だとする［Fineman 1995=2003: 177］。しかし「平等主義」批判は、男性の育児休業割当などの福祉国家による「脱ジェンダー化」の政策があるヨーロッパの国々と、それらがないアメリカの文脈では、その意義が異なってくると考えられる。

（8）オーキンによれば「もしも正義の諸原理が自分の特殊な性質や社会的立場を知らない代表者によって全員一致で採用されるべきものならば、彼／彼女らはその心理学的・道徳的発達におけるあらゆる基本要素について一致していなければならないはず」であり、「そのためには、女性による養育ではなく、ジェンダーのない制度や習慣によって子育てがおこなわれなければならない」[Okin 1989=2013: 171-172]。

（9）オーキンによれば「母親と結婚していようがいまいが、父親が子育てへの支援に平等に責任をもち、より多くの母親が労働力としてつなぎとめられ、質の高い保育に対する政府の補助があり、親たちに配慮した職場があることで、ひとり親の子どもたちは大きな恩恵を受ける」[Okin 1989=2013: 297]。

（10）キテイはロールズの「心身がしっかり機能すること」という要件について、「人生の始めから終わりまで社会的協働に参加できる」という強い解釈ではなく、「生涯のどこかで十分に協働しうる成員であるとする」という弱い解釈をとったとしても、重度の障がい者は、社会的協働のメンバーに含まれないと述べる。

（11）ただし、キテイは、男女間のケアの分配の問題については議論にあげていない。すべての市民を「ケア能力」をもつものとして再定義したとしても、市民の義務は「財の分配」に限定されている。特に貧しい母子家庭へのワークフェア的な福祉政策への批判の議論では、ケア労働に対する経済的支援を求めており、フレイザーのいう「ケア提供者対等モデル」に近づいている。

（12）このような雇用政策は、日本ではワーク・ライフ・バランス（Work Life Balance）の概念によって広まっているが、欧米、とくにＥＵでは、家族政策としてワーク・ファミリー・バランス（Work Family Balance）の概念が用いられている。ここではＷＬＢとして表記することにしたい。

（13）女性の雇用、労働政策を振り返ると、「職業生活と家庭生活との調和」を掲げた一九七二年の「勤労福祉婦人法」では、両立の概念こそは使われていないものの、働く女性の「福祉」への配慮が掲げられていた。一九九五年、改正育児休業法に「職業生活と家庭生活との両立」の文言が入り、一九九九年男女共同参画社会基本法では「家庭生活における活動と他の活動との両立」が用いられている。こうした両立支援の概念のＷＬＢへの包摂という変化を、概念が「広がった」[伊岐 2012: 30] とする解釈もあるが、むしろ私的ケア労働を労働としてとらえる視点は「曖昧」になったといえる。

（14）　ここでは、法定の育児休業が非常に短いアメリカでの研究において、子どもが二～三歳までに母親がパートタイムで働いているほうが、フルタイムで働いている場合よりもよい成績をとっている（母親の労働時間が週二〇時間長くなると、五～六歳時点の数学と読解能力に有意な差が出る）というデータがとりあげられている［Bovenberg 2005: 404］。エスピン＝アンデルセンも、「出生後一年以内に母親が就業すると、子どもの健康や認知的発達に悪影響があり得る」［Esping-Andersen 2009=2011: 141］として、育児休業の必要性を子どもへの投資効果として説いている。

（15）　この制度では、年間の課税前所得の最高一二パーセントまで貯蓄でき、合計で年間所得の二一〇パーセントまで貯蓄できる。

参考文献

Bovenberg, Arij Lans［2005］"Balancing Work and Family Life during the Life Course," *De Economist* 153, pp. 399–423.

Daly, Mary（ed.）［2001］*Care Work: A quest for security*, Geneva, ILO.

Daly, Mary and Jane Lewis［1998］*Gender and Social Care and Welfare State Restructuring in Europe*, Ashagate.

Daly, Mary and Katherine Rake［2003］*Gender and Welfare State: care, work and welfare in Europe and the USA*, Cambridge: Polity Press.

Esping-Andersen, Gosta［1990=2001］*The Three Worlds of Welfare Capitalism*, Polity Press. 岡澤憲芙・宮本太郎監訳『福祉資本主義の三つの世界——比較福祉国家の理論と動態』ミネルヴァ書房。

Esping-Andersen, Gosta［2002］"Towards the Good Society, Once again?" in Gosta Esping-Andersen, Duncan Gallie, Anton Hemerijck and John Myles（eds.）*Why we Need a New Welfare State*, Oxford: Oxford University Press.

Esping-Andersen, Gosta［2009=2011］*The Incomplete Revolution: Adapting to Women's New Roles*, Cambridge: Polity Press. 大沢真理監訳『平等と効率の福祉革命——新しい女性の役割』岩波書店。

Fineman, Martha A.［1995=2003］*The Neutered Mother, the Sexual Family: And Other Twentieth Century Tragedies*. 上野千鶴子監訳『家族、積みすぎた方舟——ポスト平等主義のフェミニズム法理論』学陽書房。

Fraser, Nancy［1994＝2003］"After the Family Wage: Gender Equality and the Welfare State," in *Justice Interruptus:*

Critical Reflections on the "Postsocialist" Condition, London and New York: Routledge. 仲正昌樹監訳『中断された正義——「ポスト社会主義的」条件をめぐる批判的省察』御茶の水書房。

Giddens Anthony [1998] *The Third Way: The Renewal of Social Democracy*, Cambridge: Polity Press.

Goodin, Robert [1985] *Protecting the Vulnerable*, The University of Chicago Press.

Kittay, Eva Feder [1999=2010] *Love's Labor: Essays on Women, Equality and Dependency*, New York and London: Routledge. 岡野八代・牟田和恵監訳『愛の労働あるいは依存とケアの正義論』白澤社。

Knijn, Trudie and Monique Kremer [1997] "Gender and the Caring Dimensions of Welfare States: Towards inclusive Citizenship," *Social Politics*, vol. 4, no. 3, pp. 328-361.

Knijn, Truidie and Arnoud Smit [2009] "Investing, Facilitating, or Individualizing the Reconciliation of Work and Family Life: Three Paradigms and Ambivalent Politics," *Social Politics*, Winter.

Kymlicka, Will [1991] "Rethinking the Family," *Philosophy & Public Affairs*, vol. 20, no. 1, pp. 77-97.

Leira, Arnlaug [2002] *Working Parents and the Welfare State, Family Change and Policy Reform in Scandinavia*, Cambridge University Press.

Lewis, Jane [1992] "Gender and development of welfare regimes," *Journal of European Social Policy*, vol. 2, no. 3, pp. 159-173.

Lewis, Jane [1997] "Gender and welfare regime: Further thought," *Social Politics*, vol. 4, no. 1, pp. 160-177.

Lewis, Jane [2001] "The decline of male breadwinner model: implications for work and care," *Social Politics*, vol. 8, no. 2, pp. 152-170.

Lister, Ruth [1994] "She has other duties' — Women, citizenship and social security," in S. Baldwin and J. Falkingham (eds.). *Social Security and Social Change: New Challenges to the Beveridge Model*. Hemel Hempstead: Harvester Wheatsheaf.

Morgan, Kimberly J. and Kathrin Zippel [2003] "Paid to Care: The Origins and Effects of Care Leave Politics in Western Europe," *Social Politics*, 2003 Spring, pp. 49-85.

Okin, Susan Moller [1989=2013] *Justice, Gender and the Family*, Cambridge: Basic Books. 山根純佳・内藤準・久保田裕之訳『正義・ジェンダー・家族』岩波書店。

Orloff, Ann Shola [1993] "Gender and the social rights of citizenship: state policies and gender relations in comparative research," *American Sociological Review*, vol. 58, no. 3, pp. 303-328.
Rawls, John [1971] *A Theory of Justice*, Harvard University Press.
Rawls, John [1980] "Kantian Constructivism in Moral Theory: The Dewey Lectures 1980." *The Journal of Philosophy*, vol. 77 no. 9: pp. 515-72.
伊岐典子［2012］「ワーク・ライフ・バランスを考える」労働政策研究・研修機構編『ワーク・ライフ・バランスの焦点——女性の労働参加と男性の働き方』五〜三九頁。
佐藤博樹・武石恵美子［2008］『人を活かす企業が伸びる——人事戦略としてのワーク・ライフ・バランス』勁草書房。
竹中恵美子［2011］『現代フェミニズムと労働論』明石書店。
野崎綾子［2003］『正義・家族・法の構造変換——リベラル・フェミニズムの再定位に向けて』勁草書房。
山根純佳［2010］『なぜ女性はケア労働をするのか——性別分業の再生産を超えて』勁草書房。

2-4

キーワード：占有、請求権、コモン・ストック

所有

所有は豊かさをもたらすか

沖　公祐

はじめに

豊かさとはなんであろうか。一般的には、多くの財や資産を所有していることだと考えられている。そんなことはないと言う人がいるかもしれない。物の豊かさよりも「心」の豊かさの方が重要である、と。だが、そうだとしても、他の条件が変わらないならば（経済学者がよく使う表現だ）、より多くの物を所有している方が豊かであるということに異論を差し挟む人は少ないであろう(1)。

物の所有が豊かさを意味するだけでなく、所有という制度そのものが、豊かな状態を作り出すとも主張される。その際、次のような仮想的な例がしばしば持ち出される。誰にでも利用可能な牧草地があったとする。そこでは、

どの人もできるだけ多くの牛を放ってより高い利得を得ようとするだろう。その結果、過放牧となって土地は疲弊し、各々が得られる利得はかえって減少してしまう。いわゆる「コモンズの悲劇」であるが、この悲劇を防ぐためには、牧草地をコモンズではなく私有財産にする必要があるとされる。このような理屈で、私的所有制度は、それがない場合と比べると、生産性を高め、社会に豊かさをもたらすと説明されるのである。

あるいは、所有が豊かさの条件であると言われることもある。たとえば、次のような説明がなされる。労働の果実が労働を行なった者の所有物にならないとすれば、いったい誰がわざわざ働こうとするだろうか。人びとが進んで生産を行なうようになるには、その成果を所有する権利があらかじめ保証されていなければならない。かくして、所有——もっとも、この場合は、たんなる所有ではなく、労働に基づくそれ——は、社会（の成員）が豊かになるための不可欠の前提条件をなすと言われる。

要するに、所有は、二重の意味で豊かさをもたらすと一般に考えられている。すなわち、（物の）所有がわれわれを豊かにするという意味と、所有（という制度）が生産を通じてより多くの物を生み出すという意味で。一見したところ、この主張は非常に説得的である。だが、本当に所有は豊かさをもたらすと言えるだろうか。

結論から言うと、この問いに対する本章の最終的な答えは「ノー」である。(2) その論拠を明らかにするために、本章では、所有を豊かさに結び付ける論者たちがよく引き合いに出す、二人の思想家を検討する。彼らの思想を読み解くことによって、「所有は豊かさをもたらす」という命題がふつう信じられているほど説得的ではないことを説明する。先取り的に言えば、この命題の説得力は、三つの区別すべき概念、すなわち、所有、占有、請求権を所有という一語に括り、諸概念間の差異を覆い隠すことから生まれている。これら三つの概念が精確に区別されるならば、「所有は豊かさをもたらす」という命題の説得力も揺らぐことになる。

一　所有論の原像

1　所有をめぐるスミスとロック

今日の経済学者は、一般に、所有を次のように理解している。ある物Aを誰かの所有物たらしめるのは、市場における交換である。経済主体は、市場交換を通じてAに対する所有権を獲得することができる。しかし、Aに対する所有権を獲得するためには、その対価として別の物Bの所有権を手放さなければならない。ではBはどのようにして彼の所有物になったのか。さらに別の物Cと引き換えに市場で獲得した（あるいはCを用いて生産した）はずである。ならば、そのCをいかにして所有するに至ったのか、……。こうして議論は堂々めぐりとなり、所有のそもそもの起源にまで行き着くことは決してない。所有の起源は経済学的思考の外部へと追い遣られ、決して問われることのない所与の前提の地位に祭り上げられる。経済学のいわゆる賦存（endowment）、つまり、（神からの）賜物という概念はこのことの率直な告白以外のなにものでもない。

経済学の祖とされるアダム・スミス（Adam Smith）は、この点について、現代の経済学者とは異なった見解をもっていた。彼は、労働が生産物に対する所有権を創設すると考え、そのことを「本源的購買貨幣」［Smith 1776=1978: I 53］という概念で説明した。スミスが「本源的《オリジナル》」と表現したのは、労働が所有の起源《オリジン》であると見たからであるが、労働を「購買貨幣」と呼んだのは、それが市場交換に準えられると考えたからであった。労働による生産物の取得とは、自然との間で行なわれる所有権の移転、すなわち、労働（労苦と骨折り）と生産物の交換である。このように考えることによって、スミスは、労働による所有権の発生さえも一貫した市場の論理によって説明しようとしたのである。

労働による生産物の取得を労働と生産物の間の交換と見なすためには、あらかじめ労働が労働者の所有物《プロパティ》になっていなければならない(3)。じっさい、スミスは次のように述べている。「人はみな自分の労働を財産《プロパティ》としているが、この財産こそは他のすべての財産の根本的な基礎であるから、最も神聖で不可侵なものである」[Smith 1776=1978: I 203]。『国富論』において、スミスが、貨幣を富と見なす重商主義に抗して、生産物こそが富（財産）であると主張し、その原因を労働に求めたことはよく知られているが、彼は労働そのものもまた財産であるとしていたのである。

労働が「本源的購買貨幣」であるというのはたんなる比喩や修辞的表現としてそう言われているのではない。労働が財産《プロパティ》－所有物であると述べた際にスミスの念頭に置かれていたのは、労働の譲渡可能性、すなわち、賃労働である。資本主義のもとでの賃労働者が資本家から生産物（の一部）を賃金として受け取るように、「資本の蓄積と土地の専有に先立つ初期未開の社会状態」[Smith 1776=1978: I 80] における労働者は自然から生産物を受け取るのである。

スミスは、賃労働という現実に基づいて、労働は労働者の所有物であると考えたが、その所有権の根拠は『国富論』では論じられていない。労働に対する所有権の根拠を問う試みは、スミスのはるか以前に、ジョン・ロック（John Locke）によってなされている。ロックは『統治二論』のなかで次のように述べる。

たとえ、大地と、すべての下級の被造物とが万人の共有物であるとしても、人は誰でも、自分自身の身体（*person*）に対する所有権（*property*）をもつ。これについては、本人以外の誰もいかなる権利をもたない。彼の身体（body）の労働と手の働きとは、彼に固有（properly）のものであると言ってよい。従って、自然が供給し、自然が残しておいた物から彼が取りだすものはなんであれ、彼はそれに自分の労働を混合し、それに彼自身の物である何物かを加えたのであって、そのことにより、それを彼自身の所有物（*property*）とするのである。［Locke 1689=2007: 212］

ここでロックは、労働に対する所有権の根拠を「身体（*person*）」に対する所有権に求めている。もっとも、この身体に対する所有権は、現代のリバタリアンが唱えるような、その譲渡可能性をも含む、文字通りの意味での身体所有権ではない。ロックは、身体の譲渡・破壊可能性、たとえば、奴隷契約や自殺の自由については、あらゆる人間が神の所有物であるという観点からはっきりと否認している。絶対君主の恣意的な権力への隷属状態に帰着する王権神授説（フィルマー）を批判するという『統治二論』の企図からすれば、身体の譲渡可能性ではなく、むしろ、譲渡不可能性（不可譲性）こそが強調されねばならなかったはずである。その意味で、ロックの言うパーソンに対する所有権《プロパティ》とは、人格の固有性《プロパティ》の謂であると解すべきかもしれない[4]。

スミスと比較した場合のロックのいまひとつの特徴は、身体および労働に対する所有権から生産物に対する所有権を導き出すその論法である。右で見たように、スミスは、労働を譲渡可能な財産と捉え、それを手放すことによって生産物が取得されると考えた。この考えによれば、自然に対して労働を施すことも、賃金を受け取って他人のもとで働くことも、労働とその対価との交換という意味では選ぶところはない。対して、ロックは、労働を譲渡することによってではなく、労働を自然に混合することによって、生産物が獲得されると考えた。自らの所有物《プロパティ》である、あるいは、自らに固有のもの《プロパティ》である身体《パーソン》およびその発揮としての労働の、自然（の一部分）への混合ないし付加という独特の論理で、生産物の取得が説かれているのである。

2　プロパティの譲渡可能性

このように議論を整理すると、次に問題となってくるのは、ロックにとって、譲渡不可能とされた身体の延長上に出てくる労働、さらには、その生産物は譲渡可能なものであるか否かである。まず、労働について見てみる。ロックはスミスのように労働を譲渡可能な財産であると見なしているであろうか。たしかに、ロックは純然たる隷属状態にある奴隷とは区別された、賃金によって他人のために働く自由人としての「家僕（servant）」に言及してはいる。しかし、だからといって、マクファーソン［Macpherson 1962=1980］のように、ロックの所有論が賃労働をモデルとして組み立てられていると解釈するのは明らかに行き過ぎである。「生命、自由、資産」［Locke 1689=2007: 256］を人間のプロパティと見なしたロックからすれば、自由人としての「家僕」は、奴隷のようにプロパティのすべてを喪失しているのではないにせよ、一時的な自由を奪われているという点で、「コモンウェルス」の完全な成員とは認めがたいはずである。資産をもたず、賃労働を前提として所有を説いたスミスとは異なり、ロックにあっては、労働の譲渡は、その人格の固有性《プロパティ》を少なくとも幾ばくかは毀損するものであり、自然法に反するとまでは言えないにせよ、決して望ましいものとは考えられていない[5]。

では、生産物についてはどうか。『統治二論』の展開を知る者にとっては、ロックが生産物の譲渡を認めていたということは常識に属する。だが、ロックの行論のなかで、生産物の譲渡可能性が一貫して想定されているかと言えば必ずしもそうではない。順を追って見ていこう。ロックの所有論の出発点は、自然権としての「自分を保全（preservation）する権利」［Locke 1689=2007: 211］である。この権利が生命とそれにともなう自由を他人の権力のもとにおくことを禁ずる。そればかりではない。この権利が内実をともなうためには、自分の保全のために必要な物を消費する権利を含んでいなければならない。ゆえに、ロックは、プロパティのなかに生命と自由だけでなく、「資産（estate）」を含めたのであった。この限りでは、資産の範囲は、生活上の必需品か、せいぜい便益品の範囲にとどまることが当然予想される。むろん、ロックの意図は、所有権を必需品という狭い枠内に限定することにあるのではない。生活上の必要を超える余剰に対する所有、さらには、大土地所有を擁護することが最終的な到達目標である。しかし、それにしても、ここでの議論の出発点が「自分を保全する権利」にあることに違いはない。

では、ロックは「自分を保全する権利」からいかにして大土地所有を導き出すのか。ロックによれば、まず、生きるための糧、すなわち、生存手段は、自己の所有物であるところの身体の働き、すなわち、労働によって取得される。自然法が他人の財産を暴力的に奪うことを許しておらず、また、賃労働が考慮されていないとすると、自分の労働——狭い意味での自分の労働だけでなく、家族や家僕の労働も含む——を自然に施すことによってしか生存手段は獲得されえない。加えて、ロックは、生存手段としての生産物は市場を介すことなくそれを生産した家によって直接消費されると考えている。

この段階では、生産物が譲渡されることは想定されていない。労働によって生産された生存手段が生命と自由の維持に不可欠であるとすれば、それを譲渡することは「自分を保全する権利」が脅かされることに繋がるからである。逆に言えば、生産物が譲渡可能性をもつのは、それが生存のための必要を超える余剰であるときに限られる。いわゆる腐敗禁止の制約は、まさにこの点に関わる。ロックによれば、自分の必要を超える余剰生産物に対する所有権は、それを腐敗させたり、浪費したりするならば、決して正当化されえないが、それを必要とする他人に譲渡する場合には認められる。この譲渡には贈与も含まれるが、主にロックの念頭にあるのは交換である。しかし、腐敗禁止の制約に抵触しないためには、余剰生産物と引き換えに手に入れるものは、腐敗しにくい耐久性のあるもの——典型的には、貴金属、すなわち、貨幣——でなければならない。かくして、貨幣の使用が同意されるならば、腐敗禁止の制約は解除され、所有権の範囲は——十分性の制約というもうひとつの但し書きを別にすれば――無制限に拡大していくことになる。

土地所有についての説明も基本的には同様である。ロックによれば、労働を投じたことによって土地の所有権が獲得されるが、その範囲には生産物と同じく腐敗禁止の制約が課される。すなわち、自分の必要を超える余剰を産出しうるほどの広大な土地を所有することは、「生産物の売却によって貨幣を手に入れることができない場合」[Locke 1689=2007: 227]には、認められない。というよりも、不合理である。逆に、貨幣の使用に人びとが合意しているところでは、土地所有の限界は――ここでも十分性の制約を措くとすれば――存在しないのである。

ところで、ロックのこの論理からすれば、必要以上の土地の囲い込みを正当化するもうひとつの方向性、すなわち、過剰な土地の譲渡＝売却が出てくるのが自然なように思われるが、これに関するロックの論及はない。このことは、土地市場が未発達であった当時の状況のたんなる反映にすぎないのだろうか。それとも、ロックがなんらかの理由で土地の譲渡可能性を否定していたことを意味するのだろうか。

二　「もつ」の多義性

1　所有と再生産

ロックは、身体《パーソン》を譲渡不可能なその人固有《プロパー》のものと考えており、身体の活動である労働についてもその譲渡を基本的には認めていない。労働の生産物は、それが生存手段である限りは、譲渡されないが、生存の必要を超える余剰の譲渡については、貨幣との交換を条件として容認される。また、余剰と貨幣の交換は、土地所有に課される制限を解除するが、土地そのものの譲渡を可能にするとまでは言われていない。

以上のような身体《パーソン》、労働、生産物、土地をめぐる譲渡不可能性と譲渡可能性のロックによる線引きは、一見すると恣意的で、その基準もあいまいであるように見える。なぜ、必要か余剰かによって、生産物の譲渡可能性が左右されてしまうのか。腐敗禁止の制約には一体どのような意味があるのか。いかなる理由で労働と土地の譲渡が考慮されていないのか。こうした一連の疑問が現代に生きるわれわれにとっては容易には解きがたい謎として立ち現れてくる。

ロックの線引きがもつ意味をわれわれが理解するためには、彼が想定していた経済システムを考慮に入れる必要がある。すでに見たように、ロックは家族と家僕から成る家を生産・消費単位として想定していた。一方、われわれがそのなかに生きている経済システム、すなわち、資本主義においては、核家族ないし単身家族としての家《ハウスホールド》はもっぱら消費単位として現れる。そこでの主たる生産単位は資本（会社）である。資本は生産手段と労働力を市場から買い入れ、両者を用いて作り出した生産物のすべてを市場で売却する。家は労働力を資本に譲渡し、それと引き換えに得た賃金で生存手段を市場から手に入れる。

これに対して、ロックの経済モデルでは、家は消費単位であるだけでなく、生産単位でもあるとされている。家は、生産手段である土地を所有し、農業を営む。ここから、彼が、古代ギリシアにおけるオイコスやオットー・ブルンナー的な「全き家（das ganze Haus）」のような自己完結的な家を想定していることが分かる。ロックの家《オイコス》では、生産のための投入物《インプット》、つまり、生産手段と労働は市場を通して家の外部から供給されるのではなく、内的に形成される。すなわち、土地を除く生産手段は生産物のなかから直接補填され、その残余（純生産物）は、まず家の成員たる家族と家僕の生存上の必要を満たすために消費される。純生産物から生存手段を差し引いた余剰だけが市場に供され、その代価として受け取られた貨幣が蓄蔵される。

こうしてみると、ロックが譲渡不可能なものと見なしていたものは、彼のモデルにおいて、家（の成員）の維持のために必要な物とその生産に必要な物の再生産、すなわち、生存手段と生産手段の再生産という自己完結的な循環の内側に位置づけられることが分かる。この家の再生産から外れる非循環部分、すなわち、余剰生産物のみが市場で他人に譲渡され、その販売代金が蓄蔵されて、再生産の外部に譲渡可能な資産として積み上げられていく。

このように、ロックの譲渡不可能／可能の線引きは、彼の経済モデル、すなわち、家《オイコス》の再生産構造によって規定されたものであった。しかし、このモデル自体、ロックの生きた一七世紀イギリスの社会状況、すなわち、労働市場や生産物市場、土地市場等の未発達によって制約されているのではないか。その後の資本主義の発展を知る者にとっては、ロックの線引きは資本主義の形成期に生きたロックの認識上の限界を表しているにすぎないように見える。

たしかに、イマニュエル・ウォーラステインの言う「万物の商品化」が進行する現代の資本主義においては、利潤が見込めるか否かという問題以外に、商品化を妨げるものは存在せず、したがって、ロック的な線引きは意味をなさない。潜在的にはなんでも商品になりうるのであり、だからこそ、道徳上商品化すべきでないと人びとが感じるものには、法的な規制を加えることが要請される。しかし、この一方的な商品化傾向はいかなる社会においても一様に作用してきたわけではない。一般的に言えば、資本主義以外の社会には、その再生産構造に基づく、商品化の浸透に対する根強い抵抗が存在する。このことは、そうした社会には市場がないということを意味するのではない。それどころか、市場の起源はおそらく文明の起源と同じくらい古く、いかなる時代・場所にも市場は遍在してきたと言ってよい。しかし、資本主義以前には、市場交換の領域は社会の再生産構造の外部に限定されており、資本主義におけるように再生産構造の内部にまでは浸透してはいなかったのである。

このことをヨーロッパ封建制における再生産構造と市場の関係を例にとって確認してみよう。ヨーロッパ封建制下の農民の行動パタンは、生存のために必要なすべての物を自分で生産し、余剰のみを市場に出すという、ロックの家《オイコス》のそれと類似したものであった。ブレナー［Brenner 2007=2013］の指摘するところによれば、当時の農民は、資本主義においては一般的な、得意なものに特化し、利得を最大化するという戦略を採用しようとはしなかったという。だがそれは、そのための条件、すなわち、市場が欠けていたからではない。専門的特化による利得最大化のための前提条件＝市場は存在していたにもかかわらず、この戦略は採用されなかったのである。専門的特化は生存手段を市場から入手しなければならなくなることを意味するが、それは市場の動向次第では「生存の危機」を惹き起こしかねない。生存の確保と利得の追求を天秤にかけたときに、当時の農民が前者を選んだのはきわめて合理的なことであった。

こうした行動パタンの前提となっていたのは、封建制下の農民が土地をもっていたという事実である。農民が自らの生存に必要な物を直接生産するための土地が十分に与えられているところでは、専門的特化による利得最大化への誘引は生じない。逆に、なんらかの理由により、十分な土地を確保することができなくなれば、専門特化して市場に依存するほかに選択肢はなくなる。

ロックが所有を論じる際に念頭に置いていたのは、封建制下の農民にも通じる自己完結性であり、スミス的な社会的分業ではなかった。この自己完結的な行動様式は、封建制に限られるものではなく、資本主義以外の社会では、ほとんど普遍的に観察される。たとえば、カール・マルクスによれば、土地所有の三形態、アジア的形態、古典古代（ギリシア・ローマ）的形態、ゲルマン的形態のいずれにおいても、生産は「経済的完結体」［Marx 1857/58=1993: 132］の維持再生産を目的としたものであり、富を目的として行なわれることはなかったという。また、スコット［Scott 1976=1999］は、一九三〇年代の東南アジアの農民に関する研究のなかで、彼らが飢餓のリスクを回避するという目的から、商品作物に特化して利得を最大化しようとはしなかったと述べている。西洋人からすれば、不合理に見えるこの行動様式は、それを基礎づけている「安全第一」という原理に照らすならば、完全に説明可能なものであった。スコットは、この原理を生存のための食糧を求める一八世紀イギリスの民衆運動を論じたトムソン［Thompson 1971=1991］に倣ってモラル・エコノミーと呼んでいるが、家《オイコス》を維持再生産するための術というその原義からすれば、それはエコノミーそのものであると言えるかもしれない。

2　所有・占有・請求権

生存手段を自分で生産し、余剰のみを市場に出すという戦略を採用するためには、労働者（農民）が土地をもっている必要がある。重要なのは、ここで言う「もつ」は、必ずしも「所有（property）」を意味するわけではないということである。たとえば、ヨーロッパ封建制においては、土地の最終的な所有権は領主にあったのであり、農民は土地を「占有（possession）」していたにすぎない。この区別のもつ重要性を明らかにするために、ここで、所有と占有に関する抽象的な考察を行なってみよう。

人間は生きていくために、幾ばくかの土地を必要とする。住まいとしての、また、糧を生み出す源泉としての土地をもっていなければならない。ここで「もつ」は、特定の土地との間に実際に結ばれる継続的な関係を意味している。たとえば、農業生産では、同じ土地に労働を一定期間投下し、その果実を取得するが、そのためには、働きかける土地を毎日取り換えるというわけにはいかない。農業労働者にとって、不特定の土地をもつということはありえないのであって、他ならぬ「この」土地をもつのである。特定の土地との一時的な結びつきしかもたないノマドには、おそらく土地を「もつ」という感覚はないであろう。しかし、人間が定住と農耕を選んだとき、「この」土地をもつこと、すなわち、占有が生存のための不可欠の前提となったのである。

占有がその対象の「このもの」性あるいは個体性と継続性をともなうものだとすれば、占有されるのは土地だけに限られないことになる。たとえば、土地の上に設置された建物、生産において使用される用具や設備等に対しても占有という関係は成り立ちうる。

ところで、占有とは、特定の対象との間に継続的な関係を結んでいるという事実であるにすぎず、本来は、他人に対してその正当性を主張しうるような権利ではない。占有が他人によって侵されることはありえようが、だからといって、自らの権利を相手に訴えてみても無駄である。奪われた土地を実力で取り戻すか、それができなければ侵略を甘受するしかない。

だが、土地の占有をめぐって争う当事者同士が同じ上位者の権力に服属している場合には、事情は異なる。上位権力に訴えて、占有の保全あるいは回復を求めること（いわゆる占有訴権）が可能であるが、この権利を最終的に根拠づけるものは、現に占有している（他人にすでに奪われている場合には過去に占有していた）という事実だけである。土地を占有しているという事実を保障することは、それを用いて労働を行なう者にとってだけでなく、自らの維持再生産を彼らの生産物（の一部）に頼る上位者にとってもメリットがある。領主が土地を「所有」し、農民が土地を「占有」するという封建制的な土地所有制度は、こうした労働者と上位者の権力関係のひとつの範例である。

封建制における領主と農民は、どちらも土地をもつと言えるが、その「もつ」の意味するところは両者ではまったく異なる。労働者である農民にとって、「この」土地は別の土地と取り換え不可能な個体性をもつ。他方、領主にとってはそうではない。極端に言えば、自分の所有するどの土地も同じ税収をもたらす限りは無差別である。後で見るように、この対象の無個体性あるいは一般性は、占有を欠いた所有がもつ一般的特徴である。

占有は特定の対象と継続的な関係を結んでいるという事実と不可分であるが、所有はそうした具体的な事実をともなうとは限らない。また逆に、占有の含意する、対象との個体的で継続的な関係は、所有権にはあって占有権にない権利、たとえば、対象を譲渡する権利や処分する権利を必ずしも必要としない。封建制における農民－

占有／領主－所有という二重構造は、労働者とそれに寄生する上位者との間の権力関係にきわめて合致した所有システムなのである。

土地との間に取り結ばれる関係が以上のようなものであるとして、次に問題となるのは、土地から生じた果実である生産物に対する関係である。生産物は、その個体性と継続性のあり方が土地やその他の生産手段とはまったく異なる。生鮮品の如きは別として、ある程度の耐久性をもつ生産物であれば、それと継続的な関係を結ぶということはもちろんありうる。しかし、そうしたストックとしての生産物は取り換え不可能な個体性をもたない。逆に、たとえば、倉庫のなかの小麦の「この」一粒を別の一粒から区別することに意味があるとは思われない。逆に、消費されるときには生産物と個別的な関係が結ばれると言ってよいが、しかし、その関係は一時的であって、継続性をほとんどもたない。つまり、生産物の場合、個体性と継続性が言わばトレード・オフの関係にある。生産物がストックとしてある限り、個々の生産物に区別可能な個体性は生じない。生産物と個体的な関係に入るのは、その生産物を実際に享受するときであるが、その関係は成立してはすぐに消滅する瞬間的なもの（フロー）である。つまり、ストックから取り出されて消費に供される瞬間にはその生産物を「もつ」と言えなくもないが、しかし、その「もつ」にはほとんど継続性がない。英語の諺にもあるように、「ケーキをもつことと食べることは両立しない」のである。

一方、消費されずに倉庫に保存されている生産物には、実際に使用しているときのような個体性は生じていない。それゆえ、生産物ストックそのものを占有することは原理的にできない。では、どのような関係ならば成り立ちうるのか。ストックとしての生産物との間に結ばれる関係は、「（……を）もつ」というより「（……から）とる」という方が相応しい。封建制下において、土地を占有し、そこに労働を投下した農民が生産物に対してもつ権利は、占有権ではなく、「請求権（claim）」であって、広い意味での債権である。同様に、土地を所有し、生産物の一部を租税として徴収する領主がもつ権利も、生産物ストックに対する請求権である。
労働者が生産手段を占有——所有ではない！——することなく、生産することはできない。それゆえ、いかなる社会であれ、生産手段を占有する者は、労働者による生産手段の占有を承認せざるをえない。これに対して、生産物については、生産から利益を得る者は、ストックとしてのそれを占有することはそもそも原理的に不可能であり、せいぜい請求権をもちうるにすぎない。そして、生産手段の占有に比べて、生産物に対する請求権には相当の自由度がある。生産物に対する請求権を誰にどれだけ割り当てるかということは、社会システムによって相違しうるのであり、生産手段の補塡と労働者の維持という再生産条件を最低限満たさねばならないとはいえ、そこに普遍的な絶対基準があるわけではない。いわゆる労働に基づく所有は、生産物に対する請求権を労働者に専一的に割り当てるという分配のひとつのあり方であるが、しかし、次節で見るように、生産物ストック全体を特定の主体に帰属させることはその商品化を俟ってはじめて意味をもつようになるのである。

三　共と私

1　コモン・ストックとその商品化

すでに見たように、ロックは、譲渡可能性の範囲を貨幣と交換される余剰生産物に事実上限定していたが、今しがた検討した占有と所有の区別に照らしてみれば、そのことの意味は次のように捉え返されうる。すなわち、ロックは、身体《パーソン》を維持するための生存手段、生存手段を取得するために必要な土地と労働（家族と家僕のそれを含む）、こうしたものは自己に固有《プロパー》のもの、すなわち、われわれが言う意味での占有物であると見なしているが、所有物であるとは考えていない。また、生産物のうち、生存手段を超える余剰については、腐敗禁止の制約によって、それを占有することを否定している。この制約は、浪費を道徳的に戒める類の当為命題というよりも、生産物ストックを占有することの原理的不可能性を意味していると解釈した方がよい。

ロックは生産物に対して労働者がもつ権利を「分け前《シェア》」[Locke 1689=2007: 226] と表現している。[6] また、労働者は彼の手許にある生産物をそれが腐敗しないうちに使用しなければならず、かりに腐敗させてしまった場合には、他人の分け前を盗んだことになるとまで言っている。このことは、彼が労働者は全生産物に対する所有権をもつのではなく、生産物（の一部）に対する請求権をもつにすぎないと考えていたことを示唆している。

それでは、労働者は生産物ストック全体に対してはどのような関係に立つのか。ロックは、生産物ストックのことを「共同の貯え《コモン・ストック》」[Locke 1689=2007: 226] と呼んでいる。彼によれば、労働者はその労働の果実に対し所有権－固有性《プロパティ》をもつが、その範囲は自分が利用できる量に限られる。生産物ストックは社会のコモンなのであり、自らの労働の成果といえどもそれを浪費することは許されない。労働者は生産物が腐敗しないうちに使用するよう気をつけねばならないのであり、かりに利用できる以上の物を生産してしまった場合には、それは他人に譲渡されねばならないのである。ここでのロックは、労働者にコモン・ストックの管財人の役割を担わせようとしているかのようである。この考え方はある種の共産主義《コミュニズム》であり、突き詰めれば、資本主義に対するラディカルな批判に行き着く可能性を孕んでいるが、ロックはこの着想を結局は放棄してしまう。

ロックによれば、本来、労働者は自分の必要を超える余剰生産物に対してはなんの権利ももっていない。そればかりか消費できないほどの余剰をもつというのは「愚かなこと《フーリッシュ》」[Locke 1689=2007: 226] である。しかし、貨幣と引き換えに譲渡することができるならば、必要以上の余剰をもつことにも意味がある。貨幣の発生――というよりも、生産物市場の発生――によって余剰に譲渡可能性が生じるということと、譲渡可能な余剰に対する権利、すなわち、所有権が特定の主体に発生することは同じことではないはずだが、ロックは地主・資本家・労働者のすべてを兼ねる家《オイコス》を想定することでこの論理の断絶をスキップする。

　最後の点はともかくとして、ここで重要なのは、余剰生産物はそれが譲渡可能となることによってはじめて所有物となるとされている点である。ロックは占有と所有を用語の上では区別していないが、ここで言われている所有は、占有とは区別された意味での所有、すなわち、譲渡可能性を含む所有である。[7] 使用されないストックを占有という意味で「もつ」ことは原理的にできない――それゆえコモン・ストックと呼ばれる――が、ストックを商品として譲渡するためには、あらかじめストックを「もって」いなければならない。後者の「もつ」は、対象の無差別性という点では、封建領主の占有を欠いた土地所有に通じるところがある。もっとも封建領主には、土地を売買できる余地はほとんどなかったのであり、したがって、譲渡可能性が所有物の積極的契機をなすとすれば、商品化された生産物ストックこそがそう呼ばれるに相応しい。近代資本主義のメルクマールは、資本による生産手段の所有にあるとよく言われるが、むしろ、画期をなすのは、強大な権力をもつ封建領主でさえ果たせなかったこと、すなわち、生産物ストック全体の私有化である。[8]

　余剰生産物の商品化に際して、共の私への転換、すなわち、コモン・ストックの私有化が生じる、これがロックの基本的認識である。この論理を敷衍すれば、商品化が進んでゆけば、地球上からコモン・ストックはなくなり、すべてのストックは私有財産になることになる。その後の資本主義の歴史は、まさしく共《コモン》の私有化の過程であったのであり、この過程はいまなお進行中であるが、ロックはこのことをすでに一七世紀末の時点で予見していたと言えよう。

　とはいえ、ここで注意しておかなければならないのは、ロックの商品化論が家《オイコス》の自給自足性を前提にしているという点である。すでに見たように、ロックの所有権《プロパティ》－固有性論からすれば、家の再生産構造に関わる身体、労働、生存手段の商品化は否定される。なぜなら、それは「自分を保全する権利」が脅かされる可能性を含んでいるからである。ロックが私有化の進行は「人類のコモン・ストックを減少させるのではなく、むしろ増加させる」[Locke 1689=2007：219]と躊躇なく言うことができたのは、自給自足的な家《オイコス》によって「人間生活の維持のための食糧」が確実に供給されることを前提としていたからである。この前提を破壊するような方向でコモン・ストックの私有化が進むことは、ロックの立場からすれば容認できないであろう。不思議なことに、ほとんどのロック解釈は、政治的立場の違いに関わりなく、この点を見過ごしている。

ところで、ロックと並んでリバタリアンが参照することの多いスミスにも、コモン・ストックに対する言及がある。

〔犬などの動物においては〕交易し、交換しようという力や性向が欠けているために、そうしたさまざまな天分と才能の効果は、ひとつの共同《コモン》のストックにすることができず、彼ら種族の生活の条件と便宜を向上させるうえに少しも貢献しない。〔……〕これに反して人間の間では、はっきり違った天分が互いに役立つのである。すなわち、取引し、交易し、交換するという一般的性向のおかげで、人間のそれぞれの才能が生みだすさまざまな生産物は、いわばひとつの共同《コモン》のストックとなり、だれでもそこから、他の人々の才能の生産物のうち自分の必要とするどんな部分でも購入することができるのである。[Smith 1776=1978：I 30]

この引用から分かるように、商品化の進行がコモン・ストックに対して及ぼす影響の評価はスミスとロックとでは対照的である。ロックは余剰生産物が貨幣と交換されることによって、コモン・ストックは排他的な私有財産に転化すると考えていた。これに対し、スミスはむしろ交換は万人が利用可能なコモン・ストックを形成すると述べる。スミスがここでコモン・ストックに関わって直接言及しているのは、「天分と才能の効果」、すなわち、専門的特化による分業がもたらす生産物の増加であるが、増加分のみがコモン・ストックをなすとは考えにくい。

むしろ、私的所有に基づく分業はコモン・ストックである社会全体の生産物、すなわち、スミスの言う意味での富《ウェルス》（豊かさ）を増加させる効果をもつと理解するのが妥当であろう。そうであるとすれば、スミスは、社会的分業の前提である市場交換が個々の労働者の私的生産物に社会性を、したがって、共性《コモン》を付与すると考えていたことになる。つまり、スミスが商品化にともなって生じると考えていたのは、ロックとは逆の、私の共化《コモン》なのである。

労働＝「本源的購買貨幣《オリジナル》」というスミスの見方もこのコモン・ストックという観点から捉えなおすことができる。すでに見たように、本源的購買貨幣という言葉が意味するのは、労働による生産物の取得は人間と自然との間で行なわれる労働と生産物の交換にほかならないということであった。ロックと同様にスミスも、「資本《ストック》の蓄積と土地の専有に先立つ初期未開の社会状態」[Smith 1776=1978: I 24] では、自然は万人の共有物であったと考えていたであろうから、労働による生産物の取得とは、畢竟自然というコモン・ストックから生産物を購入することにほかならない。また、この原初的《オリジナル》な購買によって取得した生産物と引き換えに別の商品を手に入れることも、コモン・ストック（その国の土地と労働の年々の生産物）から必要な生産物を引き出すことであると言える。最後に、資本主義の下で一般的な雇用労働においては、労働が再び直接的な購買貨幣となって、コモン・ストックから必要とする生産物が入手される。

それだけではない。スミスは、資本家のもとに蓄積された資本《ストック》についても、資本家によるその浪費を「国全体の土地と労働の生産物の価値、その国の住民の真の富と収入を減少させる」[Smith 1776=1978: I 530] ことであるとして激しく非難している。ここには、ロックが労働者に期待しながら結局は断念した、コモン・ストックの管財人という役割を資本家に負わせようとする、共産主義《コミュニズム》的発想すら見て取ることができる。

2　資本と人口

スミスの展望した共産主義《コミュニズム》は結局実現しなかった。しかし、その原因はスミスが懸念したような資本家による資本《ストック》の浪費にあったのではない。スミスの言う「節約という本能」[Smith 1776=1978: I 534] からというよりも、むしろ、資本間の競争圧力によってではあったが、資本家が利潤をできるだけ消費せずに生産の拡大に回すこと、すなわち、資本の蓄積は、スミスが想像した以上にうまく進展した。さらに言えば、一九世紀後半以降爆発的に普及することになる株式《ジョイントストック》会社制度は、資本《ストック》を、配当のみを分け前《シェア》として受け取る株主《シェアホルダー》の共有物《コモン》とすることで、個人資本家の「目前のものを享受したいという情念」から完全に資本を解放したのである(9)。

では、スミスは一体どこを見誤ったのか。社会全体の資本《ストック》は、原料や機械設備などの生産手段と国民（地主・資本家・賃労働者等）の生存手段から構成されるが、基本的にスミスは後者に焦点を絞る。スミスによれば、資本家の節約と労働者の熟練の向上は、国民の生存手段を増加させる。そして、生存手段の増加は、それによって暮らす国民の数を増加させる。スミスは、生存手段の増加が「結婚と増殖」[Smith 1776=1978: I 136] を刺激して人口を増大させるという素朴な人口観に基づきながら、コモン・ストックの拡大と人口の増加が手を携えて進行するというユートピアを思い描いたのであった。

しかし、このスミスのユートピアは、生産手段への投資を無視することによって可能になったものにすぎない。たしかに、節約と熟練向上によるストックの拡大は、それがすべて生存手段の増加に向かうならば、社会が維持しうる成員の数を上昇させるかもしれない。そして、この想定は、固定資本が比較的小規模であったスミスの時代には、さほど妥当性を欠くものでなかったであろう。しかし、後にマルクスが指摘することになるように、資本主義においては、資本と人口は必ずしも照応しない。むしろ、資本に対する人口の過剰、すなわち、不完全雇用が資本主義の常態である。さらに言えば、不況の際には、資本の過剰と人口の過剰が併存し、生産手段と生存手段が有り余るほどありながら人びとがこれを利用することができないという「豊富のなかの貧困」さえ生じる。スミスは、資本家が浪費を抑え、資本《ストック》を蓄積することが社会に豊かさをもたらすと考えたが、むしろ逆に、資本の蓄積がその浪費を作り出していると言いうる面が資本主義にはあるのである。

資本主義においては、資本に対する人口の過剰が前提である。この人口の過剰は、生産物ストックに対する賃労働者の分け前《シェア》を減少させる。失業者の存在が、労働者間に競争をもたらし、賃金を低下させる効果をもつからである。この効果の程度はふたつの要因に依存する。第一に、賃労働者の取り換え可能性、すなわち、労働のいわゆる（不）熟練度によって左右される。労働過程が細分化され、労働の不熟練化が進行すると、特定の賃労働者を維持しつつ、長期的な雇用関係を結ぶ必要がなくなるため、賃金は、賃労働者が十分な生存手段を入手しうる水準以下にすら引き下げられる傾向がある。むろん、資本主義の発展にともなって、労働の不熟練化が一方的に進んできたわけではなく、他方では、新たな熟練労働が繰り返し生み出されてきた。しかし、現代における非正規雇用の拡大が不熟練化による賃金の低下と結び付いていることは間違いないであろう。

もっとも、だからと言って、賃金がどこまでも際限なく低下するとは限らない。賃労働者にとって、賃金とは畢竟、生存手段を取得するための手段であり、したがって、賃労働以外の方法で生存手段を入手する見込みがあれば、過度な低賃金労働をあえて甘受する必要はない。したがって、第二に、賃労働以外で生存手段を入手できる可能性によって、賃金は下限を画される。とはいえ、発達した資本主義においては、ほとんどの人びとは生産手段（土地）を占有しておらず、生存手段を直接生産することは難しい。現代資本主義において、賃金の限界を規定するのは、賃労働を行なうことの物理的不可能（死）か、国家や共同体（家）による広い意味での再分配のいずれかであり、そのどちらに近づくかは、政策や慣習によっても左右される。

資本に対する人口の過剰は、賃労働者の分け前《シェア》を減少させるだけではない。それと同時に、分け前を受け取ることができない人びと（失業者を含む非労働者）を作り出す。封建制のもとでの農民は、不作や人口増加によって分け前が低下することはあっても、分け前自体がなくなることはなかった。農民の経済状況は、人口や作柄、領主との権力関係等の要因によって決まる、富裕から貧困までの連続的な線分のなかに位置づけられていた。彼らには「生存の困難」はあっても、「生存の危機」は基本的になかったのである。しかしながら、資本主義に生きる大部分の人びと、生存手段を直接生産しえない人びとは、全か無か《オール・オア・ナッシング》の状況に置かれており、雇用されている労働者といえども潜在的にはつねに「生存の危機」に曝されている。こうした実感は、現在進行中の世界的不況のなかで、ますます強まってきていると言えよう。

結論

所有は豊かさをもたらすか。この問いに対し、ロックとスミスは、それぞれ違う視角からではあるが、「イエス」と答えた。しかし、右で見たように、両者の回答はいずれも現代では支持することのできない想定に依拠していた。そうした想定を外すならば、ロックとスミスの論理に従ったとしても、所有が豊かさをもたらすとは言えなくなる。

だが、「所有は豊かさをもたらす」という命題に一片の真理も含まれていないかというと、そうではない。通常、所有という言葉に括られている三つの概念、すなわち、所有と占有と請求権を区別するならば、この命題を生産的な方向で再解釈することも可能である。本章ではこの作業に着手することはできないが、そのための手掛かりを三点ほど示しておこう。

第一に、所有がより多くの物を社会（の成員）にもたらすと言われる場合の所有は、精確には、占有である。

むろん、ロックが想定した家《オイコス》におけるように、生産手段の所有と占有が一致する場合には、所有と言っても誤りではない。しかし、資本主義社会においては——さらに言えば、封建制社会においても——両者は一致しない。そこでは、生産手段を所有するのは会社であるが、それを占有するのは賃労働者である。重要なのは、資本主義においては、所有と占有は一般に一致しないだけではなく、所有が占有を阻害する可能性があるということである。(10)この点に関して対照的なのは、封建制である。封建制社会においては、農民による土地の占有を認めないことは、土地の所有者である領主にとってなんの利点もない。それゆえ、かりに受け取る税収が僅かなものであったとしても、領主が農民の土地占有を妨げる理由はない。これに対し、資本主義においては、賃労働者による生産手段の占有は会社に利潤をもたらすと同時に賃金を支払う必要性を生じさせる。つまり、土地を所有する領主は分け前《シェア》を受け取る側であるのに対し、資本《ストック》を所有する会社は分け前《シェア》を支払う側なのである。それゆえ、不況期のように高い利潤が見込めない時期には、生産手段が遊休し、労働者がそれを占有することができないような状態が現れる。その結果、生産手段の物理的摩損ないし道徳的摩損（技術進歩による減価）によって社会のストックが浪費されることになるのである。

第二に、豊かさとはより多くの物を所有していることであると言われるが、その場合の所有の意味は、その対象が必要か余剰かによってまったく異なる。生存に必要な物をその語の厳密な意味で所有することはできない。それはフローであって、消費ないし享受することができるだけである。これとは対照的に、必要を超える余剰は、定義上、消費を上回る貯え《ストック》であり、したがって、享受されずに所有される。つまり、物の所有とふつう言われていることは、精確に言えば、必要の享受と余剰の所有に分かれる。そして、前者は、それが過少になれば、生存が脅かされるという意味で、ロックの言う「自分を保全する権利」に関わるものであるのに対し、後者はそうではない。余剰の所有と豊かさとの関係をどう評価するかは、立場によって分かれようが、いずれにせよ、それが必要の享受と質的に異なるものであることは看過されてはならない(11)。

最後に、すでに述べたことの繰り返しになるが、生産物を誰がどれだけ取得するか、すなわち、生産物に対する請求権は、所有と占有とは独立した問題である。つまり、請求権は、理論的に言えば、所有とも占有とも、さらには、それ以外の要因とも結び付けることができる。その意味では、生産物を生産手段の所有者である資本家（あるいは会社）に帰属させるリバタリアンだけでなく、生産手段の占有者である労働者に帰属させる一部の社会主義者（労働全収権論者）も、それが普遍的に妥当する原理であると考えている点では問題がある。生産が労働者による生産手段の占有を前提とすることは確かだとしても、そのことから労働者に生産物のすべてを分配すべきという労働全収権は直接には出てこないからである。ジョン・ステュアート・ミルが先駆的に指摘したように、富の生産の原理と富の分配の原理は明確に区別されねばならない。ミルによれば、前者は普遍的な「物理的真理の性格」をもつのに対し、後者は「社会の法律と慣習」とによって決まるのであって、「時代を異にし、国を異にするに従って大いに異なり、また人間が欲するならば、なおこれ以上に異なったものとなりうる」[Mill 1848=1960: 15] のである。この指摘に倣って、生産物の分配のあり方については、生産手段の所有とも占有とも独立に、その可能性が模索されるべきであろう。

注

（1） 内閣府が毎年発表している「国民生活に関する世論調査」によれば、心の豊かさを重視すると答えた人の割合は、物の豊かさを重視すると答えた人の割合を一九七〇年代後半に上回り、以来、増加傾向にある。もっとも、この調査における心の豊かさとは、「物質的にある程度豊かになったので、これからは心の豊かさやゆとりのある生活をすることに重きをおきたい」ということであり、ここでも物の豊かさがあくまで前提となっていることに注意すべきである。

（2） この問いに関して言えば、リバタリアンと福祉国家論者の間にはふつう考えられているほどの隔たりはない。両者は、所有が豊かさをもたらすということを前提にしたうえで、それによって部分的に生じる貧困を救済すべきか否かという点で——あるいは救済の程度をめぐって——対立しているにすぎない。

(3) 本章では、労働者という言葉を労働を行なう者という広い意味で用い、賃金を受け取って働く労働者をとくに指す場合には、賃労働者と呼ぶことにする。

(4) 『統治二論』におけるプロパティ概念の含意については、邦訳［Locke 1689=2007］第一篇第四章訳注(2)および訳者解説を参照されたい。

(5) プロパティを固有性と解するならば、それが譲渡不可能性と結び付くことはむしろ自然であろう。こうした譲渡不可能性(inalienability)に関しては、人類学の分野で一定の研究蓄積がある。差し当たり、ワイナー［Weiner 1992］を参照されたい。

(6) この「分け前《シェア》」という表現には同じ食卓を囲む人びとが食べ物を分け合《シェア》うというニュアンスがある。ロックは、シェアという表現を使ってではないが、食卓に置かれた食べ物は、家長だけの専有物ではなく、食卓を囲む人の共有物であり、各人は家長に断りなくそれを取得することができると述べている。「共有物として与えられているものの一部を誰かが取得するためには、すべての共有権者の明示的な同意が必要であるとすれば、子供や家僕は、彼らの父親や主が、それぞれの人の取り分を割り当てることなしに共有物として与えた肉を切ることもできないであろう」［Locke 1689=2007: 213］(訳文一部改変)

(7) 『統治二論』のなかでも“possession”という言葉は使われている——邦訳［Locke 1689=2007］では所有物ないし所有と訳されており、“property”とは訳し分けられていない——が、われわれが言う「占有」の意味がそこに込められているかは判然としない。

(8) もちろん、この段階区分は機械的にすぎる。余剰生産物を交換する市場は、資本主義以前のいかなる社会にも存在してきたのであり、封建制下の領主や農民もそれによって工業製品や輸入品を入手していた。もっともその範囲は資本主義に比べればはるかに限定されたものだったのであり、それゆえ、ロックの歴史観は大きく見れば妥当する。

(9) スミスは株式会社がまだ一般的でなかった時代に、すでにそれに対する先駆的な分析を行なっているが、そこでも、コモン・ストックとシェアという表現を用いている。「これ〔制規会社〕とは逆に、株式《ジョイントストック》会社の取締役は、その運営をまかされた共同の資本《コモン・ストック》からあがる利潤のうちから、自分たちの分け前《シェア》をとるだけだから、会社の貿易全体の利害から切り離された、自分たちだけの個人的貿易なるものをもってはいない」[Smith 1776=1978: III 76-77]（訳文一部改変）。

(10) 所有が占有ないし利用を妨げることの一例として、社会主義の資本主義への移行に際して生じた「アンチコモンズの悲劇」がある。移行期のロシアでは、私有化の進行によって空き店舗が大量に発生したが、ヘラー [Heller 1998] は、これを「アンチコモンズの悲劇」として分析している。

(11) 因みに、スミスは、『国富論』において、富（豊かさ）を国民が享受する「生活の必需品と便益品」[Smith 1776=1978: I 1]（フロー）によって規定している。また、『道徳感情論』では、次のように述べている。「健康で負債がなく、良心にやましいところのない人の幸福にたいして、なにをつけ加えることができようか。この境遇にある人にたいしては、財産のすべての追加は余計なものだというべきだろう。そして、もしかれが、それらの追加のためにおおいに気分がうきたっているとすれば、それは、もっともつまらぬ軽はずみの結果であるにちがいない」[Smith 1759=2003: 116-117]。

参考文献

Brenner, Robert [2007=2013] "Property and Progress: Where Adam Smith Went Wrong," in Chris. Wickham (ed.), *Marxist History-Writing for the Twenty-first Century*, Oxford: Oxford University Press. 沖公祐訳「所有と進歩——アダム・スミスはどこで誤ったのか」長原豊監訳『所有と進歩——ブレナー論争』日本経済評論社。

Heller, Michael A. [1998] "The Tragedy of the Anticommons: Property in the Transition from Marx to Markets," *Harvard Law Review*, vol. 111, no. 3.

Locke, John [1689=2007] *Two Treatise of Government*. 加藤節訳『統治二論』岩波書店。

Macpherson, Crawford Brough [1962=1980] *The Political Theory of Possessive Individualism: Hobbes to Locke*, London: Oxford University Press. 藤野渉・将積茂・瀬沼長一郎訳『所有的個人主義の政治理論』合同出版。

Marx, Karl [1857/58=1993] *Ökonomische Manuskripte 1857/58, Marx-Engels Gesamtausgabe* (*MEGA*), II 1. 2. 資本論草稿集翻訳委員会訳『マルクス資本論草稿集②』大月書店。

Mill, John Stuart [1848=1960] *Principles of Political Economy, with some of their Applications to Social Philosophy*. 末永茂

喜訳『経済学原理（二）』岩波文庫。
Scott, James C. [1976=1999] *The Moral Economy of the Peasant Rebellion and Subsistence in Southeast Asia*, New Haven: Yale University Press. 高橋彰訳『モーラル・エコノミー——東南アジアの農民叛乱と生存維持』勁草書房。
Smith, Adam [1759=2003] *The Theory of Moral Sentiments*. 水田洋訳『道徳感情論（上）』岩波文庫。
Smith, Adam [1776=1978] *An Inquiry into the Nature and Causes of the Wealth of Nations*. 大河内一男監訳『国富論Ⅰ－Ⅲ』中公文庫。
Thompson, Edward Palmer [1971=1991] “The Moral Economy of the English Crowd in the Eighteenth Century,” in *Customs in Common*, London: Merlin Press.
Weiner, Annette [1992] *Inalienable Possessions: The Paradox of Keeping While Giving*, Berkeley: University of California Press.

■ベーシック・インカム

リアルな意味での自由は、たんに所有権や個人権を保障するだけでは実現しない。最小限の政府介入を是とする「リバタリアニズム」の制度のもとで、人びとが可能なかぎり「したいと欲するかもしれないこと」をする機会が保障されなければならない。そのような機会をレキシミン原理にしたがって満たすなら、すなわち、最も恵まれない人びとの効用を辞書的順序で最大化するならば、それが最も優れた制度になるのではないか。ヴァン・パリースはそのような「リアルな自由」の理想を求めて、労働しない人も含めて、誰もが一定額の基本所得を無償で分配される社会が望ましいと主張している。究極的には、すべての成員に対して、最高水準の無条件所得を分配すべきであるという。すなわち、(1)その人が進んで働く気があるかないかにかかわらず、(2)裕福であるか貧しいかにかかわらず、(3)だれと一緒に住んでいるかにかかわらず、(4)どこに住んでいるかにかかわらず、(5)その人の資力にかかわらず、その国の完全なメンバーに対して最高水準の所得を分配すべし、というのである。

類似の制度案としてM・フリードマンの「負の所得税」がある。貧しい人にはマイナスの税、すなわち一定額の所得を分配するというアイデアである。ただこの制度を実現するためには、諸個人の所得を調査する必要があり、その費用は決して安くないだろう。ベーシック・インカム制度のほうが安上がりであるかもしれない。ただその場合、基本所得の分配は、人口の増加を刺激せずに、持続可能な所得水準を国民に保証しなければならない。また、労働力の生産性が全体として衰退せず、分配のための財源を持続的に確保しなければならない。加えて将来世代に対する補償として、自然資源の枯渇を配慮しなければならない。こうした制約をすべて考慮するならば、ベーシック・インカムの最高水準がどの程度になるかは、きわめて論争的であろう。

リバタリアンな制度のもとで基本所得を分配するといっても、共同で現物支給したほうが望ましいものもある。警察、司法、自衛力、教育、水道などのインフラや、汚染規制、公園などの公共財である。基礎的な健康保険への強制加入も必要になるだろう。ただこのような仕方で公共財の供給を認めていくと、ベーシック・インカムの立場は、もはやリバタリアンとはいえず、福祉国家の運営を補うひとつのアイデアに収まるかもしれない。(橋本努)

【文献】 P. ヴァン・パリース［1995=2009］『ベーシック・インカムの哲学　すべての人にリアルな自由を』後藤玲子・齋藤拓訳、勁草書房

2-5

キーワード：社会的蓄積構造、戦後コーポレート・システム、新自由主義

資本主義

なぜ安定と危機の交替を繰り返すのか

鍋島直樹

はじめに

資本主義の「黄金時代」と謳われた第二次世界大戦後の高度成長期が終焉を迎えたのち、資本主義は大きな変貌を遂げた。一九八〇年代初頭に先進諸国において確立した新自由主義の経済モデルのもとで、国家の市場への介入が縮小され、所得と富の不平等が拡大するとともに、経済成長は総じて緩慢なものとなった。当初、新自由主義とは、国家の経済的役割の拡大へと向かう歴史の流れのなかでの一時的な後退にすぎないとの見方も一部にはあったものの、登場以来約三〇年を経て、それが「黄金時代」の制度的枠組みに取って代わる新しい首尾一貫した枠組みであることが明らかとなった。

しかしながら、世界経済を震撼させた二〇〇七〜〇八年の金融危機は、新自由主義経済システムが自らの内にはらんでいた矛盾と限界を露呈した。さらに、グローバル金融危機からの回復の兆しが現れたかと思うまもなく、ギリシア発の欧州債務危機が発生して、世界経済の行方に大きな影を投げかけた。このようにグローバル資本主義の混乱がつづくなか、ヨーロッパでは緊縮政策に抗議するストライキの波が広がり、アメリカでは所得格差の是正を訴えるウォール街占拠運動が展開されるなど、各国の民衆は、いっそうの耐乏生活を強いる新自由主義の路線に対して強い反発を示している。とはいえ、新自由主義時代が終幕を迎えたのちに資本主義がどこへ向かうのか、いまだ杳《よう》として知れない。世界経済が大きな動揺に直面している今日、資本主義の来し方行く末についての大きな見取図を示すことが、あらためて経済学に求められているのではないだろうか。

そもそもスミス、リカード、マルクスをはじめ、古典派の伝統に連なる経済学者たちは、資本主義の歴史的運動法則の探求を自らの究極の課題としていた。しかるに経済学の専門分化が進んだ今日、分析の技術や手法が急速な勢いで高度化していく一方で、資本主義の歴史的動態の解明などといった大きな問題は、経済学者たちのあいだでほとんど顧みられることがなくなってしまった。しかしながら、資本主義がいかなる歴史的発展過程をたどるのかという経済学にとって初発の問題関心は、今日においても決してその意義を失ってはいないはずである。いくぶん荒削りな枠組みや方法によってであろうとも、経済学の原点に立ち返り、今日の資本主義を歴史的な視点から展望することによって、二〇〇七〜〇八年の金融・経済危機の根本的原因や、資本主義の今後の進路について考察するための多くの有益な知見を得ることができるに違いない。

本章では、欧米マルクス・ルネッサンスのうねりの中から一九七〇年代末に登場し、それ以来、今日に至るまで分析枠組みの発展が連綿と進められてきたアメリカ出自の「社会的蓄積構造理論」(SSA理論)の視角にもとづき、資本主義の歴史的構造変化、および現代資本主義の危機を読み解いていく(1)。SSA理論における最近の研究動向を踏まえつつ、資本主義がこれまでどのように構造変化を遂げてきたのか、新自由主義とその危機をどう理解するのか、そしてこれからの資本主義がどこへ向かうのかについて、大まかな展望を試みることとしたい。

一　社会的蓄積構造理論とはなにか

1　社会的蓄積構造理論の登場

一九七〇年代半ばに始まる長期の経済停滞は、戦後資本主義の一転換点をなすと同時に、経済学にとっての転機でもあった。インフレーションと大量失業が同時に発生するスタグフレーションに直面して、戦後経済学において長らく主流派の地位を占めてきた「新古典派総合」は破綻し、代替的な分析視角にもとづく経済危機の解明が差し迫った課題となっていた。この課題に応えるべく、デイヴィッド・M・ゴードン（David M. Gordon）を中心とする一群のアメリカ・ラディカル派経済学者たちが構築を進めたのが「社会的蓄積構造」（Social Structure of Accumulation；SSA）の分析枠組みである。スタグフレーションの根本的原因を究明し、それを克服するための方策を探る試みのなかから、資本主義の長期波動を説明する新しい枠組みが次第にその姿を現すことになったのである。

SSA理論の主たる関心は、資本主義における長期的な成長と危機の交替を説明することにある。すなわち、数十年周期の長期循環を制度的構造の変化と関係づけることによって説明しようと試みる。資本主義の新しい段階を画する制度的構造の確立とともに経済は長期の拡張局面を迎え、その制度的構造が機能不全に陥ると長期の不況が始まることになる。そしてふたたび新しい制度的構造が形成されることによって資本主義は新たな段階へと入っていき、経済の長期的拡張の時期が始まる。したがって資本主義の各段階は、新しい制度的構造によって特徴づけられることになる。

ＳＳＡ理論は、マルクスとケインズのマクロ経済学的洞察にその起源をもつ［McDonough, Reich and Kotz 2010: 2］。すなわち、資本主義は本来的に対立をはらんだシステムであり、階級対立によって引き起こされる危機傾向によって特徴づけられるという見解をマルクスから継承する。それと同時に、資本主義経済のもとでの投資決意は本来的に不安定であり、企業家の期待の変化によって大きな変動にさらされるというケインズの直観を取り入れる。ＳＳＡ理論によれば、階級対立を緩和し、資本家の長期期待を安定化するような一連の諸制度を構築することによって、これらの問題を少なくとも一時的には解決することができる。すなわち諸制度が相互に補完的な性格をもつ場合には、そのことによって蓄積過程が支えられることになる。

2　理論的枠組み

さて社会的蓄積構造とは、「その内部で資本主義的蓄積過程が組織される特定の制度環境」［Gordon, Edwards and Reich 1982: 9=1990: 12］のことである。言うまでもなく資本家は、利潤期待に導かれて投資活動を行なう。投資に有利な諸制度の組み合わせが存在するならば、予想収益に関する資本家の期待形成が安定的なものとなり、投資と経済成長が促進されるであろう。このように企業家の適切な期待形成に寄与し、順調な資本蓄積の進行を可能ならしめるような社会諸制度の集合体を「社会的蓄積構造」と呼ぶのである。このことについて、ゴードンらは次のように述べている。「安定的で良好な外部環境がなければ、資本家の生産的投資は決して進展しない。この外部環境を社会的蓄積構造と呼ぶ。……社会的蓄積構造は、蓄積過程に影響を及ぼすすべての諸制度から構成される」［Gordon, Edwards and Reich 1982: 23=1990: 26–27］。そのような制度には、貨幣・信用制度、国家の経済介入の類型、階級対立の性質などが含まれる(2)。

一連の諸制度から成るＳＳＡの枠組みには，「内的境界」および「外的境界」がある。まず内的境界は，資本蓄積の制度的環境を資本蓄積それ自体から区別する。資本蓄積の過程とは，個別資本家によって進められるミクロ経済的な活動を指している。したがって市場をはじめとする諸制度は，内的境界の外にあると見なされる。たとえば，企業内での労働編成のあり方は蓄積過程の一側面と見なされる一方で，社会的な労働制度や慣行はＳＳＡの構成要素であると規定される。しかし，内的境界の外部にあるあらゆる要因がＳＳＡを構成するのではない。たとえば，金融制度が蓄積過程に対して直接的な影響を及ぼすのに対して，スポーツ活動の性格はそうではないだろう。したがって後者は，ＳＳＡの外的境界の外にあると見なされる。こうしてＳＳＡとは，内的境界と外的境界のあいだに存在している諸要素から構成されるものとして定義される。言い換えるならば，「社会的蓄積構造とは，個別資本家の意思決定には外的なものであるが，資本主義経済のマクロ経済動態にとっては内的なものである」[Gordon, Edwards and Reich 1982: 26=1990: 30]。

資本主義的蓄積過程についてのこのような理解を踏まえると，ＳＳＡは資本蓄積の速度を交互に促進したり制限したりするということが分かる。すなわち，ＳＳＡを構成する諸制度が安定的に機能している場合には，資本家は安んじて投資の拡大に乗り出すことができる。こうして良好なＳＳＡの存在によって，急速な経済成長がもたらされる。しかしながら経済拡張それ自体が，資本蓄積の順調な進行を制限するような障害をつくり出す。それらの障害には，階級対立の激化，企業間競争の激化，あるいは市場の飽和など，さまざまな種類のものがありうる。既存のＳＳＡがひとたび動揺しはじめると，資本蓄積は鈍化する。さらに，こうして引き起こされた経済危機によって，既存のＳＳＡの解体がいっそう促進される。急速な資本蓄積の回復は新たなＳＳＡの構築にかかっている。そして新しいＳＳＡの内実は主として，危機の時期における階級闘争の性格によって形づくられる。新しいＳＳＡは，それに先行するＳＳＡとはほぼ確実に異なったものとなるので，新しいＳＳＡの確立によって資本主義の段階移行が生じる。こうして資本主義における成長と危機の長期的交替は、ひとつのＳＳＡの形成と解体に対応して生じるのだということになる。

3　長期波動とＳＳＡ

それでは、ひとつのＳＳＡの形成と解体に数十年という長い時間がかかるのはなぜだろうか。まず、経済が長期的な停滞の局面を迎えても既存のＳＳＡがただちに崩壊することはないという意味において、ＳＳＡはかなり大きな慣性をもっている。それは、旧来の制度に既得権益をもつ多くの主体や集団が存在するからである。旧来の諸制度の非効率性が社会全体にとって明らかになっても、旧制度の受益者である人びとは、制度の改革に対して強い抵抗を示すであろう。このため、ひとたび確立されたＳＳＡは長期にわたって存続することになりやすい。他方で、新しいＳＳＡを構成する諸制度が構築されるためには、異なる利害をもつ諸集団のあいだでの社会的妥協によるのであれ、あるいはある集団の側の決定的勝利によるのであれ、いずれにせよ、既存の制度の改編を求める諸集団による政治的連合の形成が必要とされる。しかしながら、個別当事者が制度改革に向けて集団的に動員され、さらにそれらの諸集団のあいだでの対立が緩和されるに至るまでには長い時間を要するであろう。資本家、労働者、およびその他の諸集団のあいだでの闘争や対立が解決されないかぎり、新しいＳＳＡが構築されることはありそうにない。このような理由から、新しいＳＳＡの構築には長い期間がかかり、またあるＳＳＡがいったん形成されると、それは長期にわたって存続することになる（[Lippit 2005: 29–33; 2010: 61–64] を参照）。

以上の議論から、約二五年間の拡張期と約二五年間の不況期が交互に現れるという資本主義経済の長期波動は、ＳＳＡの形成と解体を媒介として生じるのだということを理解することができる。長期波動とは、資本蓄積を促進する一連のＳＳＡの成功と失敗の産物なのである。長期波動を説明するための理論はこれまで数多く存在しているものの、それらのほとんどはその原因を、技術進歩、人口増加、原材料の相対価格の変化、国際資本移動などの外生的な出来事に求めている。これに対してSSA理論の独自性は、成長と危機の交替が、一部分は外生的な要因に対応したものであるが、主として制度的環境の内生的変化に対応したものであると見ている点にある。ただしSSA理論は、長期波動の拡張局面と縮小局面がつねに一定年数にわたって続くと主張しているのではない。それぞれの長期波動の持続期間、および長期波動における各局面の長さは、内部矛盾の強さ、外生的事象の影響、SSAの構成要素のあいだの相互作用など、資本主義の各段階における特有の事情によって決まることになるだろう。

SSA学派は、こうした長期波動および資本主義の段階移行についての理論的枠組みにもとづき、アメリカ資本主義の歴史的分析を展開している[(3)]。それによると、一九世紀半ばから末にかけてのアメリカにおいては「競争的SSA」が存在していた。それは、中小企業中心の市場構造、単純で直接的な労働統制、自由放任国家、自由貿易、古典的自由主義のイデオロギーを支柱としていた。このSSAは、無制限の競争による物価の下落、実質賃金の上昇、厳しい企業間競争のなかで作り出された過剰能力、および金本位制をめぐる各国間の対立、などの要因によってもたらされた利潤圧縮のために危機に陥る。この危機は、寡占的市場構造、弱体な労働組合、アメリカの対外拡張主義、連邦準備制度の創設、によって特徴づけられる「独占的SSA」の創出によって解決された。しかし世紀転換期に創出されたこのSSAは、一九三〇年代の大不況によって終焉を迎える。そして、ニューディール改革をへて第二次世界大戦後に新しいSSAが出現した。それは「戦後SSA」と呼ばれ、ケインズ主義的福祉国家、強力な労働組合、アメリカによる世界支配、が基軸的な制度をなしている。しかし長期に及ぶ高度経済成長を実現した戦後SSAは、一九七〇年代のスタグフレーションに直面して崩壊する。そして一九八〇年代初めから九〇年代半ばのあいだの時期に「新自由主義SSA」が確立し、今日に至っている。

ここまで見てきたように、ＳＳＡ理論は、資本主義の諸段階がそれぞれ独自のＳＳＡによって特徴づけられ、またひとつのＳＳＡが崩壊したのちに新しいＳＳＡが形成されることによって資本主義の段階移行が生じるのだと主張する。しかしながら、伝統的マルクス派とは異なり、自由競争資本主義から独占資本主義へ、さらに国家独占資本主義へと、資本主義は段階を追うごとに矛盾と停滞の度合いを深めていくという見方をとらない。すなわちＳＳＡ理論は、長期的な経済危機の局面から自らを復活・再生させる資本主義の自己回復力を認めることによって、伝統的マルクス派の資本主義崩壊論とは手を切る。資本主義は成長と危機の長期的交替を繰り返すことによって構造変化を遂げていくというのが、ＳＳＡ学派の見解である。

二　アメリカの戦後ＳＳＡの興隆と瓦解

一九七〇年代初頭に発生したスタグフレーションの原因を究明するとともに、それを克服するための方策を探り当てようとする知的営為のなかから、ＳＳＡ理論は形成された。したがってＳＳＡ学派にとっては、アメリカ資本主義の歴史的分析を進めていくにあたり、「戦後ＳＳＡ」の興隆と瓦解の仕組みを解明することが、第一に取り組むべき課題となった。この節では、その課題に正面から取り組んだ主要な研究を中心に、戦後アメリカ資本主義の成長と危機についてのＳＳＡ学派の分析を概観することにしよう（[Bowles, Gordon and Weisskopf 1983=1986]；[Gordon, Weisskopf and Bowles 1987] を参照）。

1　アメリカの戦後ＳＳＡの興隆

第二次世界大戦後のアメリカ経済は、投資・生産性・実質賃金の水準の急速な上昇を実現することによって、長期にわたる成長と繁栄を享受することができた。ボウルズ、ゴードンおよびワイスコフの三人は、このような高度経済成長を支えた「戦後ＳＳＡ」を「戦後コーポレート・システム」（postwar corporate system）と名づけている。それは、（1）パックス・アメリカーナ、（2）資本と労働の合意、（3）資本と市民の合意、という三つの主要な制度的構造から構成されていた。(4)

第一の「パックス・アメリカーナ」とは、資本主義世界経済におけるアメリカの支配的地位を保証した政治的・経済的な諸制度を指す。戦後世界においては、ドルを基軸通貨とする新しい国際金融体制がアメリカ主導のもとに構築された。その体制においてはドルが高い相場で固定されていたので、アメリカ企業は、海外から原料やエネルギーを有利な条件で購入することができた。また高いドル平価は、アメリカ企業による海外直接投資を促進した。他方で、投資と対外援助によって世界中に散布されたドルは、アメリカ製品への需要となってすぐに国内に還流してきた。このようなアメリカ支配のもとでの軍事的・政治的・経済的な国際秩序を「パックス・アメリカーナ」という。

第二の「資本と労働の合意」とは、戦後アメリカにおいて労使間で取り結ばれた暗黙の合意のことである。投資・生産・技術・工場立地・マーケティングなどの経営上の重要な意思決定を経営側が掌握する一方で、これに対する代償として、労働側には、生産性に連動した実質賃金上昇、雇用保障、労働条件の改善を約束した。こうして協調的な労使関係が実現した結果、企業側から見て望ましい利潤水準が確保されるとともに、総需要の水準も安定的に維持されることとなった。ただし、この合意は多くの組織労働者に恩恵をもたらした一方で、未組織労働者・女性・人種的マイノリティはその恩恵から排除されていた。その結果、労働市場の分断が進むこととなった。

第三に「資本と市民の合意」とは、利潤を追求する企業と、企業の社会的責任を求めるとともに経済的保障を要求する市民とのあいだでの利害対立を調整するような一連の政治的仕組みのことを言う。このような利害の調整は、国家の経済的役割の拡大によって可能となった。戦後期の国家は、社会保険・医療・教育など各種社会保障制度の拡充を進めたので、その見返りにアメリカ市民は、資本主義経済における企業の利潤追求の正当性に承認をあたえた。その一方で国家は、公共支出や補助金などの手段を用いて民間企業の活動を支えるように努めたため、企業の側では、政府によるさまざまの福祉支出を容認した。しかしながら全体として見ると、福祉国家による市民の必要の充足が認められたのは、あくまでも企業の収益性を損なわない範囲においてであった。

2　アメリカの戦後ＳＳＡの瓦解

これらの資本蓄積に有利な制度的構造が良好に機能していたために、アメリカ経済は戦後二〇年間の経済成長を達成することができた。しかしながらＳＳＡ理論によれば、長期に及ぶ経済成長そのものが自らの制度的基礎を掘り崩すことによって、蓄積に対する障害をつくり出した。すなわち一九六〇年代末以降になると、戦後コーポレート・システムの内部分解が始まった。

第一に、アメリカ企業が先進諸国と第三世界の双方からの厳しい挑戦に直面することによって、一九六〇年代半ばまでには「パックス・アメリカーナ」が大きく揺らいでいた。日本やヨーロッパの経済的台頭は、世界市場におけるアメリカの競争上の地位を低下させるとともに、アメリカの国内市場への浸透を招いた。第三世界からの挑戦も、アメリカの国際支配をしだいに弱めていった。植民地支配からの解放を求める第三世界の運動は、アメリカに本拠をおく多国籍企業とアメリカ政府をますます標的とするようになった。それにもかかわらず、ベトナム戦争での敗北に象徴されるように、アメリカ政府が民間企業のために「世界の安寧を保つ」能力は著しく弱まっていた。さらに、パイの分け前の拡大を求めて、第三世界の原材料輸出国からの異議申し立ても展開された。

石油輸出国機構（ＯＰＥＣ）のカルテルが、その典型的な例である。アメリカの国際支配の後退は、交易条件の悪化を通じて、利潤率と生産性上昇率の低下につながった。

第二に、長期間にわたり完全雇用に近い状態が持続して、労使間の力関係が変化したことによって、「資本と労働の合意」が崩壊した。戦後のアメリカでは、失業率が低くなり職を失う恐れが小さくなった一方で、失業手当をはじめとする社会給付の水準が上昇したので、労働者にとっての失業の脅威が著しく弱まった。このようにして「失職コスト」が減少すると、企業による労働者の統制の有効性は低下する。企業の支配力の低下は、労働強度を引き上げたり、賃金上昇を抑制したりするための使用者の力を弱め、このことは次いで、労働生産性と利潤分配率の低下を引き起こした。これに加えて、この合意から排除されていた縁辺労働者からの異議申し立ても出現した。人種差別・性差別・賃金格差拡大に対する彼らの抗議は、公民権運動、福祉権運動、高齢者の組織化、女性運動という四つの運動を通じて展開された。これを受けて、一九六〇年代半ば以降にアメリカ政府は、社会的宥和を進めるためにさまざまな社会プログラムを相次いで導入した。それにともない多くの資金が必要とされるようになったが、そのことは、縁辺労働者の抵抗を抑え込むためのコストがますます上昇していることを反映するものであった。

第三に、一九六〇年代後半以降になると、環境保護運動・反原発運動・消費者運動など、多種多様な市民運動が高まりを見せるようになり、「資本と市民の合意」も解体するに至った。これらの運動は、人びとの価値観の変化によって始まったというよりも、多くの場合、戦後コーポレート・システムのもとで生命と健康の危険が増大したことに対する防衛的な反応として発生した。当時、都市の環境汚染、放射能汚染の脅威、危険な商品の流通、労働災害の増加などの問題が深刻化して、人びとの生活が脅かされていたからである。これらの一連の運動は、「収益性のあるものは望ましいものであるに違いない」という収益性の論理に対して異議を申し立てるという効果をもった。こうした異議申し立ての重要な帰結のひとつが、資源やエネルギーを含む原材料の価格の急騰であった。このこともまた、企業の生産コストを上昇させることによって収益性を低下させるように作用した。

このようにして一九六〇年代半ば以降、アメリカ企業の支配力に対する国内外からの異議申し立てに直面して、戦後コーポレート・システムを支える三つの制度的支柱が大きく揺らぎはじめた。そしてシステムの内部分解は、法人利潤率の急速な低下を招いて、経済停滞を不可避のものとした。SSA学派は、企業の収益性の動向が基本的には労使間コンフリクトの状態によって規定されるという見解にもとづき、利潤率の低下を引き起こした要因として、戦後期の持続的な高雇用状態のもとで利潤圧縮が生じたことを重視している。すなわち、一九七〇年代以降の長期経済停滞の根本的な原因は、解雇の脅しを用いて労働者を規律づける「産業予備軍効果」が低減したことにあるとされている(5)。

したがって一九七〇年代以降の経済危機は、総需要不足を原因とする一九三〇年代の大不況とは著しく性格を異にしている。資本主義経済においては、資本家階級が「強すぎる」ためか、または「弱すぎる」ために危機が生じる [Gordon, Weisskopf and Bowles 1987: 43]。資本家が強すぎる場合には、所得分配が資本側に有利に傾く結果、賃金の分け前が減少して、経済は「過少消費危機」に陥ることになる。これに対して資本家が弱すぎる場合には、賃金上昇が収益性を圧迫することによって新投資が抑制され、「利潤圧縮危機」がもたらされる。前者は需要サイドの危機として、そして後者は供給サイドの危機として特徴づけられる。一九三〇年代の大不況が労働者の過少消費によって引き起こされた需要サイドの危機であるのに対して、戦後コーポレート・システムの危機は、持続的な高雇用状態を背景として、労働者階級の賃上げ圧力が増大することによって生じた供給サイドの危機である。すなわちこの危機は、高雇用利潤圧縮を原因とする「収益性危機」(ないしは「利潤圧縮危機」)であるというところに、その基本的な特徴がある。

ともあれ、アメリカの長期的な成長と繁栄を支えていた戦後ＳＳＡは瓦解した。これによって経済の長期停滞が生じたのであるとするならば、新しいＳＳＡを構築することによってしか、危機を解決して経済成長を回復することはできないということになる。

三　新自由主義ＳＳＡの出現

こうしてＳＳＡ学派は、労使間の対抗関係を分析枠組みの基軸に据えて資本主義の長期的・歴史的動態を読み解いたマルクスの視点に再注目し、その現代的な再生を通して、戦後アメリカ資本主義の構造と動態を明快な論理で解き明かしてみせた。伝統的マルクス経済学および主流派経済学のいずれとも異なる斬新な資本主義発展理論の展開を踏まえて、一九七〇年代以降にアメリカが陥った長期経済停滞の解剖を試みた彼らの研究は、現代資本主義分析の新たな地平を切り開くものであった。

1　新自由主義は新しいＳＳＡか

しかしながらＳＳＡ学派は、戦後ＳＳＡの崩壊から今日に至る数十年間の経済的現実の分析においては、多くの困難に直面してきた。この間、資本主義が大きな変貌を遂げて、ＳＳＡ理論の真価が問われるなかで、数多くの重要な問題が長いあいだ未解決のままとなっていた。まずなによりも、戦後ＳＳＡの崩壊によって生じた経済危機は新しいＳＳＡの構築によって克服されたのか、それとも危機の局面が依然として続いているのかが明らかにされなくてはならない。そして、もし危機が解決されたのだとするならば、新しいＳＳＡがどの時点において確立し、またその基本的性格はいかなるものであるのかが問われることになる。これらの問題をめぐっては、Ｓ

SA学派の理論家たちのあいだで多くの議論が重ねられてきたにもかかわらず、なかなか共通の見解が形成されるには至らなかった。しかしながら近年の多くの研究では、一九八〇年代初頭から九〇年代半ばのあいだに新しいSSAが出現したという見解が示されており、おおよその合意が形成されつつあるかに見える。

たとえばリピット［Lippit 2005: ch.3］は、アメリカにおける新しいSSAが、一九八〇～九〇年代のあいだの社会的闘争や制度変化の過程を通じて徐々に形成され、一九九〇年代半ばに確立に至ったと論じている。彼は、アメリカの新しいSSAを構成する核心的な要素として、次の七つを挙げている［Lippit 2005: 54］。

（1）労働側に対する資本側の力の増大。
（2）投資に有利な金融制度の変化。
（3）規制緩和。
（4）株主利益を重視する方向での企業の性格の変化。
（5）限定的な政府。
（6）国際的な貿易と投資を促進するような国際協定の増加。
（7）小規模の革新的企業に有利な資本市場。

彼は、この新しいSSAを「新自由主義SSA」（neoliberal SSA）と名づけている［Lippit 2010: 49, 65］[(6)]。そして、このSSAのもっとも重要な制度的特徴は、労働側に対する資本側の支配力にあると述べている。そのことは、民間部門における組合組織率の著しい低下、実質賃金の伸び悩み、利潤分配率の上昇、所得格差の拡大などの事実によって明らかである。これらの現象はいずれも、新自由主義時代の全期間を通じての特徴となっているものである［Lippit 2010: 68］。

これと同様に、コッツとマクドナフ［Kotz and McDonough 2010］もまた、今日の「グローバル新自由主義」を、資本蓄積のための枠組みとして役立つ首尾一貫した持続的な制度的構造であると見ている。ただし彼らの見解によれば、それはすでに一九八〇年代初めには確立していたとされる。とりわけ彼らは、近年における資本主義の重要な変化としてグローバル化の進展に注目し、グローバル化と新自由主義という現代資本主義のふたつの主要な側面がたがいに密接に結びついていることを強調している。すなわち新自由主義政策が、自由貿易、資本規制の撤廃、国民国家の空洞化を通じて、生産・貿易・階級関係のグローバル化を加速した一方、ひるがえって資本移動の自由化が、階級的力関係を資本側に有利な方向に傾けて新自由主義の台頭を促したのだとされる。そして彼らは、リピットと同じく、「グローバル新自由主義ＳＳＡ」のほとんどの制度を貫く共通の糸は、労働側に対する資本側のほぼ完全な支配であると主張している［Kotz and McDonough 2010: 104］。

このように近年の多くの研究では、戦後ＳＳＡに代わる新しいＳＳＡが一九八〇年代以降に確立したのだという見解が示されている。すなわち、新自由主義とは戦後ＳＳＡの危機が持続していることを示すものではなく、それは一九八〇年代初頭以降に出現した新しいＳＳＡなのだというのが、今日のＳＳＡ学派における共通見解であると言ってよい。そして、新たに創出された制度的構造によって、経済諸主体が行動するための「ゲームのルール」が資本側に圧倒的に有利な方向で書き直されたというのも、彼らに共通する見方である（［Wolfson and Kotz 2010: 72-76］を参照）。

2　ＳＳＡの再定義

しかしながら、新しいＳＳＡが出現したにもかかわらず、新自由主義時代のアメリカの経済成長率は、戦後ＳＳＡの時代よりもはるかに低いばかりでなく、戦後ＳＳＡの危機の局面と比べてもほとんど変わらない。すなわち、戦後ＳＳＡの時代（一九四八〜七三年）の経済成長率が年あたり三・九八パーセントであったのに対して、危機の時期（一九七三〜七九年）の年あたりの平均成長率は二・九五パーセントへと低下した。そして新自由主義時代（一九七九〜二〇〇七年）の成長率は二・九六パーセントであり、戦後ＳＳＡの危機の時期とほぼ同じである［Wolfson and Kotz 2010: 73］。そうである以上、ＳＳＡの伝統的な概念にもとづくかぎり、低成長の新自由主義時代が新しいＳＳＡに支えられているのだと主張することは難しい。というのも、第一節で見たように、ＳＳＡ理論においては、良好で安定的なＳＳＡの存在は急速な経済成長を促すはずだと想定されているからである。

そこでウォルフソンとコッツは、ＳＳＡ理論における基本的概念の見直しを提唱する。すなわち彼らは、ＳＳＡを急速な経済成長と結びつける仮定は放棄されるべきであると主張する。彼らによれば、経済危機の時代における社会諸集団のあいだでの闘争を通じて新しいＳＳＡが形成されることは確かであるものの、一般に資本主義経済においては、支配階級である資本家階級が新しいＳＳＡの構築において主導的な役割を演じる。個別資本家は利潤の最大化を目的とする主体であるから、彼らはみな高利潤をもたらすような諸制度を支持するであろう。しかしながら個別の資本家が一人で社会的諸制度をつくることはできないので、諸制度の創出と維持には資本家階級としての集団的な行動が必要とされる。とりわけ、既存の諸制度が利潤形成過程を支えるものでなくなった危機の局面においては、資本家たちは、利潤形成という自らの核心的な利益を守るために新しいＳＳＡの構築にむけて協力することになるだろう。こうして形成された新しいＳＳＡの諸制度は、利潤形成のための枠組みをなすにとどまらず、資本家の期待形成を安定化することを通じて、資本蓄積に対しても恐らくは好ましい影響を及ぼすにちがいない。しかしながら、一国経済全体の急速な資本蓄積を促進することは、個別資本家にとっての核心的な利益ではないし、また社会諸制度を再構築するために資本家たちが協力するうえでの前提条件でもない。それゆえ、新しいＳＳＡが資本蓄積を促進するであろうと予想する理由は、本来的には存在しないのである。

じっさい、右で見たように、アメリカにおいては新自由主義が急速な資本蓄積を促進することはなかった。しかしその一方で新自由主義は、利潤の分け前を増加させ、最終的には利潤率を上昇させた。二〇〇五年のアメリカにおいては上位一パーセントの富裕層が総所得の約一七パーセントを取得しており、この数値は一九七九年の倍に近い［Wolfson and Kotz 2010: 79］(7)。このような状態のもとでは、たとえ経済成長が緩慢なものであったとしても、資本家階級の大部分が新自由主義SSAを破棄して、新しいSSAに置き換えることを提唱するような事態は起こりそうにない。

以上の議論にもとづいて、ウォルフソンとコッツはSSAの再定義を試みる。すなわちSSAとは、「資本家の利潤形成を支えるとともに、また資本蓄積のための枠組みをあたえる首尾一貫した制度的構造のことであるが、しかしそれが必ずしも「急速な」資本蓄積率を促進するとは限らない」［Wolfson and Kotz 2010: 79］。したがって、SSA理論と長期波動論のあいだの連鎖は断ち切られるべきであるとされる。そうすることによって、SSA理論における論理の不備を改善することができるし、また新自由主義が現在のSSAの基盤であることを理解することもできるようになると、彼らは主張している。

たしかに、新自由主義時代のアメリカ経済の成長は決して芳しいものではなかったし、またこの間、所得格差拡大や貧困の問題も深刻さを増した。グローバル新自由主義のもとでの経済制度や経済政策の変化が、富裕層や大企業に大きな恩恵をもたらした一方で、勤労大衆の雇用や生活を不安定なものにしてきたことは疑いない。しかしマクロ経済的に見るならば、一九八〇年代半ばから約二〇年のあいだ「大平穏期」（Great Moderation）と呼ばれる長期的な安定局面が続いたこともまた、一面の事実である。これらの点を考慮に入れたうえで、ウォルフソンとコッツの新しい定義に照らして見るならば、一九八〇年代初めのアメリカにおいて資本側の優位にもとづく新自由主義SSAが成立したという見解は、それなりの妥当性をもつことになる。

四　資本主義はどこへ向かうのか

1　新自由主義SSAの矛盾と危機

さて、その大平穏期の終焉を告げたのが、サブプライム・ローン問題に端を発する二〇〇七～〇八年の金融危機である。そして、一九三〇年代の大不況以来とも言われる厳しい経済的下降をもたらしたこの金融危機は、新自由主義SSAが衰退の局面に入ったことを示すものにほかならないというのが、SSA学派の多くの理論家の見方である。

たとえばコッツ［Kotz 2009］は、新自由主義時代のアメリカにおける長期の経済拡張と、二〇〇八年の金融・経済危機についての分析をあたえている。それによれば、（1）不平等の拡大、（2）金融部門の投機的行動、（3）一連の資産バブル、の三つの要因が新自由主義時代における長期的拡張の基礎をなしていたとされる。そして二〇〇〇～〇七年の長期的な拡張は、住宅バブルと借入にもとづく消費支出によって主導されていたのだと、彼は言う。しかし、賃金上昇が厳しく抑制されており、家計債務の増加を通してのみ経済の拡張が可能となるようなシステムが、無限に持続することはありえない。時とともに家計に対する金融的圧力が増大したばかりでなく、金融部門の脆弱性もしだいに大きくなった。そして、二〇〇〇年代を通じて膨張をつづけた住宅バブルが崩壊を迎えると、従来の経済拡張のパタンは持続不可能となる。それゆえ二〇〇八年の金融危機は「新自由主義的資本主義」（neoliberal capitalism）の体系的な危機と見なされるべきであると、コッツは主張している。

コッツ［Kotz 2013］によれば、戦後SSAの危機が高雇用利潤圧縮によって引き起こされた「剰余価値の生産の危機」であるのに対して、新自由主義SSAの危機は「剰余価値の実現の危機」であるとされる。彼の見るところ、新自由主義ＳＳＡのもとでは、労働者の実質賃金の下落、家計所得の不平等化、政府支出の削減などによって需要の押し下げ圧力が生じた。一連の資産バブルは多くの人びとの消費を増加させることによって実現問題の発生を延期させたものの、バブルが崩壊すると消費支出が減少して、急速な景気後退が始まった。しかしながら、新自由主義ＳＳＡの構造的危機をもたらした要因は、過少消費ではなく過剰投資であるとコッツは言う。すなわち、一連の資産バブルは企業の投資を刺激して、増加する消費需要をみたすための生産能力をつくり出した。そして、ひとたび資産バブルが崩壊して消費支出が減少すると、バブル期には必要な生産能力であると思われていたものが、突然に過剰な生産能力へと転じた。これに続いて、企業の設備投資が急速に減少した。

より一般的に見るならば、今次の金融危機は、新自由主義ＳＳＡが本来的にはらんでいた諸矛盾が激化することによって生じたのであり、それゆえ新自由主義ＳＳＡそれ自体が限界に到達したことを示すものにほかならないというのが、ＳＳＡ学派の見解である［Lippit 2010: 66–70]; [Wolfson and Kotz 2010: 86–87]; [Kotz and McDonough 2010: 116–118]; [Tabb 2010: 159–162］。

たとえばコッツとマクドナフ［Kotz and McDonough 2010: 116–118］は、グローバル新自由主義ＳＳＡが数多くの矛盾を内包していると指摘する。第一に、利潤の急速な増加と賃金の伸び悩みのあいだの大きな不均衡は、総需要不足の問題をつくり出す。この問題は、緊縮的なマクロ経済政策によっていっそう厳しいものとなる。第二に、金融自由化と時間的視野の短期化のためにますます投機的な性格を強めていく金融部門は、時とともに金融脆弱性を増加させる傾向をもつ。第三に、頻発する資産バブルが崩壊するときには、金融的・経済的な大混乱が生じる。第四に、経済と金融のグローバルな統合は、主要各国の景気循環を同時化させる傾向をもつ。その結果、金融危機や景気後退が急速に世界中に波及するようになる。

これらの矛盾が臨界点に達するまで激化したことによって、グローバル新自由主義ＳＳＡの危機局面が始まったのだというのが、コッツとマクドナフのさしあたっての結論である。彼らが主張するように、二〇〇七〜〇八年の金融危機が新自由主義ＳＳＡの危機局面への転換点を刻むものであるとするならば、アメリカ資本主義はそれ自らの再構築を余儀なくされることになる。新自由主義ＳＳＡの崩壊につづいて、さまざまな階級や集団のあいだでの闘争のなかから新しいＳＳＡが出現することになるだろう。

2　「自由主義的なＳＳＡ」から「規制されたＳＳＡ」へ

そうであるとするならば、新自由主義ＳＳＡが崩壊したのち、それに代わって、どのような性格をもつＳＳＡが新たに出現するのだろうか。もちろん将来を予測することは不可能であるにせよ、現在の危機を解決するための試みを通じて新しい制度的構造が創出される以上、そのありうる形態はいくらか限定されることになる。ここでは、ウォルフソンとコッツ［Wolfson and Kotz 2010: 81-88］の議論を見ることにしよう。

彼らの見解によれば、ＳＳＡにはふたつの変種があるとされる。すなわち、「自由主義的なＳＳＡ」（liberal SSA）および「規制されたＳＳＡ」（regulated SSA）のふたつである。これらふたつの類型のＳＳＡの根本的な相違は、資本・労働間の矛盾が一時的に安定化される方法の違いにある。まず「自由主義的なＳＳＡ」においては、資本側が労働側に対して高度の支配力をもち、それゆえ労働側との妥協を受け容れようとはしない。またこのＳＳＡのもとでは、「自由市場」の原則にもとづき、市場における資本の活動に対する国家の介入は限定的である。これに対して「規制されたＳＳＡ」においては労働側がかなり大きな力をもち、資本側は労働側との妥協を余儀なくされる。また国家は、市場における資本家の自由な行動にさまざまな方法で制約を加える。こうしてふたつの類型のＳＳＡにおいては、それぞれに異なる方法で資本主義の諸矛盾の安定化がはかられることになる。

そしてウォルフソンとコッツによれば、アメリカ資本主義の歴史においては、これらふたつの種類のＳＳＡが交互に現れる傾向が存在するという。というのも、それぞれのSSAを崩壊に導くような経済危機の性格は相異なるからである。「自由主義的なSSA」では、所得分配が資本側に有利であるために「過少消費危機」が生じやすい。したがって、労働側が自らの力を回復するための反撃によって、所得の相対的分け前を大きくすることができるならば、その危機が解決されることになるだろう。他方で「規制されたSSA」のもとでは、労働側の交渉力が強いために「利潤圧縮危機」が発生する傾向がある。そのような危機は、自らの力を回復させようとする資本側の反攻によって解決されることになるだろう。これらの結果が生じることには些かの論理的必然性も存在しないにせよ、アメリカの歴史においては「自由主義的なSSA」と「規制されたSSA」とが交互に出現する傾向があるように思われる(8)。

歴史の動態についてのこのような見方は、カール・ポランニー（Karl Polanyi）が「二重運動」論によって示した洞察と軌を一にするものである。ポランニーは『大転換』［Polanyi 1944=2009］において、「自己調整的市場」の拡大とそれを阻止しようとする「社会の自己防衛」との対抗によって、市場社会の歴史が形づくられてきたと論じている。自由な市場の拡大は、労働条件の悪化、賃金の低下や失業の増加をもたらして、労働者階級の窮乏を生み出す。しかし、市場システムの拡大運動が無制限に進むことはない。経済を社会に埋め込み、資本側の力を抑制しようとする対抗運動によって、経済の自由なはたらきが妨げられるからである。

戦後アメリカ経済について見るならば、力強い経済成長がつづいて労働側の力が増大した結果、一九六〇年代末に、持続的な利潤圧縮危機によって戦後SSAは崩壊を迎えた。そして一九七〇年代の一〇年に及ぶ危機と闘争を経たのち、八〇年代初めに、資本側が最終的に勝利を収めることとなった。それにともない新自由主義SSAが成立し、かつての「規制されたSSA」が「自由主義的なSSA」に置き換えられた。そして現在、新自由主義SSAは、総需要の不足や金融不安定性の増大などの内部矛盾が激化することによって、危機の局面に入ったように思われる。資本主義の歴史が示すところによれば、新自由主義ＳＳＡの危機と解体につづいて、新しい「規制されたＳＳＡ」の創出が試みられることになるはずである。しかしながら、「規制されたＳＳＡ」にも種々の類型のものがありうる。いかなる形のＳＳＡが次に現れるのかは、相争う社会諸集団のあいだでの闘争の帰結にかかっている。

結論

ＳＳＡ理論は、資本主義の長期的な安定と危機の交替がなぜ生じるのかを明らかにしている。資本蓄積にとって有利な社会諸制度の集合体を「社会的蓄積構造」（ＳＳＡ）という。良好なＳＳＡが形成されると、長期にわたる安定の時期が現れる。しかしながら経済拡張それ自体が、拡張の制度的基礎を掘り崩すような諸力を生み出す。既存のＳＳＡが動揺しはじめると資本蓄積が鈍化し、経済は長期的な危機の局面へと入っていく。そして、社会的な闘争を経て新しいＳＳＡが構築されると、経済はふたたび長期的な安定の時期を迎える。新しいＳＳＡの確立によって、資本主義は新たな段階へと移行する。こうして資本主義における安定と危機の長期的交替は、ひとつのＳＳＡの形成と解体に対応して生じることになる。

第二次世界大戦後のアメリカは、「戦後コーポレート・システム」と呼ばれるＳＳＡのもとで長期にわたる成長と繁栄を謳歌した。しかしながら、アメリカ企業の支配力に対する国内外からの異議申し立てに直面して、一九六〇年代末にそのシステムの内部分解が始まった。これによって戦後アメリカの高度経済成長は終焉を迎え、一九七〇年代以降の長期停滞が始まった。その後、一〇年に及ぶ社会的闘争を経たのち、一九八〇年代以降に「新自由主義ＳＳＡ」が確立した。そのＳＳＡは、労働側に対する資本側の優位を大きな特徴としている。新自由主義ＳＳＡのもとでの経済成長は緩慢なものであり、またそのもとで所得格差の拡大も進んだ。そして二〇〇七~〇八年の金融危機を転機として、新自由主義ＳＳＡは衰退の局面に入ったように思われる。新自由主義の終焉の後にどのような形態の資本主義が出現するのかは、さまざまな階級や集団のあいだでの闘争の帰趨にかかっている。過去から受け継いだ状況においてではあれ、歴史をつくるのはわれわれ自身である。

注

(1) ＳＳＡ理論における初期の代表的な研究に、Gordon, Edwards and Reich [1982=1990], Bowles, Gordon and Weisskopf [1983=1986] がある。その後も、Kotz, McDonough and Reich (eds.) [1994], Lippit [2005], McDonough, Reich and Kotz (eds.) [2010] など、多くの成果が継続的に生み出されている。なお、一九九四年以降のＳＳＡ理論の成果を包括的に概観している文献に、McDonough [2010] がある。そこでは特に、社会学の領域における普及、発展途上国の分析への適用の拡大、刑事司法制度や企業構造など特定の制度についての歴史的分析の進展などが、注目に値する新しい研究動向として紹介されている。

(2) 蓄積過程に影響を及ぼす諸制度の集合体を「社会的蓄積構造」と定義するＳＳＡ学派の枠組みは、マクロ経済的連関の観点から諸制度の総体を「蓄積体制」(accumulation regime) と定義するフランス・レギュラシオン学派の理論的枠組みに類似している。さらに、社会諸制度が蓄積過程に対して及ぼす影響に焦点を合わせることによって成長と危機の長期的交替を説明しようと試みる点においても、これらふたつのアプローチは共通している。このことから、ＳＳＡ理論はレギュラシオン理論の「アメリカ版」であるとしばしば指摘されている。これらふたつの理論の異同については、McDonough, Reich and Kotz [2010: 4-6] を参照されたい。

(3) アメリカ資本主義の歴史の段階区分や、各段階において成立しているＳＳＡの名称については、ＳＳＡ学派の内部においても論者によってまちまちである。以下の説明は主として、McDonough, Reich and Kotz [2010: 3-4] にもとづいている。

(4) なにが戦後ＳＳＡを構成する核心的な制度であるのかについても、論者によっていくぶん見解が異なっている。ここで挙げられている三つの制度に、資本間関係や金融制度を加える論者もいる。たとえばリピット［Lippit 2005: ch.3］は、戦後ＳＳＡの構成要素として、(1)資本と労働の合意、(2)パックス・アメリカーナ、(3)資本と市民の合意、に加えて、(4)資本間競争の緩和、(5)蓄積過程を支えた金融構造、の合わせて五つを挙げている。これらの五つの制度は、レギュラシオン理論の枠組みにおいて想定されている五つの「制度諸形態」にほぼ対応しているものと考えてよい。

(5)　ここに見られるように、かつてのＳＳＡ理論には、さまざまな社会的コンフリクトのなかでも階級間コンフリクトに特権的な位置づけをあたえ、階級間コンフリクトこそが資本蓄積の長期的動態を規定する基軸的な要因であると考える傾向が見られた。しかしながら今日では、人種や性などをめぐっての非階級的な闘争も、ＳＳＡの形成と崩壊に大きな影響を及ぼす要因であると位置づけられている。この点について詳しくは、Lippit［2010: 64-66］を参照されたい。

(6)　戦後ＳＳＡの崩壊ののちに新しいＳＳＡがいつごろ出現したのかについては、論者のあいだでいくぶん見解が異なっている。また新しいＳＳＡの名称も、論者によって異なっている。「新自由主義ＳＳＡ」が一九九〇年代半ばに確立したというリピットの見方に対して、マクドナフ／ライク／コッツは新しいＳＳＡを「現在のＳＳＡ」(contemporary SSA) と呼び、それは一九八〇年代初めに確立されたのだと述べている［McDonough, Reich and Kotz 2010: 4］。またコッツ／マクドナフ［Kotz and McDonough 2010］およびタブ［Tabb 2010］では、一九八〇年代初めに出現した新しいＳＳＡを指して「グローバル新自由主義ＳＳＡ」(global neoliberal SSA) という名称も用いられている。

(7)　アメリカ経済における利潤率は、一九六〇年代半ばに二〇パーセント前後でピークに達したのちに低下しはじめ、八〇年代初めに約一三パーセントで底を打って回復に転じた。そして二〇〇五年には二〇パーセントを超えて、一九六〇年代以後の最高水準を記録した（［Kotz and McDonough 2010: 110］を参照）。

(8)　コッツ［Kotz 2003］は、一九〇〇年以後のアメリカにおいては、「自由主義的な制度的構造」(liberal institutional structure: ＬＩＳ) が存在していたふたつの時期と、「規制主義的な制度的構造」(regulationist institutional structure: ＲＩＳ) が成立していたふたつの時期があったと論じている。それによれば、最初のＲＩＳが一九〇〇～一六年のあいだに存在したのち、第一次世界大戦後の一九二〇～三二年にはＬＩＳが成立していた。そして第二次世界大戦後に新しいＲＩＳが出現し、それは一九四七年から七三年にかけて存続した。その後、一九八〇年頃にふたたびＬＩＳが確立して、今日に至っているとされる。さらにコッツは、ふたつのＲＩＳの時代には、ふたつのＬＩＳの時代よりも経済成長率が高く、また景気後退が短く穏やかであり、経済的安定性も高いことを示している。

参考文献

Bowles, Samuel, David Michael Gordon and Thomas E. Weisskopf [1983=1986] *Beyond the Waste Land: A Democratic Alternative to Economic Decline*, Garden City, New York: Anchor Press/Doubleday. 都留康・磯谷明徳訳『アメリカ衰退の経済学——スタグフレーションの解剖と克服』東洋経済新報社。

Gordon, David Michael, Richard Edwards and Michael Reich [1982=1990] *Segmented Work, Divided Workers: The Historical Transformation of Labor in the United States*, Cambridge: Cambridge University Press. 河村哲二・伊藤誠訳『アメリカ資本主義と労働——蓄積の社会的構造』東洋経済新報社。

Gordon, David Michael, Thomas E. Weisskopf and Samuel Bowles [1987] “Power, Accumulation and Crisis: The Rise and Demise of the Postwar Social Structure of Accumulation,” in Cherry, Robert et al. (eds.) *The Imperiled Economy: Book I, Macroeconomics from a Left Perspective*, New York: Union for Radical Political Economics.

Kotz, David Michael [2003] “Neoliberalism and the Social Structure of Accumulation Theory of Long-run Capital Accumulation,” *Review of Radical Political Economics*, vol. 35, no. 3.

Kotz, David Michael [2009] “The Financial and Economic Crisis of 2008: A Systemic Crisis of Neoliberal Capitalism,” *Review of Radical Political Economics*, vol. 41, no. 3.

Kotz, David Michael [2013] “Social Structures of Accumulation, the Rate of Profit and Economic Crises,” in Wicks-Lim, Jeannette and Robert Pollin (eds.) *Capitalism on Trial: Explorations in the Tradition of Thomas E. Weisskopf*, Cheltenham: Edward Elgar.

Kotz, David Michael and Terrence McDonough [2010] “Global Neoliberalism and the Contemporary Social Structure of Accumulation,” in McDonough, Reich and Kotz (eds.) [2010].

Kotz, David Michael, Terrence McDonough and Michael Reich (eds.) [1994] *Social Structures of Accumulation: The Political Economy of Growth and Crisis*, Cambridge: Cambridge University Press.

Lippit, Victor D. [2005] *Capitalism*, London: Routledge.

Lippit, Victor D. [2010] "Social Structure of Accumulation Theory," in McDonough, Reich and Kotz（eds.）[2010].

McDonough, Terrence [2010] "The State of the Art of Social Structure of Accumulation Theory," in McDonough, Reich and Kotz（eds.）[2010].

McDonough, Terrence, Michael Reich and David Michael Kotz [2010] "Introduction: Social Structure of Accumulation Theory for the 21st Century," in McDonough, Reich and Kotz（eds.）[2010].

McDonough, Terrence, Michael Reich and David Michael Kotz（eds.）[2010] *Contemporary Capitalism and Its Crises: Social Structure of Accumulation Theory for the 21st Century*, Cambridge: Cambridge University Press.

Polanyi, Karl [1944=2009] *The Great Transformation: The Political and Economic Origins of Our Time*, Boston: Beacon Press. 野口建彦・栖原学訳『[新訳] 大転換――市場社会の形成と崩壊』東洋経済新報社。

Tabb, William K. [2010] "Financialization in the Contemporary Social Structure of Accumulation," in McDonough, Reich and Kotz（eds.）[2010].

Wolfson, Martin Henry and David Michael Kotz [2010] "A Reconceptualization of Social Structure of Accumulation Theory," in McDonough, Reich and Kotz（eds.）[2010].

■グローバリゼーションのトリレンマ

グローバリズムをめぐって、3つの立場がある。(1)グローバル経済を推進する立場、(2)国家主権を大切にする立場、(3)民主主義を大切にする立場、である。けれども第一の立場を優先すれば、第二の立場を退けることになり、第二の立場を優先すれば、第三の立場を退けることになる。ふたつの立場を両立させることはできるが、3つの立場を同時に実現することはできないだろう。こうした三つどもえ（トリレンマ）の状況で、私たちはどの理念を優先すべきだろうか。

たとえば、関税の引き下げを受け入れるグローバル経済の立場は、関税決定権としての国家主権を否定せざるをえない。ただその場合でも、各国は関税をめぐって、世界全体のガバナンスを民主的に考える機関（WTOなど）に参加することができるだろう。その意味で、経済のグローバル化と民主主義は両立しうる。世界的な民主主義は、地球環境問題や関税問題などの専門領域ごとに進められるが、それぞれの領域においては、国際的な世論が動員され、国内の民主的手続きを経ない意思決定過程が現れるという点で、国家主権を掘り崩す傾向をもっている。

こうした世界民主主義に抗して、国家主権を強調する立場は、国家が関税の決定権をあくまでも保持した上で、国際経済をコントロールすることを求めるだろう。ただしその場合の国家主権は、国内の民主主義と矛盾するかもしれない。民衆の多くがグローバル経済の発展から恩恵を受けたいと思っている場合には、国家はそのような民意を排して国家主権を守らなければならない。

残る第三の選択肢は、国家主権とグローバル民主主義を両立させる方法である。その具体例は戦後のブレトンウッズ＝GATT体制である。そこでは高い関税率や資本移動の制約が設けられる一方で、各国は自律した経済政策を運営することができた。だがもはや、私たちはこの体制には戻れない。ロドリックの提案は、経済のグローバル化を認めつつも、非常時には高率の関税を課す(「セーフガード」を導入する)、金融の透明性を確保するとともに金融取引税を設立する、あるいは、外国人労働者の期限つき受け入れプログラムを整備する等々の政策によって、ケインズ主義を超える新たなヴィジョン（健全なグローバル化を導く「資本主義3.0」）を描くことだという。トリレンマを超えようとする野心的な企てである。(橋本努)

【文献】 ダニ・ロドリック［2011=2014］『グローバリゼーション・パラドックス　世界経済の未来を決める三つの道』柴山圭太／大川良文訳、白水社

3

経済の倫理

3-1

キーワード：自然の贈与、労働、依存

自然
経済にとって自然とはなにか

桑田　学

はじめに

ひとはいかにして生きているのか。太陽の光によってである。風や水のみならず、あらゆる生命形態に力を与えるのは太陽である。

イギリスの物理化学者フレデリック・ソディ（1877-1956）は「デカルト派経済学（Cartesian Economics）」と題された一九二一年の講演においてこう述べた［Soddy 1922］。放射性崩壊の理論でノーベル化学賞を受賞したソディは、ジョルジュ・バタイユの「普遍経済学」に先立って、人間の経済活動を駆動するもっとも本源的な動力として「太陽（自然）からの贈与」があることを洞察した一人である。第一次世界大戦を経験した後、原子力の人工制御という希望を悲観するにいたったソディは、植物界こそがその光合成メカニズムを通して、太陽エネルギーを人間にとって利用可能な富の形態へと変換している「真の資本家」であると称え、農業があらゆる経済の恒久的な基幹産業であるべきことを説いた。

この時代、経済活動や物質的な富の根源に「自然の贈与」の問題を発見し、市場現象に分析を純化させる同時代の経済学の内閉性を批判したのはソディだけではない。一九世紀中葉以降、不可逆的に変化する巨視的なエネルギー現象を捉える熱力学が登場したことを背景に、エネルギー分析を社会現象にまで拡張し、経済活動の本質を自然界とのエネルギーと物質の絶えざる交換・交流として捉え直すことの必要性が説かれ始めていた。「社会エネルギー論（social energetics）」と呼ばれるこの思想系譜は、一八世紀のフィジオクラートの経済思想から自然の贈与という主題を引き継ぎつつ、その内実を熱力学によって解明しようとしていた(1)。社会エネルギー論が提起した「経済」の駆動因としての自然の贈与という問題系は、経済学の主流からはまったく排除されたが、およそ半世紀後に、ルーマニア出身の経済学者N・ジョージェスク＝レーゲンの『エントロピー法則と経済過程』（一九七一年）において復権することになる［Georgescu-Roegen 1971=1993］。彼もまた、太陽に起源をもつエネルギーの不可逆的な流れのなかで「生物としてのヒト」が生命を享受するプロセスの全体性として経済を把握し、独自の「生物経済学（bioeconomics）」を構想したのである。

本章ではこれら社会エネルギー論からジョージェスク＝レーゲンの生物経済学に連なる系譜のなかで、繰り返し問われてきた「経済」を存立させる根源的な力の源泉としての「自然」の発見がいかなる経済思想上の含意をもちうるのか、主に方法論的な視点から考察する。ここでは思想史を直接の対象とするのではなく、自然概念をめぐる社会構築主義（social constructivism）と実在論（realism）の現代の論争を考察の手掛かりとしたい。まずは「自然」という言葉が孕む多義性を確認して論争における問題の所在を明らかにしておく。

一　反 - 自然主義

1　ふたつの自然概念

近代の社会思想や社会科学において、「自然／自然的」という言葉はしばしば否定的・消極的な意味で用いられてきた。ただしそこに含まれる意味はさまざまである。

第一に、自然はしばしば「無価値性」・「無償性」の象徴であった。この意味での自然は、水や空気や土壌などの自然物に限定されるわけではない。女性や植民地の農民、未開人、有色人種、あるいは貧しい賃金労働者など、費用の掛からないタダ同然で入手・利用できるあらゆるモノが「自然の領域」に位置づくものと見なされてきた。また第二に、自然は人間の主体性や自由と対立する「動物的な生」や「必然・必要性」の象徴であった。たとえばそれは、ハンナ・アレントが「労働」を自然必然性に拘束された、それゆえ動物的な営みと規定する際に典型的に現れている。自然にまみれた生（ゾーエ zoe）は、人間に特殊な社会政治的な生（ビオス bios）と対比され、自由な生を享受するために克服されるべきものと位置づけられるのである。第三に、社会科学において人間の自然性の強調はときに「還元主義（reductionism）」という批判にも晒されてきた。先に触れた社会エネルギー論は、同時代にはマックス・ウェーバーやフリードリヒ・ハイエクによって、自然科学の方法を社会科学にまで無批判に適用する「科学主義」として非難された。そして最後に、自然という言葉は、社会的・文化的に構築された不平等や権力関係を、先天的で、それゆえ批判や変革を超えた問題として解釈するのに利用されてきた。この場合、「自然的」という形容は隠蔽や抑圧の象徴となるのである [Mies, Bennholdt-Thomsen and Werlhof. 1988=1995]。

こうした自然概念に賦与されてきたさまざまな否定性を解きほぐすには、「nature は英語のなかで最も複雑な単語」（R・ウィリアムズ）と言われるように、まずこの言葉が孕む曖昧さや多義性を踏まえておく必要がある。そこでJ・S・ミルの『宗教三論』に収められた「自然論（'Nature'）」を取り上げよう。このなかでミルは、「自然」という言葉がもつふたつの異なる意味に注目している。

私たちは「自然」という語に、少なくともふたつの主要な意味を認めなければならないように思われる。第一の意味では、自然とは外界または内的な世界のどちらかに存在するすべての力を意味し、それらの力によって起きるあらゆることを意味する。第二の意味では、自然は発生するあらゆることではなく、意志作用なしにでも起こる、つまり人間の自発的で意図的な働きなしに起こるものだけを意味する。[Mill 1874 = 2011 : 7]

自然の第一の意味は、「神」や「奇跡」といった「超自然的なもの」、「形而上学的なもの」と対比され、自然法則に従属している「現に存在するあらゆるものの集合的な名称」を指す（自然Ⅰ）。これに対し、第二の意味での自然は、「人間の意思の介在なしに、それ自身で存在するあらゆるもの」であり、「人為」、「技術」、「歴史」、「文化」などと対比できるだろう（自然Ⅱ）。スティーブン・ヴォーゲル［Vogel 2011b］が指摘するように、これらふたつの意味は、現代の環境問題をめぐる思想・言説においても、必ずしも区別されずに混同されてきた。たとえば「人間中心主義」を批判する際に頻繁に持ち出される、「人間もまた大いなる自然の連鎖の一部であり、それに埋め込まれている」という言明では、人間もまたその一部であることが説かれる以上、「自然Ⅰ」を想定するのが妥当である。この場合、自然は人間の支配の対象などではなく、むしろ自然の秩序にしたがって生きるべき存在であると言われる。しかし、人間が存在論的に自然の一部であるとすれば、どのような人間の行為が自然に反する、あるいは自然を破壊するものと見なされるのだろうか。自然に適った行為とそうでない行為とを切り分ける基準はそれほど明確ではない。ビーバーの造ったダムが自然のダムだというならば、同様に自然存在者であるほかない人間が造るダムや工場はいかなる理由から「自然的」ではないと言えるのだろうか。他方、ビル・マッキベンが「自然の終焉（the end of Nature)」を嘆くとき、終焉する自然とはまさに、人間自身やその行為・意図から独立した「自然Ⅱ」を指している。

一つの概念、一つの関係が、動物や植物が絶滅するのと同じように、消え去るかもしれない。その概念とは、「自然」である。それは独立した野生の領域であり、人間とは別の世界であり、人間はそれに適応し、その掟の下で生まれ、そして死ぬのであった。[Mckibben 1990 = 1990: 68]

だが、マッキベンの「自然の終焉」という表現も多くの概念上の問題を抱えている。マッキベンが批判するように、大規模な気候変動によって自然が終焉してしまったならば、自然に訴えることにどんな意味があるのだろうか。また、あらゆる人為性から自由なものとして自然を定義するならば、人間はもっとも基本的な欲求を充足する場合にも、つねに自然を損ない破壊する、一貫して自然と対立した存在として立ち現れることになるだろう。言い換えれば、「自然からの疎外」はもはや選択の問題ではなく、人間の存在論的な条件ということになりかねない。こうした自然概念に付きまとう問題性はミル自身によってもすでに指摘されていた。

この意味〔人間の不干渉によって定義される自然〕でとられたとき、〔自然に従うという〕一般原則が単に表面的な意味しか持たず、明らかに不条理であり自己矛盾であることは直ぐにわかる。なぜなら、人間の行為は自然という語の一つの意味で自然に従わざるをえないが、他方、まさに行為の目的や対象はもう一つの意味における自然を作り変え改良することだからである。もし事物の自然的な過程が完全に正しく満足できるものであったら、行為することはまったく余計なお世話であろうし、その行為は事物を改善できる可能性がない以上、ただ悪化させるだけであるに違いない。［Mill 1874＝2011：16］

2　〈自然〉に抗して

ヴォーゲルをはじめいわゆる社会構築主義の論者は、こうした自然概念の曖昧さを指摘したうえで、さらに自然なる語や概念の有用性そのものを否定してきた。そこでは「社会」とは異質の独立したカテゴリーとして「自然」なるものの実在が認められるのではなく、後者もまた「社会的なカテゴリー」に位置づけられる。そうすべき理由は主に次の四点に集約される［Vogel 1996：35-39］。第一に、人間の生きる世界はただひとつであり、社会的な局面と自然的なそれとに分割できるものではない。社会的な意味や機能が、物理的環境を構成するあらゆる事物・モノに具現されており、両者を切り分けることは不可能である。第二に、われわれを取り巻く「環境」やその構成要素である事物は、市場やその他の社会的な組織、制度を通じた多岐にわたる過去の人間労働や活動の所産であり、実質的に「社会的構築物」である。第三に、「原生自然（wilderness）」と言われる、人為性を完全に逃れた自然は、じっさいには、文化的な景観や場所であることがほとんどであり、仮に存在しえたとしても現代ではその発見は著しく困難である。第四に、物理法則や化学法則など科学的知識を通して記述される「自然」もまた、科学の営み自体が特定の科学共同体の存在に依存する社会的行為である以上、やはり社会的に媒介された、それゆえ社会的な構築物にすぎない。ヴォーゲルはこのように、社会によって媒介されない自然の直接性を知覚し経験することの不可能性を指摘して、社会関係の外部に自然の存在を前提する実在論の立場を批判するのである。もっとも彼はただ自然というカテゴリーを放棄するのではなく、「環境（Umwelt）」の概念をベースに独自の規範理論を練り直している。以下その要諦を確認しよう。

まずヴォーゲルは環境のカテゴリーを導入するにあたって、マルクスの疎外論を経由して、「自然からの疎外」という認識の問題性を分析している［Vogel 2011a: 193-203］。彼によれば、マルクスの疎外論の核心は、資本主義において分業を通じて社会的に生産された生産物や制度が、その社会的な性格を抹消され、むしろ生産者自身にとって疎遠な制御不可能なもの、いわば「自然的条件」として立ち現れる事態を「疎外」として捉えるところにある。こうしたマルクスの疎外の規定は、現代の環境問題によって生じている疎外の本質にもそのまま通じている。

すなわち「自然からの疎外」は、人間が自らを「自然」の一部であることを忘却し、これを支配の対象と見なしていることから生じるのでも、あるいはテクノロジーや生産力の発展を通して「自然」に甚大な影響を及ぼし大きく変形させてしまったという事実そのものに由来するのでもない。そうではなく、ある特定の社会関係（多くの場合、きわめて非対称的な権力関係を内在する）のもとで、社会的に生産・構築された、人間を取り囲む現実の物質世界＝環境が、その社会的な性格を忘却され、批判や選択の余地のない「自然の事実（facts of nature）」として立ち現れることから真に疎外が生じる。本質的な問題は「自然からの疎外」ではなく、社会的に構築された「環境からの疎外」にある。ヴォーゲルが「自然の出現そのものが疎外の徴候」だと言うのはこのためである［Vogel 2011a: 197］。

人間のあらゆる物質的行為が直ちに自然からの疎外を招くとすれば、疎外は避けがたい人間の条件となるが、「環境からの疎外」ならば、その克服の手立てを考えることが可能である。批判されるべきは、社会的に生産された環境が社会関係から遊離した外部にある「自然」と見なされ、過去の行為や決定、またその帰結に対する人間の（共同）責任が免責されるような事態である。こうした観点から、疎外が克服される条件は、環境が既存の社会関係のもとで社会的に生産されているという事実を引き受け、この過程を民主的な制度を通してコミュナルな制御・統制のもとに置くことである。

環境からの疎外を克服するには、われわれが従事する社会的実践についての諸決定が、自由市場の自生的な作用に委ねられるのではなく、民主的な討議のプロセスを通じてコミュナルに意識的に行なわれる社会秩序が必要となる。そうした社会秩序では、われわれが住まう環境は、そこに対する共同責任をコミュナルに自覚する世界となるだろう。［Vogel 2011a: 202-203］

ヴォーゲルはコミュナルな統制を導く規範を、ハーバーマス的な理想、つまり社会関係のコミュニケーション的合理化あるいは討議倫理に求めている［Vogel 1996: ch. 6］。このさい注意すべきは、規範はあくまで人間の実践それ自体に内在するものであって、社会から独立した「自然」がなにがしかの規範的な意味を担うことはないという点である。ひとは他の有機体と変わらず、世界に能動的に働きかけ周囲の環境を変形・生産し続けるが、しかしひとは個人としてではなく、特定の社会‐経済関係のもとで、社会的に環境を生産し構築する。ヴォーゲルにとって重要なのは、環境を盲目的に生産するのではなく、そのプロセスを集団的・民主的に統御することで、行為の帰結に対する責任を社会が自覚的に引き受けられるような制度を創設することである。

さて、社会の構造的な権力関係のもとで構築された環境を「自然」へと一元的に解消することの暴力性に対するヴォーゲルの指摘は妥当であり、環境的正義の観点からも重要である[(2)]。とはいえ、そのことはヴォーゲルの「自然なるもの」への全面的な懐疑を正当化するであろうか。「社会」の外部が想定されない以上、ヴォーゲルのいう社会的に生産・構築された物理的環境は、自然のマテリアリティとの関係、あるいは「モノの力（thing-power）」［Bennett 2010］を喪失した抽象的な人間関係に解消されてしまいかねない。そこから生じる問題を見極めるために、次に実在論の自然概念に視点を移してみよう。

二　自然の実在を擁護する

1　自然の表層と深層

イギリスの哲学者ケイト・ソーパーは『自然とは何か』（一九九五年）のなかで、社会関係や権力関係に注意を向けることなく、「内在的価値（intrinsic value）」や「真理性」、「本物さ（authenticity）」の源泉として「自然」への回帰を素朴に称揚する自然主義（自然肯定派）がもつ危うさを指摘しながらも、ヴォーゲルのように、自然をもっぱら社会的な構築物へと解消する自然懐疑派にも強く反対してきた。たしかに、臓器移植やバイオテクノロジーの発達にともなって「自然」と「人為」、「文化」といったカテゴリーの境界線がますます曖昧化してきたことは否定しがたい。だが、そのことと「人間が創り出したのではない独立した実在やプロセスが環境創造において果たしている因果的な役割さえもいっさい否定してしまうこととの間には、雲泥の差がある」、とソーパーは批判する［Soper 1995: 152］。

ソーパーは社会関係に解消されない、社会科学における「自然的なもの」の実在を回復するため、科学哲学者ロイ・バスカー（Roy Bhaskar）の「批判的実在論（critical realism）」(3)やこれを継承したテド・ベントンの議論を援用して、自然の領域を大きくふたつの局面に切り分けて概念化している。ひとつは、絶え間なく流動し変化する、経験的に観察可能な自然の局面を指す「表層的（surface）」次元であり、もうひとつは、「物性（physicality）」や「因果性（causality）」などによって特徴づけられる、自然のより「深い構造（deep structures）」に対応した「実在論的（realist）」ないし「深層的（deep）」次元である。前者は「地震や火山の噴火のように自然に引き起されたもの」か、あるいは「人間が設計したもの」かどうかに関係なく、景観、動植物、資源、あるいは人間の身体を含む「歴史的に変化する自然の表面的な作用」であるのに対し、後者は、そうした自然の表層的な現象や変化の背後にあって、それらを生成し促すと同時に、制約し条件づける因果的な力・構造・傾向性・メカニズムを指す。換言すれば、表層と深層の区別は、人間による行為や干渉の帰結として生じる自然と、人間の行為や干渉そのものの条件である自然との間に存在している。

「実在論的な」自然は、（それらが人間によって造られたのではないという意味で）人間活動とは独立している諸構造や諸過程を指しており、その諸力や因果的効力（causal powers）は、あらゆる人間行為の条件であり、かつ制約であるというように両義的である。……つまり、人間の目的のためにそれを利用している時でさえ従属しなければならない諸法則であり、また逃れることも破壊することもできない諸過程を有する「自然」である。この自然は、われわれが地球に対しなにをしようとも「終焉する」ことがないものである。[Soper 2010: 226]

自然の浅い層と深い層は完全に独立した別個の実在ではなく、「階層化された（stratified）」関係にある。すでに述べたように、社会的なものと物性の「ハイブリッド」（B・ラトゥール）として現出する経験や事象のレベルでの表層的自然は、その内奥で作動しているより深い基底的なレベルの力や構造・傾向性・メカニズムによって生成し促され、また条件づけられるという意味で、そこに「根差して（rooted）」いる。ただし、表層的自然の諸現象は、より不変的な、深いレベルの自然の構造やメカニズムから規定・説明し尽くされるわけではない。あらゆる動物が物理的・化学的な諸要素から構成されるとしても、動物の行為がこれら諸要素の分析によって完全に説明可能となるわけではないのは明らかである。このような還元論を否定したうえでもなお、人間が一定の物質的な諸条件に従属し、生態学的な相互依存関係に埋め込まれた生物種であるという事実を確認することは、十分に意味をもつのである。

では、こうした人間の存在論的な物質的埋め込みは、事実の記述以上になんらかの思想的意味をもちうるだろうか。この点について、ソーパーやベントンは、実在論的な自然概念を説明的・記述的な概念として位置づけ、直接に規範的な意味を担うものではないことを強調している。人間の行為が生物‐物理的な構造やメカニズムに依存している事実は、人間が為しうることに一定の制約や制限を課すとしても、特定の生き方や道徳、ましてや政治や経済のあり方を一元的に強制するようなものではない（＝倫理的自然主義批判）。そのため、自然が人間の存在論的な条件であるとしても、そこから立てられる規範や社会構想の内実はまったく自明ではないのである。たとえばベントンとソーパーは規範についてはむしろ対立する議論を展開している。

一方のベントンは、西欧哲学の基底にあるさまざまな二元論を否定しながら、人間と動物の存在論的な連続性をベースに自然主義的なニーズ論を展開してきた。彼は、動物行動学や動物生態学の知見を参照しつつ、動物を単なる「獣性（brute）」から特徴づける人間／動物の二分法の固定化を批判し、むしろ人間の社会的・政治的な生（ビオス）のあり方も、他の動物と共有している存在の基底における自然性（ゾーエ）の次元から考察すべきであると主張してきた（＝非還元論的自然主義）［Benton 1993; 2009］。そこでは、客観的な人間的ニーズの解釈や同定において、生物学や生理学、地質学や物理学といった自然諸科学の応用が果たす役割がきわめて重視されることになる。

これに対し、他の動物に対する人間の特殊性や「質的な差異」を重視するソーパーは、生物としての人間の本質的なニーズの存在を認めつつも、「「自然から」（すなわち終局的には他の動物と共有しているものから）獲得された、なんらかの完全に客観的な知識」に基づいて、ニーズについての真理を同定することはできないとして、自然主義的なニーズ論を批判している［Soper 2001: 64］。むしろソーパーは、「自然性」に訴求することで、「真のニーズ」と「誤ったニーズ」を切り分け、後者を抑制し制限するのではなく、大量消費的な生活様式から手を切ることから生まれる感性的・感覚的な快楽の変化をベースに、オルタナティブな消費文化を創り出す運動に期待を寄せている（＝もうひとつの快楽主義（alternative hedonism））。

こうしたベントンとソーパーの意見の対立は、自然の物理的な有限性や制約を踏まえたニーズ論や消費社会の規範を論じるうえできわめて興味深い論点を含んでいる。しかしこれらについては指摘に留め、本章の残りでは、先のヴォーゲルの社会構築主義の問題性をより立ち入って考察するため、ベントンが取り組んだもうひとつの主題、すなわちマルクスの労働論の再編に照準してみたい。

2　変形型労働と環境調整型労働

ベントンはマルクスから「生産様式」という分析枠組みを引き継いで、そこに潜在する「自然主義」を強く読み込みながら、独立した自然の実在を踏まえた政治経済学の可能性を追究してきた。そのさい、とくに彼が注力しているのは、生産様式の中核をなす、「人間生活の永久的な自然条件」たる「労働過程」の批判的分析である。マルクスは『資本論』において、資本主義に特殊な「価値増殖過程」の分析に先立ち、使用価値を生産する歴史貫通的なものとして「労働過程」を考察し、これを「人間と自然とのあいだの物質代謝（Stoff-wechsel）」を人間自身の行為によって「媒介し、規制し、調整する過程」として把握した。物質代謝なる術語は、一九世紀前半に、生体内の物質の化学的変化を指す概念として生理学者たちによって使われ始め、以来今日にいたるまで、有機体とその外部環境との相互作用を捉える重要なカテゴリーとして用いられてきたが、物質代謝を社会－経済現象の分析にいち早く適用したのがマルクスとエンゲルスであった［Fischer-Kowalski 1998: 122］。

ベントンは、マルクスが物質代謝概念を生産様式の中核に位置づけたことは、人間の自然に対する関係を、

「歴史的・地質学的に可変的な社会機制の形態」という視点から捉え、「さまざまな物質、場、自然的メカニズム、生態系、人間以外の生物種との社会経済的な結節・結合の特殊なダイナミクス」を把握するのに有効な視角を与えてきたと評価する。だが、その一方でマルクスは次のような限界を抱えていると批判する。すなわち生産における権力関係の分析に重点が置かれるマルクス自身の枠組みでは、労働を通じた人間の自然に対する変形力が誇張され、労働そのものが人間以外の有機体や物理的な諸条件へ「依存(dependence)」する契機が適切に捉えられず、物質代謝概念のポテンシャルが十分に活かされない、と[Benton 2000: 85](4)。どういうことだろうか。

マルクスによれば、労働過程は使用価値を生産するための合目的的活動であり、人間が自己の外なる対象として自然素材に働きかけこれを変化させつつ、自己自身の本性をも変化させる相互媒介的な過程である。この労働過程を構成するのは、①労働それ自体、②労働対象、③労働手段の三要素である。労働対象は(a)「人間の手を加えることなしに、人間労働の一般的な対象として存在する」自然物(土地と水)、(b)「過去の労働によって濾過されている」原材料とのふたつに大別される。労働手段はこれら労働対象と労働する主体のあいだを取り持つ導体として役立つ物の複合体であり、労働手段の発達度いかんで生産力の水準が決定される。これらの諸要素は労働過程において次のように相互に関連づけられる。

労働過程では人間の活動が労働手段を使って一つの前もって企図された労働対象の変化を引き起こすのである。この過程は生産物では消えている。その生産物はある使用価値であり、形態変化によって人間の欲望に適合するようにされた自然素材である。労働はその対象と結びつけられた。労働は対象化されており、対象は労働を加えられている。労働者の側に不静止の形態で現われたもの(=労働)が、今では静止した性質として、存在の形態で、生産物の側に現われる。労働者は紡いだのであり、生産物は紡がれたものである。

[Marx 1867/1962=1968：237-238]

ベントンによれば、マルクスによって規定されたこの労働過程に際立っているのは、「原料→変形→使用価値」という形式の「意図的構造（intentional structure）」にかたどられた「変形型労働（transformative labour）」モデルである。変形型労働とは、人間の目的や意図を実現するために、労働の対象として現れる自然素材を人間の目的に沿って意識的に変形・変質させ、有用化することを本質とする。要するに、変形型労働過程に中心的なのは、使用価値を生産するために対象化された自然素材が変形を被る一連の合目的的なプロセスである。

しかし、現実の労働過程では、人間の合目的的活動とともに、労働手段および労働対象にカテゴライズされた人工物・自然物双方の物質的な特性や力が絶えず躍動し作用する。それだけでなく、労働する主体の労働や実践がいかなる形態をとるかは、労働が展開されるところの物理的・地質学的・気候学的な諸条件や文脈に条件づけられ、制約されるはずである。ところが、先の労働過程の規定にあって、「労働対象」や「労働手段」への要素区分は、労働過程に巻き込まれる自然素材の物質的な性質や特性に応じて行なわれるのではなく、あくまで労働する主体が設定する目的や意図との関係によって決まっている。こうしてマルクスは労働過程を「人間と自然とのあいだの物質代謝」と規定しながらも、自然素材や有機物をたんに原料として生産手段のカテゴリーに組み込んでしまうことで、労働による自然への意図的な変形力を過度に誇張し、逆に人間によって操作・変形不可能な（むしろ適応すべき）環境的諸条件や事物のもつ力や構造を適切に捉える視角を失っているとされる。(5)

そこで変形型労働に対置されるのが「環境調整型労働（eco-regulatory labour）」である。環境調整型労働とは、労働対象に意図的な変形を引き起こすのではなく、自然素材や有機物がそれぞれにもっている独自の力・構造・傾向性に沿って、使用価値の獲得に必要となる有機的な生成と変化のプロセスを発現させる環境的・文脈的諸条件を最適化し再生産することに振り向けられるような実践である。

環境調整型労働が典型的に見いだされるのは、農業の労働過程においてである。農業では、労働の目的は直接原料に人為的な変形をもたらすことにあるわけではない。そもそも農業生産の原料となる種子は、「死んだ素材」ではなく、それ自身が「生きた有機体」として働く。種子の有機的な発芽・生長の過程において、労働はそうした有機的な生成の過程が自生的に生じるための環境上の諸条件を調整することへと振り向けられる。たとえば土地の耕作や灌漑、散水、土壌への施肥、害虫の駆除などがそれである。これらについて重要なのは、労働が関与する環境的・文脈的条件は、生産手段のカテゴリーのように人間の意図や目的に従属するのではないということである。逆に、労働の空間的・時間的配置が、労働過程が展開されるところの環境的諸条件（地勢学的条件、土壌、水の供給、太陽光の輻射、光合成メカニズム、気温・湿度など）、そして微生物や植物など個々の有機体の生長のリズムに大きく「依存」する。換言すれば、環境調整型労働は、「原料→変形→使用価値」という変形型労働の意図的構造を共有しないのである。もっとも環境調整型労働は、「抽出・蒸留、手入れ、養育、生育、再生・回復、収穫、教育、調理、保護、蒔き付け、調整、訓練、説明、治療」など多岐にわたる実践に具体化されており、農業以外にも狩猟採集や採鉱など「第一次的領有（primary appropriation）」、家事やケアワークなど人間の生命と労働力の更新維持にかかわるいわゆる「サブシステンス労働」などが含まれる。

これらの実践の意図的構造は、人間の行為とその物質的諸条件との諸関係を含んでおり、手段‐目的という変形的行為の観点から概念化された「統御（mastery）」の力学を受け入れない。これらの実践は特定の空間や時間に依存するからである。そこでは人間の行為が、季節、人間自身を含む有機体の遺伝上の体質、発達のリズム、心理学的な気質や能力、あるいは鉱物資源の地質学的な分布、高度な多様性をもつ生態系といった、操作不可能な力・メカニズム・過程によって（絶対的もしくは相対的に）条件づけられ、しかも手段－目的の図式には還元できない独自の感情的・規範的な性質を帯びるのである［Benton 2000: 86］。

ここで重要なのは変形型労働と環境調整型労働との線引きそのものではない。むしろあらゆる労働過程に、人間には操作・変形の不可能なさまざまな条件や「モノの力」が介在しており、変形的な契機と環境調整的な契機が混然一体となって現れる。なにより、変形的な労働過程そのものが、さまざまな環境調整型労働の成果――ケア労働による労働力の再生産だけでなく、鉱物資源やエネルギーの採取、排出される膨大な廃棄物の処理・浄化のための生態系能力の維持、そして生産によって攪乱した土壌や植生システムの更新能力の維持等々――に依存している。かくしてベントンによる労働過程に対する批判と修正は、次の三点に集約される。第一に、生産のさまざまな環境的諸条件は生産手段とは切り離して、生産の「原基的条件（initial condition）」として独立したカテゴリーで捉えられるべきであること、第二に、生産の持続可能性にはその環境的諸条件を更新する力が継続的に必要とされること、第三に、自然に媒介された労働過程の意図せざる帰結が、労働過程の環境的諸条件の再生産を攪乱・破壊する可能性が分析に組み込まれる必要があること、である［Benton 1989: 73; 1992: 56］。

環境調整型労働は、物質とエネルギーの絶えざる流れを攪乱させることなく経済システムへと導き入れ、人間にとって利用可能な実質的な「富」へと変換するのに不可欠な実践であるといってよい。それはかつてソディたちエネルギー論者が捉えようとしていた、あらゆる生産の根源にある自然による「贈与」の次元を再び回復することにつながる視座を提供するだろう。また、オニール［O'Neill 2009］が指摘するように、環境調整型労働の社会的承認は、市場社会において称揚される「自律」や「独立（independence）」の美徳によってときに覆い隠される「生物種としての人間」の共通の脆弱性や有限性を浮かび上がらせ、資本主義的蓄積の非資本主義的な階級や環境への継続的な依存という事実を可視化するという点からも重要な意味をもつのである。

三 「自生と計画」再考

ところで、ベントンは人為による操作可能性や可塑性（malleability）を絶対的に限界づける自然の構造・メカニズム・力を、人間の進歩や自由にとってただ制約や障害となるもの、ゆえに克服されるべき対象と見る（従来の自由主義とマルクス主義双方に内在する）「ユートピア主義的解放」の理念を批判し、むしろこれらを積極的に受容し、テクノロジーや経済の組織化そのものをもっと自然の諸力に適応的なものにしていくことが人間解放の本質的条件であると指摘している（「実在論的な解放のパースペクティブ」）。最後に後者の視点を踏まえて、ヴォーゲルが提示した環境の社会的構築のコミュナルな統御という理念が抱える問題性を考えてみたい。

ヴォーゲルはマルクスの疎外論を経由して、特定の社会関係のもとで社会的に生産された「環境」（＝第二の自然）が、その社会的性格を忘却され、批判の余地のない自然的条件（＝第一の自然）として表象される際に深刻な「環境からの疎外」が生じるとしたうえで、生産活動の多くを市場の自生的なプロセスに委ねるのではなく、民主的な組織を通してコミュナルに統制されるような経済制度の構築に「環境からの疎外」の克服を展望していた。

しかし当然予想されるように、このヴォーゲルの議論には論理の飛躍がある。かつてハイエクが「自然（physis）」と「人為（thesei）」の二分法を批判したように、「人間の行為の結果ではあるが、人間の意図・設計の産物ではない」、自生的に形成されてきた秩序や制度を民主的に変更すべきでないという立場もありえるからである。われわれを取り巻く環境が人間の実践や労働に内在するからといって、そこから生産活動をコミュナルな統制下に置くべき理由が直ちに導かれるということはない。ともすれば、ヴォーゲルが主張する環境の社会的生産のコミュナルな統制の思想は、ハイエクのいう「設計主義的合理主義」、すなわち「人は自らがつくったものを自分の欲求に適うように変えることができる」という信念を暗に前提しているという批判を招きかねない。しかも、人間の行為や社会関係を制約するような独立した自然にいかなる位置や役割も認められない以上、「人間が環境を自らの望むように構築する」ことを妨げる原理的な根拠はかなりあやふやになるだろう(6)。

たしかにベントンやソーパーも経済制度のあり方についてヴォーゲルに近いヴィジョンを共有している。彼らもまた、社会的に強く規制された市場経済、あるいは民主主義的な組織やアソシエイションをベースとした非市場型の経済制度を擁護している［Soper 1995］;［Benton 2000］。だが、社会関係とは独立した、人間に操作不可能な自然の実在を認める彼らの議論には、ヴォーゲルが依拠するハーバーマス的な討議倫理とは異質な規範・原理が導入されることになる。この点を考えるうえで手掛かりとなるのは、ベントンの変形型労働と環境調整型労働の区別を引き継いで、「社会関係のコミュナルな制御」という統治の原理の刷新を試みているジョン・オニールの議論である［O'Neill 2009 : 197-200］。

オニールによれば、ハイエクがかつて批判したタイプの社会工学や計画は、ベントンの変形型労働モデルと相似的な性質をもっている。つまり、ある所与の目的を達成するために、事前に作成された計画に沿って意識的に社会関係や社会的過程を方向づけるような介入・統治に、ハイエクが攻撃する社会工学の本質があるとすれば、それは「対象→変形→使用価値の獲得」という変形型労働の意図的構造と類似した性格をもつ。両者はともに、対象を操作・支配する人間の能力や理性の過大評価（ある種のナルシシズム）という特徴を有している。

他方、ハイエクが社会工学に対置した自由主義に適う介入の様式として評価する「庭師的な統治」は、むしろ環境調整型労働と原理的な志向性を共有しているとオニールは主張する。ハイエクの計画学説批判は、社会関係を合理的に統御する主体の認識論的な限界をベースに議論が組み立てられている。社会秩序を改善させようとすれば、いかなる統治者も社会の本質的な複雑性を把握する知識の欠如（＝無知）を自覚すべきであり、「職人が彼の手仕事を行なうように結果を形作ることではなく、むしろ庭師が植物に施すように、適切な環境を提供することで成長を育むために、彼が達成しうる知識を利用しなければならない」[Hayek 1978: 34]。こうした庭師的な統治の規範は、ベントンが環境調整型労働において強調した、人間の知性やテクノロジーによる制御を受け付けない、有機的なプロセスが自生的に発現するところの諸条件の調整や最適化への視点と大いに重なっている。じっさいハイエクは、「自生的秩序の形成を可能にする伝統や慣習の進化についての理論は、有機体と呼ばれる特定の種類の自生的秩序の進化についての理論と密接に関連している」ことを認めている [Hayek 1967: 101]。ハイエクとベントンはともに、人間の理性や意図にしたがって対象（社会や自然）を操作・設計・変形させることの限界を前提に、むしろ対象そのものに内在する自生的な力や傾向性を活かすような条件の創出や維持に関心を向けているといってよい。

ところが、ハイエクが近代以降の「大きな社会」の意識的な統制に必要となる統治者の知識や理性の限界を強調したのに対し、ベントンの議論では、むしろ自然の構造や力・メカニズムを変形し制御する人間の能力や知性、テクノロジーの限界に力点が置かれている。そもそも自然的な過程からまったく自由な社会関係などありえない。社会的なプロセスは、純粋に人間相互の関係ではありえず、人間にとって意のままにならない多様な自然の物性や因果性との複雑な相互連関を含みつつ、ある種のハイブリットとしての「環境（＝表層的自然）」を生産している。「自然的・社会的プロセスをすべて制御するプロジェクト」が「途方もない考えである」のは、生物種としての人間の克服しがたい知識や理性の限界だけでなく、社会関係それ自体の自然の構造や力への「依存」や「埋め込み」ゆえである。こうした合理主義の限界を捉える視座の違いは、両者の社会構想にも大きな差異を生むことになる。ハイエクは無知の観点から集権的な経済計画や社会工学の可能性を否定し、競争秩序の形成と維持という目的と両立する限りでの制限的な介入のもとで、あくまで市場を主軸とした経済の組織化を擁護した。けれども環境調整型労働の原理を経済の統治の問題系に適用するならば、ハイエク的な市場秩序ともテクノクラート的な計画とも異なる別種の制度構想を導き出すことも可能である。オニールは次のように述べている。

労働におけるより多くの環境調整の契機を見出だしていくことで、社会関係をコミュナルに制御するということについて、より妥当な思考の基点が現れてくるのではないか。環境調整型労働の特徴は、変形型労働とは異なり、意識的な制御を超えたプロセスの存在や、そのようなプロセスについての予測可能性や知識の限界を受け入れるという点にある。そして労働の本質はそうしたプロセスが生起しうる諸条件を創り出すことにある。この視点に立つならば、コミュナルな制御とは、自律的な社会的諸活動が生起し、それらが調和的に繁栄しうるような諸条件を創り出すプロセスに類似したものになるだろう。抽象的であるが、このモデルは伝統的なテクノクラート・モデルよりも有望であり、潜在的に多元的である。[O'Neill 2009: 200]

オニールは、自然の有機的な諸力やメカニズムを導き、生物学的生存の条件を再生産するための環境調整型労働の多様性・多元性により寛容であるような経済秩序の創出を、「社会関係のコミュナルな制御」を個人的自律と両立させつつ実践するための不可欠な制度的条件と捉えている。環境調整型の経済統治は、統治者がその目的に沿って経済活動やその発展を全面的かつ意識的に方向づけるものではない。むしろ重要なのは、自然の多様な物性や自生力に応じて展開される環境調整型労働の多様性を、市場が強いる過剰な計算合理性による一元化から制度的に保護することを通して、経済それ自体を可能にする環境的・物質的諸条件を永続的に再生産するようなメタ・レベルの社会計画や制度設計の構想なのである。

結論

人間の行為や認識から独立した自然の実在の擁護は、「物質主義（materialism）」の再考という思想的課題を導いてきた。ここでいう物質主義とは、いわゆる単純な物的欲望とかこれらを満たす所得やカネの問題ではない。それはもっと根本的に、生物としてのヒトの生存に直結する生命のマテリアルな次元から、「経済」の位置や存立の条件を問うことである。皮肉なことにエコロジーの流行は、生存欲求にかかわる「物質主義」から自己実現欲求を対象とした「ポスト物質主義」（R・イングルハート）への文化変容という視点から特徴づけられてきた面がある。だがこうしたポスト物質主義への移行が物質的な相互依存関係や動物的欲求からの自由や解放だけを志向するならば、それもやはり普遍化することの不可能なユートピア主義的な解放の理念にすぎないだろう。

ベントンやオニールが「自然」という主題のもとで浮かび上がらせたのは、価格に反映される価値の世界に没頭してきた従来の経済学から抜け落ちた、人間にとっては操作や制御の不可能な、しかしあらゆる人間行為の基底的な条件であるような物的な構造や力、プロセスの存在である。冒頭で述べたように、このような経済を可能にする原初的な力として、自然（太陽）の贈与の次元が存在することにいち早く注目したのは、化学や生物や物理を専門とする科学者や工学者であった。彼らは市場において無限に循環する（かのように見える）商品交換の背後で活発に躍動する「モノの力」や「エネルギーの諸力（energetic forces）」を捉えようとしたのである。「経済にとっての自然」の位置を理解しようとするなら、このような視点はなお重要である。もっともヴォーゲルが批判したように、われわれを取り巻く「環境」は歴史的に形成された特定の生産関係や技術的編成の所産であり、これらを素朴に「所与の自然」として実体化する議論には十分に慎重でなければならない。だが「生産された環境」における人間の行為の役割や責任関係を見定めるためにも、社会的に構築されたのではない「自然」についての認識が必要なのである。

注

（1）エネルギー現象によってすべての科学の基礎づけを試みたのは、「エネルギー一元論の哲学 Energetik」を提唱したドイツの化学者ヴィルヘルム・オストヴァルト（1853-1932）である。当時、熱力学をベースに社会経済現象を分析した先駆的な人物として、ウクライナの医学者セルゲイ・ポドリンスキー（1850-1891）、イギリスの生物学者パトリック・ゲデス（1854-1932）、オストヴァルトの弟子で統計学者アルフレッド・ロトカ（1880-1949）、ＬＳＥで社会生物学を教えたランスロット・ホグベン（1895-1975）を挙げておきたい。ちなみにフリードリヒ・フォン・ハイエクは『科学による反革命』（一九五二年）においてて社会エネルギー論に言及し、社会工学・計画経済を導く「科学主義」の一系譜として批判している。

（2）たとえば、「地震と津波」による原子力発電所の破滅的な被害とこれにともなって引き起こされた大気や海洋、土壌の放射能汚染という事態を、過去の決定や社会構造への反省抜きに、躊躇なく「自然」災害と呼べるだろうか。Hailwood [2012] も「人間化された環境 humanised environment」が「自然」と誤って認識される際に生じる社会関係の「根源的な忘却」をA・ホネットの「物象化」の概念に引きつけて説明するが、これもボーゲルとほぼ同様の指摘である。

（3）批判的実在論は、世界を事象や現象、あるいは経験や印象のレベルに還元せず、経験する事象の背後に存在しながらそれらを生み出し支配する、力や構造の実在を認める点で、素朴な実証主義とは異なる。それは、われわれの知識がその対象についての概念や言語によって構成されたものであることを認めるが、人間の知識や思考の対象の存在それ自体をも社会的なカテゴリーへと還元することは認めない。つまり、認識論のレベルと存在論のそれとを切り分けるのである。批判的実在論の観点からすれば、実際の現象・事象を起点にその現象を生み出す構造や力を求めてより深い層へと下向していくところに科学の本質があり、その点は自然科学と社会科学の双方に等しく妥当するのである。

（4）Benton [1989] の労働過程論を中心とするマルクス解釈をめぐっては、批判を含め九〇年代を通してさまざまに論争が生じた。韓［2001］はベントンを批判する立場から，マルクスのエコロジー思想についてより内在的な検討を行なっている。しかし本章では，ベントンのマルクス解釈の当否には立ち入らず，むしろベントンが生産様式の概念を「素材」に，経済思想にどのような視座や課題を提起しているのか，その可能性を積極的に読み込むことに議論を限定する。

（5）　注(1)で触れたポドリンスキー［Podolinsky 1881］は，「自然の贈与」の問題にかかわらせて，労働価値論についてベントンと近い指摘を行なっていた。彼は，当時のフランス農業を事例に農業労働がいかに植物による太陽エネルギーの蓄積率を飛躍的に増加させているかを実証し，労働が真に生産的でありうるのは，「地球上に蓄積される太陽エネルギーの量を増幅させ，拡散するエネルギーを減少させる」ことができる場合であるとして，労働価値論の熱力学による基礎づけの必要性を説いた。

（6）　ボーゲル自身は，人びとが「望む」環境と現実に「構築される」環境との「非同一性（non-identity）」について，人間の「実践（practice）」が「思考（thought）」の産物ではなく，それに先立つものであるという実践そのものの内在的な性質から説明している［Vogel 2011a: 198-199］。

参考文献

Bennett, Jane［2010］*Vibrant Matter: a Political Ecology of Things*, MA and London: Duke University Press.

Benton, Ted［1989］"Marxism and Natural Limits: An Ecological Critique and Reconstruction," *New Left Review*, 178, pp. 51-86.

Benton, Ted［1993］*Natural Relations: Ecology, Animal Rights and Social Justice*, Verso.

Benton, Ted［2000］"An Ecological Historical Materialism," in F. P. Gale and R. Michael M'Gonigle（eds.）*Nature, Production, Power*, Edward Elgar.

Benton, Ted［2009］"Philosophy, Materialism, and Nature," in S. Moog and R. Stones（ed.）*Nature, Social Relations and Human Needs*, pp. 185-207, Palgrave Macmillan.

Fischer-Kowalski, Marina［1998］"Society's Metabolism: The Intellectual History of Materials Flow Analysis, Part 1, 1860-1970," *Journal of Industrial Ecology*, 2/1, pp. 61-78.

Georgescu-Roegen, Nicholas [1971=1993] *The Entropy Law and The Economic Process*, Harvard University Press. 高橋正立・神里公ほか訳『エントロピー法則と経済過程』みすず書房。

Hailwood, Simon [2012] "Alienations and natures," *Environmental Politics*, 21/6, pp. 882-900.

Hayek, Friedrich [1952=2011] *The Counter-Revolution of Science: Studies on the Abuse of Reason*, Free press. 渡辺幹雄訳『科学による反革命』新版ハイエク全集 第Ⅱ期三巻、春秋社。

Hayek, Friedrich A. [1967] *Studies in Philosophy, Politics and Economics*, The University of Chicago Press.

Hayek, Friedrich A.（ed.）[1978] *New Studies in Philosophy, Politics, Economics and the History of Ideas*, Routledge and Kegan Paul.

Marx, Karl [1867/1962=1968] *Das Kapital. Kritik der politischen Ökonomie*, Karl Marx-Friedrich Engels Werke, Band 23. 全集刊行委員会訳『資本論』第一巻第一分冊、大月書店。

McKibben, Bill [1990=1990] *The End of Nature*, New York: Anchor. 鈴木主税訳『自然の終焉――環境破壊の現在と近未来』河出書房新社。

Mies, Maria Veronika Bennholdt-Thomsen, Claudia von Werlhof [1988=1995] *Women: The Last Colony*, Zed Books. 古田睦美・善本裕子訳『世界システムと女性』藤原書店。

Mill, John Stuart [1874=2011] "Nature," in *Three Essays on Religion*, Longmans. 大久保正健訳「自然論」『宗教をめぐる三つのエッセイ』勁草書房。

O'Neill, John [2009] "Labour, Nature and Dependence," in S. Moog and R. Stones（eds.）*Nature, Social Relations and Human Needs*, Palgrave Macmillan.

Podolinsky, Sergei [1881] "Le Socialisme et l'Unité des Forces physiques," *Revue Socialiste*, March.

Soddy, Fredrick [1922] *Cartesian Economics: The Bearing of Physical Science upon State Stewardship*, London: Hendersons.

Soper, Kate [1995] *What is Nature?: culture, Politics, and the Non-human*, Oxford: Blackwell.

Soper, Kate [2001] "Realism, Humanism and Politics of Nature," *Theoria: A Journal of Social and Political Theory*, 98, pp. 55-71.

Soper, Kate [2010] "Unnatural times? The social imaginary and the future of nature, *Sociological Review*," Volume 57, Issue Supplements 2, pp. 222-235.

Vogel, Steven [1996] *Against Nature: the Concept of Nature in Critical Theory*, State University of New York Press.

Vogel, Steven [2011a] "On Nature and Alienation," in A. Biro (ed.) *Critical Ecologies*, University of Toronto Press.

Vogel, Steven [2011b] "Why "Nature" Has No Place in Environmental Philosophy," in G.E. Kaebnick (ed.) *The Ideal of Nature: Debates About Biotechnology and the Environment*, The Johns Hopkins University Press.

韓立新 [2001]『エコロジーとマルクス——人間主義と自然主義の統一』時潮社。

■なにもしない

「人間革命というのは、この、わら一本からでも起こせる、と私は信じております」。

米麦の自然農法を確立し、現代の老子と言われた福岡正信の『わら一本の革命』(初版 1975 年)は、日本のみならず海外の農業に大きな影響を与えてきた。この自然農法は、不耕起、無肥料、無農薬、無除草という「なにもしない農法」で、かつ収量が一般の科学農法に比べ遜色ないという。といってもまったくなにもしないわけではなく、米と麦を同じ土壌で半年ずつ交互に育て、米または麦の収穫後すぐに、米粒や麦粒を収穫した後のわらを土にばらまき、その前後に、粘土団子にした稲の籾種《もみだね》や麦種を撒く。緑肥となるクローバーの種や乾燥鶏糞を撒いたりはするが、基本的に、土を耕さず、このわらが肥料の代わりになり、雑草を抑制する。クモなどの益虫により農薬散布も不要となる。ただ自然の状態にすることで、動植物の循環や自然のバランスが地力を増大させ、健全な作物を育てるという。

農法としての自然農法の解説だけでもわくわくする内容なのであるが、このわら一本の革命は、それに留まらず、「現代の科学文明のいきづまりを打開する出発点としての基盤」だと福岡はいう。著書には、25 歳のとき急性肺炎になってノイローゼのようになり、ふらふらとさまよい歩いたのち、突然「人間というものは、なに一つ知っているのではない、ものにはなに一つ価値があるのではない、どういうことをやったとしても無益である、無駄である、徒労である」とひらめいたとある。自然農法は、米麦栽培を通じてその成否を確かめようと、40 年でたどりついたひとつの形である。

福岡は、科学を否定するが、科学の批判にたえられるような農法、科学を指導する自然農法でなければといい、彼自身の農学的な観点からの記述も随所にある。しかしそこには「まず不動の原点をつかむ」、「哲学的・宗教的に人間は自然を知ることができない」、「一つの立場から見たものは本物でない」、「食料危機は人間がなにを好むかなにをとるかの方針で決まる」、「人間の目標がなにか、人間はなにを作るべきか」など、自然とは、人間とはという問いが根本にあり、言及は現代社会の利益構造、科学のあり方や価値観にまで及ぶ。わら一本の革命は「科学農法の次元からはなれた東洋哲学の立場、あるいは東洋の思想・宗教の立場からみた農法」であり、「人間完成のための農法」、「一つの哲学革命、宗教革命」なのである。(根本志保子)

【文献】 福岡正信［1983］『わら一本の革命』春秋社

3-2

キーワード：政治的責任、規範、美徳

消費
消費者は環境に責任があるのか

根本志保子

はじめに

消費者が、なんらかの倫理・政治・文化・宗教などの価値に基づいて行なう消費は、倫理的消費（ethical consumption）と呼ばれる。この他にも政治的消費（political consumption）、社会的消費（social consumption）、市民的消費（civic consumption）、批判的消費（critical consumption）などのさまざまな名称が用いられる。労働者の権利拡大や大量消費社会批判、環境問題への関心の高まり、多国籍企業への批判などを背景に、消費者はさまざまな方法で価値や主張の表明を行なってきた。現代における例としては、商品のボイコット、フェアトレード製品の購入などの代表的なものに加えて、雑誌などによる製品比較情報、消費者と生産者の提携、ものを大切にする、自動車やテレビなどの一時的な使用の停止、など多岐にわたる。

本章では、消費者の責任と倫理に焦点をあてるため、これらの呼称のうち「倫理的消費」を用いる。既存研究での議論の紹介を通じて、倫理的消費とはなにかを概観し、そのうえで、消費者が環境に責任をもつ理由について考察したい。消費者は環境に責任があるのだろうか、あるとしたらどのような理由によるのだろうか。

一　倫理的消費とは

1　倫理的消費の定義

ミシェレッティによれば、「倫理的消費」（[Micheletti 2003] では「政治的消費者運動」の名称を用いている）を、「対象となりうる制度や市場慣習を変える目的で、人びとが生産者や製品の中から選択をすることによる行動の表示」[Micheletti 2003: 2] と定義される。またそれは、「個人化された集合行為（individualized collective action）」であることが強調されている(1) [Micheletti 2003: 25]。この定義は、消費と倫理の関係を考えるうえで、ふたつの重要な意味を含む。ひとつはこの消費が消費者自身の自己満足のために行なわれるのではなく、「制度や市場を変える目的」という社会に対する積極的な「関与」の側面をもっていることである。もうひとつは、購入という行為が私的で個人的なものである一方で、消費はその結果として「集合的な意味」をもっていることである。

またクラーク他は、倫理的消費を、利他的、人道的、連帯的、かつ環境保護的な、「日常生活のリズムや繰り返しへの関与（commitment）」と説明している。この倫理的消費は、欧州の学者や運動家が政治的消費と呼んでいるものであり、市民的または政治的参加の一形態としてアプローチすべきとされる。また倫理的消費は単なる消費のパタンの変更として分析されるべきではなく、有機的な運動として理解されるという。そのうえで消費者

表2-2-1　倫理的消費の分類

	製品志向型購入	企業志向型購入
ボイコット （boycott）	エアゾール（英国） 泥炭（英国） 持続不可能な森からの木材（国際）	ネスレ（国際） シェル（国際） フィリップモリス（米国）
バイコット （buycott）	フェアトレードマーク（欧州） ブルーエンジェルエコラベル （独国） 搾取では100%ない（No Sweat 100 percent）労働組合製衣服（米国）	英国生体解剖廃止連合（BUAV）による製品ガイド ボディショップの反動物実験 （英国、国際）
全製品の倫理的評価の比較 （fully screened）	緑の消費者ガイド （Elikngton & Hailes） どれ？　器具エネルギー消費表 （英国消費者団体）	倫理的消費者マガジン（英国） よりよき世界のための買物本 （米国） 投資の倫理的審査（国際）
提携購入 （消費者が倫理的ニーズを売り手に教育）	コミュニティ支援型農業 （CSA：米国・英国の農業者） 生活クラブ（日本の消費者生協）	消費者と小売店の個人的な提携
反消費主義 持続可能な消費主義	持続不可能な製品の回避（自動車など） DIYによる代替（洋服の修理など）	アドバスターズ誌（カナダの「大量消費文化破壊（culture jamming）」雑誌）

出典：Harrison, Newholm and Show［2005］p.3 Table1を筆者翻訳して引用

が「政治的である」とは、「倫理的分野での政治運動」を含めた「責任ある」方法での消費によって、消費者が自らの役割を果たすことであり、消費者はこのようなグローバルな義務を持つことを認識すべきだと述べられている[Clark, Barnett, Cloke and Malpass 2007: 133]。

2　倫理的消費の類型

倫理的消費[1]の倫理の対象は、消費者自身の権利（知る権利など）、生産時の労働（賃金や労働条件）、取引価格の公正、環境（動物保護、環境影響、将来世代への持続性など）、反グローバリズムなど、広範囲である。

ハリソン他［2005］による倫理的消費の分類（表2-2-1）には、近年の倫理的消費の方法が紹介されている。ここでは日本の生活クラブ生活協同組合が行なっている消費者と生産者の提携（産消提携）の取り組みも挙げられている。表にはないが、この他にも、バイコット（積極的購入：positive buying、ボイコットにかけてバイコットと呼ばれる）のキャンペーンの例として、アメリカのキャロット・モブ(carrot mob：

棒の代わりにニンジンで戦う）も知られている。このように、倫理的消費は、多様な目的と方法で実施され、各運動により、消費者の関わりの度合や動機もさまざまである。

ボイコットとバイコットについては、それぞれの消費者属性などについての研究が数多くされており、たとえばアメリカの実証データを基にしたコープランドでは、懲罰志向的なものとされる「ボイコット」を行なう消費者は、「バイコット」を行なう消費者に比べて、より義務的な市民規範を持ち、選挙や利益に基づく政治など従来型の運動と共通点を持つ傾向にあること、一方、賞賛志向的なものとされる「バイコット」を行なう消費者は、「ボイコット」を行なう消費者よりも、関与（engagement）の市民規範が強く関連している傾向があることが報告されている［Copeland 2013］。

このような消費者運動をバーネット他は、「目的」としての消費である「消費の倫理（ethics of consumption）」と、倫理的、政治的「手段」としての消費である「倫理的消費（ethical consumption）」に分けて区別する［Barnett, Cafaro and Newholm 2005］。前者の「消費の倫理」の焦点は、たとえば食料などを供給するシステム全体に対する倫理的評価などで、その例としては持続可能な消費の議論、「自主的なつましさ（voluntary simplicity）」や「スローフード」などの運動が挙げられている。ここでの倫理的な価値づけの対象は「消費そのもの」であり、プロジェクトの目的は「集合としての消費の水準を下げること」である。一方、「倫理的消費」では、消費そのものを倫理的価値づけの「対象」としてではなく、倫理および政治的行動のための「手段」として扱う。消費者によるボイコット、フェアトレードキャンペーンなどがこれにあたるとされる。これらの事例では、「倫理的消費」は必ずしも「減消費（less consumption）」を示唆しない。むしろ商品の消費は、消費者が果たす社会的責任の手段として、実践とパタンを変化させるための潜在的な源泉、すなわち「投票としての消費」として理解される。もちろんこのふたつの分野は明確に分けられるものではなく、相互に関連している［Barnett, Cafaro and

Newholm 2005: 21]。

このバーネット他による「目的としての消費の倫理性（消費の倫理）」と「倫理的・政治的手段としての消費（倫理的消費）」の区別は、「反近代化としての消費者運動」と、「市民派としての消費者運動」と言い換えることもできるだろう。消費そのもののあり方を倫理の対象とする「消費の倫理」には、根底に近代的消費、すなわち近代の資本主義、市場社会、グローバル化などによってもたらされた大量消費社会への批判、伝統社会への回帰、オルタナティブなライフスタイルの提言などがある。これには「反近代としての消費の倫理」の側面がある。一方、消費を倫理や政治などのための手段として見る「倫理的消費」は、次節で紹介する国家や市場の監視や、国家・市場の補完の必要性などを背景としている。これには「市民派としての倫理的消費」の側面があるだろう。

二　倫理的消費をどのように解釈するか

1　意義と役割——倫理的消費はなにを実現しているのか

このようなボイコットなどの消費行動になんらかの政治的・倫理的理由を付加する行動そのものは一八世紀にまでさかのぼる。またディッキンソンとカースキーも挙げているように、消費者が市場での「購入投票（purchase votes）」によって自ら参加したい社会の種類を選ぶ、という解釈は二〇世紀初頭から存在する［Dickinson and Carsky 2005: 25］。たとえばオーストリア学派の一人とされるフェターは、「それぞれの購入者は、産業の方向性をある程度まで決めている。市場は、すべてのペニー硬貨によって投票権を得るひとつの民主主義である」と述べ、労働者の労働条件に配慮して行なう消費ボイコットが雇用主に対して圧力となることを挙げている［Fetter 1904: 394-395］。

一方、近年の倫理的消費に対する研究者の見解について、前述のミシェレッティは以下の四つに分けて紹介している。倫理的消費に関する研究のひとつめの見解は、倫理的消費を新自由主義、経済のグローバル化、市場資本主義に対する規範的訴えとして、また国家の役割の再認識への希求としてみるもので、倫理的消費それ自体では多国籍企業による「間違った関与」を修正できないとされる。この立場の研究者にとっての倫理的消費は、「環境保全的で、より改善され、より公正な世界」を実現する手段にはなりえない。多国籍企業の修正は政府が自らの責任で行なうものであり、倫理的消費を政治的なものとして議論してしまうと、政府は自らが果たすべき役割から注意をそらし、その責任を不確実なものにしてしまうとされる。この見解によれば、倫理的消費を行なう消費者は、そのような消費を通じ、多国籍企業などを規制する「国」の役割や責任の強化を望んでおり、消費者は、多国籍企業などの経済活動に対して無力な存在として位置づけられている。倫理的消費は、購入によって経済システムを変える直接的な手段ではなく、消費者による単なる「訴え」の形式として捉えられる。ミシェレッティは、このひとつめの見解を倫理的消費の間違った理解だと批判する(2)［Micheletti 2003: 3］。

ふたつめの見解は、倫理的消費を「左派的な声明」としてみるもので、そのために、研究者の中には、倫理的消費に対して憤慨したり、逆に自由貿易の禁止やビジネスへの政府の規制強化を正当化しようとしたりするものがいるという。このような見解に立つ研究者たちは、倫理的消費という政治化された消費者の選択が、市場を超えた政治的な管理の第一歩になるのではないかと恐れている。これは、倫理的消費をイデオロギー的な観点から解釈するもので、倫理的消費の前提として、反資本主義、反市場主義的主張をおくものである。倫理的消費を「左派的な声明」と解釈することで、市場経済は倫理的消費により「管理」されるものだと位置づけられる［Micheletti 2003: 3］。ミシェレッティはこの見解も間違っていると批判する(3)。

三つめの見解は、右のふたつの中間的な立場に立つものとされ、グローバル資本主義を市民化し、政府が効果的に機能できない分野において新たな規制のメカニズムを創出するために、倫理的消費がひとつの役割を果たすと考えるものである。この見解の背景には、経済活動がますますグローバル化する一方で、規制など政治のグローバル化は鈍化しているという認識があり、倫理的消費は経済と政治の規制的なギャップを埋めるひとつの試みになると考えられている。この見解では、倫理的消費は市場と国家の補完機能を果たすものと考えられている。政府がグローバル経済に対して政治的に関与（規制）することには限界があり、「グローバル化する消費の市民化（倫理化）」によってこれを補完しようという考え方である。これは、前述のふたつの見解と異なり、消費者はより積極的で関与的な存在と位置づけられている。この見解に立てば、市場や経済活動は制約や管理の対象ではなく、むしろ消費という手段によって、より公正で環境保全的な社会経済がもたらされる可能性が示唆される [Micheletti 2003: 3]。

四つめの見解は、政治的消費を、国家システムに集約されるような伝統的な政治の考え方を変えるものとしてみるもので、ミシェレッティはこれを支持し、消費による政治参加がめざすものを研究することは価値があると述べている [Micheletti 2003: 3]。ミシェレッティは、政治学における倫理的消費のアプローチとして、①政治と政治的責任の新しい規範としての概念化、②統治や柔軟な法などの新しい規制的手段の例、③政治への市民関与と政治的責任の形態、という三つの方法を挙げ、このうち最後の方法に焦点をあてるとしている [Micheletti 2003: vii]。すなわちここでの倫理的消費は、投票などの伝統的な政治分野（国政）に代わる新しい市民政治の参加の手段として捉えられている。なぜなら消費の空間的・領域的拡大により、消費者は投票などの限定的な政治参加によってのみでは、その責任を果たせないと考えられているからである。このように倫理的消費を現代の新たな政治参加の形と市民の責任としてみる解釈は、ストッレとミシェレッティの新しい著書でも強調される [Stolle and Micheletti 2013]。

加えてミシェレッティの初版［Micheletti 2003］のペーパーバック版［Micheletti 2010］には、初版になかったエピローグが追加されており、そこでは、倫理的消費を「反資本主義」的に解釈することへの批判と、「グローバル化する消費の市民化（倫理化）による市場と国家の補完」の役割が再び強調される。倫理的消費を「反資本主義」と解釈するのはミスリーディングであるとされ、倫理的消費の運動には、現在の市場資本主義への強い批判があるものの、多くの倫理的消費を行なう人びとは、現在の市場資本主義経済をまったく別の経済の形に置き換えるのではなく、企業への規制や資本主義の改革を望んでいるとされる。すなわち倫理的消費は、コモンプール資源の利用および世界全体の労働者の権利に対する政府の管理が、緩く、不十分で、また信頼することができないために生じる「責任の空白状態（responsibility vacuum）」を「埋める試み」と理解されるべきだという［Micheletti 2010: 175］。また新自由主義（個人化、規制緩和、自由貿易、増大した企業パワー）のために、倫理的消費運動は加速されてはいるが、それは政府が市場管理を減じてきたことへの反応であって、活動の第一の目的は政府の規制に市場競争がとってかわることでもない。ミシェレッティによれば、倫理的消費は、消費財の自由取引市場がますますグローバル化する中で、そのような市場を統治するためのひとつの規制的な体制（a regulatory regime）のメカニズムや制度を創る試みである。この規制的な体制として、倫理的消費は市場をターゲットとしているのである。なぜなら、今日のグローバル社会において市場は、価値と資源の配分に重要な役割を果たすからだと説明されている［Micheletti 2010: 174］。

2　動機と目的——なぜ倫理的消費を行なうか

このような倫理的消費を行なう消費者の動機は、多くの既存研究では主に、①利己的動機、②利他的動機、のふたつの分類によって議論される。このうち①の利己的動機には、消費者自身の「権利の拡大」や、消費者によるアイデンティティ表現などが挙げられる。一方、②の利他的動機には、他者への配慮や連帯的支持などが挙げられる。もちろん倫理的消費を行なう消費者の動機は、実際にはこのどちらかに限定されるものではなく、双方の側面があると思われるが、両者の違いは、倫理的消費の政治・経済への関与、倫理的消費が促進される社会的条件、消費における「私」と「公」の関連、さらに「消費がもつ責任の意味」を考えるうえで重要である。
(4)

たとえばミシェレッティは、倫理的消費の政治的意義を議論する中で、この消費者運動は、地域や地球規模において「私的な生活と行動」が「公共の利害関係」にどのように影響するか、を示してくれると述べている。ミシェレッティによれば、現実の生活習慣の政治解釈において自己利益と公的利益をひとつに結びつける方法には、政治哲学における「私的な美徳（自己利益をともなう美徳）」と「公共の美徳」のふたつがあるという。前者は、アレルギーの子供のために害のない製品を選ぶ、などが例として挙げられる。後者は、他者に起因する、または公共の美徳という動機で、他者への連帯感を示すために製品を選択するものも含まれる。これは、自己犠牲や自己制約をともなうとされる［Micheletti 2003: 19-20］。

このような倫理的消費における利己的動機と利他的動機について、クラーク他は、倫理的消費の目的が、既存の消費者運動における「消費者の権利の拡大」とは異なるとして、以下のように述べている。倫理的消費は、従来の利己的な目的を持つ「運動」、すなわち権利の拡大とは異なり、他者への配慮や連帯的な支持によるものである。たとえば、労働運動、協同組合、公正な貿易キャンペーン、平和運動、その他の運動はすべて、「消費者」を主権者として位置づけ、権利拡大の手段のためにさまざまな消費者運動を利用してきた。しかし倫理的消費はそのような自己利益のための手段とは異なり、「他者への配慮や連帯的な支持」があり、なおかつそれを日常的な財サービスへの配慮として行なおうとする点に特徴があるという［Clark, Barnett, Cloke and Malpass 2007: 236］。

またここでの倫理的消費の「公」的な特徴には、自己犠牲や自己制約をともなう「公的な美徳」、他者への配慮や連帯の支持などの利他的動機だけでなく、他者への影響や権利侵害などへの「共感」や「協力」など社会における「相互関係性」をもつことが挙げられている。たとえば前述のミシェレッティは、倫理的消費の規範的立場は「市場取引における美徳」を要求するが、一方で、現代の世界がさらにグローバル化、ポスト近代化、統治志向化、個人主義化する中で、倫理的消費こそが政治を行なう方法として進化すると述べている。なぜなら倫理的消費の基本は、すべてのステークホルダーを取りこんだ対話であるが、このステークホルダーはお互いを反対の利益を持つ敵対者として見てしまう傾向がある。その中で「共感」や「協力」などの美徳は、前向きな倫理的消費にとってとくに重要となる。それらが「信頼できる関係」の成長への根源となるからである。すなわち美徳は、政治、経済、私的な生活の要求を調和させるための市場に基礎をおいた社会制度（market-based platform）の発展に必要なものとされる。またミシェレッティは、倫理的消費における規範的基盤としての「美徳」、およびそれによって形成される「信頼」という社会関係資本の重要性を示唆し、各ステークホルダーをつなげ、結合する形として、「信頼」の構築と「仲介（brokerage）」を挙げている［Micheletti 2003: 150-154］。

3　社会的条件——どのような社会が倫理的消費を促進するか

このミシェレッティの問題提起を受けて、倫理的消費と社会関係資本との関係について考察した研究がネイルソンとパクストン［Neilson and Paxton 2010］である。この論文では、欧州二〇ヶ国二万人以上のデータを用いて倫理的消費（この論文でも政治的消費者運動の用語が使用されている）が、個人の属性と属する社会の特徴の両方で説明されること、とくに倫理的消費が社会関係資本と関連していることを実証しようとした。この中で社会関係資本とは、①個人間の結びつきのネットワークであると同時に、②個人間の結びつきが信頼的・互恵的かつ感情的に肯定的であること、と規定され、パットナムによる社会関係資本の本質的な構成要素である「組織」と「信頼」をもとに、社会関係資本と倫理的消費を結びつけるメカニズムが説明されている。

ネイルソンとパクストンによる倫理的消費と社会関係資本についての仮説は、「より大きな社会関係資本をもつ人びとは、彼らを倫理的消費に導く可能性のある『情報』に多く接し、またこのような『情報』に基づいて行動しようという『動機』を多く持つ」というものである。これによれば、ボランティア団体などの組織に所属する個人は政治など社会的問題に関するさまざまな情報や議論に接する機会が増える。また情報源への「信頼」が高ければ、個人はその情報に基づいて行動する。一方、組織に所属しているメンバーはその組織のメンバーが共有している消費規範も認識することとなり、また同時に組織内で見られるサンクションなどから、組織における批判的規範も得られ、そのような規範を守ることにより倫理的消費に参加する動機が生まれる。また他人を「信頼」する個人は、他の人も同じように互恵的な責任ある行動をとると信じるため、倫理的消費を行なう傾向にあると考えられるという［Neilson and Paxton 2010: 7-9］。実証分析の結果では、いくつかある仮説のうち、「他人は信じられるか」というような「一般的な信頼」(5)は倫理的消費とプラスの関係性を持ち、国や法律など「制度への信頼」(6)はマイナスの関係性をもつことが示唆された［Neilson and Paxton 2010: 19］。このネイルソンとパクストンの分析は、倫理的消費という個人的な選択行動が、その個人が所属する社会の特徴、とくに政治や環境問題の団体など公的な分野への関心や参加、他者への「信頼」などの社会関係資本にどのように影響を受けるかについての一定の説得力を持っているようにみえる。国の議会や国際機関、政治家などの政治機構や、市場への規制を含む法的制度を信頼していない人は、その状況に満足しないため自ら進んで政治的な行動をとり(7)、また他人の利他性や互恵性を信じている人は、自分が行なう倫理的消費に他者も追随すると考え、自らの倫理的消費が制度や企業の経済活動を変えるうえで効果的な方法だと信じるため、倫理的消費を行なうという。

とはいえ、倫理的消費と社会関係資本などの社会構造との関連については、まだ研究途上であり、後続の実証研究が続けられている。たとえばコースは、倫理的な消費行動（ここでも政治的消費者運動の用語を使用）に影響すると考えられる社会構造を、経済、政治、文化、グローバル化などに拡張し、倫理的消費とそれらの社会構造の関連を、一九の国のデータを用いて分析した［Koos 2012］。その結果、国の裕福さ、小売部門の集積、ラベルの貼られた製品の利用可能性などの「経済的条件」は倫理的消費との関連がみられる一方で、社会的運動組織の広がり、倹約などの伝統的規範の崩壊や個人主義化などのポスト物質主義、先述のネイルソンとパクストン［Neilson and Paxton 2010］が主張したような市民的な信頼などの「文化的条件」は、倫理的消費に影響しなかった。これに加えコースは、多国籍企業が労働者の労働条件の問題や自然環境への悪影響をもたらす場合（負の外部性）、それを一国レベルでは統治できないため、「グローバル化が進んだ国の消費者が抗議のために政治的消費を行なう」、という「グローバル化仮説」も検証した。しかし検証の結果、国の経済的な「グローバル化」の水準は倫理的消費との関連がみられなかった。一方、ドイツやフランスなどの中央集権的な国では倫理的消費に対する支払意思額が下がるとの結果が得られ、倫理的消費は、市民社会に対する国の政治統治の開放度という「政治的条件」には関連していることが示唆された。さらに、コースは「低コスト仮説（the 'low-cost' hypothesis）」といわれる「価値志向型の消費は、その費用が高いときには決定されない」という仮説についても検証した。たとえば「バイコット」の対象となる商品は多くの場合、相対的に価格が高いため、このような消費が可能な消費者は裕福な国の消費者に多いことや、商品の選択肢が多様であれば代替品が増え、「ボイコット」しやすくなること、などを例として挙げている。実証分析の結果、「価値志向型の消費は、相対的費用が少なくてすみ、商品の選択肢が多い裕福な国で増える」という結果が得られた。これらの分析結果からコースは、倫理的消費は、経済的な統治の方法としては限界があり、また倫理的消費に関する諸研究の焦点は、文化的説明から、経済的条件の議論へと移されるべきだと述べている［Koos 2012: 52-53］。

以上のふたつの実証研究からは、以下の示唆が得られる。ネイルソンとパクストンでは、倫理的消費について、他人の利他性や互恵性などの「信頼」を通して、私的な消費と公的な社会とが相互に関係している可能性が示唆される［Neilson and Paxton 2010］。一方、コースの実証研究の結果からは、消費にいかなる倫理的、政治的、文化的意味を持たせたとしても、消費は経済的行為のひとつであり、行為者の所得や消費にともなう費用（代金としての費用と代替品を探すための取引費用の両方を含む）などの経済的条件とは切り離せないことが示されている［Koos 2012］。

三　消費者はなぜ環境に責任があるといえるのか

最後に、倫理的消費を倫理的側面から考察することで、消費者の持つ環境への責任を検討したい。これについて前述のバーネット他は、現代の倫理哲学におけるふたつのアプローチである「帰結主義」と「義務論」から議論を始め、さらに倫理的消費にとってより実践的で適合的な倫理規範の候補として、「徳の倫理」を検討している［Barnett, Cafaro and Newholm 2005］。本節でもこのバーネット他の議論から紹介しよう。

1　帰結主義と義務論からの理解

帰結主義とは、規範の根拠を「結果」や「成果」に求めるもので、判断基準としての「善」は「行動が成し遂げようとしなくてはならない特性や結果」とされる。一方、「義務論」は、規範の根拠を「権利」や「義務」に求めるもので、ここでの権利は「倫理的義務に応えるために、人びとや組織が行なわなくてはならないもの」である［Barnett, Cafaro and Newholm 2005: 12］。

①　**帰結主義的な規範**

まず帰結主義は、倫理的行動を「行為の結果や成果」から規定する。個人が果たすべきなんらかの倫理的義務とは独立に、その行為の「目的」となる「善の最大化」を正しさの基準とするため、「目的論（teleology）」ともいわれる。バーネット他は、帰結主義のひとつである功利主義的立場から倫理と消費の関係を議論した例として、「動物の権利」論者であり、動物の厚生と権利論を探求したピーター・シンガーを挙げている［Barnett, Cafaro and Newholm 2005］。シンガーは、「できる限り環境や感覚のある生物を害しないよう行動すべき」という環境倫理を擁護し、衣食のための動物利用を非難した。同時に資源浪費と世界の貧困の原因と考えられる西洋社会の消費水準を正当化できないと主張している(8)［Singer 1993］。バーネット他は、このような「他者への配慮の範囲を制限してよい理由などない」というシンガーの主張が、倫理的消費の分野と合致し、「ひとつのものが離れた見知らぬものと関係性という広い鎖でつながっているという事実(9)」において、「より倫理的な成果を成し遂げること(10)」が消費行動の是非を問う基準になっていると説明している［Barnett, Cafaro and Newholm 2005: 12］。

バーネット他によれば、倫理的消費のキャンペーンや政策は、しばしば帰結主義的な仮定に立っている。そこには「倫理的決定は倫理的責務（ethical obligations）についての合理的な計算を通じてなされる」という仮説があり、この倫理的な責務のために、知識、忠告、情報が提供される。したがって倫理的消費者は理論的にも実践的にも情報へのアクセスに頼ると理解されているという。しかしバーネットは、この帰結主義的な倫理規範は、消費を通じて追求する価値があると考えられている目的をどのように決めるか、という問題に向き合っていないと指摘する。帰結主義的な行動規範は、なにが「善」で、どのような「倫理的な行動」を対象にすべきかを測るための単一の尺度があることを想定しているためである。

② 義務論からの規範

一方、義務論からのアプローチは、正しい行動の規範を、目的（人びとの幸福など）への貢献とは独立して捉える。バーネット他は、義務論による責任のあり方の例としてロールズの『正義論』を参照している。ロールズは、個人の基本的な自由を犠牲にすることなく集合的な善を定義できないという理由から、「権利」を「善」より優先されるものとして擁護した。このような行動規範と同様の理解として、バーネット他は、環境問題への対応原則のひとつである「予防原則（Precautionary Principle）」を挙げている［Barnett, Cafaro and Newholm 2005］。バーネット他によれば、この予防原則は「他の人びと、他の生物、環境、または将来世代に対して配慮する義務（duty）」を普遍的な規範としており(11)、たとえば地球温暖化問題への対応での「予防原則」では、これらそれぞれの「生きる権利」を侵害しないよう現在の人びとは自らのエネルギー消費を縮小する義務（duty）を負うとされる。この権利を侵害しないという行動規範が義務論的な倫理的消費の責務だと説明されている［Barnett, Cafaro and Newholm 2005: 12–13］。

③ 消費者が他人・環境・将来世代に対してもたらす「害」

この他、消費者が環境に責任を持っていることの根拠は、たとえばクラーク他では以下のように説明されている。倫理的消費における「政治的であること」とは、グローバリゼーションの中で、消費者が「責任ある」消費をすることである。人びとは、他の人びとや環境および将来世代への害を増殖させていることに、消費者としての一定の責任があり、クラーク他はその責任のことを「道徳的リスク（moral risks）」と表現し、倫理的消費の発展は、そのような「道徳的リスク」という責任を負っているさまざまな行為者によって担われ、拡大してきたとされている［Clark, Barnett, Cloke and Malpass 2007: 245］。これによれば消費者は他の人びとや環境および将来世代を含む幅広い第三者に対して、「害」の原因者としての責任を負っている。これは、前述の帰結主義的な立場（全体の厚生を低下させている外部不経済の原因者として）、義務論的立場（他者の権利を侵害しているものとして）の両方の観点から消費者の責任を問うものであろう。

④　普遍的な倫理規範の限界

しかしバーネット他は、帰結主義的な規範、義務論的な規範の両方は、普遍的な規定であるがゆえに限界があるという。理由は二点ある。

ひとつめは、両規範ともに、普通の人びとにとっては厳格すぎるというものである。たとえば帰結主義的な規範では、人びとは行動の前後に、すべての情報と連鎖を、正しく照合し、計算しなくてはならない。功利主義的な志向が集合的な公共決定の評価に対しては意味をもつ一方で、むしろ個人的な選択のモデルとしては、非現実的だという。同様に義務論的な規範でも、行為者は自らの個々の行為を、きわめて抽象的で普遍化された原則にどの程度まで適合させるかについてを合理的に判断しなくてはならない。ふたつめは、帰結主義、義務論の両規範には、倫理的消費がもつ複雑さや相反する倫理決定が入る余地がないというものである。人びとが自らの行動に取り入れ、関与するには固定的で抽象的すぎるという［Barnett, Cafaro and Newholm 2005: 13］。

たとえば帰結主義者の責任の考え方は、人びとの自主的な行為とその結果の間の関係についての明確な計算に基づいていると理解されているが、バーネット他によれば、「倫理的消費が結果の連鎖と消費者・生産者の間の結合を観察することによって機能する」という考えは、きわめて単純だという。ここでバーネット他は、ヤング［Young 2003］による消費者の責任についての考察を引合いに出し、消費者の責任には、結果を引き起こしてしまったことに対する原因への責任（being causally responsible for events）、受益者であること（being a beneficiary）、そして現実に結果を変えることのできる立場にあること（being in position to actually change outcomes）の三種類があるが、帰結主義的な行為と結果の間の「計算」のみに依拠する規範原理は、このような重要な区別を省いてしまうと述べる[Barnett, Cafaro and Newholm 2005: 14]。結局、バーネット他は、これらの帰結主義的規範、義務論的規範の双方を支持しない。

2　徳の倫理からの理解

①　消費実践への適合

かわりに、バーネット他は、帰結主義的な規範と義務論的な規範に替わる三つめの規範原理として、「美徳の倫理（virtue ethics）」を挙げ、「倫理的な行為が日常的な消費実践の中に埋め込まれていること」を推奨する[Barnett, Cafaro and Newholm 2005: 13]。美徳の倫理は、帰結主義的および義務論的な規範の双方に見られるような「なにをすべきか」ではなく、「自分はどのような人としてあろうとするのか」を倫理的な問いとする。すなわち、自らを他者への義務（duties）をもつものとして考えるのではなく、人としての長所を伸ばし、社会的な繁栄を目指すべき存在者として考え、それらを達成する最適な方法を考えようとする。帰結主義論者と義務論者は、利他主義を自己利益に対抗するものとして正当化するが、美徳の倫理は、他者への配慮の中で自己利益を奨励しようとする。すなわち帰結主義や義務論での主な問いが、「他者への自分の義務（duties）はなにか、自分への他者の責任（responsibilities）はなにか」であるのに対し、後者の問いは「なにがよい生活で、そのように生きることとどのように向きあうか（How can we go about living it?）」というものとなる[Barnett, Cafaro and Newholm 2005: 17]。

バーネット他では、普遍的な慈善行為や義務（duty）のいずれも行動するための最適な動機だとはされず、倫理的消費を考えるには、美徳の倫理がより適合的だと考えられている。たとえば「よい食料生産の倫理」は、「環境」や「将来世代」への抽象的な配慮によって動機づけられているわけではなく、家族の生活という「日常的な社会関係を形成するための配慮と考慮」という形をとる。通常の消費実践（consumption practices）の動機づけに関心を払うことが重要であり、「倫理的消費」を「倫理的でない消費」に反するものとして考えるのではなく、倫理的思考の形を具体的に消費実践に埋め込んで認識する方がよいと提案される［Barnett, Cafaro and Newholm 2005：19-20］。

②「自律的統制の必要」と「消費者の立場」としての美徳

同様に、前述のミシェレッティは、倫理的消費の興味深い点として、市場取引に「美徳」があるべきだという規範的立場から倫理的消費を捉えている。これは「美徳の実践行動（virtue-practicing activity）」と呼ばれるもので、たとえば日常生活での行動における美徳のような「実践的な知（phronesis）」をさす。さらにこの美徳には、伝統的なものと市民的なものの両方があり、伝統的な美徳の例としては、共感、節度、誠実さなどが、市民的な美徳の例には協力、知恵などが挙げられている［Micheletti 2003：150-152］。ミシェレッティは、現代社会において、消費者の持つ責任が、空間的にも、対象領域としても拡大していると考える。人びとの所属する共同体は、地方、国、地域、地球にまで拡大し、このことにより、多くの責任が個人に課された。そのため人びとは、政治、経済、私的な領域での倫理基準を定めるための責任の新しい負担のあり方を探している。またグローバル化、個人主義化、ポスト近代化、危険社会、統治のあり方の変化によって、もはや政治、経済、私的な生活を明確に区別することはできなくなっている。個人は、良い生活の保証や持続可能な未来のために、従来のような選挙における投票や限られたメンバーで構成される会員制組織へ会費の支払いなどを行なったとしても、もはや自分たちの十分な責任を果たしているとは想定できない。個々人が自らの正しさと誤りを「美徳」によって形成し、それにより、よりよい責任をとることが求められているという［Micheletti 2003: 150］。

一方、前述のクラーク他も「美徳」による消費者の責任を記述し、この美徳は消費者としての「特権的な地位（priviledged position）」に基づくとする。クラーク他によれば、消費者は、グローバリズムの中で、「責任ある方法で消費する」という義務を持ち、この「責任ある消費」によって倫理的な「政治参加」を行なう。ここでの消費は「個人的で欲深く利己的なもの」とは捉えられていない。人びとは、消費者としての特権的な地位が持つ「美徳」によって、消費に対する集合的な責任を負っており、消費はそのような集合的責任の観点から再構成されると述べられている［Clark, Barnett, Cloke and Malpass 2007: 233, 245］。

③ **消費者の「政治的責任」**

これらの倫理的アプローチに加えて、前述のヤングの議論から消費者運動における「政治的責任」の考え方を紹介する。ヤングは、アメリカの大学生などが行なったＧＡＰやGuess? などを対象とする反搾取工場運動を事例に、このような消費者運動にみられる「政治的責任」のあり方を、「非難（blame）」や「義務（liability）」などの法的な責任の概念と区別した。この政治的責任においては、消費者を含む行為者は、「非難」ではなく、「構造的に不公正と関連している」という理由によって「不公正に対する責任をもつ」とされる。この「構造的なプロセス」とは、たとえば、労働者が劣悪な労働条件で働くことによる害は、直接的には工場の経営者や管理者によるものであるが、巨大なグローバルシステムの中で、製品がきわめて競争的な市場で安く売られているために、経営者や管理者は劣悪な労働条件を修正できないこと、などを指す［Young 2003: 39-40］。

ヤングによれば、「非難」や「義務」の責任と「政治的責任」は区別されなくてはならない。その理由は四点ある。第一に、責任についての最も共有されたモデルは、もたらした害に対し「罪」や「過失」があるという法的な理由によるものであるが、この「過失モデル」では、原因となった「特定の行為者」に責任が課される。しかし現代的な労働運動や環境運動と同様に、反搾取工場運動にみられる責任の要求は、過失モデルにおける責任の概念とは異なる。なぜなら搾取工場での多くの害、過ち、不公正は、おびただしい数の人びとや制度が複雑な生産と流通のプロセスに参加していることの結果であり、消費者は、このような複雑な「構造的プロセス」を通じて、労働者の労働条件に、間接的に、高度に介在された形で関係しているからである。ヤングはこれを「特定の犯人がいない不公正」と呼んでいる。第二に、我々はそれぞれの共同体で受容されているルールと慣習に追随しており、それによって構造的不公正に加担してしまっている。反搾取工場運動は、消費者、大学、小売、企業、その他の多くの契約者に、これまで受容されてきた市場関係を再考することを求め、「通常どおりのビジネス」が倫理的に受容可能かを問う。これは行為の「正常な構造的背景」はなにかという問いであり、やはり「非難」や「義務」などの責任の概念とは異なる。第三に、過失や義務（liability）としての責任を課す目的は、通常、懲罰や補償などである。しかし、構造的プロセスの結果と原因の関係はしばしば追跡不可能であるため、補償や賠償をさせる個別の犯人を探すことができない。ヤングによれば、運動の目的は過去の過ちに対する補償ではなく、人びとの行為がその不公正に加担していることを認識し、将来的な害を除去するために社会を改革すること、とされる。第四に、運動では、工場に労働条件を考慮させようとする「遠く離れた連帯」と労働者をつなぐため、情報の共有と監視制度が重視される。構造的プロセスの関係者は、公共の議論に参加する責任があり、その意味でこの責任は「政治的」とされる。「過失モデル」とは異なり、この政治的責任は搾取されている労働者自身にも課される。加えてここでは、「非難」ではなく、「責任の共有」が求められる。なぜなら非難された人は防御的に反応する傾向にあり、他の非難する対象を探すか、自らの義務を軽減するための弁解をしてしまう。これは恨みや責任の拒否につながっても、有益な行動の変化につながらないという［Young 2003: 39–42］。

またこのときヤングは、「プロセスを変える責任」をすべての人が負っているものの、その責任の度合と種類は、①不公正を生み出す構造的なプロセスに結びつく特定の立場、②プロセスに対する力（影響力と能力）、③プロセスからの特権的受益（privileged beneficiaries）、などから考えるべきだと述べている［Young 2003: 42–43］。

四　結論

このように倫理的消費は、個人化された集合的な行為であり、また私的な経済的行為であるとともに、倫理・社会・文化・宗教など、さまざまな価値に基づいた意思表示をともなう「経済的な投票行為」でもある。ますます加速化する経済のグローバル化に対して、政治のグローバル化はそれに追いついていない。消費は市場と統治機関の調整を行なうための補完的な役割を求められている。ミシェレッティが述べるように、経済のグローバル化と政治・法律・規制のグローバル化の間にはギャップがあり、それによりさまざまな人道的・環境的な「害」や「権利の侵害」がおきる。この「責任の空白状態」を「埋める」ひとつの主体として、消費者は環境に責任をもっているといえるだろう。ある特定地域での投票や組織といった境界をもつ政治的関与は、消費の空間や領域の拡大の中では、限定的な機能しか果たせない。消費者をより積極的で関与的な存在と位置づけることで、消費という経済活動がより公正で環境保全的な社会経済をもたらす可能性がある。ヤングによれば、今日の複雑で巨大なグローバル経済において、不公正には「特定の犯人」がおらず、またそれぞれの経済主体は各共同体における慣習やルールにのっとった「正常な構造的背景」の中で経済活動を行なっている。消費者を含む各経済主体は、自らの行為についての公共の議論に参加し、責任を共有しながら、このような構造的不公正を是正する「政治的責任」を課されている。

消費行動の倫理的規範としては、バーネット他での議論のように、帰結主義と義務論の双方とも、実践的な行動規範としては限界がある。消費の及ぼす影響をすべて計算することはできず、また生態系全体や将来世代までをもその対象に含む環境問題の領域において、対立する諸権利に優先順位をつける最適な方法は、現在の環境倫理にも存在していないからである。もし消費が環境にもつ責任を、帰結でも義務でもない「美徳」に求めるならば、バーネット他が述べるように、「なにがよい生活で、そのように生きることとどのように向きあうことができるのか」を日常のレベルで具体的に考え、「倫理的思考の形を常に消費実践に埋め込む」こととなる。実際に、倫理的消費は、表2-2-1にあるように、具体的な消費者運動として始まり、普及してきた。バーネット他の薦める「実践的」な倫理規範は、倫理的消費の実態に即しているように思われる。ミシェレッティは、消費者は「美徳」といういわば「自律的な自己統制」によって消費に責任をもつとし、またクラーク他は、消費の責任の根拠に「消費者の地位として果たすべき美徳」をおいた。この「消費者の地位」には、ヤングのいう「構造的不公正のプロセスを変えることができる影響力と能力をもつこと」が挙げられるだろう。消費者は受益者であり、原因者であり、また結果を変えることのできる立場にある。

消費者は環境に責任がある。複雑で巨大なグローバル経済において、消費者は、経済と政治・法律・規制のギャップを埋める役割が求められており、また同時に、その購買力によって、経済システムの構造的不公正を是正する能力や影響力も持っている。一方、「よい生活とはなにか」、「そのように生きることとどのように向きあうのか」という美徳倫理の具体化は、日常的な消費の実践において、今後もさまざまな模索が続けられるだろう。

注

（1）本章で引用したMicheletti［2003］以降の倫理的消費の政治的責任の議論、さまざまな倫理的消費や消費者運動の評価、倫理的消費への批判や限界については、Stolle and Micheletti［2013］も参照。

（2）このような倫理的消費を行なう消費者の個人的な属性に関する調査研究は数多く行なわれている。たとえばPapaoikonomou et al.［2011］では、倫理的消費を行なう消費者の属性に関する八〇本の論文がサーベイされ、多くの研究において、倫理的消費者には、女性、高学歴、左派的で利他主義的を示す傾向があることが報告されている。

（3）ミシェレッティは、倫理的消費において市場や資本主義がどのように捉えられているかについて、運動の中には「よりイデオロギー的に導かれた派閥と市場資本主義の波にもっと乗じたいという派閥の間での衝突」があり、フェアトレードと有機食品の倫理的消費の内部にも、市場資本主義者の戦略からの独立性についての論争があることが記されている［Micheletti 2010: 175］。

（4）利己的動機のうち、消費社会学と社会運動研究の観点から、倫理的消費を消費者のアイデンティティの表現手段としてみる見方は、Yates［2011］を参照。

（5）一般的な信頼は、三つの調査項目の平均で表される混合尺度で、「一般的に大部分の人を信頼できると言えるか、あるいは用心してもしたりないか」、「大部分の人は機会があるならあなたを利用しようとすると思うか、あるいは公正であろうとするか」、「人びとは多くの場合、親切だと言えるか、それとも自分のことばかりか」への回答から構成された。

（6）制度への信頼は、自分の国の議会、法的なシステム、政治家、欧州議会、国連などをそれぞれ個人的に信頼するか、の五つの調査項目間の平均評価から構成された。

（7）ミシェレッティは、市民が公共の事項に関心を持つこと（公共的な美徳）と、政府の規制への不満足や不信のために、自身の安全のためになにかをする必要があると考えることのふたつが、倫理的消費が行なわれるきっかけとなると述べている［Micheletti 2003: 172-173］。

（8）バーネットが参照したシンガーの著書『私たちはどう生きるべきか』は一九九七年にオクスフォード出版から出版された第二版である。日本語翻訳の基となった第一版［Singer 1993=2013］は一九九三年にオーストラリアのランドムハウスから出版されている。

（9）たとえば「理性によって私たちは……自分が他の存在を含めた世界の中の単に一個の存在であり、他の存在と同様の利害や欲求をもっている、ということを理解できる」など［Singer 1993=2013: 408］。

（10）たとえば「なにを優先させるかについて新たな考えをもつ批判的な人びとが多く現れるならば、……その人たちは他人と協力することにより共に利益を得ており、その人たちは自分の人生に喜びと充実を見出している——ということが誰の目にも明らかならば、倫理的態度は広まり、倫理と私益との間の対立が克服されたと理解されるだろう。しかもこの克服は、抽象的な理性的推論によってだけではなく、倫理的な生き方を実際的な生き方として採用することによって、しかも心理的な生き方が心理的、社会的、生態学的に有効であると示すことによってなされるのである」など［Singer 1993=2013: 418–419］。

（11）予防原則は、たとえば国連環境開発会議（ＵＮＣＥＤ）リオ宣言（一九九二年）では、「深刻な、あるいは不可逆的な被害のおそれがある場合には、完全な科学的確実性の欠如が、環境悪化を防止するための費用対効果の大きい対策を延期する理由として使われてはならない」というもので、因果関係の不確実性を前提としている。このことから予防原則は帰結主義ではなく義務論的立場であると解釈できる。

参考文献

Barnett, Clive, Philip Cafaro and Terry Newholm [2005] "Philosophy and Ethical Consumption," in Rob Harrison, Terry Newholm and Deirdre Shaw (eds.) *The Ethical Consumer*, SAGE Publications Ltd.

Clark, Nick, Clive Barnett, Paul Cloke and Alice Malpass [2007] "Globalising the consumer: Doing politics in an ethical register," *Political Geography*, 26, pp. 231–249.

Copeland, Lauren [2013] "Conceptualizing Political Consumerism: How Citizenship Norms Differentiate Boycotting from Buycotting," *Political Studies*, vol. 61, no. 4 publication. doi: 10. 1111/1467–9248. 12067.

Dickinson, Roger Allyn and Mary L. Carsky [2005] "The Consumer as Economic Voter," in Rob Harrison, Terry Newholm and Deirdre Shaw (ed.) *The Ethical Consumer*, SAGE Publications Ltd. pp. 25–36.

Fetter, Frank Albert [1904] *The Principles of Economics: with applications to practical problems*, New York: The Century

Co.
Harrison, Rob, Terry Newholm and Deirdre Shaw（ed.)［2005］*The Ethical Consumer*, SAGE Publications Ltd.
Koos, Sebastian［2012］“What Drives Political Consumption in Europe? A Multi-level Analysis on Individual Characteristics, Opportunity Structures and Globalization,” *Acta Sciologica*, vol. 55, no. 1, pp. 37–57.
Micheletti, Michele［2003］*Political Virtue and Shopping: Individuals, Consumerism, and Collective Action*, Palgrave Macmillan.（同［2010］ペーパーバック版）
Neilson, Lisa Anne and Pamera Paxton［2010］“Social Capital and Political Consumerism: A Multilevel Analysis,” *Social Problems*, vol. 57, Issue1, pp. 5–24.
Papaoikonomou, Eleni, Gerard Ryan and Mireia Valverde［2011］“Mapping Ethical Consumer Behavior: Integrating the Empirical Research and Identifying Future Directions,” *Ethics and Behavior*, vol. 21, no. 3, pp. 197–221.
Singer, Peter［1993＝2013］*How are We to Live? Ethics in an Age of Self-Interest?*, Oxford University Press. 山内友三郎監訳『私たちはどう生きるべきか』ちくま学芸文庫。
Stolle, Dietlind and Michele Micheletti［2013］*Political Consumerism: Global Responsibility in Action*, Cambridge University Press.
Yates, Luke S.［2011］“Critical Consumption- Boycotting and boycotting in Europe,” *European Societies*, vol. 13, no. 2, pp. 191–217.
Young, Iris［2003］“From Guilt to Solidarity,” *Dissent*, vol. 50 Issue 2, pp. 39–44.

■脱成長《デクロワサンス》

経済なき社会を想像することができるだろうか。ラトゥーシュの書籍の日本語版タイトルは「経済成長なき社会発展は可能か？」である。しかしその主眼はおそらくこの社会発展を含む、あらゆる成長、開発、発展を否定することにある。批判の対象は経済成長やグローバリズムに留まらない。目指すのは国家による市場経済の制御・調整ではなく、贈与と連帯論理による経済の修正でもない。それは社会開発、人間開発、地域開発・地域発展、持続可能な発展、オルタナティブな開発などのすべての「形容詞付き発展パラダイム」からの脱却をも含み、究極的には「経済から抜け出す」ことである。そもそも「発展」には、必然的に経済成長や競争、不平等の拡大や自然の略奪などがともなう。進歩や普遍主義、自然支配や計算合理性といった、近代的な価値とも結びついている。たとえば「持続可能な発展」という理想にも問題はある。なぜならこの概念には、自然環境の尊重から開発体制の維持までさまざまな意味合いがあり、政策決定者は結局、環境よりも発展を優先させることになってしまうからである。「定常状態」や「ゼロ成長」も、環境保全と経済支配の既得権益を調和させる妥協案であって、維持することはできないとラトゥーシュはいう。

ラトゥーシュが最後に提示する社会が「脱成長《デクロワサンス》」である。共愉と地域主義《ローカリズム》が強調され、市場よりも互酬性に基づき、関係が財にとって代わる。目的は、より少なく労働し、より少なく消費しながら、より良く生きるための社会を創造することである。質素で節度ある生活、ガンジーやトルストイのいう「シンプル・リヴィング」の実践が推奨され、平和で落ち着いた心を保ちながら、「共に生きる喜びを分かち合う《コンヴィヴィアル》社会関係」を成熟させることが求められる。具体的には、自律的な協同組合企業や振興農村共同体（エコビレッジ等）、フェアトレード・連帯貿易運動、消費者アソシエーション（産直等）、補完通貨システム（地域通貨等）などの非営利アソシエーションの興起が挙げられる。適切な環境税や労働時間の削減とワークシェア、科学技術のモラトリアムなどの政策も提言される。「脱成長《デクロワサンス》」は、経済と関わる社会制度すべてを放棄するのではなく、過去へのノスタルジックな回帰を目指すのでもない。「エコロジカルな社会主義」とみなされるそれは、資本主義を含む「近代の超克」なのである。（根本志保子）

【文献】 セルジュ・ラトゥーシュ［2010］『経済成長なき社会発展は可能か？―〈脱成長〉と〈ポスト開発〉の経済学』中野佳裕訳、作品社

3-3

キーワード：商品化、聖なるもの、貨幣

交換
赤ちゃん市場の問題とはなにか

山本理奈

はじめに

現在、精子や卵子、代理母、出生前診断など、生殖医療に関わる物事の商品化が進んでいる。本章では、こうした現代社会の状況を背景として、経済社会学者のV・A・ゼライザー（Viviana A. Zelizer）が、赤ちゃんと貨幣の交換をめぐり、どのような議論を展開しているのかを明らかにすることを課題としている。具体的には、「赤ちゃん市場の問題とはなにか」という問いをめぐり、ゼライザーがどのように考え、どのように応えたのか、その思考の道筋を明らかにすることにしたい。

一　交換について考えるために

1　V・A・ゼライザーについて

本章の目的は、赤ちゃんと貨幣の交換に関するゼライザーの最新の議論を紹介することにある。そこでまず、ゼライザーについて、主要著書を中心にその研究活動を概観することからはじめることにしよう。ゼライザーは、一九七七年にコロンビア大学で社会学の博士号を取得し、現在は、プリンストン大学で社会学部の教授を務めている。彼女の最初の単著は、一九七九年に刊行された『モラルとマーケット』(*Morals and Markets*)［Zolizer 1979=1994］であり、この著書はすでに日本でも翻訳が刊行されている。このなかでゼライザーは、アメリカにおける生命保険の歴史的な受容過程を分析しており、生命の商品化という事態を、アメリカ人がどのようにして道徳的に許容可能なものとして扱うようになったのかを明らかにしている。

このときに調査した子どもの保険に関する論争が契機となって、一九八五年に刊行された『値をつけられないほど貴重な子どもに値をつけること』(*Pricing the Priceless Child*)［Zolizer 1985=1994］では、アメリカにおける子どもの商品化について分析を行なっている。(1) 具体的には、子どもの価格づけに関わる三つの現象、すなわち、①子どもの生命保険、②違法行為による子どもの死に対する補償、③子どもの養子縁組と人身売買に焦点をあて、子どもの社会的価値に生じた変化とそれにともなう新たな市場形成について分析を行なっている。そしてこの分析を通して、一八七〇年代から一九三〇年代にかけて、子どもの経済的な価値と感情的な価値に大きな変化が生じたことを記述している。つまり、経済的には価値がないものの、感情的には値段がつけられないほど大切な子どもという、現代の子ども時代の本質的な条件が生み出された過程を明らかにしている。

こうした生命や子どもの商品化を分析していくなかで、ゼライザーは、市場というものが人びとの意味づけのシステムや社会関係によって形作られているという観点を深めていく。そして、一九九四年に刊行された『貨幣の社会的意味』（*The Social Meaning of Money*）[Zolizer 1994] では、貨幣の社会的意味の多元性に着目し、これまでの貨幣に対する一元的な見方に対して別の視点を提起している。従来の研究では、貨幣は無色でありその価値は一元的なものとみなされてきたが、ゼライザーはこうした貨幣のとらえ方に対し疑問を呈している。(2) 彼女はこの本のなかで、一八七〇年代から一九三〇年代のアメリカにおいて、人びとが目的や用途に応じて貨幣をとっておく仕方に着目し、その変化の過程を分析している。具体的には、①家庭内の貨幣、②贈与としての貨幣、③慈善としての貨幣、という三つの観点から、人びとがそれぞれの社会関係に応じて、多様なかたちで貨幣を意味づけていることを明らかにし、多元的な貨幣というモデルを提示している。

このようにゼライザーは、つねに経済的な価値と社会文化的な価値の交わりが議論となる場面に着目し、歴史的な視点から両者の関係の仕方を分析している。二〇〇五年に刊行された『親密性の購入』（*The Purchase of Intimacy*）[Zolizer 2005] では、そうしたこれまでの研究蓄積を背景として、経済的な活動と親密な関係性がどのように混じり合っているのかを分析している。具体的には、①世帯内の関係性、②カップルの関係性、③ケアの関係性、そして、④こうした関係性のなかで生じる法的な紛争、という四つの領域に焦点をあて、人びとや法律がどのように経済的な活動と親密性を結びつけているのかを分析している。(3)

彼女のこうした試みは、理論的には、歴史に無関心な功利主義的な経済学モデルへの対抗からなされており、経済社会学というフィールドにおいて、分析のための新たな概念枠組みを生み出す作業を続けてきたことは、彼女の業績のなかでも特筆すべき点だといえよう。二〇一一年に刊行された、『経済生活』（*Economic Lives*）[Zolizer 2011] は、こうした経済社会学への理論的貢献という観点から、彼女の三〇年にわたる研究を一冊にまとめたものであり、その意味において、現時点におけるゼライザーの研究の集大成となっている[4]。本章では、この最新の著書に収められている、「危険な交換」(Risky Exchanges) という論考を中心に取り上げ、赤ちゃんと貨幣の交換をめぐるゼライザーの思考の道筋を明らかにすることにしたい。

2　紹介論考の位置づけ

ゼライザーは、三〇年におよぶ自身の研究をふり返り、これまでの仕事を六つの領域に分けている。すなわち、①人間の生命の価値づけ、②貨幣の社会的意味、③親密性の経済、④ケアの経済、⑤商業循環、⑥批判と総合、以上の六つである [Zelier 2011: 3-4]。この分類にしたがって、『経済生活』は六つのパートから構成されており、「危険な交換」という論考は、第四パートの「ケアの経済」に収められている。ただしこの論考の初出が収められているのは、二〇一〇年にM・B・グッドウィン (Michele Bratcher Goodwin) が編者となって刊行された、『赤ちゃん市場』(*Baby Markets*) [Goodwin (ed.) 2010] である。本章では、それに修正や加筆が行なわれた最新版を取り上げることにしたい[5]。以下では、「危険な交換」という論考を、ゼライザーが、これまでの自分の研究や赤ちゃん市場をめぐる他の論者とどのように関連づけているのか、その位置づけを確認していくことにしよう。

「危険な交換」という論考のなかで、ゼライザーは、『値をつけられないほど貴重な子どもに値をつけること』や『親密性の購入』といった、これまでの研究業績を土台として議論を行なっており、とくに前者の成果に多くを依拠しながら論じている。ただしゼライザー自身が指摘しているように、『値をつけられないほど貴重な子どもに値をつけること』における、アメリカの赤ちゃん市場をめぐる分析は一九五〇年頃で止まっている。そのため、それ以降の赤ちゃん市場の展開については、二〇〇六年に刊行されたD・L・スパー (Debora L. Spar) の『ベビー・ビジネス』(*The Baby Business*) [Spar 2006] を後続研究として位置づけ、それを参照している。この本は、一部割愛されている箇所があるものの、すでに日本においても翻訳が刊行されており、赤ちゃんをめぐるビジネスの最前線を紹介している。ここで、スパーについて簡単に触れておくと、彼女はハーバード大学の経営大学院の教授を経て、現在はバーナード・カレッジ（Barnard College）の学長を務めている。

スパーは、赤ちゃん市場の領域を広くとらえており、養子縁組、不妊治療、精子や卵子の売買、代理出産、着床前診断など、現在、赤ちゃんをめぐって行なわれている広範な事象を包含するものとして、赤ちゃん市場を分析している。市場の外延を広くとらえる点については、ゼライザーもスパーの見解に賛同しており、赤ちゃん市場の先端には、精子や卵子の売買という問題が出現することを指摘している。そのためゼライザーは、こうしたヒト由来のモノのやりとりを検討するという観点から、二〇〇六年に刊行されたK・ヒーリー（Kieran Healy）の『最後の最高の贈り物』（*Last Best Gifts*）［Healy 2006］を、重要な関連研究として位置づけている。ヒーリーは、デューク大学の社会学の准教授であり、著書のなかでは、血液や臓器の交換に関わる社会組織について分析を行なっている。

スパーやヒーリーの研究に共通しているのは、商品化を批判するのではなく、市場において実際になにが行なわれているのかを実証的に分析している点である。ゼライザーは、こうした彼らの研究のスタンスを、赤ちゃん市場に対する自身の研究と同じ立場として位置づけている。これに対し、M・J・ラディン（Margaret Jane Radin）の研究については、自分とは反対の立場の研究として位置づけている。ラディンはミシガン大学の法学の教授であり、一九九六年に刊行された『論争中の商品』（*Contested Commodities*）［Radin 1996］では、売春と赤ちゃんの売買をめぐって、商品化への異議を唱えている。

このラディンの研究についてはスパーも言及しており(6)、赤ちゃんの商品化を批判する研究は、ラディンに限らずM・J・サンデル（Michael J. Sandel）も含め、大筋において正しいと指摘している。しかしながら、商品化それ自体に過ちや搾取が内包されているかどうかには疑問の余地があると述べている。くわえて、生殖の領域が市場化されること自体が本質的に悪であるということはできないと指摘しており、基本的にゼライザーと同様の見解を示している。

以上、ゼライザー自身の過去の研究および他の論者の研究と、紹介論考の位置づけを確認してきた。この点をふまえたうえで、次節では、「危険な交換」とはどのようなものであるのか、ゼライザーの議論の内実を見ていくことにしよう。

二　危険な交換――「聖なるもの」と貨幣の交換

1　「危険な交換」とはなにか

「危険な交換」を説明するにあたり、ゼライザーは、人びとの注目を集めた印象的なひとつの事例からはじめている。それは、二〇〇六年の一〇月に、歌手のマドンナが行なった養子縁組についてである。マドンナは、マラウイの母親のいない一歳の男の子を養子として迎えたが、このことがマドンナの衝動買いとして、子どもの権利団体から非難を受けることになる。この養子縁組の問題を通して、活動家たちは、市場取引が常識の範囲を逸脱することに警鐘を鳴らしていた。

こうした批判は養子縁組に限らず、精子や卵子の提供、臓器などの人体の部位の譲渡、さらには個人的なケアを行なう場合にも生じると、ゼライザーは指摘している。そしてなかでもとくに、個人的なケアや赤ちゃんに関わる貨幣を媒介としたやりとりに注意を促している。なぜなら、これらのやりとりは一方の側の関係者の間違いや無能力、不正行為が、他方の側の関係者に害を与える可能性を含んでいるからである。そして、こうした種類の人間の尊厳に関わるような「聖なるもの」をめぐる貨幣を媒介としたやりとりを、「危険な交換」という概念でとらえている。

ゼライザーによれば、「危険な交換」に対する批判的言説には、つぎのふたつの主張が含まれているという。すなわち、(A)世の中には、決して売られてはならないモノやサービスがある、(B)市場の取り決めのなかには、本質的に悪質なものがある、以上の二点である。くわえて、このふたつの主張は異なる関心に向かっているとし、前者は、「なにが交換されているのか」を問題化しているのに対し、後者は、「交換の条件」を問題化していると、ゼライザーは指摘する。

重要なことは、「危険な交換」に関わる商業市場を適切に分析するためには、商品化に対する批判的言説から距離を取り、相対化する必要があるとゼライザーが考えている点である。ゼライザーによれば、従来の商品化に対する批判は、市場取引とモラルの低下を単純に同一視している点に問題があるという。たしかに、市場の取り決めのなかには悪質な結果を招くものがある。しかしながら、関係者に利益をもたらす場合のあることも見過ごしてはならない。それゆえ、商品化に対する偏見を取り除くことによってのみ、交換対象、交換の条件、交換に関わる関係者の福利のあいだで、望ましい一致を見出すことができると、ゼライザーは主張している。

2　「危険な交換」の分析を阻む誤った考え方

こうした望ましい一致を見出すために必要なことは、「危険な交換」をめぐる商業市場が実際にどのように動いているのかを明らかにすることである。言い換えれば、商業的なやりとりの手順を整える、その多様な方法を説明することが必要である。そのためには、「危険な交換」の禁止を正当化するふたつの誤った考え方を捨てなければいけないと、ゼライザーは指摘する。すなわち、①ある交換対象はそれらが引き起こす強い感情のため特別な保護に値する、②それらはただ他の交換よりも重要であるという理由によって特別な保護に値する、以上のふたつである。

ゼライザーは、このふたつの考え方に対しつぎのように反論している。まず、①の考え方に対しては、住宅や生命保険、婚約指輪の購入を例にあげ、「危険な交換」だけが人びとに強い感情を引き起こす唯一のものではないことを指摘している。そのうえで、実際に、強い感情を引き起こす多くのものが、社会生活を混乱させたり、あるいは堕落させたりすることなく譲渡されていると述べている。つぎに、②の考え方については、人体の部位や赤ちゃんが他のものよりも重要だという理由で、禁止を正当化することなど不可能であると指摘している。なぜなら、命を救うための医療行為に金銭を支払うことが、医療行為を卑しめることになると考える人など、いまやほとんどいないからである。

以上のふたつの考え方への反論を行なったうえで、さらにゼライザーは、「危険な交換」の分析を妨げるより本質的な障害があると指摘している。それは、市場や経済過程に対するふたつの正反対の考え方である。すなわち、一方には、(Ⅰ)分離された領域／敵対する世界（separate-spheres / hostile-world）という考え方があり、他方には、(Ⅱ)すべては経済にすぎない（economistic nothing-but）とする考え方があるという。

(Ⅰ)の考え方について、ゼライザーはつぎのように説明している。まず、世界はふたつの領域に分かれており、一方には、感情と連帯の領域、他方には、合理的で利己的な打算の領域がある。つぎに、これらの敵対する世界のあいだのいかなる接触も、相互汚染に向かうと考えること、これが(Ⅰ)の考え方である。また、この(Ⅰ)の考え方の異なるバージョンとして、市場からの免除と完全な商品化まではひとつの連続体であるととらえ、すべての金銭的な補償は結局のところ、取引を堕落に向かう坂へと押しやることになると解釈する、いわゆる「滑りやすい坂」（slippery slope）の考え方がある。この考え方の代表的な例として、ゼライザーはラディンのつぎのような議論を取り上げている。

もし、自由市場の赤ちゃん産業が実現されるようになれば、われわれのうち（売るために赤ちゃんを産まなかった人びとさえも）、だれが自分の子どもをドルの価値で測ることを避けられるだろうか？　われわれの子どもは、ドルの価値で自分を測ることに心を奪われずにいることができるだろうか。こうした測り方は、われわれ自身（われわれが子どもであるとき）とわれわれの子どもに関する言説（われわれが親であるとき）を、自動車に関する言説のようにすることになる。［Radin 1996：138］

他方、（Ⅱ）の考え方についてはつぎのように説明している。すなわち、すべての社会関係は、結局のところ、市場によって調停される合理的な利己主義の表現にすぎない。これが（Ⅱ）の考え方である。ただしゼライザーは、こうした（Ⅰ）や（Ⅱ）のような極端な考え方は、次第に弱体化してきていると指摘している。なぜなら、人びとは対人関係における結びつきを維持しながら絶え間なく経済活動を行なっており、この点を、経済学や社会学の研究が記述し分析するようになってきているからである(7)。そしてその一例として、先にふれたヒーリーの研究、具体的には臓器などの人体の部位をめぐる金銭的なやりとりに関する分析を取り上げている。ヒーリーの研究では、商取引と個人的な人脈とのあいだの数多くの交わりによって、実際に、血液や臓器の譲渡が行なわれていることが明らかにされている。またそのことによって、市場と人びとの連帯がともに腐敗に陥るような、これまで広く懸念されてきた事態は生じていないことが示されている。

それでは、赤ちゃん市場の場合はどうであろうか。赤ちゃん市場と人びとの連帯は、互いに悪影響をもたらしあっているのだろうか。次節では、赤ちゃん市場をめぐるゼライザーの議論を見ていくことにしよう。

三　赤ちゃん市場――「聖なるもの」の商品化

1　赤ちゃん市場をめぐる批判

ここで、第二節1項で触れた、「危険な交換」に対するふたつの批判をもう一度考えてみよう。(A)世の中には、決して売られてはならないモノやサービスがあるという批判、(B)市場の取り決めのなかには、本質的に悪質なものがある、というふたつの批判である。これらの批判は、赤ちゃん市場に対しても適用されているとゼライザーは指摘する。

まず、(A)の批判、すなわち、赤ちゃんという「聖なるもの」が商品化されるときに行なわれる批判を、(I)「分離された領域/敵対する世界」論者の見解、(II)「経済にすぎない」論者の見解に即して見ていくことにしよう。(I)の論者は、①赤ちゃんと市場取引のあいだは、互いに浸透しあうことが不可能なかたちで分割されており、②赤ちゃんと金銭的な利益は、決して混同されてはならず、③子どもたちの交換は、利益ではなく利他主義によって規制されなければならないと強調している。

これに対し、(II)の論者は、赤ちゃん市場を、赤ちゃんをめぐる需要と供給の不均衡に対する効率的な解決策であるととらえている。ゼライザーは、(II)の論者の代表的な例として、赤ちゃんの不足に対する最善の解決策は、赤ちゃんの売買の合法化であるという、一九七八年に発表されたE・ランディス(Elizabeth Landes)とR・ポスナー(Richard Posner)の議論をあげている[Landis, Posner 1978]。ただし彼らの議論は、赤ちゃん市場において、具体的にはどのような組織が「生産者」と「消費者」にとっての福利を向上させ、また同時に活発な参加を促すのかについては述べていないと、ゼライザーは指摘している。

ここで重要なことは、(Ⅰ)と(Ⅱ)の論者は対立する課題を掲げながらも、赤ちゃん市場の取り決めには驚くほど多様な形態が存在することを、ともに見落としている点である。それゆえ(B)の批判、すなわち、市場の悪質さについては、(Ⅰ)と(Ⅱ)の論者の意見は一致しており同じ点を問題視している。具体的には、赤ちゃん市場が個人的な属性を得るための非人間的な競争を創出していることである。ただしゼライザーは、彼らの批判にもふたつの妥当な点があると指摘している。すなわち、①赤ちゃん市場が、悪質なものとなるか、もしくは有益な効果をもたらすかは、交換の条件にかかっていること、②子供時代に対する思いやりを考慮に入れることがなければ、赤ちゃん市場が有益なものとなることはないこと、以上の二点である。

以上の赤ちゃん市場に対する批判をふまえたうえで、ゼライザーは、乳幼児に対する貨幣を媒介とした取引をめぐる現在の議論には、強い既視感を抱くと訴えている。なぜなら、こうした議論は、ゼライザーが『値をつけられないほど貴重な子どもに値をつけること』において検討した議論の繰り返しとなっているからである。この本では、一八七〇年代から一九三〇年代のアメリカにおける子供の商取引に関する歴史が記述されているが、なかでも第六章の「赤ちゃん農場から闇市場の赤ちゃんへ」(From baby farms to Black-Market Babies)において、赤ちゃん市場の歴史的形成過程が述べられている。次項では、この赤ちゃん市場の歴史的形成に関するゼライザーの研究を見てみることにしよう。

2　赤ちゃん市場の歴史的形成

一九世紀から二〇世紀への転換期において、アメリカの赤ちゃん市場に生じた変化は、深い文化的な変容と強く結びついていたとゼライザーは指摘している。ここでいう文化的変容とは、子どもの価値に生じた変容である。具体的には、経済的には価値がないものの、感情的には値段がつけられないほど大切な子ども――プライスレス・チャイルド (priceless child)――の出現のことを指している。

このプライスレス・チャイルドの出現は、子どもの交換価値に深い影響を及ぼすことになる。一九世紀の里親は、農作業や家事を手伝ってもらうことを期待して、役に立つ子どもを受け入れていた。そのため、役立つことが十分見込まれるくらい大きくなった、一〇歳以上の子どもに高い価値が置かれていた。この文脈において、赤ちゃんは明らかに市場向きとはいえなかった。しかしながら、一九二〇年代以降になると、養子縁組を望む両親は、青い目の赤ちゃんや、かわいらしい巻き髪の二歳の女児にしか興味を示さなくなった。一九世紀の母親たちが、養うことのできない隠し子をどうにかするためにお金を支払わなければならなかったのに対し、一九三〇年代までには、望まれない赤ちゃんは一〇〇〇ドルかそれ以上で売られるようになっていたのである。

ここでゼライザーは、子どもに対する社会的な意味づけの変化が、市場における子どもの値段のつけ方の変化と密接にかかわっていることを問題化していた。一九世紀において、子どもの市場的な価値は文化的に許容されており、その売買は公正なものと考えられていた。しかし二〇世紀に入り、子どもが感情的に価値のあるものとなり、商業的な世界とは無縁の存在とみなされるようになると、かえってその貨幣的価値は高まり、ますます商業化されることになったのである。そして皮肉なことに、労働価値のない赤ちゃんの方が、一〇歳の子どもよりも、感情的な価値という観点からはアピール力の強い商品とみなされ、高値がついていくようになる。

その結果、養子縁組の需要が高まるにつれ、赤ちゃん市場は次第に売り手市場となり、さまざまな商業的な取り決めが出現するようになっていった。そして、そのうちのいくつかは現在でも存在している。そのなかには、母親に対する現金報酬、ブローカーの利益といった、闇市場における赤ちゃんの売買も含まれる。また赤ちゃんの斡旋が、両親や友人、親類、あるいは医者や弁護士によって非営利に行なわれる、灰色市場も含まれる。ただし、灰色市場の取り決めの一部には、法的・医学的サービスに対する費用が含まれていることに留意したい。くわえて、さまざまな商業的取り決めのなかには、養父母から仲介業者へ贈られる「感謝の寄付」や養子縁組費用、さらには養父母に対するボード・ペイメント（子どもの養育にかかる費用の給付）などもある。こうした広範な商業的取り決めが、赤ちゃん市場の歴史的形成に関与していた。

赤ちゃん市場の形成をめぐるゼライザーの分析は一九五〇年あたりで終わっているが、その後の赤ちゃん市場の展開については、スパーが調査を行なっている。スパーは、養子縁組に限らず、不妊治療、精子や卵子の売買、代理出産、着床前診断にいたる、赤ちゃんをめぐる現代の多様なビジネスについて分析を行なっている。そして、それらにまつわるさまざまな金銭的やりとりを詳細に記述している。そこには、いわゆるオーダーメードの赤ちゃんのために支払われる代理出産費用から、国際的な養子縁組のグローバル市場で行なわれるさまざまな支払い（地元の世話役、運転手、通訳などの費用、孤児院や乳児院への寄付金など）まで含まれる。

スパーは、こうした現代の赤ちゃん市場をめぐる多様な支払いの取り決めを分析したうえで、つぎのように結論を述べている。

> 親は、いつの時代においても子どもを得てきた。そして通常、それはすばらしいことだと考えられている。もとより、赤ちゃんのビジネスでは、赤ちゃんを得る方法が異なっている。それは、多くの人びとが営利的な事柄とは無縁だと考えているものに、商売が侵入してくることなのである。とはいえ、この主張には、本来的な重みというものがまったくともなっていない。もし市場を善きものと考え、子どもたちを善きものと考えるならば、なぜふたつを混同することが本質的に悪になるのか不明である。それよりはむしろ、社会的に望ましい結果を生み出すために、市場のメカニズムがどのような援助を行ないうるのかを検討していけば、こうした議論を容易に覆すことができるだろう。［Spar 2006：196］

ゼライザーは、この現代の赤ちゃん市場に対するスパーの結論は、初期の赤ちゃん市場に対する自分の結論と、まったく一致していると述べている。そこで次節では、ゼライザーの結論を、現代の赤ちゃん市場が提起する問題に即して、より詳しく見ていくことにしよう。

四　モラルから公正性の問題へ

1　市場の多元性

ゼライザーは、現代の赤ちゃん市場を検討する具体的な事例として、精子と卵子の金銭的なやりとりを取り上げている。そしてこの分野の先行研究として、二〇〇七年に発表された、R・アルメリング（Rene Almeling）の論文「遺伝子を売ること、ジェンダーを売ること」（Selling Genes, Selling Gender）［Almeling 2007］について言及している。

ゼライザーによれば、アルメリングの研究では、つぎの三点が指摘されているという。すなわち、①精子と卵子の金銭的なやりとりは、生物学的な性差を超えて、男性と女性のあいだで著しく異なっていること、②仲介業者、提供者、受容者は、リクルートや広告の仕方、補償の取り決め方に差異をつけることによって、その区別を示していること、③生殖に関わる市場では、通常の男女の賃金格差とは逆に、女性の方が男性よりも多く支払われていること、以上の三点である。以下では、アルメリングの研究内容に即して、それに対するゼライザーの見解を見ていくことにしよう。

アルメリングは、商業的な仲介業者が、受容者と提供者を組み合わせるために、広告を行ない、注意深く審査をする点において、卵子と精子の市場はその構造がよく似ていると指摘している。しかしそうした類似点にもかかかわらず、卵子と精子の市場は異なる動きをしているという。なぜなら、仲介業者、提供者、受容者は、互いの関係性について、多様な仕方で意味づけをしながら交渉を行なっているからである。たとえば精子の提供は、金銭的な動機を含む通常の仕事と分類されるのに対し、卵子の提供については、提供者の利他的な動機が強調される。この点、卵子の仲介業者は、卵子提供が子どものいない人びとに対する思いやりであることを称揚し、あまりに貪欲な提供者については拒絶するほどであると、アルメリングは指摘している。

またこうした違いは、支払いのシステムにも如実にあらわれている。具体的には、男性に対する報酬は標準化されており、有効なサンプルに見合った支払いが行なわれるのに対し、女性に対する報酬は、提供者と受容者の組み合わせが決定したときに、さまざまな要素に応じて決められている。その金額は、経験（はじめての場合は少なく）、教育（学歴が高いほど多く）、ときには人種（リクルート不足のため、マイノリティは多く）などの要素によって異なっている。また、提供者の外見や、動機の思いやりの部分を仲介業者がどのように評価するかによっても変わってくるという。

アルメリングによれば、提供者の写真が渡されることや、特定の提供者が受容者に引き合わされることを通して、卵子の提供はかなり個人的なものとなっており、やりとりにおける匿名性も低下しているという。さらに、こうした卵子の提供者と受容者の関係に見られるプライベートな性質は、贈り物によって再確認されているという。実際、卵子の提供に感謝する受容者は、提供者に花や宝石、もしくはギフト・マネーを贈ることが、しばしば見受けられるという。こうした卵子提供者に対する高額報酬と、卵子提供を贈り物のやりとりのように定義することは、ともに「思いやりに満ちた母性」という文化規範の結果であると、アルメリングは主張している。

ゼライザーは、アルメリングの説明が非常に興味深いのは、似たような商取引がどのようにして異なる結果を生み出すのかを明らかにしている点にあると指摘している。精子と卵子の市場は、やりとりにかかわる提供者や受容者、そして仲介業者が、どういった種類の関係を結んでいるかに依存している。それゆえ、やりとりの関係者による意味づけを考慮することなく、精子と卵子の市場を理解することは不可能である点に、ゼライザーは注意を促している。そのうえで、アルメリングの説明に対する批判として、予想されるふたつの批判を検討している。

まず、「経済にすぎない」論者からの批判として、利他主義的な修辞は、他の消費財と同様に、金銭的なやりとりを最大化するための偽装にすぎないという考え方である。ゼライザーはこうした批判は誤っており、その論拠としてつぎの点をあげている。すなわち、提供者や受容者、そして商業的な仲介業者は、大抵の場合、精子や卵子のやりとりを通して築かれる社会関係の特別の意味を反映するように市場を組織している点である。

つぎに、「分離された領域／敵対する世界」論者からの批判として、精子や卵子のやりとりに見られるような、すべての「危険な交換」は子どもの神聖性を脅かすという考え方を検討している。そしてこの批判に対してはつぎのように反論している。やりとりに関わる人びとは、多くの場合、交換のための道徳的に許容可能な条件のセットを苦心して作りあげている。それは、誰が、なにを、いつ得るのか、そしてなんのためなのか、といった事柄に関して厳しい規制をともなうものである。しかしながら、批判する者はそうした内実を見ようとしないと指摘している。

そのうえで、これらふたつの批判はともに、市場が、道徳によって条件づけられていることや、人びとの関係性に依存していることを見過ごしている点を、ゼライザーは問題化している。別の言い方をすれば、ゼライザーは、市場を多様な文化的・社会的状況のもとで行なわれる社会関係の産物としてとらえており、それを多元的市場という概念であらわしている。それゆえ、こうした市場の多元性に焦点を合わせ、市場が実際にどのように動いているのかを具体的に解明しなければ、赤ちゃん市場が提起する問題の核心に迫ることはできないというのが、ゼライザーの見解だといえよう。

この点を押さえたうえで、次項では、冒頭の問いにもどり、「赤ちゃん市場の問題とはなにか」という問いに、ゼライザーがどのように応えたのかを見ていくことにしたい。

2　問題の場を移す

ゼライザーによれば、「危険な交換」に対する批判的言説は、とくに、市場介入が引き起こす三つの悪影響を懸念しているという。すなわち、①貧しい人びとに対する搾取、②利他現象の減少、③他の社会関係に対する負の影響、以上の三点である。たしかに、こうした懸念事項は市場において起こることがある。しかしながら、問題は、市場における取り決めのすべてが、このような悪い結果を帰結するのかという点である。この点に関してゼライザーは、市場というものが実際に悪影響を生み出す程度において、また悪影響を生み出す仕方によって非常に異なっていることに注意を促している。そしてその論拠として、つぎの三点をあげている[Zelizer 2011: 298]。

（1）市場の普遍性についての広く浸透している誤った考え方が、悪影響それ自体も普遍的であるように見せている。

（2）市場の取り決めを改変する可能性は、実際には、市場の内部組織と権力および文化の既存の配置の関係にかかっている。

（3）赤ちゃんやケアと類似するさまざまな市場は、良性の市場効果の可能性を示している。

そのうえでゼライザーは、第二節1項でふれた「危険な交換」に対するふたつの批判に再び言及し、自らの考えをつぎのように述べている。すなわち、（A）の批判が問題化している、「聖なるもの」の商品化に固執することが、(B)の批判が問題化している、「交換の条件」を適切に考えることを阻んでいるのだと。つまり、「聖なるもの」と経済活動の交わりを懸念するのをやめて、はじめて私たちは、赤ちゃんのためのどのような種類の経済的なやりとりが、より幸福で、より適切で、より生産的な人生を生み出すことができるのかを検討することができるようになると、ゼライザーは主張している。そしてこのことは、臓器や血液のやりとりについてもあてはまるとして、ヒーリーの研究を引用している。

ヒトに由来するモノのやりとりでは、一方において搾取を心配する必要があるが、搾取の生じる理由を商品化だと考えるのは間違いである。商品化された交換は搾取的なこともあるだろうが、市場取引が自動的にそうさせているわけではない。贈与と市場のシステムは、ともにその効果に関して、特定の機関による実現に依存している。道徳的に価値のある贈答と道徳的に疑わしい市場、どちらか一方を選べばいいわけではない。
[Healy 2006：124]

ヒーリーは、腎臓と角膜のきわめて搾取的な灰色市場に関する考察を通じて、問題が、自己の臓器を売買契約する個人によって生み出されているのではなく、彼らの置かれた社会的な文脈によって生じていると述べている。すなわち、被支配階級という地位、長期にわたる不利な立場、人生におけるチャンスの少なさといった社会的な文脈が、人びとを、移植目的の観光客によって搾取される立場に追い込むのであると指摘している。

ゼライザーは、こうしたヒーリーの研究をふまえたうえで、問題の核心は、モラルをめぐる悪影響(contamination)にあるのではなく、公正性(fairness)にあると主張する。もちろん、「聖なるもの」の商品化を懸念する批判的言説は、人びとを守ろうとしているのだと考えられるが、ただ多くの場合、そうした言説は人びとを傷つける結果を招いている。なぜなら、やりとりの禁止は闇市場を生み出すからである。「分離された領域」

という神話は、経済的な悪環境を正当化する帰結をもたらしているのである。

それゆえここで必要とされているのは、赤ちゃん市場を除去することではなく、その存在をきちんと認識することである。この意味において、法律、政府、そして公共政策は、市場が実際にどのように動いているのかを十分に考慮すべきであると、ゼライザーは強調する。この点はスパーも強調していたことであり、赤ちゃん市場が現状よりも良いかたちで機能するための方法として、つぎの二点を主張している。

> 第一に、現在、赤ちゃんをめぐるビジネスに不足している商業的な特性を提供することによって、市場それ自体を修復する必要がある。具体的には、所有権に類するもの、若干の共通の定義、そして市場を構成するそれぞれの部分すべてに適用可能な枠組みを与えることである。第二に、この市場を、適切な政治的かつ規制的な状況のなかに埋め込む必要がある。なぜなら、市場が、明らかな危険を助長することなく、望まれる商品——幸福で健康な子どもたち——を生み出すことができるような規則を課すためである。[Spar 2006: 197]

このスパーの主張は、ゼライザーが自分の見解を代弁するものとして引用していた部分であるが、ここでその具体的内実を押さえておくことにしよう。まず法律の観点からは、家族法ではなく所有権（property rights）の適用可能性を検討している。スパーは、所有権の制度が、売ることのできる要素——精子、卵子、子宮——と、売ることのできない要素を分けることによって、市場の限界を定めることができるのではないかと指摘している。[8] また、公共政策の観点からは、政治的な議論のたたき台として、①情報へのアクセス、②平等性、③合法性の境界、④生殖技術の費用、⑤両親の選択の範囲、といった市場を規制するための枠組みについて検討を行なっている。[9]

　こうしたスパーの検討にも見られるように、赤ちゃん市場においていま必要とされているのは、現状をより良くするための法律と公共政策であるというのが、この問題をめぐるゼライザーの最終的な応えである。そして、そのためにまず必要とされるのは、既存の経済的な取り決めが実際にどのように動いているのかを明晰に分析することであると、論考の最後において述べている。

　ここまで、赤ちゃんと貨幣の交換をめぐるゼライザーの思考の軌跡を辿ってきた。最後に、ゼライザーの問題設定を反省的にとらえ返しておくことにしよう。彼女の議論において重要なことは、「危険な交換」という概念を提示することによって、赤ちゃんをめぐって行なわれる金銭的なやりとりを、より広い一般的な文脈に置き直して分析している点にある。赤ちゃんの場合に限らず、「聖なるもの」の金銭的なやりとり、すなわち「危険な交換」が行なわれるときには、必ずモラルの低下が懸念される。言い換えれば、「聖なるもの」（象徴的価値）と「貨幣」（交換価値）が結びつけられるとき、大量の批判的言説が生じる。

　この問題を考えるにあたり、ゼライザーは、「危険な交換」の是非をめぐる道徳論的な議論――市場取引とモラルの低下を同一視するような商品化批判――から距離を取り、法律の整備や公共政策の議論へと「問題の場を移す」必要性を論じている。「聖なるもの」の商品化が拡大し続ける現代社会の状況のもとで、市場に対する批判的言説に単純に同調するのではなく、それを相対化し、「公正性」の問題へと転回する道筋を提示している点において、ゼライザーの議論は重要な視点を提起している。ただしゼライザーの議論は、象徴的価値と交換価値が交わるとき、なぜ批判的言説が生じるのかということに関してはなにも応えてはくれない。この問いは、依然として謎のまま残されているといえよう。

結論

以上見てきたように、ゼライザーは、赤ちゃんの商品化とモラルの低下を単純に同一視する批判的言説から距離を取り、赤ちゃん市場をめぐる議論を、モラルの問題から「公正性」の問題へと移行するための道筋を示している。それゆえ、ここで冒頭の問いに戻るならば、赤ちゃん市場が提起する問題の核心は、モラルの低下にあるわけではなくむしろ法や政策をめぐる「公正性」にあるというのが、ゼライザーの結論である。

注

（1）研究の連続性については、「日本語版への序文」[Zelizer 1979=1994]、および、「序文（一九九四年）」（Preface (1994)）を参照している [Zelizer 1985→1994]。

（2）従来の貨幣論との違いに関する議論については、第一章「貨幣にしるしをつけること」（The Marking of Money）を参照されたい [Zelizer 1994]。

（3）この本のなかでゼライザーは、事実婚関係と金銭的な補償の問題が裁判所で争われたケースに焦点をあてている。たとえば、第一章「親密性と経済の接触」（Encounters of Intimacy and Economy）では、九・一一における犠牲者の補償問題において、事実婚関係にあるレズビアンのパートナーを亡くしたケースも補償の範囲に入るかが争われた事例に着目している。また、第二章「法律における親密性」（Intimacy in Law）では、導入のための印象的なケースとして、長期にわたる内縁関係にもかかわらず、金銭的な補償が認められなかったルイジアナ州の事例を取り上げている。こうした事例を通してゼライザーは、アメリカの法律がどのようにして親密性と経済的取引の交わりを具体的に処理しているのかを分析している [Zelizer 2005]。

（4）ゼライザーによる経済社会学の位置づけについては、「序論」（Introduction）における「経済社会学」（Economic

Sociology）の項に詳述されている［Zelizer 2011］。

（5）　内容を確認していくと、語句の修正、段落の順序の入れ替え、結論における加筆などが行なわれている。

（6）　サンデルは、「子どもたちを商品とみなすことは、愛とケアに値する人間として大切にするのではなく、利益のための道具として利用することによって、彼らの地位を貶めることである」と指摘している［Sandel 1997］。

（7）　ゼライザーの研究から例をとるならば、『親密性の購入』において、つぎのような興味深い訴訟を分析している。それは、パトロンと愛人の関係にあったカップルのあいだで行なわれた、男性から女性への金銭の譲渡をめぐる訴訟である。男性は、数年以上にわたる交際の過程で、女性に対し五〇万ドル以上の金銭を譲渡していた。その譲渡方法は、女性が毎週ないしは十日ごとに、自分で会社に小切手を取りに行くか、男性やその秘書から受け取るというものであった。この訴訟の争点は、それが「贈与」にあたるのか、あるいは「対価」とみなされるのかにあった。なぜなら、そこには税法に関する問題が生じており、もし贈与であれば男性が「贈与税」を、対価であれば女性が「所得税」を支払わなければならなかったからである。国側は、このケースは「対価」にあたると主張したため、女性側は所得税の脱税で有罪となり刑務所に送られることになった。しかしこの訴訟は、男性の死後に上訴され、裁判所は最終的にこれを「贈与」と認めるにいたった。その理由は、「特定の性的交渉に対する特定の支払い以上のものが当事者の関係性に含まれる限り、恋人から受け取った現金や財産は贈与として取り扱う権利がある」と主張することに、上訴人の弁護士が成功したからである。弁護士は先行する判例を参照しつつ、男性から女性に贈られた手紙などを証拠として示すことによって、継続的な愛情や信頼がそこにあったことを証明した。この訴訟が、対人関係と経済活動の交わりを考えるうえで重要なのは、金銭の譲渡が「贈与」となるのか、「対価」となるのかを決定するのが、実は、関係性の種類だという点を明らかにしていることである。ゼライザーは、このような事例の分析を通して、人びとが親密な対人関係のなかで絶えず金銭的なやりとりを行なっており、親密性と経済は分かち難く結びついていることを明らかにしている［Zelizer 2005: 96-98］。

（8）　赤ちゃん市場は、所有に関する枠組みがまったく確立されていない三〇億ドルの市場であると、スパーは指摘している。そしてこのことを示すために、裁判所で争われた事例をいくつか取り上げている。たとえば、「廃棄された胚」をめぐる訴訟において、原告側はこれを自分たちの子どもに対する殺人として訴えたが、クリニック側は財産を誤って破壊したのだと主張した。この裁判は、一審では原告の主張が斥けられたが、二審ではそれが受け入れられた。スパーはこうした胚をめぐるアメリカの現状をふまえ、所有権の制度を確立したとしても、胚をめぐる道徳的な問題は解決しないだろうと述べている。しかしながら所有権の概念は、少なくとも胚の作成、廃棄、移植、交換に関する権利を誰が保持しているのかを同定することによって、議論のための枠組みを提供することができる点に注意を促している。そして、精子、卵子、子宮に対する所有権についても同じように明確化すれば、市場を構成する他の部分にも、類似したガイドラインが広がるだろうと述べている。ただし、すでに誕生した子どもについては所有権の適用を留保しており、むしろ親としての権利や責任をだれが持つのかを確立することに重点を置いている。こうした考え方を示したうえでスパーは、所有権の制度を確立した場合、実際の子どもの売買を禁止しつつ、赤ちゃんと赤ちゃんを構成するものとのあいだに、今よりも適切な線引きを行なうことが可能になるという見解を述べている［Spar 2006: 197-204］。

（9）　①情報へのアクセスについては、一九九二年に議会で承認された、「不妊クリニックの成功率および認証に関する法律」（Fertility Clinic Success Rate and Certification Act）を具体例としてあげている。この法律は、不妊治療に携わるクリニックに対し、成功率などの統計情報の開示を定めたものであり、人びとが不妊治療に関する必要な情報にアクセスできるようにすることを目的としたものである。②平等性については、妊婦健診などを例として取り上げ、法律と規制によって、ほとんどすべてのアメリカ人女性が対象とされていることを指摘している。③合法性の境界に関しては、科学技術の高度化にともない合法と違法の境界をどこに設定するかが問題となると指摘したうえで、そうした境界が実際に定められている例として、生殖のためのクローン作成がアメリカでは禁止されていることをあげている。④生殖技術の費用に関しては、不妊治療によって産まれる多胎児の出産費用が高額となる点を例に取り上げ、その費用が両親だけではなく、社会全体でも負担されていることに注意を促している。そのため、生殖補助に関する政策を策定する際には、費用と便益のバランスをとる規制――多胎児の場合、移植できる胚の数を制限する、あるいは支払い能力がある人に限定するなど――を考えることが必要であると述べている。⑤両親の選択の範囲に関しては、男女の選別や遺伝子操作などを例に取り上げ、そうした親の選択がどのような帰結を社会にもたらすかを考慮し、選択の範囲に制限を設ける必要性を指摘している［Spar 2006: 225-231］。

参考文献

Almeling, Rene [2007] "Selling Genes, Selling Gender: Egg Agencies, Sperm Banks, and the Medical Market in Genetic Material," *American Sociological Review* vol. 72, no. 3, pp. 319–340.

Goodwin, Michele Bratcher（ed.）[2010] *Baby Markets: Money and the New Politics of Creating Families*, Cambridge: Cambridge University Press.

Healy, Kieran [2006] *Last Best Gifts: Altruism and the Market for Human Blood and Organs*, Chicago: University of Chicago Press.

Landes, Elizabeth M., and Richard A. Posner [1978] "The Economics of the Baby Shortage," *Journal of Legal* Studies, vol. 7, no. 2, pp. 323–348.

Radin, Margaret Jane [1996] *Contested Commodities*, Cambridge: Harvard University Press.

Sandel, Michael J. [1997] "The Baby Bazaar," *The New Republic*（October 20）, p. 25.

Spar, Debora Lynn [2006] *The Baby Business: How Money, Science, and Politics Drive the Commerce of Conception*, Boston: Harvard Business School Press.

Zelizer, Viviana A. [1979=1994] *Morals and Markets: The Development of Life Insurance in the United States*, New York: Columbia University Press. 田村祐一郎訳『モラルとマーケット――生命保険と死の文化』千倉書房。

Zelizer, Viviana A. [1985→1994] *Pricing the Priceless Child: The Changing Social Value of Children*, Princeton, N. J.: Princeton University Press.

Zelizer, Viviana A. [1994] *The Social Meaning of Money*, New York: Basic Books.

Zelizer, Viviana A. [2005] *The Purchase of Intimacy*, Princeton, N. J.: Princeton University Press, 2005.

Zelizer, Viviana A. [2011] *Economic Lives: How Culture Shapes the Economy*, Princeton, N. J.: Princeton University Press.

■例外としての新自由主義

「新自由主義」の概念は、日本では大衆的に論じられるものの、学界ではほとんど無視されてきた。アメリカではその正反対で、学界で論じられる一方、大衆レベルには浸透せず、代わりに「新保守主義」や「市場重視政策」という表現が用いられる。新自由主義が問題化されるのは、むしろアジア諸国やラテン・アメリカ諸国などの、経済発展を続ける新興諸国においてである。

アジアの新興諸国は、統治の一般原理としてではなく、特別区などを通じた例外的統治手法として新自由主義を採用してきた。アイファ・オングの理解では、新自由主義とは、例外的な状況のもとで市民権や主権を最適化するためのテクノロジーであり、そこにはふたつの形態があるという。第一に、人を主体化させるテクノロジーであり、混沌とした市場において、人びとが自ら選択し、競争的環境において最適な行動をとるように促す統治技術である。具体的には、健康増進に執着心をもたせること、技術の獲得に意義を見出すこと、ベンチャー事業を奨励すること、自己を工学的に捉えるように仕向けること、資本蓄積を重んじることなどが、その政策となる。第二に、新自由主義は人を従属化させるテクノロジーであり、生産性を最適化するために、人口と空間の規制に焦点を当てる。具体的には、都市空間の要塞化、移動の制限、空港の巨大なハブ化などの政策である。あるいは「特別区」の創設は、政治・経済・社会の戦略的条件をある空間に集中させることで、革新的な生態系を生み出してきた。こうしたふたつの手法によって新たに出現した例外化の空間は、もはや統治を逃れて集まる多様な労働者のための場所ではなく、各種の労働規制や労働訓練によって生み出される人材たちの空間（「ラティテュード」）となる。高い能力を示す人材には市民権などの権原が与えられ、その他の人びとは排除される。例外空間における新自由主義は、もはや自国民だからという理由で市民権を与えるのではない。自国民と外国人との区別が再定義される。

アジアの諸国は、このような統治技術を例外的な特別区において運用し、空間を分割することで、既存の統治技術との両立を図ってきた。例外状況とは、もはや国家の保護を失った「剥き出しの生」が現れる危険な場所ではない。それは戦争や暴力を排して、自己活性化を重んじる新しい倫理的秩序を生み出す空間となっている。（橋本努）

【文献】 アイファ・オング［2006=2013］『《アジア》、例外としての新自由主義　経済成長は、いかに統治と人々に突然変異をもたらすのか？』加藤敦典・新々江章友・高原幸子訳、作品社

3-4

キーワード：文化政策、大衆文化、古典的自由主義

文化と経済
市場は芸術の開花を阻害するか

鳥澤　円

はじめに

自由で民主的な社会では、低俗な文化が高尚な文化を淘汰してしまうのではないか。先進国の商業文化は、自由貿易を通じて発展途上国の固有文化を絶滅させるのではないか。豊かな芸術文化を育むために、国家はどのような法制度をもって市場に対峙すべきか。文化そして豊かさの質にかんする問題提起は古来なされているが、市場経済が情報化とあいまって加速的に発展しつつある今日、いっそう多くの人がこれらの懸念を抱くようになっている。本章では、文化経済学におけるタイラー・コーエンの研究を検討することを通じて、これらの問いについて考察したい。

コーエンの経済学者としての研究関心は多岐にわたるが、本章では彼が一九九〇年代後半から二〇〇〇年代にかけて著した芸術文化に関する一連の文献を扱う。本章でコーエンに注目するのは、この分野における彼の分析と主張が、独特であるだけでなく彼の世界観と政治思想――古典的自由主義――の連続的・整合的な一部分を構成しているからである。冒頭の問いは、市場は本当に人びとの選択肢を増やすのか、創造性を開花させるのかという、古典的自由主義にとってより根源的な問いを含んでいる。にもかかわらず、古典的自由主義者を含む（広義の）リバタリアン(1)が文化政策について集中的な研究を行なうことはまれである。なぜなら、彼らはそもそも国家による文化の管理に関心をもたないからだ。しかし、コーエンはその横溢する芸術への愛ゆえに一言言わずにはおれなかったらしい。この愛は、彼の著作の随所に見られる広範かつマニアックな事例の列挙から看取できる。だが――これは筆者の想像だが――この試みははからずも彼に試練を課することになる。試練とは、古典的自由主義の経済学者としての人格のまま、美や固有価値をめぐる問題、そして文化的アイデンティティの問題と向き合うことである。後述するように、彼は被承認欲求や象徴財にかんする知見を織り込むことでこれを乗り越えようとしており、このことは芸術的体験についての思索とあいまって、彼の研究成果にさらなる深みを与えているように思われる。

以下ではまず、文化経済学と社会思想においてこれまでどのような観点から市場と芸術文化の関係が考察されてきたかを概観する。次いで、コーエンがこれらの先行研究をふまえた上でどのような主張を展開していったかを詳しく紹介してゆく。

一　市場メカニズムと芸術文化

1　芸術市場における「市場の失敗」

文化経済学とは、合理的選択アプローチを芸術文化に適用し、その経済的側面を探究する学問である［Frey 2003: 2］。研究の対象となる文化は通常、美術、音楽、文芸、演劇といった狭義の文化であって、各社会で共有されている慣習や世界観も含む広義の文化ではない。もっとも、後で見るように、グローバル化が進む今日では芸術文化の問題は広義の文化とも深くかかわっている。

文化経済学において、芸術文化の問題はまず外部経済の問題として扱われてきた。芸術は教育などと同様に準公共財ないし混合財、すなわち私的に消費される一方で排除不可能性と非競合性という公共財の性質をもつ財として把握される。芸術は正の外部効果をもたらすので、市場で私的財として取引されるならばその生産者は費用を十分に回収できず、結果として社会における芸術の総生産は最適な水準を下回ってしまう。この「市場の失敗」を是正して芸術市場の効率性を高めるためには、国家による政策的介入が必要だと説明される。芸術がもたらす外部性とはなにか。ボーモルとボウエンはこの分野の嚆矢となった舞台芸術研究において、芸術のもつ一般的・間接的便益として①国家の威信②公演や展示に人が集まることによってレストランなど周辺のビジネスで得られる便益③後世の人びとが利用できるという便益④机上の知識だけでなく実際に鑑賞できることによる教育上の貢献を挙げた。そして、これらの便益をもたらしている点で芸術は多かれ少なかれ公共財であり、もし人びとの願望が資源配分に反映されるべきだとすれば、このことは芸術への公的支援を正当化する根拠になると主張した［Baumol and Bowen 1966=1994: ch.16］。

ボーモルたちはまた、こうした芸術市場一般に見られる欠陥に加えて、舞台芸術市場に特有の「市場の失敗」——後に「コスト病」と呼ばれる——を指摘した。経済の効率化により社会一般の生産性が上昇しても、舞台芸術においては新しい技術が生ずる余地はほぼなく、実演家の生産性は定常的である。シューベルトの弦楽四重奏曲を一回演奏するのに要する演奏者と労働時間は、いつの時代も変わらない。したがって、公演一回あたりの相対費用は高くなる。公演チケットの値上げは消費者の反発や離反を招く恐れがあるため、供給者は賃金の抑制と、リハーサル回数や衣装・舞台装置の節約によって対応せざるをえない。かくして、社会が豊かになるに従い、舞台芸術には優秀な人材が集まらず公演の質も劣化してゆくという皮肉な結果になる［Baumol and Bowen 1966=1994: ch.7］。この結果を回避して舞台芸術の質を維持するためには、公的支援が必要だということになる。こうした研究は、主流経済学の枠組み内で芸術文化を扱うことを可能にするとともに、国家や地方自治体が芸術文化振興において一定の役割を果たしうることを示した。

ところで、公的支援に値するのはどのような芸術文化だろうか。ボーモルたちが一九六〇年代に研究した舞台芸術は、管弦楽、オペラ、ブロードウェイミュージカル、演劇、舞踊、室内楽、バレエ等に限られ、ブルースやジャズは対象外となっている。なぜ大衆文化は文化経済学の研究対象になりにくいのか。あるテキストではこう述べられている。「アート」の供給システムにおいて、プロの育成には長期にわたる教育・学習とそのための莫大な金銭的支出が必要で、このため芸術家を志す者は大きな負担と自己犠牲を強いられる。この点で、アートは娯楽性さえあれば創造性とは無縁でも市場で発展してゆくサブないしポピュラーな文化サービスとは根本的に異なっている。この問題の解決策を探究するのが、文化経済学の役目である、と。［池上・植木・福原 1998: 14-20］ここでは、アートと非アートはある程度客観的に区別できるものと想定されている。

仮にこの区別が可能だとして、具体的にどの芸術家や芸術作品が公的支援に値するか。この問題を「市場の失敗」の枠内で考えるならば、他の公共財と同じく、政府が価格メカニズムとは異なるなんらかの方法で需給の情報を分析し、どのような芸術をどの程度どのような仕方で支援するかを決定することになる。つまり、追求されるのは理想的な市場を模倣した効率性である。

2　質と選好形成への懸念

しかし、芸術文化の公的支援は、交通網や公衆衛生といった公共財の公的供給よりも高い壁に突き当たることになる。というのも、こと文化の評価にかんして市場と民主制はあてにならないというのが、古来多くの知識人が述べてきた見解だからである。

トクヴィルによれば、貴族制社会においては、世襲により安定した地位をもつ特権階級が金に糸目をつけずに美を求めるのに応え、同じく安定した階級を形成する職人たちが誇りをもってなしうる限りを尽くした。一方、階級が混じり合う民主制社会においては、人びとは質の悪い偽物を買ってでも自分を立派に見せることに腐心し、連帯を失った生産者たちは職人としての評判よりも利潤を追求して粗悪な品を大量生産する。たとえすぐれた職人がいてもその能力を発揮する機会はないので、結局向上心は湧かず凡庸なものを生産するにとどまる。かくして、民主制社会においては美術品の製造に携わる人の数と美術品の数は増えるが、個々の作品の質は低下する［トクヴィル 2008：一部一一章］。

ヴェブレンの分析はトクヴィルとは異なるが、審美眼と生産物の劣化という結論においては一致している。私有財産制が確立し富の所有が名声の因習的基礎となった社会では、富の所有だけでなくこれを証拠立てるための誇示的消費が行なわれる。このような社会で「固有の美」をもつものが人びとの感覚に訴えるためには、高価であるという基準を満たしていなければならない。やがて、高価という要素と美という要素は混同されるようにな

る。結果、高価でないものはすべて「美しくない」と考えられるようになってしまう。［ヴェブレン 1961：六章］

経済のグローバル化をめぐる近年の言説においても、発展途上国の伝統文化が先進国の文化に淘汰されることが懸念されている。豊かな社会への憧れが魔法をかけ、先進国の文化をすぐれたものに見せる。市場拡大をもくろむ先進国の資本がこの現象を利用して自国文化を途上国に売り込む結果、価値ある伝統文化は消滅してしまうだろう、と。

ボーモルたちも、外部性とコスト病しか考えていないわけではない。自由に使える所得・資産をもたない貧者と未成年者は芸術作品を鑑賞する機会を得られないため、彼らの選好は芸術文化とは無縁なものとして形成されてしまい、ますます芸術から縁遠くなってしまうと述べている［Baumol and Bowen 1966=1994：ch.16］。

これらの論者が描写する社会において、消費者は単に自らの選好に合ったものを入手しようとしているだけであって、なんらかの種類の芸術や美の実現をめぐる集合行為問題は発生していない。つまり、ここには通常の意味での「市場の失敗」は存在しない。それでも国家はこの状態を放置すべきでないと考えるなら、その人は経済学の基本アプローチを捨て、効率性とは異なる価値の実現を国家に求めていることになる。

たとえば、プラトンは書中のソクラテスをして、ポリスは低劣な真似の術をもって魂の劣った部分に働きかける絵画や詩を規制すべきだと主張させた［プラトン 1979：一〇巻］。ラスキンは、法律や権力は犯罪の予防と処罰だけでなく国民の堕落を防ぐためにも用いられるべきであり、芸術愛護者や芸術家の自由に拘束や干渉を加えること——公立美術館の建設と作品の買い上げ、偉人の描写などに限定した公的施設への装飾、作品の価格規制など——は芸術経済上妥当だと主張した。というのも、芸術作品のように知的または情緒的快感を与える財は生命に必要な財や単に肉体的快楽を与える財とは違い、「真の財の名に価いする唯一の種類であり、真に所有するといえる唯一の種類のもの」［ラスキン 1998：145］だからである。

3　多様性と創造性のための構造

現代の代表的な平等主義的自由主義者の一人であるドゥオーキンは、国家による卓越性供給を主張する素朴な「高尚アプローチ」と経済学的アプローチをともに退ける。高尚アプローチは、富裕な人びとに特別な利益を与える点で不公正であり、かつ傲慢なパターナリズムである。一方、経済学的アプローチにおける付帯的便益の強調は、芸術の公的支援の理由として不十分なだけでなく、芸術自体の公共性を見失わせる。とくに、高尚文化の公的支援が大衆文化によき溢出効果をもたらすという説には問題がある。人びとの選好と価値観はその共同体の既存の知的文化から大きな影響を受けるため、ふたつの状態を比較することには意味がない——オペラを知らない人にとって、オペラの公演が行なわれないことはなんら苦痛ではない。したがって、このアプローチは芸術に公的支援を与えるべきか否かの判断基準としても、どれほどの支援を与えるべきかの基準としても、単純には使えない。これは、ボーモルたちの指摘よりも根源的な指摘だと言えよう。貧しい家庭に芸術鑑賞の機会を与えるにしても、それがどの芸術であるべきかを決める情報を、経済学的アプローチは提供できないのである。

だが、彼は芸術は国家の支援に値すると考えている。理由はこうである。文化はわれわれに、個々の作品や実演そのものだけでなく、それらを価値たらしめる構造的枠組みを与える。われわれは価値ある可能性や機会を増やす豊かな文化的構造を定義し、これを将来世代のために保存する義務を負うている。こうした構造の中心にあるものとして、彼は言語を挙げる。言語はわれわれの評価の仕方を生み出すがそれ自体は評価の対象ではなく、準公共財の性質をもつ。それゆえ、言語を「構造的な堕落」から保護することは選好の押しつけではなく、人びとにいっそう幅広い選択肢を与えることになる。芸術をめぐる語彙や複雑な観念は共有された実践に依存しているので、これらの継続のためには参照と比較のための収集のストックが必要であり、美術館・博物館や大学がその役割を担うのが最善である。ゆえに、こうした組織への公的支援を支持する「なにか公共財論のようなもの」

が再活性化され、社会的正義や軍備と並ぶ国家の諸目的のひとつとして正当化される。ただし、国家支援の目的はあくまで構造の促進であり、それは全体としての文化の多様性と創造的性質とを目指すべきであって、その文化の中の特定の機会での卓越性（と公務員が考えるもの）を目指すべきではない［Dworkin 1985=2012: ch.11］。

この議論には、文化経済学においても重要な価値にかんする主張が含まれている。それは、公的支援は個別の芸術文化を保護するためではなく、文化の多様性と創造性を促進するために行なわれるべきだという主張である。もっとも、ドゥオーキンの考える多様性と創造性は結局、政府公認の学術的組織により認定される範囲に限定されてしまいそうである。しかし、芸術文化の評価と支援にはさまざまなルートと方法がありうる。多様性と創造性という価値を真剣にとらえるならば、われわれは文化的構造をどのようにして同定し保護すべきか。そして、そのために国家と法制度はなにを行ない、なにを行なうべきでないか。これらの問いを念頭に置き、コーエンの研究を順次見てゆこう。

二　コーエンの議論

1　「文化悲観主義」の克服

『商業文化礼賛』（*In Praise of Commercial Culture*）［Cowen 1998］では、資本主義的な芸術文化市場の特徴の分析を通じて、市場経済が芸術的創造性の追求を促進するかどうかが検討される。コーエンの語法では、資本主義とは私的所有権と自発的交換に基礎を置く法的枠組みであり、市場経済とは自発的交換の連結体を意味する。以後の著作において論じられるコーエン独特の観点と主張の多くは、すでに同書において開示されている。

資本主義社会において、芸術家は創作を通じて自己実現、名声、富を追求し、消費者やパトロンは彼らの創作を金銭、時間、感動、賞賛によって支援する。創作だけでなく、内発的な消費もまた創造的な行為である。資本主義社会の多様な資金源――財団、大学、遺贈、雇用など――は、創作・表現における芸術家の独立性を支えるとともに、技能獲得のための投資や長期的事業の引受けを助ける。市場経済は時に真価の認知に失敗するものの、資金源の多様性ゆえに、総体的に見れば文化の「市場の失敗」に対して頑健である。市場は文化的生産物の取引だけでなく、諸々の技術革新を通じて芸術に累積的な恩恵を与える。印刷機や録音機は複製コストを低減し、ラジオやインターネットは普及を促進する。医療の進歩は長命化により芸術家一人あたりの作品数・実演数を増やし、受胎調節により女性の参入を後押ししている。技術革新による投入物の費用の低減は貧しい人の参入機会を増やす。コスト病説はこうした経済発展の間接的恩恵を不当に軽視していると、コーエンは考える。

市場の発達は文化に多様性をもたらす。小売業では品揃えそのものが売りになるので、直接は儲けにならない製品も陳列される。資金源が多様化するにつれ、創作者のパトロンへの依存度が減りニッチを対象とすることが可能となって、多様なジャンルや様式が生まれる。また、芸術文化の市場は単に消費者が欲しがるものを与えるだけでなく、その多様性を通じて消費者の好みを教育する側面ももつ。アウトサイダーは主流派にはない理念や美学を提供することで、文化の生産に新たな洞察をもたらす。資本主義社会における発信手段は分権的なので、たとえ生産者が社会的に差別を受けていても、その作品を求める消費者がいれば市場にアクセスできる。そして、市場は競争的であると同時に相補的である。名声、富、自己顕示を求める芸術家は進んでイノベーションを行なうが、その際に忘れられた作品や異文化の作品が模倣されることも多く、それが遡及的に過去の作品の評価に影響することもある。鑑賞の文脈と事後的な再解釈の可能性は、すぐれた作品をまさに無尽蔵にする。傑出した作品がより多く生産されるほど過去のすぐれた作品の重要性も高まるので、芸術の生産と消費は規模に対して収穫逓増になりやすい。現代は大衆文化の時代と言われるが、コーエンにとって文化市場の美徳とは創作者が自分の構想を支持する少数者を発見できることにあり、大衆の好みの質にあるのではない。多様化の帰結としての高尚文化と大衆文化の分化は堕落ではなく、むしろ現代文化の洗練を示している。両者の違いは生産物の性質に由来する――高尚文化が労働集約的であるのに対し、大衆文化は資本集約的で出資者の影響力が大きい。両者の性質と地位は可変的である［Cowen 1998: ch.1］。

このように、資本主義市場経済は芸術的ヴィジョンの多元性を支え、創作を促進し、人びとの好みの洗練化に寄与し、複製や伝播により過去の創作に敬意を払う枠組みとして、死活的重要性をもつ。こうした見解に対して、市場と現代文化に批判的な立場をコーエンは文化悲観主義と呼ぶ。文化悲観主義の言説はプラトン以来歴史を通じ、また思想の左右を問わず――ネオコンからネオリベラル（コーエンの語法では平等主義的自由主義者を指す）、ネオマルキストまで――広く見られる。こうした言説が、政治的メッセージを売るために使われるだけでなく現に人気を博している要因として、コーエンは認知の歪みを挙げている。どの芸術の形式もいつかは成長を止めるのに、過ぎたものの衰微にばかり気を取られる。数十年、数百年という厚みをもつ過去の最高峰と、現在という薄い一時点の作品を不公平にも比較する。また、文化的・美的価値の知覚は時間により高められるもので、作品の真価は繰り返し鑑賞されなければ理解されない。現在の文化の繁栄がなければ、これほど多くの文化悲観主義者はいなかったであろう。加えて、芸術家自身が韜晦の手段としてこうした言説を使うことがある。それは同時代のライバルへのルサンチマンや販売者への恨みの言い換えであったり、安全性や保守性を装うことによるラディカルさの隠蔽であったりする。後者の場合、最も強い文化悲観主義者が実は最も創造的な革新者であることもあり、コーエンは例としてルソーとスウィフトを挙げている。どの文化悲観主義にも共通するのが、静的な文化を理想化し、変化を堕落だと考える点である。文化悲観主義者が非西洋文化の保護を訴えるとき、彼らは非西洋世界でも革新が起こりうることや、それらの文化が実はコスモポリタンなルーツをもつことに気づいていない。

文化悲観主義の根底にあるのは、文化が世界観に及ぼす影響力をコントロールできないことに対する恐怖感ではないかと、コーエンは述べている［Cowen 1998: ch.5］。

2　名声の経済学

『名声が何になる？』（*What Price Fame?*）［Cowen 2000］では、虚栄心や被承認欲求といった非金銭的インセンティブに着目し、市場においてそれが作用する過程と帰結を考察している。名声市場の失敗——評判と真価の乖離、創造性への悪影響——はどうやって生ずるか、名声追求行動は私益と公益を調和させるかといった問題が探究される。同書で考察される文化は、大衆文化から政治文化まで幅広い。

人は、ただ有名になるために、カネや権力を得るために、あるいは自己表現としての創作物の価値を補完するために、名声や賞賛を追求する。現代文化は、名声を追求する有名人に対して消費者が賞賛や非難を支払う名声の経済で成り立っている。消費者はこの支払いを通じて自分の好みや文化的身分を宣伝したり、自分を他者から差異化したり、趣味の合う友人を探し出したり、集団を形成して熱狂を分かち合ったり、初対面の人との差し障りのない話題にしたり、攻撃性のはけ口にしたり、現実逃避の道具にしたりする。名声の分野は多岐にわたる。高尚文化の名声と大衆文化の名声は共存して成長し、市場と現代的なメディアを通じて増幅される［Cowen 2000: ch.1］。

名声と真価の乖離を生むのは、調整ゲームの構造である。他者との連帯のために同調する用意がある人びとは、あるスターの人気が上昇する兆候が見えるとこれをフォーカルポイントとし、時に選好を偽装してでもこれを話題にする。一夜にして大スターが誕生するのは、このようなメカニズムのせいである。このことはまた、なぜ大衆文化が単純なものになりがちなのかを説明する——シェリング［Schelling 1960］が指摘したように、フォーカル・ポイントは顕著なものほど調整を成功させやすい。もっとも、名声と真価の乖離は必ずしも悪いものではないと、コーエンは言う。というのも、消費者たちはこの乖離と単純化を自発的に選ぶことで、少ない費用で協調を成功させるという便益を得ているからである。また、名声と真価の乖離は専門家によっても生み出される。監視的批評家は、文化的生産物の質と長期的な名声の監視者として奉仕することで自らの評判を高めようとするが、同じ人間として経済的な制約を免れない。不十分な差別化は名声のインフレを惹起し、かつては栄誉のあった称号の価値を低下させる形で名声と真価を乖離させる。質保証よりも生産の誘発に関心をもつ誘導的批評家もおり、彼らは真価にあまり注意を払わず名声の価値を低下させる。賞賛の言語（当然ながら著作権がない）の意味はコモンプールなので、その濫用とともに元の意味は失われて空虚になり、真価を表現できなくなる［Cowen 2000: chs.2,4］。

名声市場は、創造性にも悪影響をもたらすことがある。有名人のプライバシーもまたコモンプールであり、ファンの関心によりあまりに多くのプライバシーが失われると生産性と創造性が低下し、結果すべてのファンの境遇が悪化する。名声集約的な社会では、ひとたび成功した者はその地位を維持するため保守的になる――人は監視されたり批判的に精査されたりすると、リスクをとれなくなるものである。名声がもたらす社会的便益が大きくとも、そのうちスター本人が得る便益――富、勝ち組の感覚――はその努力の割に小さく、この点でスターは消費者に搾取されているとも言える［Cowen 2000: ch.6］。

このように、名声の「市場の失敗」は現代文化に影を落としている。にもかかわらず、コーエンは商業化された名声について楽観的である。賞賛の提供は比較的安価な支払いであり、人びとは名声を使って有名人をコントロールすることで、科学、商業、芸術における多様かつ創造的な業績を引き出している。たしかに名声集約的な社会は幻想まみれの社会だが、欺瞞は創作者の心の中であれ消費者の心の中であれ、創造性の重要な部分を占めるものである。名声の混乱や大衆文化の過度の単純さは、名声追求がもたらす多様な産出物のためにわれわれが払う犠牲である。それに、名声市場の失敗を政府の介入によって是正すること――フォーカルポイントを変えるにせよ、課税や補助金で矯正するにせよ――は困難である。人間の本性は利己的で偏っているが、承認の追求が見えざる手過程を通じて公共財の生産を促進することを考慮すれば、われわれは名声追求に対して寛容であるべきだとコーエンは主張する［Cowen 2000: 8-13, ch.7］。

3　文化の「創造的破壊」

続く『創造的破壊』（*Creative Destruction*）［Cowen 2002=2011］では、グローバル化の文脈における芸術文化市場の作用が探究され、市場規模の拡大とともに多様性も増すというスミス的見解が文化の領域でもあてはまるかどうかが検討される。同書で提示される動的な文化盛衰モデルは、文化悲観主義の静的文化観にとって代わるものである。また、ボーモルらが提起した国民の文化的威信の問題にも目が向けられる。市場における高尚文化と大衆文化の分化や消費者の好みの収斂についても、さらに掘り下げた考察が加えられる。

交換は財の保有量と欲望に差異があるときに行なわれるものであるから、文化の差異もまた交換を促進する。異文化間交易は人びとの知識を増加させ、好みを多様化させる。したがって、グローバル化により市場全体の規模が拡大するにつれ、より多くの芸術様式が支持を得やすくなる。グローバルな文化市場においても、創造性を商品化する方法としての技術と、創作資金として消費者から与えられる富は、創作の原動力となる。技術と富は、既存の最良の文化の保存・普及にも役立つ。これらはエートスとともに芸術のネットワークの発展を支える。［Cowen 2002=2011: ch.2］

コーエンによれば、エートスとはある文化特有の趣であり、その社会で見られる世界観、様式、ひらめきの背景となるネットワークであり、文化的解釈の枠組みであり、暗黙知を含むことも多い。エートスと技術が結びつくことで、ある時代の芸術に特有の「感じ」や様式の核が生まれる。経済学的に言えば、エートスは人びとの態度のネットワーク効果であり、大勢の人の態度と行為により集合的にもたらされる売買不可能な投入物である。文化にかんする知識は時間的・空間的に集中する傾向があるので、エートスはそれぞれの社会に独特であり、希少であり、そして脆弱である。それゆえ、グローバル化は厚生一般を増進する一方で、エートスを弱体化ないし破壊する恐れがある。ただし、ここで問題になるのは新旧の文化の優劣ではない。文化の生産においては知識の増加が全方面の機会を増やすわけではなく、様式の集合間のトレードオフをもたらしてしまうことが問題なのである。ナイーブアートの作家は西洋美術を知ることでその独自性を失ってゆくことが多いが、これは西洋文化の人びとにとっても痛手となる。

だが、コーエンは新たな合成文化の台頭により古い合成文化が廃れることを悲観しない。なぜなら、異文化間接触は多くの場合エートスの破壊より先にエートスの創造的成果を流通させるからである。彼は、異文化の接触に続く過程には次のような共通パタンが見られるとし、これをミネルヴァ・モデルと呼ぶ。初めに、個人間で材料や技術、思想の交換が行なわれる。豊かな側が資金を提供する。この時点では土着の美学とエートスは手つかずのままで、双方の文化のよいところだけが享受される。しかし時間が経過すると、土着の文化の側でも豊かな文化の好みにあわせた生産を始める。文化間の意思疎通を通じて、土着のエートスの独自性が失われてゆく。やがて、土着の文化は衰退する。このモデルは、ある文化の衰退を受け入れることによってしばらくの間その潜在的創造性をかつてないレベルで動員できるなら、こうした創造性の「換金」が意義をもちうることを示している。数多くの芸術ジャンルの衰退は、むしろ文化の豊かさと活力のしるしだとコーエンは考える。失われたエートスは、代わりに包括性の低い多数の局所的エートスを残してゆく。かくして、社会間の多様性が低下する一方で、各社会内部の多様性は高まる。エートスの細分化は均質化の動きと並行して起こる、補完的な発展過程である［Cowen 2002=2011 : ch.3］。

しかし、反グローバル化論の中には、エートスとは別の要因による文化の弱体化を懸念する声がある。ひとつは、市場規模が拡大すると生産者は万人受けを気にするようになり、結果として凡庸で均質的なものばかりが生産されるようになるという「最小公分母効果説」である。コーエンもこのような効果の存在を認めるが、前著での分析に基づき、その主因は共通の文化経験を求める消費者の欲求にあると考える。消費者は他方で自分を差別化する文化経験も欲しているので、多様化への傾向も同時に存在している。そもそも、多様な人に広く訴えかける文化的生産物は悪いものではない。

もうひとつの「衆愚化説」によれば、消費の機会が増加する速度が、生産物に向ける注意の量と消費に割く時間が増加する速度を上回ると、各生産物に向けられる注意は希薄になり質への追求が弱まる。換言すれば、散漫な「粗放的消費」は促進されるが、時間と労力と注意を要する「集約的消費」は行なわれなくなるという。このことは、卓越主義だけでなく厚生主義の観点からも問題となろう。というのも、市場がもたらす文化的生産物は、消費者たちの目から見ても凡庸かつ浅薄になってしまうということだからである。各人が投資によって好みを洗練化しても大きな見返りはないので、上質な文化の供給は消費者間の集合行為問題をともなうことになる。だが、コーエンは、粗放的消費の増加は消費方法の多様化という大きな流れの一部に過ぎないと考える。見る番組を次々と変える「チャンネル・サーファー」と、専門的な文化消費を好み機会があれば質の監視を行なう「趣味人」は、共存共栄の関係にある。なぜなら、後者による質の評価を頼りに前者が商品を選ぶことができる一方、前者が幅広い商品を試すことを通じて金銭的に多様性を支えてくれるおかげで、後者が魅力的な監視の機会を得ることができるからである。大型書店や外食産業に見られるように、大衆文化市場の活性化によってニッチ文化い。

の生産物を販売するインフラが整備される。鑑識眼をもつためには専門以外のものにも触れる必要があるので、洗練された消費者は通常これら二種類の消費方法を併用する。したがって、経済の多様性が高まりグローバル化が進んでも、集約的消費が力を失うことはなく、文化の質を高める集合行為問題は自生的に解決されることが多い。

トクヴィルの主張は、貴族制は購買力を少数の手に集中させることでこの集合行為問題を解決していたという主張として解釈できる。しかしコーエンによれば、貴族制下の小規模で多様性のない市場では芸術家の自由に限界があり、パトロンの好みも粗放的消費の不足ゆえに限定されていたため、結局は質の向上に失敗していた。現在、文化が隆盛をきわめていてもその全体の質が実際よりも悪化してゆくように見える理由としては、目に付きやすい文化メディアがより無知な消費者の好みに合わせる傾向があること、そして、趣味人文化――定義上文化の周縁に位置する――が健全で活発でも外部からは見えにくく、そもそも共感を得られないことが挙げられる[Cowen 2002=2011 : ch.5]。

反グローバル化論者は、地理的空間を単位とする集団主義的な多様性概念を前提として社会間の多様性の低下にばかり目を向けるが、それと同時に社会内部の多様性が高まっていることを看過している。また、多様性に価値があるならば空間的な多様性だけでなく通時的多様性にも価値があるはずなのに、過去の文化の消滅が嘆かれる。さらに、客観的多様性と実効的多様性が区別されない――一五世紀の世界は十分多様であったかもしれないが、当時の人びとはその多様性を今ほど享受することができなかった[Cowen 2002: 14-17=2011]。人びとは国民文化や地域文化を維持したいという欲望をもつが、そもそも、なぜ文化的同一化の実質的な単位が国や地域だと考えるのだろうか。その起源や性質において、純粋な国民文化の産物は存在しない。人びとは一部の芸術作品を国民的アイデンティティの担い手として選び、外来の影響を恣意的に取捨選択して自国文化に取り入れている。

社会間多様性の重要性を訴える人は、多様性をレトリックとして用いて歴史上のある一時点の文化パタンを固定化しようとする一方で、多様性の概念を真剣に検討することもなければ、どの外来文化を選択的に受け入れるべきかと熟考することもない。たしかに、通時的多様性の進展によって自分が生まれ育った文化的枠組みから引き離されてしまう人もおり、彼らの不満は真摯な考慮に値する。しかし、文化とは総合的なものであり変化するものであるから、特定の時点の文化への集団的権利を認めることは、若い世代の選択を拒絶することになる。

以上の考察から、コーエンはコスモポリタンな多文化主義——文化は自由な諸個人の自発的交換から生まれる総合的な産物であり、芸術がもたらす美的体験は政治も国境も越えるものであるから、文化の交換を阻んではならないとする立場——をとる。そして、多様性という価値を拒絶する社会の存在は独自の生産物をもたらすがゆえに結果として世界の多様性を向上させるという「多様性のパラドクス」説に対しては、貧しい社会を多様性の奴隷にすべきではないと批判し、人びとは特定の文化的アイデンティティの標識や社会間の文化的差異に強い選好をもつものだという主張に対しては、差異の具体的なあり方については意見の一致がなく、もし人びとの主観的な差異の感覚を最大化しようとするならまさに異文化間交流こそがその最良の手段になると述べている。とはいえ、コーエンはアイデンティティが創造的多様性をもたらすことは否定せず、ここでの自身の立場を、マクロの改革案は出さない文化・政治批評の枠組みにとどめている［Cowen 2002=2011: ch.6］。

4　グローバル市場を通じた地域文化の発信

コーエンは数々の発展途上国の事例を挙げる中で、皮相だけ見れば土着的で固有な芸術ジャンルが、実は外部社会から技術と富と着想を得て発展を遂げていることを明らかにしてきた。そして、グローバルな名声とともに公開性と追加的知識を獲得した結果そのジャンルが凡庸化ないし消滅することは、繁栄の代償であり宿命だと考えている。しかし実際のところ、創作者たちはこの過程にどのように向き合っているのか。そこで、「創造的破壊」仮説のケーススタディとして上梓されたのが『市場と文化的発信』（*Markets and Cultural Voices*）［Cowen 2005］である。

コーエンによれば、文化経済学の研究は先進国の制度に焦点を絞ることが多く、発展途上国が創造的産出物の生産と資金調達に際して直面する特有の問題についてはは十分な研究がなされていない。同書では、メキシコの田舎に住むインディオの画家たち――先進国の高尚文化の創作者とは違い、資金調達のネットワークも政府の助成もなければ、美術館や歴史学界とのコネクションもない――がどうやってグローバルな芸術市場に参入していったか、そしてそれが彼らの文化と生活水準にいかなる影響を与えているかが、伝記調で語られ分析されている。コーエンはナイーブアートの収集家でもあり、彼自身企業家的消費者の一人として現地に何度も足を運んでいる。本研究はその際のフィールドワークに基づいており、描写にはリアリティがある。

同書の舞台となるオアパンとその近隣の村は、メキシコ国内でもとくに貧しい地域であった。住人であるナワトル族の人びとはスペイン語を話すことができず、メキシコの主流文化から取り残されていた。だが、彼らは路上の土産物売りから出発し、収入を求め試行錯誤する中で、アマテ絵という独自の芸術ジャンルを確立し発展させてゆく。彼らは郷里で仲間とともに美的エートスと技術を培い、外国人の愛好者やブローカーの公私にわたる支援を得て芸術的創造性を発揮し、メキシコ国内の種々の制約をバイパスして豊かなグローバル市場で取引するようになった。このことは彼らの生活水準と名声を高め、絵画の題材を通じてオアパンの生活文化を世界に発信し、彼らの社会と買手の社会双方の芸術の質と多様性を高めた。アマテ絵市場は成長するにつれ、収集家や目利き向けの高尚文化と観光客向けの大衆文化に二極化してゆき、前者の画家は北米の高名な美術館やギャラリーとも取引するようになる。コーエンによれば、アマテ絵の場合、両者を分かつのは国際市場へのコネクションの有無であって、作品の価格は批評家の言う質には単純に対応していない。また、彼らの創造的成功は一般的で匿名的な市場よりもパトロンの特化した支援に負うところが大きく、国際的に活躍する画家たちは時に顧客の求めに応じてオアパン様式の独自性を断念することを強いられた。

この成功を通じてオアパンは豊かになったが、経済的選択肢の増加はむしろ後継者の減少をもたらし、アマテ絵は衰退し始めている。それでも、この衰退は嘆かわしいことではないとコーエンは言う。というのも、オアパンには昔から複数の芸術ジャンルがあり、かつてのジャンルの陳腐化とアマテ絵の洗練化を進めたのは、同じ現代化の過程だったからである。今後のアマテ絵は、フォーク・アートのひとつとして歴史に埋もれてしまう可能性もあるものの、メキシコ富裕層により自国文化として受け入れられ、アメリカの先住民アートと同じ運命——一九六〇年代に白人が先住民文化をアメリカの歴史と遺産の一部として受容するようになると、それらの作品は収集家の洗練と政治的良心の象徴となった——をたどるのではないかと、コーエンは推測している。

5 政府の役割——アメリカの場合

こうした文化の多様性と創造性を促進する枠組みを形成し維持するために、政府になにができるか。コーエンはこれまでの著作においても、アメリカ政府がとるべき方針について示唆してきた。それは、資金供給源の分権化・多様化の推進である［Cowen 1998: 36–40; 2000: 166］。『アメリカはアートをどのように支援してきたか』（*Good and Plenty,* 直訳は『十分に豊富』）［Cowen 2006=2013］では、この方針に照らしてアメリカの諸制度を詳しく検討し、理想的な制度を提言している。彼はこの検討と提言を進める中で、美的価値と経済的価値にどうやって折り合いをつけるかという難問と、アメリカの文化的威信にどう向き合うかという問題に取り組んでいる。

コーエンは初めに、政策評価のツールとしての美的アプローチと経済的アプローチを慎重に比較する。美的アプローチによれば、上質な文化は通約不可能な固有の価値を有しており、それは個人的選好を満たす価値に優越する。市場は美的価値を最大化しないので、政府は芸術文化の生産を支援し、商業的圧力から守るべきである。文化比較や政策評価においては産出物の質の平均値や中央値よりも最高峰に注目し、公的支援は傑出した芸術家を生み出したときに成功だと考える。これに対し、経済的アプローチは、美的価値は基本的に通約可能であるとして、最高峰の質よりも金銭で測定される総価値に着目する。芸術を特別に重視することはなく、高尚文化も一部の少数者の好みに過ぎないと考える。消費者は市場を通じてかなりの文化的経験を享受できているので、彼らが欲していない芸術への公的支援は他の目的にも使いうる資源の剥奪にあたり、芸術の質の低下にもつながる。個人的選好の充足を独立した倫理的価値として掲げるが、それがなぜ唯一重要な価値であるかについてはあまり考えていない。

これらのアプローチの哲学的レベルでの和解は困難だが、コーエンは一方を切り捨てることはせず、両方になんらかの妥当性があると考える人を合理的に説得できるような政策勧告を模索する。彼はまず、ボーモルたちの主張に代表される「経済発展説」と、国民一人当たりにすれば僅かな負担で芸術的創作が行なわれるならその再分配は行なうべきだとする「タダ飯 free-lunch 説」のふたつの経済的アプローチを検討する。そして、芸術への投資により生ずる外部性が代替的投資によりもたらされる経済発展を上回ることが証明されない限り、どちらも公的助成の論拠としては不十分だとして退ける。

次いで、「分権化説」と「威信説」が検討される。分権化説によれば、創造性は多様なヴィジョンに成功のチャンスがあるときに開花するもので、それは多種多様な資金源によって可能になる。というのも、芸術的発見は中央集権的な方法で達成されるものではなく、どの芸術が開花するかは公的機関にも予見不可能だからである。アメリカのシステムは、政府が分権的な資金供給を促進している点でハイエク的基準——制度は知識の生成と伝播を支えるべきである——を満たしていると、コーエンは考える。(2)ただし、分権化説の趣旨はあらゆる創造的活動への分権的資金援助を奨励することにあり、芸術活動への投資が他の投資に比べて特別に高い社会的収益をもたらすとは想定していない。威信説によれば、多くの人は自国が芸術作品を産出しているという事実に誇りをもつものであり、政府を通じて芸術を支援することで自らの威信が高まるように感じる。文化政策への支持はこうした象徴的理由にも基づいているのだから、公的支援がなくとも芸術が繁栄するからといってそれが不要だということにはならず、また、公的支援は威信を求める人びとによく見える形で行なわれる必要がある。この説は、経済発展説では説明できない実際の公的支援のパタン——たとえば、ポピュラー音楽助成への賛同が少ないことなど——を説明する。分権化説と威信説は美的観点と経済的観点の両方から支持可能であり有用だが、互いに衝突しうる。たとえば、分権化説が効果的な助成を求めるのに対し、威信説は可視的な助成を求める。コーエンは理論レベルでは解決できないこの対立については保留して、以下この二説をもとに具体的な公的支援の方策を検討してゆく［Cowen 2006=2013: ch.1］。

芸術への公的助成の方策はふたつに大別できる。直接助成は政府機関が芸術家や芸術団体に直接資金を供給する方策で、ヨーロッパに多い。(3)間接助成は市場の相対価格や相対収益になんらかの影響を与えることで芸術の生産を促進する方策で、アメリカでは中心的な方策である。

間接助成の根拠の多くは分権化説にある。間接助成は資金源の分権化を促進する。間接助成は文化政策に見えないこともあるが、しばしば直接助成よりも文化の消費に大きな影響を与える。間接助成としてまず挙げられるのは民間の財団や寄付行為への税制上の優遇であり、現にアメリカ社会においては寄付やボランティア活動が盛んである。大学への助成も重要である。大学は文化的な教育を行なうだけでなく、芸術家——多くの場合その人生はリスキーである——を雇用して生活を保障したり、文化施設を運営したりすることで芸術文化に寄与している。コーエンによれば、アカウンタビリティの欠如こそが大学の徳目である。というのも、芸術的実験の大半は失敗するものだということを与件とすれば、芸術的発見の過程はすべての試みを成功させようとするよりむしろ大胆な試みを支援することによって成功すると考えられるからである。その他の間接助成としては、研究開発一般への助成が挙げられる。今後の芸術の発展に大きな役割を果たすと考えられるコンピュータとインターネットは、国防総省など芸術とは無関係な機関の助成を受けて開発された。輸出入の奨励、通信・流通インフラの整備や規格の統一も、芸術への間接助成である。先住民への自治権の付与も、彼らの自意識と文化の保全に間接的に役立っている。間接助成によって、政府は真価の判断を避けつつ芸術を支援できる。もっとも、助成の一般性は完全な中立性を含意しない。アメリカの制度は、抽象美術や現代音楽のようなニッチ向け芸術の成長に有利に働いている。逆に、生産物の質・内容について比較的意見の一致があり、それゆえ政府の管理による影響を受けにくいものは、直接助成に適した領域だと言える。自然保護や近代美術の巨匠の作品の保全が、これにあたる。[Cowen 2006=2013: ch.2]。

コーエンの考えでは、直接助成の原理的根拠は、歴史のテストに耐えた高尚文化の作品を保全することと[4]、新奇な芸術的アイデアを刺激するベンチャー・キャピタルの機能を果たすことにある。アメリカ史を見ると、ニューディール期のＷＰＡ（公共事業促進局）による失業芸術家の救済は、その条件の緩さゆえに期せずしてベンチャー・キャピタルの役割を担った。冷戦期以降ラジオ放送などを通じて行なわれた対外的な政治的プロパガンダは、それが手段として使った娯楽文化——アフリカ系アメリカ人文化を含む——の成長に寄与した。現在直接助成を行なっている政府機関としてはＮＥＡ（全国芸術基金）が注目されがちだが、その規模は小さく、直接助成は他の機関でも、たとえば公共放送協会への援助といった形で広く行なわれている。コーエンによれば、現在のＮＥＡは万人受けを目指すあまりベンチャー・キャピタルとしても高尚文化保全機関としても中途半端で、その役割を果たせていない。その一因は、ニクソン政権期に予算が増えたことでかえって政治的圧力へのアカウンタビリティが増し、申請・採択の手続が厳格化されたことにあるという。また、アメリカ社会において直接の政府介入はむしろ負の威信をもたらす［Cowen 2006=2013: ch.3］。

次に、知的財産権に目が向けられる。現代の文化市場において、インターネットは参入コストを低減し創作者・実演者と消費者相互の発見を容易にする一方で、複製技術の進化とあいまって著作権の実現をかつてより困難にしている。このことは、資金源の分権化にとって脅威となるだろうか。政府の役割として、芸術の所有権の定義は助成の決定よりもはるかに重要だと、コーエンは言う。著作権法は収益権者を特定し、分権的な創作インセンティブを形成する。そうであれば、インターネットによる著作権の執行可能性の低下は分権化を損なうように思われそうだが、コーエンはむしろこれを進化させると考える。

彼のこの考えを理解するためには、市場が物質的な資源だけでなく名声や象徴を配分する制度でもあることを思い出さなくてはならない。著作権の執行が困難になると、純粋な情報としての販売収入は減るだろうが、象徴財としての販売収入は増えるだろう。なぜなら、インターネットは情報そのものを複製・伝播することはできても、文化的生産物と結びついた象徴的価値を容易に複製することはできないからである。正規の生産物の供給者は、違法業者には模倣できないような投資を行なって買い手に独特なオーラや体験を提供することで差別化を図り、共存するだろう。それに、著作権法は費用ももたらす。著作権法は情報――公共財の性質をもつ――の独占を許すことで、その普及・消費を制限するとともに、創作者間の相互借用も妨げる。アメリカで近年行なわれた著作権保護期間を延長する立法は、こうした費用を増大させている。コーエンの考えでは、著作権法とは政府が芸術における勝者を選び出せないからこそ、報酬の支払先の選択を消費者に委ねる制度である。著作権は自然権というよりも政府が付与した独占権であって、その適用は功利主義的であり、その対象は恣意的である。二〇世紀後半に比較的厳格に著作権が執行されたのは、歴史的技術的偶然だったとも言える。コーエンは、今より限定的な著作権の制度を検討すべきだと考える。インターネット上の情報の複製や著作権の執行可能性の低下は芸術市場のあり方を変化させ、一部の産業と創作者に打撃を与える可能性があるものの、芸術がもたらす象徴と威信は分権的資金供給を頑健なまま維持すると考えられる［Cowen 2006=2013: ch.4］。

以上の分析から、コーエンはアメリカで採用されるべき文化政策について次のように主張する。①最良の芸術政策とは創造的発見一般を刺激するものである。②芸術への間接的資金供給と支援は創造性と多様性を促進してきた。③アメリカ・モデルが経済と美を両立させることを、国際的にもアピールすべきである。④現在の芸術政策における喫緊の課題は、著作権、インターネット、通信にかんする諸決定である。⑤分権化が正当なのは、個別の芸術機関について説得的かつ永続的な評価を下すのが困難だからである。⑥ＮＥＡに裁量の余地を与えるべきである。国家の直接助成はかつて、アカウンタビリティがなく、市場がすぐれた芸術家を識別できず、国家が強い志をもって特異な芸術的試みに資金を与えていたときに、有効に機能した。しかし、経済が健全で、商業芸術が活発で、政治が民主的で、メディアが政府の浪費を報道する今日では、ＮＥＡが自由にふるまうのは困難である。⑦ＮＥＡによる直接助成はよりベンチャー・キャピタル的なものに改善できる。⑧前記⑥と⑦の変革が政治的に困難ならば、直接助成は大事をとって、過去の芸術遺産の保全と陳列のみに傾注すべきである。⑨芸術の直接助成において、アカウンタビリティへの強い要求は失敗を恐れさせ、生産的な結果を生まないことも多い。⑩アメリカの対外的イメージの改善と対外的支援のため、文化的発信事業を活性化すべきである。

つまり、コーエンは一見したところ直接助成を否定せず、それが有効となる条件を明らかにしているだけだが、実際問題としてそれらの条件が揃うことはおそらくない（し、望まれない）。したがって、彼が実質的に提案しているのは多様性・創造性一般を促進する間接助成と、著作権法の見直し、芸術遺産の保全・陳列のための直接助成、そして対外的な文化的発信だけということになる。その根拠を述べるにあたって、彼は再びアプローチの問題に立ち戻る。分権化説は、芸術文化の政治化を抑制しつつ資金源を分権化して創造性を育んでいる、アメリカの現行の間接助成を正当化する。広い意味では、法秩序の実現も経済的繁栄の促進も、芸術への間接助成である。分権化説は芸術を特別視することなく創造的ヴィジョン一般を促進しようとするが、そもそも芸術とはなんだろう。コーエンは、真剣に問う——スポーツも玩具も夢も美容整形もドラッグもセックスも、芸術的な経験をもたらしているのではないか。あるいは、デュビュッフェが言うように、真の芸術とは個人的かつ壊乱的で、社会慣習の埒外にあるものではないか。芸術の境界が曖昧である以上アメリカ政府は美なるもの一般に配慮すべきだが、直接助成が専制的計画に陥る危険があることを考慮すれば、やはり分権的資金供給を基礎とする創造性一般の間接的支援が望ましいということになる。そして、威信説は分権化説のこの結論を覆すことができないと、コーエンは考える。なぜなら、威信やオーラへの投資は過剰になる傾向があるからである。われわれはすでに市場を通じて威信やオーラを十分生産しており、国家の威信や美的価値を熱心に探している。政府がさらに後押しする必要はなく、われわれは美的満足を直接国家に求める誘惑に抗うべきだというのが、コーエンの主張である。もっとも、もし彼のこの自由主義的なヴィジョンが「現代の神話」としてアメリカの人びとに受け入れられるような文化的中心価値を提供できるならば、威信説と分権化説を、理論レベルの衝突を乗り越えて実践レベルで連携させられるかもしれない。アメリカの歴史と法に起源をもち、アメリカ人の自己イメージと国民的威信の基礎になりうる価値の候補として、コーエンはイノベーション、企業家精神、慈善・気前のよさを挙げている［Cowen 2006=2013: ch.5］。

結論

さて、冒頭の問いに対するコーエンの解答は、手短に言えばこうである。自由で民主的な社会では、大衆文化と高尚な芸術は手に手を取って繁栄する。自由貿易は伝統文化の国際的発信と成長を可能にする。市場は芸術の開花を促進するのである。だから、国家が芸術文化発展のために担うべき役割は、芸術に限らず多様な創造的破壊を促進する制度的枠組みを用意することである。ただし、彼は具体的な政策提言にかんしては対象をアメリカに限定し、普遍主義を封印している。たしかに、歴史も制度の現状も異なる日本のわれわれは、これらの提言をただちに受け入れることに慎重であるべきだろう。とはいえ、これらの提言を導く議論自体は普遍的であり、考慮に値すると筆者は考える。一点気になるのは、本章で調べたコーエンの一連の研究においては、彼が認めるような公的助成の具体的内容を決める手続およびその限界への言及が見られない（現行制度が与件とされている）ことである。これはもはや文化経済学や経済思想の範疇を超えているとはいえ、コーエンなら十分追究可能な論点である。今後の彼の研究に期待したい。

注

（1）コーエンは自身の立場を古典的自由主義者と表現し、リバタリアンから区別している［Cowen 2006=2013：137–138, 148］。

（2）ハイエクの知識論における市場の意義の強調は、知識の生産や評価を行なう分権的源泉を豊富にもつべきことを主眼としており、必ずしもレッセ・フェールの擁護を意味しないというのが、コーエンの解釈である［Cowen 2006=2013：21］。

（3）コーエンはもっぱら供給側への助成について考察しているが、需要側への直接助成も考えうる。ピーコックは選好形成の問題と教育の重要性を念頭に，個人の選択の自由を尊重する芸術振興策としてバウチャー制を提案した。難点は，本人も指摘しているように，バウチャーが私的に交換されると目的を達成できないことである［Peacock 1993］。

（4）ドゥオーキンは，助成は文化的機関への寄付の免税といった無差別の形で行なうべきだが，寄付が多様性と創造性に資さない場合（彼の考えでは，高価な芸術作品が私的取引で維持できないとき）は特定機関への補助金も正当化されるとしている［Dworkin 1985=2012：233］。

参考文献

Baumol, William Jack and William Gordon Bowen［1966=1994］*Performing Arts: The Economic Dilemma*, Twentieth Century Fund. 池上惇・渡辺守章監訳『舞台芸術——芸術と経済のジレンマ』芸団協出版部。

Cowen, Tyler［1998］*In Praise of Commercial Culture*, Harvard University Press.

Cowen, Tyler［2000］*What Price Fame?*, Harvard University Press.

Cowen, Tyler［2002＝2011］*Creative Destruction: How Globalization Is Changing the World's Cultures*, Princeton University Press. 浜野志保訳，田中秀臣監訳『創造的破壊——グローバル文化経済学とコンテンツ産業』作品社。

Cowen, Tyler［2005］*Markets and Cultural Voices: Liberty vs. Power in the Lives of Mexican Amate Painters*, University of Michigan Press.

Cowen, Tyler［2006=2013］*Good and Plenty: The Creative Successes of American Arts Funding*, Princeton University Press. 石垣尚志訳『アメリカはアートをどのように支援してきたか——芸術文化支援の創造的成功』ミネルヴァ書房。

Dworkin, Ronald［1985=2012］*A Matter of Principle*, Harvard University Press. 森村進・鳥澤円訳『原理の問題』岩波書店。

Frey, Bruno S.［2003］*Arts & Economics: Analysis & Cultural Policy*, 2nd ed., Springer.

Peacock, Alan［1993］*Paying the Piper: Culture, Music and Money*, Edinburgh University Press.

Schelling, Thomas C.［1960］*The Strategy of Conflict*, Harvard University Press.

池上惇・植木浩・福原義春編［1998］『文化経済学』有斐閣。

ヴェブレン［1961］『有閑階級の理論』小原敬士訳，岩波文庫。

トクヴィル［2008］『アメリカのデモクラシー』第二巻、松本礼二訳、岩波文庫。

プラトン［1979］『国家』藤沢令夫訳、岩波文庫。

ラスキン、ジョン［1998］『芸術経済論――永遠の歓び』宇井丑之助・宇井邦夫訳、巌松堂出版。

■ショック・ドクトリン

ショック・ドクトリンとは、市民が深刻な大災害や危機のショックにたじろいでいる間に、公共の管轄事業を細切れに分割して民間に売り渡すことを一気に目指そうとする、思想・戦略・政策の総称である。「惨事便乗型資本主義」とも呼ばれる。イラク、アフガニスタン、スリランカ、ニューオリンズ、中国、ロシアなどの紛争地帯や被災地、あるいは旧来の政治的・社会的秩序が崩壊した地域で進行した。その手法は、戦争や災害の被災者たちが結束して自分たちの所有権を主張する前に、先手を打って旧来の公共施設やその地に根づいた地域社会を一掃し、急進的な民営化を推進するものである。その本質は「リベラリズム」でもなければ「保守主義」でもなく、政治エリートと企業エリートとの癒着・結託によって成立する悪しき「コーポラティズム」であるといえる。大企業と大きな政府の境界が取り払われるなかで、公共領域の縮小、企業活動の完全自由化、そして社会支出の削減という三位一体の政策が矢継ぎ早に推進されていく。

たとえば、ハリケーン・カトリーナ（2005年8月）に見舞われたニューオリンズ市の学校区では、それまであった123校の公立校が約1年後に4校にまで激減し、以前は7校しかなかったチャータースクールが31校に増えた。このカトリーナ後の教育改革について、M・フリードマンを信奉するアメリカン・エンタープライズ研究所の報告書は、「ルイジアナ州の教育改革者が長年やろうとしてきてできなかったこと」を「ハリケーン・カトリーナは一日で成し遂げた」、と総括したのだった。コーポラティズムは、大災害から生き延びた人たちが茫然自失としている間に、惨事到来前には「政治的に不可能」だった、収益性の高い社会構造を実現しようとする。

その過程で、①膨大な公共資産の民間への移転（往々にして莫大な負債とそれに対する危機感をともなう）、②とてつもない富裕層（巨額の富のバブルの内側にいる者）と見捨てられた貧困層（バブルの外側にいる不利な立場におかれる多数の者）という二極格差の拡大、③安全保障への際限ない出費を正当化する好戦的ナショナリズム、などが生じる。ショック・ドクトリンが招来するのは、小さな政府でも自由な資本主義でもなく、露骨な監視活動と市民的自由の制限を正当化する「コーポラティズム国家」なのである。（若森みどり）

【文献】 ナオミ・クライン［2007=2011］『ショック・ドクトリン（上・下）』幾島幸子・村上由美子訳、岩波書店

3-5

キーワード：美術市場モラル、一次／二次市場、アートディーラー

芸術の売買

美術市場に道徳はあるのか

持元江津子

はじめに

美術界において、オークション会社の主催するアート・オークションでは、ポスト印象派のゴッホや表現主義的とされるムンクといった巨匠の描いた絵画がたびたび天文学的な高価格で落札されている。資力さえあればだれでもアート・オークションに参加し、買い手になることが可能である。その一方で、生存中のアーティストの作品は、アートギャラリーで展示販売されることが多い。しかし、展覧会初日であるにもかかわらず、少なからぬ作品が「売約済」であることも珍しくない。初めてそのギャラリーを訪れた人には、たとえ資力があっても気に入った作品を購入できるチャンスがないかもしれないのである。このようなギャラリーの販売方法が望ましい

ものかどうか、疑問に感じる人もいるだろう。はたして美術市場に道徳はあるのだろうか。

この問いに答える小さからぬ手がかりが、フェルトホイスの著書『価格を語る』（*Talking Prices*）［Velthuis 2005］にある。彼は、アートディーラーへの綿密なインタビュー調査をもとに、「美術市場は商業軸と芸術性軸のみならず道徳軸にも沿って構築されている」［Velthuis 2005: 51］という新しい美術市場認識と、「美術市場モラル(1)」と呼ぶにふさわしい道徳的かつ経済思想的な概念をもたらした。以下、本章ではフェルトホイスの議論を参照しつつ、「美術市場モラル」とはなにか、それが美術作品の価格高騰にどのように関わっているのか、アートディーラーはどのような商業活動を行なっているのか、道徳が美術市場にどのように絡んでいるのかについて解き明かしていく。

一　現代美術市場について

本節では現代美術市場の大まかな構造について金融市場と対比させながら概観し、現代美術作品の需要者と供給者をつなぐアートディーラーが市場においてどのように活動しているのか、そして、現代美術作品はどのような財であるのかについて述べていく。

1　一次市場と二次市場

現代美術市場は、ハイルブランとグレイが『芸術・文化の経済学』において述べているように、一次市場と二次市場で構成される。有価証券など金融商品を扱う金融市場と同様、一次市場は発行市場であり、二次市場は流通市場である［Heilbrun and Gray 2004: 169］。

金融市場の一次市場は、国や地方公共団体、企業が新規発行する株式や債券などの有価証券を投資家が購入する市場である。そして、金融市場の二次市場は、既発行の有価証券を売買取引する市場である。株式の場合、証券取引所や私設取引システムなどに売買注文が集められて取引の成立が図られ、価格はそのときどきの需給状況を反映して刻々と変動し、実際の取引価格は日々公表されている。債券は多くの場合、店頭取引すなわち相対取引で売買が行なわれている。これら二次市場での売買価格は、一次市場における価格決定の基準のひとつとなっている。

他方、現代美術市場の一次市場では、アーティストの生み出した美術作品に初めて価格がつき、その作品は顧客に売却される。そこでは、無名のアーティストの作品だけでなく、いくらか名の知られたアーティストの新作も取引される。二次市場では、すでに一度以上誰かに購入されたことのある作品が転売される。これら一次市場と二次市場のふたつがうまく機能することで、現代美術作品が円滑に世に出され流通する。

また、それぞれの市場で取引される美術作品と金融商品は、ともに資産運用の対象として扱われうる。ただし、買い手に目を向けると、美術作品を資産とみなしていても、かならずしも売買差益を狙うような投資の対象とは考えず、転売に興味を示さないコレクターは少なくない。美術館のように公共的な役割を果たす機関も、金融商品に投資して売買差益を稼ごうとする機関投資家のように美術作品を購入するのではない。後世にすぐれた美術作品を残し、それらの鑑賞機会をできるだけ多くの人びとに持続的に供給するためである。

このように現代美術市場と金融市場には多くの類似点が観察される一方で、大きな違いもある。価格決定の過程において、有価証券の場合、参照可能なさまざまな数値指標がある程度確立している。他方、美術作品の場合は、サイズや材料など客観的に判断しうる指標も多少あるものの、人の心に訴える作品か否か、今では人によって異なる審美基準、アーティスト個人の魅力など、人の心理や感性および感情に依存して、客観的な数字では捉えにくい要素が価格決定に少なからぬ影響を及ぼしている。この部分が、美術作品と有価証券との大きな違いであり、経済思想の観点から見つめる余地を生み出している。

また、これらの相違は、取引対象となるものの最初の発行者および生産者が誰であるのかという差異にも関連する。有価証券は企業や政府が発行し、美術作品はアーティスト個人またはアーティスト主宰に類する家内工業的な工房が制作する。会社四季報など客観的に比較しやすい情報の揃っている有価証券に対して、美術作品は、美術誌などに寄稿される評論やアートディーラーによる解説、展覧会などで実際にアーティストの話を聞くことなど情報を得る機会がいくらかあるものの、相対的にあいまいで人間の主観に左右される。そして、なにかを購入しようという時の人間の主観にはなんらかの経済に関する考え方が付随する。

そもそも美術作品に実用的な価値はなく、その観点からは価格が決まらない。美術作品のもつ属性はおおまかに見て「表面的にわかること」と「知的面へのアピール」のふたつである。前者には「サイズや重さ、展色剤、物理的状態、主題など」が含まれ、客観的な判断が比較的容易である。(2) 後者には「美術史上の重要性、作品のクオリティ、作者の評判など」が含まれ、前者ほど容易には判断できない［Heilbrun and Gray 2004: 168］。しかしながら、これらの属性は美術作品の価格決定に影響を及ぼし、同じアーティストによる新作であれ既存の作品であれ、長期的な傾向として価格は上昇していく。そうして美術作品は現代の小売市場の中でもっとも高い価格のつく商品のひとつとなる。なぜそのようなことが起きるのかについては、次項以降で探ってゆく。

2　一次市場とアートディーラー

ハイルブランとグレイによると、なんらかの財の取引をめぐって発生する費用は、取引費用と情報費用に大別される［Heilbrun and Gray 2004: 168］。ある市場における不完全情報は、取引参加者にとって、品質や転売価値、代替品の価格や入手可能性などについての情報が不十分であることを意味する。正しい情報を得ようとすれば時間や労力、お金といった情報費用が必要になる。

前項で述べた一次市場は、個々の作品が初めて作者の手を離れて販売され価格のつく場であり、しばしば新人アーティストの作品が新規に販売される場となる。新人であるため、過去の作品についての価格や転売実績などの履歴がまったくなく、顧客にとっては不完全情報が最大という状況になる。つまり先に述べた美術作品のもつ「知的面へのアピール」という属性に関する情報に確実さが著しく欠けている。

この不完全情報を埋め合わすことがアートディーラーの役割のひとつである。多くのアートディーラーは自身の活動の場となるギャラリーを運営している。ギャラリーのほとんどは個人的経営であり、たとえば五〇人の従業員を雇用しているようなギャラリーはごく少数である［Velthuis 2011a: 28］。アートディーラーが職務を遂行するうえで重視している項目は、「アーティストとの特権的な対話」、ギャラリーが作品の展示販売を請け負うアーティストを「経済的な基準よりも個人的で芸術的な基準」で選択すること、「アーティストと作品の履歴を成長・発展させること」、そのためにすぐれた作品を国際的なギャラリーや美術館に橋渡しすること、「美術を理解し、美術の真価を認め美術をよく知ろうとする人びとに、美術を見る機会を供給する」役割をギャラリーとして担うことなどである［Velthuis 2005: 21］。

そのうえ、アートディーラーはギャラリーの顧客の選び方にも独特の基準を置く。新進のアーティストが制作した前衛的な作品の売り込みを掛けるのは、芸術の本来のパトロンたりうると思われがちな社会的上層に対してではなく、自分の心に訴えかけ自分にとって魅力的な作品の入手を期待している顧客に対してである。よって、アートディーラーはそのような顧客を開拓せねばならない。アートディーラーはこれという顧客を見つけたならば、価格を引き下げてでも作品をその顧客に売り渡すであろう。これらは一見するとかなり非効率的で非営利的な態度である。

とはいえ、フェルトホイスは「アートディーラーの世界は資本主義の世界でもある。他のあらゆる営利企業と同様に、ギャラリーは営業を継続するために、市場性のある品目を見つけ、潜在する顧客の興味を惹き、販売しなければならない」［Velthuis 2005: 23］とも指摘する。これについては第二節2項以降で詳述する。

ところで、なぜアートディーラーは社会的上層に前衛的な現代美術作品を売ろうとしないのか。上層に属する多くの人びとは、作品の批評的な価値よりも、作家の署名のような芸術とは本質的に関係のない諸要素に反応しやすく、彼らの美術作品の収集動機において、投機的な気分や威信を求める気持ちが審美的な関心事を上回るからである。このような人びとが買い手として参加する美術市場のロジックは、二〇世紀遅くに小売市場で発生したブランディングのロジックに近い［Velthuis 2005: 25］。

上層の人びとのこの傾向は、新人アーティストの作品を初めて販売することの少なくない一次市場に不向きである。よって、前衛美術を扱うアートディーラーは、上層を避けつつ顧客の開拓を行なう。その一方で、上層の人びとは二次市場の顧客にはなりやすい。

しかしながら、アートディーラーの新規顧客開拓の活動は、ある種の特権的な雰囲気を醸す生活様式を売ることにもなる。彼らは顧客および顧客候補者らに、展示中の作品の作者であるアーティストや他のアーティスト、美術作品コレクター、美術評論家などさまざまな美術界の人びとと交流する機会を与える。たとえば展覧会のオープニングパーティや、作品制作中の前衛アーティストとじかに語らいうるスタジオ訪問などのメニューが用意される。これらの多くは無料または低料金で提供され、一八世紀から二〇世紀初頭まで続いた宮廷や貴族の邸宅を舞台にした社交界であるサロンにいくらか似ている。ここではサロンをもう少し庶民的に改変したものを想定すればよい。前衛美術に触れ、美術界の人びととの交流を楽しんできた顧客および顧客候補者らは、そういった交流から得られた感想や感覚、観念、価値観といったものを日常的に感じ考え、日常生活に美術作品をたとえばインテリアとして取り入れるようになり、一次市場のよい顧客になりうる。

3　財としての現代美術作品

アートディーラーは、一次市場で売却した美術作品のその後の履歴に注意を払う［Velthuis 2005: 23］。彼らは誰が今それを所有しているのか、それはオークションに出品されていないか、出品されたならオークションでの売却前の見積価格と売却時の最終価格はいくらか、といったことを常に注視し、その作品の経済的価値の変化の把握に努める。すでに二次市場で転売された作品の価格は、その作品または作者に対する、美術界のみならず世間での評判や評価などをいくらか反映しているとみなせる。それはアーティストの成長を測る指標のひとつでもある。生存中のアーティストであっても、数十年のあいだに価格が二桁上昇する事例も少なからずある。そのような価格上昇の起こりうる美術作品を、どのような財と考えればよいのだろうか。

たとえば美術作品を経済財とみなし、審美的価値や芸術的価値も経済的価値のひとつとし、売り手のアーティストは利益を得る目的で美術作品を生産し、買い手のコレクターは美術作品から効用を得たり、美術作品の潜在的価値に投資したりするために、美術作品を購入するという新古典派経済学に沿った美術市場理解には無理がある。アートディーラーの役割が仲介者に限定され、実態からかけ離れてしまうからである［Velthuis 2005: 26］。

とはいえ、転売されてゆく作品の価格が一貫して上昇傾向を示しているならば、一次市場では多分に個人的なものであったその作品の審美的または芸術的価値が、二次市場では一般的なものに変質しつつあると言えよう。つまり、価格上昇に成功した作品の審美的または芸術的価値は、一般的なものとして語りうる経済的価値に近づいているとみなせる。このことを裏づける調査事例として、一九七〇年にジャーナリストのボンガールトがドイツで始めた一〇〇位までのアーティストのランキング「芸術コンパス（Kunstkompaß）」がある。「世界的に有名なアーティストの作品の価格に注目し、各アーティストについて、定期刊行物において何回言及されたか、公立の美術館に作品がいくつ購入されたか、グループ展や個展を何回開いたかを記録し、これらの制度的な承認のすべてを点数化した。たとえばニューヨーク近代美術館に購入されるとそのアーティストの芸術的な立場が三〇〇点上昇するが、シカゴ美術館の場合は二〇〇点加えるにとどまる。ボンガールトはこれらの数値をすべて足し合わせて芸術的な価値の総合的な指標を確立した」［Velthuis 2005: 113-5］。この指標により、アーティストが成長し、作品の価格も十分に上昇した場合に、経済的価値と芸術的価値の一致することが実際に確認されたと言えよう。

美術作品をめぐるこの一致は、先に述べたような条件が成立した場合にのみ認められる。フェルトホイスは、ピエール・ブルデューの分析を参照して、美術作品が象徴財であることを説明する［Velthuis 2005: 27］。これは商取引ではない、芸術を目的とする活動だ、というアートディーラーたちの欺瞞にも似た意識のもとに行なわれる仕入れ・販売活動をとおして、彼らは「経済資本」と表面的には対立する「象徴資本（文化資本、社会関係資本）」を蓄積していく。とはいえ「象徴資本」は現実の世界で「経済資本」としての役割も果たしうる。アートディーラーがどのように意識しようと、この過程で美術作品は販売され商品化されてゆく。フェルトホイスは、美術作品がいかにして商品化されるのか、そして、いかに商品としての性質を排除し象徴的な蓄積が起こるのか、というプロセスをもっとつぶさに見つめる［Velthuis 2005: 29］。この点は第二節3項で詳述する。

二　美術市場モラル

第二節では、「美術市場モラル」と呼ぶにふさわしい概念について解説し、これのもと、アートディーラーがどのように活動し、いかように美術作品が商品化されるのかを解き明かす。そして、市場をめぐる道徳をいくつかに類別する。

1　美術作品の価格と「美術市場モラル」

美術作品の価格の決まり方は、取引に関わる人びとの意志の観点からおおまかにふたつある。ひとつは、オークションを通じて買い手の意思によって決まる場合で、もうひとつは、アートディーラーが介在し調整することで決まる場合である。オークションではしばしば天文学的な高価格で取引の成立することが一般に知られているが、それは、生存中のアーティストにとってよいこととは限らない。たとえば、そのアーティストの作品全般の価格がオークションの結果に引きずられて一時的に上昇すれば、その後の価格下落の可能性が高まる。このような高価格は美術作品を商品として扱う冒涜的なもので、現代美術を扱うアートディーラーによって、「有害でいかにも商業主義的で倫理に反する」[Velthuis 2005: 184] とみなされている。

美術作品の価格上昇は、伝統的な経済学の観点ではたんに需要が供給を上回っていることを示すにすぎないが、アーティストはこれを、自分の作品が世に認められ今後自分がアーティストとして進歩する兆しと考える。逆に、作品の価格下落は、作者のアーティストが自信を失うきっかけとなり、モチベーションを下げかねない。そうなれば将来すぐれた美術作品が生み出される可能性も低下し、そのアーティストをギャラリーお抱えにしているアートディーラーにとってもはなはだ迷惑である。フェルトホイスが繰り返し述べているように、作品の価格下落はアーティストにとって強いタブーである［Velthuis 2005］。

したがって、アートディーラーは価格下落を避けるべく、ギャラリーお抱えのアーティストの作品の価格が長期的にじわじわ上昇するようにコントロールする。これは、アーティストの低からぬ自己評価とモチベーションを持続させると同時に、彼らの承認欲求を継続的に満たすゆえ、精神面で安定した作品制作環境を整え維持することにつながる。よって、これはアートディーラーによるアーティストに対する道徳的な行為といえよう。

また、新人アーティストの作品の価格はアートディーラーによって低く抑えられがちである。アーティストの成長物語の始まりはそうあるべきだからである。しかし、それではアーティストの側で、自分の作品を売るだけでは生計費や新たな作品の制作費がまかなえない場合も生じうる。その場合、アートディーラーがアーティストの制作活動費や生計費を援助する。つまりアートディーラーは物質面でもアーティストの安定的な作品制作環境を支える。これも、経済弱者である新進のアーティストの生活全般を助ける道徳的な行為といえよう。

それゆえ、たとえ生存中のアーティストの作品がオークションで桁違いの高価格で取引されようとも、そのアーティストのその他の作品の価格がオークション価格に引きずられて急上昇することのないように、アートディーラーは注意深く価格を低めに設定し続ける［Velthuis 2005: 77-78］。

こうしてアートディーラーは、低価格から始まるアーティストの成長物語を成立させる環境を常に維持してゆく。これはアーティストに右で述べたようなメリットをもたらすだけでなく、顧客にもメリットをもたらす。顧客が早期に安価で入手した作品が数十年後に一桁二桁の価格高騰を遂げることは、少なくとも自分に審美眼があったという顧客の満足感につながるだろう。もちろん、そのアーティストを支援し育成したアートディーラーにとっても名誉なことであり、メリットがある。さらに、倫理に反する高価格で成長途上のアーティストの作品を落札したコレクターにとっても、これは長年かけてギャラリー価格がオークション価格に追いついたことになり、悪いことではない。

ところで、先に述べたとおり、ギャラリーで前衛美術作品が低価格に抑えられているあいだ、アートディーラーはアーティストの生活を支えることが少なくない。これをアーティストに対する甘やかしと決めつけるのは早計である。生前に売れた絵画が一点のみだった画家フィンセント・ファン・ゴッホの場合は、自身の生活と制作活動をアートディーラーである弟テオドルスに金銭的に支えてもらいながら作品を制作し続けて、死後に高い評価を受け、いまなおオークションに作品が出品されるたびに高価格を更新している。アートディーラーであった弟は、当時の前衛アーティストである兄の制作した絵画を買い取る形で兄の生活全般を支え、兄は絵画を弟に売ることでプライドを保つことができた。こうして弟は兄の芸術の発展を促し、非常に矮小化された芸術のパトロンとしての役割を果たした。この兄弟の関係は、その後、アートディーラーが生存中の前衛アーティストを支援する関係のひとつのモデルとなり、「美術市場モラル」の萌芽とみなされる。

こうしてみてくると、「美術市場モラル」は、アートディーラーが新進のアーティストに対して父性的に、物心両面で支援しつつ、商業至上主義的なオークション価格からアーティストと作品を保護し、アーティストの制作する美術作品の価格がじっくり上昇するように最大限の努力を払うという行為を促していることがわかる。この「美術市場モラル」は、伝統的な経済学者らがまったく無視してきたものであり、美術市場における価格決定に関係する経済思想的な一概念とみなせる。

2　「美術市場モラル」を支えるもの

アートディーラーが「美術市場モラル」にのっとって新進のアーティストを継続的に支援していくためには、

アートディーラーないしギャラリーがそれをまかなえる資金をもっていなければならない。彼らはどのような考え方に基づき、どのように資金を調達しているのだろうか。

フェルトホイスの観察によると［Velthuis 2005: 29-30］、「美術市場モラル」にのっとって活動する多くのアートディーラーの活動の場であるギャラリーの建物は、目抜き通りよりも裏通りに立地し、前衛美術を紹介するための「表の部屋」と、商業活動のための「奥の部屋」の両方を備えた構造をもつ。(3)「表の部屋」は、美術作品を展示する空間で、展示のための設備が整えられ、商業的な空気が希薄で、美術館のような公的空間の雰囲気を醸し出している。たとえば価格の表示がなかったり控えめであったりで、作品を商品として見せない工夫がなされている。このことは、商品としての性格をできるかぎり取り除いた作品を、ギャラリー訪問者に見せることにつながる。これは、作品とアーティストを商業至上主義から保護する道徳的な経済活動の一環と言えよう。

とはいえ、いかに「表の部屋」で販促活動が控えられていても、作品は販売目的をはらんで展示され、作品をめぐる商取引が「奥の部屋」で行なわれている。作品が売れれば作者であるアーティストの収入となり、アーティストの生計費を補ったり次の作品の制作費をまかなったりする資金となる。作品が売却され代金が入ることは、新進のアーティストの制作活動の持続的発展に関して必要条件だが、十分条件ではない。実際のところ、低価格で取引されているためにアーティストにとって作品からの収入だけでは不足が生じ、そこをアートディーラーが支援し埋め合わせている。また、ひとつの作品に複数の顧客候補者が現れた場合、作品は、アートディーラーがあらかじめ作成している顧客リストのもっとも順位の高い候補者に売却される。より高い価格で買いたいとする候補者でも順位が低ければ購入できないシステムができている。これらもアーティストと作品を商業主義から保護するアートディーラーの道徳的な経済活動の一環である。

しかしながら、ギャラリーは必ずしも道徳的な活動ばかりを行なっているのではない。必要な資金量の観点から、道徳的な活動だけではギャラリーの運営は困難である。ギャラリーの「奥の部屋」は、「表の部屋」とは対照的に商業的な空間である。「奥の部屋」では、「表の部屋」の展示作品を売る一次市場での取引と、既存の作品の転売にかかわる二次市場での取引の両方が行なわれている。一次市場での取引は常に道徳的であるべきで、ここでのアートディーラーはアーティストのプロモーターであり、かつ現代美術の矮小なパトロンとして振る舞う。

他方、二次市場での取引は必ずしも道徳的でなくてよく、アートディーラー自身または同業者が育成中かつ支援中のアーティストが作者でないかぎり作品を商業的に扱える。二次市場での取引では、手持ちの作品を売りたいコレクターから委託金を受け取り、それを転売するという取引が、美術作品販売の全取引のかなりの割合を占め、実際にフェルトホイスがニューヨークで行なった調査では二五～六〇パーセントを占めていた［Velthuis 2005: 36］。よって、委託販売から得られる委託金収入は決して少なくないことが理解される。

また、二次市場では、現代美術のジャンルであってもすでに著名で巨匠となっているアーティストの作品の販売を手がけているギャラリーもあり、コレクターからの委託だけでなく、オークションで競り落とした作品を売ったり、オークションに出品したりすることもあり、売買差益を得ている可能性は十分に推察される。アートディーラーは、売れ筋と判断した作品を仕入れて、情報網を駆使してその作品を購入しそうな顧客候補者に近づき、その作品または作者の履歴情報に基づいて作品の経済的価値の説明を顧客に対して熱心に行ない、目標とする期間内に作品を売却して利益を得る。こうして二次市場ではアートディーラーがしばしば商人として活動する。

以上より、一次市場での「美術市場モラル」に沿ったアートディーラーの道徳的な活動を支えているのは、二次市場における少なからぬ商業的な取引から得られた収益であることがわかる。つまり二次市場での商業的な活動は、一次市場で取引される作品の作者である新進のアーティストたちを支える資金源となっている。それゆえ二次市場での商業的な活動が正当化される［Velthuis 2005: 37］。よって、商業的な取引の場にアートディーラーが参加することに、わずかなりとも道徳的な意味のあることがわかる。

3　コレクターの購入動機と作品の商品化

まず、フェルトホイスは、「美術市場モラル」の支配下にある一次市場の参加者であるコレクターの購入動機について、次のように述べた［Velthuis 2005: 42-45］。彼らは「美術への愛に駆り立てられ……美術を〝知的な趣味〟ととらえ、アーティストと集い、ギャラリーの提示する美術の選択に追随する。彼らは気に入ったアーティストの展覧会のオープニングに足を運び、そのアーティストの履歴に関心をもち」、さらに、従来の絵画や彫刻などとは異なり、空間を芸術的に構成する「インスタレーションのような商品として扱いにくいジャンルの作品を購入する意欲ももっている」［Velthuis 2005: 43］。そして、彼らは、投資や投機を目的とせずに作品を購入しているため、たとえ売買差益が見込める時でさえ転売しようとは考えない。彼らは純粋にその作品を心底気に入り、ずっと所有していたいという欲求からその作品を購入する。作品を購入したコレクターは、アートディーラーの仲介を受けて、作者のスタジオをたびたび訪問してじかに語り合うなど、アーティストとの交流に積極的である。このことは、わが子を手放す気持ちで作品を売却したアーティストに精神面におけるメリットをもたらし、アーティストの成長を見守り話し相手になるファンの存在はアーティストを心理面で支える。もっとも望ましい顛末は、コレクターが老齢になるなどの諸事情により作品を手放すことを決意した際に、すっかり価値の高まった美術コレクションを美術館に寄贈する場合や、コレクションを手放さずコレクター自身が私設の美術館を設立して作品を収蔵する場合である。作品が美術館にとどまる限り、その作品が商品に戻ることはなく、象徴資本としての性格を帯び、作品は道徳的に扱われ続ける。よって、一次市場において、右で述べたコレクターの購入動機は「美術市場モラル」にもっとも適合し、アートディーラーからみても理想的である。

次に、二次市場においてありがちな複数の購入動機をまとめて考える［Velthuis 2005: 42-45］。投資や投機を目的とする購入動機や、価格が威信を示す指標のひとつであるという認識のもとで美術作品を入手しようとする購入動機、特定の作品が特定の場所を飾るのに最適であるという意義をともなわずに装飾用に作品を購入する場合の購入動機がここに分類される。投資や投機目的の場合、将来、作品の転売される可能性が高く、作品から商品としての性格を排除できず道徳的でない。威信を狙った購入も価格情報がついて回り、商品としての性格を排除できない。重要性のない単なる装飾品として購入された作品にも商品としての性格が残る。よって、これらの購入動機は美術作品を商業的に扱い続け、道徳的ではありえず、アートディーラーによって非難され否定的に扱われる。

そして、第三の購入動機が「社会的理由」である［Velthuis 2011b: 34］。それは、美術作品の買い手が美術品コレクターとして、特定の社会グループの仲間であり続けるために作品を購入しようとする動機である。この場合の買い手は、特定の作品の所有を心底欲しているというよりも、作品を購入する常連のコレクターになって、アーティストや美術品コレクター、美術評論家などが構成するグループの一員としてグループ内の交流にたびたび参加する立場を維持したいがゆえに作品を購入する。この動機で購入された作品であっても、コレクターがそれを大切に扱い所有し続ける限り「美術市場モラル」は守られ、作品はさらなる商品化を免れる。

4　前衛美術サーキットと伝統美術サーキット——異なる道徳の意味

これまではギャラリーといえば前衛芸術を扱う前衛アートギャラリーを前提していた。しかし、本項では、取引される商品や商慣行などの違いに基づき、前衛美術作品が取引され循環する前衛美術サーキットと、前衛的でない美術作品が取引され循環する伝統美術サーキットに分け、前者で活動する前衛アートギャラリーと、後者で活動するギャラリーとを区別する。前衛アートギャラリーについては本節2項においてあらましを述べた。対する伝統美術サーキットで活動するギャラリーについては、フェルトホイスの議論に沿って以下に述べる［Velthuis 2005: 45–51］。

伝統美術サーキットで活動するギャラリーは、前衛アートギャラリーとは対照的に、華やかで富裕な人びとの行き交う観光街やおしゃれな都市圏に立地し、出入口は開放的で美術に不慣れな人びとでも近づきやすく、屋内には豪華な調度品が据えられ、カタログも見やすい位置に置かれ、高級な雰囲気を演出しながら商業的に営業を行なっている。販売中の美術作品の価格リストがわかりやすいところに設置され、美術作品は商品として扱われている。しかも、このサーキットのギャラリーでよく使われる販売レトリックは「この作品はお買い得です。装飾価値は高いし、作者のアーティストは〝投資価値〟がありますから」［Velthuis 2005: 49］といったものである。しかしながら、ここで扱われる作品は一次市場での取引が最初で最後の取引であり、二次市場で転売されることもオークションに出品されることもほとんどないことが観察されており、投資価値はほとんどない。それでも美術作品を投資の対象としてみることを勧めているゆえに、ここでの取引は「美術市場モラル」に反している。

また、伝統美術サーキットのギャラリーは、生存中のアーティストの成長を見守り援助するという「美術市場モラル」にのっとった活動をせず、二次市場での取引が期待されるような作品を取り扱わない。このようなギャラリーは、個展ではなく、売りやすい作品を幅広く集めて展示販売する傾向にある。前衛的でなく無難に装飾に使える風景画や肖像画、静物画を取り揃えたり、さまざまな顧客の好みや要望に応えられるようにさまざまな表現手段や題材、様式の作品を集めたりする。このサーキットで美術作品は、やはり商品として取引される。

さらにフェルトホイスは伝統美術サーキットについて、「聖域化」された領域とそうでない領域とに弁別する。右で述べたようなギャラリーは、フェルトホイスによれば、伝統美術サーキット内で「聖域化」された領域に属している。このようなギャラリーのアートディーラーは顧客候補者の前で、販売している美術作品がいかに芸術的価値を有し、作者であるアーティストがどの巨匠の系譜に属していて、いかに好ましく高潔な人物であり、いかに鑑賞者によい影響を及ぼすのかについて語る。さらに彼らは、そのアーティストの作品の展覧会への出品や収蔵の記録が美術館にあること、国際的な評価を得ていること、主要なコレクションに作品が含まれていること、権威ある賞の受賞歴があることなどを、作品の高い価値の根拠として説明に加える。つまり彼らは顧客候補者に、販売中の作品が芸術的価値だけでなく道徳的価値も含むと説明する。結局のところ、道徳的価値のある美術作品を販売促進する活動には「品格」があり、よって、その活動を担うギャラリーは「聖域化」される。

とはいえ、ここでいう道徳的価値は、前衛美術サーキットの「美術市場モラル」が含む道徳とは明らかに異なっている。後者は新進アーティストと作品を保護し成長させる道徳であり、前者は作品の作者であるアーティストがすでに道徳にかなった人物で、その作品には鑑賞する人びとに道徳的なよい影響を及ぼす道徳的価値があることを意味する。

このように意味は異なるものの、前衛美術サーキットと伝統美術サーキットの「聖域化」された領域のいずれにおいても、道徳が強調されている。しかしながら、両サーキット間で、道徳の意味や道徳と価格の関係性は異なっている。前衛美術サーキットにおいて道徳は、長期にわたる美術作品の価値形成ないし価格上昇に利するものであるが、貨幣的な価値として価格に直接反映されるわけではない。その一方で、伝統美術サーキットにおいては、理論上「道徳的価値」いかんがその作品の価格に直接反映される。

そして、フェルトホイスは、伝統美術サーキットにおける低価格帯の美術市場を「非聖域的」と呼ぶ［Velthuis 2005: 49］。該当する業者は商店街の小売店やショッピングモール内のテナントとして営業し、主な収入源は複製画やポスターおよび額縁の販売や額装であることが多い。ここでは説得力のある宣伝活動や小奇麗なリーフレット、特別割引価格の設定などをとおして、盛んに販売促進活動が行なわれ、美術作品とその派生物はほぼ完全に商品として扱われている。複製ではない現物の美術作品が販売されていれば、その多くは、競争的に価格の決まる卸売市場を通じて仕入れられたものであり、地域のアーティストの作品のほか、安価な美術品製造工房のようなところで手工業的に生産されたものであることも少なくない。ここでの美術作品販売活動は前衛美術サーキットにはありえない低次元の活動であり、前衛美術サーキットの「美術市場モラル」の基準からも外れ、道徳的でないと判定されよう。

三　アート・オークションをめぐって

前節では、フェルトホイスの議論［Velthuis 2005］に従い、終始アート・オークションを「美術市場モラル」に反するものとして扱ってきた。以下では、一九九〇年代から盛んに行なわれるようになったとみられているチャリティ・アート・オークションや、オークションで作品を売りさばく若手アーティストの出現などをめぐり、それらが「美術市場モラル」とどのように対立しているのかについて述べる。

1　チャリティ・アート・オークションと「美術市場モラル」

チャリティ・アート・オークションでは、オークションを主催する非営利組織側がアーティストに作品の寄贈を依頼し、寄贈された作品は特別な目的で資金を集めようとするイベントにおいてオークションに掛けられる。そして、収益から諸費用を差し引いたものが非営利組織の収入となる。規模の大きいチャリティ・アート・オークションでは、著名アーティストが作品を寄贈し、セレブリティが出席する。セレブリティのイベントへの参加は重要である。というのも、セレブリティは、人びとの注目を集め、日々マスコミの報道にさらされ、しばしば裕福であり、新興のひとつの階層を形成しつつあり、世間や政治への影響力を増しているからである［Krieken 2012: 62-80］。また、近年は、ダミアン・ハーストのような著名アーティストが自らの作品を出品して、自身がオークション会社と共催でチャリティ・アート・オークションを行なう事例さえあり、チャリティとして成功させている［Velthuis 2009: 192］。

一見したところチャリティ・アート・オークションはよい目的をもつ慈善事業であり道徳的によいことが行なわれているようにみえる。しかし、これには一考を要する。

先に述べたとおり、通常のアート・オークションは商業的で「美術市場モラル」に違反する。通常のアート・オークションで美術作品を競り落とした買い手は、美術作品を適正価格よりも高い価格で購入することで威信を確立する。

チャリティ・アート・オークションにおいてもまた「美術市場モラル」違反が生じている。フェルトホイスが指摘する問題点は三つある［Velthuis 2009: 189-190］。ひとつ目は、チャリティ・オークションが収益の損失をもたらすことである。アーティストにはきわめて高収入の成功者もいるが、ギャラリーの支援を受けてやっと生活を成り立たせている新進のアーティストも多く、アーティストの平均的な収入は低い。チャリティに出品した場合、アーティストはその作品を売ることで得られたはずの収入を失う。よって、アーティストはチャリティ・アート・オークションへの作品の寄贈を期待されるべきでないというガイドラインを作成したアーティスト団体の事例もある。

第二に、チャリティ・アート・オークションでは、ギャラリーを通じた取引より低い価格で作品が落札される傾向が強く、アーティストのキャリアを傷つけ成長を阻害する可能性がある。低いオークション価格は、オークションに居合わせた人びとに、作品が実際よりも低いクオリティであるという印象を与えるからである。

　第三に、チャリティ・アート・オークションは、徐々に価格が上昇するという美術作品の成長の道から作品をそらせてしまう可能性もはらんでいる。これは、そもそもチャリティ・アート・オークションにおける作品の落札者が、審美的な理由よりも社会的な理由で作品を購入していると考えられるからである。

　以上より、チャリティ・アート・オークションは、善意の目的をともなう道徳的な催しであるにもかかわらず、アーティストと美術作品に対して道徳的でない。チャリティ・アート・オークションは、本来「美術市場モラル」にのっとって保護育成されるはずの、将来に見込みのあるアーティストと作品の長期にわたる成長の物語形成を阻害する要因たりうる。それは、主催者である非営利組織にとって諸活動の費用を補填する大切な収入をもたらし、作品を競り落とした買い手の威信を引き上げることはあっても、作品を寄贈したアーティストにとっては、ハーストのようなスーパースターの例外を除き、むしろ威信を引き下げることにつながりかねないのである。

2　ダミアン・ハーストの反逆とリーマン・ショック

　前項で言及したダミアン・ハーストは、一九六五年生まれのイギリスの前衛アーティストで、二〇〇七年に発表した八六〇一個のダイヤモンドを散りばめたプラチナ製の頭蓋骨をかたどった作品「神の愛のために」などに代表される破格の高価格を創出するアーティストとしてキャリアを築いてきた［Graw 2009: 37–40, 201–203］；［Poundstone 2010: 260–263］；［Velthuis 2009: 192–194］。「神の愛のために」は、ハーストの一九九一年の作品、体長約四メートルのサメの死体の口を大きく開けさせ、躯体をまっすぐ伸ばしたポーズに整えて、ホルムアルデヒドで保存し巨大なガラスケースに収めた「生者の心の中では、死は物理的に不可能である」と単純に比較すると、五万英ポンドから五〇〇〇万英ポンドまで実に一〇〇〇倍の価格上昇を遂げている。五〇〇〇万英ポンドはオークション価格ではなく、作者の言い値である。「神の愛のために」の材料費は実際に約三〇〇〇万米ドルと高額であったという。当時の為替レートが一英ポンド当たり一・七五～一・九六米ドルくらいで推移していたため、材料費は多く見積もっても一七〇〇万英ポンド前後までとみられ(4)、制作のための工賃などを差し引いてなおあまりある価格設定であったものと推察される。そして、二〇〇八年にはサザビーズがハーストの新作二二三点を通常のアート・オークションで取り扱い、九八パーセントが売却され、総売上は一億一一五〇万英ポンドにのぼった。

ハーストは明らかに、「美術市場モラル」にのっとったギャラリーの現行の長期的なアーティスト支援・作品販売システムの恩恵で成功したとは言いがたい稀有な事例である。ハーストは、このギャラリーのシステムに抵抗し異議を唱え始めている。フェルトホイスによると、まず、第一に、ハーストは、サザビーズでのオークションが成功裏に終わった二〇〇八年までのあまりにも短期間に、自作の美術作品の価値と美術界における自分の履歴を引き上げてしまっている。彼の全作品のうちもっともよく知られている作品を買いたいという顧客候補者の順番待ちリストがギャラリーにある一方で、彼の作品のオークション価格はコンスタントに高価格を更新している。この価格決定をめぐる二重性は、言い換えれば、オークションとは作品の価格を個別に決める仕組であり、作者であるそのアーティストの全作品の価値やそのアーティストの評判を決定するものではないことを物語っている。オークション価格が「美術市場モラル」の埒外で次々と決定されているのに、「美術市場モラル」に固執するギャラリーでは順番を待つ購入希望者が列をなしている。

第二に、ハースト自身が、すべての潜在的な買い手が思い立てばすぐに参加できるオークションを「美術を売る非常に民主主義的な方法」と呼び、ギャラリー価格は公正さを欠いているとし、「潜在的な新規の買い手に、美術作品の購入を許可されるまで待つことで、本当に購入したいのだという意志を証明させるようなアーティーラーのやり方には腹が立つ」と述べている。これは「美術市場モラル」に真っ向から対立する考えであり、ハーストは「民主主義」の概念を持ちだし、暗にギャラリーの活動が道徳的であることを批判し否定し、自らの美術作品が商品として扱われることを容認しているようにみえる。

第三に、二〇〇〇年初頭に始まった美術市場のスーパースターの時代に、ハーストが適応していることである。ハーストら、ほんの少人数のアーティストがスーパースターとして、彼らの作品とともに過度に注目を浴びる時代において、現代美術市場では、現代美術作品の価格が急上昇し、セレブリティが参入し、ニューマネーが流入し、アート・フェアが開催され、イベント・カルチャーと呼ばれるような文化が出現している。これが、「美術市場モラル」に保護されることなく成功するアーティストを生み出す背景である。

しかしながら、二〇〇八年九月一五日のリーマン・ショックを機に、現代美術作品の価格は半額以下となり、セレブリティもニューマネーも現代美術市場から手を引いたようにみえる。そのうえ、美術品コレクターらが売却価格の公表される公開オークションを避けるようになったため、オークション会社も戦略を大きく変えざるをえなくなり、個人取引を試み始めた。そして、二〇〇九年、現代美術について、オークションの売上を個人取引の売上が総額でみて上回った［Velthuis 2009: 193］。オークション会社は少なくとも特定のアーティストの長期的な保護育成に乗り出しているようには見えず、「美術市場モラル」にのっとってもいないが、相対取引を増やしていることには注目すべきであろう。この個人取引は、現代美術ギャラリーの「奥の部屋」で行なわれていて、必ずしも道徳的ではない二次市場での儲けを狙った、コレクターからの委託販売などの取引に似ている。そして、おそらくオークション会社による個人取引の場も、「美術市場モラル」の埒外で活躍するアーティストの出現する土壌となる可能性をはらむと言えよう。

結論

本章では、フェルトホイスが、現代美術市場において生存中のアーティストと顧客との間をつなぐアートディーラーの役割とアート・オークションの特性を対比させながら、「美術市場モラル」と呼ぶにふさわしい概念を示唆していることを明らかにしている。「美術市場モラル」にのっとれば、アートディーラーないしギャラリーは、作品の価格をコントロールしたり、アーティストの生活を支援したり、優良なコレクターを形成することをとおして、アーティストを保護し成長を助けることが望ましい。

また、美術作品の価格は主にふたつのチャネルを通じて高くなる。一方は、アートディーラーが「美術市場モラル」にのっとった道徳的な諸活動を積み重ねながら、作品の価格が長年かけて上昇するように価格をコントロールするチャネルである。もう一方は、通常のアート・オークションの結果として高価格が達成されるチャネルである。本章が前者を重視していることは言うまでもない。長年をかけての作品の価格上昇は、アーティストや美術品コレクターに成長の喜びや誇りなどの心理面でのメリットをもたらし、アートディーラーにとっても類似のメリットがもたらされ、作品の所有者にとっては作品すなわち保有する資産の経済的価値の増大をも意味する。それゆえ意図的に長年をかけて価格上昇をめざすことには大いに意義がある。よって、現代美術市場におけるアートディーラーは、道徳的に商業活動を行なうと言えよう。そして、その意味において現代美術市場には道徳が作用しているのである。

注

（1）「美術市場モラル」の語は、フェルトホイスの『価格を語る』第八章「結論」における節タイトル“Morals of the Market”を、そこで展開されている議論の内容を汲んで訳出したものである［Velthuis 2005: 183-184］。

（2）「表面的にわかること」に含まれているサイズや画材といった美術作品を裏づけるものと作品で扱われている主題に、アーティストの署名を加えたものが美術作品の「物理的特性」であり、それがいくらか価格に影響していることは、『文化経済学ハンドブック』の「価格」の章においても指摘されている［Sagot-Duvauroux 2011: 43-44］。

（3）ハレとティソが、ニューヨーク市マンハッタンのチェルシー地区におけるアートギャラリーの短期間における集積の実態などについての調査研究結果を公表している［Halle and Tiso 2009］。

（4）高額の材料を使用した美術作品はルネッサンス期への回帰であり、社会的な差別化指標としての象徴価値が与えられ、象徴的に意味があるという議論も行なわれているが、本章では割愛する［Graw 2009: 37-40］。

参考文献

Graw, Isabelle［2009］*High Price: Art Between the Market and Celebrity Culture*, NY: Sternberg Press. translation: Nicholas Grindell, first buplished as *Der große Preis: Kunst zwischen Markt und Celebrity Kultur*［2008］, Köln: DuMont Buchverlag.

Halle, David and Elisabeth Tiso［2009］“11 The sociology of the new art gallery scene in Chelsea, Manhattan,” in Amariglio, Jack and Joseph W. Childers, and Stephen E. Cullenberg,（ed.）*Sublime Economy: On the intersection of art and economics*, Routledge.

Heilbrun, James and Charles M. Gray［2004］*The Economics of Art and Culture*, second edition, Cambridge University Press.

Krieken, Robert van［2012］*Celebrity Society*, Routledge.

Poundstone, William［2010］“50 For the Love of God,” in *Priceless: the Hidden Psychology of Value*, Oxford, Oneworld Publications, pp. 261-263.

Sagot-Duvauroux, Dominique [2011] “5 Art Prices,” in Towse Ruth (ed.), *Handbook of Cultural Economics*, second edition, Edward Elgar, pp. 43–48.

Velthuis, Olav [2005] *Talking Prices: Symbolic Meanings of Prices on the Market for Contemporary Art*, Princeton University Press.

Velthuis, Olav [2009] “Damien's Dangerous Idea: Valuing Contemporary Art at Auction,” in Beckert, Jens and Patrik Aspers (ed.) *the Worth of Goods: Valuation & Pricing in the Economy*, New York: Oxford University Press, 2011, pp. 178–200.

Velthuis, Olav [2011a] “3 Art dealers,” in Towse, Ruth (ed.) *Handbook of Cultural Economics*, 2nd ed., Edward Elgar pp. 28–32.

Velthuis, Olav [2011b] “4 Art markets,” in Towse, Ruth (ed.) *Handbook of Cultural Economics*, 2nd ed., Edward Elgar pp. 33–42.

■コモンウェルス

「共（コモン）」にはふたつの意味がある。ひとつは、空気や水や大地などの自然のたまものという意味であり、その大半は、無所有物として人類に共有されているとみることができよう。もうひとつは、知識、言語、コード、情報、情動などの社会的生産の諸結果であり、この意味での「共」は、実際には経済的な階層（ヒエラルキー）によって差別化されている。生産者たちは、より高い自由度でもって情報にアクセスできるが、非生産者たちにはそれが難しい。

ところがグローバル化と技術進歩によって、アイデア、イメージ、情動などの内容はたやすく複製できるようになった。グローバル化を通じて、人類のすべてが参加する水平的な社会的秩序、新しい「共」の世界を描くこともできよう。生産のための手段が共有され、貧しい者も富める者も、だれもが自身の可能性を十全に開花させることができるような世界。たとえば、アクセス可能な共有ストックが増大し、私たちが考えたり感じたりする能力が増大し、あるいは互いに関係しあい、さまざまな生成変化としての愛を経験することができるような世界は、国民国家を超える新たな「コモンウェルス（共通の富）」と呼ぶにふさわしいかもしれない。

「共」は、貧しい人たちの生産性と可能性を引き出すような、社会的生活（ビオス）を創出する。そこで生まれる新しい「コモンウェルス」は、「私的所有か、それとも公的管理か」という発想で捉えることはできない。コモンウェルスは、市場でも政府でもうまく生産されないだろう。むしろ「自由なアクセス、自由な使用、自由な表現、自由な相互作用」という観点から、私的所有でも公的管理でもない方法で、供給されることがふさわしいだろう。具体的には、さまざまな情報への「オープン・アクセス」のために基盤を整備すること、ほとんど生産性のない無駄な労働時間を排して自由時間を増やすこと、仕事に関係なくすべての人に最低所得を保障すること（しかも地球規模で）、等々。こうした仕方で人間の能力と欲求を呼び覚ます企てが、「共の自由」である。ネグリとハートによれば、根本的な次元では、私的財産所有に基づく共和政に抵抗し、規律訓練権力を課す近代化に反対し、創造的な剰余価値生産に対する搾取を排することが求められているという。（橋本努）

【文献】 アントニオ・ネグリ／マイケル・ハート［2009=2012］『コモンウェルス〈帝国〉を超える革命論（上・下）』水嶋一憲監訳、幾島幸子／古賀祥子訳、NHK 出版

4

経済の生態

4-1

キーワード：経済社会学、埋め込み、収穫逓増

市場

市場が社会秩序であるとはどういうことか

瀧川裕貴

はじめに

市場とは、人びとが、経済的利益を実現するために、他者と交渉し、物やサービスを交換する、または他者の需要や供給を前提として生産行為に従事する場所、ないしそれを可能にする制度のことである。他者との相互行為やコミュニケーションによって成り立っているという意味では、市場はもちろん社会的秩序のひとつである。

市場が人びとの行為を秩序づけ、調整する営みの効率性には驚くべきものがある。交換という相互行為ひとつをとってみても、利害や財、選好のまったく異なる諸個人や諸組織どうしが、ほとんど意識することなく財の交換行為を達成できるというのは、考えてみれば不思議なことである。また、なにか財を生産し価格をつけるとい

う行為についても、他者がそれを実際に欲し、またそれなりの価格で購入してくれる、という見込みのもとに行なわれるが、このような見込みは本来きわめて不確実なものだ。にもかかわらず、まがりなりにも生産者たちは日々、ある程度の利潤を得られるだろうという期待をもちつつ、生産行為に従事しているわけである。

他方で、市場はときおり人びとの制御を外れた、「人知を超えた」ふるまいをみせる。近年の例でいえば、アメリカの投資銀行、リーマン・ブラザーズの破綻に端を発したリーマン・ショックは、そのような市場の制御不可能性をあらわにした出来事だったといえよう。このような市場の制御不可能性もまた、他者のふるまいについての予期や期待のもとに互いに行為するがゆえに、つねになんらかの不確実性がつきまとう、という社会秩序の一般的特性のひとつとして理解できる。このように市場がもつ驚くべき効率性とそれがはらむ根源的な不安定性を理解するためにも、市場を社会秩序として捉えることが不可欠である。

しかし、より具体的には、市場とはいったいどのような種類の社会秩序なのだろうか。たとえば、政治制度や宗教組織あるいは家族といった他の社会秩序とはどのように異なり、いかなるメカニズムによって作動しているのだろうか。むろん、市場とはいったいなんであるかについてはこれまで多くの経済学者や経済思想家が議論を行なっており、それらは多くの重要な洞察を含んでいる。しかしながら、「社会秩序としての市場」という特徴的な視座から考察を重ねてきたのは、M・ウェーバー、E・デュルケム、G・ジンメルらの古典的業績に端を発してT・パーソンズ、P・ブルデュー、M・グラノベッタそしてH・C・ホワイトらによってなされた経済社会学上の諸研究であろう。本章では中でも、一九八〇年代以降の経済社会学に決定的な影響を与えたホワイトの市場理論に焦点を絞って、紹介と検討を行ない、市場が社会秩序であるとはどういうことか、という問いについて考えていきたい。

一　経済社会学における市場論

グラノベッタは一九八五年の論文「経済行為と社会構造——埋め込みの問題」[Granovetter 1985] において、新しい経済社会学の研究プログラムを定式化している。彼はこの有名な論文で、社会構造や社会関係から自由な原子論的個人、つまり「過小社会化」された個人を前提とする「古典派および新古典派経済学」のみならず、規範や価値が社会化を通じて内面化された個人、つまり「過剰社会化」された個人に準拠する従来の社会学とも異なる、新しい経済社会学の方向性を示そうとしている。社会学は市場や経済的行為を具体的な社会関係のもとに、社会関係に「埋め込まれた」ものとして捉える必要があるというのである。

この「埋め込み」への着目が、市場を社会秩序としてみるためのひとつの着眼点である。そこでホワイトの市場理論の検討に入るための導入として、グラノベッタの埋め込み論について簡単にみてみよう。

市場が社会関係に「埋め込まれている」とはどういうことか。まずこれは市場を分析する際に、他者の行為に個別に影響されたり、影響を与えたりせず、情報の非対称性も存在しない新古典派経済学の理想化された前提を用いないということを意味している。たとえば、グラノベッタが実証的に研究した労働市場 [Granovetter 1995=1998] では、転職先の情報はただちに明らかになるものではなく、具体的な社会関係を通じて探索されることによって得られるという特徴をもっている。この過程は新古典派経済学の描く理想的市場とはまったく異なっている。

他方で、「埋め込み」の議論は従来の社会学のアプローチとも異なるとされている。具体的な経済的交換の事例を考えてみよう。ゲーム理論における信頼ゲームの定式化にみられるように、実際の経済的交換には信頼の要素が含まれており、つねに不正や裏切りのリスクにさらされている。たとえば、ある商品を購入するために先に代金を支払うとき、そこには商品が期待された品質の物ではなかったとか、あるいは商品の引き渡しのない詐欺であったというようなリスクがつねにともなう。グラノベッタによれば、従来の社会学の考え方にのっとれば、一般的な規範の存在、この場合では他者の信頼に応えるという「一般化された道徳性」が、経済的取引を可能にするのだということになる。しかし、このような見方は、経験的な市場を研究する際にあまり役に立つ見方ではないとグラノベッタは考える。その代わりに、経済的取引を可能にする信頼や不正の防止が、(一般的な水準での社会規範とその内面化ではなく) あくまで具体的な社会関係に裏打ちされた情報と評判に基づいて可能になる、とするのがグラノベッタの「埋め込み」アプローチである。つまり、ここでの要点は、市場の社会的要素は、抽象的、一般的な社会規範そのものではなく、あくまで具体的な社会的関係とその構造だという点にある。

グラノベッタの論文に前後して、社会学者たちは従来あまり社会学的に検討されてこなかったさまざまな市場に対して「埋め込み」アプローチを適用していった。グラノベッタ自身の労働市場研究 [Granovetter 1995=1998] はもっとも有名であるが、その他にもB・ウッジのアパレル産業における埋め込みの研究 [Uzzi 1996] などが代表的である。また、「埋め込み」という用語そのものは用いていないものの、P・ディマディオとW・パウエルの制度的同型化に関する議論 [Powell and DiMaggio 1983] は経済現象の社会的ネットワークに対する埋め込みについて別の観点から論じたものであり、後の経済社会学に大きな影響を与えている。さらに、M・ハナンら [Hannan and Freeman 1993] の組織生態学は、企業同士の社会関係を新古典派経済学の完全競争とは異なる競争のモデルによって定式化しているが、後にはニッチや企業のアイデンティティの強調といった、より「埋め込み」アプローチに近い議論へと接近するにいたっている [Hannan, Pólos and Carroll 2007]。もちろん、より社会ネットワーク理論に近いR・バートの構造的空隙の概念を中心とした経済社会学 [Burt 1995=2006] も、広い意味では「埋め込み」アプローチとして位置づけることができる。

このように新しい経済社会学は「埋め込み」をキーワードとすることによって、新たな研究領域として自らを確立することができた。では、先に挙げた多様な研究を統合するような、なんらかの共有されたコアははたして存在するのだろうか。もちろん、市場や経済行為が社会関係に「埋め込まれ」ているというきわめて抽象的なレベルでは一応の共通点は存在するといえるけれども、問題はより具体的な研究プログラムとしてのコアが存在するかどうかという点にある。これについては経済社会学者の間でも意見が分かれているのが実情である。N・フリクステインらは、近年の市場の社会学についてまとめた論文の中で、経済社会学において共通のコアについての合意が存在しないことを指摘し、このことを問題としている［Fligstein and Dauter 2007］。このことが問題なのは、多様な研究成果の中でどの程度、共通点が存在し、対立点はどこなのか、またそれぞれの具体的研究が大きな理論プログラムの中でどの部分について知見を加えたのかといった点について確定することができず、したがって全体としての研究分野や理論自体の進展が妨げられるからである。フリクステインはこのような状況を変えるべく、統合的な理論の構築を試みている［cf. Fligstein and McAdam 2012］。

これに対して本章では別のアプローチをとる。具体的には、ホワイトの市場理論［White 1981; 1981b; 2002］の再構成を通じて、経済社会学のアプローチの独自性、市場が社会関係に「埋め込まれ」ていること、あるいは市場が社会秩序であるとはどういうことかについてのより具体的なヴィジョンを提示することを試みる。ホワイトの市場理論に焦点をあてる理由はふたつある。ひとつはその影響力である。グラノベッタの指導教官でもあるホワイトの市場理論は北米における経済社会学ルネッサンスの最初の契機であり、新しい経済社会学の流れの大きな部分を決定づけた。一九八〇年代以降のほぼすべての経済社会学派は多かれ少なかれホワイトの市場理論の影響を受けているといってよい。ふたつ目は、ホワイトの市場理論はその深さと一貫性においてパーソンズ以後の経済社会学理論の中で最も優れていると考えるからである。とはいえ、ホワイトの市場理論は難解であり、多くの人からのアクセスを拒んできた経緯もある。そこで本章では、彼の理論を可能な限り分かりやすく再構成することによって、その本質的な部分を明るみに出すことにする。

二 生産市場の現象論

ホワイトの分析対象は市場の中でも、理想化された純粋な交換市場ではなく、生産市場、すなわち生産者たちが購買者の需要と生産コストを考慮しつつ、財を生産することにより利潤を得ようとする生産市場である。そのアプローチの特徴は、一言でいえば、市場を社会秩序としてみること、あるいは市場および市場におけるアクターの「埋め込み」を強調する点にある。このアプローチについてより具体的にみていくために、まずはホワイトの理論が市場という現実の社会現象のいかなる点を説明しようとしているのかを確認することからはじめよう。

1 市場の現象論

社会学的な観点から市場に接近する際に、まずホワイトが着目するのは市場におけるアクター（ここでは生産者たち）が実際に形成している社会秩序である。このような眼差しは、市場のアクターを現実から抽象して完全匿名かつ相互に影響を及ぼさない行為者としてモデルの前提におく、新古典派経済学のアプローチと鋭い対照をなしている。

現実の市場に目を向けてみると、そこにおける社会秩序がいくつかの特徴をもつことに気づく。たとえば、現実の市場における生産者たちは匿名多数であるどころか、通常は比較的少数でかつ具体的なアイデンティティをもった存在である。例として、自動車産業などを想起してみればよい。そこでは、トヨタ、ホンダ、日産、マツダ、スズキなどの比較的少数でかつ名前をもった企業が市場の大部分を形成している。さらに、こうした生産者たちは当然ながら、相互に影響を与えあう社会的関係のもとにある。それに加えて、彼らの社会秩序はある特徴をもつ。それは、各生産者の間で社会的に共有されたランクづけ、つまりハイアラーキーが成立しているということである。業界第一位とか業界第二位といった日常用語がこれを表している（これを社会学では地位階層制とよぶ）。最後に、オーソドックスな経済学の想定に反して、通常市場における企業は継続的に純利益をあげているようにみえる。このような少数かつアイデンティティをもった企業の形成するハイアラキカルな秩序がいかにして形成され、またどのような機能を果たすのかを説明することがホワイトの理論の第一の目的である。

さらに、ホワイトは市場がそこで扱う財や商品ごとに多様な姿をみせることに目を向ける。たとえば、自動車市場とファッション市場とでは、そこにおける社会秩序のあり方はかなり異なる。これに関連して、現実の市場では通常の経済学の前提とは異なり、規模に関する収穫逓増は常態的に生じている。つまり現実世界には、収穫逓減的な市場だけでなく、収穫逓増する市場も当たり前のものとして存在している。さらに、市場の中には高品質な財を生産する生産者ほどそれを低いコストで生産することができるという市場も存在する。これをホワイトは屈折収穫（perverse return）とよんでいる。このようにさまざまな相貌をみせる現実の市場の多様性を説明することがホワイトの理論の第二の目的となる。

2　社会秩序の原問題

それでは、このように市場として存在する現実の社会秩序はいったいどのようにして現れ、自らを維持し、そして変容していくのか。ホワイトの社会学理論では、社会秩序の成立には不確実性に対する対処が深く関わっている［White 1992; 2008］。とくに、社会的な秩序は不確実性を制御するための意味解釈や認知図式を獲得しようとする行為者たちの試みから生じてくる、というのがホワイトの理論的主張である。ただし、本章では彼の一般理論そのものには立ち入らず、そのような見方を市場という社会秩序に応用した場合にどのようなことがいえるのか、という点だけをみていくことにしよう。

市場において財を生産する人の立場になって考えてみよう。彼らの直面する最も重要な問題とはなんだろうか。それは、いったいどのような財を作ったら購買者は満足してくれるだろうか、売り上げを確保することができるだろうか、という問題だろう。では、こうした不確実な状況において生産者はなにを頼りにするだろうか。ここでもちろん、市場調査等によって購買者がなにを望んでいるかを知ろうとするかもしれない。しかし当然ながら、調査によって確実に購買者の選好を知ることはできない。むしろ生産者は自分と同じ立場にある人、つまり同業者のふるまいを参考にするはずである。彼らがどのような質の財をどの程度生産することでどれだけの利益をあげることができているか。それを手がかりにして自らの生産戦略を決めることが通常だろう。もっとも、これとして当然確実な方法ではないが、その際には試行錯誤を繰り返すことで徐々に自らの市場における立ち位置、「ニッチ」を見出していくはずである。このようにして、生産者たちの間で相互の位置関係について共有された認識に裏づけられた社会的地位階層制が成立していくわけである。

議論をまとめよう。ホワイトの理論では、市場における生産者たちの直面する原問題は、ナイト的不確実性の問題、つまり事前に計算して計画立てておくことが不可能な不確実性の問題である。そこで生産者たちの課題はこの根源的な不確実性をいかにして計算可能なリスクに縮減し、生産計画を画定するかという点にある。不確実性を縮減する認知の枠組みを認知図式とよぶとすると、こうした認知図式は社会的に構築される、というのがホワイトの主張である。つまり、認知図式は、同業生産者たちとの相互解釈と相互行為において形成されるというわけである。したがって、ホワイトにとって、市場を社会秩序としてみるということは、単に市場における行為者たちが具体的な社会関係に「埋め込ま」れているということを指摘するだけでなく、そのような社会的関係性によって形作られる認知図式が経済行為そのものを可能にしている、そのメカニズムを問うということをも意味しているのである。

三　ホワイトのW(y)モデルの概要

前節では、市場における生産者の認知図式が社会的に構築されるということ、つまり結果として生産者たちの共有する認知図式は、社会的秩序の表現でもあるということをみた。このことをより形式的に表現したのがホワイトのW(y)モデルである。

1　W(y)モデルの概要

W(y)モデルにおける最も重要な点は、市場プロファイルW(y)が認知図式でありかつ社会的関係の表現であるという二重性をもつということである。これはどういう意味だろうか。

まず認知図式としてのW(y)から始めよう。先に述べたようにホワイトの理論では、生産者たちはナイト的不確実性に直面して、この不確実性に対処すべく社会的に行為するとされている。この文脈で不確実性の縮減に成功する、すなわち市場という秩序が安定的に成り立っている状態というのは、自己の生産計画に対するリターンが前もって予測できるということ、つまり生産量yとすれば、その価値（売り上げ）Wを事前に知ることができるということだといえる。ホワイトの市場理論では、生産量とその価値との対応に関する安定的な期待が集合的

図4-1-1-a

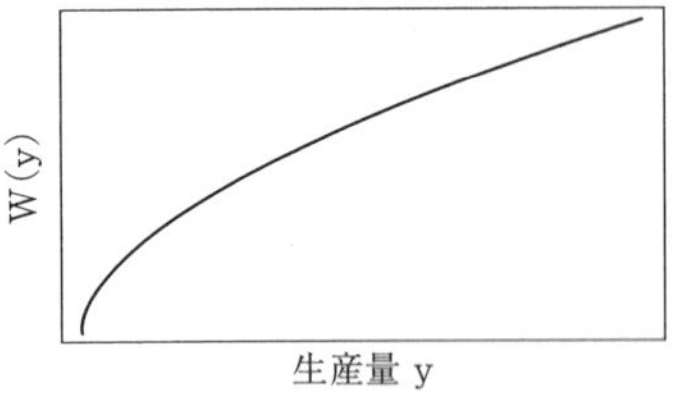

図4-1-1-b

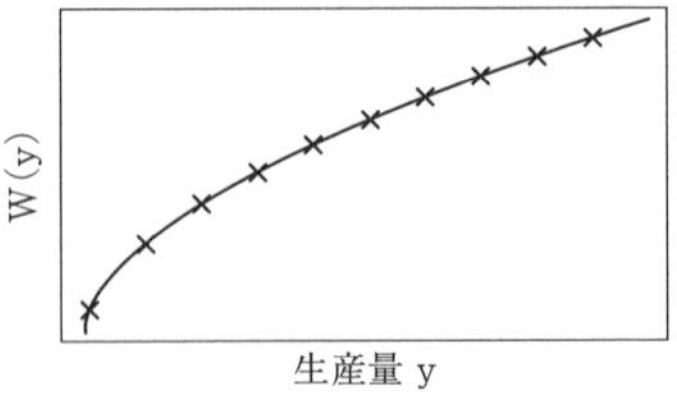

に成立している状況を市場プロファイルの成立として捉える。こうした市場プロファイルこそが関数W(y)の表現するところのものである。各企業にとってW(y)は、自己の生産戦略を定めるための手がかり、つまり自己の生産行為がどの程度の価値を生むかを予測するための図式となる。図4-1-1-aはこの図式を表現したもので、W(y)は生産量yに対して価値Wを対応づける関数となっている。このような図式を得ることで各企業は時期の生産量を考えるための土台を得ることができるというわけである。

これに加えて、ホワイトの市場理論ではW(y)は社会的関係、社会的秩序の表現でもある。別の言い方をするならば、このプロファイルの背後にはそれぞれ異なる生産量$y_1, y_2, \ldots y_n$を生産することで異なる売り上げ、異なる利益を得る序列化された企業群1, 2, … nが存在するのである。認知図式としてのW(y)は、こうした地位階層制をなす企業群の実際の生産行為の解釈によって生じる一種のヒューリスティックスである。このあたりの事情はひとまず、図4-1-1-bによって確認する方が分かりやすい。今、たとえば一〇人の生産者たちがそれぞれ異なった生産量を選択し、それがそれぞれ異なった価値を生み出すとすると、その個別の結果から背後にあるメカニズムとして次のような曲線をもつW(y)を推定することができるだろう。このようにして、W(y)は各生産者の行為とその解釈によって社会的に構築されるというわけである。

以上みてきたように、市場プロファイルW(y)が各生産者たちの認知図式であり、かつ社会秩序であるという二重性がこのモデルの特徴となる。認知図式としてのW(y)は、yという行為に結果Wを対応づける単純な関数である。多くの数理モデルでは、このような結果関数の構造は単に共有された知識としてモデルの前提とされることが多い。たとえば、囚人のジレンマでいえば、両者が協力したときの利得が最もよく、裏切りの場合に得られる利得が最も悪いということはプレイヤーたちの間で知られており、かつ知られていることもまた知られており（以下同様）、となっている。ホワイトのモデルでは、このような単純な結果関数の構造の成り立ちそれ自体を問うこと、かかる認知図式が生産者たちの間で社会的に共有され、共有知識となっていく社会的構築の過程を問うていることに特徴がある。そしてまたこのことは、認知図式としての W(y) には社会的秩序の様式が刻み込まれていること、つまり W(y) は社会的秩序の表現でもあるということを意味している。

では次に、W(y) が具体的にいかなる形態をとるか、また W(y) の形態はどのようにして決定されるのかという問題に移ろう。これについては、まず本節の残りで基本的な論理を確認し、次節でこれを定式化した数理モデルについて紹介することにする。

2　W(y) の形成メカニズム

W(y) の社会的構築の過程において注意すべき点は次の二点である。

（1）企業の生産行為を考えるためには、生産量 y の選択だけでなく、各企業のアイデンティティ n が重要である。具体的には企業のアイデンティティ n は生産物の質に関係する。

（2）W(y) は社会的秩序に埋め込まれているが、それはまたより大きな社会的文脈、すなわち供給者－生産者－購買者の社会的ネットワークに埋め込まれている。

（1）すでに述べたように、社会秩序としての W(y) の背後には異質な企業の群 1, …n が存在する。そして実はこれらの企業はそれぞれ異なる品質の商品を産出していると想定されている。たとえば、トヨタやホンダ、日産は同じく自動車業界に属しつつ、異なる品質の自動車を生産している。ところで、ホワイトのモデルでは、質についての変数もアイデンティティと同じくnで表される。これは、経済行為の文脈における生産者のアイデンティティとはその生産物の質だとの前提によるものである。そしていうまでもなく、個々の企業の売り上げは総生産量yのみならず、その企業の生産物の質nによっても左右される。これを生産行為の観点からいえば、各生産者は自らの生産物の質nおよび生産量yの関数としての売り上げWの最大化に従事する行為者として考えることができる。つまり、W(y)モデルにおいては、明示的には生産量を定める変数yによってのみWが定まるが、その背後には生産物の質という変数nが暗示的に組み込まれている。したがって、W(y)自体に明示的に現れる変数はyのみにすぎないが、その社会的構築過程で実質的な意味をもつのは、生産量yおよびその質nの2変数となるわけである。

なぜホワイトのモデルはこのような一見複雑な理論構成になっているのだろうか。なぜWを直接yとnの2変数関数として定式化しないのか。その理由は、彼のモデルが行為者の実際に用いている認知図式そのものを捉えるべく意図しているからである。この観点からみると、生産量yは集合的に観察可能な量、すなわち一種の共有知識に属するのに対し、生産物の質nは各企業にとっての私的情報であるという点で明確に異なる。自動車産業でいえば、同業の他者の生産量および売り上げは公的に開示された共有情報であるのに対して、各社の自動車の質——これは品質維持・向上技術やコスト削減技術の点からも、購買者の嗜好にいかに答えるかの方法の点からも定義できる——は、必ずしも公開情報ではなく、いわば「企業秘密」に属する。W(y)は社会的に共有された集合的認知図式である以上、共通に観察可能な量yのみに基づかなければならない。

この観察可能量yと潜在変数nとの対比は、シグナリング過程としての社会的構築というホワイトのアイデアと深く関係している。彼の理論では、生産量yと潜在変数nとは、シグナルするものとされるものとの関係にある。個々の生産者たちにとって本当に知りたいのは他者たちのnに関する情報、より正確にいえば他者たちとの比較における自らの質nの相対的位置づけである。この情報に基づいてはじめて個々の生産者たちが認知図式としてのW(y)を得ることができるからである。しかし、このnは行為者たちにとって観察不可能な変数なので、観察可能なものによって推測、解釈されなければならない。ここで観察可能なものとは生産量yのことであり、このyが質nのシグナルとして機能するわけである。かくして、生産者たちは自らの生産量をシグナルとして用い、また他者の生産量をシグナルとして解釈しつつ、試行錯誤的に行為調整を行なうことで市場秩序を実現していく。結局、観察可能な量はyのみであるので、結果として生じるプロファイルWはyのみの関数として表現されることになるわけである。

（2）　W(y)の埋め込まれているより大きな社会的文脈とは、あらかじめ述べておくと、

①生産者たちにとってのコストを定める生産財の供給者との関係
②生産物を評価する購買者の需要（満足）
③個々の生産者たちの間での「等価代替可能性」

の三つである。順番にみていこう。

W(y)の具体的形状を定める第一の要因は、生産者たちが供給者から購入する材料や中間財のコストである。ホワイトの理論では、コスト関数は生産者たちのアイデンティティを決めるひとつの主要因である（もうひとつの要因は以下で述べる購買者側からの評価である）。いいかえると、各生産者たちの資金、技術、設備、歴史、人的資本その他さまざまな理由によって生産者たちのコスト関数は異なる。このことを記号で表現するとC(y, n)と

書ける。この意味は、コストは企業の生産量y、および生産物の質、つまり生産者の能力nに依存するということである。しかし、nは生産者を示すインデックス、つまりはアイデンティティを表すものでもあるから、この関数は企業のアイデンティティnの差異によるコスト関数C(y)の変異を表していると読むこともできる。いいかえると、企業の能力はコスト関数の相違という形でモデル化されているわけである。

もうひとつの市場プロファイルを決定する要因は、購買者による生産物に対する評価である。購買者が生産物から引き出す満足度が生産者による生産を秩序づけるわけである。この満足関数をS(y, n)として表すことができる。ここでも注意したいのは、nは品質を表す変数であるとともに、財の生産者のアイデンティティを示すインデックスでもあるということである。つまり、こういうことだ。ホワイトの市場理論では、購買者は財の品質ごとに、異なる評価関数S(y)をもっている、とみることができる。たとえば、購買者のある満足の水準をaとしよう。もし生産者iの財を購入するならば、この満足水準に到達するためには、yだけの生産量を購買する必要があるとする。しかし、別の生産者jの財の場合には、同様の満足水準を得るために異なる量y'を購買しなければならないだろう。評価が品質によって差異化されているとはこういうことである。なお、ここでの購買者は平均化された一種の集合的購買者であることに注意しよう。

購買者の側から生じるもうひとつの重要な制約は、「等価な代替可能性」とよばれる原理である。先に述べたように、購買者が異なる品質の財から等価な満足を得るためには、異なる量を購入しなければならないが、その際の費用対満足はすべての品質の財において同一でなければならない。もしそうでなければ、最も費用対満足の高い生産物に需要が集中し、複数の生産者たちからなる市場は成立しなくなるであろう。別の言い方をすれば、市場秩序が成立している状態では、集合的購買者が各企業のそれぞれ異なる生産量と質の組み合わせ、$(y_1, 1)$、…(y_n, n)から同等の満足を引き出していなければならない。容易に分かるように、この制約は生産者たちの間の社会的関係性に対して強い制限としてはたらく。具体的には、市場プロファイル上における行為者たちの地位階層制、つまりその能力＝質ｎによる順序づけは、購買者の評価による生産物の順序づけと一致するような形をとらなければならないはずである。

四　ホワイトのW(y)モデルの数理的導出

さて、前節までの議論でいよいよW(y)の数理モデルを検討する準備が整った。市場プロファイルW(y)を形成する社会的文脈として、供給者の課す生産費、つまりコスト、および購買者の評価、のふたつがあり、加えて等価な代替可能性という計三つの制約が存在する。市場プロファイルの構築をモデル化するにはこれらの制約メカニズムをさらに操作化、パラメータ化して表現しなければならない。以下でこれについて順にみていこう。

1　コスト関数

ホワイトの数理モデルにおいては、コスト関数は次のような単純なコブダグラス型の関数で表すことができると仮定される。

$$C(y, n) = q \cdot y^c \cdot n^d \qquad (1)$$

ｑは単なる尺度パラメータである。コスト関数の性質を決定づけるパラメータは生産量ｙの指数ｃおよび質ｎの指数ｄである。たとえば、ｃ＞１ならば限界コストは生産量に応じて逓増し、逆にｃ＜１ならば限界コストは逓減する。ｃ＝１ならば限界コストはつねに一定である。質変数についても同様に、ｄの正負に応じて質の向上に対して限界コストが逓増か逓減か一定かが定まる。ただし、ここで再び注意したいのは、nは生産者のアイデンティティを表現する変数でもあるので、その指数は、コストの面からみた市場における生産者の性能のばらつきの多寡をも表現しているという点である。いずれにせよ、これらパラメータc、dが供給側の文脈、あるいは生産者の側の能力要因を操作的に表しているということがいえる。

2　満足関数

次に購買者の満足関数であるが、これも同様に次のようなコブダグラス型の関数で表現される。

$$S(y, n) = r \cdot y^{a} \cdot n^{b} \qquad (2)$$

ここでもrは尺度パラメータである。yは生産量であり、その指数aが量に関する限界満足のふるまいを規定する。またnは生産物の質であり、その指数bが質に関する限界満足のふるまいを決める。ただし、同様に注意しなければならないのは、nは生産者のアイデンティティを表し、その指数は購買者の評価からみた市場における生産者の性能のばらつきを表現するものでもあるということである。これらのパラメータa、bは消費者（購買者）の側の文脈を操作的に述べたものである。

ここでnについてこれまであいまいなままにしておいた問題に関して述べておこう。前に、ホワイトのモデルでは、nは生産者のアイデンティティを表すインデックスであるとともに、質を表す変数でもあると指摘した。ところがコスト関数と満足関数ではnは連続関数として扱われている。離散的なインデックスであったnを連続的に扱うとはどういうことだろうか。まずいえることはnが生産者たちの産み出す生産物の質の高低について整合的な順序を表現するのであれば、これを扱いやすいように連続的な変数として操作化することも許容されるだろうということである。ではnが整合的な順序を表現しているということについてはどのようにして正当化されるだろうか。これについては正当化というよりもむしろ議論の前提となっている。より具体的にはnが整合的な順序をなすといえるためには次のふたつの前提が必要である。

①生産者たちの間で生産者の能力に関する評価は一致しかつ線形である。

②生産者と購買者の間で生産者の能力と生産物の質に関する評価は整合的でなければならない。つまり、生産者の評価する順序と購買者の評価する順序が異なっていてはならない。

これらの前提が満たされている場合にはnを整合的な順序として扱い、さらには連続量として近似することも許容されるだろう。

3　等価な代替可能性

等価な代替可能性は購買者が各生産者について、費用対満足でみて同一となる取引を行なうことを要求する。したがって、ある能力nをもつ生産者の生産量yをy[n]と書くとすると（この表現はyがもつ潜在的な異質性を表している）、等価な代替可能性はθを用いて次の等式が満たされていることだということができる。

$$S(y[n], n) = \theta W(y[n]) \qquad (3)$$

これはそれぞれの品質において購買者が購入する満足とその費用が等しくなる、つまり比S/Wが等しくなるように生産物の価値、つまりWが定められなければならないという制約を表現している。

4　W(y)の導出

次の目標は以上の制約条件から市場プロファイルとなる関数W(y)を導出することである。ここでは代表的な企業nを選んで、そこからW(y)を導出するというアプローチが採用されている。具体的には先の三つの関係式および企業が利潤を最大化するという仮定から導かれる式を用いてW(y)を導く。ただし、W(y)は一意には定まらず、不定性が残ることになる。

ステップ1

それではまず、企業nの最適化行動から導かれる条件から始めよう。この企業はいかなる生産量yを選択するべきか。最適化行動の仮定にしたがえば、それは、収入とコストの差を最大化するようなyである。そのためには、収入を定める関数W(y)とコスト関数Cについて考え、WとCの傾きが等しくなるようなyを見つけ出せばよい（最大化のための付加的な条件については後述）。なお、ここでWの形状はいまだ明らかではない。しかし、この最適化の仮定からWについての制約式のひとつを導くことができる。

傾きが等しい点を求めるために、WとC（式(1)）をyで偏微分して等号で結ぶと次が得られる。

$$\frac{d}{dy}W(y)=\frac{\partial C}{\partial y} \qquad (4)$$

$$=cqy^{c-1}n^{d} \qquad (5)$$

ステップ2

ここから、W(y)はその導関数が（5）式の右辺の形をとるような関数であるということが特定できる。

次に、購買者の評価とプロファイルW(y)および等価な代替可能性の原理を用いて、nをyの関数の形に書き直す。これを式に代入して微分方程式を解けば、W(y)の具体的な形が求まるというわけである。具体的には式(2)と式(3)より、以下が得られる。

$$n=\left[\frac{\theta\cdot W(y)}{r\cdot y^{a}}\right]^{1/b} \qquad (6)$$

これはモデル内でのyのnに対する関係を表現している。

ステップ3

式(6)を先の微分方程式に代入して、これを解くと、

$$W(y)=\left\{\left[\frac{q\left(\frac{\theta}{r}\right)^{d/b}\left(1-\frac{d}{b}\right)}{1-\frac{ad}{cb}}\right]y^{a(c/a-d/b)}+k\right\}^{1/[1-(d/b)]} \qquad (7)$$

となる。こうして市場プロファイルを表す関数W(y)の具体的な形が定まった。

5　導出過程と式の解釈

いくつかのポイントについて復習しておこう。まずステップ1においては、通常の経済理論と同じく、ホワイトの市場理論においても企業は利潤を最大化すべく行動するという仮定が（少なくともこの段階では）用いられている。この仮定を通じて、コスト関数がWの形に一定の制約を課すわけである。ステップ2で用いられるのは購買者の側からの制約である。ここで注意したいのは、nとyの関係である。nをyの関数の形で書くということ

はつまり、生産量yの選択がその生産物の質nをシグナルするという関係を表現している。別の言葉でいえば、ここでの式展開が可能になるのは、yとnがシグナル関係を通じて相関しているからである。このことにより、最終的にW(y)からnが消去されることになるわけである。最後にステップ3において導かれた式(7)には積分定数kが現れている。つまり、市場プロファイルは不定なのである。具体的にどのようなプロファイルが現れるかは試行錯誤の歴史によるというのがホワイトの解釈であり、それゆえkは歴史定数ともよばれている。また、市場プロファイルにおいて注目すべきパラメータはa/cとb/dである。このふたつのパラメータは、供給者と購買者というふたつの文脈のあり方を表現している。いいかえると、これらは生産者の供給者および購買者との関係を表すパラメータであり、これらパラメータのあり方によって市場プロファイルの具体的な性質が定まるということになる。

W(y)の数理モデルの理論的含意をまとめよう。まずW(y)は企業の利潤最大化行動の基礎となる枠組みであるから、これは認知図式の役割を果たしている。このW(y)は市場における具体的なアイデンティティをもった生産者の総体（これがnによって表現されているところのもの）のふるまいを経由して得られるのだから、これは社会的構築物であり社会秩序の表現でもある。最後にW(y)の具体的なあり方は供給側と購買側との関係を表すパラメータによって規定されているので、W(y)の形成においてはより広い社会的文脈が重要である。

五　市場の分類論

以前述べたように、ホワイトのW(y)モデルは市場のリアリティ、市場の現象論から出発することを旨としている。前節では、W(y)モデルが、市場における生産者たちがナイト的不確実性に直面して、同業の他行為者のふるまいをシグナルとして手がかりにしつつ、認知図式を社会的に共有された形で構築していく過程、そしてその過程それ自体が供給者-生産者-購買者ネットワークというより広い社会的文脈に埋め込まれている様子についてモデル化を行なっていることをみてきた。では、市場の現象論におけるもうひとつのポイントとしての市場の多様性についてはいかにして説明可能だろうか。実はホワイトの理論では、この多様性はW(y)モデルの埋め込まれた社会的文脈によって定まる。つまり、W(y)モデルにおける社会的文脈を表すパラメータ、なかんずくa、b、c、dの変異によって現実の市場の多様性を説明することで、多様な市場の成り立ちをモデル化するというのが、この数理モデルのもうひとつの目的となる。

市場の多様性は、W(y)モデルを用いることで二次元のパラメータ平面上にマッピングすることができる（図4-1-2)。パラメータ平面の軸は、社会的文脈を表すパラメータのそれぞれの比、すなわちa/cとb/dである。これらは市場プロファイルの埋め込まれ方を表現しているので埋め込みパラメータともよばれている。パラメータ平面の解釈を与えるために、もう一度確認しておくと、aおよびcはそれぞれ購買者の量に関する指数、生産者の量に関する指数であった。ではこの比が一より小さいとはどういうことか。それは、当該市場において、生産量の増大によるコストの上がり方が購買者の需要の増進よりも急であるということを意味する。ということはつまり、生産量を増大することによる利益の獲得はどこかで天井を打つことになるということだ。同じことがbとdの関係にもいえる。両者はそれぞれ購買者の質に関する指数、生産者の質に関する指数を表しているので、この比が一より小さい場合、生産者の品質向上競争がある点でコストの増大によって歯止めをかけられる

図4-1-2

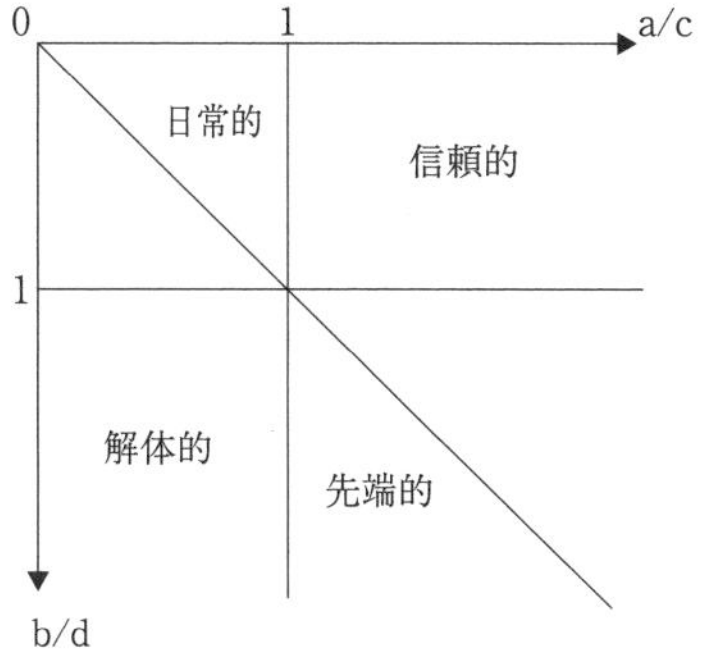

図4－1－3

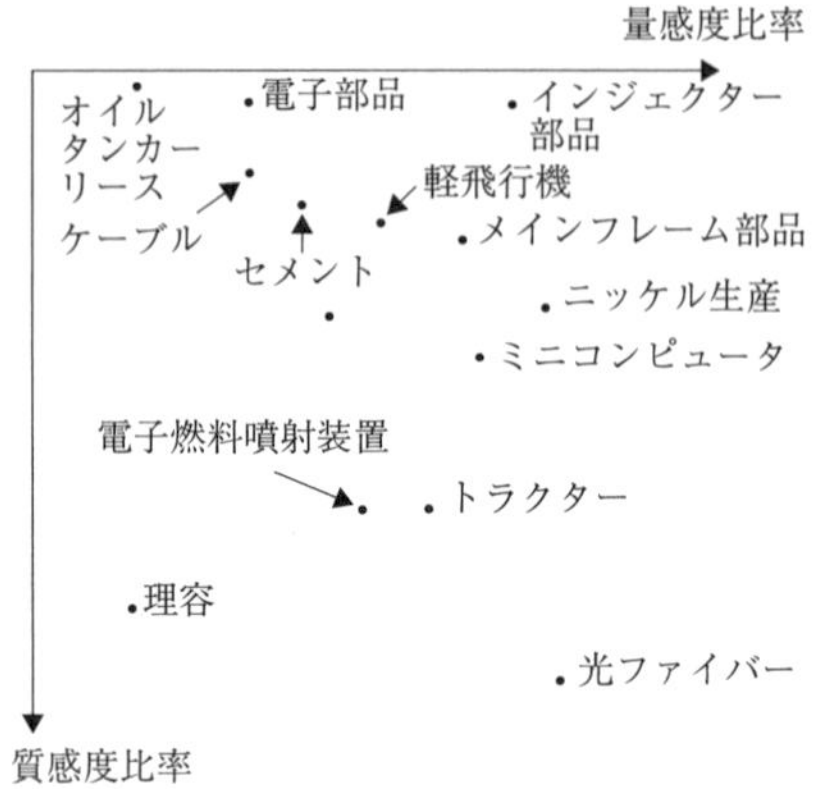

ということになる。

さて、ホワイトの議論によれば、市場プロファイルへの埋め込まれ方が市場の多様性を説明する。詳しく紹介することはできないが、ここでは最も対照的な領域、「日常的」と「先端的」についてだけ簡単に触れることにしよう。

ホワイトが「日常的」とよぶ領域でa/cもb/dも一より小さい領域のさらに対角線の右半分に相当する。対角線の右半分にあるということは、質のトレードオフよりも量のトレードオフの影響力が強い領域だということを意味する。この領域には量に関する収穫逓減が存在し、通常の経済学が扱う完全競争の世界に近い。これに対して、ホワイトが「先端的」とする領域はちょうどこの逆で、a/cもb/dも一より大きく、かつ対角線の左半分に位置する。ここはいわゆるホットマーケットであり、収穫逓増が生じており、革新も激しいとされる。ここで重要なのは、W(y)モデルでは、通常の新古典派理論とは異なり、このような市場も秩序としてその存立を許されるという点である。というのは、「先端的」の領域においても、一定の条件が満たされるならば、生産と売り上げを関係づける認知図式が成立し、またそれが企業間の社会的な競争関係によって維持されているからである。

それではこのような市場平面は経験的な市場の多様性をどの程度捉えることができているだろうか。ホワイトのモデルは売り上げや生産量等に関する市場データを用いることによるパラメータの推定を行なうことによって、現実の市場に適用可能となるように構築されている。やや古いデータになるが、その適用結果は図4－1－3のようにまとめられている。たとえば、セメント産業は通常の経済学の世界に近い「日常的」の領域に属するのに対し、当時の光ファイバー産業は収穫逓増的な「先端的」の領域に属しているということになる。

最後に、ホワイトの市場分類論の理論的意義について述べておきたい。その意義は、現実の市場の多様性を真剣に扱いつつ、なお統一的に捉えようと試みているという点にある。根底にあるメカニズムは同一であり、市場の埋め込まれ方の差異こそが現実に観察される多様性を説明するというわけである。より一般的にいえば、ホワイトの数理モデルは、変異を表現するパラメータをともなう潜在的な構造を提示することによって、市場現象の差異と同一性を統一的に把握し、市場の多様性を理論的に比較する視座を与えようとする試みであると解釈できる［cf. 瀧川 2013］。

結論

冒頭で述べたようにホワイトの経済社会学は後続する社会学者たちに決定的な影響を与え、一九八〇年代における新しい経済社会学の成立に大きく寄与した。ホワイトの理論が確立したパラダイムをもう一度まとめれば、次のようになるだろう。

第一に、市場や経済的行為の領域において、行為者たちによる意味づけや認知、解釈の要素を導入したこと。第二に、そうした認知図式が具体的な社会的関係性の中に「埋め込まれ」ることによって構築されるプロセスを強調したこと。そして第三に、かかる認知図式／社会秩序の多様性をより広い社会的文脈のヴァリエーションで説明すること。これらの要素は先にみたように後のグラノベッタによる「埋め込み」プログラムに簡易化されて組み込まれている。しかし、ホワイトのオリジナルな議論はグラノベッタのプログラム規定よりも理論的にはより価値があると思われる。というのは、ホワイトはこれらの要素を列挙しただけでなく、そのメカニズムを理論的に特定し、またフォーマルな形で定式化しているからである。

むろん、このようにいったからといって、ホワイトの理論が欠点から免れているというわけではない。たとえば、ホワイトの理論では、秩序形成の動的過程は実際のところモデル化されていない。他者の行為を試行錯誤的に解釈しつつ認知図式／社会秩序を作り上げていく動的プロセスが理論的には想定されているものの、実際にはこの部分の直接的なモデル化は行なわれておらず、むしろ試行錯誤が終了し均衡に到達した後の状態を、比較静学的に分析するにとどまっている。市場秩序の意味的構成のプロセスについては著作の後半において試論的に議論されているものの、その完成度はそれほど高くない。またより外在的な批判となるが、市場秩序を形成するより広い文脈として生産者や購買者以外のもの、典型的には政治や法制度の文脈が組み込まれていない。しかし、国家や法制度による市場の変異の検討は、とくに制度学派の影響を受けた経済社会学のメインテーマのひとつである［cf. Fligstein 2002］。

こうした問題点にもかかわらず、ホワイトによる市場の社会学は今なお、十分な検討に値する一級の理論的業績であるといえる。市場を社会的秩序として捉える独特の社会学的観点は、新古典派経済学をはじめとする現在の主流派理論には存在しない観点であり、新しい市場へのアプローチとして重要である。にもかかわらず、そのアプローチについて社会学の外部ではあまり知られていないし、最近の経済社会学も理論的体系化へと向かうベクトルをやや欠いている。ホワイトの市場理論の批判的発展を通して、この重要な学問領域がさらなる理論的進展を遂げることを期待したい。

参考文献

Burt, Ronald Stuart [1995＝2006] *Structural holes: The social structure of competition*, Harvard University Press. 安田雪訳『競争の社会的構造――構造的空隙の理論』新曜社。

Fligstein, Neil [2002] *The architecture of markets: An economic sociology of twenty-first-century capitalist societies*, Princeton: Princeton University Press.

Fligstein, Neil and Dauter, Luke [2007] "The sociology of markets." *Annual Review of Sociology*, 33, pp. 105-128.

Fligstein, Neil and Doug McAdam [2012] *A theory of fields*, Oxford University Press.

Granovetter, Mark [1985] "Economic action and social structure: the problem of embeddedness," *American journal of sociology*, pp. 481-510.

Granovetter, Mark [1995=1998] *Getting a job: A study of contacts and careers*, University of Chicago Press. 渡辺深訳『転職――ネットワークとキャリアの研究』ミネルヴァ書房。

Hannan, Michael T., and John Freeman [1993] *Organizational ecology*, Harvard University Press.

Hannan, Michael T., L. Pólos, and Glenn R. Carroll [2007] *Logics of organization theory: Audiences, codes, and ecologies*, Princeton University Press.

Powell, Walter W. and P. DiMaggio [1983] "The iron cage revisited: Institutional isomorphism and collective rationality in organizational fields," *American sociological review*, vol. 48, no. 2, pp. 147-160.

Uzzi, Brian [1996] "The sources and consequences of embeddedness for the economic performance of organizations: The network effect," *American sociological review*, pp. 674-698.

White, Harrison. Colyar [1981a] "Production markets as induced role structures," *Sociological Methodology*, 12, pp. 1-57.

White, Harrison. Colyar [1981b] "Where do markets come from?", *American journal of sociology*, pp. 517-547.

White, Harrison. Colyar [1992] *Identity and control: A structural theory of social action*, 1st ed., Princeton University Press.

White, Harrison. Colyar [2000] "Modeling discourse in and around markets," *Poetics*, vol. 27, no. 2, pp. 117-133.

White, Harrison. Colyar [2002] *Markets from networks: Socioeconomic models of production*, Princeton University Press.

White, Harrison. Colyar［2008］*Identity and control: How social formations emerge*, 2nd ed., Princeton University Press.
瀧川裕貴［2013］「知的感銘を与えうる理論とはどのような理論か」『ＵＰ』2月号、東京大学出版会、二二〜二七頁。

4－2

キーワード：明確化アプローチ、適応的慣習、慣習への順応

慣習

生活にどう役立つのか

吉野裕介

はじめに

われわれにとって慣習とは、どういう存在か。通常慣習（custom）とは、時に伝統（tradition）や習慣（habit）や慣例（convention）のかたちで、われわれの行動になんらかのガイドを与えるものだと言えるだろう。たとえば初めて葬式に出席したとき、どのような方法で死者への気持ちを表せばよいかを知らなくても、葬式に関する慣習にとりあえず従っておけば、その場のマナーから大きく逸脱しないで済ませることができる。なるほど一般にわれわれは、どのような行動を選択すればよいかわからないとき、ひとまず慣習に従っておくことで、選択肢にある程度のガイドを得られることがある。

しかしながら、慣習の存在は、しばしばわれわれの行動を大きく制約することがある。古い慣習のなかには、実行しようとすれば、困難がともなうものが少なくない。たとえば、たいていの日本人はしばしば盛大に、そして厳かに新年を祝う。しかし一方で、おせち料理など、古くから伝わる定形の儀礼を実行するには、こんにちではたいへんな手間がかかる。それをしない方が明らかによい場合でも、時に慣習は強制力を持つ。そうなると、われわれの行動を逸脱させないどころか、行為の選択の幅を狭め、メリットが減少し、結果として得する者が誰もいない状況が生じる。このように慣習は、われわれの生活に資するものである一方で、しばしばわれわれにとって不利益な事態も生じさせる。いったい慣習の存在を、われわれはどう考えればよいのか。

一九世紀の社会哲学者J・S・ミルは、早い時期から市場経済における慣習の機能を論じていた。彼によれば、慣習とは、古くは法律や政府が無いところでも、経済的な取引を成り立たせている重要な制度であった。そしてそれが競争市場と異なるのは、事実上取引によって価格が決定されるのではなく、前もって価格が決定されている点にある。「経済関係の諸状態の中には、競争がなんの役割をも演ぜず、取引の裁定者たるものは暴力か固定的なしきたり（＝慣習）であるという状態がある」［Mill 1848=1959-1963: 100］。ミルは、経済学においてひとつしかないと考えられている市場は、実際にはふたつあると考えている。それは、競争によって小売価格が決定されるような競争的市場と、慣習的に小売価格が決定されるような慣習的市場のふたつである［Mill 1848=1959-1963: 98］。ミルは、これらの相互作用を分析することが、経済学には必要だというのである。

二〇世紀の社会哲学者F・A・ハイエクもまた、自由主義社会における慣習の役割について思考を重ねた人物である。彼は、右記のミルと同じように競争と慣習との関係に着目し、競争を有効に機能させるためには、それを妨げる権力を除去しなければならないと考えた。「……〔社会の〕発展が起こりうるのは、伝統主義的な多数派が、競争に固有な新しい方法による実験を妨げてしまう伝統的な習慣や慣習を、あらゆる人に強制する権力として持たない場合だけである」[Hayek 1979: 76=2008: 108]。

ただし、ミルが権力と慣習が限りなくイコールだと考えたのに対し、ハイエクの想定では、競争過程が正常に機能するために、人びとの間で取引に関する合意たる慣習が必要となる。そのような合意とは、取引が繰り返されるなかで形成されてきた制度であり、競争が成り立つところでは、慣習に埋め込まれた知識の発見プロセスが存在する。こうして慣習と競争との関係性の捉え方は、両者によって相違を見せる。すなわち、ミルが競争に対し慣習の存在を対抗的なものと考えているのに対し、ハイエクは補完的なものと想定するのである。

彼らの議論に見るように、慣習とはなにか、そしてそれがどのような役割を果たすのかに関しては、これまでも経済学者によって長年議論されてきた。学問的に慣習を扱う場合の困難は、そもそも慣習が、文化的な文脈と密接に関係していることにある。たとえば、経済学で慣習を扱う時、それを経済学で分析可能な対象とみなすのか、それとも文化の範囲だとみなして分析の対象外とみなすのかによって、得られる知見が大きく異なる。いったい、われわれは経済学もしくは社会科学をもって、どのように慣習を捉えることが可能なのか。

こうした議論を洗練させ、経済学における慣習論について包括的な研究を残したのが、ドイツを中心に活躍する経済学者、エックハルト・シュリヒト（1945-）である。彼は主著『経済における慣習』[Schlicht 1998] において、社会科学における慣習の役割について、過去の学説の丹念な検討を基礎に、包括的な議論を展開した。また、二〇〇二年には、同書の発刊を記念したシンポジウムが催され、方法論研究で著名なウスカリ・マキを中心に組織された参加メンバーによるコメントが寄せられ、活発な議論がなされた。その様子は、雑誌 *American Journal of Economics & Sociology* の二〇〇二年第六一巻第二号に特集されている通りである[Antonides 2002]；[Blaug 2002]；[Groenewegen 2002]；[Klaes 2002]；[Maki and Moss 2002]；[Schlicht 2002]；[Vromen 2002]；[Wagner 2002]。（1）

こうしたことから、同書の詳細な検討により、経済思想のアプローチから慣習の存在やその機能を捉え直すことができるだろう。そこで本章では、検討すべき問いを「慣習はわれわれの生活にどう役立つのか」と設定し、シュリヒトの主張に大きく依拠しつつ、回答を探ることにしよう。考察の手順は次のようになる。次の第一節において、シュリヒトの議論によりながら「慣習」について、いくつかの重要なトピックを中心に吟味する。第二節では、慣習がなにを説明できるのか、その射程について示したい。第三節では、シュリヒトの慣習論への指摘と本人の応答も取り上げる。結論で本章の問いについて検討し、結論としたい。

一　「慣習」の性質

1　慣習とはなにか

慣習とは、社会的・経済的な人びとの相互作用のベースになる制度であり、より広い意味では、「人びとの生活を自立的に維持していくために必要なシステム」とひとまず定義できる。それを扱う理論は、成長のための外的で道具的な理由だけを求めるという意味で「経済的」なものでも、慣習からもたらされる認知や感情の規則性を排他的に強調するという意味で「文化的」なものでもないことが求められる。本書が強調するのは、「人間の基礎的な認知や情動や行為の傾向」を扱う心理学的アプローチである。したがって慣習とは人びとの生活のすべてにわたる領域で、習慣や確信など、情緒や行動に影響を与えるものとして存在している。また慣習は、われわれの社会において、経済的・社会的・文化的な現象の相互作用に浸透している。人びとに働く慣習が個人に与える影響は、彼らが属す社会システムを通じて普及していく。このことは、人びとの行為に影響を及ぼすある慣習が、同じ社会や文化を共有する他の人びとの行為に対して自然に、つまり人びとが意識しないかたちで作用することを意味する。

一九世紀後半に活躍した経済学者、アルフレッド・マーシャルは、慣習を「いつの時代も、深くそして支配的な影響」を持ってきたものだと考えていた。ただし社会学者は、社会的な調整のための慣習の優位性は、「効果的な規範が強固な形の社会資本をつくる」ことにあると考えてきたが、経済学者は、「慣習の支配」を「生産の方法や生産者の特徴を、自ら発展させるのを邪魔する」ものとして捉えてきた。しかし、「いかに慣習が作られるか、そしてそれらが行為にいかに影響するか」の考察が必要だと主張する［Schlicht 1998: 1］。

社会にくまなくはりめぐらされた慣習は、われわれの生活を補完する制度としての側面を持つ。社会には法や制度が存在するが、いかなる社会においても、それらは「虚空の中に突如として存在するのではなく、過去から受け継がれた行為の傾性や合法的な見解に基づいた」ものだ［Schlicht 1998: 13］。しかし歴史に基づいた前提だけでは脆弱であるから、慣習は生まれない。そこに人びとによる行為の繰り返しが加わって、初めて慣習は成立するのである。

われわれの行為になんらかの影響を与えうる社会的な制度のなかには、個人的な行為の繰り返しを示す「ルーティン」や「習慣」や文化的な強制力をともなう「しきたり」など、さまざまなものが存在するが、それらはすべて異なる形態をとる慣習である［Schlicht 1998: 1］。とりわけ「慣行（convention）」は、慣習の特別な形態として位置づけられる。すなわち、個人的な行為としての慣行は、慣習の自己維持的なシステム、つまり慣習を安定づけるような制度として解釈される［Schlicht 1998: 155］。この一例として、所有権制度が挙げられる。これらの慣習のバリエーションはすべて、諸個人間の相互作用から生まれた。しかしこのことは、慣習があるパタンをたまたま示した個人的行為の集まりだということを意味するのではない。これまでの学説では、「個人が直面する慣習的な実践の『客観的』な性質の説明」を欠いていた［Schlicht 1998: 13］。われわれの社会では、慣習がそれこそ「網の目」のように張りめぐらされているが、これに関する客観的な説明が、慣習の理論には必要なのである。

2　権利と義務

慣習は、権利（entitlements）と義務（obligations）との関係から検討することができる。そこで慣習は、市場において人間の判断や認知の補助的機能を持つと考えられていて、つねに人びとの行動の「補完的な役割」を果たしている［Schlicht 1998: 22-23］。慣習とは、具体的に、なにをどのように補完しているのか。そこで、権利と義務について、慣習と法という側面から検討してみよう。

市場で経済取引が行なわれるとき、そこでは経済合理的な人間が経済計算を行なっているだけでなく、慣習の影響を受けた人間が行為を決断している。慣習が作用する法的な行為は、経済行為とともに存在する。つまり、所有と交換に基づく市場システムとは、慣習的な権利と義務に依拠した一連の制度を意味する。したがって市場システムは、「社会的な相互作用が、権利と義務のシステムによって組織される現象」として理解されるのである。

また慣習は、権利と義務の最初の、かつもっとも重要な起源として理解されている。権利と義務を基礎として、諸個人が慣習的な方法で行為することを認識し、自分とおなじやり方が他人に認められているときに、他人からの要求をより快く受け入れる。こうして、自分たちの経済行為がつねに権利と義務に基づいているという予測が、さらに人びとの経済行為を慣習として支えるという構造が生まれる。つまり、権利と義務という慣習を基礎とした経済的な行為が、また慣習を強化する。したがって、権利と義務－行為－慣習は再帰的な構造にある［Schlicht 1998: 25］。

さらに、こうした権利と義務を基礎とした市場システムにおいて経済活動が成立するうえで、重要な制度だと考えられるのが、法や規範である。法はいくつかの経路で、こうしたシステム全体の形成に貢献している。その重要な場面は、法によって「処罰（sanctions）」が課される場合である。そもそも、法の存在それ自体は、権利と義務が人びとに受け入れられ、円滑に履行されるうえではほとんど役立たないものである。つまり、人びとが法を遵守しようという相互の合意があって初めて、法は社会制度として成立しうる。だから法は、法に従おうという一般的な雰囲気のなかでのみ、権利や義務のシステムに影響をおよぼす。逆に言えば、法に従わなかったときには、われわれは確かな処罰を受ける。こうした共通認識があることで、法は市場システムで機能する権利と義務のベースとなるシステムを構成する。

そして規範（norms）も、権利と義務に深く関わっている。このことは、社会的な規範の経済的重要性が公平性から示されるときには、より明確になる［Schlicht 1998: 34］。たとえば、公平性の認識が行為に影響をおよぼすときには、慣習によって作り出された公平性の基準が行為に反映されることがある。このことは、ある人が平等を重視する価値観を持つとき、その行為を通じて、平等を実現する慣習が世に普及することを意味する。具体的に、経済的に豊かな人間とそうでない人間が食事を共にするときを考えてみよう。豊かな方の人間が、食事への支出は経済的に平等になされるべきだという価値観を持っているならば、彼はより多くの金額を進んで支払うだろう。さらにこの行為は、経済的な平等という価値観の反映として、収入に応じた支払いをすべきだという規範の形成を導くだろう。

3　慣習への「順応」

著者は、「従来のアプローチ」にも依拠しつつ、慣習の発生のプロセスについて「客観的な」説明を試みている。なかでも特徴的なのは「順応（conformity）」という概念である。これは、慣習の影響を受けて個人が行動をどう変更させるのかに関する客観的な分析であり、個人の心理に関する問題ではない。たとえば、もしある人がどう扱ってよいのかわからない道具を使いたい時には、まずはそれを扱うことに長けた職人の使用方法をまねようとするだろう。達人は道具の良い扱い方を探求しており、その方法をまねることは、当人にとってはより便利かつ効率的な方法を習得することに他ならない。そこで道具の適切な使用法という慣行に従うことで、それまで自分が保有していた慣習的なやり方は修正される。ここで起きている個人の行為の変更が、「順応」である。これは、慣習論の見地から言えば、社会システムに存在する客観的に観察可能な現象として、「他人に影響を与えやすい戦略」として理解される。

ある行為が慣習となるのは、個人によってそれが繰り返されるときである。行為の反復の結果として形成された慣習は、肉体的行為に限らず、精神的なプロセスも含むため、「慣習とは習慣的、感情的、認知的要素の複合物」であり、本来容易には分けられるものではない［Schlicht 1998: 34］。別の観点から言えば、慣習とは、過去に獲得された行為を継続して行なうことであるから、精神的な保守主義とも深く関係していると考えられる［Schlicht 1998: 42］。各個人は、他人の意図を予測して行動した方がよいし、保守主義を成立させるための要求を相互に満たそうとすることで、慣習の重要性がより高まるだろう。

保守主義的行動をとることはいくつかの意味で有用である。まずひとつは、意思決定のコストを減らすことができる点、さらに「認知的不協和」をできるだけ避けられる点である。もしある人間が同じ状況でふたつの違うやり方に直面した場合、保守的な選択のほうが他よりもより適切だと信じることがある。保守主義の側面から見た「順応」の説明を見ておこう。「保守主義は、過去に起きた事象が継続される傾向があるが、順応とは、パタンとして観察できるものが継続される傾向がある」［Schlicht 1998: 15］。人びとは、属する集団で採用されているパタンを継続して実行しようとするが、それが慣習の機能としての「順応」を意味する。

保守主義の具体的な適用として重要なのは、「順応」が集団で起こるときのプロセスについてである。新しい技術の採用は、ある点を越えた時点で急速に、そして爆発的に拡大する。これも「クリティカル・マス」と呼ぶ[Schlicht 1998: 43]。「クリティカル・マス」とは、それを越えると急に人びとにある技術や方法が普及していく分岐点を意味する。そして結果として人びとの共通の制度となるのである。

これは、近年では「キャズム」理論として経営学などで用いられている議論と同様である[Moore 2006=2009]。それによれば、イノベーターによって生み出された新たな技術は、「アーリーアダプター」と呼ばれる「新しもの好き」の人間によって徐々に広まり、ある点を越えた時点で爆発的に普及する。この点を「キャズム（溝）」と呼ぶ。たとえば、現在のスマートフォンは、携帯電話保有者の半数以上が使用しており、急速に衰退している従来の携帯電話（フィーチャーフォン）とは対照的に、「キャズムを越えた」技術だと言えるだろう。こうした「キャズム」と同様に、慣習論におけるクリティカル・マスは、徐々に広まってきた慣習が、ある点を越えると人びとに急速に普及し、広く受け入れられた行動規範として定着することを意味する。

本来「保守主義的な行動」とは、人びとが、属する社会や文化で共有されてきた従来の行動を維持しようとし、新しい行動を取り入れることに抵抗を示す行動パタンを指す。これは、環境や条件が変わったとき、通常なら行為を変化させようとするインセンティブが働くところでも、保守主義的な行動をとる人びとは、変化に抵抗しながら、ゆっくりとしか順応しないことを意味する。先の「キャズム」理論では、これは「レイトマジョリティ」と呼ばれる追随的な行動をとりがちな人びとを指す。一方で、「アーリーアダプター」のような新しい行為規範であっても比較的柔軟に受け入れるような人びとや、ある程度クリティカル・マスを越えたような慣習が存在するケースにおいては、多くの人びとが行為の変更を受け入れるであろう。

二　「慣習」の射程

1　「適応的」慣習

前節で扱った「順応」は、たんに慣習の変更のことを意味したが、「適応」は、慣習が機能する際に、行動が選別されることを意味するから、個人の心理的な働きも含むものである。そこで、個人の慣習に人びとが従うことを意味する「適応」に注目することで、人びとの行為が慣習のはたらきを通じて、どのように心理や行為を変化させるのかを論じることができる。ある人の行為にとって、慣習的な規則性とは、ルール認識や学習に関係し、規則性の選好や認知、情動、行為をつなぐ一貫性への要望として知覚される。慣習が人びとの行動を変更しうる強制力を持つとき、人びとが属する社会の持つ慣習の「強化」機能が働いていると理解される。このため文化には、慣習への強制力を強める働きがある。たとえば女子大学生は、卒業後の進路を決めるとき、たんに経済的な問題からだけではなく、「専業主婦願望」や「地元志向」といった慣習に大きな影響を受けることがある。そこに、家父長制や男尊女卑など、文化の持つ（時に不可視的な）強制力が機能しているさまを見ることも可能である。

実際に「適応」が起きるとき、人びとの行動がどのように変化するのかは、「侵食（erosion）」として説明されている。慣習が現実にある程度の実行力を持って機能するとき、そこに人びとの行動の変化・修正が起きる。慣習が人びとの生活に大きく関わり、行動を修正させることを、「侵食」と呼ぶ。一般的に十分に広まった慣習は、文化的な背景として、人びとの行動に入り込む。これは、慣習があいまいであるからこそ可能になる。慣習があいまいで漠然としているがゆえに、そこに「柔軟さ」が存在し、「侵食」が可能な余地が生じているとみなすことができる［Schlicht 1998: 58］。

ここで、慣習がどの程度利己的行動に「侵食」しているかを見てみよう。これについて、タクシードライバーの例から考えてみたい［Schlicht 1998: 59］。人びとの行動が経済合理的であると考えられるとき、ドライバーは少しでも多くのチップを要求するし、乗客は少しでも安い運賃を望む。しかし、そこに慣習的なチップの金額の基準が存在すれば、乗客はドライバーの要求するチップが法外でないことを知る。したがって、ドライバーが過度なチップを要求するときには、乗客はそれを払わないことを選択できる。もし乗客が払ったチップがまともな金額でなく、そのことに疑念を持った場合は、今後は低いチップで済ませようとするだろう。このように慣習は、心理的・文化的な条件での行動だけでなく、経済合理的な行動をとろうとする場面でも機能することがある。

さらに、ここで「適応」とは、人びとがある慣習をどのようなプロセスで受け入れるのか、という問題に関しても視座を提供する。これについて、「クリティカル・マス」を再び取り上げよう。従来のアプローチは、「ネットワーク外部性」や「経路依存性」に注目しすぎるあまり、あいまいさが慣習を「侵食」に対して適応的で、かつ「侵食」が可能な程度に脆弱なものにしていることを考慮していない。あいまいな慣習とは、人びとの慣習の変更に対して常に開かれていることを意味する。しかし、従来のアプローチによれば、そうした容易な行為の変更や修正が考慮されず、時間の経過と共に一定のプロセスを経て発展し、普及してきたと機械的に説明されている。このような分析は、慣習が持つ特性のごく一部に過ぎないのだ。

慣習が「適応」として広まるときの実例を見れば、こうした従来のアプローチでは不十分であることがさらにわかるだろう。次のふたつの例から考えてみたい。まず、カースト制度についてである。これは、一見たいへんに非合理的なシステムであるが、実際にこんにちまで維持されている。これを慣習論から捉えると、カーストごとの「分業（division of labor）」が慣習によって維持されていると言える［Schlicht 1998: 63］。カースト制度を外側から見れば、それを差別的だと捉えることも可能だが、労働があてがわれたカースト内部では、人びとは決して排除された存在ではない。人びとは適応的な慣習の存在により、労働をし、生きることが可能となっている。これは、「全体としては非効率で、それでもなお再生産される適応的な自己維持的慣習のモデル」[Schlicht 1998: 63] のひとつである。

次に示唆的であるのは、QWERTYキーボードの例である。通常経路依存性を重視する説明では、タイプライターに偶然並べたキーボードの並び方をみなが覚え、そうしたやり方が伝播することで、QWERTYキーボードは現在のように普及した。それが効率的かどうかは行為の決定に関係がなく、ある選択は、経路依存的に決まってきたのだと言う。しかしながら、QWERTYキーボードが実際には非効率なものではないことを示す研究もある。このため実際には、最適なものへの「適応」として広まった慣習だという見方も考えられる。適応的な慣習は、よりよいものへと対応するなかで生まれるが、十全な柔軟性に基づいた慣習の解釈を妨げるような、レイアウトの厳格さや非効率さもある [Schlicht 1998: 67]。

こうして、これらのふたつの例からわかることは、慣習をただ経路依存性からだけでなく、経済的な効率への適応の蓄積として捉えるという視点の重要性である。「適応」を検討するアプローチは、従来的なプロセスだけに注目するのではなく、慣習が普及する際に起こる事象の、より多角的な分析を可能にする。

2　「明確化」によるアプローチ

「明確化 (clarification)」によるアプローチは、シュリヒトの目指す新しい慣習論であり、際立った貢献だと考えられる。著者は、これを提示することで、これからの慣習論が、どのような論法に基づくべきなのかという自らの方法論的立場を主張している。それでは、従来のアプローチのどこが問題なのか。

一般に、これまでの慣習論では、個人の認知や情緒や行為の機能を中心に慣習の理論を検討する「道具主義的アプローチ」が採られることが多かった。だが、このような方法は、しばしば慣習の非道具主義的側面を軽視するという欠点がある。慣習の機能だけに注目していては、社会全体の分析として不十分である。たとえば、右側通行という慣習は、多くの人が右側を通行していくうちに、それに従うやり方が徐々に広まって形成された。あるいは、こうした慣習を取り入れた政府が右側通行という法律を制定し、その結果として定着した。しかしながら、このようなある慣習に従うのは、それに従うメリットがあるからだとみなす経路依存性による説明だけでは、ある人にとり損害の大きいルールに従う事態がなぜ生じるのかを解明できない。慣習はすべての社会的・経済的行為の基本にあるのだから、単純な道具主義的説明、つまりその機能がどこにあるか、メリットはなにかを考える以外にも、慣習的なルールに従う問題を多角的な視点から説明することが有効である［Schlicht 1998: 2］。

このために望ましいアプローチは、「明確化」という方法である。これは、慣習の「可視化」とも言い換えられるだろう。先に紹介したように、われわれの社会には、目に見えないさまざまな慣習が網の目のように張りめぐらされて、それぞれが異なる機能を果たし、人びとの行動に影響を与えている。慣習を扱う社会理論の意義のひとつは、人びとにとっては目に見えないこうした慣習の存在を、意図的に明確なものにし、そのことで、慣習がわれわれの生活や社会に及ぼす機能を浮かび上がらせることに意味がある［Schlicht 1998: 72］。

では慣習論において「明確化」とは、どのように分析可能なのか。そのひとつが、前述の「適応」への注目である。適応が生じるときの状態を考察することで、ある個人がいかにしてある行動を選び、それを正しいものと認識するかという、行動のある側面を明らかにできる。もしある人間が、ひとつの行動を選びとり、かれが企図したように行動することで、意図と行為とが一貫していることを目指したとしよう。そこで「明確化」のアプローチを採ることで、慣習に影響を受けた行動を選びとるときに生じる、行動の修正や変更といった個人が直面する心理的な「労苦」を発見できる。

これについて具体的に、買い物をする時の状況から考えてみよう。ある人が靴を買うのは、単に外を歩きたいから靴を買ったという説明も可能である。しかし、なぜそこで下駄を買わなかったのか、なぜスニーカーではなく革靴を買ったのかという心理を慣習の側面からも明らかにすることで、個人が直面する選択の「難しさ」を明らかにできる。たとえば、アスファルトを歩くのには靴が優れているし、ビジネスパーソンは革靴を履くことで、フォーマルな印象を抱かせることができる。これらはすべて、慣習の明確化を意味する。当然、ある個人が行動を選ぶとき、抱いている心理状態と結果としての行為が常に一致するとは限らず、ずれが生じることもある。しかし、そこにどんな慣習が機能しているかが説明されることは、心理的なプロセスを考慮できるために、メリットを持つ。

「明確化」のアプローチは、慣習の存在や機能を可視化するだけでなく、慣習が機能する際の人びとの心理的なプロセスをも明らかにする。そもそも慣習とは、自分の行動を他人の行為や確信や感情とすり合わせようとする機能を持つ。そこで起きる心理的なプロセスが、「明確化」である。これは、慣習論の射程が、人間行為の認知の問題に制限されるものではないことを意味する。慣習が社会における常識として機能するとき、われわれが日常生活のなかで出くわす個人レベルの認知にも影響する。こうして見ると、たとえばクラインの壺やメビウスの輪のような人びとの認知で起こる心理的な錯覚も、慣習の機能のひとつとみなすことができる。人間の持つこうした認知の機能、言い換えると個人のパタン認識や、行為の繰り返しであるルーティンは、自動的に知覚された規則性を意味し、これは「明確化」のプロセスを意味する［Schlicht 1998: 2］。

したがって、慣習論における「明確化」を扱うアプローチは、心理学に基づくことも含むが、それは全面的に外的な還元主義を採ることを意味しない。むしろ、慣習論に心理学的な「明確化」を取り入れるとは、人間の心理と行動との間の「一貫性」を関連づけて論じることを指す［Schlicht 1998: 28］。心理学的アプローチに依存しすぎることなく、慣習の目的やその対象をさまざまな視点から明らかにし、その人間の心理と行為への影響の双方の側面を論じること、これが著者の主張する「明確化」アプローチに基づく慣習論である。

さらに、このアプローチの特徴のひとつとして、「剛性（rigidity）」が挙げられる。これは、条件がある程度変化しても一貫性があるものとしてみなされる状態を言う［Schlicht 1998: 69］。保守主義の箇所でも論じたように、慣習は前になされていたやり方が維持されることを意味するから、慣習が「剛性」を備えていることとは、それ自体が維持され条件が不変であることを指す。慣習は、どのようにも変化するという意味で完全に適応的なものではなく、変わらない部分もあるという意味で、剛性は重要である［Schlicht 1998: 70］。仮に剛性がなければ、適応的な慣習は、外的な諸力によって、やがてかたちを変えられてしまうだろう。

心理学的なアプローチに注目すれば、人間の精神が持つ「明確化」の作用は、とりわけ重要である。たとえば、錯覚を生じさせる図形であっても、見方を変えたり、気づきを得ることで、本来の図形を正確に捉えられる場合がある。「『明確化』の行為を含む精神のプロセスは、知覚と記憶の多くの『歪み』を説明する」のである［Schlicht 1998: 75］。こうした「自発的な明確化」は人間の精神に備わった機能であり、慣習論においても重要性を持つ。人間の持つこうした「明確化」に貢献する機能は、基本的に文化に依存しない機能として知覚されなければならない［Schlicht 1998: 75］。つまり、どんな文化に属する人間も、明確化に関するこうした心理的な作用を機能させることは可能である。人間の精神が持つ「明確化」の機能は、人間精神のハードウェア的（先天的）なものであって、ソフトウェア的（後天的）なものではない［Schlicht 1998: 77］。

3　ハイエクのルール論に対する批判

同書の後半部分の法理論の章では、慣習論をめぐるハイエクのルール論に批判が加えられている［Schlicht

1998: 200-202]。著者のルールと慣習との関係に関する洞察がよく示されていると考えられるので、以下にこれについて吟味しよう。

ここでのハイエク批判の一点目は、ルールの持つ両義性についてである。「人間が成功するのは、自分が実際に守っているルールがなぜ守られるべきであるかという理由を知っているからでも、言葉で言明できるからでもな」い、というハイエクのフレーズ［Hayek 1973: 11=2007: 19］を参照し、「ルールの概念を不特定のままにすることで、そして最初にルールの形成に導かれる心理的な緊要性を無視することで、その議論は、非効率性をかんたんに処理できなくなっている」［Schlicht 1998: 201］と指摘している。たしかにハイエクは、市場経済が発達する過程において、人間が無意識にルールに従ってきたことで、過去の経験を知らずに利用可能であったというポジティブな側面を強調した。著者によれば、ハイエクのルール論は、ルールの効率性に注目しすぎるあまり、その非効率性を視野に入れていない。

二点目の批判は、理性の持つ働きについてである。ハイエクは先の引用に続けて、人間が成功する理由は、「人間の思考や行為が生活している社会のなかでの淘汰の過程を通じて進化を遂げ、かくして数世代の経験の所産となっているルールによって支配されているから」［Hayek 1973: 11=2007: 19］だと述べる。ハイエクの進化論的アプローチは、社会が目指すべき目標がなんであるかを誰も知りえず、進化過程のなかで個々の行動が修正されていくだけである。このため、かれの論理は、どの行動が正解かを誰も知りえない点で、不可知論的な側面を持つが、著者はこれを「進化論的不可知論（Evolutionary agnosticism）」と名づけている。

こうした論法に対する批判として、「完全なルールの不在のなかで判定されなければならない調停に関する問題を、［つねに］成功裡に扱うことはできない」［Schlicht 1998: 201］という指摘がなされている。著者によれば、理性の働きはすべて否定されるわけではなく、あくまで理性的な行動決定の基礎や補助として慣習が存在する。

ハイエクは、慣習としてのルールの存在によって、人びとが行動決定できると考えた。一方でシュリヒトは、慣習の機能を理性的な行動のベースと位置づける。そこで理性的行動が機能する余地を否定すれば、慣習が機能する余地もまたなくなってしまうのである。

三　慣習論をめぐって

こうしたシュリヒトの慣習論には、いくつか批判が寄せられている。ここでは、そのなかでも代表的なものを取り上げ、慣習論の方向性を一考してみたい。シュリヒトに向けられたもっとも本質的な批判は、ブラウグによる冒頭で紹介したシンポジウムでのコメントである。

かれは、シュリヒトの議論に概ね賛同しつつも、人間の行動における慣習が果たす強制的な力を「権利」と「義務」の二分法で捉えることの限界を述べ、「信頼」という概念が登場しないことを指摘する［Blaug 2002: 505］。なるほどシュリヒトは、経済取引を言わば市場と慣習が一緒に機能する制度だと考えており、そのなかには「信頼」が所与のものとして扱われている［Schlicht 1998: 3］。しかし、市場経済において「信頼」がどう成立するかは、慣習がどう機能するかと同じように重要な問題であろう(2)。われわれのひとつひとつの行為がどのような制度を前提として成立するかは、その制度がたんに慣習的に機能するだけでなく、その制度に対するコミットメントを必要とするからだ。

これに対してシュリヒトは、ブラウグの指摘を概ね受容し、私的な信頼ではなく「匿名の信頼」に関する分析が必要であることを示す［Schlicht 2002: 572］。かれの指摘によれば、匿名の慣習が生まれるのは市場システムの結果である。にもかかわらず、これまでのアプローチは、市場システムが利己心を増幅させ、信頼を侵食してきたとみなしてきた。しかし、企業組織や分業体制は、経済取引が成立する上での慣習的な制度のベースになっている側面も持つ。シュリヒトの反論では、慣習が成立するためには、社会的な信頼もまた必要だという知見は、同書では明示的には論じられていないものの、前提として置かれていることだという。

さらに、クリュグは、ひとくちに慣習といっても機能や存在の面でさまざまな段階や側面があるにもかかわらず、シュリヒトがそれを区別せず、一様に取り扱う点で不満を抱く［Krug 2002: 557-559］。たとえば慣習には、行為のルーティンのように、個人レベルで働くものもあれば、より「制度化された」法のような慣習もある。クリュグはこれを慣習の「階層（hierarchy）」と呼び、各々のレベルに合わせた分析アプローチが関連づけられる必要があると主張する。

ヴローメンによる批判は、シュリヒトの慣習論にゲーム理論的アプローチが欠けていることを指摘したものだ［Vromen 2002］。なるほどたとえばゲーム理論の研究者である松井と奥野による研究［Matsui and Okuno-Fujiwara 2002］に見られるように、個人の選好に慣習がどのように機能するかを明らかにしようとする場合、そこにゲーム理論が必要だという主張はもっともである。ヴローメンは、こうした欠如の理由を、ゲーム理論と社会心理学を対置させるシュリヒトの論じ方に起因するのではないかとみている［Vromen 2002: 511］。このような対置だと、個人レベルの合理的な行動と、社会レベルの互恵的な行動との関係を明らかにすることができないというのである(3)。

結論

これまでわれわれは、主にシュリヒトの議論から慣習のさまざまな側面についてみてきた。それによれば、

「明確化」を目指す学説によって再定義される慣習は、「義務」と「権利」の基礎となるものであり、時にあいまいで漠然としたかたちでありながら、人びとの行動を「適応」させていく制度である。かれの主張によれば、こうして構築される経済学における慣習理論は、所有権理論や法理論、企業理論などに応用が可能となる。慣習を経済や経済学的側面からのみ理解するのではなく、人間心理や文化や社会などの多様な文脈から位置づけることが、目指すべき新しいアプローチなのである。

ここでふたたび、本章における当初の問い、「慣習はわれわれの生活にどう役立つのか」に立ち返ろう。それに対する回答は「慣習は、「明確化」のプロセスを経ることで、人びとの生活にどう役立つかがわかる」というものだ。たしかにわれわれは平時、慣習を明確に意識することは多くない。しかし慣習は、われわれの生活に確かに入り込み、機能している。そこで、「明確化」という心理的作業を通じて、経済的のみならず、心理的・文化的な条件や、慣習の存在や機能を考慮することができる。その意味で、慣習論における「明確化」は、「すべての社会現象に関して行き渡った相互依存性」を生み出していることを明らかにする［Schlicht 1998: 274］。このアプローチにより、われわれは複雑に絡み合う慣習の存在や機能を解きほぐし、理解が可能となる。われわれの行動決定のベースになる制度としての慣習の存在を可視化し、理解することは、われわれの行動に適切なガイドを与えるという意味においても、少なからず意味を持つ。

注

（1）このシンポジウムは、メキをはじめとして、経済学史・方法論研究で著名なマーク・ブラウグ、制度経済学者のジョン・グレーネベーゲン、オーストリア学派研究のローレンス・モスなど、各分野の著名な研究者が集って行なわれた。このことからも、同書が各方面から大きな反響を呼んだこと、また慣習論がさまざまな分野の研究に活用できる射程を有していることがわかる。

（2）　市場経済における「信頼」の成立の問題については、Hayek [1988]; Aoki [2001]; Ostrom [2005]; 吉野 [2014] などを参照のこと。

（3）　シュリヒトは、かれらの批判をおおむね受け入れているようである [Schlicht 2002]。

参考文献

Antonides, Gerrit [2002] "Economic-Psychological Reflections on Custom in the Economy," *American Journal of Economics and Sociology*, vol. 61, no. 2, pp. 539–545.

Aoki, Masahiko [2001] *Toward a Comparative Institutional Analysis*, MIT Press.

Blaug, Mark [2002] "Comments on E. Schlicht's On Custom in the Economy (1998)," *American Journal of Economics and Sociology*, vol. 61, no. 2, pp. 505–509.

Groenewegen, John [2002] "Custom and the Firm," *American Journal of Economics and Sociology*, vol. 61, no. 2, pp. 547–553.

Hayek, Friedrich August von [1973=2007] *Law, Legislation, and Liberty, Vol. 1: Rules and Order*, Routledge & Kegan Paul. 矢島鈞次・水吉俊彦訳『法と立法と自由Ⅰ ルールと秩序』新版ハイエク全集 第Ⅰ期八巻、春秋社。

Hayek, Friedrich August von [1979=2008] *Law, Legislation and Liberty, vol. 3: The Political Order of a Free People*, University of Chicago Press. 渡部茂訳『法と立法と自由Ⅲ 自由人の政治的秩序』新版ハイエク全集第Ⅰ期10巻、春秋社。

Hayek, Friedrich August von [1988=2008] *The Fatal Conceit: The Errors of Socialism*, University of Chicago Press. 渡辺幹雄訳『致命的な思い上がり』新版ハイエク全集 第Ⅱ期一巻、春秋社。

Klaes, Matthias [2002] "Some Remarks on the Place of Psychological and Social Elements in a Theory of Custom," *American Journal of Economics and Sociology*, vol. 61, no. 2, pp. 519–530.

Krug, Barbara [2002] "Norms, Numbers and Hierarchy: Comment on E. Schlicht," *American Journal of Economics and Sociology*, vol. 61, no. 2, pp. 555–561.

Mäki, Uskali and Laurence S. Moss [2002] "Introduction to the Symposium," *American Journal of Economics and Sociology*, vol. 61, no. 2, pp. 503–504.

Matsui, Akihiko and Masahiro Okuno-Fujiwara [2002] "Evolution and the Interaction of Conventions," *The Japanese Economic Review*, vol. 53, no. 2, pp. 141–153.

Mill, John S. [1948=1959–1963] *Principles of Political Economy, with Some of Their Applications to Social Philosophy, 7th ed.* 末永茂喜訳『経済学原理』岩波文庫。

Moore, Geoffrey A. [2006=2009] *Crossing the Chasm: Marketing and Selling High-Tech Products to Mainstream Customers*, HarperBusiness. 川又政治訳『キャズム』翔泳社。

Ostrom, Elinor [2005] *Understanding Institutional Diversity*, Princeton University Press.

Schlicht, Elinor [1998] *On Custom in the Economy*, Oxford University Press,

Schlicht, Elinor [2002] "Reflections and Diffractions: Schlicht Replies to His Critics", *American Journal of Economics and Sociology*, vol. 61, no. 2, pp. 571–594.

Vromen, Johannes Jacobus [2002] "Customs and Conventions," *American Journal of Economics and Sociology*, vol. 61, no. 2, pp. 511–518.

Wagner, Richard E. [2002] "Custom, Legislation and Market Order," *American Journal of Economics and Sociology*, vol. 61, no. 2, pp. 563–569.

吉野裕介［2014］『ハイエクの経済思想——自由な社会の未来像』勁草書房。

■裏切りの効用

私は一生懸命に働くべきだろうか。周りの従業員たちはサボっているので、私もサボってよいのではないか。ただ私がサボると、みんなのボーナスも引き下げられてしまうようである。どうすればよいだろうか。

こうした状況を「社会的ジレンマ」という。ジレンマを解決して、協力に基づく繁栄を生みだすためには、「とにかく一生懸命に働くべし」といった道徳的な圧力が必要になる。誰に咎められるわけでもなく、「良心が咎められるから」という理由で働く人がいなければ、社会は全体として繁栄しない。こうした道徳的圧力のほかにも、評判や制度や「セキュリティ・システム（たとえばドアの鍵などの物理的制約）」などの圧力が、社会を繁栄に導いている。たとえば「手を抜くと評判が傷つく」、「出勤時間を守らないと制裁（サンクション）を受ける」、あるいは、「金庫の鍵を開けることは物理的に難しい」といった理由から、私たちはできるだけ他人を裏切らないように行動する。これらの圧力のおかげで、人は利己心や自己保存欲を抑えて、社会を繁栄させるように導かれる。

けれども逆の観点からみて、人びとが全面的に信頼しあう社会こそが繁栄するというわけではない。たとえば、評判を気にしない非社交人、良心の咎めを気にしない反道徳主義者、制裁を恐れないアウトサイダーたちは、社会の繁栄にとってお荷物にすぎないかと言えば、そうではない。社会性の圧力が強すぎると、人びとの協力関係は、かえって阻害されてしまう。例をあげると、社内の不正をただす内部告発は裏切り行為であるが、社会に大きな利益をもたらすことがある。あるいは商品に文句をつけるクレーマー（抗議者）は、結果としてよりよい商品の開発を促すかもしれない。社会性の圧力をゆるめたほうが、社会はいっそう繁栄する可能性もあるだろう。

問題はしかし、「よい裏切り」と「悪い裏切り」の見分け方だ。私たちはある人を、裏切り者と決めつけてしまうことがある。しかし裏切り者の行動は、イノベーションのエンジンであるかもしれず、社会に変化と多様性をもたらすかもしれない。不法占拠者、芸術家、カルト、コミューン主義者、隠者、ハッカーなどは、めぐりめぐって社会をよい方向に導くかもしれない。社会を繁栄させるには、「裏切り」の効用を見抜く目が必要だ。（橋本努）

【文献】 ブルース・シュナイアー［2012=2013］『信頼と裏切りの社会』山形浩生訳、NTT 出版

4－3

キーワード：嗜癖と合理性、非自律的選好、信念依存性、プリコミットメント

嗜癖
アディクションは非合理な行為なのか

太子堂正称

はじめに

「嗜癖」という言葉はまだ人口に膾炙しているとは言えないかもしれないが、「依存」は日常にありふれている。アルコールやニコチン、あるいは麻薬に対する依存はよく知られているし、ネット依存やストーカーなど人間関係に対する依存もしばしば話題にされ、その対策は大きな社会問題となっている。近年、そうした依存という言葉は嗜癖に置きかえられつつあるとともに[1]、それに対する研究もさまざまな領域で進められ、経済学においても盛んに行なわれている。その理由はまず、経済政策や社会政策の観点から医療費の問題も含めそれらをどう防止し矯正するかという問題意識にあり、さらに嗜癖は、伝統的に経済学で議論されてきた不確実性下における意思

決定問題の端的な例と考えられるからである。とくに近年の行動経済学や神経経済学の発展は、限定合理性の観点から非合理的な人間行為に対して新しい光を投げかけている。

それについては後述するが、一般にオタクやマニアと言われるような趣味や嗜好に傾倒する行動、あるいは肥満などの生活習慣と嗜癖はなにが異なるのであろうか。松下・吉岡・小倉［2009: 4-6］は、「強迫性」を嗜癖の端的な特徴であるとする。つい食べ過ぎたり飲み過ぎたりすることは誰にでもあるし、それが積み重なって生活習慣病になる場合もあるだろう。しかし、その深刻さを理解しつつも、その行為の継続を自ら停止できないとき、それは嗜癖と呼ばれる。単なる生活習慣病は、基本的には食べたい、飲みたいといった生理的欲求に基づいており、それが行きすぎた場合に生じるが、過食症などの嗜癖はもはやそれとは無関係に、食べることそのものが強迫的な目的に転じてしまう。言い換えるならば、嗜癖とは「自己のコントロールの下にあったはずの習慣行動から派生し、自己のコントロールを外れる状態に至ったもの」［斎藤 1988: 91］である。

このように嗜癖とは、「強迫性」と「抑制喪失（loss of control）」を特徴とし、健康被害のような望まない結果をもたらす。だとすれば、嗜癖とは理性に反した狂気の産物、あるいは徹頭徹尾、非合理な行為として理解すべきなのであろうか。しかし一方、嗜癖においては、少なくともスタート時点では自らの合理的意思の下に行為が行なわれる。またそれが累積していく中で、いつしか身体や精神に影響が出始めた場合、その過程で嗜癖している自分や影響自体を確実に認識し、そこから抜け出そうと努力し煩悶するからこそ、その困難さに葛藤する。その過程では、狂気とは異なり合理的な自己認識が絶えず介在している。われわれはこうした嗜癖と合理性あるいは非合理性との関係をどう理解すべきであろうか。

本章では、そうした問いをめぐって、まず行動経済学における嗜癖についての議論を概括した後、J・エルスター（Jon Elster）の議論を検討し、彼がその問題にどう答えたかを考察したい。彼は、一九四〇年にノルウェーに生まれた分析的マルクス主義の代表者の一人であるが、方法論的個人主義に基づき人間行為の非合理性についての活発な研究を行なっている［Elster 1979; 1983; 2000; 2007 など］。とくに、その代表的な例として長年、嗜癖に関心を示し、単独の著作や編著も記している点に彼の議論の特色がある［Elster 1999a; 1999b; 1999c］。

一　現代経済学における嗜癖の位置づけ

1　個人の合理的選択の結果としての嗜癖

本節ではまず、現代経済学における嗜癖分析、理解について概観する。古典的研究としてはハウタッカーとテイラー［Houthakker and Taylar 1966］があり、彼らはタバコの消費にあたって、行為者が基本的に将来の効用を勘案せずに、これまでの習慣的、累積的な服用の結果や影響と今期の効用のみを考慮に入れて行動するという観点から分析を行なった。その意味で彼らの議論は「近視眼的アディクションモデル（myopic addiction model）」と呼ばれる。

一方、ベッカーとマーフィー［Becker and Murphy 1988］は、対照的に、嗜癖を徹頭徹尾、人間の合理的選択の結果として位置づけた点に特徴がある。彼らの議論は、「合理的嗜癖モデル（rational addiction model：以下、RAモデル）」と呼ばれ、喫煙や薬物を摂取する行為者は、現在およびこれからの欲求充足と将来の健康被害のリスクに対して完全情報を持ちそれを比較し、将来の割り引かれた効用を厳密に測定した上で異時点間の選択を行なうと想定される。そして行為者は、前者の期待値が後者を上回るとき、喫煙や飲酒を選好し、後者の期待値が前者を上回るときそうした選好を行わない。このモデルにおいては、嗜癖とはたしかに習慣により形成されるが、そうした習慣を形成するひとつひとつの行為、そしてその結果は常に合理的である。それゆえに、たとえば禁煙奨励のために政府が税率の値上げや罰則を強化するならば、行為者は、中毒の患者であっても、今のうちから喫煙を減少させることにより全体の異時点間を通じた効用を一定に保とうとすると想定される。それどころか、そうした政策を行なわなくとも、タバコの害悪に対する適切な情報が与えられるならば、それのみで行為者は、タバコ消費量を最適化するという結論が導かれるのである。

2　行動経済学における嗜癖論

ＲＡモデルは、標準的な経済理論を直線的に個別の問題に適用したという点では画期的であったが、こうした人間像ならびに結論は現実の臨床や消費者のあり方とはかけ離れているという批判が、人間の非合理性を前提とする行動経済学の立場から多くなされている(2)。嗜癖に苦しむ現実の消費者は、前述のように自らのコントロールを失いそれを回復できないからこそ苦しむのであり、また現時点で将来の弊害や病気を完全に予測し計算できるという想定には無理があるだろう。

そのようなＲＡモデルに対する批判が高まる中で、より現実に対応したモデルの必要性が迫られるようになった。オルファニデスとザーヴォス［Orphanides and Zervos 1995］は、タバコを例にＲＡモデルに「不確実性（uncertainty）」と個人間の異質性を導入した。遺伝によって将来的に嗜癖しやすいかどうかの体質は異なると同時に、蓄積された喫煙習慣がどの程度自らの体に損害を与えるかの確率は主観としてしか想定できないという不確実性がこのモデルの鍵である。それらを前提に、消費者は毎期ごとに喫煙による影響とその時点での将来予測をその都度修正し次期の行動を決定していくが、そもそもの事前確率が楽観的であればあるほど将来的に嗜癖しやすくなる一方、悲観的であるほど回避できる可能性が強まり、それによって個人間の差異が説明される。

また、グルーバーとケーセギ［Gruber and Koszegi 2001］は、ＲＡモデルに「準双曲割引（quasi-hyperbolic discounting)」に基づく長期的な「時間非整合性（time inconsistency）」の概念を導入した。一般に双曲割引とは、異時点間の選択を行なう場合、現在から将来までの時間軸の距離が遠くなればなるほど、後者の報酬の割引率が高くなる、すなわち、後者を過小評価するということである。たとえば、今九〇万円もらえるが一年待てば一〇〇万円もらえる場合と、一〇年後九〇万円もらえるが一一年待てば一〇〇万円もらえる場合を比較した場合、割引率が一定であれば、前者と後者において待つか否かという選好を変化させる人数の差異は発生しないが、現実には、後者の方が待つことを選択する人数が多くなる。すなわち、現時点での報酬をそれだけ高く評価する人間が多いということである。双曲割引を線形だけではなく離散型にまで拡張したのが準双曲割引であるが、そうした時間非整合性の概念をたとえば喫煙に導入すると、禁煙のために一日の喫煙量を決めていたとしても、目先の喫煙を優先する消費者は、結局はそれに失敗し「先送り」してしまう例が多いことをよく説明できる。つまり双曲割引の強いタイプの人間の意思決定は長期的に非整合であるがゆえに、合理的な計画に失敗する。また、政策的含意としては、現在に近い消費を抑制するためのタバコ税の導入や、喫煙してしまった場合に公的、私的に罰則を前もって設定する「プリコミットメント（precommitment）」が奨励される。

一方、こうした人間の非合理性をRAモデルに組み込もうとする研究に対して、最適化行動の枠内であくまで人間の合理性を前提としつつ、RAモデルを維持しようとする研究も存在し、その代表が、グルとピーセンドルファー［Gul and Pesendorfer 2001］である。彼らは、個人の効用が選択した行為だけではなく選択肢の集合自体にも依存するとしてモデルを構築した。喫煙するか禁煙するかという選択肢の集合が与えられている場合、消費者は、選択すべきでない行為（喫煙）に対する「誘惑（temptation）」を振り切る必要がある。すなわち、「誘惑」は一種のコストなのである。喫煙に対する「誘惑」が充分に大きい場合、それを振り切るためのコストは、禁煙する場合の効用を上回り、その結果、消費者は合理的選択の結果として喫煙してしまう。さらに、タバコ税をかけ喫煙すること自体のコストを高めたとしても、喫煙への「誘惑」を振り払うコスト自体は変動せず、消費者はより高いタバコ代を支払っても喫煙をやめない。だとすればむしろ、価格上昇の分だけ社会的厚生は阻害されることになる。

したがって、厚生改善の方策としては、喫煙という選択肢自体を排除してしまうことが最良となるが、しかし、その基準となるものはいったいなんであろうか。それは、必然的に個人の自由の問題（愚行権）及び、なにを社会的悪と考えるか、あるいは社会的に望ましい選好をどう設定するかという規範的問題を呼び起こすであろう。また、「誘惑」や「意思の弱さ」をもたらす人間の感情は合理性とどういった関係にあるのかもあらためて問題となる。

二　「ユリシーズとセイレーン」――エルスターの嗜癖論

1　エルスターの合理性概念

本節と次節では、そうした問題関心のもと積極的に議論を展開するエルスターの嗜癖論を検討する。非合理的な人間行為の研究にあたってエルスターは、あくまで方法論的個人主義に基づいて、ゲーム理論なども援用しつつ行為における非合理性や失敗について分析を行なうと同時に、神経生理学やそれに基づくピコ経済学（G・エインズリー）などの臨床的成果を重視するという独特の立場に立つ［Elster 1999ab］。その上で彼は、人間の持つ合理性や感情、嗜癖などの神経生理学的要因を前提にしつつ、それに還元されない選好や嗜癖形成の社会性をも重視し、それを方法論的個人主義に基づいて分析する。人間が感情を覚えるメカニズム自体は生物学的な普遍性を持つとともに哺乳類にも感情は観察でき、その脳内の報酬系メカニズムは人間と本質的には変わらず、ただ程度の相違があるに過ぎない。しかし、人間だけが自らの感情を内省し客観的に捉えることができると同時に、時間を通じて累積された認識が次の認識の条件となる。それらは、時間と場所によって当然異なり、同一の行為に対する感情も文化間では相違がみられる。その意味で、彼は単純な生物学的還元論を拒否する。

その上で、エルスターにとって人間の「合理的」行為とは、次のような三つの条件から定義づけられる［Elster 2007: 191］。第一に、行為者の信念（belief）を所与とした場合、その行為が欲求を最大化する際の、最適な手段となっているということ、第二に、信念の根拠が行為者に与えられているならば、そうした信念自体が最適であるということ、第三に、行為者が多すぎも少なすぎもしない最適な量の根拠を収集しており、その最適量とは、欲求、すなわち行為者が自らの決定に付与している重要性と、より多くの情報を収集する場合の費用と便益についての信念に基づくということである。つまり、彼が述べる合理性とは、完全情報に基づく客観的な誤りのない判断ではなく、あくまでも主観的であり、行為者の信念やそれに対する根拠、行為の基軸となっているのは欲求である。言い換えるならば、合理的であるとは、信念に基づく行為の目的が必ず実現するということではなく、後から回顧した際に当該の時点では適切な情報に根拠づけられており、他の行為をするべきだったと考える理由がないことを意味している。

しかし、当然ながら主観的といえども、それらを攪乱する要因が多くの場合存在する。彼はその要因を、情報の非対称性などにより最適な行為、確信、根拠が特定できない「不確実性」、及び「適応的選好形成（adaptive preferences formation）」のような非自律的な選好を表す「不適切性」に二分するが、特に重視するのが後者であり、『酸っぱいブドウ』（*Sour Grapes*）［Elster 1983］など早い段階の著作からエルスターは、そうした概念に着目してきた。「適応的選好形成」の例として彼が挙げるのは、タイトルにもなっているイソップ童話の有名なエピソードである。おいしそうなブドウだけれども手が届かないという「認知的不協和」に直面したキツネは、無意識に、それを酸っぱいとみなして食べられないことを「自己欺瞞的」に合理化するが、それは選好が自律的ではなく、環境あるいはそれに影響された本人の信念に依存していることを端的に表している。内的な選好形成自体は合理的であってもそれを取り巻く環境によって非合理性がもたらされる事例が多数存在するのである。

この概念でエルスターが意図しているのは、功利主義的な選好の正当化、特に選好がもたらす効用の実質的な内実について考慮せず、その順序のみを問題にする序数的功利主義に対する批判である［Elster 1983: 109］。意識的にせよ無意識にせよ、キツネが自らの実行可能な行為の中からブドウを食べるという選択肢を排除してしまった以上、食べられなくとも彼の便益が減少することはなく、ブドウの存在はもはや問題ではない。しかし、エルスターが問いかけるのは、そうした理由でキツネにブドウが配分されないことの社会的な当否である。彼はそうした諦観によって形成された満足と自律的な選好形成とを区別すべきであると主張する［Elster 1983: 137］。言い換えれば、選好が社会的に形成される部分が大きいことは事実だとしても、それは既存の社会状態や選好を無批判に肯定するという意味ではなく、なにを適切な選好とするかという議論が必要とされる。

嗜癖もまたそうした非自律的な選好の一種であり、特に行為者の長年の習慣や周りの環境に支配される状況依存的という点が大きく共通する。ただ、より重要な特徴は、行為を行なおうかどうか迷い逡巡する内的葛藤や離脱症状（禁断症状：withdrawal）にあり、その点で、ブドウを諦めることで平穏を保つ自己欺瞞的なキツネの例とは異なる。嗜癖は「より特殊な現象」［Elster 1983: 121］であり、なにが害悪かという問題のあり方自体を比較的理解しやすいのである。

2　嗜癖の二重性

嗜癖は人間の合理性を阻害する端的な例であると同時に、異時点間の便益や厚生の最大化の問題を考える上での興味深い例である。タバコに手を伸ばす嗜癖者は、少なくともその時点では自らの便益を最大化していることを認めたとしても、中長期的には不利益をもたらしているという意味で「近視眼的（myopic）」であるが、エルスターは上述のように、人間の神経生理学的構造やそれに対する知見を前提としつつ、そうした構造に人間行為を還元し機械論的な説明を行なうことを拒否する。さまざまな物質や原因による嗜癖ならびにそれがもたらす高揚感や幸福、絶望は、ほぼ同様の脳内報酬系のメカニズムに基づくという点で「相同的（homology）」[Elster 1999b: 241] であるが、あくまでもそれらは行為の前提条件ではあっても決定要因ではない。その上で彼は、嗜癖をまず、ある種の負の「学習」によって「脳内報酬系がハイジャックされた状態」[Elster 1999a: 53 = 2008: 64] という象徴的な言葉で定義する。たとえば、アルコールやニコチン、ドラッグなど、ある種の薬物を連続して摂取すると、脳に不可逆的な変化が生じる。ひとたびそうした変化が起こってしまうと、人間は絶えず、そうした薬物を「渇望（craving）」するしかなくなり、自らの行動を支配することが困難となる（loss of control）。たとえば、タバコを止められない人間は、もちろんニコチンそのものにも依存しているのだが、むしろ、気分を落ち着かせたり行動の区切りをつけたりするための習慣としてそれを必要とし、その結果、嗜癖へと陥ることになる。

重度の嗜癖患者ではなくとも、アルコールやタバコあるいは、その他の嗜好への抑えがたい欲求を感じ心理的な葛藤を経験したことのない者はいないであろう。また、ひとたびその誘惑に打ち勝つことができても、間をおかずそうした感情は再発し、その時には抑制が可能であるとは限らない。そのような「渇望感」の「再発（relapse）」は、たんに実際に薬物などを使用するだけではなく、「手掛かり依存性（cue dependence）」、ならびに「信念依存性（belief dependence）」によっても生じる [Elster 1999b: 270]。前者は、嗜癖状態から回復したと思われた患者が過去の同じような状況や環境の一端に触れることで嗜癖状態を再発させてしまうことである。この際、なにがその手掛かりとなるかは、個人やあるいは社会それぞれによって異なり、たとえば、以前に海岸でタバコを吸う習慣があった者は、禁煙後でも砂浜に来ると渇望感に襲われる場合がある。また、後者は、渇望感の喚起されるメカニズムがそうした感覚や知覚だけではなく、社会的な信念にも依存することを示している。たとえば、ヘビースモーカーであっても、飛行機に乗っている間はタバコを吸えないことを理解しているために禁断症状を抑えられる場合が多いが、一歩地上に降り立ち、タバコが吸えることを思い出し、そうした信念を想起した瞬間、渇望感に襲われる。いずれの場合にせよ、時には思いもかけない手掛かりや信念がきっかけとなる場合もあり、それらの結びつきは個人ごとに異なると同時にきわめて機会的である。

アルコールを摂取しようと思うのもタバコを吸おうと思うのも、行為のスタート自体は本人の意思や意図に基づく。また嗜癖が進んだ場合でも、行為を行なう際には本人の意思ははっきりとしており、その当否を判断する能力自体は残されている。しかし、そうした欲求と機会がひとつの行為を規定しまたそれが次の欲求と機会の源となるという連鎖の中で、けっして錯乱しているわけではないのに、嗜癖は「意図せざる結果」[Elster 2007: 300] として非合理な状態をもたらしてしまう。行為の累積による信念や習慣の形成の結果、嗜癖者は自らの選好への支配力を失ってしまい、行動をやめたいと思ってもそのときにはもはやどうしようもなく、非合理な行為を続けるしかなくなっている場合が多々見られるのである。

そうした行動自体は、感情と同じく「生理的欲求（strong feeling）」を源とするという点で普遍的であると同時に、それが喚起されるメカニズムは上述のように機会的あるいは人為的、社会的であり、現れる現象やなにが嗜癖とされるかについては時代や文化ごとに異なるという点で非普遍的という二面性を持つ。その意味で、エルスターは、嗜癖の社会性を強調する [Elster 1999b: 250-259]。単にアルコールに弱い人が嗜癖者と呼ばれるのではなく、ある現象を特定の嗜癖（たとえば、「アルコール依存症」）であると命名すること自体が、そうした現象を一般化させる。アルコールに対して中毒症状を起こした人間は古今東西普遍的に存在するが、それを「アルコール依存症」というカテゴリとして理解するようになるのは、まさにそうした認識枠組みが社会的に成立した後である。その意味では、「野生動物には嗜癖は存在しない」［Elsrer 1999b: 243］のであり、「少なくともあらゆる人間がなんらかの感情に従属しているという意味で感情は普遍的であるが、対照的に、嗜癖は普遍的現象ではない」［Elster 1999b: 250-251］。なにが嗜癖であるかはあくまで文化によって規定され、その種類は多様である。

それゆえに、エルスターは「ある行動様式がひとたび嗜癖として概念化されると、……それは抵抗不可能ではないにせよ、抵抗するのはとても困難であり、たいていの場合、強迫的な要求にまでなってしまう」［Elster 1999b: 258］として、自らは嗜癖していると認識すること自体がそうした行動への没入とそこからの脱却の困難さを絶えず強固にしてしまうと指摘する。だが同時に彼は、嗜癖が社会的構成物であるからこそ、「プリコミットメント（事前制約：precommitment）」のシステムを構築することでそれを防止することが可能であることも強調する。身体的、生理的機能が完全に侵されてしまった場合を除いて、基本的にそれは克服可能なのである。

3　嗜癖への戦略としてのプリコミットメント

その中身について論じる前に、合理的選択理論におけるエルスターの方法論的立場を再度確認しておこう。認知と葛藤の社会的メカニズムが存在する以上、嗜癖を単なる個人的選択の結果と捉えることはできないが、一方先述のように、彼の分析手法は個人の中での首尾一貫性、合理性を前提にしているという意味で、RAモデルと同じ方法論的個人主義に基づく。その上で、彼は対象に対する「渇望感」あるいは、双曲割引や「手掛かり依存性」に基づく「選好の逆転」を強調するが、しかし、それ自体は直接に人間の非合理性を指し示すわけではないとする［Elster 1999a: 173=2008: 206］。それらが人間の生理的な本質的特徴を示すものならば、そうでない選好をすることは不可能であり、その妥当性を云々することには意味がないからである。この点にも、彼が単純な還元論に基づくことを拒否する姿勢が表れている。

しかし、同時に彼は中長期的な行為の連鎖による習慣形成、特に、やめようとしてもやめられない、過去の失敗から学習することに失敗し嗜癖し続けるという行動は非合理性の現れであるとする。そこがＲＡモデルとの大きな違いであり、個人は嗜癖をやめられないことについての首尾一貫した信念に基づいてそうしているわけではない。嗜癖自体を否認したり、言い訳したり、合理化したりといった非合理な信念が絶えず形成され続けているのであり、たとえば、喫煙者は、喫煙をすることと病気になるという相反する認識の矛盾、「認知的不協和」を〝自分だけは大丈夫〟といった根拠のない信念、言い換えるならば、ある種の（もちろん自己欺瞞的な）適応的選好形成で埋め合わせようとする。また賭博に対する嗜癖者は同様に、自分だけは勝つことができるという「ギャンブラーの誤謬」や、近いサイコロの目が出た場合、運や流れがめぐってきていると考えてしまう「接線の心理」といった誤った信念、認知バイアスによって破滅へと導かれる(3)。エルスターは、こうした非合理的な信念形成のきっかけそれ自体は、遺伝的あるいは生理的特質に基づく先天的なものか、それとも習慣による後天的なものかは判断が難しいとしつつも、明らかに弊害に気づきながらも継続されてしまう喫煙や賭博といった行動下では、行為者の合理性は失われているとする。その意味で、どの局面においても徹頭徹尾、嗜癖を合理的行動の結果と想定するＲＡモデルを批判する［Elster 1999b: xi］。

いずれにせよ、双曲割引や認知バイアスの存在によって嗜癖が行為者自身の反省や決断によっては停止できないならば、あるいは現在と将来の間に選好の非整合性が存在するならば、それには対策が必要となる。そのためにエルスターが強調するのが、「プリコミットメント」の重要性である。エルスターは、既に一九七九年に『ユリシーズとセイレーン』（*Ulysses and the Sirens*）［Elster 1979］において、これも有名なギリシア神話の挿話を引いて、非合理的状況になったときのために合理的状態にあるうちから自律的に事前に対策を設定しておく例として象徴的に取り上げている。旅の途中、歌声を聴いたものをすべて遭難させてしまうセイレーン姉妹の住む島の近くを通らざるをえなくなったユリシーズは、船員たちの耳に蝋を詰めさせて栓をするとともに、自らをマストに縛り付けさせ、声が聞こえてきても身動きが取れないようにした。船員たちは彼が暴れだすのを見て、セイレーンたちの存在を感知し、彼が落ち着くのを見て、危険が去ったのを知ったのであった。

このようにプリコミットメントとは、一時の感情がもたらす将来の起こりうる望ましくない結果を排除するために、事前に実行可能な選択肢の集合を吟味しておくことを意味する［Elster 1979: 42］。以前にパーティーで失態を犯したことのあるアルコール嗜癖者は、事前に友人に自分の行為を止めてくれるよう頼んでおいたり、家族を連れていくといった自己束縛を行なうことによって再度の失敗を防止する。さらにエルスターは、後年の『解放されたユリシーズ』［Elster 2000］において、渇望や感情そのものが自己拘束となって、双曲割引による時間非整合性や選好の望ましくない変化への戦略的な対策、手段となりうる可能性を認めている(4)。彼のこの変化についてはあらためて次節で触れるが、いずれにせよ彼は選択肢の数や情報が多ければ多いほど自由であるという「選択の自由」的通念を批判し、むしろそれを意図的に小さくして制約を増やす方が合理性あるいは便益が大きいという「戦略的無知」［Elster 2000: 33］の可能性を政治や芸術も含むさまざまな領域において主張する。その上で彼は、嗜癖に対して自律性を確保するためのプリコミットメントとして、次の一〇個の具体例を挙げている［Elster 2000: 63–77］。

①「手掛かりを消去する（throwing away the key）」：タバコなどの嗜癖物質を手元から遠ざけることで、渇望感の減退を意図する。

②「手掛かりを引き渡す（giving away the key）」：嗜癖の再発を防ぐために、①より一般的な手段として、嗜

癖物質から自分を引き離すよう、事前に他者に頼んでおく。

③「コストをかける（imposing cost）」：たとえば、禁煙することを事前に公開しておくことにより、失敗した場合に面目を失ったり恥をかいたりすることをあらかじめ想定する。

④「報酬を用意する（creating rewards）」：禁煙などのあらかじめ設定した目標を達成できた場合の報酬を設定しておく。

⑤「遅延させる（creating delay）」：たとえば、酒屋の週末の休業を義務づけることで、その間の、暴力事件を減少させることができる。

⑥「信念を変更ないし増強する（changing or bolstering beliefs）」：肺癌の恐ろしい写真をタバコのパッケージに貼り付けるなどの手段で、嗜癖のリスクをより強く認識させる。

⑦「選好を変更する（changing preferences）」：シアナマイドのような抗酒剤を投与して苦しみを感じさせる嫌悪療法によってアルコール依存症の患者に選好を変更させる。

⑧「手掛かりへの露出を避ける（avoiding exposure to cue）」：タバコの広告を禁止するなど、嗜癖を引き起こすきっかけを排除する。

⑨「悪い仲間を避ける（avoiding company）」：タバコをやめたいと思う者は喫煙者の集まるグループや場所を避ける。

⑩「よい仲間を探す（seeking company）」：⑥の一環でもあり、喫煙や飲酒から離脱するにあたっては独力では難しい場合が多いため、断酒会など同好の士と交流する。

嗜癖物質に手を延ばしてはいけないと頭ではわかっているのに、今日だけなら大丈夫と自己欺瞞を行なってしまう認知的不協和の是正措置として、より長期的な害悪の量を理解しようと努めるなど、認知の枠組みそのものの変更による対策自体をエルスターは否定しないが、しかし、それよりもより効果的な手段として、上記のように選好を形成する環境自体を適切に変更、設定することで誤った選好を選択するコストを行為者に認識させその行為を変化させることが可能であり、より一般的であるとする。同時にそれは一方的かつ強制的命令ではなく、いわば環境問題におけるピグー税のような、近視眼的に見積もられたコストと本来のコストを行為者に自発的に認識させ一致するよう行動させるための合理的戦略なのである。

もちろん、エルスター自身も指摘しているように［Elster 2000: 78-87］、プリコミットメントは万能ではない。プリコミットメントを行なう時点と、それが必要な時点には当然距離が存在するためにさまざまな不確実性にさらされ、当初の予想の状況と異なることは現実にはたびたび起こる。プリコミットメントそれ自体のコストの問題や、他者の力を借りるとしても、その社会においてむしろ当然とみなされている行動の場合には、抑止力とはならない可能性もある。そうした意味で不完全ではあるものの、プリコミットメントの意義とは、単なる合理的手段による感情の統制というよりもむしろ、個人の行動の異時点間の非整合性を前提とした上で、いかに中長期的な自律性や合理性を確保するかという観点にある。

三　介入政策と集団的意思決定

嗜癖が生理的現象であると同時に社会現象であり、それに対する対策、とくにプリコミットメントの設定が重要であるとすれば、なにを嗜癖であるかとみなし、どう介入するかについての社会的合意が必要となる。そうした観点から、エルスターは、『ユリシーズとセイレーン』（一九七九年）において、社会全体が将来的に非合理性に支配されないためのユリシーズ的自己拘束（self-binding）の集団的・社会的例として、政治的プリコミットメント、特に憲法の意義を強調しており［Elster 1979: ch.2, sec.8］、異時点間における個人の合理性の確保の問題と社会集団や政治過程の問題がパラレルであることにその特徴があった。精神状態と社会のあり方を密接に類似したものと捉えることこそ、「ユリシーズの旅路の劇的な部分」［Elster 1979: 103］を示すとされたのである。

しかし、彼は改訂版である『解放されたユリシーズ』（二〇〇〇年）においては、その立場を修正し、個人的自己拘束と集団的自己拘束を区別する必要性を強調するにいたる［Elster 2000: 167-174］。その論点は三つであり、第一に、後者の制定は熟慮によるというよりはしばしば偶発的あるいは利害によるということ、第二に、その制定者が拘束するのは次世代以降の人間という「他者」であり自己拘束と呼ぶことは困難であること、第三に、その制定者が次世代の人間よりも合理的であるという保証は必ずしも存在しないということである。もちろんエルスターは政治的プリコミットメントの意義を完全に否定するわけではないけれども、少なくともユリシーズは、そうした社会的制約からはもはや「解放（unbound）」される。一方、上述した一〇個のプリコミットメントは基本的にあくまでも嗜癖に対する個人の自己拘束的戦略であり、そこにおいて自律性は担保されているのである。

さて、こうしたプリコミットメントと類似した概念として、近年の行動経済学の中で注目が高まっているのが「ナッジ（nudge）」である［Thaler and Sunstein 2008=2009］。その意味は、初期設定を巧妙に設計することで、社会的に望ましいと考えられる特定の選択肢を行為者がそれとなく選択できるよう「（肘などで）そっとつついて誘導する」ことである。セイラーとサンスティンは、こうしたナッジによる政策原理を「リバタリアン・パターナリズム」という一見、自家撞着的な呼び方で言い表す。それは、M・フリードマン的な「選択の自由」を最大限尊重し、それに対する国家の介入をできる限り小さくするという発想においてリバタリアン的であると同時に、「人びとがより長生きをし、より健康で、より良い暮らしをするために」、社会的に望ましい行為を「選択的アーキテクチャ」によって「誘導」するという意味では、パターナリスティック（温情主義的）であるとされる。

この概念の前提となっているのは、人間の脳内での、直観的・瞬間的な思考を司る「自動システム」と、より時間をかけた思考を司る「熟慮システム」というふたつの使い分けや、楽観主義や、自信過剰傾向、現状維持バイアス、フレーミング[5]、他人との同調傾向、プライミング[6]といった近年研究が進んでいる認知メカニズムのさまざまな歪みやバイアスである。それに基づき具体的なナッジの例としては、たとえば、年金や薬剤給付など医療制度への加入を求める際に、可能な限りの選択肢を単純に提示してそこから選択してもらう「選択肢最大化原理」は利用者をただ混乱させるだけであり、デフォルトの状態でのフォーマットの巧妙な設計によって適切な選択を後押しできることが挙げられる。単純に言えば、自ら「加入しない」という選択肢を能動的に選ばない限り、自動的に加入が申請されるのである。嗜癖に対しても、たとえば禁煙の場合、半年の間、タバコ代に相当する金額を銀行に預金し、検査で禁煙が立証されたならばそのお金を受け取ることができるなどの対策が考えられる［Thaler and Sunstein 2008: 234=2009: 336-337］こうしたナッジによるリバタリアン・パターナリズムは多くの経済学者からの支持を集めつつあり、二〇一〇年にイギリス保健相が公表した「公衆衛生白書」においてもナッジの導入が明記されるにいたった。

上記の禁煙の例は、エルスター的なプリコミットメントで言うならば「④報酬を用意する」に相当するし、両者の間には、行為可能な選択肢を事前に吟味し設定することで将来の望ましい行為を自発的に行なわせるという共通点が存在する。その他の具体的な戦略もまた大きく重なるであろう。しかし同時に、両者の間にはその背景となる思想において大きく異なる部分があると考えられる。リバタリアン・パターナリズムによる「選択的アーキテクチャ」には次のような問題点が指摘できる。すなわち、リベラリズムあるいはリバタリアニズムと選択の環境依存性という概念それ自体は矛盾しないとしても、しかしその場合、設計者が選択させたいと思う選択肢は本当に正しいのか、なにをもってそう言えるのかといった問題はリバタリアン・パターナリズムの立場それ自体からは解答不可能なように思われる。言い換えれば、どの方向にナッジすべきかという規範的な議論はあくまで所与とされているのである。だとすれば、一般的な「政府の失敗」の問題を回避できるとは限らないばかりか、嗜癖や福祉制度や臓器移植、環境、婚姻や家族制度といった問題においてなにを選択させるべきかは価値判断に属しており、それ自体の適宜性がきわめて論争的である。

一方、エルスターの議論においても社会意識や信念の形成過程について必ずしも具体的な方向性が提示されているわけではないが、少なくとも「酸っぱいブドウ」の例による適応的選好形成の議論は、所与とされている選好やその形成過程への懐疑を絶えず突き付ける。彼が嗜癖の社会性を強調するのもその点に関係しており、個人におけるプリコミットメントと政治的意思決定を安易にパラレルに考えることを最終的には否定するが、それらの関係性そのものを否定しているわけではない。

異時点間の他者拘束としての政治的プリコミットメントに代わって彼が強調するのは、ある種の熟議民主主義である［Elster 1998; 2003］。社会的選択理論は、合理的主体が引き起こす市場の失敗を分析し解決するためには有益だが、具体的な再分配のあり方など規範的議論を行なう上では無益だとして、そのためには公共空間（forum）における討議が必要不可欠になる［Elster 2003: 329］。選好形成の問題もそれに深く関わっており、それゆえ直接には触れられないものの、嗜癖についての認識の適宜性もおそらく含まれるであろう。この文脈でとくに彼が念頭に置いているのはハーバーマスの議論であり、共通善（common good）に関する討議とそれによる一般意志の形成は、所与の選好の単なる総和だけではなく、選好を共通善に基礎づける点で必要とされる［Elster 2003: 331］。もちろんそれには、参加者が多数になればなるほど意思決定が困難になること、討議のための時間の希少性、全員一致の難しさ、短い議論の場合はむしろ誤った結論を導き出す可能性、政治的集合体が個々の成員より有能である保証はないこと、合理性ではなく他者への同調としての全員一致の危険性、共通善をむしろ自己利益や特殊利害のために利用する危険性といった七つの問題点が付随する。すなわち、「たとえよき社会であっても合理的討議の過程は脆弱であり、適応的選好形成や同調圧力、都合のいい考え方といったものにさらされている」[Elster 2003: 335]。しかし、そういった困難は抱えつつも、公共空間における討議は再分配のあり方や良き選好とはなにかについて検討するための不可欠な手段である。別の箇所でエルスターは、その重要性を次のように表現する。

「〔政治的意思決定あるいは規範的議論のための〕最適計画（optimal design）」という言葉で私が言いたいのは、最適な政体を作り出すための最も優れた計画を独立した基準によって規定することではない。むしろ私が念頭に置いているのは、熟慮のための最適な条件を作り出すための最も優れた計画についてである。ロールズの用語で言えば、私が議論すべきは、「完全な手続き的正義（perfect procedural justice）」ではなく「純粋な手続き的正義（pure procedural justice）」なのである。[Elster 1998: 116]

前者は、手続きの価値を手段のみに限定しており、人びとの認識とは独立した正義概念に基づいて、選択肢の順序を決定する機械的な役割しかそれには与えられていない。一方、後者は、手続きの規範的価値自体を問題にし、その設定自体が結果に影響を与え、その適宜性を左右する。(7) それに基づきエルスターは、再分配や適切な選好を判断するための公共空間や討議の条件設定のあり方自体を検討する必要性を主張するのである。かくして嗜癖の問題は、正義論や熟議民主主義論、あるいは現代共和主義論とも重なり合う部分を持つ。

結論

嗜癖は非合理な行為なのか、その問題に対してエルスターは、あくまで人間の合理性を前提とした上で、それが双曲割引や脳内報酬系の変化といった身体的・生理的特徴といかに関係しているか、感情や渇望感の形となってどのように合理性を妨げるか、さらにはいかにして非合理的な社会的信念として認識されるようになり、あわせて行為者本人の認識にフィードバックすることで状況をより悪化させるかという過程を体系的に説明している。その意味で嗜癖とは、生理的現象であると同時になにより社会的、文化的現象であり、その非合理性に対する認識は、時代や地域的状況に規定されるというのがエルスターの強調点であった。またそれゆえにこそ、環境そのものを変化させ選択肢の拘束を行なうプリコミットメントによって自律的な行動が回復可能とされる。

別の言い方をするならば、嗜癖の特徴とは、強制ではないのに不自由という点にある。自分の意思で始めたこと、あるいは行なっていることであるはずなのに自分では制御できない状態に関する分析は、合理性とはなにか、あるいは個人の主体性や連続性、自由をどう考えるべきか、そしてそれらと両立する制度的枠組みはなにかといった、現代において迫られている領域横断的かつ規範的な議論と大きく重なっており、エルスターが嗜癖の問題に積極的に取り組む理由もそこにあるだろう。嗜癖とは合理性や自由の境界例なのである。

注

（1）用語の問題として、「嗜癖」と「依存（dependence）」あるいは「中毒（intoxication）」の違いについて注意する必要がある。まず、一般に「中毒」とは、アルコール中毒や麻薬中毒など、なんらかの物質の摂取により身体の状態や健康が損なわれた状態そのものを指す。一方「依存」は、そうした物質がもたらす刺激への耐えがたい欲求や症状を表す用語として長年用いられてきたが、近年では、物質に対する「依存」だけではなく、ワーカホリックやギャンブル、宗教、自傷、ストーカー行為、あるいは共依存、性行為などさまざまな行動への耽溺にまで問題の領域が拡大しており、より臨床学的、社会学的な視野を含む包括的な用語として「嗜癖」が使われることが多くなっている。それゆえ、本章でも、特定の行為への耽溺を表す用語として、基本的には「依存」ではなく「嗜癖」を用いる。

（2）小椋・鈴木・角田［2005］は、RAモデルが現実の依存症患者（嗜癖者）の現実の行動を説明できていないと厳しく批判する。現実の喫煙者は、合理的に選択する「幸福な嗜癖者（happy addict）」ではなく依存から脱しようと禁煙と挫折を繰り返す存在であり、効用最大化の最適経路をたどっているわけではない。また、将来の期待についても「自分だけは大丈夫」という「楽観バイアス」が存在し、それが正確な予測を大きく阻害することが知られている。また小椋らは、合理的モデルに基づく実証研究にも限界があり、現実の行動の説明としては適切でないとして経済学以外の領域においてこのモデルに基づく研究はほぼ無視されていると指摘する。

（3）エルスター［Elster 1999c］は嗜癖研究の応用例としてギャンブルに焦点を当てる。彼は、フルーツマシン（スロットマシン）やポーカーマシンといった完全に運に基づくギャンブルと、数字が選択できるルーレットなどなんらかの意味で戦略を考慮できるギャンブルを区別しつつ、それらにおける「再発」や「渇望」、「離脱」の発生や非合理的な信念形成について分析している。

（4）エルスターは、ナチスに占領されたベルギーにおいて、終戦後に対独協力者への追及が緩やかになることを見越すことで、戦争中に彼らをあえて処刑してしまった例や、同じく第二次世界大戦中に、募金を求めるラジオ放送を聴いたアメリカ国民たちが、自らの熱が引かないうちに申し込みの電話をすることによって自分たちの感情を担保しようとした例を挙げている［Elster 2000: 23］。

（5）たとえば、医者であっても患者に手術をするかどうか決断する場合に、「この手術では一〇〇人のうち五人が失敗して亡くなります」とアドバイスするのと「この手術では一〇〇人のうち九五人が成功します」とアドバイスするのでは、後者の方が踏み切る確率が上昇するなど、同じ情報を伝達するのでも、その認識フレームの相違によって行動が変化すること。

(6) 事前に動物の話をしておくと，海という言葉からクジラやイルカを連想するなど，ひとつの概念がまた別の概念の呼び水となる現象。

(7) ロールズは，「純粋な手続き的正義」に基づいて原初状態や無知のヴェールといった手続きを設定し，それがどのような規範（正義の二原理）を生み出すかを検討した。

参考文献

Becker, Gary Stanley and Kevin Miles Murphy [1988] "A theory of rational addiction," *Journal of political Economy*, vol. 96, pp. 675–700.

Elster, Jon [1979] *Ulysses and the Sirens*, Cambridge University Press.

Elster, Jon [1983] *Sour Grapes: Studies in the Subversion of Rationality*, Cambridge University Press.

Elster, Jon [1998]"Deliberation and Constitution Making," in Elster J. (ed.) *Deliberative Democracy*, Cambridge University Press.

Elster, Jon [1999a=2008] *Strong Feelings: Emotion, Addiction, and Human Behavior*, MIT Press. 染谷昌義訳『合理性を圧倒する感情』勁草書房。

Elster, Jon [1999b] "Emotion and Addiction: Neurobiology, Culture, and Choice," in Elster J. (ed.) *Addiction: Entries and Exits*, Russell Sage Foundation.

Elster, Jon [1999c] "Gambling and Addiction," in Jon Elster and Ole-Jørgen Skog (eds.) *Getting Hooked: Rationality and Addiction*, Cambridge University Press.

Elster, Jon [2000] *Ulysses Unbound: Studies in Rationality, Precommitment, and Constraints*, Cambridge University Press.

Elster, Jon [2003] "The Market and The Forum: Three Varieties of Political Theory", in Derek Matravers and Jonathan Pike (eds.) *Debates in Contemporary Political Philosophy: an Anthology*, Routledge.

Elster, Jon [2007] *Explaining Social Behavior: More Nuts and Bolts for the Social Science*, Cambridge University Press.

Gruber, Jonathan and Botand Koszegi [2001] "Is Addiction "Rational" Theory and Evidence," *Quarterly Journal of*

Economics, vol. 116 no. 4, pp. 1261–1303.

Gul, Faruk and Wolfgang Pesendorfer [2001] "Temptation and Self-control," *Econometrica*, vol. 69, pp. 1403–1435.

Houthakker, Hendrik Samuel and Lester Dean Taylor [1966] *Consumer Demand in the United States, 1929–1970: Analyses and Projections*, Cambridge (MA): Harvard University Press.

Orphanides, Athanasios and David Zervos [1995] "Rational Addiction with Learning and Regret," *Journal of Political Economy*, Univer-sity of Chicago Press, vol. 103 no. 4, pp 739–58.

Thaler, Richard H. and Cass Robert Sunstein [2008=2009] *Nudge: Improving Decisions About Health, Wealth, and Happiness*, Yale University Press. 遠藤真美訳『実践行動経済学——健康、富、幸福への聡明な選択』日経ＢＰ社。

小椋正立・鈴木亘・角田保 [2005]「喫煙習慣に関する経済学分析——合理的依存症モデル神話とその再検討」田近栄治・佐藤主光編『医療と介護の世代間格差——現状と改革』東洋経済新報社。

斎藤学 [1988]「嗜癖」土居健郎ほか編『異常心理学講座５ 神経症と精神病２』みすず書房。

松下年子・吉岡幸子・小倉邦子 [2009]『事例から学ぶアディクション・ナーシング——依存症・虐待・摂食障害などがある人への看護ケア』中央法規出版。

■選択

選択とは、本能的な行動であって、合理的に行なわれるわけではない。たとえばある実験で、ネズミを迷路に入れて、まっすぐな径路と枝分かれした径路のいずれかを選ばせると、どちらの径路を選んでも、最終的にたどり着くエサの量は同じなのであるが、それでもほぼすべてのネズミが、複数回の試行ののちに「枝分かれした径路」を選ぶという。時間と労力が余計にかかるにもかかわらず、ネズミは本能的に、なにか新しい選択肢を探ろうとするようだ。

人間も同様に、あえて選択肢を広げようとして、不満足な結果に終わってしまうことがある。たとえば、恋愛結婚である。取り決め結婚と比較してみると、恋愛結婚では広い選択肢のなかから相手を選ぶため、当初の満足度は高い。だがしだいに冷めていく。ルービンの恋愛尺度に基づく調査によると、恋愛結婚の満足度は、結婚後1年以内では、91点満点中平均70点だが、10年を超えると平均40点に下がってしまう。これに対して取り決め婚では、結婚後1年以内のスコアは58点。ところが10年を超えると68点に上昇する。選択肢に開かれていない結婚のほうが、幸せが持続するようである。

選択を制約することの効果は、有名なジャムの実験でも実証されている。スーパーマーケットにジャムの試食コーナーを設け、ジャムが6種類の場合と24種類の場合を比較してみると、24種類のときは、買い物客の60%が試食に立ち寄ったものの、種類の多さに戸惑いを感じ、多くは手ぶらで去ってしまった（購入者は3%）。これに対して6種類の場合、買い物客の40%が試食に訪れ、試食客の30%が自分の好みにあうジャムをみつけて実際に購入したという。選択肢を絞り込んだ方が、店の売り上げが伸びたのである。

宗教生活についても、興味深い実証がある。規則の少ない自由主義的な流派（たとえばユリテニアン主義）と、規則の多い原理主義的な流派（たとえばカルヴァン主義）を比較してみると、後者のほうがうつ病にかかる割合が少なく、「自分で自分の人生を決めている」という意識を多くもつという。限られた選択肢のほうが、人は前向きになれるようである。アイエンガーによれば、人生とは選択と運命と偶然の三元連立方程式から成っており、自分で与えるその変数によって、意義深いものにすることができる。重要なのは、選択肢の数ではなく選択の意識であって、それは私たちの意欲と結びついている。（橋本努）

【文献】 シーナ・アイエンガー［2010=2010］『選択の科学　コロンビア大学ビジネススクール特別講義』櫻井祐子訳、文藝春秋

4-4

キーワード：感情、理性、意思決定

心理
損得勘定に感情は入っていないのか

松井名津

はじめに

経済学の出自のひとつが道徳哲学にあることがどれだけ周知されているかわからないが、少なくともアダム・スミスが経済学の父と呼ばれていることは知られているだろう。そのアダム・スミスは『諸国民の富』以前に『道徳感情論』を執筆しており、論理学、道徳哲学の教授であった。スミスは『道徳感情論』で人間が怒りや恐れ、喜びや愛情といった感情に基づいて行動しようとする傾向を持つ一方で、仲間から同感（sympathy）を得たいという感情によって、当初の感情に基づく行動を調整すると考えた。そして『諸国民の富』は『道徳感情論』で展開された人間像を基礎として、市場という交換社会において人びとの生産活動や消費活動が、価格システムと技術や自然条件に規制されながら、どのようにして揺らぎを持つ統合的システムとなるのかを解明しようとした著作であった。(1) 一八世紀を啓蒙の時代、理性の時代と呼ぶことが多いが、アダム・スミスをはじめとするスコットランド啓蒙と呼ばれる知識潮流では、人間の行動や意思決定は情念や感情あるいは特別な感覚（モラル・センス）に基礎づけられていると考えられていた。その最も先鋭な例がデヴィッド・ヒュームであろう。彼もまた経済学的なあるいは経済政策的な論稿を多数著述しているが、「理性は情念の奴隷である」として情念が行為の動機および理由を与えるのであり、理性は情念が決定した範囲で活動するものにすぎないとしていた。ヒュームにとって市場における人間行動は、利益という情念を理由や動機としながら、他者との相互依存性の中で決定されるものであった。このように経済学濫觴時においては、経済学的事象における人間の行為や意思決定は感情の強い影響下にあると見なされていた。翻って現在の標準的な経済学理論における人間行動はなんらかの財やサービス（場合によっては活動）の消費によって得られる効用を基礎としている。そして効用は通常消費から得られる満足度の水準であると説明される場合が多い。そしてこの効用を最大化する行為を人間は選択するというのが合理的人間であり、現在の標準的経済学の基礎におかれた人間像、合理的経済人である。

しかし現代経済学のすべてが感情的行動を経済学から排除しているわけではない。とくに心理学者カーネマンのノーベル経済学賞受賞以来、行動経済学が人間の心理、感情や思い込みといった従来不合理とされていた要素を取り入れた経済学として衆目を集めることとなった。行動経済学の啓蒙書のタイトルを借りれば、行動経済学は「不合理」である人間行動を「予想通り」な不合理さとして扱う経済学であり、その基礎には感情的で不合理な人間がいるということになるだろう。とくにその分野の中心となるのが意思決定理論であることから、この章では行動経済学の中で人間の感情や心理、意思がどのように扱われているかを取り扱っていくこととする。

とはいえ行動経済学が経済学と心理学をどのように結びつけているかは意外と知られていないのではないだろ

うか。現在の日本ではアンカー効果やフレーミング効果といった行動経済学の用語は、経営学とくにマーケティング部門で取り上げられることが多い。また行動経済学といえばノーベル賞を受賞したカーネマンとトヴェルスキーに衆目が集まるあまり、合理的経済人の理論的行動と心理学における人間行動の叙述との差が強調される傾向がある。しかし、行動経済学自体は一九八〇年代から、カーネマンとトヴェルスキーの業績に基づきながらも、金融学の一部としてセイラーによって展開されたという歴史を持つ。セイラーは理論や統計および期待効用理論から導きだされたルールを意思決定のノーマティブ・ルールとし、実際の人間行動を記述する記述理論とした。この弁別はカーネマンとトヴェルスキーの区別に基づいたものであった［Thaler 1980］。その後九〇年代から二〇〇〇年代に入るとセイラーはローウェンシュタイン達とともに異時間的意思決定理論に、行動意思決定理論を持ち込むことによって、新たな方法論を持った科学的学問分野として「行動経済学」を確立していった。(3)その中でカーネマンやトヴェルスキーはノーベル経済学賞受賞者として行動経済学の象徴とされながらも、理論的な影響は薄れてゆき、経済学内部で混乱の元となったノーマティブと記述という弁別も、標準的経済学の完全合理性とハーバード・サイモンの限界合理性の対比として整理されていく［Heukelom 2011］。

ここで取り上げるローウェンシュタインは行動経済学成立の初期から、効用概念の再検討を行ないながら、感情と意思決定の相互作用を理論化しようとしている行動経済学者の一人である。彼の主著（ただし内容的には論文集）である『エキゾティックな選好』と編著である『感情は意思決定の邪魔となるか』を紹介しながら、はたして行動経済学は感情と合理的理性の相互作用をどのように理論化しようとしているのか、そこにどのような問題点や含意があるのかを検討していくことにしたい。

一　経済学における人間像をめぐって[4]

ローウェンシュタインの主要な主張を一言でまとめるならば、経済学における効用は心理現象であり、経済学はなんらかの心理学に基礎をおくべきであるということになる。彼は現代の標準的経済学の効用が心理ではなく、財やサービスの消費に還元されてしまっていることを強く批判する。この点はセンの効用批判と共通するところがあるが、センの場合、効用形成にいたるプロセスや心理に注目しながらも、ケイパビリティや福利（well-being）のように個人や社会の状況を把握する方に力点をおいていると思われる。これに対し、ローウェンシュタインは効用が心理現象であることを強調し、人間行動の原動力となる効用概念の提唱者であるベンサム自身が効用の源泉に次のような快楽を含めているとする。能力をふるう快・自分の評判への快・名声の快・権力の快・善意の快・悪意の快[6]。このような財やサービスの消費に還元されない効用を経済学に取り込むべきだというのが彼の主張である。ローウェンシュタインが消費に還元されない効用として取り上げるのは、自己シグナリング（ベンサムでは自分の評判への快）、目的達成、状況をコントロールしたいという欲求、そして「意義」である。最初の自己シグナリングは自分が自分のことを誇らしく思いたいという欲求であり、自尊感情と近いものといえるかもしれない。しかし自尊感情とは違い、自分自身が社会的にどのような位置関係にいるのか、どのような人物としてみられたいか（どのような人物でありたいか）に関わるものでもある。したがってこの効用には、たとえば友好的な人だと思われたいために、近所の人と出会ったときに挨拶をするが、行動動機が「友好的な人だと思われたい」ということは隠したいという複雑な性格を帯びることになる。この効用を分析した優れた論文として、ローウェンシュタインはボドナーとプレレクによる評価的効用（diagnostic utility）を取り上げている。評価的効用は自分がそうありたいと思う社会的立場やその場での役割にそった行動をする場合に得られる効用である。だが、右記のように行動の動機の裏に「そのように見られたいからそういう行動をする」という意識が生じると逆に効用が減少してしまう。その後二〇〇〇年にアカロフらはこの概念を発展させる形でアイデンティティに基づく人間行動として、こうした効用を経済学に組み込んでいる［Akerlof and Kranton 2000］。

次にあげられている目的達成欲求は標準的経済学における時間割引と関係する。標準的経済学では人間は時間合理的に行動する。したがって過去に設定した合理的な目的を達成しないということはあり得ない。一方で行動経済学では時間割引は双曲的であり、日常よく経験する一日延ばしのダイエットや禁煙をうまく説明することができる。しかし双曲的な時間割引では、人は時間とともに判断の基準をコロコロ変えることになり、首尾一貫した行動をとらないことになる。過去に設定した目的を遵守する標準的経済学とも、一貫した決断とは無縁の双曲的時間割引とも異なり、通常人は過去に設定した決断や目的を一日延ばしにするが、その一方で設定した目的を達成しようともする。ローウェンシュタインは目的達成欲求、設定した目的へのこだわりが時間が経過しても首尾一貫した意思を継続させる矯正手段ではないかと提起している。第三の状況をコントロールしたいという欲求はベンサムの分類でいえば能力を行使する快にあたり、自分が主人公であるという快をもたらす。最後が「意義」である。これは自分自身の人生にどのような固有の意味があるのか、人生の価値や人生の意味を見いだすことでもある。「意義」は、高高度登山など生き死にの分かれ目に立ち会った経験によって生じる自分に対する新しい視点、人生の再発見、自己の生まれ変わりといった経験であるともいう。こうした観点の変化や自己自身に対する内省を合理的期待理論は説明できない。なぜならこうした観点の変化が生まれるかどうかは合理的に見通すことができないし、そうした現象が生じることが期待できたとしても、その効果をあらかじめ見積もることはできないからである。このような経験は日常の行動や、まして経済学にとっては一見無関係に見える。しかしローウェンシュタインは人間行動の動機の中心的な位置を「意義」が占めていると考えており、自らの人間像を「意味を形成する機械」として定式化している。

すなわち人間は外界や自分自身、他人の心理になんらかの意味を見いだそうという基本的欲求を持っており、この基本的欲求が意味づけとして現れているのだという。ローウェンシュタインは意味づけを人生を遂行する上で欠くことができない欲求とし、この欲求がどのような機能を持つかに関して四種類の解釈が可能であるとする。第一が選好における不確実性の解消、第二が自己を社会的時間的に拡大すること、第三が物事を了解可能なものとすること、最後が自由意志を確証することである。

選好の不確実性を解消する機能としての意味づけは、無数の選択肢からある選択肢を選ぶときに、その選択肢を自分の本当に欲しいものであると意味づけることでもある。無数の選択肢の中でなにを選択してよいかわからないという状態、自分が欲しいもの、自分にとって重要なものがわからないという状態が苦痛をもたらすからこそ、こうした状態を解消するためのさまざまな手段が市場で売買されるのだという。その例が自己啓発本であり各種のセラピーや宗教である（自分にとって重要なものを見つける手伝いをするという点で、ローウェンシュタインは自己啓発本と宗教とを同一に扱っている）。こうした機能は不確実な選択を減らし、効用を高めるという点で標準的経済学の効用最大化と親和性を持つ。

社会的時間的に自己を拡大する機能は、社会的文脈の中に自己を位置づけることである。これはアカロフがアイデンティティ経済学として主張している内容でもある。ポール・ウィルスが『ハマータウンの野郎ども』で描き出したような「あいつら」と「自分たち」という対抗意識、その中で「自分たち」という社会的アイデンティティに逆らって上級学校を目指す行動が「裏切り」とみなされてしまい、総体として教育投資がうまく働かないといった状況がこれにあたるだろう。だが、ローウェンシュタインはこの機能は効用最大化フレームワークに収まるものにすぎず、標準的経済学でも取り扱い可能だとしている。

後者のふたつは標準的経済学で無視されている機能である。物事を了解可能なものとする行為は人間が物事に秩序やパタンを見いだそうとするという人間心理の根本的要素に基づいたものである。人はトラウマを残すような出来事にあった時に、その出来事に意味を与え自ら物語ることで癒されることがある。この意味を与え物語として語ることが物事を了解可能なものとするのである。自由意志を確証する行為は、自らの決断に意味をつけようとする行為であり、たんに望むだけではなく自由意志を行使したと感じることである。

このような行動や心理は認知的なもの、哲学的なものであり経済とは無縁の要素とされる。しかしローウェンシュタインはこうした機能が心理的な効用に大きな影響を与えていることに注目し、こうした意味付与や自由意志を見逃すことによって、経済学は大きな過ちを犯すことになるという。

ではどのような過ちを犯すというのだろうか、そしてまたこうした心理的効用を経済学に持ち込むことが経済学にどのような変化をもたらすとローウェンシュタインは考えているのだろうか。節を改めて検討していきたい。

二　目的達成までのプロセスとしての心理的効用と経済学理論

ゴールを目指すだけでなくゴールまでの努力をどうして望むのかが労働において大きな要因となるという指摘や、物語ることにトラウマを抑制する働きがあるという指摘を見ると、ローウェンシュタインは労働や活動への動機が利得に限らないこと、感情と意思決定の相互作用を重んじていることが推測される。利得が行動の唯一の動機ではないという点は、薬物依存といったアディクションにおいて典型的である。だが、ローウェンシュタインはアディクションのような病的行動だけではなく、日常の行動や意思決定においても、結果ではなく過程そのものを求める要素があると主張し、その代表例として好奇心を取り上げる。[7] 標準的経済学では、好奇心は情報がないという苦痛を解消するための行動の要因となる。また合理的選択理論では「行動から期待する快楽」つまり手に入った情報から期待できる快楽が行動要因となる。どちらの理論においても好奇心の対象となる情報が「ない」ことは苦痛であり、「情報を手に入れる」ことは満足をもたらすことになる。しかし、これではなぜ推理小説や未見の映画の「ネタバレ」が失望や不満足をもたらすのかが説明できない。読む前から犯人が分かっている、結末が分かっているのであれば、情報がないという苦痛はなく、情報を得るという目的は達成されるわけであるから、どちらの理論でも人びとは「ネタバレ」を好むはずである。さらに、高高度登山と同じように、「情報がない」という苦痛状態あるいは目的が達成されていない状態を、わざわざ金銭を払って求める行動を説明することができなくなる。

好奇心を扱った論文の中で、ローウェンシュタインはまず好奇心を内的動機に基づく欲求であるとする諸理論、たとえば強い情動や趣味的欲求と、行動心理学の新規なものへと注意を向ける（注視する）ことを好奇心として扱う内的動機をともなう必要がないものとに分類した後、好奇心の概念がこれまでどのように整理されてきたかを考察する。その上で、ローウェンシュタインはこれまでの好奇心の定義や研究が好奇心以外のものを混在させてきた可能性を指摘する。たとえば好奇心を、認識的なもの――認知的なもの、特定の対象を持つもの――と漠然とした刺激への欲求という二軸で行なう分類では、漠然とした刺激への欲求を計測しようとする場合、質問の仕方によって単純に被験者がどの程度退屈しているかを計測している可能性があるとする。またセミナーやレッスンなどある特定の状況での好奇心と、特殊な状況ではない一般的状況での好奇心とに分類するやり方も、質問の仕様でどちらにも分類が可能であること、また一般的な好奇心は責任感や創造性、知性等々好奇心以外のものを計測している可能性があることを指摘する。こうしてローウェンシュタインはこれまでの計測が個人間の好奇心の相違を計る試みであり、これはその社会で好奇心が肯定されているのか否定的に見られているのかで結果が左右されるという根本的な欠陥があるとする。そして結論的に特定の状態における好奇心、すなわち多くの人の好奇心を刺激するにはどうすれば良いかを明確化する方向性が実りあるのではないかとする。

次に好奇心が発生する原因に関する研究を取り上げ、好奇心が空腹や性衝動、恐怖からの逃走といった一次的衝動に近いもの、あるいはこうした一次的衝動から派生したものと考える理論を一定評価する。だがこうした一次的衝動は内的動機にとどまり、好奇心が外的刺激によっても生じることを説明できないとする。とはいえ、好奇心が他の一次的衝動と多くの付随する諸特徴、たとえば満足が得られないとさらに強度を増す、他の刺激や報酬が少ない状態でも行動を引き起こすことができるかどうか、といった点を共有するところに着目する。

先にローウェンシュタインは人間を「意味づけする機械」としていると紹介したが、好奇心をめぐっても、好奇心は世界を意味あるものとして把握しようとする人間の自発的性向を反映しているという一九五〇年代のピアジェ等の研究を検討の俎上にのせる。ピアジェは子供の心理的発達の研究からこうした見解にたどり着いた。特にピアジェは、期待が現実に裏切られた時に好奇心が刺激されやすいことから、認知的に構成した世界と現実の新しい情報との不調和が好奇心を動かすこと、したがって不調和と好奇心の関係は、不調和が大きくなるにつれ大きくなるが、一定レベル以上に不調和が達すると、新規情報と構成した世界とを結びつけることができず、好奇心が薄れると主張した。こうしたピアジェ等を出発点とする理論では人間は説明できないこと、期待から外れた物事に対して好奇心を持つ傾向を生来持っているということになる。こうした理論は近年の研究によって裏づけられてきている部分があり、ゲシュタルト心理学からも大きな支持を得ている。だが、ローウェンシュタインはこの理論だけでは好奇心のすべてを説明することはできないとする。その例として彼が挙げるのが、レストランで隣のテーブルの会話に割り込んでしまうことや、パズルである。こうした場合、好奇心は構成世界との不調和ではなく、特定の情報や理解の不足といった要素が原因となっているのではないかとする。

こうして好奇心、とくに特定の情報に対する自分の中の欲求としての好奇心に関して、標準的経済学や合理的期待理論と心理学的理論が、相互に並立している様子を描き出した後、ローウェンシュタインは双方の理論の欠陥から導きだされる解決すべき課題を(1)好奇心を自ら求める場合がある、(2)好奇心は状況によって左右される。この状況決定因に関する説明が必要である、(3)好奇心は衝動と同じく強さを持つが移ろいやすくもある。また衝動と同じく行動を強制する力を持つが、衝動とは異なり結果を手にする（好奇心が満たされる）と失望する、の三点にまとめ、この課題を解決するひとつの方向性として「情報ギャップ理論」を提唱する。

「情報ギャップ理論」は行動経済学のプロスペクト理論を応用したものである。行動経済学では人間は絶対的な基準（価格や確率）に従って行動するのではなく、状態や状況を比較しながら意思を決定し行動すると考える。この比較の際にその場での基準となるのがリファレンス・ポイント（参照点）である。情報ギャップ理論は、相対的に客観的な「知っていること」と非常に主観的な「知りたいと思っていること」の二軸の量で好奇心を定義する。そしてリファレンス・ポイントを「知りたいと思っていること」におく。そうすると、ある個人が現実に知っていることと、リファレンス・ポイントとなる「知りたいとおもっていること」との間のギャップが好奇心の量ということになる。このように考えれば、知識や情報が同一であったとしても、各個人のリファレンス・ポイントがどこになるかによって好奇心が引き起こされるかどうか、あるいはどれぐらい引き起こされるのかが変わってしまうことが説明できる。

ローウェンシュタインは情報量を一次元的コンセプトとして取り扱うわけだが、彼はこれは他のプロスペクト理論と同じく取り扱いのための方便であり、情報ギャップを正確に測定することよりも、情報ギャップ理論が現実をどこまで記述できているか、予測できているかに焦点を当てる実験的状況を作り出すことの方がより重要であるとする。そして情報ギャップ理論によって先に挙げた三つの課題がいかに解消できるのかを論証・実験していく。まず課題(2)の好奇心が発生する状況要因を特定する点に関し、情報ギャップ理論からふたつの仮説が提示できるとする。ⓐ好奇心の強さは不確実性を解消させる能力に対して正の相関性を持っている、ⓑ好奇心はある特定分野に関するその人の知識と正の相関関係を持っていなくてはならないというものである。仮説ⓐに関しては実験によって裏づけながらも、不確実性を解消する能力が情報ギャップを埋める能力でもあるとする。さらにぱっと見た瞬間、必要な情報に対する見通しが働く場合と、情報を得てもなかなか全体像が明らかにならない場合では、前者の方が不確実性を解消できる能力が高くなるゆえに、見通しや洞察が働く問題に対して好奇心はより強くなると仮定できるとする。仮説ⓑは意思決定理論における注意力の指向性の特徴、すなわち自分が関心を持つことには注意力を払うが、本来注意すべき事柄であっても、関心がなかったり知らなかったりすると注意をしないという特徴と、同様の事例であるとする。つまりよく知っている領域（注意力が指向性を持っている領域）に関しては、新たな情報によって「知らないこと」がもたらされると、好奇心（注意力）が喚起される正の相関関係が理論的にはあることになる。ただしローウェンシュタインはこの正の相関関係に関しては、新しい情報によってリファレンス・ポイントがシフトする場合が存在するので、必ずしも正の相関関係が成立するとは限らないとする。たとえば、自分の能力で情報ギャップを埋められると思われていたものが、新たな情報によって、遥かに巨大な未知の領域を持っていると分かった時である。このとき情報ギャップを埋める力量がないと主観的に思うと、好奇心は衰退する。逆にジグソーパズルですべてのパズルを埋めなくても、その全体の図柄が分かった途端、好奇心は衰退する。このように好奇心は知らない量に対する主観的価値に依存する。とはいえ、一般的傾向としては実験的にも知識と好奇心の正の相関関係は実証されているとする。

次に課題(1)の好奇心にあえて身をさらす場合である。これをローウェンシュタインはギャンブルとその儲けやジョギングとその後のビールと共通要素を持つとする。すなわち情報を得ることによる快楽が、好奇心のもつ居心地の悪さを上回るのであれば、好奇心に自ら身をさらすことになるわけである。逆に好奇心を満たす可能性が低い、あるいは長時間かかる（評価の低い推理小説や、専門用語ばかりの入門書）場合は、好奇心が減退するという仮説を導きだすことができる。また好奇心をかき立てられるような状況に偶然さらされる場合も情報ギャップ理論によって、説明が可能であるとする。というのはこうした状況そのものが特定領域における情報ギャップの存在を明示しているからである。たとえばスポーツ中継が突然中断された場合がこうした状況にあたるだろう。それまではただ漫然と見ていただけの中継であっても、偶然「結末が分からない」という情報の欠落が示された途端、そのギャップを埋めようとして好奇心がかき立てられるわけである。

最後に課題(3)の好奇心の強さと移ろいやすさであるが、これは情報ギャップ理論によれば、あるべきはずの情報がないという損失が大きなインパクトであり、好奇心の強さを説明できるとする。また移ろいやすさは、カーネマンが主張している注意力が限界のある認知的資源であるという点で説明が可能である。さらにまたなかなか好奇心が満たされないと、その状態は「剥奪」と感じられ不満足を覚えてしまうし、逆に情報を得た場合も情報そのものが即座に消化されるという性質を持っているために、満足感は長続きしないことになる。

ただしローウェンシュタインは情報ギャップ理論ですべての好奇心が説明できるとはしていない。たとえば「その情報がなくても欠落を感じるわけでもないのに、それが面白そうだと思っているという理由で情報を探索する」［Loewenstein 2007: 165］場合である。このような内的関心と表現できる、ある特定の人が特定の話題に関してなぜ関心を抱くのかや、なぜある特定の話題とくに自己自身に関わる物事が普遍的に関心を引くのかは（たとえそれが偽の情報であると分かっていたとしても）情報ギャップ理論では説明できず、情報ギャップ理論が説明可能なのは外的な刺激によって好奇心が刺激される場合に限定されるとする。

とはいえこうした情報ギャップ理論は教育や専門性、社会的なステレオタイプの打破といった実践的可能性を持つ。教育に関しては教育を受ける側の意欲を高めるためには、ある程度の基礎的知識が必要であること、学生が知識のギャップを自ら埋められると感じられること、あるいは埋められると気づかせることが重要であることを示すことができる。社会的ステレオタイプを形成するのは欠落している情報を社会的枠組みや常識によって埋めようとしているからであり、それは同時に情報が欠落していることに無意識であることでもある。したがって社会的ステレオタイプを解除するためには情報ギャップに気づかせることが重要となるとする。

このような情報ギャップ理論と経済学の領域がどのような関係を取り結んでいるのかという点に関して、ローウェンシュタインはなにも語っていない（というよりも、この論文が経済学領域では無視されたことを強調している）。だが、好奇心という購買行動の一因でもある心理を取り上げることによって、経済行動の中に金銭的利得以上の「効用」が含まれうることを示そうとしたと忖度できる。実際に好奇心をめぐる議論で応用されているプロスペクト理論の中でもアンカー効果は、日本では一般的な経営啓蒙書の中でプライシングのより良いやり方として紹介されている場合が多い。しかし経済学の本来の領域で、社会全体として人間の行動がどのような相互作用を起こすか（とくに市場において）として扱われるべきであろう。

三　集団的意思決定と選好の首尾一貫性(8)

1　相互交渉の文脈性とバイアス

ここまでは個人が意思決定をする際に、今まで効用概念に含まれていなかった心理的要素が大きな影響を与え、いわゆる合理的意思決定とは異なる結果をもたらすこと、あるいは標準的理論ではうまく取り扱えない事例をどのように説明するかを取り扱うローウェンシュタインの行動経済学理論を紹介してきた。ここでは、各個人の心理的要素が交錯する集団的意思決定や、同一の個人であっても現在の自分の意思決定と将来の意思決定という異時間点意思決定を紹介していく。こうした二者間問題の古典的な例はエッジワース・ボックスであろう。そこでは（パレート効率性でもそうだが）出発点を所与とすれば市場における配分が最も効率的となる。これに対してゲーム理論の発展により囚人のジレンマ等さまざまなケースで、二者間の合理的意思決定の結果が、必ずしも全体の利益を向上させる最適解が導かれないことが示されるとともに、さまざまな均衡解が存在することが示されてきた。こうした標準的な経済学やゲーム理論とローウェンシュタインの行動経済学が相違する所は、交渉がどのような両者関係の中で行なわれたのか、すなわち「交渉の文脈」を重んじることであり、各個人が交渉結果を心理的にどのように受け止めるかという点である。

実験例としてローウェンシュタインは、議論の状況として、同一の社会的ステータスの二人がプライベートな状況、たとえば家の間にある無人の用地をクジでどう分けるかという状況と、ビジネス的な状況、たとえば顧客と売り手の状況を設定しどちらにおいても、主体の状況が肯定的・中立的・否定的であるという三つの設定を追加して考察する。この実験結果と最も適合的な方程式は、自分と他者の利得の絶対差を考えるというものであり、とくに差分に対して肯定的価値を持つか否定的価値を導入したものであると主張する。そして社会的意思決定においても当初の出発点、すなわちリファレンス・ポイントが各個人にとって肯定的なものか否定的なものかによって、意思決定の首尾一貫性が崩れる場合があるとする。さらに「一般的に主体は、有利な不平等より、不利益な不平等に対して強い関心を持」ち［Loewenstein 2007: 194］、自分自身の成果そのものよりも、自分と相手との成果を比較することに強い関心を持つとする。とくに主体間の関係性が否定的であれば、他者の成果よりも自分の成果にこだわる傾向を強めるが、他者の不利益を求める方向性を強めるわけではないとする。そしてプライベートかビジネスかという議論の状況は、ビジネス的関係ではより高い成果を、プライベートな関係ではより平等な分配を選好しているとする。こうした結果からローウェンシュタインは相手のいる社会的状況では(1)より多くの主体が平等なペイオフをより選好する、(2)両者の関係性と交渉の文脈が利益のある不平等性および自分の結果への関与に大きな影響を与える、しかし不利益な不平等性には影響を与えない、(3)両者の関係が肯定的なものから否定的なものへと変化すると、より自己中心的になる、(4)利益のある不平等性に対する態度（他者に譲る聖人・自己の利益に忠実な人・どのような状況でも競争しようとする人）によって人びとの行動を分類することが可能であり、それは人びとの行動予見性を増大することができるとまとめる。

このように行動経済学の結果では人間は自己の利益に忠実である一方、二者間の交渉関係においては比較的利他的であり、比較的公正（自分の報酬が他者の報酬を下回らない限り、出てきた結果に満足する）である。しかし多くの交渉関係の研究では、交渉は長引くか失敗に終わるという結果が出ている。この差がどこから生じるかという点に関して、ローウェンシュタインは先に述べたように個々人が自分の結果を心理的にどのように受け止めるかという主観的な公平性解釈を「自己に有利なバイアス」とする。

ゲーム理論では交渉の不成立や長期化の主因を情報の不完全性にも求めるが、自己に有利なバイアスを導入することでよりシンプルな心理的メカニズムを要因として提示できるのではないかというのがローウェンシュタインの主張である。この場合の自己に有利なバイアスとは、「なにが公平か」という判断と「なにが自分にとって有利か」という判断をひとつにまとめるときに、無意識に自己に有利な判断を取ってしまうことを指す。しかも自分の公平さが普遍的で社会的に共有されていると信じていると、相手の態度を不公平なもの、公平性に対して冷笑的な態度を取るものとして受け取り、自分が公平だと思っているものを下回って妥協することをひどく嫌悪することになる。こうした状況をゲーム理論では情報の不完全性が主因となると考えるのに対し、交渉の両者が所有する情報がまったく同じであり、状況を普遍的と見るインセンティブがあったとしても生じるとする。このように自己に有利なバイアスは不完全情報モデルよりも説明する範囲が広く、失業といった経済状況を解消するにも有益である。すなわち失業者の自己評価は過大になりがちなので、まずは失業者自身が自分の評価に客観的にならせることが支援の第一歩である。

こうした自己に有利なバイアスをめぐる行動経済学は、実験経済学との大きな違いを明瞭に表している。すなわち実験経済学は文脈や内容を考慮せず、行動の自己申告を中心に実験をくむ場合が多い。だが、行動の自己申告は自己欺瞞を含む場合がある。近年実験経済学でもこの点に敏感になっており、古典的な実験ゲームである「囚人のジレンマ」をうむゲームの内容を変えず、ゲームの名前を変えるだけで実験結果が変わるということを認める研究者が存在する。

自己に有利なバイアスは人間の判断に系統立ったエラーをもたらすのであるが、正確な自己に対する判断が自尊感情を傷つけたり、中程度の鬱をもたらすことから、肯定的な自己評価は個人の幸福にとっては必要なものでもある。しかし交渉や示談のように行き詰まりが高くつく所では経済的損失をもたらす要因となる。ではどうすればバイアスを変化させ、交渉を有益な結果に終わらせることができるだろうか。学習による改善に期待が寄せられるが、現実にはまったく同一の状況で交渉や示談が生じる可能性は非常に低い。したがって経験から学ぶという可能性は低く、自己に有利なバイアスを意識するということしかないだろう。

ではこのようにバイアスを持つ「選好」や系統立ったエラーは他者との交渉の場合にのみ生じるのだろうか。

2　個人選好の逆転と評価の文脈

自分自身の選択結果、すなわちどちらを好むかという選好に関しても、状況によって選好が逆転する場合がある。その代表例が多くの選択肢が一度に与えられて比較可能な場合と、順々に見せられ個別に評価する場合とで、選好が逆転する現象である。

たとえば、小さなカップに山盛りになったアイスクリームと、大きなカップに八分目程入れられたアイスクリームのどちらを選ぶかという状況で、個別に見せられた場合は多くの人が小さなカップのアイスクリームを選好し、同時に見せられた場合は大きなカップを選好する。アイスクリームの例に見られるように、個別に判断を求められる場合（以下SEと略する）と選択肢を一緒に比較して判断を求められる場合（以下JEと略する）とでは、評価方法が異なっているのではないか。すなわちSEでは評価しやすい属性が決定因となりやすく、JEは比較可能なため評価しにくい属性を評価することが容易になる。アイスクリームの場合でいえば、個別に判断を求められる場合「カップからあふれているかどうか」という見た目は評価しやすいが、「実際にどちらの量が多いか」は判断しにくい。これに対して双方を比較できる場合は、カップの大きさという評価しにくい要素を評価することが容易になるので、選好の逆転が生じていると考えられる。

こうした評価のしやすさは、評価に関わる情報がどれだけ与えられているのか、どのようなものなのか、に依存している。たとえば価格という価値とその意味が分かっている場合であっても、情報が予め与えられていない他の土地でのホテル代が、その土地の一般的ホテルの相場に比べて高いホテルなのか（あるいはぼったくられているのか）それとも安いホテルなのかは評価困難である。これに対して一般に価値の属性が二項対立になっている場合は個別に判断しやすく評価しやすい。したがってSEとJEの選好が逆転するのは、こうした個別に判断しやすい場合に多く見られることになる。そのうえでローウェンシュタインは逆転の三タイプとして次の三種類を挙げている。（1）選択肢が同じカテゴリに属していて、分かりやすい属性を共有し、その属性の間にはトレードオフがある。（2）選択肢は同じカテゴリであるが、分かりやすい属性を共有していたり明白なトレードオフも含範カテゴリのどれに当てはまるのかを考え、その規範同士を評価比較することだという。まず分かりやすい評価要素を選択しがちであること、(3)のように評価が難しい場合、評価する対象が既存の規範カテゴリのどれに当てはまるのかを考え、その規範同士を評価比較することだという。

標準的経済学では個人の選好は所与であり短期的には動かないものとされているわけであるが、右記のようなSEとJEの逆転現象は選好が文脈や状況によって変化しうるものであることを示している。ローウェンシュタインは不確実性下では「消費者が経験ある財を評価する際、その評価は「完全情報」下であっても非常に恣意的」［Loewenstein 2007 : 284］であるとする。では選好の完備性や推移性が満たされていないのか、選好順序はまったく気まぐれなのかというとそうではない。消費者がある財に対して一度ある評価を下すと、その財の数量への相対的評価は秩序だって行なわれる。行動経済学理論でいうアンカー効果（係留効果）である。アンカー効果が最も発揮されるのは、ある一定の範囲内での選択を迫られる状況である。この状況での判断が次の判断の布石、すなわちアンカーとなる。しかしアンカー効果がどの程度の範囲に適用可能なのかは不明な点が多い。というのも、もしアンカー効果が一般的であればある程、人間はほぼ過去の選択に拘束されて将来を決定することになるが、実験によってもそのような実例は確証されていないからである。

先に標準的経済学では個人の選好は短期的には動かないとされているとしたが、自己の将来の選好の変化は標準的経済学でも取り扱われている。しかしそれは自分の将来の選好を予想し、その予想にそって合理的に行動することができることを前提としている。この前提に従えば、現在の効用を満たすためにクレジットカードを使用したとしても、その使用額は現在の効用に見合う額におさまるはずである。つまり一五万円払っても良い品物を買う場合、クレジットカードを使用するのは、その品物を現在入手することによる効用と、クレジットカードを使用して支払わなくてはならない利子とが均衡する範囲までになる。しかし現実にはリボ払い等の仕組みによって、現実価格の数倍の金額を最終的には支払うような取引が行なわれている。こうした将来の自己をうまく予想できない事例における人間の心理と行動を系統的に取り扱うのも行動経済学の特徴であり、そのひとつが「保有効果」である。

「保有効果」は好みではないものであっても、保有したとたんにその価値を高く見積もりがちになるというものである。代表的実験例としては大学のロゴの入ったカップを客観的に評価した場合と、同じカップを無料で与え、そのカップをいくらで交換するかを評価した場合では、前者より後者の方が評価が高くなるというものがある。ローウェンシュタインはこの保有効果を使って、各個人が事前の自分の評価を認識したうえで、あるいは取引を繰り返したうえで、客観的すなわち合理的評価に近づくことができるかを実験している。実験結果からは、同一財で繰り返し売買を重ねると最適解に近づくが、財が変わると学習効果は見られないとされる。ローウェンシュタインは結論的に、個人は自分自身や他人の選好を評価するときに「今、ここ」という現在時点での選好のバイアスによって影響を受けると考える。そして将来の選好の予測に関しても、自分自身の性格からどのような方向に変化するか（癖にこだわるか、変化を好むか等々）は理解できる傾向にあるが、どの程度までかに関しては一貫して過小評価するのも、現在の延長線上に将来を投影しているからだとする。

こうしたモデルでは、貯蓄計画をたてても、その場で過剰消費するなど完遂できない計画をたてがちであることや、耐久消費財の購入に際して、たしかに合理的選択理論と同じく選択は「今買うか、二度と買わないか」なのだが、「今買うかどうか」がその時点での評価に影響されてしまい、買いすぎてしまうといった現象を説明し、あるいは予測することができる。それゆえ売り場の作り方や営業方法によって同一財の売れ行きを向上させることや詐欺商法の防止策を考案することにも有効である。

自分の将来を予期するという点では、ローウェンシュタインが自らの研究の主要な出発点とした異時点間選択も同一範疇であろう。ローウェンシュタインの主張の特徴は「待つ」ことに効用が存在すると考えることである。とくに金銭に換算できないもの（好きな俳優からのキス、マイルドな電気ショック）の効用では、楽しいものは現在より近い未来に、恐ろしいものは現在や近い未来よりも遠い未来に関して急激にピークが来るという実験結果を示している。また何度も繰り返される画一的なものや、印象が薄いものは、実際の行動に影響を与えにくい。したがって交通事故を防止するのであれば、訓話や映像を見せるよりも、擬似的で安全な事故体験のほうが遥かに効果があるとしている。退職後に貯蓄率が高まるとか、特別の日のためといってワインを取っておくといった現象も、賞玩の権利を持つものと考えるとよりよく説明できるとし、異時点間選択における時期の独立性に反し、「人びとは事実として、異時点間選択に関して驚くべき非首尾一貫性を示す。時として、現在にしか関心を払っていないかのように行動するかと思えば、現在よりも将来に重きを置いているように行動する。しかし、こうした一見したところ一貫性がないように見える多くの事例も、人間の行動の動因となっている選好をより複雑で陰影に満ちたものと考えるだけで説明できる」［Loewenstein 2007: 412-3］とする。つまり人びとは、なにをいつ消費するかに関心を持っているだけでなく、ある一定の時間スパンでの満足感の全体的なパタンに関心を持っている。とくにライフプランやライフスタイルに関する教育や出産、結婚などがそのような特徴を持つとする。

3　選択と心理

以上のような集団的意思決定や選好の逆転等の標準的経済学理論から逸脱する結果に対するローウェンシュタインの行動経済学理論は、人びとの現実の行動結果と標準的経済学理論における理論的結果を対照させながら、逸脱に見える行動の中に首尾一貫した心理的傾向を見いだすものである。『エキゾチックな選好』は財や消費についての人間の意思決定には「心理」がともなうものであるという所から始まった。そして標準的経済学における合理的経済人には通常の人間がもつ心理的要素が含まれないために、理論的結果からは不合理であり例外扱いされる行動にともなう結果が排除されてしまうと批判していた。さらに標準的理論から離反する結果には一定の系統だった「不合理性」があり、それは人間の普遍的心理傾向を反映したものであるというのが、彼の一貫した方向性であり、行動経済学一般に見られる傾向である。しかし、系統だった不合理性という言葉が表すように、こうした例外は標準的経済学を「理論」として認証しつつ、その理論と現実の摩擦を新たな理論で補完する経済だと位置づけることができ、ローウェンシュタイン自身も近年そのように位置づけている［Angner and Erik Loewenstein 2012］。結局、財や消費は需要量として扱われ、標準的経済学の理論的中核はそのまま温存される。

また感情と意思決定の関係について、ローウェンシュタインが編者である『感情は意思決定を促進するか邪魔するか』［Vohs, Baumeister and Loewenstein (eds.) 2007］では、「感情は意思決定過程を促進するかゆがめるか」［Baumeiser, Dewall and Zhang 2007］と題する論文がある。この論文では意思決定には認知と感情のふたつが同時に使用されているとする。ここで意思決定における認知として代表的に挙げられているのがアンカー効果である。一方感情には、意識的感情だけでなく、即時的で無意識な好悪があり、双方ともその場の意思決定を促すが、意識的感情がフィードバックシステムとして働き、将来の行動を調整する。したがって、行動から予期される感情が意思決定を導く重要な役割を果たし、利益ある役割も果たしていると主張している。これに対しその時点での意思決定に感情的要素が入ると、統計的な情報など処理に時間がかかる客観的判断がゆがめられる。さらに情報処理システムや情報探索システム（情報が必要かどうか、どんな情報を探すのか、どれだけ入手したいのか）といった役割を感情やより広い意味でのムードが担っているとする主張も繰り広げられている［Gasper and Isbell 2007］。さらに感情一般ではなく個人の性格が認知に作用することに焦点を当てる論文［Zelenski 2007］や、感情は人間の進化過程において繰り返しおこる状況での意思決定を統率するものであったが、現代社会と祖先の環境の相違を考えれば、単純に幸福や快を促進するとも妨げるとも言えないと結論づけ、進化と感情や認知を結びつける論文もある［Oum and Lieberman 2007］。このように感情を意識的なもの、無意識なもの、ムードや性格によるものと細かく分類するとともに、感情が意思決定にどのような影響を与えるのかという方向、すなわち理性や合理性対感情ではなく、合理性もさまざまな感情も異なった役割を果たしながらそれぞれ意思決定に影響を与えているという方向に研究が進んでいるといってよいだろう。一方同じくローウェンシュタインが編者である『時間と意思決定』［Loewenstein Read and Baumeister 2003］は経済学寄りの論文集であるが、ここでも双曲割引そのものよりも、双曲割引の含意や、時間割引に対する個人内部での行動の変動（ある時は明日がないように行動し、ある時は強迫的に将来に期待する）、感情の役割が各論文のテーマとなっている。このように財や消費の背後に存在する人びとの意思決定行動を行動経済学はその活躍舞台とする。

しかし、逆に財や消費の量を取り扱う標準的経済学理論のコアは行動経済学理論の範疇ではなくなり、人びとの行動をどうすれば望ましい方向へ導くかといった政策論への応用が活発となる。すなわちいかにすれば人びとが容易に増税を受け入れることができるのか。どのような制度設計を行なえば、自発的に、あるいはコストを最小にして路上の放置自転車を減少させることができるのかといった政策論、制度設計論として、公共経済学や法と経済学、心理学と経済学の学際領域にその活動領域を定着させていくことになる。このような立場は人間の自律性を極力損なわない形で、長期的利益に沿った行動へ誘導しようとする「ソフトな（ライトな）パターナリズム」と称されている［Loewenstein 2010］。このソフトなパターナリズムに関する批判に関しては4－3嗜癖の章を参照してほしいが、ローウェンシュタイン自身もこうしたパターナリズムに対してはその評価を行なう評価基準が必要であることは認めている。もちろんそれは標準的経済学の選択ベースのものではなく、行動経済学が重んじる心理的快楽ベースのものではあるが、エルスターの選択的選好形成や客観的にはほんの少しの状況向上を過大に評価するといった欠点があることを認めている。そしてセンが提唱するケイパビリティ等の複数の指標を使用して評価すべきであると主張する［Loewenstein and Ubel 2008］。

これを行動経済学の成熟と考えるのか、行動経済学の狭隘化と考えるかは立場によって異なるだろう。

結論

ローウェンシュタインの行動経済学に従えば、損得勘定は感情抜きどころか感情とともに行なわれている。そして感情が合理的計算をゆがめ利得を減少させているとは必ずしも限らない。認知作用そのものが心理的にゆがめられることによって、本人にとっては合理的であったとしても、客観的には本人にとって長期的不利益をもたらす意思決定を行なうのが人間である。このように経済学の意思決定論の中に感情や心理を結合させたことは、標準的経済学とはまったく異なる経済学理論を志向しているようにも思われる。しかし先に述べたようにローウェンシュタイン自身も標準経済学の理論をベンチマークとし、そこからの逸脱がどのような心理過程によって生じるのか、逸脱をどのように誘導すべきかに研究の方向を定めている［Angner and Loewenstein 2012］。さらに神経生理学との学際的研究を進め認知や感情のシステムを明らかにしようとしている［Camerer, Lowenstein and Prelec 2005］。

これに対し、行動経済学の中には経済主体が物質的な自己利益を追求しているモデルから逸脱する方向へ研究を進展すべきだとする批判がある。たとえばザリは他者を考慮する行動をモデルの中に含むとしながらも、行動経済学は、経済学に適応する分野での人間の社会性の背後にある動因がなにかを明確にしていないとする。そして行動経済学がより発展するためには選好にベースをおかない社会性の形成に注目し、非自己中心的合理性を取り入れなくてはならないとする［Zarri 2010］。その一方でこうした行動経済学の中のラディカルさを批判し、むしろ進化ゲーム理論や言語理論を応用しながら人間の意思決定の進化を研究しているのがロスである［Ross 2004; 2006; 2014］。二人の研究はまったく方向性は異なるものの、標準的経済学のモデル性をどう考えるのかという問題を再考させるものであり、また人間の意思決定と感情の関係性を根底から考えるものであるといえよう。

注

（1）『道徳感情論』のスミスと『諸国民の富』のスミスが同一の基礎に立っているかどうかをめぐる論争を「アダム・スミス問題」というが、学史研究では道徳哲学のスミスと経済学のスミスの人間像に根本的異同はないというのが定説となっている。

（2）通常経済学ではnormativeを規範的と訳するのが定訳となっているが、規範的経済学での規範と異なり、ここでの規範は「理論上はそうあるべき」という意味合いが強い。後述するようにこの用語によって行動経済学自体に混乱を来したこともあり、現在はこの用語は使用されていない。またカーネマン自身も近年normative-descriptiveという言葉よりもより中立的なシステム1、システム2という用語を使用していることから、ここではあえてカタカナ表記を用いた。

（3）行動経済学という名称もセイラーが提唱したとローウェンシュタインは語っている［Heukelom 2011: 1］。

（4）以下はLowenstein, George［2007］の第一部三、四によっている。

（5）「自分を価値あるものとする（self-recommendation）」はベンサムの『道徳と立法の諸原理序説』、第五章の6（4）に、“The pleasures of amity, or self-recommendation,”とし通常よく引用される第五章のリスト中にあるpleasures of amityの説明として並んで出てくる。また半ば社会的な動機としてのlove of reputationとともに挙げられている。通常pleasures of amityは親睦の快と訳されるのであるが、ここではローウェンシュタインの議論にそって、日本語としてはこなれない表現であるが「自分の評判への快」とした。この点については板井広明氏にご教授いただいた。改めて感謝する次第である。

（6）ローウェンシュタインは自己の考えを裏づけるために過去の経済学者等の理論や思想を紹介しており、時に牽強付会気味である。とはいえベンサム研究者のスコフィールドもベンサムの心理学と道徳学が密接な連関を有しており、その心理学が決して「自己利益の最大化を追求する合理的計算者」という単純な人間モデルに立脚していないとしている［Schofield 2006］。スコフィールドの邦語紹介論文としては［深貝・高島・川名・小畑・板井 2007］

（7）以下は Loewenstein［2007］Part I 6 "The psychology of curiosity: A review and new interpretation" の紹介である。この部分を特に紹介するのは、この書籍に収められた論文中でローウェンシュタインと標準的経済学との距離が最も乖離する論文がこの節であると判断したためである。

（8）こうした社会的相互作用を扱うのが、Loewenstein「2007］の Part II Social prefrences ということになる。第二部以降はすでによく知られた行動経済学の理論が多い部分でもあるので、集団的意思決定の部分に焦点を当てて紹介していくこととする。

参考文献

Akerlof, George, A. and E. Kranton Rachel［2000］"Economics and Identity," *The Quarterly Journal of Economics*, vol. CXV, Issue 3.

Akerlof, George, A. and E. Kranton Rachel［2010=2011］*Identity Economics: How Our Identities Shape Our Work, Wages, and Well-Being*, Princeton, University Press. 山形浩生・森岡桜訳『アイデンティティ経済学』東洋経済新聞社。

Angner Erik and George Leowenstein［2012］"Behavioral Economics," in Uskali Mäki（ed.）*Handbook of the Philosophy of Econo-mics*, North-Holland, Elsevier, pp. 641-689.

Baumeister, Roy, C. Narhan Dewall and Liqing Zhang［2007］"Do emotions Improve or Hinder the Decision Making Process?" in *Vohs(eds.)*, pp. 11-31.

Camerer, Colin F., G. Lowenstein and Drazen Prelec［2005］"Neuroeconomics: How neuroscience can inform economics," *Journal of Economic Literature*, vol. 43(1), pp. 9-24.

深貝保則・高島和哉・川名雄一郎・小畑俊太郎・板井広明［2007］「ジェレミー・ベンサム：その知的世界への再アプローチ——フィリップ・スコフィールド『功利とデモクラシー』（二〇〇六年）をめぐって」エコノミア vol. 58 no. 2, 二五-五七頁。

Gasper, Karen and M. Linda Isbell [2007] "Feeling, searching, and Preparing: How Affective States Alter Information Seeking," in Vohs, et al. (eds.), pp. 93–116.

Heukelom, Floris [2011] "Building and Defining Behavioral Economics," A Research Annual *Research in the History of Economic Thoughts and Methodology*, vol. 29–A, pp. 1–29.

Loewenstein, George and E. Haiseley [2010] "The economist as therapist: Methodological issues raised by 'light' Paternalism," in A. Caplin and S. Schotter (eds.) *The foundation of positive and normative economics: A Handbook*, Oxford, Oxford Press.

Loewenstein, George and Peter A. Ubel [2008] "Hedonic adaptation and the role of decision experience utility in public policy," *Journal of Public Economics*, 92, pp. 1795–1810.

Loewenstein, George [2007] *Exotic Preferences Behavioral Economics and Human Motivation*, Oxford University Press.

Loewenstein, George, Daniel Read and Roy Baumeister (eds.) [2003] *Time And Decision: Economic and Psychological Perspectives on Intertemporal Choice*, New York, Russell Sage.

Oum, Robert and Debra Lieberman [2007] "Emotion Is Cognition: An Information-Processing View of Mind," in Vohs, et al (eds.) pp. 133–154.

Ross, Don [2004] "Metalinguistic signalling for coordination amongst social agents," *Language Sciences*, 26, pp. 621–642.

Ross, Don [2006] "The economic and evolutionary basis of selves," *Cognitive Systems Research*, vol. 7 (2–3), pp. 246–258.

Ross, Don [2014] "The Economic Agent: Not Human, But Important, Uskali Maki," (ed.) *Handbook of the Philosophy of Economics*, pp. 691–735, North-Holland, Elsevier.

Schofield, Philip [2006] *Utility and Democracy: The Political Thought of Jeremy Bentham*, NewYork: Oxford University Press.

Thaler, Richard H. [1980] "Toward a positive theory of consumer choice," *Journal of Economic Behavior and Organization*, 1(1), pp. 7–59.

Vohs, Kathleen D., Roy F. Baumeister and George Loewenstein (eds.) [2007] *Do Emotions Help or Hurt Decision Making? A Hedgefoxian Perspective*, New York: Russel Sage Foudation.

Zarri, Luca [2010] "Behavioral economics has two 'souls' : Do they both depart from economic rationality?" *The Journal of Socio-Economics*, 39. pp. 562-567.

■プロスペクト理論

従来の期待効用理論の盲点を突いて、新たに登場した理論である。たとえば、A 氏と B 氏はどちらも、今年は 500 万円の所得を得たとしよう。ところが、A 氏の場合、昨年の所得は 250 万円、これに対して B 氏の年収は 1000 万円であったとしよう。このとき、従来の期待効用理論では、もし 2 人の効用関数が同じであれば、同額の所得から得られる 2 人の効用は同じになる。だが、多少とも人情のわかる人なら、A 氏が意気揚々としているのに対して B 氏ががっかりしているのを、容易に察することができるだろう。従来の期待効用理論では、現在の所得によって期待効用が決まるとされる。これに対して、プロスペクト理論では、当初の年収からの変化が重要となる。この当初の量のことをリファレンス・ポイント（参照点）と呼ぶが、リファレンス・ポイントが異なれば、当然、心理的価値も異なるわけである。

プロスペクト理論は、D. カーネマンと A. トヴェルスキーが 1979 年に発表したもので、下図を用いると理解しやすいだろう。まず、利得や損失などの価値は心理的なものとされ、それはリファレンス・ポイントを起点に評価される。リファレンス・ポイントを上回れば「利得」、下回れば「損失」として認識される。第 2 に、利得や損失の額が大きいほど、私たちは感応性を失ってしまう。たとえば 1 万円と 10 万円の損失の違いは心理的に大きいが、1 億万円と 10 億円の損失の違いは、それほどでもなくなる、という具合である（これを「感応度逓減性」と呼ぶ）。すなわち図では、リファレンス・ポイントから離れるにつれて、曲線の傾きが水平に近づいていく。第 3 に、私たちには損失の悲しみの方が、利得の喜びよりも強く感じられるようだ。だから利得を得ることよりも、損失を回避しようとする傾向にあるという（これを「損失回避性」と呼ぶ）。曲線の形状が示すように、100 万円の損失がもたらす負の価値は、同額の利得がもたらす価値よりも、絶対値において大きいだろう。（本郷亮）

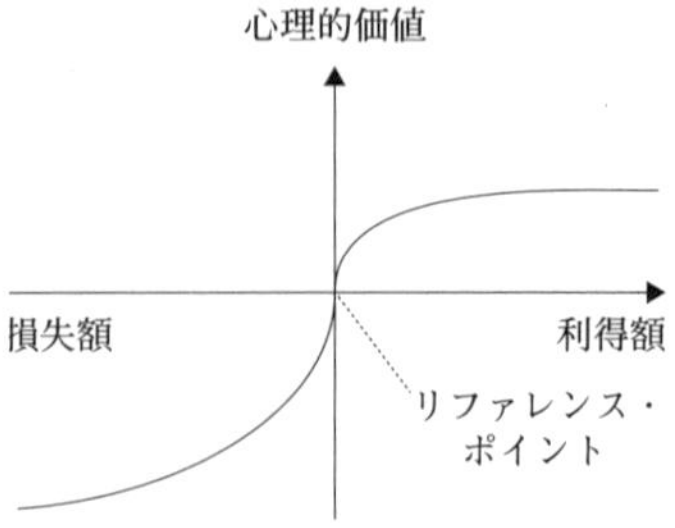

【文献】 ダニエル・カーネマン［2011=2012］『ファスト＆スロー あなたの意思はどのように決まるか？（上・下）』村井章子訳、早川書房

4－5

キーワード：取引費用、ケイパビリティ、規模

企業組織

なぜ企業は存在するのか

三上真寛

はじめに

なぜ企業は存在するのか。この一見哲学的な問いが現代経済学において提起された背景には、経済学が市場の価格理論を中心に発展してきたという経緯がある。二〇世紀初頭の経済学が想定したように、市場における価格が資源配分を調節できるとするならば、他方で現実に存在している企業（企業家）の役割とは一体なんであるのか。今から七〇年以上前にロナルド・コース（Ronald H. Coase）が「企業の本質」[Coase 1937: 1988=1992] のなかで提起したのは、このような経済理論と現実との整合性に関する問題であった。コースは、実際に市場の価格メカニズムを利用するにも費用がかかるため、企業を組織することが相対的に有利になる場合があると論じ、こ

の問題を解決したのである。当初注目されなかったこの功績は、後に「社会的費用の問題」[Coase 1960: 1988＝1992] とともに再評価され、コースは一九九一年にノーベル経済学賞を受賞するにいたった。

コース以後の現代経済学では、企業は市場と一定の代替的関係にあると捉えられている。市場を利用して取引を行なうには、交渉相手の発見、交渉内容や取引条件の伝達、成約にいたるまでのさまざまな駆け引き、契約の締結、契約条項の遵守を確かめるための点検といった事柄が必要であり、それには費用（取引費用 transaction costs）がともなう。他方、生産を企業内に組織するにも、その規模が拡大するにつれて企業家の能力は逓減し、管理のための費用（組織費用 organization costs）が生じる。したがって、企業と市場の効率性は相対的にしか定義することができず、各々の効率性は他方の制度との比較によってのみ判断が可能となる。現代経済学において企業の存在を問うことは、市場と企業の境界がいかに決定されるかという問題にほかならない。

しかしながら、今や問うべき問題は、企業の存在または境界は費用のみによって説明できるか否かということである。オリバー・ウィリアムソン（Oliver E. Williamson）が体系化した取引費用経済学は、コースの費用理論を継承しつつも、他の論者からも多大な影響を受けている。彼自身によると、取引費用経済学は、取引と集団行動に関するジョン・コモンズ（John R. Commons）の制度経済学、情報に関するフリードリッヒ・ハイエク（Friedrich A. Hayek）の見解、市場の失敗に関するジョージ・アカロフ（George A. Akerlof）とケネス・アロー（Kenneth J. Arrow）の分析に依拠している [Williamson 1975＝1980: 7-12]。ウィリアムソンは、企業が取引費用の節約に役立つことを認めつつも、そのような節約がいかにしてなぜ実現されるかを説明すべきであると考え、機会主義と限定合理性に基づく人間と、不確実性と複雑性に満ちた環境とを対置させることにより、説明の操作可能化を図った。

二〇〇九年のウィリアムソンのノーベル経済学賞受賞が物語っているように、取引費用経済学は現代経済学において確立された分野のひとつとなり、その中核である取引費用の概念も組織や制度を分析するうえで、もはや不可欠な説明装置となっている。しかしながら、他方で、近年ではその限界を指摘する論者も現れてきた。『取引費用経済学とそれを越えて』（*Transaction Cost Economics and Beyond*）という題目の書物が複数出版されており［Dietrich 1994］；［Groenewegen（ed.）1996］、また、企業のケイパビリティに基づく戦略論との融合を図る試みがなされるなど［Langlois and Robertson 1995］、従来の取引費用経済学の枠組みを超えて企業の動態を説明しようとするアプローチが見られる。

本章では、そのような最近の試みのひとつとして、マリオ・モローニ（Mario Morroni）の『企業理論における知識、規模、および取引』（*Knowledge, Scale and Transactions in the Theory of the Firm*）［Morroni 2006］を紹介することにしたい。モローニは、『生産過程と技術変化』（*Production Process and Technical Change*）［Morroni 1992］で一九九二年の欧州進化経済学会（European Association for Evolutionary Economics）のミュルダール賞を受賞した経済学者であり、『企業理論における知識、規模、および取引』はその次の著作にあたる。同書でモローニは、市場経済における企業の規模、性質、競争力の多様性を説明するため、企業内外の基礎的条件、意思決定メカニズム、組織コーディネーションの関係を考察し、企業のケイパビリティ－学習、取引－内部化、規模－範囲という三つの側面を捉える新たな分析枠組みを提示している。知識基盤経済において、グローバルな競争の圧力が増すなか、ケイパビリティの発達は競争力を上げるためにますます重要になっており、モローニの試みはそのような現実に要請されたものである。

モローニの定義によれば、企業は「管理構造のもとで調整され結合され監視される人的、物的、金融的資産の集合によって、財またはサービスを生産および販売する社会的組織かつ自律的な法的実体」［Morroni 2006：1］である。その研究は主に企業組織に焦点を合わせているが、あらゆる社会的組織の経済的側面に広く関係する。

彼が指摘するように、組織はいわゆる市場経済に偏く存在するので、市場経済の効率性は社会的組織の働きにおおいに依存する。したがって、モローニは、企業内部の基礎的条件、意思決定メカニズム、組織コーディネーションの関係が、企業の相対的なパフォーマンスに影響を与える仕方を検討する。彼の最終的な目標は、認知的パースペクティブに基づく新しい分析枠組みによって、ケイパビリティ分析、取引費用分析、規模‐範囲分析の統合を図ることにある。そのために彼は、同書のなかで、ケイパビリティ（capabilities）、取引（transactions）、規模‐範囲（scale-scope）が相互作用する際の基礎的条件を調べ、組織の機能と境界についてより良く理解するための理論的パースペクティブを提供しようとしている。

モローニによると、彼のパースペクティブは次のように要約される［Morroni 2006: 2-3］。個々の企業のパフォーマンスや成長を形作るのは、ケイパビリティ‐学習、取引‐内部化、規模‐範囲からなる三つの側面であるが、そこに学習過程、補完性、不確実性が関わる場合には、それらの側面の間に相互作用が生じる。この相互作用がとくにはなはだしいのは、技術および取引に関する知識に費用がかかり、投入物や過程の一部が分割不可能かつ補完的であり、関連する知識の一部が暗黙的かつ伝達不可能でセットアップ過程（製品設計など）の固定費用が大きい場合である。知識基盤経済の進展とともにますます重要になっているこれらの基礎的条件のもとでは、エージェントが完全合理的で情報費用や弱い不確実性が生じるだけの場合であっても、企業の組織コーディネーションの三つの側面には相互作用が引き起こされる。さらに、根本的な不確実性があり将来の偶発事象や利得の確率分布を推定できず、完全合理性の仮定を放棄しなければならないような場合、先の基礎的条件が組織コーディネーションの三つの側面の関連性と相互作用に対して及ぼす影響は強力に増幅される。

モローニは同書のなかで、不確実性、取引費用、企業内部の雇用関係の柔軟性、イノベーション活動、企業組織の進化、経営上の資源と企業の成長、生産の時間プロフィールや組織と効率性の関係、知識と意思決定といった、企業組織に関わる多様なテーマの先行研究［Morroni 2006: 3］を広範にサーベイしながら、それらを結びつけるための包括的な理論枠組みを提示している。以下、モローニの企業組織に対する分析枠組みを通して、「企業の存在は費用によって説明できるか」という問題を検討することにしたい。

一　企業の多様性を捉えるための理論枠組み

モローニが企業に対する新たなパースペクティブを構築しようと試みた理由は、現実の企業の多様性にある。すなわち、先進諸国において企業の財産や財務の構造、階層的配置、インセンティブと支配の構造、規模と市場支配力、生産過程の配置、垂直的統合の程度、組織的特徴は、幅広く多様だということである［Morroni 2006: 4-5］。市場経済においては、多くの産業で大小さまざまな規模の企業が共存するし、同じ活動分野でも企業規模の違いが市場支配力の違いをもたらしている。所有構造も、同族企業、経営者企業、公営企業、国有企業、パートナーシップ、非営利企業、社会的企業、労働者生活協同組合、消費者生活協同組合などさまざまである。生産過程は活動分野、技術、設備に応じて組織され、その配置が多様であると、投入物間で遊休時間が異なり、知識と労働の分業も異なる形態をとる。巨大企業は、水平的拡張と多様化に基づいて拡張してきたが、そのような集中化はアウトソーシングや新たな参入によって相殺されてきた。また、企業の組織形態は、ひとつまたは複数の生産ユニットからなるかもしれないし、その構造は集権的企業、複数事業部制企業、あるいは他の企業を支配する持株会社かもしれない。

それにもかかわらず、モローニが指摘するように、企業理論の文献の多くは、特定の一種類の企業（特定の所有形態、ガバナンス構造、規模、生産モデル、組織形態）に注目する傾向があり、さらにもっぱら特定の企業の活動

図4-5-1　モローニの理論枠組み

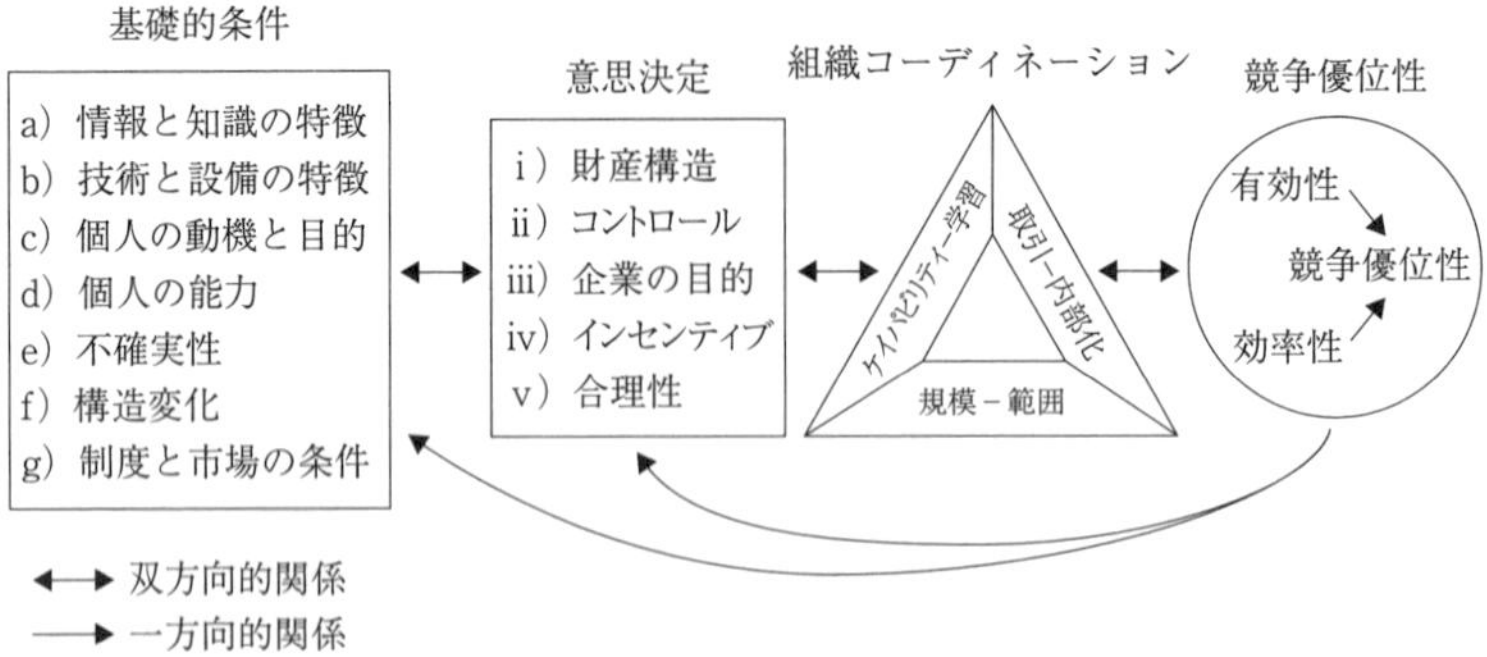

出典：Morroni［2006: 6］

の特定の特徴や機能について述べることがある［Morroni 2006: 6］。それに対してモローニは、特定の種類の企業を分析するわけでも、企業内部のふるまいの特定の特徴を捉えるモデルを構築するわけでもない。むしろ、「企業組織の基礎的条件、組織構造、効率性と有効性の間の複雑なつながりの結果として、企業の多様で変化し続ける性質を研究するために設計された理論枠組み」［Morroni 2006: 6］を提示することを目指している。彼の理論枠組みの全体は、図4-5-1のような因果的連鎖として示されている。

この枠組みによれば、企業の競争優位性（competitiveness）は、必要な投入物に関する効率性と市場ニーズへの合致に関する有効性とによって決定される。効率性（efficiency）と有効性（efficacy）は組織コーディネーションに依存しており、その組織コーディネーションは基礎的条件と企業内部の意思決定によって影響される。また、この因果的連鎖は反対の方向にも働き、企業が獲得した競争優位性は、内的な意思決定過程を形成する基礎的条件を作り出すことに貢献する。そのような基礎的条件は、企業にとって市場環境を特徴づける外的側面であると同時に、企業の組織的背景から生じる内的側面でもあり、(a)情報と知識の特徴、(b)技術と設備の特徴、(c)個人の動機と目的、(d)個人の能力、(e)不確実性、(f)構造変化、(g)制度と市場の条件、の七つからなる［Morroni 2006: 7］。

基礎的条件の各々について見てみると、まず、(a)企業の内外で情報や知識が創造され伝達され交換される仕方は、その意思決定メカニズムと組織構造に影響を及ぼす一方で、知識という特殊な商品の特徴がその創造、伝達、交換の過程を形作る［Morroni 2006: 26］。(b)生産過程および生産要素の分割不可能性、非飽和性、補完性といった特徴も、企業の組織的背景を形成するなかで著しい影響力をもつ［Morroni 2006: 38］。(c)個人の動機や目的は、その個人が属する組織のなかでの役割と責任だけでなく、家庭環境や経歴や教育、財産権の定義、制度的環境、自ら課した制約といった要因によって形成される。企業とその利害関係者の間には強い相互作用が生じ、自分の目標を追求する諸個人が企業を創ると同時に、企業が諸個人の動機や目標に多大な影響を及ぼす［Morroni 2006: 43-44］。(d)個人の能力は、主に社会的文脈のなかで発展し適用されるため、著しく相互連関的である。たとえば、労働市場で企業に提供される労働力の能力は、企業の組織や競争優位性におおいに影響するし、企業のパフォーマンスは、供給業者や請負業者のような取引相手が保有する能力にも左右される。逆に、企業は内外での訓練を通じてその構成員や取引相手の能力を形成できるし、消費者の側に新たな能力の獲得を必要とする商品もある［Morroni 2006: 47］。(e)個人の予測能力は、起こりうる結果についての理論的知識と情報処理能力に依拠するため、不確実性の程度と種類に関連する。予測は行為の選択の結果が遅れて生じるときにはつねに重要であり、企業は生産を組織するための意思決定と販売との間のタイムラグに直面せざるをえない［Morroni 2006: 55］。(f)構造変化とは、生産技術、市場条件、需要構成の変化によって生じる経済システムと産業組織の変化である。既存の構造の異なる要素は異なる速さで変化しながら修正されるため、多様性、補完性、不確実性を生みだす経路依存的な変化が生じる［Morroni 2006: 70］。(g)企業組織の効率性と有効性は、制度の条件にも関連し、交換過程と組織コーディネーションを支配する制度が取引費用、組織費用、転換費用の水準を左右することになる［Morroni 2006: 79］。

以上の基礎的条件は、ふたつの方法で企業の意思決定過程に影響を及ぼす。第一に、外的な基礎的条件が企業の機会と制約についての客観的な集合を作り出し、第二に、企業家や経営者の頭のなかで展開される環境条件についての主観的なイメージに沿って、意思決定メカニズムが形成される［Morroni 2006: 24-25］。ここでは意思決定は個人と組織の相互作用の結果ではあるが、企業内の役割や意思決定メカニズムが個人の動機、目的、能力に重大な影響を及ぼすため、個人を組織から隔離された実体とみなすことはできない［Morroni 2006: 7］。意思決定メカニズムに影響を及ぼす重要な要素は、(i)財産構造、(ii)コントロール、(iii)企業の目的、(iv)インセンティブ構造、(v)合理性の水準、の五つである。

意思決定の要素をひとつひとつ見ていくと、(i)(ii)まず企業というものは、あらゆる社会的組織と同じように権力とコントロールをともなっている。企業内部のコントロール権の配分と意思決定過程が財産構造に左右されるという事実は明らかだが、所有構造の決定要因や、財産、組織的背景、コントロールの間の関係は複雑である［Morroni 2006: 90］。(iii)公式組織を他の社会的組織から区別する決定的側面は目標設定である。企業の目標と戦略は、財産構造や制度構造に埋め込まれたインセンティブを反映しており、多様な利害関係者の衝突する利害間の妥協の結果でもある。また、競争や市場力の程度も、企業の目標を形成するなかで重要な要素となる［Morroni 2006: 97］。(iv)インセンティブ構造も、企業組織の進化的ダイナミクスの重要な決定要因であり、企業の利害関係者は、市場内での損益、契約者間の契約、規制当局や企業組織内の契約や裁量によって提供されるさまざまなインセンティブや制裁に反応する［Morroni 2006: 101］。(v)合理性の水準と種類は、経済主体の能力と意思決定問題の難易度のギャップに依存するという意味において、能力に基づく合理性である。すなわち、合理性の種類は個人の能力水準に結びついているため、合理的行動をただ一種類の合理性のみに関係する普遍的な仮定とみなすことはできない。したがって、ここでの合理性は標準的なミクロ経済理論において仮定されるものよりもはるかに広い概念である［Morroni 2006: 111-112］。

これらの意思決定の要素は次のように相互作用する。企業の財産構造はコントロール権に影響を与え、責任とコントロール権の配分が企業の目標を確立し、それがインセンティブ構造を形作る。インセンティブ構造は意思決定過程のなかでの個人の行動に影響を及ぼし、合理性の種類は能力の水準に関連するが、その能力は不確実性の程度や他の基礎的条件に結びついている。以上の要素間の相互作用は、さまざまな基礎的条件の影響や、多くのフィードバック、さまざまな利害関係者間の契約上の力関係によって、実際にはさらに複雑なものとなる［Morroni 2006: 89］。

以上のように、モローニの理論枠組みは、企業の競争優位性へとつながる因果的連鎖の全体を捉えようとするものであるが、以下第二節では、このうち企業の競争優位性を直接的に左右する組織コーディネーションについて詳細に検討することにしたい。さらに第三節では、その組織コーディネーションがとくに重要となる不確実性下の場合について、第四節ではこの枠組みに基づき企業の成長をどのように説明できるかを検討したうえで、モローニの議論が現代の企業理論に対してもつ意義を考える。

二　組織コーディネーションの三つの側面

モローニの理論枠組みにおいて、基礎的条件や意思決定に規定される組織コーディネーションは、「ケイパビリティ - 学習（capabilities-learning）」、「取引 - 内部化（transactions-internalization）」、「規模 - 範囲（scale-scope）」の三つの側面からなる［Morroni 2006: 7-10］。完全合理的な諸個人にとって、取引・技術・組織に関わる情報や知識に費用がかかり、生産要素に分割不可能性や補完性のような特徴があるときには、組織のパフォーマンスと境界を形成するなかでケイパビリティ‐学習、取引‐内部化、規模‐範囲が相互作用する。個人が実質的または手続き的な根本的不確実性に対処しなければならず、その結果、完全合理的ではなく認知合理的でなければならない場合には、これら三つの側面の相互作用と重みは強力に増幅されることになる。モローニは、企業の資産を、知識資産（組織、過程、契約、合意の知識）、組織的資産（知識、過程、契約、合意の組織化）、関係的資産（供給業者、企業構成員、顧客との関係）、物的資産（土地、設備、建物、原材料、在庫、仕掛品）、金融資産（株式、債券、預金、流動性資産）の五つに分類し、利用可能な資産の特徴やその活用方法が組織の顕示的なパフォーマンスを左右すると捉えている［Morroni 2006: 129-134］。以下、組織コーディネーションの三つの側面を順に検討していこう。

第一の「ケイパビリティ‐学習」の側面では、企業は、学習過程を調整し動機づけることにより、固有のケイパビリティを発展させる。すなわち、競争優位性を創造し維持するために、生産過程を計画、組織、実施する方法や、供給業者や顧客との取引を配置する方法に関する知識を発見し、解釈し、利用するということである［Morroni 2006: 7-10］。ここで、企業のケイパビリティはコンピテンス（competencies）とは異なる。ケイパビリティとコンピテンスは、いずれも特定の文脈で発動される潜在力のことだが、企業のコンピテンスは、行なわれる仕事や依拠する知識基盤の観点から同定される組織能力の塊として定義される。他方、企業のケイパビリティとは、市場のために特定の財を生産し特定のサービスを提供する能力であり、本質的には企業組織の知識資本に体現された学習過程である。それは単に企業の構成員の個々の能力や技能を足し合わせたものではなく、集団の個々の能力が時間とともに組織され統合化された蓄積の結果にほかならない［Morroni 2006: 134-135］。この側面に注目すると、企業のパフォーマンスや境界は、他の企業とは異なるケイパビリティによって説明されることになる。

第二の「取引‐内部化」の側面では、企業は、分割可能な過程を内部化する程度を決めることによって供給業者や顧客との取引を配置し、市場における経済交換の取引費用を節約する。取引費用は、通常、測定問題と情報問題に関わるもので、とくに交換される財の特徴や相手方の行動に関する知識の不十分さ、契約執行の不十分さから生じる。取引費用によって垂直統合の程度や企業間の組織コーディネーションの範囲は左右されるが、企業内部や企業間の組織コーディネーションがあれば、情報と知識の伝達が促進される［Morroni 2006: 7-10］。ここで、取引は移転とは異なる。移転は、企業内部の技術的に分割可能なふたつの過程の間で中間生産物を動かすときに生じる。生産過程が技術的に分割可能となるのは、個々の中間段階（あるいはサブ過程）を同定でき、ある段階の産出物が他の段階の投入物となるような場合である。それに対して取引は、市場内部で操業する独立の経済主体間の契約によって調整され、市場を通じた財産権の移転、財の賃借、サービスの提供のいずれかをともなう。契約の本質はコミットメントであり、予期しない環境が生じたときにどの行動方針をとるか、関係者間の意見の相違が後から生じたときに誰が決定する力をもち、誰が争議を解決する力をもつか、を決定する基準となる［Morroni 2006: 143-144］。

この定義をふまえると、移転費用とは、財のあらゆる輸送に関わる費用であり、移転作業をコーディネートする経営管理費用と物理的移動の費用を加えることにより得られる。経営管理費用は、移転過程のコーディネーション、多様な中間倉庫のコーディネーション、内部移転会計の費用からなり、物理的移動費用は、補助的な変形と梱包の過程、輸送、倉庫保管の費用からなる。他方、取引費用は、契約を組み立て執行する際にともなう交換の費用であり、交換されるものを測定し、結果として生じる合意を執行する費用である。これには、税、政府の証明書や許可証、中間業者への支払い、弁護士費用、契約の作成、交渉、売り手にとっての情報費用（潜在的な買い手に対するシグナリング、広告、マーケティング、情報）、買い手にとっての情報費用と測定費用（サーチコスト、データ記録の費用、さまざまな供給業者の条件の比較、スクリーニング、質の評価、価格の記録、供給業者の選択、交換

図4－5－2　個人の能力、契約と取引費用の関係

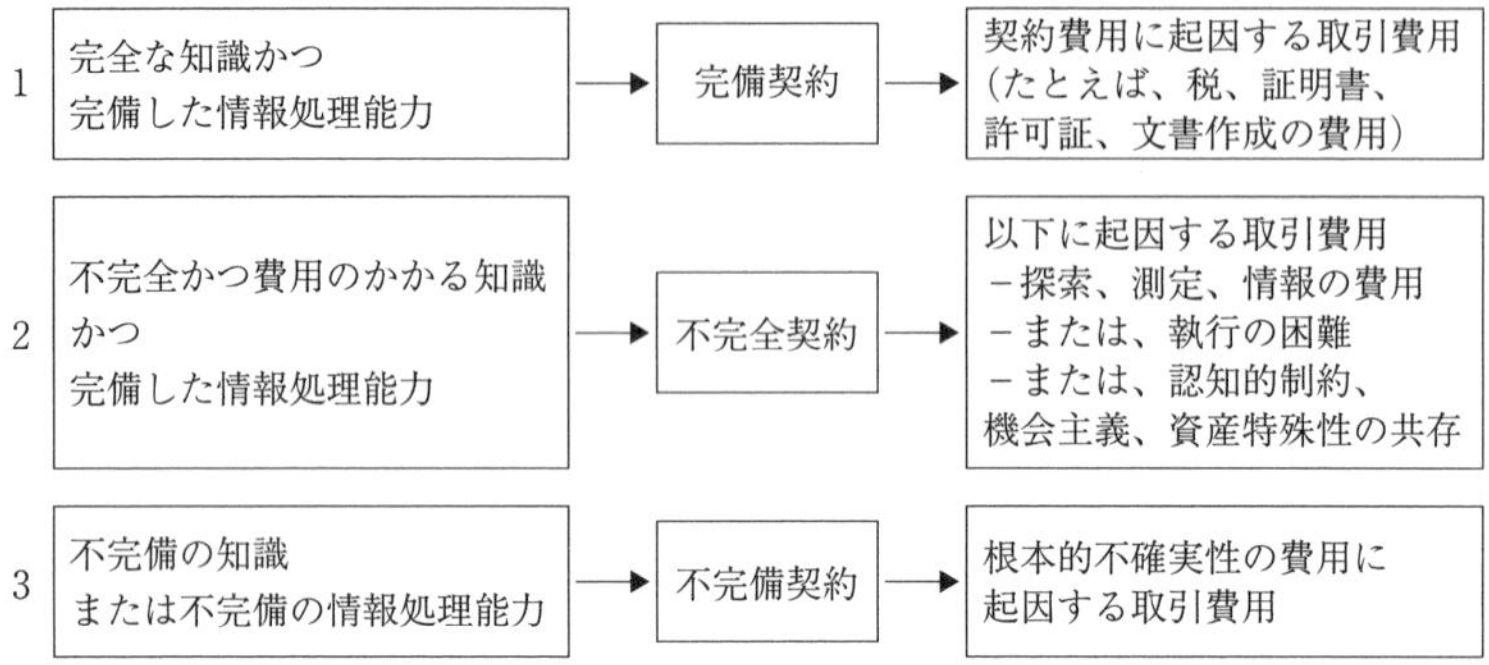

出典：Morroni [2006: 150]

が有利か否かの決断)、不完全に規定された契約の費用、ホールドアップの非効率性、契約遵守のモニタリングの費用、合意の執行の費用が含まれる [Morroni 2006: 145-149]。契約は、世界の状態についての知識の程度と将来の事象の予測可能性に左右されて、完備 (complete)、不完全 (imperfect)、あるいは不完備 (incomplete) なものとなるため、それに応じて取引費用も異なってくる (図4－5－2)。

第三の「規模－範囲」の側面では、企業は、各過程の操業規模を設計するなかで、さまざまな分割不可能かつ補完的な投入物と中間段階の生産設備能力の釣り合いをとらなければならない。通常、個々の企業や複数企業の組織の規模を拡大すれば、さまざまな投入物の生産設備の遊休時間や過少利用を削減し、その釣り合いをとることができる。さらに、情報と知識に基づく過程には、そうした情報や知識が使われる過程の規模とはまったく独立の固定費用が生じるため、規模の経済性と範囲の経済性が促進される。そして、予測不可能な偶発性に直面するなかで、組織コーディネーションの境界を拡張することは、活動の多様化による経済性を可能とする [Morroni 2006: 7-10]。さまざまな生産過程の異なる生産設備能力の間で釣り合いをとることが、組織の境界と優位性の形成に関係するのである [Morroni 2006: 163]。

それでは以上の三つの側面は、どのような条件のもとでどの程度重要

表4－5－1　取引、ケイパビリティ、規模の間のさまざまな程度の相互作用

		(1)相互作用なし	(2)相互作用なし	(3)強い相互作用	(4)非常に強い相互作用
各側面の重み	(1)取引－内部化	重要でない	重要	重要	非常に重要
	(2)ケイパビリティ－学習	重要でない	重要でない	重要	非常に重要
	(3)規模－範囲	重要でない	重要でない	重要	非常に重要
条件	取引に関する情報と知識	完全かつ無料	費用がかかる	費用がかかる	認知的限界
	技術に関する情報と知識	完全かつ無料	完全かつ無料	費用がかかる	認知的限界
	組織に関する情報と知識	完全かつ無料	完全かつ無料	費用がかかる	認知的限界
	情報と知識の特徴	考慮されない	考慮されない	セットアップ過程と低い複製費用	セットアップ過程と低い複製費用
	情報処理能力	完備	完備	完備	不完備
	投入物の特徴	分割可能性と代替性	分割可能性と代替性	分割不可能性と補完性	分割不可能性と補完性
	契約	完備	不完全	不完全	不完備
	不確実性	なし	弱い	弱い	根本的
	合理性	完全	完全（または遠目の利く限定合理性）	完全	認知的合理性
企業の境界		完全な分権化	所有権の統一による垂直統合、または、さまざまな形の企業間協力へと向かう傾向	企業内部および企業間の組織コーディネーションの境界拡張へと向かう傾向	企業内部および企業間の組織コーディネーションの境界拡張へと向かう強い傾向

出典：Morroni［2006: 180–181］

になり、互いに相互作用するのであろうか。モローニは、ケイパビリティ－学習、取引－内部化、規模－範囲の相互作用について、次の四つの場合を想定している［Morroni 2006: 177–188］[1]。（1）三つの側面がいずれも重要ではなく、したがって相互作用がない場合、（2）取引費用のみが重要であり、ケイパビリティと規模が重要でないために、三つの側面に相互作用がない場合、（3）三つの側面すべてが重要であり、相互作用がある場合、（4）三つの側面すべてが非常に重要であり、強い相互作用がある場合である（表4－5－1）。

「（1）相互作用なし」は、伝統的なミクロ経済理論のように、完全かつ無料の情報と知識、完備された情報処理能力、完備契約、不確実性がないこと、完全合理性、生産要素の分割可能性といった条件を満たす場合である。この場合、競争優位性を創造し維持するために企業のケイパビリティの持続的な発展は必要ない。技術や生産に関する情報と知識は、無料の設計図のような生産方法からなり、誰にでも理解可能であるため、あらゆる企業が別の企業と同じように特定の商品やサービスを生産することができる。また、以上の条件のもとでは予期せぬ変化が生じず、起こりうるあらゆる事象のなかで実際に起きる結果を費用なしで確認し計算することができる。したがって、契約は完備されており、税、証明書、許可証、中間業者への支払い以外の取引費用は無視することができる。他方、投入物と過程が完全に分割可能で、不確実性がなく、情報と知識がさほど重要な役割を果たさないため、企業内部に規模の経済性は存在せず、分権化と専門化が促されることになる［Morroni 2006: 178–182］。

「(2)相互作用なし」は、取引に関する情報と知識に費用がかかるが、情報処理能力が完備であり、根本的な不確実性がなく、生産要素が分割可能な場合である。この場合、個人は関連する情報の選択に必要なあらゆる認知的能力をもち、あらゆる意思決定の結果を評価する（完全合理性または「遠目の利く限定合理性」）。しかし、取引に関する知識には費用がかかるため、契約は不完全となり、大きな取引費用が生じる。経営的コーディネーションが、不完全な契約の問題を克服し、所有権の統一や企業間の協力を通じた垂直統合が進む。これらは財産権の経済学や取引費用経済学の多くで仮定されている条件である。他方、技術や生産に関する情報と知識が無料かつ完全で、生産要素も分割可能である点は(1)の場合と変わらず、ある企業が生産するものは別の企業も生産することができる。したがって、取引費用は重要であるが、ケイパビリティと規模‐範囲の側面にはさほど役割がない。これはコース以降の取引費用経済学が主に想定してきた条件である［Morroni 2006: 182–183］。

「(3)強い相互作用」は、取引・技術・組織に関する分散的、異質的、暗黙的な知識に費用がかかり、不完全な契約（弱い不確実性）、生産要素の分割不可能性や補完性、情報と知識の利用におけるセットアップ過程、低い複製費用といった条件が満たされる場合である。この場合、ケイパビリティ-学習、取引-内部化、規模-範囲の間につねに相互作用が存在する。取引に関する情報と知識に費用がかかるため契約は不完全だが、さらに技術・組織に関する知識にも費用がかかり、生産要素が分割不可能で補完的である点が(2)の場合と異なる。取引・技術に関する知識に費用がかかり、その知識を解釈し評価し利用する吸収能力が必要ならば、企業固有の知識や必要な吸収能力を獲得するためにケイパビリティが発展する。また、不完全契約のため取引費用が大きくなり、企業の市場関係は企業内および企業間の組織コーディネーションによって代替される。そして、生産要素と生産過程の特徴（補完性、分割不可能性、セットアップ過程など）、超固定費用をともなう情報と知識の特徴から、規模と範囲の経済性が生じる。このような条件のもとでは、企業の組織コーディネーションの三つの側面すべてが重要となり、密接な相互関係をもつことになる［Morroni 2006: 183-186］。

「(4)非常に強い相互作用」は、認知的制約のため予測が不完備なもとで操業することが避けられない場合、すなわち、実質的不確実性（起こりうる結果についての不完備な知識に由来する根本的不確実性）または手続き上の不確実性（不完備な情報処理能力）のもとにある場合である。どちらの種類の根本的不確実性も、企業の供給業者、構成員、顧客が多くの状況に直面しながら操業しなければならないという現実的な条件を反映している。そのような条件のもとで、実質的な根本的不確実性と手続き上の根本的不確実性の両方の影響を緩和し、企業の競争優位性を高めるためには、企業内で新たなケイパビリティを発展させることが不可欠である。さらに、根本的不確実性に由来する契約の不完備性があると、企業の市場関係は経営的コーディネーションによって代替され、企業内および企業間で組織コーディネーションの境界が拡張される。根本的不確実性は、情報、知識、生産要素に固有の特徴から生じる三つの側面（ケイパビリティ-学習、取引-内部化、規模-範囲）の重要性と、それら三つの側面の間の相互作用とを増大させる。しかし、その逆も考えられる。すなわち、情報、知識、生産要素に固有の特徴が、学習過程と取引関係の間の相互作用や生産ケイパビリティ間のバランスに関する根本的不確実性を増幅することもありうる［Morroni 2006: 187–188］。

このようにモローニは、組織コーディネーションを三つの側面に分けて捉えたうえで、その間の相互作用の強弱を問題とすることにより、企業にとっての不確実性の重要性に焦点を合わせている。次節では、この不確実性と組織コーディネーション、そして組織における学習の関係について、詳しく検討していくことにしよう。

三　不確実性と組織コーディネーション

モローニが論じるように、もしすべての情報と知識が完全に伝達可能かつ取引可能ではなく、根本的不確実性が存在するならば、情報問題の結果として市場の失敗または欠如が生じ、それに取って代わる組織が決定的役割をもつことになる［Morroni 2006: 13–14］。すなわち、契約の締結によって情報が増えると取引相手の潜在的な機会主義的行動から保護されるが、契約の執行と市場の機能を保証する組織が必要となる。そして、それらの組織には、契約を規制するための明確に設計された制度が必要となる。組織コーディネーションは、経営管理を通して企業内で働くこともあれば、企業間のネットワークの創造を通して企業間で働くこともあるが、いずれも不確実性に対処するための道具にほかならない。組織は、一方では市場取引による情報と知識の交換を活性化するが、他方では取引によらない内的伝達を促進し、経験を通じて暗黙的知識の内的創造を促進することにより、学習を促進する。組織コーディネーションによって市場コーディネーションが代替されると、不確実性が制限され、インセンティブが提供され、柔軟性が増大する。そのなかで、組織は、根本的不確実性を効率性と有効性の源泉へと変換する［Morroni 2006: 14–16］。

不確実性の縮減は、いくつかの手段により行なわれる。市場の内部では、スクリーニング（望ましい買い手または売り手のふるい分け）、シグナリング（製品保証など）、モニタリング（監督など）、インセンティブと保護手段（結果に対する報酬または違約金）を含む特殊な契約を自律的な当事者間で結ぶことによって、あるいは、情報・学習の促進、保険、証明・認定、契約の執行、紛争解決などを提供する規制組織に頼ることによって、不確実性が緩和される。企業間では、複数企業のハイブリッドやネットワークのような、複数の企業からなる組織によって不確実性が緩和される。それは市場と組織（ヒエラルキー）の多様な組み合わせ、たとえば、長期的供給関係、戦略的提携、フランチャイズ、団体商標、共生関係、株式持ち合い、ジョイントベンチャー、パートナーシップ、コンソーシアム、サプライチェーンシステム、商業組合などの形をとる。企業内部では、予期せぬ事象に備えた企業資産の留保（設備、倉庫、ケイパビリティ、コンピテンスなど）、リスクの共有、長期的な関係的合意によって、不確実性が緩和される。とくに長期的な関係的合意（たとえば雇用契約）が設けられると、柔軟性が増し、衝突する利害の管理や、業務の単純化と学習が容易となる［Morroni 2006: 189-204］。

ここでは、最後の企業内部の場合について、モローニの考察を詳しく検討しておきたい。第一に、企業の在庫は予期せぬ一時的な不均衡に対処するためのバッファーであり、在庫を組織することによって柔軟性を増すことができる。そのような企業内部での留保は、在庫を保持する費用が組織規模の拡大につれて相対的に減少する点において、収穫逓増の特徴をもち、組織コーディネーションと関連している。複数の人間からなる企業組織は、さまざまな活動の間でリスクが共有されるように活動を区別することができるし、多様な個人の能力を抱えることにより根本的不確実性の費用を減らして柔軟性を増すことができるし、財務フローを管理することによって調整を行なうことができる。第二に、完備契約が不可能であるか費用がかかる場合、当事者は継続的な関係構築のために関係的合意を妥結するため柔軟性が高まる。通常、契約や倫理・行動規範の中には、関係的合意に関する若干の義務と見込みのみが明示され、その大部分は明示的でない。企業はその性質に応じて異なる関係的合意（たとえば、専門家同士のパートナーシップ契約や、協同組合内の労働者間の協力契約、雇用契約など）を結ぶ。雇用契約のような企業内の長期的な関係的合意は、信頼、単純化、学習を促すので、不確実性とその費用を制限することができる。とくに単純化と学習は、根本的不確実性に対処するための相互に緊密に関連する方法である。主にルーティン化、技術的分業、逐次的目標設定による単純化は必要な能力を減少させ、他方の学習過程は保有する能力を増大させるため、必要な能力と保有する能力のギャップが小さくなるからである。そのうえ、単純化は、限られた認知的資源を利用可能にして学習を促進する［Morroni 2006: 205-213］。

組織学習は、企業が新しい知識を創造し、それを組織内に広め、生産物の中に体現する能力に関わっている。企業のケイパビリティは、内的な学習過程をコーディネートするだけでなく、必要な能力をもつ新たな構成員を雇ったり、他の企業や組織と協力関係を確立したりすることによっても発展させられる。組織学習が便益をもたらすのは、それによって競争優位性を獲得できるからである。一般に企業や組織は、情報や知識が伝達不可能であったり取引不可能であったりするような場合でも、内的な学習過程を組織する関心と能力を持ち合わせている。すなわち、一方で、企業や組織は、学習する能力が競争優位性のもっとも永続的な源泉であることに気づいているため、知識を発展させることに関心がある。また他方で、企業や組織は、経験に基づく内的なコミュニケーションコード、ルール、言語を構築したり、外部からの情報と知識を収集して濾過したり、内部で暗黙知を発展させたり、構造化された訓練や模倣を促したりすることによって、組織内の学習を組織し情報処理を強化することができる［Morroni 2006: 228-229］。

学習する組織である企業は、共通の目標や相互の信頼によって個人間の情報伝達を促し、経験に基づき非明示的な知識を内的に創造することによって暗黙知の伝達を可能にする（図4-5-3）。図中央上を通る経路は、そのような企業の外でも市場を通じて主体ａから主体ｂへと情報と知識が伝達されうることを示している。この場合、個人や組織による情報や知識の伝達は、商品として直接購入されるか、交換される財やサービスに含まれているか、交換活動の間に副産物として獲得されることにより行なわれる。しかし、二人の個人間に共通の関心や信頼が欠如しているか、知識が異質または暗黙的で伝達不可能な場合、市場での交換取引によってａがもつ情報や知識をｂへと伝達することはできない。多くの場合、市場を通じて伝達できない情報や知識は、組織内部のコーディネーションによって伝達または複製することができる。組織コーディネーションによる情報や知識の伝達は、図中央を通る経路によって示されている。伝達と複製は、共有される目標を定め、共通のコードを作成し、相互の信頼を構築することによって可能となる。暗黙知は、市場または組織のいずれの内部でも伝達不可能だが、組織の構成員間の相互作用を通じて組織の内部で創造することができる。とくに企業は、経験や使用による学習を通じて、個人が必要な経験を得られるような活動をさせ、暗黙知の創造を増進する。そのような暗黙知は、あらゆる生産過程に多かれ少なかれ存在するが、とくに革新的活動のなかで見られる。組織内部での個人ｂによる暗黙知の創造は、図中右下の領域で表されている［Morroni 2006: 230-232］。

学習過程は、試行錯誤の手続きを経て、すでに利用可能か新しい資源から得られるサービスについての知識を増大させ、それにより、未利用の機会を発見する可能性を増大させる。個人の能力が不完備で異質な場合、他者によっていまだ知覚されていない機会を見てとり、発見し、発明することによって個人が潜在的な利益を手にできる可能性

図４－５－３　情報と知識の伝達

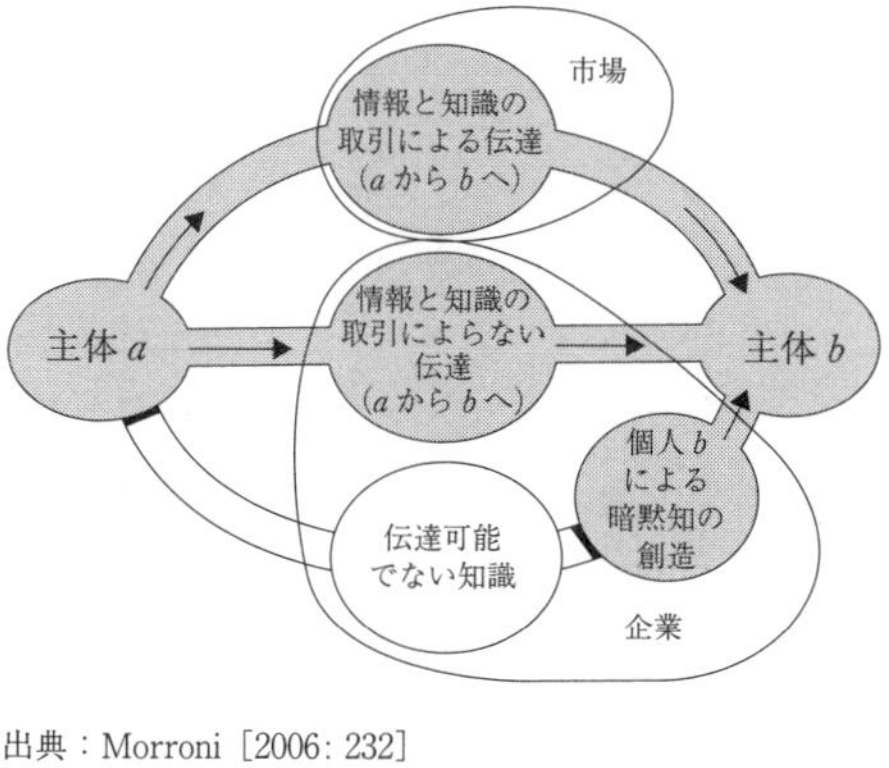

出典：Morroni［2006: 232］

が常に存在している。競争優位性やそのような利益を即時にさや取りできるか否かは、個人間の能力の差に左右される。能力の異質性や根本的不確実性をともなう状況では、個人は他者によっていまだ知覚されていない既存の機会を同定しようと試みるだけでなく、利用可能な代替的な選択肢そのものを拡張し、新たな機会を発見し創造しようと試みる。この場合、学習によって未知の領域が探索され、潜在的な新奇性が導入されることになる[Morroni 2006: 232-233]。ただし、このような学習は必ずしも根本的不確実性を縮減しないことに留意しなければならない。既存の情報を発見し、入ってくるデータに照らして理論的知識を更新する「獲得的学習（acquisitional learning）」は、情報処理能力を高め、手続き上の根本的不確実性を減らす。他方、問題形成と問題解決の過程を通じて知識や新たな機会を生成する「創造的学習（innovative learning）」は、革新的活動によって新奇性の導入や予期せぬ機会の創造をもたらし、起こりうる結果についての実質的な根本的不確実性を増大させるからである[Morroni 2006: 227-228]。

このようにモローニの枠組みに基づけば、根本的不確実性に直面する企業にとって、企業内部の学習過程はそれを克服するための最も重要な手段である。それでは以上の枠組みに基づいて、企業の発展と成長はどのようにして説明されるのであろうか。次節では、この点について検討しよう。

四　企業の成長

モローニの枠組みに基づけば、企業の成長は、以上で見たケイパビリティ－学習、取引－内部化、規模－範囲の側面の間の相互作用であるとみなされる。これら三つの側面の組織コーディネーションがもたらす優位性を利用し、他の負の影響を制限する経営能力は、企業の顕示的なパフォーマンスや成長の機会における差異を理解するうえで基礎的な要素である。しかし、企業のパフォーマンスは、経営能力だけでなく、さまざまな基礎的条件や意思決定メカニズムの間の相互作用にも依存する。基本的に、企業の成長とはその境界が拡張することであり、境界は経営管理活動の観点から定義される。企業の継続的な成長にとっての必要条件は、適したケイパビリティの発展であり、知識分業の新たな形を採用して経営サービスの質を増大させる能力が関連している。その過程は生産と取引に関する業務を行なうなかでの学習過程にほかならない［Morroni 2006: 240–241］。

企業の拡張は、ふたつの異なる経路を通じて達成される。すなわち、すでに事業をしている別の企業を買収することによってか、あるいは、新たな生産能力への投資、新たなスタッフの雇用、新たな供給業者の選択、新たな流通経路の探索を通じて元の企業そのものを拡張することによってである。企業の成長には、垂直的統合、水平的拡張、多様化という三つの形態がありうる。垂直的統合は、所与の財またはサービスの生産に必要な上流または下流の生産過程を共通の所有と経営のもとに内部化して、企業を拡張することである。垂直的統合は、生産の連鎖のなかで結びついた活動において行なわれ、したがって、互いにコーディネートされなければならないようなケイパビリティを発展させることに基づいている。一般に取引費用を考慮することにより垂直的統合を説明できるが、企業が成長する他のふたつの方法、すなわち、水平的拡張と多様化を説明することはできない。水平的拡張は、より多くの所与の財またはサービスを生産するために生産過程の規模を拡大することである。これによって生じる規模の変化は、労働と知識の分業の再組織化をもたらし、その結果、投入物の質と個人の能力を変化させる。多様化は、新たな財またはサービスの生産を通じた企業規模の拡張であり、通常は関連する事業領域か、その企業の過去に獲得したケイパビリティや資源が競争優位性をもつような領域で生じる［Morroni 2006: 241–242］。

組織コーディネーションの三つの側面の間には多くのつながりがあり、それらが企業の成長に影響を及ぼす。

以下、ケイパビリティ‐学習と規模‐範囲の関係、ケイパビリティ‐学習と取引‐内部化と規模‐範囲の関係、取引‐内部化の関係を順に検討していこう。

ケイパビリティ‐学習と規模‐範囲の関係をみると、生産に関する知識は、所与の組織的背景から決まる生産過程の規模と緊密に結びついている。規模の経済性を得るには、分割不可能で補完的な生産要素や生産過程の特性を利用するための企業のケイパビリティと学習されたコンピテンスが必要である。生産ユニットにより達成される規模や選ばれる技術ごとに、特定の機械や設備の利用を促す能力の発展段階は異なってくる。また、認知上や作業上の分業の度合いは、生産過程の規模によって制限される。規模が拡大すると、変更後の組織構造に結びつく新しい仕事に応じて、設備だけでなく企業の構成員の能力や技能の質的修正もともなうさらなる分業が生じる。さらに、規模の拡大は、経営上の規模の経済性をもたらすような知識分業を増大させる。企業は、特定の財を生産するなかで、それと補完的な技術で新たな商品を供給するために役立つケイパビリティを発展させるかもしれない。同一のケイパビリティを再利用することは、規模の経済性か範囲の経済性かというトレードオフを克服し、両者を同時に実現する機会となる［Morroni 2006: 245-246］。

ケイパビリティ‐学習と取引‐内部化の関係をみると、生産過程と取引過程のいずれにも不可欠な知識があり、ケイパビリティと取引が補完的であることが分かる。企業家‐経営者の具体的な機能は、企業の内部でどの能力とコンピテンスを発展させ、どれを外部で発展させるべきかを突き止めることである。これはどの活動を内部で行ない、どれをアウトソーシングするかについての意思決定に結びついている。垂直的統合を通じて技術的に分割可能な過程を内部化すると、その内部化された過程を実行するために必要な技術や生産に関する知識を発達させるための組織内学習が生じる。もしその知識が分散的で異質で暗黙的であれば、補完的な生産者間の協力や共特化には、取引と技術に関する知識のための費用がともなう。他方で、協力には、生じうる誤解を減らすためのケイパビリティの共同開発が必要である。アウトソーシングでとくに発展させる必要があるのは、交渉し、適した契約を設計し、品質をコントロールし、契約を執行するための内的ケイパビリティと、供給業者、潜在的なライセンス実施権者、フランチャイズ加盟店を教育するための外的ケイパビリティである。組織コーディネーションは取引費用を回避可能にするだけでなく、市場関係に比べて、新たなケイパビリティの生成を促すという点に優位性がある。したがって、組織コーディネーションが進むか、それとも組織の分解が進むかは、学習とケイパビリティの創造を促すガバナンス構造が市場と組織のどちらであるかということによって決定される［Morroni 2006: 247-251］。

取引－内部化と規模－範囲も多くの仕方で関係している。第一に、高い取引費用が存在することによって、統一された所有のもとで技術的に分割可能な過程が統合される場合、通常、部門の異なる他の中間過程において規模と範囲の経済性が生じる。たとえば、製造過程を統合すれば、経営管理過程において規模と範囲の経済性が生じるかもしれず、それは情報と知識の属性に由来する収穫逓増を特徴とする。第二に、取引費用が存在するということは、過程が技術的に分割不可能であることを意味する。なぜなら、取引費用は情報問題に関連し、交換される財・サービスの数量からはほとんど独立に生じるからである。もし取引費用が固定額かつ一括で払われるならば、規模と範囲の経済性が生じて、収穫逓増が促されることになる［Morroni 2006: 251］。

それでは企業の成長と規模を形作る重要な要因はなんであろうか。潜在的な優位性は、ケイパビリティ、取引の配置、操業規模の設計の間の相互に結びついた影響から生じるが、それは内外の反作用力や企業の成長を制約する弱点によって相殺されるかもしれない。そのような反作用力には、（1）制度と市場における制約、（2）市場の大きさの制限や右下がりの需要曲線、供給量が固定された投入物、資本調達の困難、（3）認知的な惰性や近視眼から生じる戦略の誤り、（4）組織費用の上昇、が挙げられる。とくに組織費用の上昇は、ある種の経営ケイパビリティの欠如や内的な弱点に由来する。標準的な新古典派の長期的分析では、組織能力の限界が収穫逓減の原因であり、企業の最適規模を決定する要因であると伝統的に考えられている。しかしながら、組織能力の限界やインセンティブの弱まりによって組織費用が右上がりになると想定する理論的理由や経験的証拠は存在しないとモローニは指摘する。理論的な観点からすると、企業は新たな資源を雇用すればいかなる規模までも拡大できるし、多くの経営管理業務を専門化した従業員に配分し、スミス的な分業をすれば組織能力を増大させることができる。規模が拡大していけば、効率性と有効性を維持または増大させるために、その経営管理機能を再組織することができる。さらに、企業は内的なコミュニケーション、学習過程、忠誠心を動機づけるために適切な（金銭的または非金銭的な）インセンティブを作り出すかもしれない［Morroni 2006: 256–260］。

モローニが指摘するように、企業の成長を妨げる組織費用の上昇に対抗するため、企業では多くの方法が採用されており、多くの重要な産業（自動車、航空、銀行、ＩＴ、大規模小売、デパート、通信販売、保険、製薬、被服など）では、多くの従業員をかかえる巨大企業が存在する。企業の成長過程のどこかで必ず規模の不経済性が生じ、大企業や巨大企業は最終的には非効率になるという経験的証拠はまったくない。組織能力を適応させることが困難であることは企業の成長率に影響を及ぼすかもしれないが、特定の点を越えた規模の拡大に対して制限を設けるわけではない。企業の成長率に対してそのような制約が生じるのは、新しい経営管理者を訓練して、成長のために必要なさまざまな活動を実行しなければならないからである。したがって、いわゆる経営上の不経済性が作用するのは、知識にまったく変化がなく、経営サービスの質と種類にまったく変化がないと仮定した場合に限られる。企業の成長に対する企業内部からの反作用力は、組織に関する知識が経営によって十分に発展させられていない場合にのみ作用することになる。ここで明らかなことは、企業の内部で学習過程が生じる潜在的な可能性があれば、企業の「最適規模」を決定することは論理的に不可能になるということである［Morroni 2006: 260–261］。

この結論は、企業の経営が機会を把握し反作用力を相殺する方法に関して、主観的な要素を不可避的に導入することになる。経営による選択は主観的かつ裁量的であって、意思決定のなかでさまざまな利害関係者の利害が重みづけられる仕方や、さまざまな基礎的条件に左右される。さらに、企業の境界は、ただひとつの原因によって決定されるわけではなく、右記の反作用力によって表される負の要因と、企業の組織コーディネーションの三つの側面から生じる成長の機会とが相互作用した結果である。関係的合意の管理がもつ非公式的な性質や意思決定過程の主観的かつ裁量的な特性は、企業の顕示的なパフォーマンス、成長、境界に多大な影響を及ぼす。企業組織の構成員は、情報交換と社会経済的関係のネットワークによって結びついており、変更可能なルールにしたがって相互作用する。そのなかで、持続的な成長は、組織学習の利用と拡張を通して得られる。経営資源の質、より一般に言えば、企業固有のケイパビリティの質は、企業の戦略と絶えず変化する境界を理解するうえで不可欠な要素である。経営上の選択におけるこの主観的な要素が各企業の固有性を形作り、多様な結果を生み出す。モローニによる以上の考察が意味するのは、企業の効率性と有効性、したがってその顕示的なパフォーマンス、規模、境界は、時間依存的かつ経路依存的な現象とみなされなければならず、多面的な基礎的条件とさまざまな内的意思決定メカニズムの絶えず発展する影響に左右されるということである［Morroni 2006: 262］。

結論

本章の問いは、なぜ企業は存在するのかということであった。それはコース以後の現代経済学がそうしてきたように、市場を利用することの費用、すなわち取引費用によって説明できるのであろうか。モローニは、取引費用経済学の知見をふまえつつも、ケイパビリティ‐学習、取引‐内部化、規模‐範囲の三つの側面を統合する新たなパースペクティブを提示し、この問いに対する一定の答えを示唆しているように思われる。

モローニは、彼の理論枠組みのなかで、企業組織の取引‐内部化の側面を相対化している。たしかにモローニは、「価格メカニズムを使うことの費用」というロナルド・コースによる元来の取引費用の定義を採用している。取引費用が生じるところには、つねに独立の経済主体間の交換がともない、他方の企業は価格メカニズムを抑制する自律的な管理計画単位とみなされる。したがって、企業内部の指令による配分と市場内部の価格メカニズムによる配分、あるいは、雇用契約と市場契約の間には明確な区別がなされる［Morroni 2006: 144-145］。しかし他方でモローニは、企業組織と市場という伝統的な二分法は誤解を招くものだと指摘する。彼によると企業組織と市場は資源の用途をコーディネートする代替的な方法ではなく、むしろ補完的で相互依存的である。すなわち、組織は、効率性と有効性の増大を追求するために市場競争の圧力を必要とするし、他方の市場が機能するにも、主要な取引者によるケイパビリティ、組織、制度への相当な投資が必要である。市場と組織はどちらも知識の生成者であり、学習過程を方向づけるだけでなく、新たな考えの発展と淘汰のための環境を提供するというのである［Morroni 2006: 16–18］。

このようにモローニは、取引‐内部化の側面では市場対企業組織という二分法から出発しつつも、ケイパビリティ‐学習の側面にその二分法を越える力を認めている。かつてコースは企業の存在を説明するために市場の取引費用を導入し、同時に企業組織の限界を説明するために経営管理能力の収穫逓減とそれにともなう組織費用の逓増を論じた。それにより、取引費用と組織費用が等しくなる点において企業の最適な境界と規模が決定されると考えたのである。それに対してモローニは、取引費用と組織費用の存在を認める一方で、組織費用の逓増には理論的理由も経験的証拠も存在しないと主張している点がコースと異なる。前節でみたように、モローニは、企業組織の規模が拡大したとしても、経営管理機能を再組織することによって、効率性と有効性は維持・向上できると考えている。その際に重要となるのが、組織学習の利用と拡張を通じて組織に関する知識を発展させることであり、企業固有のケイパビリティを主観的に取捨選択しながら発展させていくことなのである。企業にとっての最適規模という概念そのものが否定され、ケイパビリティの創造によって組織コーディネーションはいかようにも拡張可能となる。これは現代のように知識基盤化と情報化が進展した経済における企業の成長を考察するうえで、重要な意義をもつであろう。

モローニの議論に対する批判としては、企業家の役割を論じておらず、企業家と経営者を「企業家‐経営者（entrepreneur-manager）」という範疇にひとまとめにしているという指摘がある［Dolfsma 2007: 127］。たしかにモローニは、不確実性に対処するという役割の多くを個人よりも組織に与えているため、個人は組織の意思決定者として、革新的な企業家活動と定常的な経営管理の双方の機能を兼ねることになる。この点において、モローニは依然としてコースの古典的な企業家の見方を継承していると言えよう。コースは、企業家の役割には二つの側面、すなわち、将来の欲求を予測して新たな契約を結ぶことにより相対価格の体系に影響を与える「創意および起業（initiative and enterprise）」と、相対価格の体系を所与として自らの支配下にある生産要素を再編成する「管理（management）」があり、それらは通常、同一の人物によって担われると論じていた［Coase 1988=1992: 58-64］。とはいえ、モローニのように企業内の学習過程を重視し、現代の知識基盤経済を前提とするならば、このふたつの機能は組織内に不可分な形で存在しなければならないという規範的な意味において、コースとモローニの見方は現実味を帯びてくる。

また、モローニの議論は企業理論のうち形式的（数学的）な側面を軽視しすぎているという批判［Reid 2010: 209］や、企業の成長がそのパフォーマンスの指標となりうるかという問題提起［Krafft 2007: 520］もありうるであろう。しかしながら、企業組織に関する膨大な先行研究を展望し、企業の多様性を捉えうる包括的な理論枠組みを示そうと試みたモローニの同書における貢献は大きい。モローニの理論枠組みは、市場対企業、市場対計画、分権化対集権化といった古典的な二分法を乗り越え、現代企業の多様性を捉えるための足掛かりを提供しているように思われる。とはいえ、これが現代の企業理論にとってひとつの通過点にすぎないこともまた明らかであろう。「企業の存在を説明する」というとき、われわれに求められるのは、企業組織の存在を包括的に説明するための一般理論を構築しつつ、なおかつ、現実に存在する多様な企業組織についての経験的証拠を説明するということである。前者の意味において、企業の存在を取引費用によって説明する試みは一定の成果を挙げてきたが、後者の意味において、その存在を説明できているとはとうてい言い難い。モローニは、この課題に取り組むために、「取引－内部化」、「規模－範囲」といった費用に規定される側面だけでなく、企業の組織学習にもとづく「ケイパビリティ－学習」の側面も考慮に入れねばならないことを明らかにしている。費用という概念は、取引費用のように広義に用いられたとしても、企業組織の重要だが唯一ではない側面を説明しうるにすぎないのである。

注

（1）以下で論じられるケイパビリティ－学習、取引－内部化、規模－範囲の間の相互作用については、モローニのその後の論文［Morroni 2007］も参照されたい。

参考文献

Coase, Ronald Harry [1937：1988=1992] "The Nature of the Firm," *Economica*, New Series, vol. 4, no. 16, pp. 386-405, reprinted in Coase [1988] chapter 2. 宮沢健一・後藤晃・藤垣芳文訳『企業・市場・法』東洋経済新報社、第二章「企業の本質」。

Coase, Ronald Harry [1960：1988=1992] "The Problem of Social Cost," *Journal of Law and Economics*, vol. 3, pp. 1-44, reprinted in Coase [1988] chapter 5, 宮沢健一・後藤晃・藤垣芳文訳『企業・市場・法』東洋経済新報社、第五章「社会的費用の諸問題」。

Coase, Ronald Harry [1988=1992] *The Firm, the Market, and the Law*, Chicago: University of Chicago Press. 宮沢健一・後藤晃・藤垣芳文訳『企業・市場・法』東洋経済新報社。

Dietrich, Michael [1994] *Transaction Cost Economics and Beyond: Towards a New Economics of the Firm*, London: Routledge.

Dolfsma, Wilfred [2007] "Book Review: Mario Morroni, Knowledge, Scale and Transactions in the Theory of the Firm," *De Economist*, vol. 155, no. 1, pp. 127–128.

Groenewegen, John (ed.) [1996] *Transaction Cost Economics and Beyond*, Dordrecht: Kluwer Academic Publishers.

Krafft, Jackie [2007] "Book Review: Mario Morroni, Knowledge, Scale and Transactions in the Theory of the Firm," *Journal of Evolutionary Economics*, vol. 17, pp. 517–520.

Langlois, Richard N. and P. L. Robertson [1995=2004] *Firms, Markets and Economic Change: A Dynamic Theory of Business Institutions*, London: Routledge. 谷口和弘訳『企業制度の理論——ケイパビリティ・取引費用・組織境界』NTT出版。

Morroni, Mario [1992] *Production Process and Technical Change*, Cambridge: Cambridge University Press.

Morroni, Mario [2006] *Knowledge, Scale and Transactions in the Theory of the Firm*, Cambridge: Cambridge University Press.

Morroni, Mario [2007] "Complementarities among Capability, Transaction and Scale-Scope Considerations in Determining Organizational Boundaries," *Technology Analysis and Strategic management*, vol. 19, no. 1, pp. 31–44.

Reid, Gavin Clydesdale [2010] "Book Review: Mario Morroni, Knowledge, Scale and Transactions in the Theory of the Firm," *Economica*, vol. 77, no. 305, pp. 209–210.

Williamson, Oliver Eaton [1975=1980] *Markets and Hierarchies: Analysis and Antitrust Implications*, New York: The Free Press. 浅沼萬里・岩崎晃訳『市場と企業組織』日本評論社。

■コミットメント契約

stickK.comというサイトがある。自分で自分と契約するための会社である。ただし違反したら罰金を支払わなければならない。創業者のエアーズは、一人の顧客となって同社とダイエット契約を結んだ。2007年の1年間、毎週450グラムずつ減量して、20週間で体重を84キロ以下にする。その後は52週目まで体重を一定に保つ、という契約である。失敗した週は500ドルを支払わなければならない。合計すると26,000ドルをリスクにさらしたことになる。結果はみごとに成功。エアーズは罰金を支払わずにすんだ。

このようにダイエットの失敗に自分で罰金を課せば、多くの人は目標を達成できるかもしれない。あるいはもっと奇妙な契約として、たとえば自分がタバコを吸う権利を、他人に売ってしまうというやり方もある。2008年に話題になった出来事で、ニュージーランドの広告代理店重役ジェイムズ・ハーマンは、「自分がタバコを吸ったら1本あたり1,000ニュージーランド・ドルを同国の癌協会に支払う」という権利契約を競売に掛けた。入札者は10人。落札したのは会社の同僚で、落札価格は300ドルだった。同僚であれば、ハーマンが家でタバコを吸った場合にも、彼の家族から情報を得ることができるだろう。ハーマンはこの競売で、禁煙するための強力なインセンティブを得たことになる。

人をやる気にさせるためには、金銭的なインセンティブが有効である。だがその反対に、「反インセンティブ」という強力な方法もある。たとえば、全米のオンライン靴販売会社のザッポス社は、4週間にわたる新人研修の際に、第1週目が終わったところで、次のように申し出るという。「いま辞めれば、これまでの分の給料に加えて、無条件で2,000ドル支払います」と。ザッポス社は、新入社員が辞めるための大きなインセンティブを与える。しかしその申し出を断らせることで、会社の仕事にコミットメントするように仕向けるわけだ。この他、多額の会員費を事前に求めるようなダイエットセンターに通うことも、「反インセンティブ」を利用した制度だといえよう。

やる気は、たんにインセンティブを与えるだけでは、うまく引き出すことができない。コミットメントを引き出すためには、劇的な契約が必要である。あるいは誘惑的な選択肢を破棄させるという「反インセンティブ」の提案も有効である。やる気は、実にさまざまな仕掛けによって発揮されるようだ。

（橋本努）

【文献】 イアン・エアーズ［2010=2012］『やる気の科学　行動経済学が教える成功の秘訣』山形浩生訳、文藝春秋

4－6

キーワード：企業家学習、市場理論、知識の成長理論

企業家精神
企業家になるとはどういうことか

吉田昌幸

はじめに

企業家になるとはどういうことか。本章では企業家活動を遂行していく主体の思考・行動様式である企業家精神に焦点を当てることでこの問題を考察していく。これにあたって、第一節では企業家精神の論じられ方が企業家研究の目的によって異なることについて見ていく。ランドストロームら［Landström and Benner 2010］；［Landström and Persson 2010］によれば、現在の企業家研究には、企業家活動の実践研究を通じた経営学中心の流れと、企業家を材料としてそれぞれの学問分野でのテーマを扱う流れとがある。前者の流れをくむ議論として、はじめにシェイン［Shane 2008］の議論を見ていく。彼は典型的なアメリカの企業家像を以下のように述べている。

典型的な企業家とは、偉大な会社や莫大な富を築く隠れた心理的な力をもつ特殊な人間ではない。典型的な企業家とは生計を立てたいが他の誰かの下で働きたくないだけの中年の白人男性である。典型的な企業家はあなたの隣人であり、しかもその人は最も成功した隣人でないかもしれない。人びとがビジネスを始めようとするのは、失業したり、仕事がしばしば変わったり、以前雇われていた時よりも稼ぎが少なくなってきた場合である。［Shane 2008：160=2011：221-222］。

ここで示されている「典型的な企業家像」は、「文無しの高校中退者がポケットに一〇ドルを入れてアメリカに来て、建設会社を始め、億万長者になったり、インターネット電話を発明したエンジニアが、ベンチャー・キャピタルを得て、一〇億ドル規模の会社を作り上げたりするという」［Shane 2008：1=2011：13］カーネギーやジョブスなどのような成功物語とは異なる。彼によれば、平均的なスタートアップ企業によるビジネスは既存の平均的なビジネスよりも生産的ではない。「人びとを貧困からすくいだし、イノベーションを促進し、雇用を生み出し、失業を減らし、市場をより競争的にし、経済成長を増すビジネスを生み出す」［Shane 2008：162=2011：225］のは限られたわずかな企業家のみであり、多くの平均的な企業家はこれらの効果をもたらすことはない。

このような認識は、スタートアップを支援する政策を考える上でも必要であると彼は述べている。彼によれば、既存の企業の方が平均的なスタートアップ企業よりも生産性が高いのだから、たんに誰かの下で働くのをやめて自分でビジネスを始めるような起業支援政策は効果的ではない。もちろん、どのスタートアップ企業が本当の意味で企業家的なものとなるかどうかはわからないという批判もあるが、今日の企業家研究において、創業者の人的資本や起業の動機、業種やビジネスアイデア、企業戦略、会社の法的形態と資本構造などからそのような選別ができるようになってきたと述べている。

また、スタートアップをとりまく幻想の中には、成功する企業家には生まれながらにしてそのような性質をもっているというものがある。この幻想からすれば、生まれながらの性質が企業家活動の成否を左右することになる。シェインはそのような幻想に対して、企業家育成の必要性を提示している。彼によれば、「企業家になろうと考える者は、新しいビジネスの成功に貢献する要因を知っている必要がある」[Shane 2008: 164=2011: 228]。それは、たとえば、資本量であったり、企業形態であったり、どのような製品を提供しようとしているのかであったり、これからビジネスを始めようとする産業で働いた経験を持っているかどうかであったり、なにを目標とするのかであったりする。

シェインの議論からは、成功する企業家特有の模倣不可能な能力としてではなく、スタートアップの過程を担う主体が習得すべき思考・行動様式として企業家精神が論じられていることがわかる。このような議論からは、「企業家になるにはどうすべきか」という問いに対して、スタートアップを遂行する上で不可欠な企業家精神を習得することであるという明快な回答を得ることができる。個々の主体がスタートアップの過程でどのような考え方や行動をとるべきかについて回答を与えてくれるものが企業家精神ということになる。

一　企業家精神習得過程としての学習

シェインの議論で示されていたスタートアップにおける企業家精神の習得過程を対象とした企業家学習論としてラエやポリティスらの議論がある。ラエ[Rae 2005]は、人びとはいかに、そしてなぜ企業家的なアイデンティティを養うのか、人びとはいかにして自分自身の社会経験から機会を認識し、そのもとで仕事をするようになるのか、そして、人びとはいかにして対人関係の経過を通じて起業しそれを管理していくようになるのか、という三つの観点から企業家学習論を展開している。

彼によれば、企業家としてのアイデンティティは、自らの物語づくりを通じて形成されていく。その物語づくりを通じて、自らの家族や仕事において果たしてきた役割や、そこでの人間関係を再認識し、現状では不満足な状況を自分の企業家活動を通じて変えていくという将来像を明示化していく。また、これまでの仕事の経験やネットワークへの参加を通じて、自ら企業家として参入すべきであると考える機会が認識されるようになる。彼によれば、機会を認識する上で求められる判断力もこれまでの仕事やネットワークを通じて形成される。また、ベンチャーはたった一人で遂行することはできない。そこには消費者や投資家やパートナーや雇用者といった人びとが関わっている。それゆえ、関わる人びとを建設的な形で目的に向かわせることができなければならない。

このように、ラエの議論からは、スタートアップの過程で自分を取り巻く人間的・社会的環境とそこでの経験が重要であることが示されている。また、ポリティス［Politis 2005］は、新規のベンチャー創出に関わる出来事を直接観察したりそこに関わったりすることでえた経験を知識へと変換する過程に着目し、彼はそれについて図4－6－1のような枠組みを用いて説明している。

彼は、第一に、自身のスタートアップや経営の経験、あるいは特定の産業での経験などといった企業家の職業経験が、ビジネスの機会を発見しそれを発展させる能力や新規性にともなうさまざまな不都合を処理していく能力といった企業家知識の形成や発展に寄与することを述べている。ただし、彼によれば、企業家知識を考える上で、これまでの経験だけではなく、経験を知識へと変換していく過程も重視しなければならない。この経験から知識への変換過程において、彼は探求と活用というふたつの様式があると述べる。

探求とは「企業家がすでにとった行動とは異なる新しい行動を選択する」［Politis 2005: 408］知識変換様式であり、活用とは「企業家がすでにとった行動を繰り返したり、密接に関連した行動をとったりする」［Politis

図 4-6-1　ポリティスによる企業家学習過程

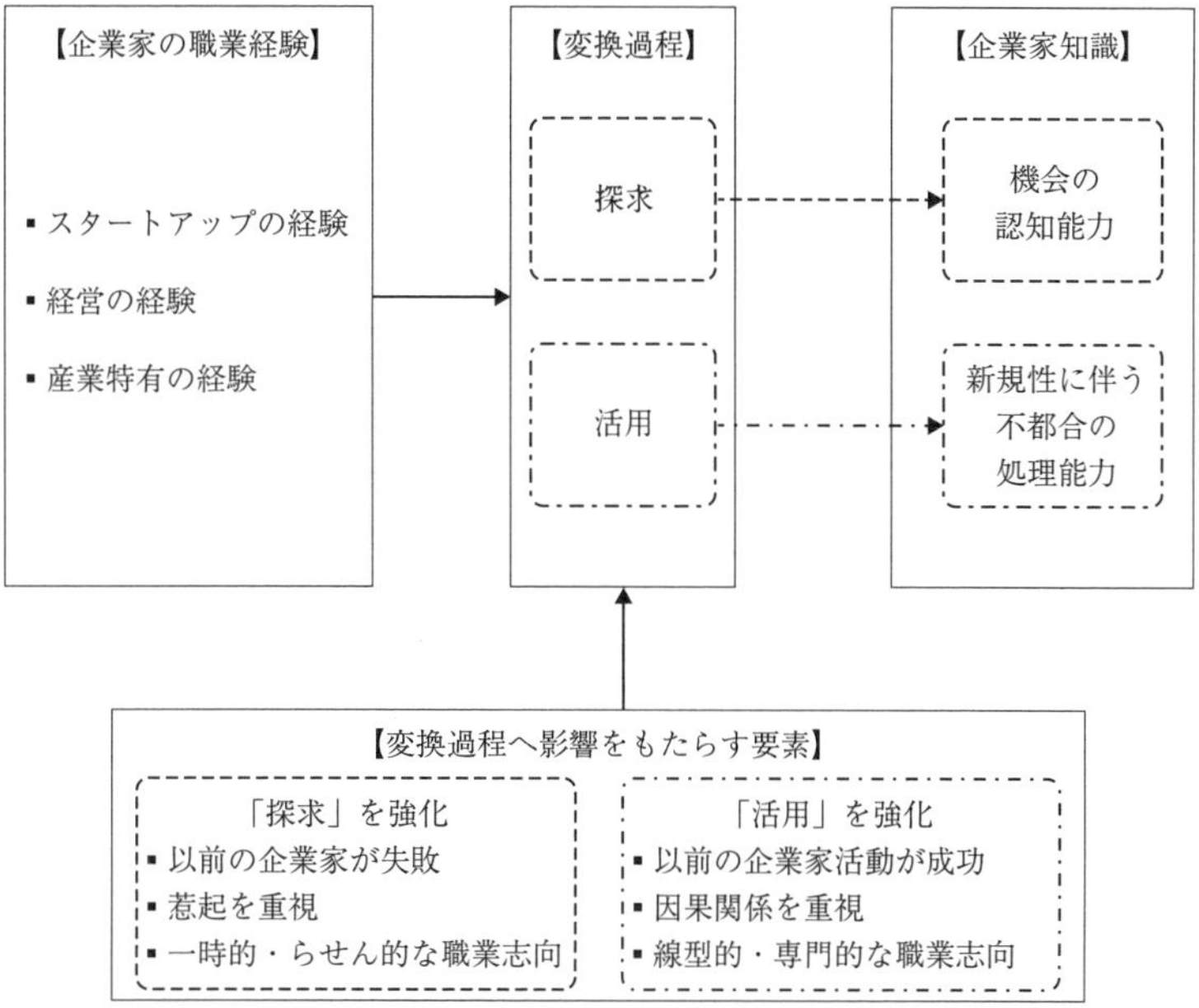

出典：Politis［2005: 402］をもとに作成

2005: 408］知識変換様式である。前者は、「変異や実験、発見やイノベーションといった事柄を含む新しい可能性を探究することによって、経験から学ぶ」［Politis 2005: 408］のに対して、後者は「古くからなんの疑いもない事柄を活用することによって経験から学ぶ」［Politis 2005: 408］ものであり、洗練やルーティン、知識の実施といったものを含み、経験への信頼性を生みだすものである。彼によれば、探求という変換様式に依存すれば機会の認知能力が向上するのに対して、活用という変換様式に依存すれば新規性にともなう不都合を処理する能力が向上する。

彼はまた、探求と活用というふたつの変換様式の依存度は以前の企業家活動の結果、支配的な論理や論拠、そして職業の志向という三つの要因によって決定すると述べている。具体的には、以前の企業家活動が失敗に終わっている場合は探求的な様式を採用するようになり、逆に成功していれば、活用的な様式を採用するようになる。また、支配的な論理として新たなことを起こす惹起を重視するほど探求的な様式を採用するようになり、逆にこれまでの因果関係を重視するほど活用的な様式を採用するようになる。最後に、さまざまな職業体験を経る一時的あるいはらせん的な職業志向をもつ企業家は探求的な様式を採用し、ひとつの職業を継続していく線型的あるいは専門的な職業志向を持つ企業家は活用的な様式を採用するようになる。

ラエやポリティスらの議論からは、スタートアップの過程を遂行していく上で不可欠な思考・行動様式たる企業家精神が学習という過程を通じて習得されていくことが示されている。これらの議論に従えば、個々の企業家精神の違いはその主体の経験の違いに由来するものであることがわかる。このような企業家学習論は、「企業家になるにはどうすべきか」という問題を説明するものであるが、「企業家になるとはどういうことか」という問題に対する説明とはなっていない。この問題に対しては、企業家研究のもうひとつの流れに属する経済学における企業家学習論から説明をしていくことが可能である。以下では、学習それ自体が企業家精神として位置づけられている、現代オーストリア学派のD・ハーパーによる『企業家精神と市場過程』[Harper 1996] の企業家学習論について見ていくこととする。

二　企業家学習論の必要性――カーズナー理論の問題点

これまで見てきた企業家研究の流れは、いかにして企業家活動を成功させることができるかという点に焦点が当てられてきたものであるのに対して、企業家研究のもうひとつの流れに属する経済学では資本主義経済や市場過程を解明していくために企業家という主体に焦点を当てている。(1) これらの議論において企業家精神はどのように位置づけられているのだろうか。ここでは、ハーパーの議論を見ていく前に、彼の議論の源流のひとつであるカーズナーの市場過程論に対する評価について見ていく。

ハーパーは、カーズナー［Kirzner 1973］の議論が新古典派の市場理論の枠組みを使いながらも、現実世界の市場を特徴づける変化の過程に焦点を当てたものであると述べている。カーズナーの企業家論では、企業家は経済状況の外部変化を認識し、そこから市場参加者の調整ギャップを発見する。企業家は発見した調整ギャップを自らの利潤機会として認識し、市場に参入することで調整ギャップを解消し、市場が均衡化していく。ハーパーはこのような「均衡化が企業家的発見と競争の成果として説明される」［Harper 1996: 15］カーズナーの理論が、所与の目的に対して所与の手段を配分していくという新古典派的な経済問題を超えていくための手段を提供するものとして評価をしている。

しかし、ハーパーは、このようなカーズナーの議論は市場過程を十分に説明したものではないとの評価も下している。彼によれば、カーズナーの議論は市場を絶えざる変化の過程であるとしているにもかかわらず、企業家の活動が活性化されればされるほど市場が早くに均衡状態に達してしまう。それゆえ、絶えざる変化の過程として市場過程を説明するためには常に市場外部からの不均衡化要因を入れていかなければならない。市場が絶えざる変化の過程であるとするならば、市場の内部で均衡化と不均衡化のどちらももたらす活動として企業家活動を同定しなければならないとハーパーは述べる。

それでは、なぜカーズナーの議論では均衡化をもたらす活動としてしか企業家活動を位置づけられなかったのだろうか。その原因として、ハーパーは、カーズナーの議論において企業家が扱う市場データに関する知識が基本的に真なるものであり、企業家活動が遂行されている間は知識に変化が生じないという静態的な知識が前提とされていることを挙げている。それゆえ、カーズナーの議論では、企業家は所与の真なる知識を獲得するという直観的な学習を行なうものとして位置づけられている。カーズナーの企業家活動において、機敏さの重要性が論じられるのもここに理由がある。企業家としては、消費者の嗜好や技術、資源の利用可能性などの諸条件の変化に対していち早く気づくことが重要であり、そのような諸条件の変化に対する仮説を検証するような市場調査などを行なうことは企業家には求められていない。ハーパーはこのような真なる知識のみに依拠する企業家は現実的ではないばかりではなく、論理的にも問題があることを指摘している。

ハーパーはカーズナーの議論に欠如しているものは、企業家が「事実」と見なすものの不確定性であると指摘している。ハーパーによれば、企業家は市場状況に関する「事実」を解釈する主体であり、解釈する上で企業家は特定の理論体系を持っている。彼の言葉を借りれば、「企業家は、ある投入に対する新しい使用方法や達成される新しい技術に関する推測に加えて、どのような消費者の選好があるのかについての理論をもつのみである」（傍点は原著による）[Harper 1996: 18]。重要なのは、企業家の推測のみならず、推測する上で依拠する理論も可謬性を有しているということである。企業家は明確に真であるとも偽であるとも判断できない理論体系に基づいて市場状況を解釈し、その解釈の結果として出される明確に真であるとも偽であるとも判断できない「事実」に基づいて行動していく。

三　企業家学習論の方法論――知識の成長理論アプローチ

ハーパーは、カーズナーの議論では前提とされていない、可謬性を持った理論による推測に基づいて行動する企業家の存在を市場過程の継続性をもたらす要因として位置づけている。これによれば、企業家の活動は市場に均衡化だけではなく、不均衡化ももたらすこととなる。これにより、市場過程は企業家活動によって継続していくことが説明できるようになった。しかし、企業家活動をそのように位置づけることによって、個々の企業家活動が市場の不均衡化をもたらすことにもなり、資源配分メカニズムとしての市場機能を補完するというカーズナーの議論で示されていた企業家の機能は後退することになる。

その一方で、ハーパーが強調するのは、企業家の依拠する理論や推測に対する市場の反駁とそれに対する企業家の理論体系の改訂という、市場と企業家学習とのフィードバックプロセスである。このような観点に着目するアプローチを、ハーパーは知識の成長アプローチと呼んでいる。彼は、知識の成長アプローチの特徴をラカトシュの科学研究プログラムの手法を用いて説明している。

彼によれば、知識の成長アプローチのハードコアは、以下の八点にまとめることができる。

HC1：個々の経済主体のみが目的、推測そして選好を持ち、意思決定を行なう。

HC2：経済主体は客観的な問題状況に直面する。客観的な現実は、個々の経済主体の推測や選好から独立して存在している。経済主体が直面する問題状況は自動的に知られるものではない。個々の経済主体は自分自身で発見する問題状況を定義し解釈していかなければならない。

HC3：経済主体はたとえ真なる知識を見つけたとしてもそのことを決して知ることはない。経済主体の知識は本質的に理論的、推測的なものであり、客観的状況に関する知識は非常によく誤りうる。すべての経済主体は間違いを犯しやすい。

HC4：経済主体は、構造的不確実性や複雑性があり、現実の時間の下での世界において、さまざまな問題に対して暫定的な解決法を作り出す。

HC5：経済主体の推測は潜在的に客観的なものであり、それらの推測は潜在的に個人間の批判にさらされている。

ＨＣ６：学習は、内的な心理学的ないし社会心理学的過程というよりも、論理的で科学的な過程である。科学の方法と日常生活での仮説選択の方法との違いはない。

ＨＣ７：真であると証明された知識を持っていなくとも経済主体は合理的意思決定を行ないうる。合理的意思決定とは、対抗する行動スキームを論理と経験の下で評価することである。

ＨＣ８：市場を背景とした学習は、批判的フィードバックによる継続的な適応過程に関わるものであるが、このフィードバックは最適あるいは完全なものにはならない。企業家活動は市場内そして市場間での個々の行動を必ずしも調整するものではない。企業家精神は「複数の出口がある」問題状況によって特徴づけられる。

また、このようなハードコアを持つ知識の成長アプローチの長期的な研究指針を含むものとして、ハーパーは六つの肯定的発見法と、三つの否定的発見法を置いている。

肯定的発見法

ＰＨ１：学習に関する非正当化主義の理論を経済理論における経済主体に帰する。

ＰＨ２：経済現象を説明する際に、知識の成長と経済主体が問題状況に着手する上での学習の理論に直接関係する観点を漸進的に格上げする。とくに、できるだけ主体の学習方法や知識の理論から帰納主義的、正当化主義的な要因を取り除く。

ＰＨ３：方法論的個人主義の原理と矛盾しない理論とモデルを構築する。すなわち、経済事象を個々の経済主体の知性によってのみ理解できる活動の結果として説明する。

ＰＨ４：合理的な意思決定のみが関わるモデルを構築する。合理性は、経済主体が自らの誤りから学習する傾向があるということを意味する。合理的な意思決定は、批判的な試行方法と誤りの排除による問題解決として描かれる。

ＰＨ５：現実の時間と知識の関係を認識する動態的なモデルを構築する。すなわち、経済主体の知識や学習過程を内生的なものとして扱うモデルをつくる。

ＰＨ６：複数の出口のある意思決定モデルを構築する。

否定的発見法

ＮＨ１：知識または学習過程を外生的または静態的に与えられたものとして扱う理論ないしモデルを構築しない。

ＮＨ２：非合理的なふるまいを前提とする理論をつくらない。

ＮＨ３：主体が制約下での最適化しか行なわない理論をつくらない。

ハーパーが体系づけた知識の成長理論アプローチは、経済事象の原因を個人の意思決定に帰する点で方法論的個人主義をとる。それゆえ、新古典派経済理論のアプローチと類似したものとなっている。しかし、知識の成長理論アプローチは、新古典派経済理論において前提とされている、「経済現象のすべてを個々の意思決定者に先天的に与えられたものや外生的な心理学的状態（すなわち、効用関数）に還元しようとする」［Harper 1996: 23］心理学的個人主義は採用しない。知識の成長理論アプローチは方法論的個人主義をとりながらも目的、理論、知識、情報によって構成される主体の問題状況から個々の主体のふるまいを説明する。また、新古典派理論においては、知識とはそれが真であると証明されない限り知識として扱われない正当化主義にある。逆に言えば新古典派理論において、経済主体が用いる知識は過去現在未来いずれにおいても真なる知識ということになる。「新古典派的な世界における経済主体は、構造的な不確実性に直面することがなく、現実の時間において意思決定をして行動するということがない」［Harper 1996: 26］のである。

ハーパーは、「企業家的ふるまいや市場過程の内生的動態を説明しようとするいかなる経済理論も、企業家の（推測的な）知識についての仮説を含む企業家の学習方法論を特定しなければならない」［Harper 1996: 25］と述べている。

四　人間行為の創造的様相としての企業家活動

ハーパーの企業家的学習論では、どのような企業家像を前提としているのだろうか。ハーパーの企業家活動に対する定義にはふたつの特徴がある。第一に、企業家活動を企業家という特殊な主体の活動という観点からではなく、市場で取引を行なう主体が直面する問題に応じた人間行為の一様相という観点から定義している点である。彼によれば、経済主体は、完全に特定化された問題、十分に組み立てられた問題、そして他の経済主体によって誤って組み立てられた問題という三つの問題状況に直面しており、それぞれの問題状況に対して次のような様相をもつ人間行為がなされることになる。

解くべき問題がなんであるかが明確で完全に特定化された問題に対しては、ロビンズ的最大化と呼ぶ新古典派経済学が前提とする機械的な様相を持つ人間行為がとられることになる。そして、十分に組み立てられた問題に対してはアルゴリズムや発見的手続きによって満足化を図るという、発見的な様相を持つ人間行為がとられる。

最後の、他の経済主体によって誤って組み立てられた問題に対しては、自ら問題を同定し体系化を行なうという企業家的選択を行なう。彼はこの企業家的選択を人間行為の創造的様相として企業家活動と位置づけている。このような企業家活動の位置づけが興味深いのは、主体特有の精神構造としての企業家精神が企業家活動を特徴づけているということではなく、直面する問題状況に対する対処方法のひとつとして企業家活動を位置づけていることである。

それでは、このような創造的人間行為が経済システムにおいてどのような意味を持っているのだろうか。この点を確認する上で、ハーパーによる企業家活動のもうひとつの定義を見ていくことにする。

> 企業家的意思決定には、新しい市場問題(と潜在的な利潤機会)の発見、あり得る解決策の創出(たとえば、新製品のアイデア)、ひとつ以上の望ましい解決策の選択、選択された解決策の試行的な実施、そして問題解決に当たってのそれらの試みに対する批判をともなう。[Harper 1996: 86]

ここに示されているように、企業家活動は市場問題の発見に始まりそれに対する問題解決の試みに対する批判で終わる一連のプロセスとして定義される。企業家的選択において解くべき問題状況それ自体は企業家自らが同定しなければならず、それゆえ、市場における問題の設定それ自体が個々の企業家活動を特徴づけることになる。そして、このようなプロセスを主導するのが「構造的不確実性と現在の利潤機会に対して推測される複雑な問題状況に関連して、想像力と批評的な才能の行使をともなう現実の時間での問題解決活動」[Harper 1996: 82]を行なう企業家ということになる。

既述のように、企業家的選択とは、経済主体によって誤って組み立てられた問題を自ら同定し体系化を行なうことである。ただし、これは先行する経済主体が誤った問題を、後行する企業家がその誤りを正しく認識し、問題を組み直すということを意味しているわけではない。彼によれば、「企業家がすべての可能な行為の経路やある所与の行為に起因するすべてのありうる帰結に関する完全なリストを導出することは不可能である」[Harper 1996: 96]。それゆえ、企業家活動は将来起きうる事象やそれらに対する可能な行為について不完全な知識しか持たない主体によって行なわれている。したがって、先行する経済主体が誤って組み立てた問題を発見し、さらに誤った問題の組み直しをすることも、ハーパーの議論では考えられる。

そもそも、企業家的意思決定は「消費者選好の将来の変化や将来の自然事象、将来の技術を単に予想する」[Harper 1996: 98]のではなく、他の企業家の行動についての予想を予想しなければならない。しかし、企業家的問題状況の下では、企業家はアプリオリに将来に対する同じ予想を共有してはいないし、平均的な予想の分布も共有していない。企業家的問題状況の下では将来の起きうる事象について異なる企業家が異なる理論で予測し行動する。ハーパーはこのような企業家の行動自体が企業家的問題状況に不確実性をもたらす原因となっていると指摘する。

このように、構造的不確実性は個々の企業家活動によって解消できるものではないが、まったくの偶然によるものでもない。以下の要因を通じて、企業家は限定された不確実性にさらされることになる。不確実性を限定する要因として、彼は社会現象に斉一性と規則性を与える社会秩序の存在、「所有権（特許権を含む）、契約、貨幣や他の市場制度（結びつきのネットワークや、協力、のれん、評判という習慣）の体系である制度枠組み」[Harper 1996: 103]、そして、新規の取引を組織する統制構造の三つをあげている。

また、企業家的問題状況には、もうひとつ非対称で不可逆な現実の時間の下でなされる問題解決過程という特徴がある。企業家活動は繰り返しゲームが前提とするような定常的な環境とは異なり、それ自体で将来の状況を変化させうるものである。また、企業家は過去を変化させることができない。「非決定的な将来の文脈において

表4－6－1　企業家像の比較

	カーズナー（オーストリア学派）	ハーパー（知識の成長理論）
行動範囲	狭い	広い
不確実性	存在しない	構造的不確実性
時間	現実の時間は排除 認知された利潤機会を即座に活用 事後的な企業家精神	現実の時間 機会は即座に活用されず、長い時間のずれがありうる 事前と事後の企業家精神
知識	主観的な勘や合成 静態的で知識の獲得は外生的	客観的な推測 動態的で知識の獲得は内生的
学習方法	暗黙的で正当化主義	明示的で非正当化主義
学習過程	心理学的で外生的	認知・論理的で内生的
可謬性	企業家は成功する傾向にある	企業家は誤りを犯しその推測もしばしば誤っている
問題	外生的な変化によって生み出され、客観的に存在するがしばしば知らされない	外生的な変化だけでなく人間行為の結果内生的にも生み出され、客観的に存在する
機会	不可避的に認知されて活用される	決して発見も活用と解決もされない
決定論	緩い形態の決定論	決定論と純粋な運との中間
資質	機敏さ、判断、タイミング	想像力、自分自身のアイデアやターゲットとなる市場での経験に対する意識的な批判的態度

出所：Harper［1996: 90-91］をもとに作成

のみ、企業家的活動は市場の事象に影響を与える」［Harper 1996: 107］。現実の時間において企業家活動をするということは、「企業家が将来に獲得する知識を予測することが論理的に不可能」［Harper 1996: 108］だということを意味するが、それは経済過程それ自体の複雑さや企業家の知識不足だけではなく、「予測に従事する相互に影響しあう企業家という複雑な条件」［Harper 1996: 110］にも適用されるものである。

ハーパーによる、不完全な知識に基づいて発見した構造的不確実性を含んだ問題状況を現実の時間の下で解決をしていくという定義から見ると、たとえば、地域間での価格差を発見・活用するアービトラージは、「現存する利潤機会の活用が瞬間的であり、資本や生産過程における時間消費的投資を必要としない」［Harper 1996: 89］という特徴を持つ。それゆえ、純粋に見ればさや取りには構造的不確実性や現実の時間という問題は関わらないことになる。その一方で、イノベーションは、少なくとも数年間の資本投資を必要とするものであり「現実の時間で生起する経済過程」[Harper 1996: 89] となりうる。また、「自身の活動によって引き起こされうる異時点間の収益と費用の違いによって利潤を生み出そうとする」[Harper 1996: 89] イノベーティブな企業家はそこで認知した機会がせいぜい利潤機会となりうる可能性があるにすぎないことは理解しており、そこには構造的な不確実性が存在する。

表4－6－1は、ハーパーが述べた企業家像の特徴を、カーズナーのそれとの比較で表したものである。

これらの比較によって明らかとなるのは、カーズナーの企業家像は市場状況の変化を把握する直観的な能力をもつ主体として位置づけられており、企業家の多様性はこの直観力の違いに由来することになる。その一方で、ハーパーの企業家像は、市場状況の変化を把握する上での理論体系を持つ主体として位置づけられており、企業家の多様性は、この理論体系や理論体系の改訂方法の違いに由来することになる。そこで、次節では、ハーパーの企業家像の中心となる、企業家の理論体系について見ていくこととする。

五　企業家の理論体系

ハーパーは企業家活動の特徴を、構造的不確実性をともなう問題状況を自ら発見・同定し、それに対して、現実の時間の下で、自らの想像力と批判的な才能を行使して解決していく活動として定義した。それゆえ、ハーパーは企業家を、自らの直観力を用いて市場調整に寄与する主体としてではなく、関連する知識を体系立てる理論を持つ主体であり、市場における活動を通じてもたらされる反駁を通じて自らの理論体系を改訂していく反証主義者として位置づけた。本節では、「メタ原理、経験的理論、具体的な予測という、三つの主要な構造的構成要素からなる多層的なヒエラルキー」[Harper 1996: 139] である企業家の理論体系について見ていき、次節で反証主義者としての企業家について見ていく。

彼の議論では、仮に同じ市場状況に直面しても、企業家毎で異なる問題状況を組み立てることになる。なぜなら、企業家毎に異なる理論を持つからである。その中でも企業家毎のヴィジョンを形成する部分がメタ原理と呼ばれる部分である。彼によれば、「企業家の形而上的アイデアは純粋に思索的なものであり、しばしば曖昧で不明瞭である」[Harper 1996: 140]。しかし、この形而上的アイデアは企業家の信念を形成し、形成されたアイデアは長期間にわたって安定するという特徴を持つ。したがって、企業家の信念を構成する部分として企業家理論体系の最上に位置するのが形而上的アイデアによって構成されるメタ原理ということになる。企業家理論体系のこの部分は、企業家的な着想にとっての重要な源泉としてだけではなく、企業家の情報探索を導く発見的役割をも果たし、個々の企業家の哲学を構成する部分である。

個々の企業家毎で独自の哲学あるいはヴィジョンを持っていても、それは右記のように曖昧なものであり、そこから解決するべき問題状況を明確に組み立てることはできない。それには経験的理論と呼ばれる理論体系の部分が必要だからである。彼によれば企業家の経験的理論は、潜在需要の理論、生産理論、そして統制・組織・取引の理論という三つの下位理論によって構成されている。第一の潜在需要の理論は、企業家が相手とする潜在的な消費者層の理論ということになるが、これは潜在的な消費者層の心理を明らかにする理論ではない。企業家は消費者をなんらかの課題を抱える主体として位置づけ、その課題解決手段として新しい製品やサービスを提供することが企業家自身の役割であると位置づけているからである。それゆえ、潜在需要の理論は、特定の状況下で潜在的な消費者が価値を見いだす製品特性の組み合わせを推測する。具体的には、「未解決の消費者の問題で最も緊急なものについての推測」、「潜在需要を満足させる製品特性の新しい束についての仮説」形成、そして「対象とする消費者が企業家の新製品を喜んで購入する価格‐数量‐品質の設定についての推測」[Harper

1996: 139]がこの理論の下で行なわれる。

また、このような潜在需要に応じた新製品・サービスを提供できるかどうかについての技術的可能性を推測するのが生産理論である。この理論では「所与の投入物を新しい製品へと結合させる技術的可能性と、新しい投入物の結合から所与の製品構想を獲得する技術的可能性についての推測」[Harper 1996: 148]が行なわれる。この理論はシュンペーターの新結合としてのイノベーションと類似したもののように見えるが、ハーパーによれば生産理論においてもいかなる投入もそれがどのような製品に帰結するのかについて確かな形で知られていないという点で異なっている。

企業家活動は、自ら問題を設定し、それに対する解決策を複数用意し、それらを試していくという試行錯誤の過程を主導する。それゆえ、企業家活動を遂行していく上で付随的にさまざまな費用が生じる。統制・組織・取引の理論はこれらの費用を推測するための理論である。そこで重要な課題はどこまで自らの統制下で遂行するかという「統制構造の範囲」[Harper 1996: 154]設定に関わる推測である。たとえば、製品イノベーションの過程で新企業を興す際、企業家はどこまで自社で行ない、どこから他社との協業で行なうかについての範囲を設定しなければならない。このような課題に当たって、新企業の内部構造や外部との協業を行なう際の制約などについての企業家自身の認識に基づいて、外部組織との協業関係のデザインがなされることになる。

利潤機会に対する企業家の予測は、企業家の理論体系の最下位に位置づけられる部分である。この予測の部分で重要なことは、特定の時と場所に限定した予測だということである。これによって、反証可能な形で予測ができ、企業家はどこに誤りがあり、修正すべき点がなんであるのかについて学習することができる。また、ここでの企業家の予測には、これまでの市場の経歴についての主張や、企業家が説明したい既知の経済事象についての描写は含まれていても、未知の将来に対する予言は含まれていない。

六　反証主義者としての企業家

自ら問題状況を発見・同定しそれに対する解決を図っていく企業家にとって独自の理論体系は不可欠なものであり、企業家自身の競争優位をもたらす。しかし、この理論体系は「せいぜい勘として述べられる大胆でまだ具体化されていない推測から始まる」［Harper 1996: 223］ものであり、最初から体系立てられたものではない。それは暫定的な知識に基づき、自らの企業家活動を通じて改訂・再構築されなければならない。これに従えば、企業家にとって重要なのは、漠然としたヴィジョンや哲学からビジネスプランを作成し、プランに基づいたビジネスに着手していくという一連の過程をやり遂げる実行力だけではなく、それぞれの過程でさまざまな可能性を検証し、検証に耐えうる選択肢を採用していくための方法論が必要となる。ハーパーはこのような過程において最も効率的な方法論として反証主義を採用している。

反証主義者として企業家をおくことの最大の特徴は、成功を通じて自らの理論を正当化するのではなく、失敗を通じて自らの理論の問題点を洗い出しそれを改める主体として企業家をおくことにある。彼によれば、新商品によって形成される新市場がそれまでの成功してきた市場と同じであり、これまでうまくいってきた慣行が新市場においても通用するであろうと考える帰納主義者としてのふるまいは、他の主体が誤って位置づけた問題を発見し同定することから始まる企業家的問題状況に直面する企業家にとっては効率的ではない。むしろ、そこで必要となるのは、なぜ先行する企業家が失敗したのかについての検討である。それゆえ、ハーパーは反証主義的な企業家活動を部分社会工学的なアプローチと重ねて論じている。

このような反証主義的な企業家は、取り巻く環境を受動的に観察するのではなく、特定の市場問題に対して試験的な解決策を試みたり、新しい状況下で自身の理論体系に基づくアイデアをテストするために新しい試みをデザインしたりするなど積極的に取り巻く環境に働きかける「能動的な探索者」［Harper 1996: 169］として描かれる。また、このような反証主義的企業家にとって、与えられた問題を解決する手法を考えることよりも、製品の使用状況や消費者像、そして市場セグメントに関わる、「問題の定式化」［Harper 1996: 169］を行なうことの方が優先される。さらに、反証主義的企業家は生産ポートフォリオ、技術や人事といった企業内部よりも、「現実に存在していると推測される緊急で今にも起こりそうな市場問題」［Harper 1996: 170］がなにであるのかという方へ関心を向けている。この点から反証主義的企業家は消費者志向であるとハーパーは述べる。

企業家にとって市場は、単にそこから利潤を獲得するだけではなく、それに必要な企業家理論が当初の暗黙的で主観的なものからより明示的で客観的なものへと鍛えられていく場として重要性を持つ。そして「企業家の理論がそれを反証する試みにうまく耐え、加えて、競合する理論的説明からは理解できない事柄をうまく予測できれば、その理論は確証される」［Harper 1996: 226］こととなる。ただし、ここで確証された理論はその時と場所において確証されたに過ぎず、将来の市場状況において反証されることもありうる。反証主義的企業家は自らが依拠する知識や理論に対しても、常に可謬主義的な立場をとる。それゆえ、ある市場問題に対して企業家が複数の理論を持っていた場合、その企業家は市場でのテストを受け、より確証されてきた理論を選ぶことになる。

以上のような性質を反証主義者としての企業家は持つが、自身の理論が市場でのテストで論駁された場合、その理論をどれほどの早さで修正するかは、教条主義的反証主義者としての企業家（ＤＦ企業家）、素朴な反証主義者としての企業家（ＮＦ企業家）、そして洗練された反証主義者としての企業家（ＳＦ企業家）、という三つの反証主義者で異なるとハーパーは論じている。第一に、ＤＦ企業家は、「誤りであるとされた理論は有限回数の市場観察によって誤りであると証明されうる」［Harper 1996: 228］と信じ、観察には誤りがないと考えている。それゆえ、反駁が明確で曖昧さがなければ、一度の市場テストによって自分の理論が論駁された場合でも即座にその理論を却下する。結果として、自分の仮説の論駁や計画の失敗に対して素早く対応することができる。しかし、以下で述べるような「タイプ1のエラー」を犯すリスクがあることを認識していない。

また、NF企業家も、自分たちの冒険的事業が決定的に重要な段階に達し損ねたならば、そこで依拠している理論を却下する点ではDF企業家と同様である。しかし、NF企業家は「テストされるべき理論とテストするべき事実の両方が等しく推測的で可謬的」[Harper 1996: 230]としており、推測的で可謬性のあるのは理論のみとするDF企業家とは異なる。NF企業家は、それゆえ、正しい理論を誤った理論として見なし却下してしまう「タイプ1のエラー」を犯すリスクがあることを認識しており、そのエラーを犯さないような安全対策を講じる。したがって、NF企業家はDF企業家よりも反対事例に対する反応は遅くなる。

そして、最も反対事例に対する反応が遅いのがSF企業家である。DF企業家とNF企業家が論駁された理論を却下するのに対して、SF企業家は論駁された理論を即座に却下することはせず、その理論の下で改善を図ろうとするからである。SF企業家は「企業家のアイデアは、特定の期日における成果だけでなく、長期の成果や可能性にも注意を払わなければならない」[Harper 1996: 230]と考えている。それゆえ、急いで企業家の理論を捨てることを避ける。SF企業家にとって、反証は自らの理論を却下する必要条件ではあっても十分条件ではなく、新しくよりよいアイデアを持つにいたるまではその理論を保持し続ける。

七　自生的に進化する学習メカニズムとしての市場過程

すでに見てきたように、ハーパーはカーズナーのように市場を資源配分メカニズムとしてではなく、学習メカニズムとして位置づけている。本節では、市場がどのような形で企業家学習に関わっているのかについて、ハーパーの議論から見ていくこととする。

ハーパーによれば、「学習メカニズムとは問題解決過程であり、そこには試行を引き起こす特有の方法（たとえば、対抗する企業家のアイデア）と誤りを排除する特有の方法（すなわち、試行を制御する特有の方法）をともなうものである」[Harper 1996: 281]。これによれば、市場過程を学習メカニズムとして見ていく上で、企業家が市場からいかにして推測をし、その推測が市場を通じてどのように論駁されるのかが重要ということになる。ハーパーは市場が個々の企業家の推測とその論駁において市場が与える基準として企業家の損失と利潤に着目している。正の利潤がでるとの事前の見込みは企業家に対して自らの推測をもとにした行動を促す要因になる一方で、負の利潤は企業家の理論の誤りの部分の除去を促す要因ともなるからである。

ハーパーによれば、企業家損失は「資本（や他の資源）のコントロールを、資本財を非効率的に用いる企業家や消費者が非常に強く求めている特性の束を生産することができない企業家から他の企業家へと移行させる」[Harper 1996: 288] という機能を持つ。このように、企業家損失は消費者全体にその企業家の推測が誤っていると論駁するための手段としての役割を持っている。また、「事後的に生じた企業家損失は、企業家の事前の推測が十分でなかったことを意味している」[Harper 1996: 288]。また、「企業家損失は、不適当な理論を用いて市場の将来像を予想し先取りする企業家にとって意図せざる結果」[Harper 1996: 288] でもある。

一方、企業家活動の結果もたらされる企業家利潤は、その企業家の理論が真であることを立証するものではない。企業家利潤は企業家理論の確証をもたらすのみである。したがって、企業家利潤は序数的な尺度であり、企業家Ａが一〇〇〇の利潤、企業家Ｂが五〇〇の利潤をあげたからといって企業家Ａの理論の方が二倍正しいとは言えず、企業家Ａの理論の方がより誤りが少ないことを示すのみである。このように、市場過程を通じてもたらされた企業家利潤は、これまでの企業家によってなされてきた不適応を示すものにすぎず、企業家利潤が生じた企業家活動が依拠した理論がこれからの市場過程において採用すべき理論であると立証したものではない。

その活動によって生じる利潤や損失をもってさまざまな企業家が自ら依拠する理論体系を改訂していく市場過程は、自生的な学習メカニズムであり、それは未知の企業家に対してよりよい機会をもたらす過程でもある。彼によれば、「構造的不確実性の世界の下では、どの個人が最善のアイデアを考えつくのかについて事前に決定することは不可能であるから、企業家は事前に選択されないことが望ましい」[Harper 1996: 292]。これによって、「競争市場のような、分散的で自生的な学習過程は、多くの未知の企業家に対して将来の知識を発見するという責務を広める」[Harper 1996: 292] ことになる。

ハーパーによれば、このような学習過程は、トップマネジメントが「解くべき課題を設定したり、新しいベンチャーの提案を受けるか拒否するかを決定したり、現在のベンチャーを続けるか辞めるか」[Harper 1996: 291] を決定するような企業における階層的で実践的な学習過程とは異なる。このような学習過程では、事前に解くべき問題や作り出すべき知識が特定化されており、そのような問題や知識それ自体を特定していくことが重要な市場における学習過程とは性質が異なる。市場における学習過程は、企業家活動の事後において生じた利潤を通じてその企業家理論が他の理論よりもその時点において優れていたことを確証し、損失を通じてその企業家理論の不十分さを明らかにする。このような市場過程において多くの多様な反証主義的企業家が活動していくことによって、知識の成長がもたらされていくことになる。

結論

ここまで、ハーパーの企業家像を人間行為の創造的様相、企業家的理論体系、そして反証主義者としての企業家という三つの観点から見てきた。「企業家になるとはどういうことか」という問いに対して、彼の議論からは、企業家になるとは、変動する市場状況の中から利潤機会を同定し、そこから利潤を獲得していくためにさまざまな試行錯誤の過程を遂行していく上で、市場での成果を踏まえて自らの理論を改訂していく反証主義者になることであるという回答を導出することができる。

ハーパーの議論において、学習はスタートアップの段階で企業家精神を習得する過程としてではなく、市場過程を通じて企業家の知識体系の改訂を行なう過程として位置づけられている。このような企業家になることは、多様な企業家理論を同定し、市場状況に適合しない、あるいは適合しなくなった部分を改訂していくという、知識の成長を担うことを意味している。学習それ自体が市場経済において企業家が果たすべき役割、すなわち企業家精神として論じられているのである。

注

（1）　これに関しては、Hebert and Link［2009］を参照のこと。

参考文献

Harper David Alexander［1996］*Entrepreneurship and the Market Process: an enquiry into the growth of knowledge*, Routledge.

Hebert Robert F. and Albert N. Link [2009] *A History of Entrepreneurship*, Routledge.
Kirzner Israel Meir [1973] *Competition and Entrepreneurship*, the University of Chicago Press.
Landström Hans and Mary Benner [2010] "Entrepreneurship research: a history of scholarly migration," in Landström H. and F. Lohrke (eds.) *Historical Foundations of Entrepreneurship Research*, Edward Elgar, pp. 15–45.
Landström Hans and Olle Persson [2010] "Entrepreneurship research: research communities and knowledge platforms," in Landstrom H. and F. Lohrke (eds.) *Historical Foundations of Entrepreneurship Research*, Edward Elgar, pp. 46–76.
Politis Diamanto (2005) 'The Process of Entrepreneurial Learning: a Conceptual framework', *Entrepreneurship Theory and Practice*, vol. 29, no. 4, pp. 399–424.
Rae David (2005) "Entrepreneurial learning: a narrative-based conceptual model", *Journal of Small Business and Enterprise Development*, vol. 12, no. 3, pp. 323–335.
Shane Scott [2008=2011] *The Illusions of Entrepreneurship: the Costly Myths that Entrepreneurs, investors, and policy makers*, live by, Yale University Press. 谷口功一・中野剛志・柴山桂太訳『〈起業〉という幻想——アメリカン・ドリームの現実』白水社。

■ソーシャル・ビジネス

1974年のバングラデシュの大飢饉で、貧しい人びとの窮状を目の当たりにした経済学者のムハマド・ユヌスは、1984年にグラミン銀行を創設、「マイクロクレジット」と呼ばれる少額の無担保融資によって、農村の貧民たちの自立を支援する活動を展開した。その功績によってユヌスは、2006年にノーベル平和賞を受賞、多くの国際機関やNGOの模範となった。現在では世界で1億人以上の人びとがマイクロクレジットを利用しているといわれる。

ユヌスによれば、自由市場はあらゆるインスピレーションと自由の源泉であるものの、社会問題を解決するためには十分ではないという。主流派の自由市場経済理論は、人間の本質を捉えていないため、担保をもたない貧しい人びとにお金を貸しつけることができない。世界銀行のやり方にも問題がある。彼らは貧しい国を救済するために、アイデアや専門技術、トレーニングやプランといったものをすべて供与するが、あまりにも温情的であるために、人びとを貧困から抜け出させることができない。これに対してグラミン銀行は、貧しい人びとにこそ新しいアイデアがあると考えて、無利子で貸し付けを行なう。また支店の職員に対しては、貸し付けたローンの額によって評価するのではなく、何人の借り手が貧困から脱却できたかという観点から評価する。貸し付けによって銀行の利益を最大化するのではなく、貧困をなくすという社会貢献をめざすのである。グラミン銀行に投資する投資家たちは儲からないが、ただ投資家に元本を返済するための収益性は、重視される。といっても、グラミン銀行の株はすべての借り手たちによって所有されているので、借り手たちは事業全体の収益を分かちあうことになる（こうした経営の手法を「ソーシャル・ビジネス」という）。

むろん現実には、利潤の最大化と社会的利益というふたつの目標のあいだでバランスをとることは難しい。ただ、搾取や高利貸にあえぐ貧しい人びとの企業家精神をいったん解き放つならば、借り手たちはしだいに市民的なネットワークを築くだろう。学習会を開いたり、健康の問題を気遣ったりするようになるだろう。こうした派生的な市民活動のおかげで、人びとは貧困から脱却するための足掛かりを得る。グラミン銀行は現在、多様な業種を抱えるグラミン・ファミリーへと成長しており、貧困を克服する活動のひとつのモデルとなっている。（橋本努）

【文献】 ムハマド・ユヌス［2007=2008］『貧困のない世界を創る　ソーシャル・ビジネスと新しい資本主義』猪熊弘子訳、早川書房

4-7

経済神学
経済学者の社会的機能とはなにか

佐藤方宣

キーワード：宗教としての経済学、市場のパラドクス、効率性の福音

はじめに

経済学の歴史は経済学批判の歴史でもある。古典派に対する歴史学派、新古典派に対する制度学派、あるいは二〇世紀のラディカルズの異議申し立て、さらには近年の行動経済学や実験経済学の興隆など、経済学の「主流派」に対しては、常にさまざまな批判がなされ続けてきた。

一般に経済学批判においては、経済学における合理的な経済主体の想定や完全競争といった概念が「非現実的」だと批判され、また経済学が現実経済の分析や応用に対し有効な手段たりえない「非実践的」なものだとの批判が繰り返されてきた。そうしたタイプの批判のいくつかは、本書所収の他の章でも読むことができるはずだ。

しかし本章で取り上げる「経済神学」論は、そうしたものとは少々趣きが異なる。後で見るように、それは経済学や経済学者が現代の社会のなかで果たしてきた／果たしている機能に注目するものであり、経済学の言説や経済学者の実践を通じてどのような暗黙の価値体系が正当化／正統化されているのかに注目することで、経済学や経済学者についての従来の描像を根本的に転換しようとする試みである。

「経済神学」論の提唱者ネルソンによれば、経済学者とは一般に考えられているような「科学者」として現実の経済社会についての知見を豊饒化する存在というより、むしろ現代の世俗化された宗教の祭司として機能する存在である。つまり中世において神学者が果たした役割を、現代の経済学者が果たしているというのだ。

ネルソンが提起するのは、「経済学は価値中立的なものなのか」という旧くて新しい問いである。これに対するネルソンの回答は、経済学の言説は社会の根底にある価値体系を正統化する役割を果たしている、というものだ。この一見奇妙に思えるネルソンの主張はどのようなものであり、そこにどのような意義と可能性を見出すことができるのか。以下、第一節でネルソンの「経済神学」論の基本的アイデアとその来歴を紹介し、つづく第二節では主著である『宗教としての経済学』の概要とそこで提示された「経済神学」としてのアメリカ経済学の展開を論じ、第三節ではいくつかの補助線を導入しつつ「経済神学」論の独自性と可能性について検討を加え、最後に結論を提示することとしたい。

一　ネルソンによる「経済神学」論の試み

1　ロバート・ネルソンとは

「経済神学」論の提唱者ロバート・ネルソン（Robert Henry Nelson, 1944-）は、アメリカのブランデイス大学で数学を学び、一九六六年に卒業したのち、一九七一年にプリンストン大学で経済学の博士号を取得した[1]。学位論文のテーマは「居住地区の理論」。指導教員は、ウィリアム・ボーモル、デイヴィッド・ブラッドフォード、エドウィン・ミルズである。

ネルソンは一九九三年以降、現在にいたるまで、メリーランド大学パーク・カレッジの公共政策学大学院の教授職にあるが、実は一九七五年から一九九三年にいたるまで、アメリカ合衆国内務省で政策分析の経済学スタッフとして働き、並行して各種研究機関の研究員や公的委員会の委員を務めていた。つまり彼は、政府部門で長年公共政策に関わってきた経済学者であり、経済学と政策との接点、経済学と社会との接点をその最前線で経験してきた人物なのである。その研究テーマは、(1)アメリカの住宅の地域ゾーニングと私的所有権、(2)連邦政府所有の国有地の利用・運営、(3)経済学と環境主義の規範的基礎、などである。

政策エコノミストとしての公共政策（公有地管理）に関わる著作は多数にのぼるが［Nelson 1977; 1983; 1995; 2000; 2005］、本章で検討する「経済神学」に関わる著作としては、『地上の楽園への到達——経済学の神学的意味』［Nelson 1991］、『宗教としての経済学——サミュエルソンからシカゴまで、そしてその先』［Nelson 2001］、『新たなる聖戦——現代アメリカにおける経済教と環境教の対立』［Nelson 2010］がある。一連の著作のなかで、ネルソンの「経済神学」論の代表作として知られるのが、『宗教としての経済学』である。

2　「経済神学」というアイデアとその来歴

なんといってもネルソンの斬新さは、「経済神学」というアイデアそれ自体に求められるだろう[2]。ネルソン曰く、経済学者が調査するインフレーションや失業その他の統計的データは経済状態の現状をモニタリングするために重要なものだが、彼らの仕事はそれだけではない。彼らの根本的役割とは、経済成長という現代の世俗化された宗教の司祭として仕えることであり、それは初期キリスト教や他の宗教がその同時代において果たした役割と同様のものだという。ネルソンは、「経済的効率性」がアメリカでもっとも重要な社会的正統性の源泉となってきており、経済学者たちはこの現代の中核的な社会的価値を擁護する司祭となってきたとするのだ。「この本は、経済的思考法を経済事象の技術的な理解の源泉としてだけでなく、多くの経済学者にとっても経済学者でない人にとってもこの世界の根本的な理解の源泉であるものと見なしている現代経済思想の内容の、神学的な注釈を提示しているのである」[Nelson 2001: xxv]。

ではなぜネルソンはこのような見解にいたったのだろうか。実はこうした経済学や経済学者の捉え方は、ネルソンが経済学とその政策的応用の「外部」にいたからではなく、先に見たようにその「内部」における長年の経験に由来するというところに、彼の「経済神学」論の興味深さがある。

一九七五年にアメリカ内務省の政策分析室で働き始めるようになってから、ネルソンは次のことに気づいたという。内務省が関わるほとんどの政策決定に形式的な経済計算の詳細はほとんど影響を与えておらず、むしろ経済学者の主要な影響力は、彼らがある一群の価値を擁護することを通じて作用していると。「わたし自身や他の内務省経済学者たちが努力することは、省内の他の人が、省の構成員たちのなかで示されている他の競合する優先事項や価値群に比して、経済的価値システムに適った行動をするよう説得することだったのである」[Nelson 2001: xvi]。

これはネルソンには意外なことだった。というのも、彼が経済学を学び、政府の仕事に就く前に考えていたのは、経済学的な推論とは個別の利益集団の圧力の背後にある私的な特殊利益に対立するものであり、それに対してより広い国益を論じることこそが政府内経済学者の役割である、ということだったからである。つまり政府内の政策決定における「機会主義的な」動機に対抗して、「専門家的な」動機に基づいて行動する存在であるというのが、ネルソン自身も考えていた経済学（者）像だったのである［Nelson 2001: xvi］。

この点において政府における経済学者の役割はすでに「倫理的次元」に関するものであった。それまでネルソンは専門教育において専門職集団のメンバーとしての経済学者の倫理を教えられたことはほとんどなかった。この種の強力な専門職倫理はたしかに存在していたが、それは明示的に教えられるものであるよりは、同僚の経済学者たちを手本に暗黙の裡にしみこまされるところが大きかったという。

しかしさらにネルソンを驚かせたのは、内務省がしばしば「宗教論争の現代的形態のための闘技場」であったことだ［Nelson 2001: xvi］。そこで展開されていた経済学者と環境主義者の対立は、キリスト教の宗派間の争いを思わせるものだった。たとえば公有地管理の担当部局では、登山家による常設のロックアンカーの使用はその手付かずの野性性と両立するかどうかという「神学的問題」を解決することを求められているのである。

ネルソンは、内務省内部の政策的対立が、その性質上、しばしば宗教的なものであるという確信を深めるにつれ、内務省の政策の基礎を十分に理解するためには、現代的な多様性のなかにある「神学」の領域に踏み込む必要があるとの結論にいたった。この場合の「神学」とは、宗教的思考や実践の体系的研究のことであり、彼はこれを合衆国における土地や自然資源の管理において見受けられる、現に作動している宗教的な力に適用することを試みたのである［Nelson 2001: xvii］。

こうした経緯を経て、ネルソンは一九八〇年代中ごろから、現代経済学の神学的基礎についての探求を進めるようになったという(3)。経済学者の多くは、経済的進歩をなにか人間の基礎的条件を大いに改善するものであると宗教のように信じているが、そうした根本的な問題について驚くほど自省的ではない。「この本のひとつの目的は、そうした神学的領域における初歩的な探求を提示することであり、ここではそれを経済神学と名付けた」［Nelson 2001: xx］。

二　「経済神学」としての現代アメリカ経済学

1　ネルソン『宗教としての経済学』の概要

『宗教としての経済学』[Nelson 2001] のポイントは、「経済神学」というアイデアに基づき、二〇世紀のアメリカ経済学を「経済神学」の展開として叙述して見せたところにある。

この本の序章でネルソンは、彼が「市場のパラドクス」と呼ぶ、市場経済の維持に関する根本的な逆説的問題を指摘する。市場の働きには個人の利己心に基づく行動が必要だが、利己心の過度の発揮や機会主義的な行動が社会全体に蔓延すると、市場の存立は逆に脅かされてしまう(4)。このパラドクスの解消のためには、市場という社会の特定領域では「利己心に基づく」行動を称揚しつつ、他の諸領域では「機会主義的な」行動が批判される必要がある。この道徳的課題（の解消）に応えてきたのが、世俗宗教としての経済学であり、それを唱道する経済学者なのだというのである。「経済学者たちは、自分を科学者だと考えている。しかしわたしがこの本で主張しているのは、彼らはより神学者に近いということだ。現在の職業経済学者たちのメンバーのごく近い先祖は、アルバート・アインシュタインやアイザック・ニュートンのような科学者ではない。むしろより正確には、われわれ経済学者はトマス・アクィナスやマーティン・ルーサーの子孫なのである」[Nelson 2001: xv]。

こうした経済学者像自体は、ネルソンの最初の「経済神学」論である『地上の楽園への到達——経済学の神学的意味』[Nelson 1991] ですでに提示されている。この本でネルソンは、世俗宗教としてのさまざまな経済学派にふたつの伝統を見出している。第一に、ローマ・カトリック的な性格を持つ一群であり、第二にプロテスタント的性格を持つ一群である。ふたつの立場の違いは、人間の理性の役割に由来する。あとで現代アメリカ経済学の展開に即してみるように、前者が社会の進歩に向けた人間の理性の働きを信頼するのに対し、後者は悲観的である。

前者のローマ・カトリック的伝統には、アリストテレス、トマス・アクィナス、ニュートン、ロック、スミス、ベンサム、サン゠シモン、イーリー、ヴェブレン、アーノルド、ガルブレイス、ケインズ、サミュエルソン、フリードマン、シュルツらが位置づけられている。(5) 後者のプロテスタント的伝統には、プラトン、アウグスティヌス、ルター、カルヴィン、ルソー、ダーウィン、マルクス、スペンサー、フロイトが位置づけられている。(6) この経済学におけるローマ・カトリック的伝統とプロテスタント的伝統という対立軸は、(そこに位置づけられる経済学者の多少の異同はあるが)『宗教としての経済学』で用いられる対立軸ともなっている。

こうした前著で提示した図式をふまえ、『宗教としての経済学』[Nelson 2001]では、現代アメリカ社会で経済学がどのような機能を果たしたのかという、二〇世紀アメリカの「経済神学」の展開史を論じている。それは、一九世紀末から二〇世紀初頭のいわゆる革新主義運動の時代、さらにその価値を新たな意匠で引き継いだ第二次大戦後のサミュエルソン『経済学』の時代、そして一九六〇年代以降の「効率性の福音」への異議申し立てを経たシカゴ学派の経済学の時代へ、という流れである。

ここで『宗教としての経済学』の構成を見ておこう。まず序章では、経済学が宗教であるとの主張がなにを意味するかが論じられる。本書の目的は、経済事象のテクニカルな理解の源泉としてだけでなく、この世界の究極的な理解の源泉としての経済的な思考法に関連して、現代経済思想の内容への神学的注釈を提示することだとされ[Nelson 2001: xxv]、その分析の矛先は、(アメリカの)ケンブリッジとシカゴの経済学に向けられることが示される。

続く第一部では、アメリカ革新主義運動で提示された価値体系が説明される。イーリーやコモンズ、ヴェブレンといった革新主義に棹差す経済学者たちは、「効率性の福音」に基づき経済的進歩を新たな地上の天国のルーツと見なし、政府による社会の科学的管理を通じた十分な物質的豊かさの実現こそが、経済的資源をめぐる苛烈な競争を通じて見られた人間行動の悪をなくしてくれるものとされていたとする。

第二部は「サミュエルソン『経済学』の神学的メッセージ」と題され、サミュエルソンの代表的テキストである『経済学』（一九四八年）を通じて、革新主義的な「効率性の福音」が第二次大戦後の合衆国における新しい知的環境にいかにして適応していったのかが論じられている。サミュエルソンの『経済学』には市場、不平等、政府の役割などについての暗黙の了解が示されているとし、そこには「進歩」を現状が続くことより常に高く評価するなど、変化のコストは考慮しない態度が読み取れるとされる。

第三部「シカゴの神々」では、シカゴ大学の経済学者たちの価値体系や暗黙の神学体系が論じられる。彼らは『経済学』や同様の基礎的価値に基づいた革新主義的な経済学者たちによる著述の根本的欠陥を示すことに中心的な役割を果たした。ネルソンはこのシカゴ学派の姿勢を、一八〇〇年代に哲学的急進派が古典派経済学を取り込み教会が反対する社会政策のアジェンダを提示したことになぞらえている。そしてシカゴの代表的経済学者たちが、一九六〇年代以降のアメリカ人の生活における新たな個人主義的でリバタリアン的な倫理を正統化するのにいかに中心的役割を果たしたのかが論じられる。

第四部は、この三〇年のアメリカ経済学における変化を、新制度経済学の誕生に注目し論じている。この立場は、宗教的信念の経済的重要性について新たな評価を加えたものとして注目され、ネルソンは二一世紀の経済学にとって重要なものだと評価している。そして第五部「宗教としての経済学」では、「市場のパラドクス」への道徳的解決策を見出すという宗教的役割を経済学が果たしてきたのだという自らの主張が改めて論じられる。

2　サミュエルソン『経済学』の革新主義的カトリシズム

前述のように、『宗教としての経済学』の中心をなす第二部と第三部ではそれぞれ、二〇世紀アメリカの経済神学のふたつの主要な神学的釈義が論じられる。第二部で語られるのがＭＩＴのポール・サミュエルソンに代表される「革新主義的カトリシズム」、第三部で語られるのがナイトとシカゴ学派の経済学者たちの「カルヴィン主義的プロテスタンティズム」である。サミュエルソンとカトリックやアメリカ革新主義が同一視され、ナイトとカルヴィニズムが同一視されることで、同書の試みは、前著の『地上の楽園への到達』での試みとつながっている。

ではネルソンが提示する、革新主義からサミュエルソン、そしてシカゴへといたる歴史的展開の含意を、もう少々詳しく見ておこう。

よく知られるように、サミュエルソン（Paul Anthony Samuelson, 1915-2009）は、第二次大戦後のアメリカを代表する経済学者である。一九七〇年にはアメリカ人として初めてノーベル記念経済学賞を受賞した。彼の書いたテキストブック『経済学——入門的分析』は、最初の版が一九四八年に出版され、その後も数年ごとに改訂がなされてゆき、単独の著作としては一九八〇年に第一一版が出された。そして一九八五年の第一二版からはノードハウスとの共著になり、二〇〇九年には第一九版が出版されている。

とりわけネルソンが注目するのは、一九四八年の第一版のものである。その後もサミュエルソンは改訂ごとに新たなトピックスを追加しているが、その中核にあるアイデアと価値は、その後の版にも通底しているとする。もちろんサミュエルソンの『経済学』は入門的な経済学の教科書に過ぎず、なにか宗教的な内容を唱道するような本ではない。そしてサミュエルソン自身、自らの仕事を物理学や生物学と同様の意味での「科学」として提示しており、専門的な経済学者が探求する所与の経済的状況における確固たる現実と、主観的要素を含む倫理的問題群を区別している。しかしネルソンは、サミュエルソンの『経済学』を、一九世紀末から二〇世紀にかけての革新主義運動における社会の科学的管理という枠組みとその根本的価値観を、第二次大戦後の体制に適用して見せたものとして解釈したのである［Nelson 2001: 52-88］(7)。

一九世紀末から二〇世紀初頭にアメリカで大きな力を持った革新主義運動、そして二〇世紀初頭に経済学界で大きな力を持ったヴェブレンやミッチェルといった制度学派の経済学者たちにおいては、政府の介入による社会の「科学的管理」が提唱されていた。そして一九世紀末の革新主義は物質的・経済的条件の改善を通じた社会の改良を目指し、政治の革新と経済への政府介入を通じたアメリカ社会の科学的な運営という発想に立っていたが、それはいまだ宗教的言辞を用いていた。多くの経済学者たちは、最小限の政府介入による市場のメリットを信じてもいた。一九四〇年代までに、制度学派の経済学者たちは急速に力を失っていく。

ネルソンは、サミュエルソン『経済学』の経済思想史上の役割は、革新主義のメッセージを新たな装いで復活させたことだとしている［Nelson 2001: 20］。ただしその新たなサミュエルソン流の革新主義は、市場を政府による管理で完全に置き換えようとするものではない。それは完全雇用その他の社会的目的を維持するために市場を政府が管理するといった役割は残しつつも、その役割は、ケインズや他の現代経済学者によりなされた科学的な経済理解の発展の中ではじめて可能になると信じられていた。さらにサミュエルソンにおいては、革新主義的な理念を、より厳密で数学的な形態に作り替えることが模索された。つまりここでは先の「市場のパラドクス」について、利己心に基づく競争的な経済市場と、専門的知見を持った経済学者による科学的管理とによって解消することが目論まれていることになる。

ネルソンによれば、サミュエルソンの『経済学』は、単に連邦政府の積極的な経済管理という手法だけでなく、アメリカ革新主義の伝統的な価値体系を刺激するメッセージ、つまり経済発展はこの世界をより良いものへと根本的に変化させるものであり、社会についての新しい科学的理解は、地上での世俗的救済を意味する物質的進歩の勝利への道を導くものだという確信を提供するものであったのである。「サミュエルソンはそれゆえ、ケインズだけでなく、リチャード・イーリー、ジョン・コモンズ、ソースティン・ヴェブレンや他のアメリカの革新主義経済学者たちの〔そしてもちろん経済学専門職でない他の多くの革新主義の知識人たちの〕足跡の追随者なのである」[Nelson 2001: 50]。

こうしたサミュエルソン『経済学』の核心にある価値は、一九六〇年代にいたるまでアメリカ人の生活を支配したが、ベトナム戦争は専門エリートの国家運営能力が過大視されていたのではないかと思わせ、環境主義運動は科学の恩恵を過度に見積もることへの警鐘を鳴らし、革新主義的な福音の中心的な教えに疑問を抱かせることになった。こうした時期に、経済学の中心地はケンブリッジ州マサチューセッツから、シカゴ大学に移ることになる。

3　ナイトのプロテスタント的懐疑主義とシカゴ学派

一九六〇年代の時代の流れに合致するかたちで、シカゴ学派は社会の科学的管理のための進歩的計画に対する大いなる懐疑主義を示した。「もし革新主義的な宗教がアメリカの国家的宗教の福音として仕えてきたとするならば、シカゴ学派の経済学は、アメリカの革新主義は誤った宗教を唱えていたのであり、教会自体も特定の利益や他の私的目的に使えるように堕落していると異議申し立てをしたのである」[Nelson 2001: 18]。

シカゴ学派はそのかわりに、新たなかたちの強力な個人主義と権威に対する懐疑主義を表した。ネルソンによれば、効率性と進歩を至上の価値とする根本的価値観は引き継ぎつつも、サミュエルソンらの欠陥を指摘したのがシカゴの経済学者たちだったのである。福祉志向で介入的な二〇世紀の政府は多くの点で、教会の現代的な代替物なのであり、「もしアメリカ革新主義運動の専門職階級が、先に指摘したように、ローマ・カトリック教会の司祭とかなりの類似性を持っているとすれば、シカゴ学派はいくつかの面でアメリカ経済学の〝プロテスタント的〟側面を示していると言いうるだろう」[Nelson 2001: 118]。

シカゴ学派は政府の過度な介入を嫌うリバタリアン的な方向と、より個人主義的な経済理解を広めるに資したが、その役割は、すでに転換しつつあったアメリカ社会のなかの暗黙の価値体系を正統化するというものであった。「サミュエルソンが革新主義の価値体系を生み出したわけでないのと同様に、シカゴ学派もアメリカ社会の新たな個人主義的でリバタリアン的な方向性に責任があるわけではない。経済学のシカゴ学派に責任があるのは、この新たなリバタリアン的な価値体系に〔より良い「科学的な」メタファーを提供することを通じ〕強力な象徴的表現を与えることにおいての、そしてリバタリアン的なエートスを具体的な政治的社会的変革のプランに変換することを模索することにおいての、重要な影響力についてである」[Nelson 2001: 114]。

シカゴ大学で独特の経済学派が形成されるにあたり、ナイト（Frank Hyneman Knight, 1885–1972）の影響力はきわめて大きなものがあった。「ナイトは経済学のシカゴ学派の祖である。彼がアブラハムだとすると、ヘンリー・サイモンズはイサクであり、ミルトン・フリードマンはヤコブである」とは、自身もシカゴ大学の学部時代にナイトに学んだサミュエルソンの有名な述懐である [Nelson 2001: 114]。そしてまた、ネルソンのナイトへの高い評価は、常に一貫して見られるものでもある。「アメリカの経済学者たちの大多数が啓蒙と革新主義の立場に傾いてきたとすると、ナイトは希少な例外のひとりである」[Nelson 2001: 132]。

ネルソンによれば、ナイトは、カルヴィンほかのプロテスタント改革者たちと同様に、「原罪」は人間存在のあらゆる面に及んでいると考えた。他方で、ローマ・カトリックの神学者たちは、原罪を認識しつつも、人間理性への信頼や、人間条件の改善に向けた理性的努力の可能性への信頼を示していた。つまりナイトは、人間の利己心とは、市場のみならず政府や他の社会領域においても示されるものだと考えていたのである(8)。

経済学にとって自己利益の倫理が最も中核的な道徳的・宗教的問題だとするネルソンにとって、社会における利己心の位置づけについてのナイトの思考法は、サミュエルソンのそれとは大きく対照をなしている。というのも、市場における自己利益の操作を通じて社会の科学的運営をおこなう可能性の存在自体を、ナイトは疑問視しているからである。人間理性とは、人間本性の卑しい要素によりしばしば堕落させられる「僕い道具」である。ナイトは、同時代の大多数の経済学者が考えていたのとは対照的に、社会における経済問題とは、煎じ詰めれば宗教問題だと考えていた。市場における自己利益の表明の機会を含めた自由の擁護は、科学的論証の問題というよりむしろ、適切な道徳的／哲学的基礎に依るべきなのだ、と［Nelson 2001: 120］。ナイトの革新主義的立場への批判の焦点はふたつあり、ひとつはキリスト教的な愛の原理を経済原理のガイダンスとすること、もうひとつはラディカルな改革を導くことになる経済的決定論である。これはナイトの自然法への反発に由来するものだとネルソンは主張している。

だがネルソンの見解では、科学的管理や革新主義全般に対する一般的反目以外には、ナイトの思想のほとんどはのちのシカゴ学派に引き継がれなかった。むしろその、ソクラテス的なやり方であらゆる権威に疑問をなげかけるスタイルを通じて、シカゴでの教え子たちに大きな影響を与えた。

シカゴ大学における経済学の発展に、ネルソンはナイトらの第一世代、フリードマンやスティグラーの第二世代、そしてベッカーらの第三世代という段階を見出している。ネルソンによれば、シカゴ学派は、サミュエルソンや彼の仲間の革新主義者と同様に世俗化された経済宗教を持っており、あるいは後で見るように、より正確に言えば、いくつかの世俗宗教が複数の共通の主題によって結びついている［Nelson 2001: 117］。

たとえばフリードマンやスティグラーらシカゴの第二世代は、ナイトから教えをうけつつも、その立場は第一世代とかなり異なる。フリードマンもスティグラーも、サミュエルソンが主張したような経済学における方法論上の革命に抵抗するというよりはサポートしたし、またナイトと異なり、フリードマンもスティグラーも経済システムの効率性をその成功の基礎となる基準と見なした。ふたりは、人間は個人的幸福の最大化を追求するものだという功利主義的な性格づけを受け入れていた［Nelson 2001: 140］。

そしてフリードマンは、公益のために政府が行動するというのは、実際には私的な目的に資するための規制をカモフラージュするためのレトリックだとした［Nelson 2001: 116］。ネルソンのフリードマン評価は興味深い。彼によれば、フリードマンは「ネオ・ネオ革新主義」のためのプランに適合するように、政府に対する革新主義のプランの異なる修正を提案しているということになる。私有化は、政治を行政管理から切り離すという古い革新主義の目的にとって、新たなより望ましい達成方法となったのである［Nelson 2001: 149］。

こうしてＭＩＴからシカゴ大学へと、アメリカ社会の時代思潮の変化と軌を一にするかたちで、経済学の中心地は移っていった。政府の役割や規制の役割をめぐる双方の立場は決定的に異なるものの、革新主義以来の経済発展や市場の効率性を暗黙の価値基準とするという価値体系は通底しており、アメリカの主要経済学者たちはそれぞれが同時代の社会の価値基準に正統性を供給する歴史的役割を果たしたのだ、というのが、ネルソンの「経済神学」論から見た現代アメリカの経済学の展開ということになる。

三　「経済神学」論の可能性とは

1　「経済神学」論の独自性

さてネルソンの「世俗の宗教としての経済学」というアイデアは、ややもすれば平凡なものに映るかもしれない。

たしかに経済学を宗教やイデオロギーといった価値的含意のあるものになぞらえるのは、ネルソンが初めてではない。経済学説が価値中立的な科学ではなくなにか既存の社会的利益を反映したものだという主張は、現在にいたるまでしばしばなされてきたものである［cf. Backhouse 2010］。また著名な現代の経済学方法論者であるマクロスキーも経済学説を宗教的レトリックで語っており［McCloskey 1985=1992］、ネルソン自身もその言説を意識している［Nelson 2001: xxii］。

さらにコールマンの『経済学とその敵――反経済学の200年』［Coleman 2002］では、反経済学の立場からの経済学批判の歴史的系譜が逐一挙げられている。経済学とは、社会秩序の破壊分子であるとして、あるいは逆に富者の護教論であるとして批判されてきたし、ナショナリズム、社会主義、そしてファシズムなどの立場から批判されてきた。そして反合理主義、モラリズム、ヒューマニズム、反消費主義、単純な生産力主義など、さまざまな立場の「反経済学」の主張が常に存在し続けてきたことが論じられている［Coleman 2002］。

ではネルソンの「経済神学」論の独自の意義はどのあたりに求められるだろうか。ネルソンの仕事が注目に値するとすれば、それは第一に、彼がアメリカ内務省の政策分析の経済学スタッフとして経済学の社会的応用の最前線に長年関わってきた経験をふまえ、経済学が現代社会で果たしている社会的機能を分析している点であろう。第二に、経済学が、経済学者たちが自認しているような科学的知見の提供とは異なる機能を現実の社会で果たしているとを主張することで、経済学が「いかに役に立たないか」でなく「どのように役立ってしまっているか」という観点から経済学のあり方を批判的に吟味している点も、他の「経済学批判」の言説とは異なるものといえるだろう。

またネルソンの仕事は、世俗宗教と化した経済学という視点に立つため、個々の経済学説の価値体系の分析的吟味と専門職としての経済学者集団の社会的役割がないまぜになったものである。そのため彼の分析は、一九世紀末から二〇世紀の後半にいたるアメリカ経済学史を独自の視点から再整理する作業となっており、その歴史叙述は、二〇世紀アメリカ経済学史としても、独自の視点を提示するものとなっている。

2　「経済神学」論の可能性

そのうえでネルソンの「経済神学」論の試みは十分成功しているといえるだろうか(9)。経済学を宗教になぞらえ、経済学者を神学者になぞらえるネルソンの主張は、突飛なものに映る。もちろんネルソンが「宗教」というとき、それは超自然的な存在との関係を意味するのではなく、究極的な価値に関わるものという意味である。そして経済活動と宗教との関連、あるいは宗教の経済学的分析は、実はすでにさまざまな形で論じられるようになっている問題でもある(10)。しかしネルソンは、政府における経済学者の助言的役割について考えるなかで、彼らが言行不一致であること、つまり中立的な専門家として振る舞うと装いつつ、実際には、この世界についてのある特定の思考法を強力に主張する存在であるとの認識に達した。この経済学者の言説と活動を、その社会的文脈のなかで捉えようとする点こそ、経済学説を単なる特殊利益の代弁者と見なしてしまうような「経済学批判」とは異なる、「経済神学」論の独特の立ち位置と言えるのではないか。

「経済神学」論は今後どのような展開を見せることになるだろうか。ネルソンが現在の社会思想の最先端であり将来の動向を最もよく示していると結論づけているのは、「リバタリアン」と「環境主義」の動向である[Nelson 2001: 336]。両者はそれぞれ、自分たちを革新主義的な福音の核心にあった科学的運営への情熱を拒否するものだと位置づけている。ネルソンがこの両者と最も近い感性を持つ二〇世紀の経済学者はナイトであるとしているのは興味深い［Nelson 2001: 336］。先に第二節で見たように、ネルソンは、ナイトをカルヴィンや他のプロテスタント改革者たちになぞらえている。ローマ・カトリックの神学者たちが人間の原罪を認識しながらも人間の条件を理性的に改善することが出来ると楽観的だったのに対し、ナイトは人間の利己心は市場だけでなく政府や社会の他の領域にまで見られるとするのだ。(11)

この現代アメリカにおけるいわば経済教（economic religion）と環境教（environmental religion）との対立は、ネルソンの次の本の主題となっている。ネルソンは『新たな聖戦――現代アメリカにおける経済教 vs. 環境教』（二〇一〇年）に収められた論考群でも、自身の経済神学論の試みをさらに拡張し、現代アメリカの状況を経済教と環境教との対立として論じている［Nelson 2010］。これは本章第一節で紹介した、内務省時代に論じられた公有地問題における効率的な管理と野性性の保全の宗教的な次元での価値対立といったエピソードにも示されていたものである。つまりこの本は内務省での経済学専門職としてアドバイスする立場にいたときにたどり着いた「経済神学」論を、あらためてその出発点に適用し返す試みといえるだろう。

本章で見たように、ネルソンの分析は基本的にアメリカ社会とそこにおける経済学者の機能に注目したものである。しかし近年、日本でも経済学教育の統一化と制度化が進められつつあり、経済学者という専門職が果たす社会的機能についても、今後、議論が深められていくことになるだろう。その際、ネルソンの「経済神学」論のもつ独自のスタンスは、あらためて注目すべきものとなるのかもしれない。

結論

ネルソンの「経済神学」論は、経済学が価値中立的なものであるかという問いに対し、経済学の言説は社会の根底にある価値体系を正統化する役割を果たしてきたと答える。経済学者を世界についての根本的な価値基準の解釈を提示する中世の神学者の役割に擬することは、過剰なメタファーに見えるかもしれない。しかし経済学を他の社会的実践と地続きのものと見なし、経済学の言説もひとつの社会的実践であることを示すことを通じて、専門職としての経済学者の社会的機能を分析しようとしている独自のスタンスに、ネルソンの「経済神学」論の可能性を見て取ることができる。

注

（1）以下、ネルソンの経歴に関する情報は、Nelson［2001］の序文での叙述のほか、勤務先のメリーランド大学公共政策学大学院ウェブサイトの紹介ページ（http://faculty.publicpolicy.umd.edu/nelson/）などを参照した。

（2）実は「経済神学（economic theology）」という言葉はネルソンの専売特許ではない。近年、神学と経済学との密接な関係は注目されており、ヨーロッパ圏の研究者を中心に二〇一三年一〇月にマリア・サンティッシマ・アッスンタ自由大学で「経済神学、神学的経済学」をめぐる学際的カンファレンスが開かれている（ECONOMIC THEOLOGY, THEOLOGICAL ECONOMICS – An interdisciplinary conference, Rome, Lumsa University – May 20-21, 2014）。また「経済神学への手引き」との副題を持つFoley［2006=2011］は、経済学は演繹的科学でも機能的科学でもなく思弁的で哲学的な、つまりは神学的なものであるとの立場から、スミスからケインズやシュンペーターにいたる経済学の歴史を論じている。それぞれネルソンと通じる問題関心を持っているように思うが、管見の限り、相互に直接の議論のやり取りはないようだ。

（3）この政策分析室での経験に基づく、政策に関わる経済学者についてのネルソンの分析は、いくつかの専門誌掲載論文で発表されている［Nelson 1987; 1989］。

（4）この文脈でネルソンはアフリカ各国、とりわけザンビアでの経済成長達成の困難を事例に挙げている［Nelson 2001: 4-5］。

（5）ここでいうイリーとはドイツ社会政策学会を意識してアメリカ経済学会を創ったひとりであるリチャード・イリー（Richard T. Ely, 1854-1943）のことであり、シュルツとは農業経済学や経済発展論で知られ一九七〇年代の「緑の革命」の理論的支柱ともなったセオドア・ウィリアム・シュルツ（Theodore William Schultz, 1909-1998）のことである。

（6）また「経済多元主義の神学に向けて」と題して、リンドブロム、オルソン、マクロスキー、ブキャナン、ボールディングら現代の異端派の言説が取り上げられている [Nelson 1991]。

(7) ネルソンは、科学的中立性を謳うサミュエルソンの『経済学』において、しばしば価値的な言明がなされていることに注意を促している。たとえば合衆国における所得分配の不平等が「不適切 (improper)」でありまったくの「悪 (evil)」であるとされていたり、また独占による強者による弱者の収奪も「悪」とされているなど、他にも随所で「悪」という表現が用いられている点を強調する [cf. Nelson 2001: 54]。

(8) ナイト自身、過度の経済決定論と社会の科学的管理の可能性を退け、社会問題の根本をモラルに見出すという、ネルソンの経済神学論とかなり通底する見解を示しており、その点にネルソンは大いに共感を示している[Nelson 2001: 119-138]。

(9) 二〇世紀のアメリカ経済学史の専門家であり、とりわけネルソンが重視するナイト研究の代表的研究者でもあるロス・エメットの評価は両義的である。ネルソンの試みは、経済学がひとつの人間活動であり科学と他の人間活動との境界線は狭いものだという点に気づかせてくれるという点では評価できるが、経済学を一貫して宗教のメタファーで語ることには困難を指摘せざるをえないとしているのである [Emmett 2009: 171]。たしかにエメットが強調するように、経済学が過去の社会における宗教と同様の機能を果たしている（そのように分析可能である）という話と、経済学が宗教だ、というのは異なるはずである。ネルソンはときおり、そのふたつを混同し、後者であるかのように論じているところがある。

(10) ネルソンはこの点の探求を進めている点で、新制度学派に対して高い評価を与えている [Nelson 2001: 203-207]。

(11) このナイトへの高い評価は、Nelson [2010] にいたるまで一貫するネルソンの特徴である。

参考文献

Backhouse, Roger E. [2010] *The Puzzle of Modern Economics: Science or Ideology?*, New York: Cambridge University Press.

Coleman, William Oliver [2002] *Economics and Its Enemies: Two Centuries of Anti-Economics*, Basingstoke: Palgrave Macmillan.

Emmett, Ross B. [2009] "Is Economics a Religion?" in *Frank Knight and the Chicago School in American Economics*, London: Routledge.

Foley, Duncan K. [2006=2011] *Adam's Fallacy: A Guide to Economic Theology*, Cambridge, Massachusetts: Belknap Press. 亀崎澄夫・佐藤滋正・中川栄治訳『アダム・スミスの誤謬――経済神学への手引き』ナカニシヤ出版。

McCloskey, Deirdre Nansen [1985=1992] *The Rhetoric of Economics*, Madison, Wisconsin: Wisconsin University Press. 長尾史郎訳『レトリカル・エコノミクス――経済学のポストモダン』ハーベスト社。

Nelson, Robert Henry [1977] *Zoning and Property Rights: an Analysis of the American System of Land-Use Regulation*, Cambridge, Massachusetts: MIT Press.

Nelson, Robert Henry [1983] *The Making of Federal Coal Policy*, Durham, NC: Duke University Press.

Nelson, Robert Henry [1987] "The Economics Profession and the Making of Public Policy," *Journal of Economic Literature*, vol. XXV (March), pp. 49–91.

Nelson, Robert Henry [1989] "The Office of Policy Analysis in the Deportment of the Interior," *Journal of Policy Analysis and Management*, vol. 8, no. 3, pp. 395–410.

Nelson, Robert Henry [1991] *Reaching for Heaven on Earth: The Theological Meaning of Economics*, Savage, Md: Rowman & Littlefield.

Nelson, Robert Henry [1995] *Public Lands and Private Rights: The Failure of Scientific Management*, Savage, Md: Rowman & Littlefield.

Nelson, Robert Henry [2000] *A Burning Issue: A Case for Abolishing the U.S. Forest Service*, Lanham, Md: Rowman & Littlefield.

Nelson, Robert Henry [2001] *Economics as Religion: From Samuelson to Chicago and Beyond*, University Park, Pa: Pennsylvania State University Press.

Nelson, Robert Henry [2005] *Private Neighborhoods and the Transformation of Local Government*, Urban Institute Press.

Nelson, Robert Henry [2010] *The New Holy Wars: Economic Religion versus Environmental Religion in Contemporary America*, University Park, Pa: Pennsylvania State University Press.

編者略歴

橋本努（はしもと・つとむ）
1967年生まれ。北海道大学大学院教授。専門は社会経済学、社会哲学。単著に『自由の論法』（創文社、1994）、『社会科学の人間学』（勁草書房、1999）、『帝国の条件』（弘文堂、2007）『自由に生きるとはどういうことか』（ちくま新書、2007）、『経済倫理＝あなたは、なに主義？』（講談社選書メチエ、2008）、『自由の社会学』（NTT出版、2010）、『ロスト近代』（弘文堂、2012）、『学問の技法』（ちくま新書、2013）など。共著に『日本を変える「知」』（光文社、2009）、『一九七〇年転換期における『展望』を読む』（筑摩書房、2010）など。

著者略歴（執筆順）

1-1　米村幸太郎（よねむら・こうたろう）
1982年生まれ。横浜国立大学大学院准教授。専門は法哲学。論文に「規範的正義論の基礎についてのメタ倫理学的再検討」（『国家学会雑誌』121巻1･2号、2008）、「自然権なしに人権は存在しうるか」（『人権論の再構築〈講座 人権論の再定位5〉』法律文化社、2010）、「死をめぐる自己決定と福利――ロナルド・ドゥオーキンの場合」（『成蹊法学』76号、2012）、「福利と自律――真正幸福説の検討」（『成蹊法学』第77号、2012）。共訳書にキャス・サンスティーン『熟議が壊れるとき――民主政と憲法解釈の統治理論』（勁草書房、2012）、など。

1-2　黒石晋（くろいし・すすむ）
1958年生まれ。滋賀大学教授。専門は理論社会学。単著に『システム社会学』（ハーベスト社、1991）、『欲望するシステム』（ミネルヴァ書房、2009）、共編著に『複雑系を考える』（ミネルヴァ書房、2001）、『社会システム学をめざして』（ミネルヴァ書房、2011）、論文に「社会的散逸構造としての貨幣」（『文明の未来、その扉を開く』晃洋書房、2003）、「自己組織理論の現段階」（『複雑系、諸学の統合を求めて』晃洋書房、2005）、「グローバル化社会の理論社会学」（『グローバリゼーションと社会学』ミネルヴァ書房、2013）など。

1-3　本郷亮（ほんごう・りょう）
1972年生まれ。関西学院大学教授。専門は経済学史。単著に『ピグーの思想と経済学』（名古屋大学出版会、2007、経済学史学会研究奨励賞受賞）。論文に「ピグー復権の現代意義」（『経済学のエピメーテウス』知泉書館、2010）、「ピグー厚生経済学の形成と展開」（『創設期の厚生経済学と福祉国家』ミネルヴァ書房、2013）など。訳書に『ピグー 富と厚生』（名古屋大学出版会、2012）。共訳書に『クラーク　富の分配』（日本経済評論社、2007）。

1-4　若森みどり（わかもり・みどり）
1973年生まれ。大阪市立大学大学院准教授。専門は経済学説史。単著に『カール・ポランニー』（NTT出版、2012、経済学史学会研究奨励賞受賞）、論文に「カール・ポランニーの『経済社会学』の誕生」（『経済学史研究』51巻2号、2010)、「カール・ポランニーにおける市場社会と民主主義」（『労働』勁草書房、2010)、「ポランニー」（『福祉の経済思想家たち〔増補改訂版〕』ナカニシヤ出版、2010)、「カール・ポランニー『[新訳]大転換』」（『ブックガイドシリーズ 基本の30冊 経済学』人文書院、2014)、共編訳書に、K. ポランニー『市場社会と人間の自由』（大月書店、2012）など。

2-1　藤田菜々子（ふじた・ななこ）
1977年生まれ。名古屋市立大学大学院准教授。専門は経済学史、制度経済学。単著に『ミュルダールの経済学』（NTT出版、2010、経済学史学会研究奨励賞受賞）、論文に「資本主義の多様性と福祉国家」（『現代資本主義への新視角』昭和堂、2007)、「少子化とワーク・ライフ・バランス」（『古典から読み解く経済思想史』ミネルヴァ書房、2012)、"Historical Evolution of Welfare Policy Ideas" (*Economic Crises and Policy Regimes*, Edward Elgar, 2014)。訳書に、W. J. バーバー『グンナー・ミュルダール』（勁草書房、2011）など。

2-2　井上彰（いのうえ・あきら）
1975年生まれ。立命館大学大学院准教授。共編著に『実践する政治哲学』（ナカニシヤ出版、2012)、『政治理論とは何か』（風行社、2014)。論文に「デモクラシーにおける自由と平等」（『アクセス　デモクラシー論』日本経済評論社、2012)、"Justice, Fairness, and Deliberative Democracy in Health Care," *The Future of Bioethics: International Dialogues* (Oxford University Press, 2014)、「ロールズ」（『岩波講座 政治哲学5』岩波書店、2014)、「ハイエク立法理論の再検討」（『立法学の哲学的再編』ナカニシヤ出版、2014）など。

2-3　山根純佳（やまね・すみか）
1976年生まれ。山形大学准教授。専門はフェミニズム理論。単著に『産む産まないは女の権利か――フェミニズムとリベラリズム』（勁草書房、2004)、『なぜ女性はケア労働するのか――性別分業の再生産を超えて』（勁草書房、2010)、論文に「〈自己決定／ケア〉の論理――中絶の自由と公私の区部」（『正義の論理〈数理社会学シリーズ4〉』勁草書房、2006)、「ケア労働の分業と階層性の再編」（『ケア・協働・アンペイドワーク〈労働再審5〉』（大月書店、2011）訳書にS.M. オーキン『正義・ジェンダー・家族』（岩波書店、2013）など。

2-4　沖公祐（おき・こうすけ）
1971年生まれ。香川大学教授。専門は経済理論。単著に『余剰の政治経済学』（日本経済評論社、2012、経済理論学会奨励賞受賞）、論文に、"Outside as Betweenness-Encounter: An Introduction to the Political Economy of Excess," *Journal of International Economic Studies*, no. 26（2012）、「制度と恐慌」（『情況別冊 思想理論編』2号、2013）、共訳書に、C. ドゥーズィナス＆S. ジジェク編『共産主義の理念』（水声社、2012）、R. ブレナー『所有と進歩』（日本経済評論社、2013）など。

2-5　鍋島直樹（なべしま・なおき）
1963年生まれ。名古屋大学大学院教授。専門は経済理論、経済学史。単著に『ケインズとカレツキ――ポスト・ケインズ派経済学の源泉』（名古屋大学出版会、2001）、共著に、『入門社会経済学――資本主義を理解する〔第2版〕』（ナカニシヤ出版、2010）、共編著に『現代資本主義への新視角――多様性と構造変化の分析』（昭和堂、2007）、監訳書に、G. ドスタレール『ケインズの闘い――哲学・政治・経済学・芸術』（藤原書店、2008）、共訳書に、J. A. クレーゲル『金融危機の理論と現実――ミンスキー・クライシスの解明』（日本経済評論社、2013）など。

3-1　桑田学（くわた・まなぶ）
1982年生まれ。東京大学大学院特任研究員。専門は経済思想、環境思想史。単著に『経済的思考の転回――世紀転換期の統治と科学をめぐる知の系譜』（以文社、2014）、論文に「環境をめぐる公共性――持続可能性と分配の諸相」（『アクセス公共学』日本経済評論社、2010）、「持続可能性の規範理論の基礎――福祉・代替・資本」（『歴史と経済』208号、2010）、「自然の有限性と自由主義の転回」（『実践する政治哲学』ナカニシヤ出版、2012）、共訳書にA. ドブソン『シチズンシップと環境』（日本経済評論社、2006）、C. ミッチャム編『科学・技術・倫理百科事典』（丸善出版、2012）など。

3-2　根本志保子（ねもと・しほこ）
1969年生まれ。日本大学准教授。専門は環境経済論（消費と環境問題）。論文に「グローバリゼーションと環境問題――労働・環境配慮型『フェア・トレード』の可能性と課題」（『紀要』日本大学経済学部経済科学研究所、2007）、「食料の小売および流通過程におけるCO_2排出量試算」（『日本LCA学会誌』5巻1号、2009）、「拡大するアジアの消費と環境負荷の高まり」（『アジア環境白書2010/11』、2010）、「産消提携による食の安全・安心と環境配慮」（『自立と提携の農村再生論』東京大学出版会、2014）など。

3-3　山本理奈（やまもと・りな）
1973年生まれ。東京大学大学院学術研究員。専門は現代社会論。単著に『マイホーム神話の生成と臨界――住宅社会学の試み』（岩波書店、2014）、論文に、「〈選択の主

体〉とアポリアの構図」(『思想』1019号、2009)、「都市における住宅の商品化とその変容」(『社会学評論』246号、2011)、「住宅と家族をめぐる問題構成の批判的検証」(『思想』1057号、2012)、共著論文に「都市居住のイメージと住宅広告の役割に関する比較社会学的研究」(『住宅総合研究財団研究論文集』40号、2014)など。

3-4　鳥澤円(とりさわ・まどか)
1972年生まれ。関東学院大学准教授。専門は法哲学。論文に「公共財の理念は「意に反する苦役」を正当化するか」(1)(2・完)(『関東学院法学』17巻2号・3·4号合併号、2007・2008)、「景観紛争における公共性」(『現代法哲学講義』信山社、2009)、「法に従う「いい人」」(『社会/公共性の哲学〈岩波講座哲学10〉』岩波書店、2009)、「公共選択論と立法」(『立法学の哲学的再編〈立法学のフロンティア1〉』ナカニシヤ出版、2014)、共訳書に、M.ロスバード『自由の倫理学』(勁草書房、2003)、R.ドゥオーキン『原理の問題』(岩波書店、2012)など。

3-5　持元江津子(よしもと・えつこ)
1963年生まれ。京都大学博士(経済)。大阪産業大学、天理大学、聖泉大学非常勤講師。専門は文化経済学。関心分野として芸術、統計教育、グラフリテラシー、情報リテラシー、効能保証付き可視化技術など。共著に『研究ベース学習』(コロナ社、2011)、論文に「J. M.ケインズ」(『文化現象としての経済』学術図書出版社、1995)、「ケインズの芸術論と芸術のもつ公共性について」(『文化経済学』2巻2号、2000)、「芸術の媒介機構としてのアーツ・カウンシルの意義」(『同上』2巻3号、2001)、「芸術支援の義務――G. E.ムーアからケインズへ」(『同上』3巻1号、2002)など。

4-1　瀧川裕貴(たきかわ・ひろき)
1975年生まれ。東北大学学際科学フロンティア研究所助教。専門は理論社会学、数理社会学。論文に「平等の論理」(『正義の論理〈数理社会学シリーズ4〉』勁草書房、2006)、「持続する不平等を説明する」(『理論と方法』49号、2011)、「信頼と社会関係資本」(『リスク・市民社会・公共性〈公共社会学1〉』東京大学出版会、2012)、「現代日本における所得の不平等」(『不平等生成メカニズムの解明』ミネルヴァ書房、2013)など。

4-2　吉野裕介(よしの・ゆうすけ)
1977年生まれ。中京大学専任講師。専門は経済思想、アメリカ研究、情報社会論。単著に『ハイエクの経済思想』(勁草書房、2014)、論文に「ハイエクの思想から読み解くオープンガバメント」(『「統治」を創造する』春秋社、2011)、「アメリカにおけるハイエクの『隷属への道』」(経済学史学会『経済学史研究』55巻1号、2013)、「ハイエクの心理学と進化論」(『ハイエクを読む』ナカニシヤ出版、2014)ほか。共訳書に『思想史論集〈ハイエク全集II-7〉』(春秋社、2009)。

4-3　太子堂正称（たいしどう・まさのり）
1974 年生まれ。東洋大学准教授。専門は経済哲学、社会思想。論文に「ハイエクとヒューム、スミス――社会秩序の形成過程をめぐって」（『経済学史学会年報』43 号、2003）、「ハイエクにおける自然と自然法の概念」（『経済論叢』175 巻 5・6 号、2005）、「競争と格差」（『ビジネス倫理の論じ方』ナカニシヤ出版、2009）、「ハイエクの福祉国家批判と理想的制度論」（『経済思想の中の貧困・福祉』ミネルヴァ書房、2011）、「ハイエクの「法の支配」」（『ハイエクを読む』ナカニシヤ出版、2014）など。

4-4　松井名津（まつい・なつ）
1961 年生まれ。松山大学教授。専門は経済思想史。論文に「功利主義」（『ポスト・リベラリズム――社会的規範理論への招待』ナカニシヤ、2000）、「ジョン・ステュアート・ミル」（『経済学の古典的世界 1 〈経済思想 4〉』日本経済評論社、2005）、「J. S. ミル経済学方法論における帰納法的性格」（『イギリス経済学における方法論の展開――演繹法と帰納法』昭和堂、2010）、「J. S. ミルの経済学と人間的成長――教育と労働者の自律をめぐって」（『マルサス　ミル　マーシャル――人間と富との経済思想』（昭和堂、2013）など。

4-5　三上真寛（みかみ・まさひろ）
1984 年生まれ。明治大学経営学部専任講師。専門は制度・組織の経済学。論文に、“Evolutionary Aspects of Coasean Economics,” *Evolutionary and Institutional Economics Review*, vol. 8, no. 1（2011）、“Evolutionary Foundations of Coasean Economics: transforming New Institutional Economics into Evolutionary Economics,” *Erasmus Journal for Philosophy and Economics*, vol. 6, no. 1（2013）、翻訳に、「翻訳 ロナルド・コース著「費用の本質」」（『人文科学論集』（明治大学経営学部人文科学研究室）、60 輯、2014）など。

4-6　吉田昌幸（よしだ・まさゆき）
1977 年生まれ。上越教育大学准教授。専門は経済学史。論文に「企業家競争における市場と企業の動態的関係――シュンペーターとカーズナーの企業家競争論の検討」（『社会・経済システム』28 号、2007）。「企業家社会像に関する考察――企業家経済の形成と発展を促進する企業家政策」（『経済社会学年報』35 号、2013）。翻訳・解説に、D. イマーヴァール「市場と国家、そして株式会社――ドラッカーとポランニーの経済社会批判」（『現代思想』38 巻 10 号、青土社、2010）、西部忠編『地域通貨』（ミネルヴァ書房、2013）など。

4-7　佐藤方宣（さとう・まさのぶ）
1969 年生まれ。関西大学准教授。専門は経済思想史。編著に『ビジネス倫理の論じ方』（ナカニシヤ出版、2009）、論文に「制度派とケンブリッジの経済学者」（『市場社

会論のケンブリッジ的展開』日本経済評論社、2009)、「豊かさの質の論じ方」(『成長なき時代の国家を構想する』ナカニシヤ出版、2010)、「市場の倫理——カーネギー、クラーク、ナイトの論じ方」(『古典から読み解く経済思想史』ミネルヴァ書房、2012)、「ハイエクとナイトII ——『リベラル』批判の二つの帰趨」(『ハイエクを読む』ナカニシヤ出版、2014)、など。

人名索引

あ　行

アイエンガー、シーナ（Iyengar, Sheena）　496

アインシュタイン、アルバート（Einstein, Albert）　139, 586

アウグスティヌス、アウレリウス（Augustinus, Aurelius）　587

アウム、ロバート（Oum, Robert）　518

アカロフ、ジョージ・アーサー（Akerlof, George Arthur）　501, 502, 526

アクィナス、トマス（Aquinas, Thomas）　586, 587

アセモグル、カメール・ダロン（Acemoğlu, Kamer Daron）　171

アリストテレス（Aristotles）　64–66, 116, 135, 146, 147, 153, 154, 156, 158, 159, 163–165, 179, 180, 587

アルメリング、ルネ（Almeling, Rene）　354–356

アレント、ハンナ（Arendt, Hannah）　120, 121, 124, 125, 130, 132, 133, 136, 291

アロー、ケネス・ジョセフ（Arrow, Kenneth Joseph）　526

アンスパック、マルク・ロガン（Anspach, Mark Rogin）　106, 110

アンダーソン、エリザベス（Anderson, Elizabeth）　164, 165, 188, 189

アントニデス、ゲリット（Antonides, Gerrit）　453

イースタリン、リチャード・エインリー（Easterlin, Richard Ainley）　66, 67, 69

イーリー、リチャード・セオドア（Ely, Richard Theodore）　587, 591

池上惇（Ikegami Jun）　370

イングルハート、ロナルド・フランクリン（Inglehart, Ronald Franklin）　309

ヴァン＝スタヴェレン、イレーネ（Van Staveren, Irene）　145–167

ウィリアムズ、レイモンド（Williams, Raymond）　292

ウィリアムソン、オリバー・イートン（Williamson, Oliver Eaton）　526

ウェーバー、マックス（Weber, Max）　144, 291, 426

ヴェブレン、ソースティン（Veblen, Thorstein）　78, 79, 163, 164, 371, 372, 587, 590, 591

ヴェルマン、デイヴィッド（Velleman, David）　10

ヴォーゲル、スティーブン（Vogel, Steven）　292, 294–297, 300, 305, 306, 309

ウォーラステイン、イマニュエル（Wallerstein, Immanuel）　240

ウォルフソン、マーティン・ヘンリー（Wolfson, Martin Henry）　273–275, 277, 278

ウッジ、ブライアン（Uzzi, Brian）　428

ウルフ、ジョナサン（Wolff, Jonathan）　188

ヴローメン、ヨハネス・ジェイコブス（Vromen, Johannes Jacobus）　453, 468

エアーズ、イアン（Ayres, Ian）　554

エインズリー、ジョージ・ウィリアム（Ainslie, George William）　478

エスピン＝アンデルセン、イエスタ (Esping-Andersen, Gøsta) 205, 220
エツィオーニ、アミタイ (Etzioni, Amitai) 164
エドワーズ、リチャード (Edwards, Richard) 262, 263
エリク、アングナー (Erik, Angner) 517
エルスター、ヤン (Elster, Jon) 474, 475, 478–485, 487–492, 518
エンゲルス、フリードリッヒ (Engels, Friedrich) 300
オーキン、スーザン・モラー (Okin, Susan Moller) 209–215, 217
小倉邦子 (Ogura Kuniko) 474
オニール、ジョン (O'neill, John) 304, 306, 308, 309
オルファニデス、アサナシオス (Orphanides, Athanasios) 476
オルレアン、アンドレ (Orléan, André) 166, 167
オルロフ、アン・ショラ (Orloff, Ann Shola) 205
オング、アイファ (Ong, Aihwa) 365, 482

か 行

カーズナー、イスラエル・メイヤー (Kirzner, Israel Meir) 560–563, 569, 570, 575
カーター、イアン (Carter, Ian) 177–179, 188, 196
カーネマン、ダニエル (Kahneman, Daniel) 23, 61, 498, 499, 508, 524
カイエ、アラン (Caillé , Alain) 90
ガタリ、ピエール＝フェリックス (Guattari, Pierre-Félix) 33, 34, 37
カファロ、フィリップ (Cafaro, Philip) 318, 327–332
カルヴァン、ジャン (Calvin, Jean) 496
ガルブレイス、ジョン・ケネス (Galbraith, John Kenneth) 587
カント、イマヌエル (Kant, Immanuel) 139, 153, 175
キテイ、エヴァ (Kittay, Eva) 213–218
ギデンス、アンソニー (Giddens, Anthony) 220
キムリッカ、ウィル (Kymlicka, Will) 174, 209
クズネッツ、サイモン・スミス (Kuznets, Simon Smith) 171
グッディン、ロバート (Goodin, Robert) 216
グッドウィン、ミシェル・ブラッチャー (Goodwin, Michele Bratcher) 344
クラーク、ニック (Clarke, Nick) 316, 323, 329, 333, 336
クライン、ナオミ (Klein, Naomi) 395, 464
グラウ、イザベル (Graw, Isabelle) 139, 416
クラエス、マティアス (Klaes , Matthias) 453
クラックホーン、クライド (Kluckhohn, Clyde) 43
グラノベッダ、マーク (Granovetter, Mark) 427, 428
グラハム、キャロル (Graham, Carol) 66
クラフト、ジャッキー (Krafft, Jackie) 208, 551
クリーケン、ロバート・ヴァン (Krieken, Robert van) 415

グリーン、フランシス（Green, Francis） 119, 120
クリスプ、ロジャー（Crisp, Roger） 6, 13, 14, 17, 18, 21
クリュグ、バーバラ（Krug, Barbara） 468
グルーバー、ジョナサン（Gruber, Jonathan） 476
グルドナー、アルヴィン・ワード（Gouldner, Alvin Ward） 90
グル、ファルク（Gul, Faruk） 477
グレイ、チャールズ（Gray, Charles） 398, 400
グレーネヴェーゲン、ジョン（Groenewegen, John） 453, 527
グレーバー、デイヴィッド（Graeber, David） 90, 91, 93, 94, 96–98, 100–106, 110
ケインズ、ジョン・メイナード（Keynes, John Maynard） 161, 262, 265, 285, 587, 590, 591
ケーセギ、ボトンド（Koszegi, Botond） 476
コーエン、タイラー（Cowen, Tyler） 367, 368, 374–392
コース、セバスチャン（Koos, Sebastian） 326, 327
コース、ロナルド・ハリー（Coase, Ronald Harry） 525, 526, 538, 549–551
ゴードン、デイヴィッド・マイケル（Gordon, David Michael） 261–263, 266, 267, 270
コールマン、ウィリアム・オリヴァー（Coleman, William Oliver） 595
ゴスリング、ジャスティン・シリル・バートランド（Gosling, Justin Cyril Bertrand） 12
コッツ、デイヴィッド・マイケル（Kotz, David Michael） 262, 273–278
ゴドリエ、モーリス（Godelier, Maurice） 90, 106
コモンズ、ジョン・ロジャーズ（Commons, John Rogers） 163, 232, 526, 587, 591
コルム、セルジュ＝クリストファ（Kolm, Serge-Christophe） 191

さ 行

ザーヴォス、デイヴィッド（Zervos, David） 476
サーリンズ、マーシャル・ディビッド（Sahlins, Marshall David） 90
サイモンズ、ヘンリー・カルヴァート（Simons, Henry Calvert） 592
サイモン、ハーバード・アレクサンダー（Simon, Herbert Alexander） 148, 171, 499
ザック、ポール・ジョセフ（Zak, Paul Joseph） 85
サミュエルソン、ポール・アンソニー（Samuelson, Paul Anthony） 583, 587–594
ザリ、ルカ（Zarri, Luca） 519, 520
サン＝シモン、アンリ・ド（Saint-Simon, Henri de） 587
サンスティーン、キャス・ロバート（Sunstein, Cass Robert） 78, 202, 488, 489
サンデル、マイケル・J（Sandel, Michael J.） 345
シーブライト、ポール（Seabright, Paul） 60
シェイン、スコット（Shane, Scott） 555-557

ジェヴォンズ、ウィリアム・スタンレー (Jevons, William Stanley) 144
シェリング、トーマス・クロンビー (Schelling, Thomas Crombie) 377
シュナイアー、ブルース (Schneier, Bruce) 472
シュリヒト、エックハルト (Schlicht, Ekkehart) 453-469
シュルツ、セオドア・ウィリアム (Schultz, Theodore William) 587
ジョージェスク＝レーゲン、ニコラス (Georgescu-Roegen, Nicholas) 290
ジラール、ルネ (Girard, René) 33, 50-52, 54
シンガー、ピーター (Singer, Peter) 328
ジンメル、ゲオルク (Simmel, Georg) 43, 426
スコット、ジェームズ・C (Scott, James C.) 241, 242
スタッツァー、アロイス (Stutzer, Alois) 73
スティグラー、ジョージ・ジョセフ (Stigler, George Joseph) 593, 594
スティグリッツ、ジョセフ・ユージン (Stiglitz, Joseph Eugene) 76
ストッレ、ディートリント (Stolle, Dietlind) 321
スパー、デボラ・リン (Spar, Debora Lynn) 344, 345, 353, 354, 359, 360
スペンサー、ハーバート (Spencer, Herbert) 587
スミス、アダム (Smith, Adam) 143, 144, 153, 233-236, 241, 248-252, 260, 379, 497, 498, 548, 587
スミス、バーノン・ロマックス (Smith, Vernon Lomax) 61
セイラー、リチャード・H (Thaler, Richard H.) 78, 202, 488, 489, 499
ゼライザー、ヴィヴィアナ・A (Zelizer, Viviana A.) 341-361
セン、アマルティア (Sen, Amartya) 4, 65, 76, 147, 157, 174, 500, 519
ソーパー、ケイト (Soper, Kate) 297-300, 306
ソクラテス (Socrates) 372, 593
ソディ、フレデリック (Soddy, Frederick) 289, 290, 304
ソルニット、レベッカ (Solnit, Rebecca) 113

た 行

ダーウィン、チャールズ・ロバート (Darwin, Charles Robert) 39, 587
ダグラス、メアリー (Douglas, Mary) 90, 439, 440
竹中恵美子 (Takenaka Emiko) 204
チクセントミハイ、ミハイ (Csikszentmihaly, Mihaly) 74
ディーナー、エド (Diener, Ed) 4
ディッキンソン、ロジャー・アリン (Dickinson, Roger Allyn) 319
ディマディオ、ポール・ジョセフ (DiMaggio, Paul Joseph) 428
テイラー、レスター・ディーン (Taylor, Lester Dean) 475
デイリー、メリー (Daly, Mary) 205, 208
デカルト、ルネ (Descartes, René) 33, 139, 289
テムキン、ラリー・S (Temkin, Larry S.) 182-190, 193-196
デュルケム、エミール (Durkheim, Émile)

91, 426
ドイター、ルーク（Dauter, Luke） 429
トヴェルスキー、エイモス（Tversky, Amos） 499, 524
ドゥオーキン、ロナルド（Dworkin, Ronald） 174, 373, 374
ドゥルーズ、ジル（Deleuze, Gilles） 33, 34, 37, 54
トクヴィル、アレクシ（ス）・ド（Tocqueville, Alexis de） 371, 382
トムソン、エドワード・パルマー（Thompson, Edward Palmer） 242

な 行

ナイト、フランク・ハインマン（Knight, Frank Hyneman） 148, 432–444, 589, 591–594, 596, 597
ニーチェ、フリードリッヒ・ヴィルヘルム（Nietzsche, Friedrich Wilhelm） 55, 116
ニュートン、アイザック（Newton, Isaac） 139, 317–319, 586, 587
ネイルソン、リサ・アン（Neilson, Lisa Anne） 324–327
ネグリ、アントニオ（Negri, Antonio） 422
ネルソン、ロバート・ヘンリー（Nelson, Robert Henry） 582–598
ノージック、ロバート（Nozick, Robert） 9
野崎綾子（Nozaki Ayako） 209, 218

は 行

ハーヴェイ、デヴィッド（Harvey, David） 139
パーション、オーレ（Persson, Olle） 190–192, 555
パーソンズ、タルコット（Parsons, Talcott） 426, 429
ハート、マイケル（Hardt, Michael） 422
バート、ロナルド・ステュワート（Burt, Ronald Stuart） 428
バーネット、クライブ（Barnett, Clive） 317–319, 323, 327–333, 336
ハーパー、デイヴィッド・アレクサンダー（Harper, David Alexander） 560–578
ハーバーマス、ユルゲン（Habermas, Jürgen） 296, 306, 490
パーフィット、デレク（Parfit, Derek） 183
ハーリィ、スーザン（Hurley, Susan） 188
ハイエク、フリードリッヒ・アウグスト・フォン（Hayek, Friedrich August von） 151, 291, 305–308, 386, 452, 453, 465–467, 526
ハイルブラン、ジェームズ（Heilbrun, James） 398, 400
パウエル、ウォルター・W（Powell, Walter W.） 428
ハウスマン、ダニエル・マレー（Hausman, Daniel Murray） 6, 23
ハウタッカー、ヘンドリック・サミュエル（Houthakker, Hendrik Samuel） 475
パウンドストーン、ウィリアム（Poundstone, William） 416
バスカー、ロイ（Bhaskar, Roy） 297
バタイユ、ジョルジュ・アルベール・モリス・ヴィクトール（Bataille, Georges Albert Maurice Victor） 289
バックハウス、ロジャー・E（Backhouse, Roger E.） 595

パットナム、ロバート（Putnam, Robert） 324
ハナン、マイケル・T（Hannan, Michael T.） 428
パリース、フィリップ・ヴァン（Parijs, Philippe Van） 258
ハリソン、ロブ（Harrison, Rob） 317
ピアジェ、ジャン（Piaget, Jean） 505
ピーセンドルファー、ウォルフガング（Pesendorfer, Wolfgang） 477
ヒーリー、キーラン（Healy, Kieran） 345, 349, 358
ヒューム、デイヴィッド（Hume, David） 144, 153, 194–196, 498
フィッシャー＝コワルスキー、マリナ（Fischer-Kowalski, Marina） 300
フィトゥシ、ジャン＝ポール（Fitoussi, Jean-Paul） 76
フィルマー、ロバート（Filmer, Robert） 235
フーコー、ミシェル（Foucault, Michel） 136
フェター、フランク・アルバート（Fetter, Frank Albert） 319
フェルトホイス、オラーヴ（Velthuis, Olav） 398, 401–406, 408–419
フェルドマン、フレッド（Feldman, Fred） 6, 7, 13–15, 17–21, 23–26
福岡正信（Fukuoka Masanobu） 314
フライ、ブルーノ・S.（Frey, Bruno S.） 62, 64, 71, 73, 75, 81, 369
ブラウグ、マーク（Blaug, Mark） 453, 467
プラトン（Platon） 194, 372, 376, 587
フリードマン、ミルトン（Friedman, Milton） 151, 258, 395, 488, 592–594
フリーマン、ジョン・H（Freeman, John H.） 151, 258, 395, 428, 488, 587, 592–594
フリクステイン、ネイル（Fligstein, Neil） 429
ブルーム、ジョン（Broome, John） 180–182, 184, 186, 187, 189, 194, 196
ブルデュー、ピエール（Bourdieu, Pierre） 404, 426
ブルンナー、オットー（Brunner, Otto） 239
フレイザー、ナンシー（Fraser, Nancy） 206–208
ブレナー、ロバート・ポール（Brenner, Robert Paul） 241
プレレク、ドレーゼン（Prelec, Drazen） 500, 519
フロイト、ジークムント（Freud, Sigmund） 33, 34, 36, 587
ペアション、イングマール（Persson, Ingmar） 175, 190–196
ヘーケロム、フローリス（Heukelom, Floris） 499
ベッカー、ゲーリー・スタンレー（Becker, Gary Stanley） 90, 164, 475, 593
ベナー、メリー（Benner, Mary） 555
ベネット、ジェーン（Bennett, Jane） 296
ベンサム、ジェレミ（Bentham, Jeremy） 65, 66, 500, 501, 587
ベントン、テド（Benton, Ted） 297, 299–302, 304–307, 309
ボウエン、ウィリアム・ゴードン（Bowen, William Gordon） 369, 370, 372
ボウルズ、サミュエル（Bowles, Samuel） 60, 266, 267, 270
ボーベンバーグ、アリ・ランス（Bovenberg,

Arij Lans)　220, 221
ボーモル、ウィリアム・ジャック（Baumol, William Jack)　369, 370, 372, 373, 379, 386, 583
ポスナー、リチャード（Posner, Richard)　350
ボドナー、ロニット（Bodner, Ronit)　500
ポランニー、カール（Polanyi, Karl)　154, 279
ポリティス、ダイアモント（Politis, Diamanto)　557–560
ホワイト、ハリソン・コリアー（White, Harrison Colyar)　426, 427, 429–440, 443–448

ま　行

マーシャル、アルフレッド（Marshall, Alfred)　455
マーフィー、ケヴィン・マイルス（Murphy, Kevin Miles)　475
マキ、ウスカリ（Mäki, Uskali)　453
マクドナフ、テレンス（McDonough, Terrence)　262, 273, 277, 278
マクファーソン、クロフォード・ブラウ（Macpherson, Crawford Brough)　236
マクロスキー、ディアドラ・ナンセン（McCloskey, Deirdre Nansen)　164, 595
マッキベン、ビル（Mckibben, Bill)　293
マッキンタイア、アラスデア（MacIntyre, Alasdair)　164
マックアダム、ダグ（McAdam, Doug)　429
マルクス、カール・ハインリッヒ（Marx, Karl Heinrich)　iii, 31, 43, 117, 118, 131, 139, 144, 241, 250, 260, 262, 266, 271, 295, 300–302, 305, 475, 587
ミシェレッティ、ミシェレ（Micheletti, Michele)　316, 320–324, 332, 333, 335, 336
ミッチェル、ウェズリー・クレア（Mitchell, Wesley Clair)　590
ミュルダール、カール・グンナー（Myrdal, Karl Gunnar)　145, 146, 150, 527
ミル、ジョン・ステュアート（Mill, John Stuart)　18, 78, 144, 254, 292–294, 452, 453
ミルズ、エドウィン・スミス（Mills, Edwin Smith)　583
モース、マルセル（Mauss, Marcel)　89–97, 100–103, 105–110
モローニ、マリオ（Morroni, Mario)　527–529, 530–552

や　行

ヤング、イリス・マリオン（Young, Iris Marion)　330, 333–336
ユヌス、ムハマド（Yunus, Muhammad)　580
ユング、カール・グスタフ（Jung, Carl Gustav)　33
吉田民人（Yoshida Tamito)　39, 555

ら　行

ライク、マイケル（Reich, Michael)　262, 263
ライプニッツ、ゴットフリート・ヴィルヘルム（Leibniz, Gottfried Wilhelm)　139
ラエ、デイヴィッド（Rae, David)　557,

558, 560
ラカン、ジャック・マリー・エミール (Lacan, Jacques Marie Émile) 33
ラスキン、ジョン (Ruskin, John) 372
ラディン、マーガレット・ジェーン (Radin, Margaret Jane) 345, 348, 349
ラトゥーシュ、セルジュ (Latouche, Serge) 340
ラトゥール、ブルーノ (Latour, Bruno) 298
ランディス、エリザベス (Landes, Elizabeth) 350
ランドストローム、ハンス (Landström, Hans) 555
リード、ギャヴィン・クライズデール (Reid, Gavin Clydesdale) 551
リーバーマン、デボラ (Lieberman, Debra) 518
リカード、デイヴィッド (Ricardo, David) 144, 260
リスター、ルース (Lister, Ruth) 206
リピット、ヴィクター・D (Lippit, Victor D.) 264, 272, 273, 277
ルイス、ジェーン (Lewis, Jane) 205
ルター、マーティン (Luther, Martin) 587
レイク、キャサリン (Rake, Katherine) 205
レイヤード、リチャード (Layard, Richard) 62, 65, 69, 73
レイラ、アーンロウグ (Leira, Arnlaug) 206
レヴィ＝ストロース、クロード (Lévi-Strauss, Claude) 89–91, 97, 106
ローウェンシュタイン、ジョージ (Loewenstein, George) 499–511, 513–519
ロールズ、ジョン (Rawls, John) 151–153, 175–179, 188, 196, 210, 214–216, 329, 491
ロス、ドン (Ross, Don) 520
ロック、ジョン (Locke, John) 233–241, 245–249, 252, 253, 587
ロドリック、ダニ (Rodrik, Dani) 285
ロビンソン、ジェイムズ・アーサー (Robinson, James Arthur) 171

わ 行

ワーグナー、リチャード・E (Wagner, Richard E.) 453
ワイスコフ、トーマス・エミール (Weisskopf, Thomas Emil) 266, 267, 270
ワトソン、ジョン・ブローダス (Watson, John Broadus) 63

事項索引

さ　行

た　行

な　行

は　行

ま　行

や　行

ら　行

現代の経済思想

2014年10月20日　第1版第1刷発行

編　者　橋《はし》本《もと》　努《つとむ》

発行者　井　村　寿　人

発行所　株式会社　勁《けい》草《そう》書　房

112-0005 東京都文京区水道2-1-1　振替　00150-2-175253
（編集）電話　03-3815-5277／FAX 03-3814-6968
（営業）電話　03-3814-6861／FAX 03-3814-6854
本文組版 プログレス・港北出版印刷・牧製本

ISBN978-4-326-50402-2　Printed in Japan

http://www.keisoshobo.co.jp